Kufeke · Himmel und Hölle in Neapel

Italien in der Moderne

herausgegeben von

Christof Dipper
Jens Petersen
Wolfgang Schieder

Band 5

Kay Kufeke

Himmel und Hölle in Neapel

Mentalität und diskursive Praxis
deutscher Neapelreisender um 1800

SH-Verlag

Der SH-Verlag ist Mitglied der BIG –
Bücher-Interessen-Gemeinschaft unabhängiger Verlage in Nordrhein-Westfalen.

ISSN 0948-7778
ISBN 3-89498-064-8

© 1999 by SH-Verlag GmbH, Osterather Str. 42, D-50739 Köln.
Tel. (0221) 956 17 40, Fax (0221) 956 17 41, E-Mail shvlg@aol.com.
Einband nach einem Entwurf von Michael Hannappel.
Satz aus der Adobe Garamond: SH-Verlag. Druck: Richarz, St. Augustin. Printed in Germany.
Alle Rechte vorbehalten. Kein Teil dieses Buches darf in irgendeiner Form ohne schriftliche Zustimmung des Verlages wiedergegeben werden.

Inhalt

Vorwort 9

I. Reiseberichte als historische Quelle: Einleitung und Forschungsstand 11
   1. Einleitung 11
   2. Forschungsstand und Forschungsobjekt: Neapel um 1800 13
   3. Das Genre Reisebericht: Fiktion oder Fakten? 21

II. Reiseberichte und ihre Autoren im gesellschaftlichen Zusammenhang: 'Gebildete', 'bürgerliche' Kultur, Mentalitäten und Repräsentationen um 1800 28

III. Warum noch ein Reisebericht über Italien? Die Vorworte 42

IV. Neapel zwischen den Revolutionen: 1789–1799 52
   1. Großstadtbegeisterung und Volksmenge 52
   2. Der neapolitanische Volkscharakter: Die Lazzaroni 57
   3. Stadt, Staatsapparat, Ökonomie und 'Feudalsystem' im Urteil der Reisenden 69
      3.1. Stadtbild, Justizapparat und 'Feudalsystem' 69
      3.2. Handel und hauptstädtischer Machtblock, Handwerk und 'Mittelstand' 75
      3.3. Die Kritik der Reisenden und die Überlebensmöglichkeiten der Unterschichten 82
   4. Die Kritik am Luxus des Adels 86
   5. Die Ablehnung der katholischen Kirche und der Volksfrömmigkeit ... 91
   6. Die aufrührerischen Lazzaroni und ihr Verhältnis zum König 103
   7. Die neapolitanische Aufklärung, die Wissenschaft und die Bedeutung der Volkserziehung 117
   8. Stadtgeschichte und Stadttopographie 121

V. Das Echo der Revolution: Die Ausweitung der Neapelbeschreibung zwischen 1802 und 1806 130
   1. Neue Berichtsformen und konstante Topoi 130
   2. Neue Themen: Überwachen und Strafen in Neapel 137
   3. Die Auflösung der systematischen Gesellschaftskritik 144
   4. Die Lazzaroni. Höhepunkt und Verarmung eines Mythos 152
      4.1. Die Lazzaroni 1799: Wilde und Kannibalismus 152

  4.2. Die 'guten' Aufklärer der Neapolitanischen Republik und das 'aufrührerische' Volk 155
  4.3. 'Ganz normaler Pöbel' 159
 5. Das neue Interesse am Volk: Szenen aus dem 'Volksleben' 162
  5.1. Der Molo, Straßenleben, das Lotto 165
  5.2. Das San Gennaro-Wunder 168
  5.3. Vergil als Zauberer. Das Interesse an der Volkspoesie 173
 6. Herrschermythen: König Ferdinand und Königin Maria Karolina 181
 7. Aufklärungsmythen: Der Erzbischof von Tarent als bürgerliches Ideal 186

VI. Strukturen der Neapel-Wahrnehmung zwischen 1789 und 1806 190
 1. Die Stadt als negativer Ort und Neapel als Schwelle zur Wildnis 190
 2. Asymmetrische und negierende Gegenbegriffe als Organisatoren der Darstellung 195
 3. Neapel-Wahrnehmung und gesellschaftliche Utopie 199

VII. Das Volk als 'guter' und 'böser Wilder' 202
 1. Der 'gute Wilde' und der 'böse Wilde' 202
 2. Die glücklichen Inseln, das goldene Zeitalter und die 'Mitte' als konkrete Utopie 209
  2.1. Neapeldarstellung und zeitgenössische Ethnologie 209
  2.2. Die 'Mitte' als gesellschaftliches Ideal 213
  2.3. Neapeldarstellung und Idyllendichtung 215
  2.4. Traditionen der Neapeldarstellung und Entwicklung der Paradies-Topoi 219
 3. Die Entwicklung des Lazzaroni-Mythos im 18. Jahrhundert 222
 4. Die 'Leidenschaften' des Volkes und die Gefühle der Reisenden 226

VIII. Natur, Vernunft und rationale Erklärung als Strukturprinzipien der Neapelbeschreibung zwischen 1789 und 1806 235
 1. Die praktische Vernunft als Organisator der Wahrnehmung 235
 2. Die Reflexion der Reisenden über die eigene Wahrnehmung 238

IX. Verfall und Neubeginn in der Neapelbeschreibung nach 1806 bis zum Jahr 1821 247
 1. Die Übergangszeit zwischen 1806 und 1815 247
 2. Das Ende der Aufklärung: Die Reduktion der Topoi und des Genres nach 1815 250
 3. Konstante und veränderte Topoi: Katholizismus, Religiosität und Stadttopographie 253
 4. Lazzaroni, Volkscharakter, Idylle und Nationalismus 255

5. Zurückgenommene Topoi. Begriffe des 19. Jahrhunderts kündigen sich an 261
6. Ekel, Sinnlichkeit, instrumentelle Vernunft und Reflexion 263
7. 'Sehnsucht' und 'Erinnerung' 265
8. Utopien und Politik 269
9. Veränderte Strukturen 272

X. Die soziale Position der Reisenden in ihrer Wirkung auf die Wahrnehmung und Darstellung Neapels zwischen 1789 und 1821 275
1. Reiseberichtsautoren als Angehörige der 'gebildeten Stände' 275
2. Autorenschaft als kulturelles Kapital innerhalb der deutschen Gesellschaft 284
3. Selbstdarstellung und Ich-Konstituierung in den Reiseberichten 288
   3.1. Selbstdarstellung durch Repräsentationen 289
   3.2. Selbstdarstellung durch inkorporiertes Kapital 294
   3.3. Freundschaft und Brief als Ausdruck inkorporierter Werte 295

XI. Die Gründe für die Wahrnehmung und Darstellung Neapels durch die Reisenden zwischen 1789 und 1821 299
1. Der Einfluß von Reiseführern, Reiseberichten und anderen Gattungen auf Erwartung und Wahrnehmung der Reisenden 301
2. Konstanten der Italienwahrnehmung, Theorien und ihre zeitgenössische Aktualisierung 308
3. Epochenbruch und Veränderungen im Genre 323
4. Die Wirkung von Reisegründen, Aufenthaltsdauer, Bekanntschaften in Neapel und Generationszugehörigkeit auf die Wahrnehmung der Reisenden 329
5. Der bewußte Umgang mit den Topoi und die Bedingungen toposunabhängiger Wahrnehmung 331
6. Die politische und soziale Entwicklung in Neapel um 1800 in ihrer Wirkung auf die Neapeldarstellung 335

XII. Reiseberichte über Neapel als rationale Erklärung und mythische Erzählung der 'gebildeten Stände' 338

XIII. Literaturverzeichnis 344

Abbildungsnachweis 372

Personenregister 373

Vorwort

Bei diesem Buch handelt es sich um die gekürzte Fassung meiner Dissertation, die 1995 an der Universität Hamburg angenommen wurde. Diese Arbeit wäre nicht ohne die Hilfe von Freunden, Kollegen und Institutionen zustande gekommen.

Zuallererst bin ich meinem Doktorvater, Prof. Arno Herzig, zu großem Dank verpflichtet. Ohne seine Ermutigung und Unterstützung wäre diese Arbeit weder begonnen noch beendet worden. Für Anregungen und Unterstützung über die lange Zeit, die ich mit dem Thema beschäftigt war, danke ich ebenso Prof. Achatz von Müller, besonders soweit es die 'italienische Seite' meiner Arbeit betrifft.

Dem „Deutschen Historischen Institut in Rom" und dessen Direktor Prof. Arnold Esch verdanke ich das Stipendium, das mir die Recherchen in Italien ermöglichte. Meinem Betreuer in Rom, Dr. Jens Petersen, und Prof. Christof Dipper danke ich für die Ratschläge beim Entstehen und bei der Veröffentlichung meiner Arbeit. Unverzichtbare Grundlage meiner Arbeit war die Bibliographie zu Reisen im 18. Jahrhundert, die Dr. Wolfgang Griep von der Eutiner Landesbibliothek erarbeitet hat. Nicht zuletzt danke ich der „Frankfurter Stiftung für Deutsch-Italienische Studien" und der „Johanna und Fritz Buch-Gedächtnisstiftung" für die Zuschüsse, die eine Veröffentlichung erst möglich machten.

Von unschätzbarem Wert war für mich die Hilfe von Andreas Bracher, Daniela Hacke, Friederike Herrmann, Stephan Kufeke, Ulrike Kunkel, Thorsten Sadowsky, Uta-Maria Temme und Ulrike Weckel.

Berlin, im Juli 1998
Kay Kufeke

I. Reiseberichte als historische Quelle: Einleitung und Forschungsstand

1. Einleitung

Als ich begann, mich mit Reiseberichten aus dem späten 18. Jahrhundert zu beschäftigen, war ich verblüfft über die Urteile, die in ihnen über das italienische Volk abgegeben werden. In oft oberflächlicher und stereotyper Art wird ein überwiegend negatives Italienbild gezeichnet, das zudem in sich widersprüchlich ist. Dies führte mich zur Grundfrage meiner Arbeit: Was brachte die Italienreisenden zu einem solchen Urteil über die Bewohner des Landes, das sie selbst als Ziel ihrer Sehnsüchte beschrieben? Welche Kenntnisse oder Gefühle bewegten sie dazu? Warum begnügten sie sich nicht damit, sie in ihr Tagebuch zu schreiben, sondern veröffentlichten sie in großer Zahl? Und warum stimmen all diese scheinbar individuellen Berichte in ihren Aussagen so deutlich überein?

Eine Antwort auf diese Fragen sollte die Untersuchung der Vorstellungen über Italien und der Selbstbilder geben, die die Reisenden in ihren Berichten äußern. Diese Arbeit behandelt also Vorstellungen, und zwar textuelle Repräsentationen[1] gesellschaftlicher Verhältnisse und der Menschen, die sich in ihnen bewegen. Gerade was Italien betrifft sind uns solche Vorstellungen, z.B. vom immer lustigen, lebhaften Italiener bekannt und geläufig. Bei näherem Hinschauen wird man erkennen, daß diese Art von Vorstellungen einen mehrdeutigen Charakter haben. Zunächst handelt es sich bei ihnen um Beschreibungen. Diese Beschreibungen drücken eine Erfahrung der Wirklichkeit aus, sie sind gleichzeitig aber auch Werturteile, im genannten Fall über das Wesen des italienischen Volkes. Darüber hinaus beinhalten sie eine Erwartung, die an künftige Erfahrungen gestellt wird.[2]

Ausgehend von dieser Feststellung werden für den Historiker zwei weitere Faktoren interessant. Erstens: Wer spricht diese Vorstellungen aus; um wessen Urteil handelt es sich? Zweitens: Wann werden diese speziellen Vorstellungen das erste Mal geäußert, in welchem historischen Zusammenhang entstehen sie, und welche Verbreitung und Bedeutungsveränderung erfahren sie?

Repräsentationen werden, wenn sie zu festen Bestandteilen von Texten geworden sind, auch als Topoi bezeichnet. Topoi sind Metaphern und Sprachkom-

---

[1] Ich übernehme hier die Definition Pierre Bourdieus. In der Folge beziehe ich mich vor allem auf zwei seiner Arbeiten: Entwurf einer Theorie der Praxis auf der ethnologischen Grundlage der kabylischen Gesellschaft, Frankfurt/M. 1979, und: Die feinen Unterschiede. Kritik der gesellschaftlichen Urteilskraft, Frankfurt/M. 1982.

[2] Koselleck hat den Gehalt von historischen Begriffen in ähnlicher Weise beschrieben. Vgl. Reinhart Koselleck: Einleitung, in: O. Brunner/W. Conze/R. Koselleck (Hrsg.), Geschichtliche Grundbegriffe, 5 Bde., Stuttgart 1972–1984, Bd. 1 (1972), S. XIII-XXVII.

plexe, die für eine Gesellschaft typisch und grundlegende Bedingung ihrer textuellen Produktion sind. Als Formen alltäglichen Wissens dienen sie der Handlungsorientierung im Alltag und vermitteln zwischen allgemeinen Erfahrungstraditionen und individuellen Erfahrungen. Wesentliche Merkmale der Topoi sind ihre oft geringe Veränderung in der Zeit und ihre Mehrdeutigkeit. Topoi bedürfen immer der Interpretation und werden von verschiedenen sozialen Gruppen oder Individuen unterschiedlich gedeutet und benutzt.[3]

Topoi in historischen Texten können als Äußerung einer bestimmten Mentalität gewertet und untersucht werden, wenn man ihre Veränderung im historischen Ablauf und die Umstände, unter denen sie immer wieder geäußert werden, beachtet. Jacques Le Goff hat die Topoi einmal als „Knochengerüst der Mentalitäten"[4] bezeichnet. Das Vorhaben dieser Arbeit ist die Untersuchung eben der Topoi, die deutsche Reisende zwischen 1789 und 1821 in veröffentlichten Reiseberichten über Neapel äußerten, in ihrem historischen Zusammenhang. Ich werde belegen, daß diese literarischen Topoi die Weltsicht einer sozialen Gruppe ausdrücken. Ich möchte schildern, wie diese Topoi in der Diskussion um gesellschaftliche Reformen genutzt wurden, um zur Durchsetzung dieser Weltsicht beizutragen; und ich werde zeigen, daß man sowohl die Topoi als auch das Verfassen von Reiseberichten überhaupt nur verstehen kann, wenn man die Funktion berücksichtigt, die sie für die soziale Lage der Autoren in Deutschland hatten. Grundsätzlich verstehe ich die Diskurse, die in Reiseberichten geführt werden, als Ausdruck gesellschaftlich situierter Mentalitäten und als Teil der sozialen Auseinandersetzung.

Zunächst werde ich auf den Forschungsstand und das Forschungsobjekt eingehen, um dann das Verhältnis von Realität und Fiktion in Reiseberichten näher zu untersuchen. Im zweiten Kapitel stelle ich die gesellschaftliche Situation dar, in der die Reiseberichte geschrieben und in der sie wirksam wurden. Dabei entwerfe ich den theoretischen Rahmen der Arbeit und charakterisiere die gesellschaftlichen Leitbegriffe, an denen sich die Reiseberichtsautoren orientierten und die um 1800 zur Ausprägung von 'Bürgerlichkeit' beitragen. Es folgen dann drei Kapitel, in denen die Topoi und Themen der Reiseberichte bis 1806 geschildert werden. In drei weiteren Abschnitten gehe ich auf die Strukturmerkmale und Leitbegriffe der Reiseberichte im selben Zeitraum ein und erläutere die – vor allem aufklärerischen – Theorien und die historischen Ereignisse, die zu dieser Strukturierung beigetragen

---

[3] Vgl. Hans Gerd Schumann: Topik in den Sozialwissenschaften?, in: D.Breuer/ H.Schanze (Hrsg.), Topik. Beiträge zur interdisziplinären Diskussion, München 1981, S. 191–199, S. 196f.; Karl Allgaier: Toposbewußtsein als literaturwissenschaftliche Kategorie, in: Breuer, S. 264–274, S265; Lothar Bornscheuer: Topik. Zur Struktur der gesellschaftlichen Einbildungskraft, Frankfurt/M. 1976, S. 20, S. 96f., S. 102f., S. 107.

[4] Jacques Le Goff: Eine mehrdeutige Geschichte, in: U.Raulff (Hrsg.), Mentalitäten-Geschichte. Zur historischen Rekonstruktion geistiger Prozesse, Berlin 1987, S. 18–32, S. 27.

haben. Kapitel IX beschäftigt sich mit dem einschneidenden inhaltlichen und formalen Wandel, den die Gattung Reisebericht nach 1806 erfuhr. In Kapitel X stelle ich dar, welche Faktoren die Reisenden zu einer einheitlichen Gruppe machen und welcher Sozialgruppe sie zuzuordnen sind. Darüber hinaus wird erläutert, welche Bedeutung das Reisebericht-Schreiben für die soziale Stellung der Autoren in Deutschland hatte. Im vorletzten Kapitel gehe ich auf die Darstellungstraditionen ein, innerhalb derer sich die Berichte bewegen, und versuche, die Gründe für die Beschreibung Neapels und ihre Entwicklung um 1800 zu benennen. Im letzten Kapitel fasse ich die Ergebnisse der Arbeit zusammen und beschreibe die Funktion der Italienreise in Deutschland um 1800. Grundsätzlich geht es mir darum, zu zeigen, daß literarische Darstellungsweisen eine bestimmbare Geschichte haben, die mit der Geschichte sozialer Gruppen verbunden ist. In diesen Darstellungsweisen kommen Wertvorstellungen zum Ausdruck, die nicht nur gesellschaftliche Verhältnisse und Interessen wiedergeben, sondern zum materiellen Wandel einer Gesellschaft beitragen können.

2. Forschungsstand und Forschungsobjekt: Neapel um 1800

Die Forschung hat Reiseberichte seit den achtziger Jahren auch als mentalitätsgeschichtliche Quellen entdeckt.[5] Soweit es die Berichte zu Italien betrifft, war es vorher die Schilderung von Kunst, Antike und Natur, weniger die Mentalität der Reisenden und ihre Wahrnehmung der fremden Gesellschaft, die untersucht wurde. Die literaturwissenschaftliche Forschung in Deutschland hat sich bisher vor allem mit der Definition des Genres und dessen Entwicklung im 18. Jahrhundert beschäftigt.[6]

---

[5] Der Begriff Mentalität erscheint vor allem in der italienischen und französischen Literatur, z.B. bei Vittor Ivo Comparato: Giornali di viaggio e modelli politici tra sei e settecento, in: Bollettino del C.I.R.V.I., II, 1 (1981), S. 79–85, S. 85; Brigitte Marin: Les miroirs de la ville. Représentations textuelles et représentations figurées. Naples: 1550–1740, in: Bollettino del C.I.R.V.I., Nr.11–12, 1985, S. 1–30, S. 6; Elisabeth Chevallier: F.J.L. Meyer et les voyageurs étrangers en Italie à la fin du XVIII siècle. Introduction a les tableaux d'Italie de Meyer, in: F.J.L. Meyer, Tableau d'Italie, Neapel 1980, S. XI-XLII, S. XVIII, oder Cesare De Seta: L'Italia del Grand Tour. Da Montaigne a Goethe, Neapel 1992, S. 15f.

In der deutschen Forschungsliteratur wird zwar der Begriff meist nicht verwandt, das Interesse richtet sich aber auf die Erwartungen, Erfahrungen und Wahrnehmungsweisen der Reisenden. Stellvertretend sei hier genannt: Peter J. Brenner: Der Reisebericht in der deutschen Literatur. Ein Forschungsüberblick als Vorstudie zu einer Gattungsgeschichte, Tübingen 1990, S. 16 und S. 18ff.

[6] Brenner, Reisebericht, S. 20. Anhand weniger Texte wurden Epochenentwicklungen skizziert oder nur wenige, oft als literarisch wertvoll angesehene Berichte und ihre Autoren untersucht. Die italienische Forschung hat sich mit Ausnahme von Italo Michele Battafarano: Genese

Die Anzahl der bekannten deutschsprachigen Reiseberichte aus dem 18. Jahrhundert beträgt rund 10.000, davon etwa 500 Titel zu Italienreisen.[7] Die Zahl der untersuchten Reiseberichte reduziert sich trotz dieses umfangreichen Quellenbestandes meist auf einige Standardtexte, die immer wieder erwähnt werden.[8] In den letzten Jahren entstanden zwar viele Forschungsarbeiten, die sich mit der Wahrnehmung Italiens oder einzelner Regionen und Themen beschäftigen, alle diese Arbeiten beschränken sich aber auf ausgesuchte Themen oder untersuchen nur

---

und Metamorphosen des Italienbildes in der deutschen Literatur der Neuzeit, in: Ders. (Hrsg.), Italienische Reise: Reisen nach Italien, Gardolo di Trento 1988, S. 13–101, mit der Genre-Definition nicht und mit der Genre-Entwicklung nur wenig beschäftigt.

[7] Vgl. Wolfgang Griep: Bibliographie der deutschsprachigen Reiseliteratur 1700–1810, unveröffentl. Manuskript, Eutin. W. Griep, dessen Bibliographie ich den Hinweis auf die überwiegende Zahl an Titeln verdanke, erweitert seine Bibliographie ständig. Eine große Anzahl von Berichten und umfangreiche Sammlungen von Forschungsliteratur zu Reisen nach Italien beherbergen die Biblioteca Hertziana in Rom und die Eutiner Forschungsstelle zur historischen Reisekultur. Darüber hinaus habe ich die Sammlung Tursi in Venedig eingesehen und mich folgender Bibliographien bedient: Lucia Tresoldi: Viaggiatori tedeschi in Italia 1452–1870, 2 Bde., Rom 1975/77; Enzo Giorgio Fazio: Viaggiatori tedeschi nell'Italia del Settecento, 4 Teile, in: Bollettino del C.I.R.V.I., Nr.9, Januar–Juni 1984, Fascicolo I, S. 149–189, Nr.10, Juni–Dezember 1984, Fascicolo II, S. 341–368, Nr.11–12, Januar–Dezember 1985, Fascicoli I-II, S. 253–288, Nr.13, Januar-Juni 1986, Fascicolo I, S. 117–146; Giorgio Cusatelli (Hrsg.): Viaggi e viaggiatori del settecento in Emilia e in Romagna, 2 Bde., Bologna 1986; Alessandro D'Ancona: L'Italia alla fine del secolo XVI. Giornale del viaggio di Michele Montaigne in Italia, Citta di Castello 1889, S. 565–702; A. Pescarzoli (Hrsg.): Catalogo dei libri di viaggio della raccolta Luigi Fossati-Bellani, 3 Bde., Rom 1957. Fazio hat für seine Bibliographie auch die Sammlung des Centro Universitario di Ricerche sul 'Viaggio in Italia' (C.I.R.V.I.) in Moncalieri bei Turin ausgewertet.

[8] So auch Brenner, Reisebericht, S. 225. Die Gründe für die häufige Erwähnung dieser Texte liegen in dem literarischen Ruf des jeweiligen Autors, der Zugänglichkeit der Texte und ihrer Verbreitung im 18. Jahrhundert. Es werden zwar auch andere Autoren genannt, meist aber erstreckt sich die Auswertung der bekannten wie der weniger bekannten Texte auf einzelne Aspekte daraus. Auch Mozzillo, der sich seit langem mit der Darstellung Neapels in Reiseberichten beschäftigt, bezieht nur wenige deutschsprachige Texte mit ein. Bisher einzige Ausnahme ist Dieter Richter, der für seine – auf ein Thema begrenzte – Untersuchung erstmals viele vorher noch nicht genannte Titel herangezogen hat. Vgl. Dieter Richter: Das Bild der Neapolitaner in der Reiseliteratur des achtzehnten und neunzehnten Jahrhunderts, in: H.-W.Jaeger (Hrsg.), Europäisches Reisen im Zeitalter der Aufklärung, Heidelberg 1992, S. 118–130 und De Seta, Grand Tour, S. 199ff.

wenige Berichte.⁹ Einen repräsentativen Überblick für die deutschen Italienreisen in der zweiten Jahrhunderthälfte, ähnlich dem von Schudt für die ersten fünfzig Jahre, gibt es nicht.¹⁰

---

⁹ Vgl. Stephan Oswald: Italienbilder. Beiträge zur Wandlung der deutschen Italienauffassung 1770–1840, Heidelberg 1985, (Germanisch-Romanische Monatsschrift-Beiheft 6); Ladislao Mittner: L'Italia nella letteratura tedesca dell'età classico-romantica, in: V.Branca (Hrsg.), Sensibilità e razionalità nel settecento, Florenz 1967, S. 199–213; Battafarano; Vittor Ivo Comparato: Viaggiatori inglesi in Italia tra sei e settecento: la formazione di un modello interpretativo, in: Quaderni storici, September–Dezember 1979, fascicolo III, S. 850–886; Atanasio Mozzillo: Viaggiatori stranieri nel sud, 2.Aufl., Mailand 1982, (1.Aufl. 1964); Ders.: La frontiera del Grand Tour. Viaggi e viaggiatori nel Mezzogiorno borbonico, Neapel 1992, (Collana di storia moderna e contemporanea; Bd. 17); Ders.: Le ragioni dell'immaginario. Mito e percezione della realtà nei viaggiatori stranieri in Sicilia tra Cinquecento e Settecento, in: F.Paloscia (Hrsg.), La Sicilia dei grandi viaggiatori, Rom 1988, S. 1–80; Ders.: L'immagine del Mezzogiorno tra mito e realtà, in: F.Paloscia (Hrsg.), L'Italia dei grandi viaggiatori, Rom 1986, S. 57–118; Ders.: La sirena inquietante. Immagine e mito di Napoli nell'Europa del '700, Neapel 1983; A. Fliri: La sirena e il lazzarone: Viaggiatori tedeschi nella Napoli del Settecento, in: D.Mazzoleni (Hrsg.), La città e l'immaginario, Rom 1985, S. 151–163; Maria Palermo Concolato: Tra i viaggiatori del 'Grand Tour': in Campania nel Cinque-Ottocento, in: Annali. Istituto Universitario Orientale, Napoli. Anglistica. 23, 1 (1980), S. 99–137; Ernst Osterkamp: Johann Herrmann von Riedesels Sizilienreise. Die Winckelmannsche Perspektive und ihre Folgen, in: Jäger, Europäisches Reisen, S. 93–106; Laura Mascoli/ Georges Vallet: I viaggiatori stranieri (1630–1830) e le isole del golfo di Napoli, in: Il mito e l'imagine. Capri, Ischia e Procida nella pittura dal '600 ai primi del '900, Turin 1988, S. 37–56; Alste Horn-Oncken: Ausflug in elysische Gefilde. Das europäische Campanienbild des 16. und 17. Jahrhunderts und die Aufzeichnungen J.F.A von Uffenbachs, Göttingen 1978, (Abhandlungen der Akademie der Wissenschaften in Göttingen, Philologisch-Historische Klasse, Dritte Folge, Nr.111); Elisabeth Chevallier: La finalité du Vesuve: Force du mal ou instrument de la Providence selon les étrangers venus á Naples au XVIIIe siècle, in: Colloque Histoire et Historiographie Clio, Paris, 1980, S. 349–369; Dies.: La diffusion de l'information par la littérature de voyage au XVIIIe siècle: le Vésuve et les phénomènes volcaniques, in: Revue des litteratures comparées, 1 (1981), S. 39–53; Dieter Richter: Der brennende Berg. Geschichten vom Vesuv, Köln 1986; Marin, Miroirs, in: Bollettino del C.I.R.V.I., Nr.11–12, 1985, S. 1–30; Dies.: L'espace urbain dans les récits de voyage et l'iconographie de la ville. Naples (1550–1740), in: Bollettino del C.I.R.V.I., Nr. 14, Juli–Dezember 1986, Fascicolo II, S. 217–254; Dies.: La ville en miettes. L'image de Naples dans les récits de voyage et l'iconographie de la ville (1550–1740): élements et composition, in: Bollettino del C.I.R.V.I., Nr.17, Januar-Juni 1988, Fascicolo I, S. 1–28; Michael Maurer: Genese und Funktion des operativen Italienbildes der Aufklärung, in: I.M.Battafarano, Deutsche Aufklärung und Italien, Bern/Berlin/Frankfurt/M./New York/Paris/Wien 1992, (Ricerche di cultura europea; Bd. 6), S. 311–334; Albert Meier: Das Land zum Buch. Klassische Literatur und Italienwahrnehmung im 18.Jahrhundert, in: K.Heitmann/ T.Scamardi, Deutsches Italienbild und italienisches Deutschlandbild im 18.Jahrhundert, Tübingen 1993, S. 26–36; Ekkehard Stärk: Kampanien als geistige Landschaft. Interpretationen zum antiken Bild des Golfs von Neapel, München 1995, (Zetemata. Monographien zur klassischen Altertumswissenschaft; Heft 93). Meine Aufzählung beschränkt sich hier auf die Arbeiten, denen ich wichtige Anregungen entnommen habe bzw. die sich unmittelbar auf meinen Zeit- und Untersuchungsraum beziehen. Als weitere Arbeiten wären noch zu nennen:

Das Ziel meiner Arbeit ist daher zunächst die Analyse möglichst aller deutschsprachigen Reiseberichte zu Neapel zwischen 1789 und 1821.[11] Im Vergleich mit der historischen Forschungsliteratur zu Neapel und zur deutschen Aufklärung soll die spezielle Wahrnehmung der Reisenden dargestellt werden, wie sie in Topoi und Begriffen über die soziale und natürliche Welt zum Ausdruck kommt. Eine genaue Analyse dieser Topoi wird eine Bewertung ihres jeweiligen Einflusses auf die Wahrnehmung ermöglichen.[12] Eine Gewichtung der verschiedenen Einflüsse, Aussagen über ihre gegenseitige Beeinflussung, eine eventuelle Hierarchie der Begriffe

---

Elvira Chiosi/ Laura Mascoli/ Georges Vallet: La scoperta di Paestum, in: La formazione di Paestum e la memoria moderna del dorico 1750–1830, Bd. 1, Florenz 1986, S. 17–37; Dieter Richter: Viaggiatori stranieri nel Sud, l'immagine della costa di Amalfi nella cultura europea tra mito e realtà, Amalfi 1985; Alfred Behrmann: Das Tramontane oder die Reise nach dem gelobten Lande. Deutsche Schriftsteller in Italien 1755–1808, Heidelberg 1996, (Beiträge zur neueren Literaturgeschichte; Folge 3, Bd. 145) und Attilio Brilli: Il viaggio in Italia, Mailand 1987.

[10] Serielle Untersuchungen, die eine größere Zahl von Berichten zu einem Reiseziel über einen längeren Zeitraum untersuchen, gibt es für andere Reiseländer: Thomas Grosser: Reiseziel Frankreich. Deutsche Reiseliteratur vom Barock bis zur Französischen Revolution, Opladen 1989, S. 14ff.; S. 18. Michael Maurer: Aufklärung und Anglophilie in Deutschland, Göttingen/Zürich 1987, (Veröffentlichungen des Deutschen Historischen Instituts in London; Bd. 19). Ein Ansatz für den deutschen Sprachraum hierzu ist: Thorsten Sadowsky: Reiseerfahrung und bürgerliche Mentalität. Das Bild vom josephinischen Wien in den Berichten deutscher Reisender in den Jahren 1780–1790, in: Jahrbuch des Vereins für Geschichte der Stadt Wien, Bd. 47/48 (1991/1992), S. 229–262. Für Italienreisen sind serielle Untersuchungen über längere Zeiträume hinweg erfolgt. Die italienischen Autoren beziehen aber nur wenige deutschsprachige Berichte ein, die deutschsprachige Untersuchung endet um 1750. Vgl. Ludwig Schudt: Italienreisen im 17. und 18. Jahrhundert, Wien/München 1959, (Römische Forschungen der Biblioteca Hertziana; Bd. 15); Cesare De Seta: L'Italia nello specchio del Grand Tour, in: Storia d'Italia, Annali 5, Il paesaggio, Turin 1982, S. 125–263; Ders., Grand Tour; Franco Venturi: L'Italia fuori d'Italia, in: Storia d'Italia, Bd. 3, Dal primo Settecento all'Unità, Turin 1973, S. 985–1481.

[11] 32 Reiseberichte ganz unterschiedlichen Umfangs, deren Autoren zwischen 1789 und 1821 nach Neapel gereist sind und die veröffentlicht wurden, sind Quellengrundlage dieser Arbeit. Spätere Herausgaben von Reise-Aufzeichnungen habe ich nicht berücksichtigt, da mein Interesse der öffentlichen Wirkung und Bedeutung innerhalb dieses Zeitabschnittes galt. Nicht zu ermitteln waren: Albrecht L. von Berger: Briefe auf einer Reise durch Italien in den Jahren 1802 und 1803, Leipzig 1805; Lorenzo's Reisen: Ein Lesebuch für die Jugend, 2 Bde., Nürnberg 1809, Bd. 2, Reise durch Italien, Sardinien, Sicilien und Corsica; Johann Karl Gottlob Wilhelm Weigand: Geographie in Versen, ein ersprießliches Hülfsmittel für die Jugend zur leichtern Erlernung der Geographie, 1.Bändchen, Spanien, Portugal, Frankreich und Italien, Schweidnitz 1796.

[12] Was ich hier als Topoi bezeichne, wird in der Forschungsliteratur mit ganz unterschiedlichen Begriffen belegt. Jedoch meinen alle diese Begriffe historisch geformte und unverändert oder variiert überlieferte Stereotype, die Ausdruck bestimmter ideengeschichtlicher Faktoren, sozialer Verhältnisse oder psychologischer Bedürfnisse der Reisenden sind. Gerade für Reisen nach Italien sind inzwischen eine Flut von Gründen jeder Art genannt worden, die ihren Einfluß auf Wahrnehmung und Darstellung der Reisenden gehabt haben. Allerdings fehlt eine ausrei-

und eine Beschäftigung mit dem Verhältnis von Mythos und Realität in den Berichten fehlen in der bisherigen Reiseberichtsforschung fast ganz. Die zentrale Bedeutung der Weltsicht der Aufklärung für die Wahrnehmung Italiens in Reiseberichten bis 1806 bleibt meist unerwähnt.[13] Schließlich fehlt jede Überlegung dazu, warum auch der Anspruch der Reisenden, Wahrheit zu berichten, in neuer Mythenbildung endet. Oft wird für kritische Haltung der Autoren genommen, was doch nur eine Spielart desselben Mythos ist.

Die Topoi und ihr Gebrauch verweisen wiederum auf die gesellschaftliche Einbindung der Autoren in den historischen Zusammenhang im Deutschland der Spätaufklärung und Restauration. Innerhalb dieser gesellschaftlichen Verhältnisse nehmen die Reisenden einen entschiedenen Standpunkt ein und beteiligen sich schreibend an den sozialen Auseinandersetzungen in Neapel und in Deutschland. Dies ist bisher in der Forschung nicht berücksichtigt worden. Dieser Standpunkt ist, vereinfacht gesprochen, der der Aufklärung und einer adelig-bürgerlichen Elite in Deutschland, von dem aus die Reisenden eine neue Welt entwerfen, die sie auf Reisen vorzufinden wünschen. Daß in den untersuchten Texten ein neues Selbstbild, ein neues Menschenbild und eine andere gesellschaftliche Ordnung propagiert werden, ist zwar erwähnt, nie aber deutlich gezeigt worden.

Die Wahl des Zeitraumes ergab sich dabei aus der entscheidenden Bedeutung, die dieser für die Etablierung eines neuen Bürgertums hatte. In den Reiseberichten um 1800 ist der Übergang vom Gesellschaftsmodell des Ancien Régime zu dem der

---

chende Systematisierung dieser Bedingtheit. Vgl. Andreas Bürgi: Weltvermesser. Die Wandlung des Reiseberichts in der Spätaufklärung, Bonn 1989, S. 9; Peter J. Brenner: Die Erfahrung der Fremde. Zur Entwicklung einer Wahrnehmungsform in der Geschichte des Reiseberichts, in: Ders., Der Reisebericht. Die Entwicklung einer Gattung in der deutschen Literatur, Frankfurt/M. 1989, S. 14–49, S. 27f.; Erich Kleinschmidt: Die Ordnung des Begreifens. Zur Bewußtseinsgeschichte urbaner Erfahrung im 18. Jahrhundert, in: C.Wiedemann (Hrsg.), Rom-Paris-London: Erfahrung und Selbsterfahrung deutscher Schriftsteller und Künstler in den fremden Metropolen; ein Symposion, Stuttgart 1988, (Germanistische Symposien-Berichtsbände, VIII), S. 48–63, S. 49, S. 55; Brenner, Reisebericht, S. 29; Thomas Grosser: Der mediengeschichtliche Funktionswandel der Reiseliteratur in den Berichten deutscher Reisender aus dem Frankreich des 18. Jahrhunderts, in: Jaeger, Europäisches Reisen, S. 275–310, S. 290 und S. 293; Oswald, S. 13, S. 17; Wolfgang Altgeld: Das politische Italienbild der Deutschen zwischen Aufklärung und europäischer Revolution von 1848, Tübingen 1984, (Bibliothek des Deutschen Historischen Instituts in Rom, Bd. 59), S. 14ff.; Brilli, S. 77, S. 97; Mittner, S. 204; Battafarano, S. 13–101, S. 54ff.; Mozzillo, La frontiera, S. 353ff. Diese Arbeit Mozzillos besteht im Kern aus einer Zusammenstellung älterer Artikel, die teilweise ergänzt wurden. Als Belegstellen nenne ich in der Regel die älteren Erstveröffentlichungen der Artikel aus den siebziger und achtziger Jahren. Vgl. auch Mozzillos neuere Arbeiten: Le ragioni dell'immaginario, L'immagine del Mezzogiorno.

[13] Allenfalls bei Elisabeth Garms-Cornides/ Jörg Garms: Mito e realtà di Roma nella cultura europea. Viaggio e idea, immagine e immaginazione, in: Storia d'Italia, Annali 5, S. 561–662 und in den Arbeiten von Atanasio Mozzillo kann man Hinweise auf die wesentlichen Einflüsse und ihre Bedeutung finden. Die Bedeutung der Aufklärung betont Maurer, Genese, S. 312.

'bürgerlichen Gesellschaft' wahrnehmbar: vor allem in Form einer 'diskursiven Praxis' und aufgrund im Text aufscheinender Strategien zur Durchsetzung des neuen Weltbildes. In schwächerer Form wahrnehmbar ist dieser Übergang aber auch als Auswirkung der zeitgenössischen gesellschaftlichen Praxis auf den Text. Die Konzentration auf den ereignis- und sozialgeschichtlich 'heißen' Moment um 1800 soll den Einfluß der historischen Ereignisse auf Darstellungs- und Erlebnisweisen der Reiseberichtsautoren aufzeigen. In der Veränderung der Wahrnehmungstraditionen und des Genres 'Reisebericht' spiegelt sich der für die Lebensgeschichte und die sozialen Utopien der Reisenden so entscheidende gesellschaftliche Wandel.

Schließlich soll eine soziale Charakteristik der Autoren und ihrer 'diskursiven Praxis' entworfen werden. Die volle Bedeutung dieser Praxis ergibt sich erst, wenn man ihren Zusammenhang mit der sozialen Situation der Autoren in Deutschland herstellt. Diese soll entworfen und als ein wesentlicher Grund für das Verfassen von Reiseberichten und die Wahrnehmungsformen in ihnen gekennzeichnet werden.[14]

Mein Ziel ist es also, die sozial-, ideen- und formgeschichtlichen Faktoren, die das Genre 'Reisebericht' um 1800 hervorbringen, herauszuarbeiten und im Zusammenhang darzustellen.[15] Damit folge ich der Diskussion in der Aufklärungsforschung, in der das zu geringe Wissen über die Trägergruppen der Aufklärung, zu

---

[14] Die Bedeutung der Grand Tour für die Bildung der europäischen „classe dirigente" zwischen 16. und 18. Jahrhundert betont, wenn auch ganz allgemein, De Seta, Grand Tour, S. 18.

[15] In den letzten Jahren ist wiederholt gefordert worden, die Mentalität von Reisenden und den literaturhistorischen, sozialen und historischen Kontext von Reisen und Reiseberichten zu untersuchen. Vgl. Brenner, Reisebericht, S. 2, S. 6, S. 28, S. 156, S. 169. Michael Harbsmeier und Klaus Laermann haben diesen Anspruch in exemplarischer Weise formuliert. Vgl. Klaus Laermann: Raumerfahrung und Erfahrungsraum, Einige Überlegungen zu Reiseberichten aus Deutschland vom Ende des 18. Jahrhunderts, in: H.J.Piechotta (Hrsg.), Reise und Utopie. Zur Literatur der Spätaufklärung, Frankfurt/M. 1976, S. 57–97; Michael Harbsmeier: Reisebeschreibungen als mentalitätsgeschichtliche Quellen: Überlegungen zu einer historisch-anthropologischen Untersuchung frühneuzeitlicher deutscher Reisebeschreibungen, in: A.Maczak / H.J.Teuteberg (Hrsg.), Reiseberichte als Quellen europäischer Kulturgeschichte, Wolfenbüttel 1982, S. 1–31. Grosser, Reiseziel, S. 38, S. 66, S. 90ff., S. 96, hebt den Erwerb von Wahrnehmungsmodi und wissenschaftlicher Kompetenz auf Reisen hervor. Er hat als erster die Wechselwirkung zwischen verschiedenen Textgattungen thematisiert. Vgl. Grosser, Funktionswandel. Generell hat die Betonung der Bedeutung von Diskursen als Teil des Sozialen dazu geführt, Quellentexte mit alltäglichem oder subjektivem Charakter, Tagebücher oder Reiseberichte, für untersuchenswert zu halten. Vgl. Reinhard Sieder: Sozialgeschichte auf dem Weg zu einer historischen Kulturwissenschaft?, in: Geschichte und Gesellschaft. Zeitschrift für historische Sozialwissenschaft, 20.Jgg., Göttingen 1994, S. 445–468, S. 460; Koselleck, Einleitung, S. XXIV.

den Praxisbereichen 'Schreiben' und 'Reisen' und zum Realitätsbezug der aufklärerischen Vorstellungen konstatiert wurde.[16]

Die subjektiven Wahrnehmungsweisen der Reiseberichtsautoren und deren Entwicklung werde ich ebenfalls darstellen. Allerdings muß die Analyse der subjektiven Position jedes einzelnen Autors fragmentarisch bleiben.[17] Die relativ große Zahl der Autoren und die teilweise recht spärlichen Informationen zu ihren Lebensverhältnissen machen eine eingehende biographische Untersuchung in dieser Arbeit unmöglich.

Eine Folge der Diskussion um die Postmoderne in der Geschichtswissenschaft ist die große Aufmerksamkeit für die Form jeglichen historischen Diskurses. Die literarische Form eines Textes hat, vom Autor beabsichtigt oder nicht, inhaltliche Bedeutung.[18] Deshalb werde ich nicht nur den Inhalt, sondern auch die Struktur der Reiseberichte analysieren. Soweit möglich versuche ich auch, intertextuelle Bezüge vor allem innerhalb des Genres aufzudecken. Ich bemühe mich also um eine Kombination von Hermeneutik und Strukturinterpretation, ohne letztere von einer gesellschaftlichen Praxis zu lösen. Gerade die Verbindung von Text und Praxis ist Ziel meiner Untersuchung, für die Pierre Bourdieu ein theoretisches Modell anbietet. Innerhalb dieses theoretischen Rahmens können Selbst- und Fremder-

---

[16] Hans Erich Bödeker/ Ulrich Herrmann: Über den Prozeß der Aufklärung in Deutschland im 18. Jahrhundert: Personen, Institutionen und Medien, in: Dies. (Hrsg.), Über den Prozeß der Aufklärung in Deutschland im 18. Jahrhundert: Personen, Institutionen und Medien, Göttingen 1987, S. 9–13, S. 9, S. 11. In diesem Sinne auch: Michel Vovelle: Serielle Geschichte oder 'case-studies': ein wirkliches oder nur ein Schein-Dilemma?, in: Raulff, Mentalitäten-Geschichte, S. 114–126, S. 126. Einen allgemeinen Bezug zwischen Reiseberichten und Sozial- und Ideengeschichte der Aufklärung hat bisher vor allem Bödeker hergestellt. Vgl. Hans Erich Bödeker: Reisen: Bedeutung und Funktion für die deutsche Aufklärungsgesellschaft, in: W.Griep, Reisen im 18. Jahrhundert. Neue Untersuchungen, Heidelberg 1986, S. 91–110; Ders.: Reisebeschreibungen im historischen Diskurs der Aufklärung, in: H.E.Bödeker/ G.Iggers/ J.B.Knudsen/ P.H.Reill (Hrsg.), Aufklärung und Geschichte. Studien zur deutschen Geschichtswissenschaft im 18. Jahrhundert, Göttingen 1986, S. 276–299.

[17] Die zu geringe Beachtung dieses Aspektes in der Sozialgeschichte ist in den letzten Jahren mit Grund kritisiert worden. Vgl. Peter Schöttler: Mentalitäten, Ideologien, Diskurse. Zur sozialgeschichtlichen Thematisierung der 'dritten Ebene', in: A.Lüdtke (Hrsg.), Alltagsgeschichte. Zur Rekonstruktion historischer Erfahrungen und Lebensweisen, Frankfurt/M./New York 1989, S. 85–136, S. 86; Sieder, S. 460; Ute Daniel: 'Kultur' und 'Gesellschaft'. Überlegungen zum Gegenstandsbereich der Sozialgeschichte, in: Geschichte und Gesellschaft, 19.Jgg., Göttingen 1993, S. 69–99, S. 95; Hans Medick: Mikro-Historie, in: W.Schulze (Hrsg.), Sozialgeschichte, Alltagsgeschichte, Mikrohistorie: eine Diskussion, Göttingen 1994, S. 45ff.

[18] Gabrielle M. Spiegel: History, Historicism, and the social logic of the text in the Middle Ages, in: Speculum. A Journal of Medieval Studies, Bd. 65, Cambridge/M. 1990, S. 59–86, S. 78, S. 85.

fahrung in Reiseberichten, ihr Gelingen oder ihr Scheitern, als gesellschaftlich bedingt verstanden werden, ohne auf einfache Basis-Überbau-Schemata zurückgreifen zu müssen.[19]

Neapel bietet sich für diesen Forschungsansatz aus verschiedenen Gründen an. Zunächst ist die Wahrnehmung der Stadt in Reiseberichten bisher nur in einzelnen Aspekten untersucht worden. Außerdem handelt es sich um einen Ort, der sowohl zeitgeschichtlich als auch für das Genre 'Reisebericht' von Belang ist. Schließlich hatte Neapel im 18. Jahrhundert eine große Bedeutung für die utopischen Entwürfe der Italienreisenden, die verschiedene Vorstellungen von irdischer, paradiesischer Existenz auf die Stadt projizierten.

Als drittgrößte Stadt des ausgehenden 18. Jahrhunderts war sie eine der europäischen Metropolen mit ausgeprägt aufklärerischer Kultur und Hauptstadt einer bourbonischen Dynastie. Gleichzeitig erhielt sie eine besondere Prägung durch eine zahlenmäßig sehr große Unterschicht, der ein prunkvoll auftretender Adel und ein sehr kleines Bürgertum gegenüberstanden. Ähnlich der Situation in Paris oder London war die Zeit um 1800 durch starke politische Auseinandersetzungen und Umbrüche gekennzeichnet. Die nicht sehr erfolgreiche absolutistische Reformpolitik der Bourbonen wurde nach 1789 gestoppt, unter der Besatzung der Franzosen 1799 für ein halbes Jahr eine Republik errichtet, die Dynastie dann mit Hilfe einer Volksbewegung wiederhergestellt und 1806 erneut durch Könige von Napoleons Gnaden ersetzt. Deren Herrschaft überdauerte die französische Niederlage aber nur kurz, und 1815 kehrte derselbe König, Ferdinand IV., wieder zurück. 1820 war Neapel schließlich Ort einer nunmehr liberalen Revolution für ein konstitutionelles Königtum, die nach anfänglichem Erfolg niedergeschlagen wurde.

Wegen seiner angeblich sehr aufrührerischen Unterschichten, der Lazzaroni, hatte sich im 18. Jahrhundert eine Wahrnehmung Neapels herausgebildet, die stark über den Volksbegriff vermittelt war. Es gab einen Mythos, der in den Unterschichten das exemplarische Beispiel des unter südlicher Sonne sorglos und ohne Arbeit dahinlebenden Italieners sehen wollte. Dieser Mythos war einer der festen Bestandteile des deutschen Italienbildes, das durch die Berichte aus dem letzten Drittel des Jahrhunderts entscheidend geprägt wurde und bis heute wirksam ist.

Aufgrund der sozialen Struktur und der politischen Ereignisse in Neapel bot sich die Stadt den deutschen Reisenden in besonderer Weise für eine Konfrontation zwischen Ancien Régime und aufgeklärten Reformwünschen an. Indem sie sich von den Verhältnissen dort abgrenzten, konnten die reisenden Bürger ihre eigenen ge-

---

[19] Vgl. Monika Wienfort: Monarchie in der bürgerlichen Gesellschaft. Deutschland und England von 1640 bis 1848, Göttingen 1993, (Bürgertum. Beiträge zur europäischen Gesellschaftsgeschichte; 4), S. 14f. und jetzt auch Manuel Frey: Der reinliche Bürger. Entstehung und Verbreitung bürgerlicher Tugenden in Deutschland, 1760–1860, Göttingen 1997, (Kritische Studien zur Geschichtswissenschaft; Bd. 119), S. 26ff.

sellschaftlichen Vorstellungen entwickeln. Gleichzeitig bezeugten sie durch ihre Beschreibungen aber auch ihre eigene, sich wandelnde Einstellung. Diese war durch neue kulturelle Strömungen, politische Ereignisse und die Etablierung des von ihnen vertretenen Gesellschaftsmodells in Deutschland zwischen 1780 und 1820 verursacht.

3. Das Genre Reisebericht: Fiktion oder Fakten?

Als weitere Folge der Diskussion um Postmoderne und Geschichtswissenschaft ist die Möglichkeit, eine kausale Beziehung zwischen historischen Texten und einer historischen 'Wirklichkeit' herzustellen, grundlegend in Frage gestellt worden.[20] Diese Debatte hat den Blick für den realitätskonstituierenden Charakter von Sprache geschärft. Meiner Meinung nach eröffnet sowohl der Vergleich von Texten untereinander als auch der Vergleich von Texten mit archivalischen Quellen den Zugang zu einer historischen sozialen Praxis. Gerade die Differenzen zwischen den verschiedenen Quellen lassen Schlüsse auf Strategien von Gruppen oder Personen zu, die diese in sozialen Verhältnissen verfolgten, die aus verschiedenen Perspektiven geschildert werden. Historische Texte, auch Reiseberichte, sind keineswegs unüberprüfbare Konstruktionen, die allein einen Bezug zu anderen Texten aufweisen.[21]

---

[20] Vgl. Spiegel, History, S. 60ff.; Georg G. Iggers: Zur „Linguistischen Wende" im Geschichtsdenken und in der Geschichtsschreibung, in: Geschichte und Gesellschaft, 21.Jgg., 1995, S. 557–570, S. 560ff. Ein Überblick bei: Ute Daniel: Clio unter Kulturschock. Zu den aktuellen Debatten der Geschichtswissenschaft, Teil 1 und 2, in: Geschichte in Wissenschaft und Unterricht. Zeitschrift des Verbandes der Geschichtslehrer Deutschlands, Jg.48, Heft 4 und 5/6, Stuttgart 1997, S. 195–219 und S. 259–278. Als Folge erscheinen die Begriffe Realität oder Wirklichkeit nur noch in Anführungszeichen. Vgl. Spiegel, History, S. 68; Reinhart Koselleck: Sozialgeschichte und Begriffsgeschichte, in: W.Schieder/ V.Sellin (Hrsg.), Sozialgeschichte in Deutschland, Bd. 1 (1986), S. 89–109, S. 107.

[21] Diese Haltung nehmen verschiedene an der Diskussion beteiligte Historiker ein, die eine Unterscheidung zwischen Diskursen und sozialen Zusammenhängen, aus denen sie hervorgehen, für möglich halten. Die Argumente in der Diskussion hierfür sind vor allem, daß die Logik von Texten nicht mit der von Praktiken gleichzusetzen sei und gerade die konkurrierenden Methoden der historischen Subjekte, für ihre Position Wahrheit zu beanspruchen, eine Annäherung an die historische 'Realität' ermögliche. Einen konkreten Vorschlag, wie das Verhältnis von Praxis und Repräsentationen in Texten oder in symbolischer Form zu fassen sei, hat bisher allein Pierre Bourdieu vorgelegt. Vgl. Koselleck, Einleitung, S. XXI; Spiegel, History, S. 85; Dies.: History and Postmodernism IV, in: Past and Present, 34.Jgg., Nr.135, Oxford 1992, S. 194–208, S. 196, S. 203, S. 205f.; Roger Chartier: Zeit der Zweifel. Zum Verständnis gegenwärtiger Geschichtsschreibung, in: C.Conrad/ M.Kessel (Hrsg.), Geschichte schreiben in der Postmoderne. Beiträge zur aktuellen Diskussion, Stuttgart 1994, S. 83–97, S. 89, S. 94; Lynn Hunt: Geschichte

Als Konsequenz der hier skizzierten Diskussion sollen Repräsentationen in dieser Arbeit als ebenso 'real' und existent angesehen werden wie die Personen, die diese äußern, oder die materiellen Verhältnisse, in denen die Personen leben. Die Vorstellungen der Menschen spiegeln nicht einfach nur ihre materiellen Lebensverhältnisse wider.[22] Sie interpretieren vielmehr diese Lebensverhältnisse und konstituieren wiederum Wirklichkeit oder – in Gesellschaften mit verschiedenen Gruppen – verschiedene Wirklichkeiten, indem sie das Handeln der Gruppen anleiten.[23] Diskurse, Mythen, Wahrnehmungsstrukturen und Wertorientierungen sind daher grundlegende Bestandteile des 'Sozialen'.[24]

Eine solche Auffassung relativiert auch die Auseinandersetzung darum, inwieweit es sich bei Reiseberichten als historischer Quelle um Wiedergabe von Realität oder Fiktion handele. Man kann Reiseberichte sowohl als Quellen für historische Fakten als auch für Repräsentationen betrachten. Jeder Text konstruiert auf der Grundlage von Denkkategorien und Schreibprinzipien eine Realität. Die Aufgabe des Historikers ist es gerade, diese Kategorien und Prinzipien zu entziffern, um zu einer 'objektiven' Sicht sowohl auf die Autoren als auch auf die in den Texten enthaltenen 'Fakten' zu gelangen. So verstanden gehört zur Realität nicht nur die im Text beschriebene Realität, sondern auch die literarischen Konventionen, denen der Text folgt, und die Strategien, die die Autoren mit ihm verfolgen.[25]

---

jenseits von Gesellschaftstheorie, in: Conrad, Geschichte schreiben, S. 98–122, S. 106, S. 110; Carlo Ginzburg: Der Inquisitor als Anthropologe, in: Conrad, Geschichte schreiben, S. 201–218, S. 212, S. 216; Sieder, S. 449ff.

[22] Roger Chartier: Die unvollendete Vergangenheit. Geschichte und die Macht der Weltauslegung, Berlin 1989, S. 18f.; S. 65.

[23] Ebd., S. 45; vgl. Peter Burke: Stärken und Schwächen der Mentalitätengeschichte, in: U.Raulff, Mentalitäten-Geschichte, S. 127–145, S. 137, S. 139f. und Bourdieu, Unterschiede, S. 729.

[24] Sieder, S. 449; Daniel, Kultur, S. 92; James Vernon: Who's afraid of the 'linguistic turn'? The politics of social history and its discontents, in: Social History, Bd. 19, Heft 1, London 1994, S. 81–97, S. 88ff. Ein Überblick zum Stand der deutschsprachigen Kulturgeschichtsschreibung zur frühen Neuzeit bei Richard van Dülmen, Historische Kulturforschung zur Frühen Neuzeit. Entwicklung-Probleme-Aufgaben, in: Geschichte und Gesellschaft, 21.Jgg,1995, S. 403–429, S. 420f.

[25] Roger Chartier: Intellektuelle Geschichte und Geschichte der Mentalitäten, in: Raulff, Mentalitäten-Geschichte, S. 69–96, S. 92. Im Italienischen und Französischen wird, um die Differenz zwischen historischer Realität und den Reiseberichtstopoi zu fassen, oft der Begriff des 'Imaginären' verwendet. Dieser Begriff erweist sich jedoch nur als bedingt geeignet. Zwar wird das Imaginäre als ein System definiert, das, vernetzt mit den sozialen und religiösen Klassifizierungen, das Repräsentationssystem einer Gesellschaft bildet. Wohl ist auch von einer sozialen Differenzierung des Imaginären die Rede. Deutlich jedoch versteht Le Goff das Imaginäre nur als

Was vor diesem Hintergrund hier unter Reiseliteratur verstanden werden soll, ergibt sich aus dem Vergleich mit anderen zeitgenössischen Prosagattungen, mit den Absichten, die man gemeinhin mit dem Genre verband, und aus dem zeitgenössischen Verständnis von Wahrheit und Fiktion in der Literatur.[26]

Reiseliteratur nahm im 18. Jahrhundert, besonders im letzten Drittel, neue Formen und neue Inhalte an. Sie stellt eine Mischform dar, die ganz unterschiedliche Themen und Erzählformen enthält, die auch in anderen zeitgenössischen Gattungen zu finden sind.[27] Die Themen, die in Reiseliteratur erörtert werden, reichen von Geographie und Geologie über Philosophie und Geschichte bis hin zu Kunst, Anthropologie, Kameralistik und Altertumskunde. Fachwissenschaftliche Informationen enthält sie genauso wie idyllische Landschaftsschilderungen oder praktische

---

einen Teil der menschlichen Repräsentationen, die er von den Repräsentationen über das „Reale" und vom „Ideologischen" trennt. Repräsentationen des „Realen" sind für ihn Vorstellungen von der äußeren Realität, während das Imaginäre die schöpferischen Vorstellungen bezeichnet, die über eine reine Reproduktion der äußeren Wirklichkeit hinausgehen. Das Ideologische schließlich prägt den Vorstellungen einen Sinn auf, der im Interesse von Herrschaft steht.

Ich halte Le Goffs Definition des Imaginären nicht für eine Anwendung auf Reiseberichte geeignet. Erstens handelt es sich bei den Topoi um Vorstellungen von der äußeren Welt. Zweitens ist es unmöglich, ihre imaginären oder ideologischen Bestandteile von den rein reproduktiven zu trennen. Le Goff selbst hält es für möglich, daß bestimmte Vorstellungen mehr als einem der von ihm definierten Bereiche angehören. Dies trifft auch auf die Repräsentationen zu, die beim Reisen entwickelt werden. Mir erscheint es sinnvoller, Bourdieus Begriff der Repräsentationen anzuwenden, ohne einen klar abgegrenzten Bereich des Imaginären innerhalb dieser zu definieren. Zielt doch diese Untersuchung, ebenso wie die verschiedenen Begriffe der Forschung, gerade auf die Verbindung von Realem und Mythischem, die in den Topoi der Reiseberichte erfolgt und die die Reisenden selbst diskutieren. Vgl. Evelyn Patlagean: Die Geschichte des Imaginären, in: J.Le Goff/ R.Chartier/ J.Revel (Hrsg.), Die Rückeroberung des historischen Denkens, Grundlagen der neuen Geschichtswissenschaft, Frankfurt/M. 1990, S. 244–274, S. 259, S. 266; Jacques Le Goff: Phantasie und Realität des Mittelalters, Stuttgart 1990, S. 7ff.; S. 24; Mozzillo, Le ragioni, S. 2, S. 55; Schöttler, Mentalitäten, S. 96ff.; Peter Schöttler: Sozialgeschichtliches Paradigma und historische Diskursanalyse, in: J.Fohrmann/ H.Müller, Diskurstheorien und Literaturwissenschaft, Frankfurt/M. 1988, S. 159–199.

Dem 'Imaginären' ähnliche Begriffe bei: Mozzillo, L'immagine, S. 63, S. 102; Augusto Placanica, La capitale, il passato, il paesaggio: i viaggiatori come 'fonte' della storia meridionale, in: Meridiana. Rivista di storia e scienze sociali, 1 (September 1987), S. 165–179, S. 169; Elisabeth Chevallier: Le 'Lazzarone' napolitain vu par les voyageurs étrangers du XVIIIe siècle: Est il bon; est il méchant ?, in: Bulletin de l'Association Amicale des Anciennes Elèves de l'ecole normale superièure de Fontenay-aux-roses, Nr.90, 1970, S. 18–29, S. 18.

[26] Zum Vergleich verschiedener Prosagattungen vgl. Natalie Zemon Davis: Der Kopf in der Schlinge, Berlin 1988, S. 17, und Grosser, Funktionswandel, S. 289–296, der die formale Annäherung von Roman und Reisebericht im 18. Jahrhundert verfolgt hat.

[27] Ralph Rainer Wuthenow: Reiseliteratur in der Zeit der Aufklärung, in: H.F.Wessels (Hrsg.), Aufklärung. Ein literaturwissenschaftliches Studienbuch, Königstein/Ts. 1984, S. 161–182, S. 169.

Reiseratschläge.[28] Für die Reiseliteratur über Italien im späten 18. Jahrhundert lassen sich einige regelmäßig erörterte Themenbereiche festhalten. Geschildert werden südliche Natur und antike Kunst, der Zustand von Staat, Ökonomie und Kultur des Landes sowie die typischen Charakterzüge des Volkes.

Auch die Erzählformen, die in der Reiseliteratur auftauchen, sind vielfältig und den Zeitgenossen aus anderen Gattungen bekannt. Zuallererst ist hier die Briefform zu nennen, die seit Richardson und Rousseau in Romanen verwandt wurde.[29] Darüber hinaus finden sich in Reiseliteratur auch formale und inhaltliche Elemente staatstheoretischer, kameralistischer Lehrschriften.[30] Schließlich gibt es elementare Übereinstimmungen zwischen Reiseliteratur und Autobiographie: Selbstreflexionen im Kontakt mit fremden Menschen und fremder Umgebung tauchen immer wieder auf. Der Ich-Erzähler, sein Lebenslauf oder seine Reisestationen strukturieren die Darstellung, und sein persönliches Erlebnis, seine Augenzeugenschaft verbürgen die Authentizität des Geschilderten.[31]

---

[28] Eine Differenzierung der Reiseliteratur in einzelne fachwissenschaftliche Abhandlungen beginnt erst im frühen 19. Jahrhundert. Vgl. Wolfgang Neuber: Zur Gattungspoetik des Reiseberichts, in: Brenner, Entwicklung, S. 50–67, S. 57.

[29] Briefromane erschienen in Deutschland vor allem während der achtziger Jahre.Vgl. Gerhard Schulz: Die deutsche Literatur zwischen französischer Revolution und Restauration, Erster Teil: Das Zeitalter der Französischen Revolution 1789–1806, München 1983, in: H.de Boor/ R.Newald (Hrsg.), Geschichte der deutschen Literatur, Von den Anfängen bis zur Gegenwart, bisher 8 Bde., München 1949–94, Bd. VII/1 (1957), S. 273; Rolf Grimminger: Roman, in: Hansers Sozialgeschichte, Bd. 3, S. 635–715, S. 687; Regina Nörtemann: Brieftheoretische Konzepte im 18. Jahrhundert und ihre Genese, in: A.Ebrecht/ R.Nörtemann/ H.Schwarz (Hrsg.): Brieftheorie des 18. Jahrhunderts. Texte, Kommentare, Essays, Stuttgart 1990, S. 211–224, S. 211, S. 219.

[30] Die Abfolge der gesellschaftspolitischen Themen, die Autoren von Reiseliteratur behandeln, orientiert sich an der Einteilung dieser Lehrbücher und stellt ihre konkrete Anwendung dar.Vgl. z.B.: Johann Heinrich Gottlob von Justi: Gesammelte Politische und Finanzschriften. Über wichtige Gegenstände der Staatskunst, der Kriegswissenschaften und des Kameral- und Finanzwesens, 3 Bde., Aalen 1970 (Neudruck der Ausgabe Kopenhagen/Leipzig 1761–64) und Philipp Peter Guden: Polizey der Industrie, oder Abhandlung von den Mitteln, den Fleiß der Einwohner zu ermuntern, welcher die Königl. Groß-Brittanische Societät der Wissenschaften zu Göttingen i. J. 1766 den Preis zuerkannt hat, Braunschweig 1768. Münch, S. 164, 167f., S. 171ff.

[31] William E. Stewart: Die Reisebeschreibung und ihre Theorie im Deutschland des 18. Jahrhunderts, Bonn 1978, S. 33f.; Jean Marie Goulemot: Le pratiche letterarie, in: La vita privata dal rinascimento all'illuminismo, Rom/Bari 1987, S. 288–319, S. 307f.; Grosser, Funktionswandel, S. 285. Zur Nähe von Reisebericht und Biographie vgl. Michael Maurer: Die Biographie des Bürgers. Lebensformen und Denkweisen in der formativen Phase des deutschen Bürgertums (1680–1815), (Veröffentlichungen des Max-Planck-Instituts für Geschichte; Bd. 127), Göttingen 1996, S. 66, S. 112.

Die literarischen Gattungen der Zeit waren in Form und Inhalt also stark miteinander verwoben.[32]

Die ältere Literaturgeschichtsschreibung hat zwischen authentischer und fiktiver Reiseliteratur trennen wollen. Wolfgang Griep und Wolfgang Neuber haben zu Recht darauf hingewiesen, daß diese Kategorisierung weder sinnvoll noch möglich ist.[33] Sie negiert, daß die Reiseliteratur gerade des Jahrhundertendes sowohl aus 'Fakten' als auch aus 'Fiktion', erfundenen oder absichtsvoll komponierten Teilen also, besteht. Griep definiert Reiseliteratur als Prosa, für die die Erfahrung geographischen Raumes konstitutiv ist.[34] Innerhalb dieser Definition, der ich mich grundsätzlich anschließe, ist meines Erachtens aber eine weitere Unterscheidung notwendig: die zwischen Reisebericht und Reiseroman.[35]

Von besonderer Bedeutung war in der literarischen Diskussion des ausgehenden 18. Jahrhunderts ein verstärkter Anspruch auf Wahrhaftigkeit.[36] Wahr und vernünftig sollte, nach Ansicht ihrer Autoren, auch Reiseliteratur sein. Allerdings unterschieden die Zeitgenossen hier zwischen Reiseberichten und Romanen, auch Reiseromanen. Die Lektüre von Reiseberichten galt – im Gegensatz zu der von

---

[32] Grimminger, Roman, S. 705; Schulz, S. 273f., S. 275, S. 445; Marion Beaujean: Frauen-, Familien-, Abenteuer- und Schauerromane, in: A.Glaser (Hrsg.), Deutsche Literatur. Eine Sozialgeschichte, Bd. 5, Zwischen Revolution und Restauration: Klassik, Romantik 1786–1815, Reinbek 1980, S. 216–228, S. 221; Birgit Diekkämper: Formtraditionen und Motive der Idylle in der deutschen Literatur des 19. Jahrhunderts, Frankfurt/M. 1990, (Bochumer Schriften zur deutschen Literatur; Bd. 16), S. 32; Grosser, Funktionswandel, S. 289ff.

[33] Wolfgang Griep: Reiseliteratur im späten 18. Jahrhundert, in: Hansers Sozialgeschichte der deutschen Literatur vom 16. Jahrhundert bis zur Gegenwart, Bd. 3, Deutsche Aufklärung bis zur französischen Revolution 1680–1789, München 1980, S. 739–764, S. 740; Neuber, S. 52, S. 60. Vgl. Davis, Kopf, S. 15f.

[34] Griep, Reiseliteratur, S. 740. Vgl. eBd. , S. 754f.

[35] Diese Unterscheidung wird auch in der Forschungsliteratur gemacht, ohne die Kategorien jedoch genauer zu fassen. Als dritter Begriff wird auch 'Reiseliteratur' verwandt, teils als übergreifender, teils als spezieller Begriff. Vgl. Griep, Reiseliteratur, S. 741; Harro Segeberg: Die Spätaufklärung, in: V. Zmegac (Hrsg.), Geschichte der deutschen Literatur vom 18. Jahrhundert bis zur Gegenwart, Bd. I,1, Königstein/Ts. 1978, S. 349–426, S. 364 und S. 376; Wuthenow, Reiseliteratur, S. 169; Grosser, Funktionswandel, S. 284; Schulz, S. 445f.; Grimminger, Roman, S. 643 und S. 705; Neuber, S. 63; Harro Segeberg: Die literarisierte Reise im späten 18. Jahrhundert. Ein Beitrag zur Gattungstypologie, in: W. Griep/ H.W. Jäger (Hrsg.), Reise und soziale Realität am Ende des 18. Jahrhunderts, Heidelberg 1983, S. 14–31, S. 20f.

[36] Vgl. Grimminger, Roman, S. 639f., S. 645; Segeberg, Spätaufklärung, S. 362; Schulz, S. 71.

Romanen – als moralisch unbedenklich und nützlich.[37] In ihnen schilderte man die 'Realität', argumentierte kausal und folgte in der Beschreibung meist dem 'objektiven' Reiseverlauf nach datierbaren Tagen und Stationen. Die Autoren nahmen für sich in Anspruch, eine Reise zu beschreiben, die s i e   s e l b s t auf einer bestimmten Route in einem bestimmten Jahr unternommen hatten. Die Reiseliteratur der vorhergehenden Jahrhunderte empfand man im 18. Jahrhundert als fabelhaft.[38] Nun ist der Übergang von dem als 'fabelhaft' zu dem als 'real' Verstandenen je nach Gesellschaft und sozialer Gruppe unterschiedlich.[39] Reisetheorie und Reisende des 18. Jahrhunderts, darum bemüht, die als irreal erkannten Bestandteile früherer Berichte auszuschalten, wollten 'Vorurteile' und 'Vernunft' sauber voneinander trennen. Ihnen ging es darum, genau und objektiv zu beobachten, um erfundene oder auf Hörensagen beruhende Informationen von den empirisch feststellbaren zu trennen. Diese Informationen sollten gesammelt und reflektierend verwertet werden und so Erkenntnis über fremde Kulturen und Länder ermöglichen. Die in den Berichten verwendete Form der Mitteilung, der Brief, sollte eine besondere Realitätsnähe vermitteln.[40]

Daher halte ich es für sinnvoll, die zeitgenössische Differenzierung zwischen Reisebericht und Reiseroman für diese Arbeit zu übernehmen.[41] Sie ermöglicht zwar keine analytisch befriedigende Trennung, ist aber sinnvoll, damit man die zeitgenössische Haltung zu Reiseberichten und die Erwartungen an sie verstehen kann. Da sich jede Textsorte auf eine reale Welt und auf eine Wahrheit über diese Welt bezieht, ist in erster Linie nicht der Wahrheitsanspruch von Texten interessant, sondern die Art und Weise, in der versucht wird, einem Diskurs Objektivität zu verleihen. Eben diese „Fiktion eines 'Realismus'"[42] (Certeau), d.h. den Eindruck, ungefilterte Realität zu schildern, stellen auch die Autoren der Reiseberichte her. Der Anspruch der Zeitgenossen, empirische Fakten zu berichten, deren Authentizität durch die eigene Person garantiert wurde, ging nicht nur in die Erzählstruktur

---

[37] Stewart, S. 195; S. 198; Rolf Engelsing: Der Bürger als Leser. Lesergeschichte in Deutschland 1500–1800, Stuttgart 1974, S. 209.

[38] Griep, Reiseliteratur, S. 745 und S. 751. Vgl. Stewart, S. 101f.

[39] Patlagean, S. 244 , S. 266f.; Le Goff, Phantasie, S. 25.

[40] Wuthenow, Reiseliteratur, S. 163, 166f.; Griep, Reiseliteratur, S. 754. Die Briefform wurde im Fall der Neapelberichte allerdings zunehmend durchbrochen oder zumindest als stilistisches Mittel gekennzeichnet.

[41] Diese Unterscheidung auch bei Grosser, Reiseziel, S. 17.

[42] Michel de Certeau: Das Schreiben der Geschichte, Frankfurt/New York 1991, (frz. 1975), S. 61. Vgl. Spiegel, History, S. 81; Chartier, Zweifel, S. 85; Ders.: Quatre Questions à Hayden White, in: Storia della Storiografia, hrsg. von G.Iggers/ E.Tortarolo, Nr.24, Mailand 1993, S. 133–142, S. 139, S. 142.

ein,[43] sondern auch in die Inhalte. Nur durch den Anspruch auf Authentizität konnten Reiseberichte als ernsthafte, praxisleitende Diskussion über Gesellschaft wirksam werden. Selbstverständnis und Reputation der Autoren innerhalb der 'Gelehrtenrepublik' wurden durch diesen Anspruch bestimmt. Auch wenn das zeitgenössische Realitätsverständnis unseren heutigen Anforderungen an eine Reflexion über Wahrnehmung nicht mehr in jeder Hinsicht genügt, ist die Wirkung von Reiseberichten doch nur über dieses Verständnis zu erfassen.[44]

---

[43] Brenner, Reisebericht, S. 24. Sowohl Brenner, S. 154, als auch Grosser, Funktionswandel, S. 285, betonen den Anspruch auf Authentizität als wichtigstes Unterscheidungsmerkmal gegenüber fiktionaler Literatur. Allerdings verwendet allein Brenner ihn auch als entscheidenden Begriff, um in der Forschung zu einer befriedigenden Unterscheidung zu kommen.

[44] Zu den verschiedenen Versuchen, Fakten und Fiktion in Reisebeschreibungen zu trennen vgl. Grosser, Funktionswandel, S. 296; Segeberg, Literarisierte Reise, S. 20 und S. 26; Oswald, S. 29; Battafarano, S. 16.

II. Reiseberichte und ihre Autoren im gesellschaftlichen Zusammenhang: 'Gebildete', 'bürgerliche' Kultur, Mentalitäten und Repräsentationen um 1800

Will man die soziale Position der Autoren von Reiseberichten um 1800 charakterisieren, so stößt man auf einige begriffliche Schwierigkeiten. Gehören die Verfasser von Reiseberichten zum Bürgertum? Die Forschung hat wiederholt hervorgehoben, wie ungenau die Begriffe 'Bürgertum', 'bürgerlich' oder 'Bildungsbürgertum' in ihrer Definitionskraft sind.[1] Der Begriff 'Bürgertum' bezeichnet in Zeit, Eigenarten und Selbstverständnis unterschiedliche soziale Gruppen, die nur teilweise miteinander identisch sind: so das Stadtbürgertum, das Wirtschafts- oder das Bildungsbürgertum. 'Bürgertum' differenziert sich schon im 18. Jahrhundert und vor allem im Verlauf des 19. Jahrhunderts in verschiedene Untergruppen oder Fraktionen mit sehr unterschiedlichen Interessen und Strategien.[2] Für den hier in Frage ste-

---

[1] Ulrich Engelhardt: 'Bildungsbürgertum'. Begriffs- und Dogmengeschichte eines Etiketts, Stuttgart 1986, S. 12 ; M. Rainer Lepsius: Bürgertum als Gegenstand der Sozialgeschichte, in: W.Schieder/ V.Sellin (Hrsg.), Sozialgeschichte in Deutschland, Bd. 4, Göttingen 1987, S. 61–80, S. 61, S. 68; Hans-Jürgen Puhle: Einleitung, in: Ders. (Hrsg.), Bürger in der Gesellschaft der Neuzeit. Wirtschaft-Politik-Kultur, Göttingen 1991, (Bürgertum; Bd. 1), S. 7–13, S. 9. Jürgen Kocka: Bildungsbürgertum – Gesellschaftliche Formation oder Historikerkonstrukt?, in: Ders. (Hrsg.), Bildungsbürgertum im 19. Jahrhundert, Teil IV, Stuttgart 1989, S. 9–20, S. 9; Hans Ulrich Wehler: Bürger, Arbeiter und das Problem der Klassenbildung 1800–1870. Deutschland im internationalen Vergleich, in: J.Kocka (Hrsg.), Arbeiter und Bürger im 19. Jahrhundert: Varianten ihres Verhältnisses im europäischen Vergleich, München 1986, S. 2–27, S. 4f.; Hans Erich Bödeker: Die 'gebildeten Stände' im späten 18. und frühen 19. Jahrhundert: Zugehörigkeit und Abgrenzungen. Mentalitäten und Handlungspotentiale, in: J.Kocka (Hrsg.), Bildungsbürgertum im 19. Jahrhundert, Teil IV, Stuttgart 1989, S. 21–52, S. 24; Maurer, Biographie, S. 18f., S. 32ff..

[2] Vgl. z.B. bei Wehler, Klassenbildung, S. 2f. Beamte und Angehörige der freien Berufe sind in der Forschung oft als 'Bildungsbürgertum' bezeichnet worden. Die begriffsgeschichtliche Untersuchung Engelhardts hat ergeben, daß der Begriff 'Bildungsbürgertum' durch inflationären Gebrauch nahezu bedeutungslos geworden ist. Am ehesten sieht er ihn in der zweiten Hälfte des 19. Jahrhunderts am Platze, um diejenige Gruppe des Bürgertums zu bezeichnen, die Status und Selbstbewußtsein durch Monopolisierung von Bildungsdiplomen definiert, welche nun allein Zugang zu staatlichen Stellen ermöglichen. Lepsius hat im Widerspruch dazu einen Bildungsbürgerbegriff entworfen, der vom frühen 18. bis ins 20. Jahrhundert reicht. Dies scheint mir, angesichts der historisch sehr großen Veränderung und Entwicklung der so bezeichneten Fraktion des Bürgertums in diesem Zeitraum, nicht besonders hilfreich zu sein. Sinnvoller ist Engelhardts Empfehlung, eine Beschränkung der Begriffe auf bestimmte Zeitabschnitte vorzunehmen. Engelhardt, S. 18, S. 27, S. 226; M. Rainer Lepsius: Das Bildungsbürgertum als ständische Vergesell-

henden Zeitraum ist das Entstehen einer bis dahin in Rechtsstellung und Selbstverständnis nicht vorhandenen Art von 'neuem Bürgertum' typisch.³ Dieses unterscheidet sich deutlich vom traditional orientierten Stadtbürgertum und umfaßt das entstehende Wirtschaftsbürgertum, universitär gebildete Beamte, Professoren, Angehörige der freien Berufe und deren Frauen.⁴

Für den Zeitraum zwischen 1789 und 1821 muß man wohl eher die zeitgenössischen Ausdrücke 'Gebildete' oder 'gebildete Stände' verwenden. Diese Begriffe erscheinen besser geeignet als der des Bürgertums, weil sie Angehörige des Adels nicht ausschließen und trotzdem die große Rolle der 'Bildung' für diese Gruppe unterstreichen. Der Anteil Adeliger an den 'gebildeten Ständen' war erheblich. Ebenso werden Angehörige des Kleinbürgertums nicht von vornherein ausgeschlossen, auch wenn sie unter den 'neuen' Bürgern des späten 18. Jahrhunderts nur eine Minderheit ausmachen.⁵ Die Autoren der hier untersuchten Reiseberichte waren 'Gebildete'. Jedoch gehörte keiner von ihnen vor 1815 zum Wirtschaftsbürgertum. Vielmehr handelte es sich fast ausschließlich um bürgerliche und adelige Beamte und Intellektuelle.

---

schaftung, in: Ders. (Hrsg.), Bildungsbürgertum im 19. Jahrhundert, Teil III, Stuttgart 1992, S. 9–18, S. 14; Lepsius, Bürgertum, S. 69.

³ Diese Bezeichnung bei Wolfgang Ruppert: Bürgerlicher Wandel: Studien zur Herausbildung einer nationalen deutschen Kultur im 18. Jahrhundert, Frankfurt/M. 1984, S. 37.

⁴ Die Bedeutung des neuen Bürgertums für die weitere gesellschaftliche Entwicklung ist in der Forschung unstrittig. Unterschiedlich wird jedoch die Bedeutung einzelner Fraktionen innerhalb des Bürgertums bewertet. Während Lothar Gall die Kaufleute als „Zentrum des neuen Bürgertums" definiert, heben die an den Ergebnissen des Bielefelder Sonderforschungsbereiches orientierten Historiker die Bedeutung der Staatsbeamten im sozialen Wandlungsprozeß hervor. Ich werde mich in meiner Argumentation an den Ergebnissen der 'Bielefelder' orientieren, da sie mir kategorial schärfer erscheinen und die rechtlich nicht ins Stadtbürgertum eingebundenen Fraktionen des neuen Bürgertums, wie Langewiesche hervorgehoben hat, in Galls Perspektive zu sehr aus dem Blick geraten. Die Autoren der Reiseberichte gehören aber gerade zu dieser letzten Gruppe. Vgl. Dieter Langewiesche: Kommentar, in: L.Gall (Hrsg.), Stadt und Bürgertum im Übergang von der traditionalen zur modernen Gesellschaft, München 1993, S. 227–236, S. 234; Lothar Gall: Von der ständischen zur bürgerlichen Gesellschaft, München 1993, (Enzyklopädie Deutscher Geschichte; Bd. 25), S. 32; Utz Haltern: Literaturbericht. Die Gesellschaft der Bürger, in: Geschichte und Gesellschaft, 19.Jgg., Göttingen 1993, S. 100–134, S. 102f.

⁵ Zu den zeitgenössischen Begriffen und der Diskussion um die Angemessenheit des 'Bildungsbürger'- Begriffs vgl. Engelhardt, S. 66ff.; Rudolf Vierhaus: Umrisse einer Sozialgeschichte der Gebildeten in Deutschland, in: Quellen und Forschungen aus italienischen Archiven und Bibliotheken, Bd. 60, 1980, S. 395–419, S. 397f.; Kocka, Bildungsbürgertum, S. 9, S. 11, S. 17; Lepsius, Bildungsbürgertum, S. 9f.; Horst Möller: Aufklärung und Adel, in: E.Fehrenbach (Hrsg.), Adel und Bürgertum in Deutschland 1770–1848, (Schriften des Historischen Kollegs: Kolloquien; Bd. 31), München 1994, S. 1–9, S. 2f.; Maurer, Biographie, S. 18.

Jedoch läßt sich 'Bürgertum' negativ durch die Abgrenzung gegen andere soziale Gruppen definieren und positiv durch die speziell 'bürgerlichen' Werte, die ihm eigen sind. Vor allem letzteres erscheint weiterhin sinnvoll. Als bürgerlich können z.B. die Schätzung von Eigentum, Rechtssicherheit und individueller Autonomie ebenso angesehen werden wie die Betonung von Arbeitsamkeit, Leistung, Disziplin, Nützlichkeit und Vernunft. Auch die Wertschätzung von öffentlichem Diskurs, Allgemeinwohl und Fortschritt lassen sich zur Bürgerlichkeit rechnen.[6] Die Homogenität der 'Gebildeten' wird eben nicht durch gemeinsame soziale Herkunft, sondern durch gemeinsame Wertideen, Lebensführung und Kommunikation, kurz: die 'Kultur', hergestellt, die über sozioökonomische Differenzen hinweg zur Vergesellschaftung führten.[7] Die Zugehörigkeit zu einer sozialen Gruppe definiert sich demnach aus einer ganzen Reihe von Merkmalen, von denen eines aber dominieren kann. Erst die Beziehung aller relevanten Merkmale zueinander, ihre Struktur, macht die Sozialgruppe aus.[8] Für die Gruppe der Gebildeten scheint es mir daher sinnvoll, von einem Prozeß der Vergesellschaftung zu sprechen, der vor allem von kulturellen Faktoren abhängig ist wie auch vom Verhältnis zu anderen Gruppen innerhalb der gesellschaftlichen Figuration (Elias) und vom Verhältnis der Untergruppen oder Fraktionen innerhalb der Gruppe zueinander.[9]

---

[6] Jürgen Kocka: Bürgertum und bürgerliche Gesellschaft im 19. Jahrhundert, in: Ders. (Hrsg.), Bürgertum im 19.Jahrhundert. Deutschland im europäischen Vergleich, 3 Bde., Bd. 1, München 1988, S. 11–76, S. 35f.; Wehler, Klassenbildung, S. 2f.; Wolfgang Kaschuba: Deutsche Bürgerlichkeit nach 1800. Kultur als symbolische Praxis, in: J.Kocka (Hrsg.), Bürgertum im 19. Jahrhundert, Deutschland im europäischen Vergleich, 3 Bde., Bd. 3, S. 9–44, S. 14; Friedrich H. Tenbruck: Bürgerliche Kultur, in: F.Neidhardt/ M.R.Lepsius/ J.Weiß (Hrsg.), Kultur und Gesellschaft, Opladen 1986, S. 263–285, S. 274; Lepsius, Bürgertum, S. 62; Maurer, Biographie, S. 18ff., S. 32ff.; Möller, S. 1.

[7] Zu den vergesellschaftenden Faktoren vgl. Lepsius, Bürgertum, S. 70f., S. 75; Haltern, Literaturbericht, S. 102; Kocka, Bildungsbürgertum, S. 9f.; Hans Ulrich Wehler: Deutsches Bildungsbürgertum in vergleichender Perspektive – Elemente eines Sonderweges?, in: J.Kocka (Hrsg.), Bildungsbürgertum im 19. Jahrhundert, Teil IV, Stuttgart 1989, S. 215–237, S. 209 und 230f.; Wehler, Klassenbildung, S. 3f.; Kocka, Bürgertum und bürgerliche Gesellschaft, S. 27; Vierhaus, Umrisse, S. 405; Bödeker, Gebildete Stände, S. 33; Ute Frevert: 'Tatenarm und Gedankenvoll'? Bürgertum in Deutschland 1780–1820, in: H.Berding (Hrsg.), Deutschland und Frankreich im Zeitalter der Revolution, Frankfurt/M. 1989, S. 263–292, S. 271, S. 276.

[8] Bourdieu, Unterschiede, S. 182 , S. 176.

[9] Thompson, Wehler und Berdahl sprechen von Klassenbildung. Der Begriff der 'Klasse' scheint mir auf den in Frage stehenden Zeitraum nicht anwendbar zu sein, wohl aber das Modell gesellschaftlicher Gruppenbildung der drei Autoren. Vgl. Edward P.Thompson: Die englische Gesellschaft im 18. Jahrhundert: Klassenkampf ohne Klasse?, in: Ders., Plebeische Kultur und moralische Ökonomie, Frankfurt/M./Berlin/Wien 1980, S. 247–289, S. 267f., Robert Berdahl/ Alf Lüdtke/ Hans Medick/ David Sabean/ Gerald Sider u.a.: Klassen und Kultur. Sozialanthro-

Unter dem Begriff der Kultur oder auch der „bürgerlichen Kultur"[10] sollen hier nicht nur kanonisierte Inhalte verstanden werden, sondern die Inhalte und Formen, die alle – auch die 'nicht-kulturellen' – gesellschaftlichen Lebensbereiche erfassen, interpretieren und prägen. Kultur, definiert als Bereich gesellschaftlicher Vorstellungen, Riten und anderer symbolischer Formen, existiert nicht von anderen gesellschaftlichen Bereichen losgelöst. Vielmehr wird die soziale Praxis in allen gesellschaftlichen Feldern durch Kultur bestimmt.[11] Die Gebildeten sammeln sich sowohl um Inhalte, Repräsentationen, sei es nun zum 'kulturellen' Theater oder zum 'ökonomischen' Freihandel, als auch um eine neue Art, die Welt zu denken, zu empfinden, sich in ihr zu bewegen.[12] So ist es durchaus möglich, daß kulturelle Prozesse oder Faktoren die gesellschaftliche Entwicklung dominieren.[13]

Zu diesem erweiterten Kulturbegriff gehören demnach Werte und Weltanschauungen, Verhaltens-, Erlebens- und Kommunikationsweisen, Lebensführung und habituelle Einstellungen. Besser als der Begriff der Kultur sind die Begriffe der Repräsentation und des Habitus geeignet, die Faktoren zu charakterisieren, die den Gebildeten gemeinsam sind. Wenn bisher von der 'Mentalität' der Reisenden die Rede war, so muß hervorgehoben werden, daß dieser Begriff nicht gleichbedeutend ist mit 'Repräsentationen'. Repräsentationen sind vielmehr der bewußte und daher der für den Historiker am leichtesten zugängliche Teil der Mentalität. Was 'Mentalität' sonst noch ausmacht, ist in der Geschichtswissenschaft umstritten.[14] Ich

---

pologische Perspektiven in der Geschichtsschreibung, Frankfurt/M. 1982, S. 10; Wehler, Klassenbildung, S. 11f., S. 26; Chartier, Vergangenheit, S. 43.

[10] Der Begriff 'bürgerliche Kultur' bei Tenbruck, Kultur, z.B. S. 272; Lepsius, Bürgertum, S. 69. Zu den verschiedenen Charakterisierungen der vergesellschaftenden Faktoren siehe Anm. 7. Außerdem: Ruppert, Wandel, S. 30 und Hans H. Gerth: Bürgerliche Intelligenz um 1800. Zur Soziologie des deutschen Frühliberalismus, Göttingen 1976, S. 17f., S. 341. Gerth spricht von 'Denkstilen' und 'Kulturliberalismus' als vergesellschaftenden Faktoren, die er allgemeiner als 'Idealfaktoren' kennzeichnet.

[11] Chartier, Intellektuelle, S. 93f.; Berdahl, S. 10f. Zu verschiedenen Definitionsmöglichkeiten von Kultur vgl. Herrmann Bausinger: Bürgerlichkeit und Kultur, in: J.Kocka (Hrsg.), Bürger und Bürgerlichkeit im 19. Jahrhundert, Göttingen 1987, S. 121–142, S. 122.

[12] Bourdieu unterscheidet zwischen dem Habitus als 'unsichtbarer' inkorporierter Matrix des Denkens, Fühlens und Handelns und der Hexis, dem sichtbaren körperlichen Ausdruck.

[13] Wehler, Klassenbildung, S. 25f. Kocka und Lepsius halten, wie Max Weber, die Vergesellschaftungskraft von Kultur, Bildung und gemeinsamer Außenabgrenzung nur für gering. Gemeinsame Bildung führe kaum zu kollektiver Handlungsfähigkeit. Vgl. Kocka, Bürgertum und bürgerliche Gesellschaft, S. 60; Lepsius, Bildungsbürgertum, S. 10.

[14] Vgl. Burke, Stärken und Schwächen, in: Raulff, Mentalitäten-Geschichte, S. 127–145; Chartier, Intellektuelle, in: Raulff, Mentalitäten-Geschichte, S. 69–96; Chartier, Vergangenheit; Le Goff, Geschichte, in: Raulff, Mentalitäten-Geschichte, S. 18–32; Volker Sellin: Mentalitäten

möchte den Begriff für diese Arbeit in folgender Weise definieren: Neben den bewußten Vorstellungen einer Person, den Repräsentationen, umfaßt Mentalität auch die unbewußten, verinnerlichten Dispositionen, die die Wahrnehmung, das Gefühl sowie die körperliche Gestik und die Handlungen leiten. Diese unbewußten Dispositionen faßt Bourdieu mit dem Begriff des Habitus, der als dauerhafte „Handlungs-, Wahrnehmungs und Denkmatrix"[15] einer Gruppe fungiert. Da sich die gesellschaftlichen Verhältnisse in ihn eingeprägt haben, ist er zur Natur gewordene Geschichte.

Mentalität ist, so sehr sie individuell empfunden sein mag, immer auch kollektiv.[16] Daher ist es sinnvoller, von mehreren, gruppenzugehörigen Mentalitäten, von gruppenabhängigen Repräsentationen und gruppeneigenem Habitus innerhalb einer Gesellschaft zu sprechen. Der Habitus als Raster, das Körper und Geist aufgeprägt ist, steuert sowohl die Repräsentationen, die eine soziale Gruppe sich von den sie umgebenden gesellschaftlichen Verhältnissen und der eigenen Rolle darin macht, als auch deren gesellschaftliche Praxis innerhalb dieser Verhältnisse. Er liefert die Strukturen, mithilfe derer eine soziale Gruppe die Wirklichkeit klassifiziert und die theoretischen und praktischen Hierarchien schafft, die die Gesellschaft organisieren.[17] Jedoch verfügen die Individuen nicht über diese Art der Strukturierung, die ihnen nur teilweise bewußt und vor allem der Ausdruck bestimmter sozialer Existenzbedingungen ist.[18] Mentale Strukturierung und Repräsentationen, in denen diese sich ausdrückt, stehen in Konkurrenz zu Repräsentationen aller anderen gesellschaftlichen Gruppen. Alle diese Gruppen zusammen ergeben eine bestimmte gesellschaftliche Figuration, die von einer sich ständig verändernden Machtbalance zwischen den Gruppen bestimmt wird.[19] Konflikte um Klassifizierungen sind immer auch Machtkonflikte, in denen konkurrierende Gruppen um gesellschaftliche Legitimität und Hegemonie streiten, um das Vorrecht, die Dinge und Verhältnisse zu benennen.[20]

---

in der Sozialgeschichte, in: W.Schieder/ V.Sellin (Hrsg.), Sozialgeschichte in Deutschland, 4 Bde., Göttingen 1986/87, Bd. 3, Göttingen 1988; Vovelle, Serielle Geschichte, in: Raulff, Mentalitäten-Geschichte, S. 114–126; Ders.: Ideologie e mentalità, Neapel 1989 (frz. 1982).

[15] Bourdieu, Entwurf, S. 169; vgl. S. 165, S. 171, S. 270 und Ders., Unterschiede, S. 277ff.

[16] Vovelle, Serielle Geschichte, S. 123; Chartier, Intellektuelle, S. 82.

[17] Bourdieu, Entwurf, S. 229; Ders., Unterschiede, S. 279: Burke, Stärken und Schwächen, S. 138.

[18] Von Bourdieu, Entwurf, S. 151, S. 178, S. 229, „objektive Intention" der sozialen Lebensverhältnisse genannt.

[19] Chartier, Vergangenheit, S. 10, S. 43ff.

[20] Burke, Stärken und Schwächen, S. 137, S. 140. Roger Chartier fordert für die historische Forschung die Einbettung der Mentalitäten in ihre materielle Bedingtheit und schlägt vor, den

Die Funktion und die Eigenschaften, die ich hier den Repräsentationen zugeschrieben habe, definiert Reinhart Koselleck als Eigenschaften von Begriffen. Sie sind sprachlicher Ausdruck gesellschaftlicher Meinungen und Bedeutungen und ihr Gebrauch zeigt sozialen Wandel an. Sie haben eine eigene Geschichte, weswegen ihnen frühere Bedeutungen anhängen. Sie verändern sich langsam oder abrupt, hinken der Wirklichkeit hinterher oder eilen ihr voraus, interpretieren und prägen sie. Begriffe und Gegenbegriffe dienen sozialen Gruppen in gesellschaftlichen Auseinandersetzungen als Instrumente, sie grenzen aus und schaffen Identität.[21] Reiseberichte aus dem 18. Jahrhundert sind voll solcher Begriffe, die den Text strukturieren. Allerdings stammen sie im Unterschied zu Topoi oder Repräsentationen oft aus explizit wissenschaftlichen Zusammenhängen und sind in ihrer Bedeutung konkreter, eindeutiger. Dagegen sind Topoi mehrdeutig und zudem bildhafter, da sie aus Sprachkomplexen, statt aus einzelnen Worten, bestehen. Auch Begriffe sind Ausdruck einer bestimmten Mentalität und deshalb ebenfalls Objekt meiner Analyse.

Reiseberichte enthalten als bewußte Äußerungen vor allem Repräsentationen der sozialen und natürlichen Welt. Ihnen läßt sich entnehmen, mithilfe welcher mentaler Kategorien die Autoren diese Welt ordnen. Wahrnehmung auf Reisen erfolgt oft über die Definition von Gegensatzpaaren[22] oder über ein ganzes Netz von sich widersprechenden Topoi und Begriffen. Rückschlüsse auf affektive Dispositionen der Autoren lassen sich schon sehr viel schwerer ziehen, da die Hinweise

---

Begriff 'Mentalitätengeschichte' durch den der 'Kulturgeschichte' zu ersetzen. Dieser sei besser geeignet, die Bildung von Klassen, deren Praxis und ihre institutionelle Verankerung, die sich in Repräsentationen ausdrückt, zu erfassen. Für die vorliegende Arbeit erscheint es mir jedoch besser, den Begriff der Mentalitätengeschichte zu verwenden, da es in dieser Arbeit vorrangig um mentale Formen und Dispositionen geht, die allerdings durch den Bezug auf Praktiken und Institutionen erklärt werden sollen. Vgl. Daniel, Kultur, S. 99; Sieder, S. 445; Jürgen Kocka: Perspektiven für die Sozialgeschichte der neunziger Jahre, in: Schulze, S. 33–39, S. 37; Chartier, Vergangenheit, S. 15f.

[21] Koselleck, Sozialgeschichte, S. 93f., S. 101, S. 104; Reinhart Koselleck: Einleitung – Zur anthropologischen und semantischen Struktur der Bildung, in: Ders. (Hrsg.), Bildungsbürgertum im 19. Jahrhundert, Bd. II, S. 11–46, S. 17f. und S. 20f.; Ders., Einleitung, S. XX, S. XXIIf.; Ders.: Begriffsgeschichte und Sozialgeschichte, in: Ders. (Hrsg.), Historische Semantik und Begriffsgeschichte, Stuttgart 1978, (Sprache und Geschichte; Bd. 1), S. 19–36, S. 24, S. 26f., S. 32f.

[22] Vgl. Brenner, Erfahrung, S. 18, und Harbsmeier, Reisebeschreibungen, S. 3 und S. 8. Beide Autoren beziehen sich auf Reinhart Koselleck: Zur historisch-politischen Semantik asymmetrischer Gegenbegriffe, in: Ders., Vergangene Zukunft. Zur Semantik geschichtlicher Zeiten, Frankfurt/M. 1979, S. 211–259, der historische Verwendung und Wirkung solcher Begriffe grundlegend behandelt hat. Ohne theoretischen Bezug wird die Darstellung in Gegensatzpaaren auch von Mozzillo, L'immagine, S. 108; Ders., Sirena, S. 64 und bei Garms-Cornides/ Garms, S. 575 erwähnt.

hieraup spärlich sind und oft eher als Anpassung an rein literarische Konventionen erscheinen. Was Gesten und soziale Praxis der Reisenden betrifft, so sind diese den Berichten im eigentlichen Sinne nicht zu entnehmen. Wohl aber enthalten die Berichte Hinweise auf die Art und Weise des Reisens. Zudem kann man Schlüsse darauf ziehen, was die Praxis der Veröffentlichung eines Reiseberichtes für ihre Position innerhalb der zeitgenössischen deutschen Gesellschaft bedeutete. Hierzu ist dann allerdings ein Blick auf die Lebensweise der Autoren notwendig, der über die Lektüre der Berichte hinausgeht. Schließlich läßt sich die Veröffentlichung der Reiseberichte auch als eine 'diskursive Praxis' verstehen, indem sie die unterwegs vorgefundenen sozialen Verhältnisse befürwortet oder Anweisungen zu einer anderen sozialen Praxis gibt.[23]

Die Tendenz in der Forschungsliteratur, die besondere Rolle kultureller Inhalte im 18. Jahrhundert zu betonen, hat eine historische Grundlage. Denn seit etwa 1750 entwickelte sich in Europa ein säkularer und zunehmend verselbständigter Bereich der Kultur – im engeren Sinne –, eine „kulturelle Eigensphäre"[24] oder besser: ein Bereich kultureller Produktion mit neuen Inhalten.[25] Textuelle Repräsentationen gewannen nun ein größeres Gewicht. Diese größere Bedeutung von Inhalten und Theorien führte auch zu einer größeren Bedeutung der schulischen und universitären Institutionen, in denen sie vermittelt wurden. Diese Institutionen vermittelten aber nicht nur Bildungsinhalte, sondern eben auch Wahrnehmungs-, Denk-, Empfindens- und Kommunikationsmodi, d.h. einen spezifischen Habitus.[26]

In seiner Untersuchung zu den 'bürgerlichen' Tugenden hat Paul Münch darauf hingewiesen, daß sich Bürgerlichkeit, Bürgertum oder bürgerliche Kultur nicht durch die strikte Zuordnung kultureller Inhalte zu einer bestimmten Sozialstruktur definieren lassen.[27] Es bedarf vielmehr der Untersuchung einer konkreten gesellschaftlichen Situation, in der sich „bürgerliche Kulturpraxis [...] als ein konkreter

---

[23] Chartier, Vergangenheit, S. 16.

[24] Bödeker, Gebildete Stände, S. 36.

[25] Vgl. Tenbruck, Kultur, S. 264ff., S. 274ff.

[26] Bourdieu, Entwurf, S. 485; Ders., Unterschiede, S. 47ff.; S. 405; Gerth schildert den studentischen Freundschaftsbund und seine den Habitus prägende Kraft eindringlich, sieht den Habitus jedoch nicht direkt durch schulische Institutionen geprägt (Gerth, S. 46f.). Frevert, S. 283f., hebt die Vergesellschaftungskraft des Gymnasiums hervor, ohne aber zu klären, ob die Vergesellschaftung durch Inhalte oder Habitus erfolgt.

[27] Paul Münch (Hrsg.): Ordnung, Fleiß und Sparsamkeit, Texte und Dokumente zur Entstehung der 'bürgerlichen Tugenden', München 1984, S. 15f. Vgl. Maurer, Biographie, S. 235.

sozialer Handlungskontext präsentiert."[28] Erst in einem solchen Handlungskontext lassen sich bürgerliche Inhalte, ihre sozialen Träger und deren 'Lebenskultur' einander zuordnen. Diese Lebenskultur vermittelt ein spezifisches „Selbstverständnis und Selbstbewußtsein, definiert durch den Gebrauch materieller Güter, durch den Bezug auf ideelle Werte, durch die Benutzung kultureller Verhaltensmuster, die zusammengenommen ein lebensweltliches Ensemble bilden".[29]

Die im kulturellen Bereich vermittelten Repräsentationen, Habitus und Körperhaltung sind das, was zeitgenössisch mit den Begriffen 'Bildung' oder 'Humanität' bezeichnet wurde. Bedeutete Bildung seit der zweiten Jahrhunderthälfte mehr die individuelle und gesellschaftliche Entwicklung hin zu Vernunft, moralischem Verhalten und ästhetischem Empfinden im Sinne von Erziehung,[30] so wurde sie durch Herders Neudefinition seit den achtziger Jahren mehr oder weniger identisch mit dem Begriff der Humanität.[31] Humanität war gedacht als idealer Endzustand des Menschen, von Gattung und Individuum, der in seiner Natur angelegt war und durch Selbsttätigkeit erreicht werden konnte.[32] Humanität als 'natürliches' Ziel menschlicher Entwicklung wurde zum Begriff, an dem sich auch staatliches Handeln messen lassen mußte und mit dessen Hilfe sich die gebildeten Stände vom Adel abgrenzten. Humanität war das Ziel auch des neuhumanistischen Bildungsideals, wie es sich im frühen neunzehnten Jahrhundert durchsetzte.[33] Auch hier umfaßte der Begriff nicht nur die intellektuelle, sondern auch die ästhetische und sittliche Bildung des 'ganzen' Menschen: seiner Seele, seines Geschmacks und seiner Umgangsformen.[34]

---

[28] Kaschuba, S. 10. Vgl. auch Ulrike Döcker: Die Ordnung der bürgerlichen Welt. Verhaltensideale und soziale Praktiken im 19. Jahrhundert, Frankfurt/M./New York 1994, S. 10f., S. 15. Sie vermeidet eine klar abgegrenzte Definition des Bürgertums und beschäftigt sich mit der Konstruktion des Programmes 'Bürgerlichkeit' als kultureller Praxis durch heterogene Interessengruppen im Bürgertum.

[29] Kaschuba, S. 18.

[30] Rudolf Vierhaus: Artikel 'Bildung', in: Geschichtliche Grundbegriffe, Bd. 1, Stuttgart 1972, S. 508–551, S. 514ff.

[31] Vierhaus, Bildung, S. 515ff.; Hans Erich Bödeker: Artikel 'Menschheit, Humanität, Humanismus', in: Geschichtliche Grundbegriffe, Bd. 3, Stuttgart 1982, S. 1063–1128, S. 1092.

[32] Bödeker, Menschheit, S. 1091f.

[33] Ebd., S. 1085, S. 1098; Vierhaus, Bildung, S. 515.

[34] Bödeker, Gebildete Stände, S. 21, S. 33; Vierhaus, Umrisse, S. 403; Vierhaus, Bildung, S. 515; Engelhardt, S. 65ff.; Koselleck, Bildung, S. 17 und 20f. Zu den Unterschieden zwischen Bildung im aufklärerischen und im neuhumanistischen Sinne vgl. Jörn Garber: Von der Menschheitsgeschichte zur Kulturgeschichte. Zum geschichtstheoretischen Kulturbegriff der deutschen

Zur Bildung gehörte die Eigenbildung des Individuums und die Reflexion über das eigene Selbst ebenso wie die Entwicklung der Vernunft, der Moral und eines eigenen Lebensstils.[35] Sie war nicht spezifisch bürgerlich, sondern messianisch bestimmt, indem sie beanspruchte, das „Heilswissen"[36] zu vermitteln, das zur natürlichen Vervollkommnung der Menschheit und zur Aufhebung der Entfremdung führte. Zumindest dem Anspruch nach leitete Bildung auch zu gesellschaftlicher Tätigkeit an. Bildung in diesem umfassenden Sinn läßt sich mit Bourdieu als die 'kulturelle Praxis' bezeichnen, durch die sich Bürgerlichkeit konstituierte.[37]

Die Orte der Vermittlung von Bildung waren aber nicht nur Schule und Universität, sondern auch die Gesellschaften und Medien der bürgerlichen Öffentlichkeit: Zeitschriften und Bücher, Lesegesellschaften, Freundeskreise und – nicht zuletzt: Reisen und Reiseliteratur.[38] Das Verfassen von Reiseberichten trug als kulturelle Praxis entscheidend zur Herausbildung von 'Bürgerlichkeit' bei.

Die Vermittlung einer neuen Identität über 'Bildung' erfolgte in der Konstituierungsphase des neuen Bürgertums zwischen etwa 1770 und 1815.[39] Innerhalb dieser Zeit vollzog sich ein „umfassender gesellschaftlicher Transformationsprozeß"[40], der den Übergang von der altständischen zur modernen Gesellschaft

---

Spätaufklärung, in: J.Held, (Hrsg.), Kultur zwischen Bürgertum und Volk, Argument-Sonderband AS 103, Berlin 1983, S. 76–97, S. 80.

[35] Zur hier vorgenommenen Charakterisierung der 'Bildung' vgl. Koselleck, Bildung, besonders S. 13–29; Wolfgang Hardtwig: Auf dem Weg zum Bildungsbürgertum: Die Lebensführungsart der jugendlichen Bildungsschicht 1750–1819, in: M.R.Lepsius (Hrsg.), Bildungsbürgertum im 19. Jahrhundert, Teil III, Stuttgart 1992, S. 19–41, S. 23ff.

[36] Koselleck, Bildung, S. 16, S. 19.

[37] Kaschuba, S. 25f., S. 34.

[38] [Posselt, Franz:] Apodemik oder die Kunst zu reisen, Leipzig 1795, S. XXX und S. 5ff.; Lepsius, S. 74; Bödeker, Gebildete Stände, S. 34, S. 41 und S. 48; Hans Erich Bödeker: Prozesse und Strukturen politischer Bewußtseinsbildung der deutschen Aufklärung, in: Ders./ U.Herrmann (Hrsg.), Aufklärung als Politisierung – Politisierung der Aufklärung, Hamburg 1987, S. 10–29, S. 10; Rudolf Vierhaus: Der Aufstieg des Bürgertums vom späten 18. Jahrhundert bis 1848/49, in: J.Kocka (Hrsg.), Bürger und Bürgerlichkeit im 19. Jahrhundert, Göttingen 1987, S. 64–78, S. 72. Zu Reisen als Teil von Bildung: Koselleck, Bildung, S. 23; Gerth, S. 72, S. 77, S. 354.

[39] Kocka, Bürgertum und bürgerliche Gesellschaft, S. 47ff. nennt drei Phasen der Bürgertumsentwicklung, deren erste er, wie auch Gall, bis in die vierziger Jahre reichen lässt. Das Jahr 1815 sieht er als Ende des schnellen Aufstiegs, gefolgt von einer langsameren Phase bis 1848. Wehler entwirft zwei Phasen mit dem Scheitelpunkt 1870.

[40] Bödeker, Gebildete Stände, S. 24. In diesem Sinne auch: Kocka, Bürgertum und bürgerliche Gesellschaft, S. 47; Utz Haltern: Bürgerliche Gesellschaft. Sozialtheoretische und sozialhistorische Aspekte, Darmstadt 1985, S. 109.

zwar nicht vollendete, aber in wesentlichen Bereichen vollzog. Die zunächst im kulturellen Bereich geführte, von dort aus aber auf alle gesellschaftlichen Bereiche übergreifende Diskussion über moralische, kulturelle und gesellschaftliche Fragen führte zu einer neuen Konstruktion und Interpretation der Wirklichkeit und des Selbst in ihr.[41] Träger dieser Diskussion und für die Durchsetzung dieser neuen Weltsicht verantwortlich waren eben Mitglieder der 'gebildeten Stände'. Frevert formuliert zu Recht, es habe sich um einen „Kern gebildeter Männer"[42] gehandelt, denn die Zahl der beteiligten Frauen war gering. Die gebildeten Stände, ebensowenig rein bürgerlich wie die sie vergesellschaftende Bildung, waren auch Adressat dieser Diskussion und Objekt der Formierung einer neuen Mentalität. Nun darf man aber der von manchen Zeitgenossen vorgenommenen Identifikation von gebildeten Ständen mit d e m Publikum nicht ohne weiteres folgen.[43] Nur eine Minderheit der Lesenden veröffentlichte Artikel oder Bücher. Trotzdem verweist die Gleichsetzung von Lesenden und Schreibenden im Publikumsbegriff auf das vorhandene Wechselverhältnis zwischen Rezeption und Produktion der neuen Identität.[44] Gerade die Lektüre, in ihren individuellen und kollektiven Formen, wurde zum wesentlichen Mittel der Bildung ebenso wie zur wesentlichen Funktion des Gebildet-Seins. Die Aneignung der Wirklichkeit über Literatur und die Konstruktion von Wirklichkeit durch Literatur, Briefe und Tagebücher gingen Hand in Hand. Der Leser wurde so zum „erweiterten Autor"[45], der kommunizierend ebenso zur neuen Mentalität beitrug wie die Autoren von Büchern und Zeitschriften.[46] Reiseberichte, als umfangreichste zeitgenössische Literaturgattung nach dem Roman, waren ein wesentliches Medium innerhalb dieses Einübungs-Prozesses.

---

[41] Bödeker, Prozesse, S. 13; Ders., Gebildete Stände, S. 24; Haltern, Gesellschaft, S. 90; Frevert, S. 275. Anregungen für die Wechselwirkung von Repräsentationen und 'Realität' in Phasen gesellschaftlichen Umbruchs bei: Comparato, Viaggiatori, S. 855ff., S. 859, S. 866f.; S. 870 und 878; Jörn Garber: Die Zivilisationsmetropole im Naturzustand. Das revolutionäre Volk von Paris als Regenerations-und Korruptionsfaktor der 'Geschichte der Menschheit', in: Wiedemann, Rom-Paris-London, S. 420–456, S. 424, S. 427, S. 429, S. 434, S. 444ff., S. 455, Anm.94 und Anm.99.

[42] Frevert, S. 275. Vgl. Lepsius, Bürgertum, S. 73.

[43] Das idealtypische 'Publikum' war in Realität keineswegs ein einheitlicher Block.Vgl. die Untersuchungen zum Leseverhalten verschiedener Gruppen in: Hans Erich Bödeker (Hrsg.): Lesekulturen im 18. Jahrhundert, in: Aufklärung. Interdisziplinäre Halbjahresschrift zur Erforschung des 18. Jahrhunderts, 6.Jgg., Heft 1, 1991.

[44] Vierhaus, Bildung, S. 525f.; Maurer, Biographie, S. 15, S. 24, S. 66.

[45] Bödeker, Gebildete Stände, S. 37.

[46] Zum Lesen vgl. Bödeker, Gebildete Stände, S. 36f.; Koselleck, Einleitung, S. 20, S. 23.

Zu den kulturellen Faktoren, die in engem Zusammenhang mit den Reiseberichten stehen, gehören auch die Formen der Rezeption durch die Leser. Trotz neuerer Untersuchungen zur 'Lesekultur' ist über die Verbreitung von Reiseberichten, ihre Rezipienten und deren Ansprüche recht wenig bekannt.[47] In den Lesegesellschaften, deren Bestände bisher am besten untersucht wurden, scheint die Reiseliteratur zumindest bis ca. 1794 nach den Zeitungen und Zeitschriften die zahlenmäßig zweitgrößte Gattung gewesen zu sein.[48]

Noch vager müssen die Vermutungen über die Leser von Reiseberichten sein. Folgt man der Argumentation Otto Danns, in den Lesegesellschaften habe das Bedürfnis nach allgemeinbildender Sachliteratur überwogen, so wären es vor allem deren Mitglieder gewesen, die bevorzugt Reiseberichte lasen. Hier handelte es sich um eine fast ausschließlich männliche Führungsschicht aus Adeligen und bürgerlichen Akademikern, die keineswegs mit der breiten Leserschaft identisch war.[49]

Klare Aussagen sind allein über die Ziele möglich, denen die Lektüre erklärtermaßen dienen sollte. Die zeitgenössische Standard-Erklärung lautete, Lesen diene der Bildung und Unterhaltung.[50] Lektüre sollte Wissen vermitteln und die Entwicklung von Vernunft, Empfinden, Geschmack und Moral fördern. Die bei der Lektüre erworbenen Fähigkeiten sollten es ermöglichen, „in Gesellschaft mit Anstand zu erscheinen".[51] Belesenheit, als Ergebnis und Beweis von Bildung, war innerhalb der Gruppe, die Bildung als Gut schätzte, Ausweis kultureller Kompetenz und damit kulturelles Kapital.[52]

---

[47] Hans Erich Bödeker: Einleitung. Lesekulturen. Anmerkungen zum Forschungsthema, in: Ders., Lesekulturen, S. 3f. zählt die Produktion, den Vertrieb und Verkauf von Gedrucktem ebenso zur Lesekultur wie den Kauf, die Lektürepraxis und das Schreiben von Büchern und Artikeln. Reiseberichte waren am Ende des 18. Jahrhunderts in jeder größeren Bibliothek vorhanden und nahmen dort etwa 5–10% des Bestandes oder der Ausleihen ein. Vgl. Engelsing, Bürger, S. 251; Hans Erich Bödeker: Die Bibliothek eines Aufklärers: Georg Forster, in: Ders., Lesekulturen, S. 95–123, S. 106ff.; Mechthild Raabe: Wolfenbütteler Schulalltag und Schülerlektüre in der zweiten Hälfte des 18. Jahrhunderts, in: Bödeker, Lesekulturen, S. 5–26, S. 21.

[48] Otto Dann: Eine höfische Gesellschaft als Lesegesellschaft, in: Bödeker, Lesekulturen, S. 43–57, S. 52.

[49] Dann, S. 52f. Vgl. Engelsing, Bürger, S. 227f.; Raabe, S. 16ff.; Ursula A.J. Becher: Lektürepräferenzen und Lesepraktiken von Frauen im 18. Jahrhundert, in: Bödeker, Lesekulturen, S. 27–42; Hans Medick: Ein Volk 'mit' Büchern. Buchbesitz und Buchkultur auf dem Lande am Ende der frühen Neuzeit: Laichingen 1748–1820, in: Bödeker, Lesekulturen, S. 59–94.

[50] Vgl. Erich Schön: Der Verlust der Sinnlichkeit oder Die Verwandlungen des Lesers. Mentalitätswandel um 1800, Stuttgart 1987, S. 262.

[51] Engelsing, Bürger, S. 167. Vgl. Raabe, S. 10ff.; Becher, S. 37.

[52] Schön, S. 269.

Das Ziel der Unterhaltung stand der Bildung nicht im Wege. Im Gegenteil förderten unterhaltende Passagen diese Vermittlung noch. Denn nach Ansicht vieler Autoren waren es die Szenen aus dem Alltag – von den Reisenden farbig geschildert –, in denen gesamtgesellschaftliche Zustände zum Ausdruck kamen. Reiseberichte, als eine Mischform zwischen Roman, Tagebuch und gesellschaftspolitischer Abhandlung kamen beiden Ansprüchen entgegen.[53] Nicht vergessen werden sollte, daß die Reiseberichte auch auf habituellem und mentalem Gebiet zur Bildung beitrugen. Denn egal ob Adlige und Akademiker sie zur politischen Urteilsbildung lasen oder Schüler darin das Abenteuer fremder Länder fanden, für alle ermöglichten Reiseberichte das Schlüpfen in bis dahin unbekannte „Garderoben für verschiedenste Vorstellungen, Haltungen und Tätigkeiten."[54]

Die Konstituierungsphase des neuen Bürgertums war gekennzeichnet durch eine relative Offenheit und Unsicherheit in der gesellschaftlichen Stellung der Gebildeten: Offenheit im Sinne der Möglichkeit zum sozialen Aufstieg über die Aneignung von Bildung.[55] Eine Stelle im Apparat des absolutistischen Staates war für alle Bürger und viele Adlige die zentrale Möglichkeit zum Aufstieg[56] oder zum Erhalt des sozialen Status. Eine Anstellung dort war sowohl mit rechtlichen Privilegien als auch mit einer Teilhabe an staatlicher Machtbefugnis verbunden und konnte für die Bürgerlichen schließlich sogar zum Adelstitel führen.[57] Diese offene Situation

---

[53] Bödeker, Bibliothek, S. 108. In der Forschungsliteratur wird die Vermittlung nützlichen Wissens als Hauptinteresse der Leser bezeichnet. Vgl. Raabe, S. 21; Engelsing, Bürger, S. 209, S. 238; Dann, S. 54.

[54] Engelsing, Bürger, S. 184. Vgl. Dann, S. 54; Raabe, S. 19; Becher, S. 37.

[55] Bödeker, Gebildete Stände, S. 26, S. 28, S. 31; Vierhaus, Aufstieg, S. 66; Peter Lundgreen: Zur Konstituierung des 'Bildungsbürgertums': Berufs- und Bildungsauslese der Akademiker in Preußen, in: W.Conze/ J.Kocka (Hrsg.), Bildungsbürgertum im 19. Jahrhundert, Bd. I, S. 79–108, S. 87ff.; Stefan Brakensiek: Adlige und bürgerliche Amtsträger in Staat und Gesellschaft. Das Beispiel Hessen-Kassel 1750–1866, in: K.Tenfelde/ H.-U.Wehler (Hrsg.), Wege zur Geschichte des Bürgertums. Vierzehn Beiträge, Göttingen 1994, S. 15–35, S. 17f.

[56] Gerth, S. 333; Maurer, Biographie, S. 600. Vgl. hierzu die aufschlußreiche Regionalstudie von Brakensiek, S. 18, S. 23ff.

[57] Die Lage der beamteten Adeligen und Bürger wird hier gegenüber der der wirtschaftlich tätigen neuen Bürger einseitig betont, weil deren Wertorientierung, Lebensstil und ökonomische Strategien für die Zeit um 1800 bisher kaum untersucht wurden. Zudem sind es gerade die nichtwirtschaftlich tätigen neuen Bürger, die eine neue Orientierung auf allen gesellschaftlichen Gebieten propagieren.
Gall untersucht zwar die Durchsetzung neuer kaufmännisch tätiger bürgerlicher Gruppen in den deutschen Städten um 1800, kann ihre Orientierung an den neuen Werten und am neuen Lebensstil aber erst für die Zeit nach 1806 belegen (durch Teilnahme der Kaufleute an den

bestand aber auch im Hinblick auf die Identitätsbildung. Die neuen Denk-, Empfindens- und Handlungsweisen mußten individuell wie kollektiv noch eingeübt und verinnerlicht werden, und daraus resultierte eine Unsicherheit der Gebildeten als Individuen wie als Gruppe über ihre Stellung in der Gesellschaft. Die Anerkennung der Gebildeten als Gruppe mit eigenem Status, die für die rationale Planung und Reform der Gesellschaft zuständig war, konnte bei den anderen gesellschaftlichen Gruppen erst im 19. Jahrhundert durchgesetzt werden. Erst die Reformen in der Folge der napoleonischen Besetzung markierten die volle Etablierung zumindest der beamteten Adeligen und Bürger.

Unsicher war auch die Lage vieler Gebildeter in Hinsicht auf den Lebensunterhalt, denn die Akademiker'schwemme' am Ende des 18. Jahrhunderts machte eine Anstellung beim Staat für alle Bewerber unwahrscheinlich.[58] Für die Universitätsabsolventen, die eine Beamtenstelle nicht erreichen konnten und als Literaten oder Hofmeister ihren Lebensunterhalt verdienten, ergab sich so zumindest vorübergehend oder sogar dauerhaft eine Art „soziale Obdachlosigkeit"[59] (Gerth).

Aber auch 'Bildung' als Status und Aufstieg sichernde Norm, die Weltsicht und Lebensstil bestimmte, mußte sich erst durchsetzen.[60] Konnte die gesamtgesellschaftliche Anerkennung von Bildung, d.h. der im kulturellen Feld entwickelten und diskutierten Repräsentationen und des zugehörigen Habitus, erreicht werden, so ließ sich auch eine gehobene gesellschaftliche Stellung für ihre Inhaber und eine soziale Abgrenzung gegen alle Ungebildeten erreichen. In der hier untersuchten historischen Phase geschah genau dies: Die Gebildeten etablierten sich sowohl institutionell als auch auf dem Gebiet der Repräsentationen als Machtfaktor in Konkurrenz zu den alten Machteliten.[61]

---

bürgerlichen Vereinen). Inwieweit Teile der stadtbürgerlichen Kaufmannschaft oder ihre Mehrheit in der vorausgehenden Zeit eher traditional oder an den Werten des neuen Bürgertums orientiert waren, bleibt unklar. Ungeklärt ist auch, ob die von ihm beschriebene Bündnispolitik mit dem örtlichen Handwerk als Ausdruck solcher neuen Orientierung zu verstehen ist oder ob sie sich im Rahmen traditionaler Stadtpolitik und Wirtschaftsweisen bewegte. Die große, teilweise mehrheitliche Beteiligung von Kaufleuten an den bürgerlichen Vereinen nach 1806 läßt ebenfalls nicht automatisch auf eine neue Orientierung der Mehrheit der Kaufleute insgesamt schließen. Hingegen stellt er schon für das ausgehende 18. Jahrhundert fest, daß es aufklärerisch orientierte Adelige und Bürgerliche waren, die die neuen Werte propagierten. Vgl. Lothar Gall: Stadt und Bürgertum im Übergang von der traditionalen zur modernen Gesellschaft, in: Ders., Stadt und Bürgertum, S. 1–12, S. 7ff.; Gall, Von der ständischen, S. 32, S. 85.

58 Vierhaus, Aufstieg, S. 72; Gerth, S. 60.
59 Gerth, S. 62; vgl. S. 61.
60 Engelhardt, S. 30; Koselleck, Bildung, S. 17.
61 Engelhardt, S. 30; Maurer, Biographie, S. 617; Bourdieu, Entwurf, S. 165, S. 178.

Ich möchte in dieser Arbeit zeigen, daß die in den Reiseberichten auftauchenden Topoi, Repräsentationen und Begriffe Ausdruck der hier skizzierten Konkurrenz sind.[62] Die Reiseberichte vollziehen eine umfassende Rekonstruktion der Gesellschaft, ihrer Vergangenheit und ihrer Zukunft im Interesse der Gebildeten. War die Gültigkeit dieser Sicht auf die Wirklichkeit und der Theorien über ihre Veränderbarkeit erst durchgesetzt, so dominierten diese 'kulturellen Faktoren' die weitere gesellschaftliche Entwicklung und trieben sie in ihrem Sinne voran: Das Bedürfnis der absolutistischen Staaten nach einer Gruppe von fachkundig ausgebildeten Beamten und die gleichzeitige, daraus nicht zwangsläufig hervorgehende aufklärerische Bemühung um Rationalisierung der Lebenswelten führten zum Entstehen einer neuen Mentalität. Gerade aber die aufklärerische Diskussion in den neuen Medien und Vereinigungen, die die Abgrenzung von den Formen traditionaler Gesellschaft propagierte, diente eben der sozialen Distinktion der Gebildeten und führte schließlich auch zu deren sozialer Etablierung und zur materiellen Veränderung des Ancien Régime. Dabei gehe ich von der Hypothese aus, daß im hier untersuchten Zeitraum die Verbreitung und Verankerung der symbolischen Mittel der Kritik am Ancien Régime den materiellen Mitteln der gebildeten Stände bei weitem voraus war. Die in den Berichten geäußerten Repräsentationen trugen so dazu bei, die Realität, die sie beschreiben wollten, durch ihre Beschreibung erst zu schaffen. In diesem historischen Abschnitt dominierten die kulturellen Faktoren – im weiten Sinne – den sozio-ökonomischen wie den kulturellen Bereich.

Das Verfassen von Reiseberichten ist Teil des Bildungsprozesses und kulturelle Praxis der Autoren. In den Berichten äußern die Autoren inhaltliche Vorstellungen, z.B. zur Neuordnung der Gesellschaft, sie bedienen sich 'gebildeter' Darstellungsformen, z.B. der Briefform, und stellen sich selbst gegenüber der eigenen Gruppe und der gesamten Gesellschaft dar. Sie sammeln symbolisches, kulturelles Kapital[63], das in Ansehen innerhalb der eigenen Gruppe und – in wenigen Fällen – auch in beruflichen und sozialen Aufstieg umgewandelt werden kann. Die kulturelle Praxis 'Reiseberichtschreiben' verfolgt so, dem Autor bewußt oder unbewußt, zahlreiche Zwecke. Alle diese Zwecke aber dienen der Durchsetzung der kulturellen Hegemonie des bürgerlichen Lebenskonzepts, noch bevor es in Deutschland materiell so stark ist, daß es auch institutionell hegemon wird. Erst mit dem Bruch in der Kontinuität des Genres Reisebericht um 1810 tritt dieses Ziel hinter andere zurück.

---

[62] Burke, Stärken und Schwächen, S. 139; Bourdieu, Entwurf, S. 329, S. 331ff.

[63] Bourdieu, Unterschiede, S. 338.

III. Warum noch ein Reisebericht über Italien?

Die Vorworte

Meine Darstellung der Reiseberichtstopoi beginnt, wie die Berichte selbst, mit den Vorworten und dem Programm, das die Autoren darin entwerfen. Die Reisenden des späten 18. und frühen 19. Jahrhunderts fühlten sich unter Rechtfertigungsdruck. Reisen nach Italien waren ebenso Teil einer Tradition geworden wie die Reflexion über den Nutzen von Reisen in Reisebeschreibungen und Reiseführern. Seit etwa 1770 stieg die Zahl veröffentlichter Reisebeschreibungen ständig an. Ein fester Kanon der Dinge, die man in einem Bericht über Italien zu erwarten hatte, hatte sich längst gebildet. Warum also noch einen Reisebericht über Italien veröffentlichen? Diese Frage versuchen die Autoren von Reisebeschreibungen in ihren Vorworten zu beantworten. Ihre Antworten überzeugen längst nicht immer, aber sie lassen eine Entwicklung erkennen, die auch die Gattung 'Reisebericht' im Verlauf der hier untersuchten dreißig Jahre durchläuft.

Vor 1799 sind die Vorworte und damit die Begründungen noch verhältnismäßig kurz. Die Reisenden betonen immer wieder, ihr Bericht sei rein persönlicher Natur und könne keine Vollständigkeit beanspruchen. Sie wollten vor allem persönliche Gefühle und Erlebnisse auf Reisen mitteilen, denn über Kunst und Antike sei schon zuviel geschrieben worden. Den Bericht für Freunde und die Unterhaltung der Leser nennen sie als weitere Gründe für ihr Schreiben.[1]

Trotzdem halten die Autoren ihre Berichte aber für mehr als privat und subjektiv, denn sie wollen neue Informationen zum Zeitgeschehen und zu Veränderungen der italienischen Gesellschaft vermitteln. Die vorurteilslose Schilderung der „Realität"[2], Wahrheitsliebe und Freimütigkeit setzen sich zumindest einige Autoren zum

---

[1] Subjektivität: Georg Arnold Jacobi: Briefe aus der Schweiz und Italien, in das väterliche Haus nach Düsseldorf geschrieben, 2 Bde., Lübeck und Leipzig 1796/97, Bd. 1, S. 167; Karl Gottlob Küttner: Wanderungen durch die Niederlande, Deutschland, die Schweiz und Italien in den Jahren 1793 und 1794, 2 Bde., Leipzig 1796, Bd. 1, S. IV; Johann Friedrich Franz Lehne: Romantische Seereise von Genua nach Neapel, Mainz 1825, S. VI. Unvollständigkeit: Jacobi, Bd. 1, Vorrede; Küttner, Bd. 1, S. III. Privater Charakter: Jacobi, Bd. 1, Vorrede; Küttner, Bd. 1, S. V; Lehne, S. IV. Unterhaltung: Küttner, Bd. 1, S. V. Kein Fachbericht: [Karl Joseph Stegmann:] Fragmente über Italien. Aus dem Tagebuch eines jungen Deutschen, 2 Bde., ohne Ort 1798, Bd. 1, S. III. Abgrenzung von Kunst und Antikenbeschreibung: Küttner, Bd. 1, S. V; Lehne, S. V; Johann Isaak Freiherr von Gerning: Reise durch Oesterreich und Italien, 3 Bde., Frankfurt/M. 1802, Bd. 1, S. 9.

[2] Gerning, Bd. 1, S. 8 und S. 10.

Ziel.³ Indem sie Subjektivität und Privatheit ihrer Berichte hervorheben und gleichzeitig beanspruchen, nützliche Informationen zu vermitteln, bewegen sich die Autoren innerhalb der zeitgenössischen Diskussion um den Zweck von Reiseberichten. In der ersten Jahrhunderthälfte hatte man ihren Hauptzweck in der Informationsbeschaffung für die Wissenschaften, also in ihrem gesellschaftlichen Nutzen gesehen. Die 'Objektivität' dieser Informationen garantierte dabei die Person des Autors, der nur berichten sollte, was er selber gesehen hatte.⁴ Seit Rousseau und Voltaire galt auch die Selbstbildung des Individuums und die Ausbildung seines kritischen Blicks auf gesellschaftliche Verhältnisse als angestrebter 'Nutzen' einer Reise wie auch der Lektüre von Reisebeschreibungen.⁵ Aufgrund dieser Entwicklung überwogen ab etwa 1770 die Berichte, die die Relativität jeder Wahrnehmung betonten und angesichts vieler grundsätzlich bekannter Fakten nunmehr die persönlichen Erlebnisse in den Vordergrund stellten. Der Anspruch, gesellschaftlich nützliche Informationen zu vermitteln, rückte an die zweite Stelle.

Diese Entwicklung vollzieht sich auch in den Reiseberichten über Neapel. Der Anspruch auf Subjektivität überwiegt in den Berichten eindeutig den 'Nutzen'. Die Behauptung, Objektinteresse, politische Kritik und der Anspruch auf gesellschaftlichen Nutzen verschwänden in den neunziger Jahren vollkommen, bestätigt sich hingegen nicht.⁶ Vielmehr weitet sich das Objektinteresse für kurze Zeit noch aus, und der Anspruch, Nützliches mitzuteilen, wird auch nach 1815 noch erhoben. Wirklich glaubhaft aufrechterhalten wird der Anspruch auf gesellschaftliche Relevanz in den Neapelberichten allerdings nur bis etwa 1806. Danach ändert sich die politische Haltung, die in ihnen zum Ausdruck kommt, grundlegend, weil der gesellschaftsverändernde Anspruch der Aufklärung erlischt.

Nach 1799 nimmt das Bedürfnis, sich für die Verfassung noch eines Reiseberichts zu rechtfertigen, offensichtlich zu. Die Berichterstattung über Neapel intensiviert sich und damit auch die Auseinandersetzung mit der Tradition in Reisebeschreibungen. Die Vorworte werden länger. Als Grund für die Reise und die Veröffentlichung eines Berichtes darüber taucht nun häufiger die Sehnsucht des Autors nach Italien auf, die schon vor 1799 vereinzelt erwähnt wurde⁷:

---

3   Küttner, Bd. 1, S. V; Stegmann, Bd. 1, S. III, S. V; Gerning, Bd. 1, S. 7 und S. 9.

4   Stewart, S. 27, S. 30 und S. 49.

5   Stewart, S. 197, S. 225, S. 235, S. 246. Urs Bitterli: Die 'Wilden' und die 'Zivilisierten'. Grundzüge einer Geistes- und Kulturgeschichte der europäisch-überseeischen Begegnung, München 1976, S. 270.

6   Vgl. Stewart, S. 101, S. 124, S. 129, S. 137, S. 213, S. 263 und S. 275.

7   Lehne, S. 1; Gerning, Bd. 1, S. 7.

„Alles trifft zusammen um in uns schon in den frühsten Jahren die Sehnsucht nach diesem beglückten Erdstrich zu wecken, und eine Wallfahrt nach demselben zum Lieblingswunsch unsrer Jugendträume, zum Gegenstand unsrer liebsten Plane zu machen."[8]

Ein weiteres Element der Genre-Diskussion wird nun verstärkt genannt: die Absicht, den Leser zu unterhalten.[9] Die Autoren akzeptieren dieses Leserbedürfnis und streichen die unterhaltenden Anteile heraus.[10] Die Unterhaltung wird zum selbständigen Element innerhalb der Reisebeschreibungen. Allein die Unterhaltung zum Zweck seines Schreibens zu erklären, wagt jedoch keiner der Reisenden, und auch dem Inhalt nach kann davon nicht die Rede sein.[11]

Ausführlicher werden jetzt die Themen genannt, die beschrieben werden sollen. Diese bewegen sich aber innerhalb des schon vor 1789 gepflegten Kanons von

---

[8] Philipp Joseph von Rehfues/ Johann Friedrich Tscharner: Italien. Eine Zeitschrift von zwei reisenden Deutschen, 2 Bde.(Heft 1–8), Berlin 1803/04, Bd. 1, S. 3. Vgl. Karl Urban Keller: Schönheiten der Natur, gezeichnet auf einer Reise durch Italien in den Jahren 1802 und 1803, Stuttgart 1805, S. III; Karl Morgenstern: Reise in Italien im Jahre 1809, 3 Hefte, Dorpat/Leipzig 1811/13, S. XI; E.T. Baron von Uklanski: Briefe über Polen, Österreich, Sachsen, Bayern, Italien, Etrurien, den Kirchenstaat und Neapel, an die Comtesse Constance de S. , geschrieben auf einer Reise von 1807–1808, 2 Bde., Nürnberg 1808, Bd. 1, S. 129; [Karl Friedrich Emich Freiherr von Uxkull Gyllenband:] Fragmente über Italien, in Briefen an einen Freund, 2 Bde., ohne Ort 1811, Bd. 2, S. 5.

[9] Karl Friedrich Benkowitz: Reise von Glogau nach Sorrent, über Breslau, Wien, Triest, Venedig, Bologna, Florenz, Rom und Neapel, 3 Bde., Berlin 1803/04, Bd. 1, S. VI; Johann Gottfried Christian Kiesewetter: Reise durch einen Theil Deutschlands, der Schweiz, Italiens und des südlichen Frankreichs nach Paris. Erinnerungen aus den denkwürdigen Jahren 1813, 1814 und 1815, 2 Bde., Berlin 1816, Bd. 1, S. X; Rehfues, Italien, Bd. 1, S. 20; Johann Heinrich Eichholz: Neue Briefe über Italien, 4 Bde., Zürich 1806/11, Bd. 4, S. III. Vor 1799 wird 'Unterhaltung' als Ziel nur bei Küttner, Bd. 1, S. X genannt.

[10] Benkowitz, Glogau, Bd. 2, S. VI; Philipp Joseph Rehfues: Gemählde von Neapel und seinen Umgebungen, 2 Bde., Zürich 1808, Bd. 1, S. X; Friederike Sophie Christine Brun: Sitten- und Landschaftsstudien von Neapel und seinen Umgebungen in Briefen und Zuschriften entworfen in den Jahren 1809–10 nebst spätern Zusätzen von Friederike Brun, geborne Münter, Leipzig 1818, S. X; August Friedrich Ferdinand von Kotzebue: Erinnerungen von einer Reise aus Liefland nach Rom und Neapel, 3 Bde., Berlin 1805, Bd. 1, S. II.

[11] Stewart, S. 206ff. schildert die Auseinandersetzung um den Anteil von Unterhaltung und Nutzen in Reisebeschreibungen und Rezensionen in den 1780er und 90er Jahren. Er konstatiert (S. 213) eine Befreiung des 'delectare' von jeder Bindung an das 'prodesse'. Dies trifft für die Neapelberichte nicht zu, wenn auch die unterhaltenden Anteile in den Texten meist überwiegen.
Die Formel 'utile et dulce' (vgl. Stewart, S. 195) wörtlich bei Benkowitz, Glogau, Bd. 1, S. VI. Entsprechende Wortpaare bei Eichholz, Bd. 4, S. III; Rehfues, Italien, Bd. 1, S. 20; Ife, S. XII; Wehrhan, S. III.

Antike, Natur, Kunst und Volkscharakter, Zustand von Aufklärung, Staat und Ökonomie.[12] Den rein privaten Charakter der Berichte streichen die Autoren weiter heraus. In direktem Widerspruch hierzu sprechen sie ebensooft den Leser als Adressaten an.[13]

Immer wieder heben die Autoren hervor, ein wesentliches Ziel ihres Berichtes sei die Schilderung von Erlebnissen und Gefühlen. Gefühle, Empfindungen, ja die „Seele des Reisenden"[14] sollen sich im Text ausdrücken. Dieser Anspruch steht nun gleichwertig neben dem der Nützlichkeit.

Beibehalten wird schließlich auch das Prinzip, nach dem der Reisende nur schildert, was er selbst gesehen oder „von ziemlich glaubwürdigen Männern wiederholt gehört"[15] hat. Viele Autoren meinen jedoch, um die 'Wahrheit' schildern zu können, genüge es schon, sich Vorurteilslosigkeit vorzunehmen und den Blick nicht durch vorherige Lektüre zu verstellen.[16] Dieser erkenntnistheoretischen Naivität huldigt besonders Kotzebue, der allein den ersten Blick des unvorbereiteten Betrachters für unvoreingenommen hält. Seume meint dagegen, jede Darstellung sei notwendigerweise subjektiv.[17]

---

[12] Beibehalten wird von einigen Autoren die Beschränkung in der Beschreibung von Kunst und Antike. Vgl. Keller, S. IV; Eichholz, Bd. 4, S. IV, S. VIII; Rehfues, Italien, Bd. 1, S. 2, S. 12, S. 17, S. 19, S. 50f.; Charlotte Elisabeth von der Recke: Tagebuch einer Reise durch einen Theil Deutschlands und durch Italien in den Jahren 1804 bis 1806, 4 Bde., Berlin 1815/17, Bd. 3, S. VII.

[13] Abgrenzung von gelehrter Beschreibung: Eichholz, Bd. 4, S. V; Morgenstern, S. XVII; Karl Friedrich Benkowitz: Reisen von Neapel in die umliegenden Gegenden. Nebst Reminiscenzen von meiner Rückreise nach Deutschland und einigen Nachrichten über das letzte Erdbeben in Neapel, Berlin 1806, S. I. Privater Charakter: Morgenstern, S. X; Eichholz, Bd. 4, S. III; Benkowitz, Glogau, Bd. 1, S. V. Unvollständigkeit: Morgenstern, S. XII; Uxkull, Bd. 1, S. 5; Eichholz, Bd. 4, S. XVII; Rehfues, Italien, Bd. 1, S. 25. Direkte Ansprache des Lesers: Kotzebue, Bd. 1, S. X; Rehfues, Italien, Bd. 1, S. 20; Recke, Bd. 3, S. VI; Benkowitz, Glogau, Bd. 1, S. V.

[14] Kotzebue, Bd. 1, S. III. Vgl. auch Morgenstern, S. XI; Kiesewetter, Bd. 1, S. IX; Johann Gottfried Seume: Spaziergang nach Syrakus im Jahre 1802, Nördlingen 1985, (Neuauflage nach der 3. Auflage Leipzig 1811), S. 7; Karl Friedrich Benkowitz: Helios der Titan oder Rom und Neapel. Eine Zeitschrift aus Italien von dem Verfasser des Natalis, 2 Bde., Leipzig 1802/04, Bd. 1, S. 26.

[15] Seume, S. 13. Vgl. Kotzebue, Bd. 1, S. X; Benkowitz, Glogau, Bd. 3, S. XII. Die gleiche Haltung zeigt sich auch in dem Konzept Rehfues', selbst vor Ort zu recherchieren und auf einheimische Informanten zurückzugreifen (Italien, Bd. 1, S. 16, S. 19). Dabei erscheint dieser Anspruch hier nicht als rein „konventionelle Leerformel", wie Stewart, S. 139, schreibt.

[16] Z.B. bei Kotzebue, Bd. 1, S. V; Benkowitz, Glogau, Bd. 1, S. VII.

[17] Seume, S. 7.

Aber nicht alle Autoren lösen das Problem der Möglichkeit objektiver Erkenntnis so einfach und schnell. Nicht zufällig ist es Rehfues, der die bekannte Problematik ausführlich behandelt. Er hält sich mehr als zwei Jahre in Italien auf und übersetzt italienische Autoren. Um die eigenen Vorurteile und die bisherige Einseitigkeit der Reisenden in ihren Urteilen über Italien zu korrigieren, hält er eine umfassende Vorinformation für notwendig.[18] Im Land selbst dürfe man nicht nur die großen Städte besuchen, müsse möglichst italienisch sprechen und sich vor allem länger dort aufhalten,

„[...] um nicht in den Fall jenes Reisenden zu kommen, dem der Wind den ersten Abend nach seiner Ankunft in Avignon den Hut vom Kopfe wehte, und der darum in sein Tagebuch schrieb: 'Avignon ist heftigen Winden mehr ausgesetzt, als jede andre Stadt von Frankreich.'"[19]

Schließlich erhebt er auch den Anspruch, Kontakt zu allen sozialen „Klassen"[20] aufzunehmen, um Einseitigkeit zu vermeiden. So zeigt sich nach 1800 ein größeres Bewußtsein der Autoren für die Bedingtheit jeder Wahrnehmung, ohne daß sie jedoch grundsätzlich anders damit umgehen. Rehfues empfiehlt, die Beobachtung auszuweiten und zu intensivieren. Damit wiederholt er aber im wesentlichen das, was in zeitgenössischen Reiseführern vom idealen Reisenden gefordert wurde.[21] Neu ist bei ihm allerdings die Empfehlung, sich mit den noch kaum bereisten Gegenden zu beschäftigen, und konkurrenzlos das Vorhaben, sich als 'Korrespondent' länger am Ort aufzuhalten.

Fast alle Autoren stellen fest, daß über Italien eigentlich schon alles gesagt oder besser: geschrieben sei. Jeder neue Reisebericht wecke beim Leser den „Verdacht unnützer Wiederholung und schwülstiger Ausspinnung des schon Gesagten".[22]

---

[18] Rehfues, Italien, Bd. 1, S. 46; Rehfues, Gemählde, Bd. 1, S. VII; Vorinformationen halten auch Eichholz, Bd. 4, S. VIf. und Uxkull, Bd. 2, S. 6f. für unerläßlich. Ältere Reiseberichte korrigieren wollen Eichholz, Bd. 4, S. XIIIf.; Rehfues, Bd. 1, S. 46; Kotzebue, Bd. 1, S. II, S. V.

[19] Rehfues, Gemälde, Bd. 1, S. VII.

[20] Rehfues, Italien, Bd. 1, S. 46.

[21] So z.B. bei Posselt, S. 31, S. 52, S. 57f., und Johann Jakob Volkmann: Historisch-kritische Nachrichten von Italien, welche eine Beschreibung dieses Landes, der Sitten, Regierungsform, Handlung, des Zustandes der Wissenschaften und insonderheit der Werke der Kunst enthalten, 2. viel vermehrte und durchgehend verbesserte Auflage, 3 Bde., Leipzig 1777/78, Bd. 1, S. XVII, S. XXII, S. XXX, S. 9, S. 80.

[22] Rehfues, Italien, Bd. 1, S. 8. Im gleichen Sinn auch: Recke, Bd. 3, S. XIII; Eichholz, Bd. 4, S. III; Benkowitz, Helios, Bd. 1, S. V; Kotzebue, Bd. 1, S. IV; Morgenstern, S. XI; Brun, Sitten, S. X.

Trotz dieser nicht unbegründeten Vermutung glauben aber alle, sie hätten dem Publikum doch noch etwas „Neues"[23] mitzuteilen. Das Neue wird dabei sehr unterschiedlich definiert: Bald ist es die Darstellungsweise, bald die direkte politische Kritik, bald die Subjektivität des Autors selbst, die als neu angepriesen wird. Auch die aktuellen politischen und gesellschaftlichen Veränderungen zählen dazu.[24] Das 'Neue' übernimmt hier teilweise die Funktion des 'Nützlichen', soweit es sich dabei um gesellschaftlich relevante Fakten handelt. Rehfues stellt ein umfassendes Programm dessen auf, was in Italien noch zu erforschen sei: die kleineren und mittleren Städte, das flache Land und die Sitten, die Dialekte und Charaktereigenschaften der Menschen dort. Die noch kaum bereisten Inseln und die zeitgenössische italienische Literatur hält er ebenfalls für erforschenswert.[25] Er bleibt zusammen mit seinem Freund Tscharner aber der Einzige, der sich daranmacht, dieses Programm auch einzulösen.[26]

Der politische Anspruch vieler Autoren vor 1806 drückt sich in Begriffen aus, die für die Aufklärung typisch sind. Die Autoren betonen, sie wollten „Humanität", „humane Bildung" und „menschenliebende Grundsätze" verbreiten. Die Begriffe 'Humanität', 'Menschheit' und 'Mensch' dienten im 18. Jahrhundert als „Zielbegriff"[27] für die in der Natur angelegte Vervollkommnung des Menschen zum selbstbestimmten Subjekt, unabhängig von ständischen oder nationalen Bindungen. Die Begriffe unterstellten eine prinzipielle natürliche Gleichheit aller Menschen und wurden damit zum Kritik- und Abgrenzungsinstrument, zu „negierenden Gegenbegriffen"[28] (Koselleck) gegenüber der ständischen Gesellschaft. Den Aufklärern diente der Begriff 'Mensch' zur Selbstdefinition, und 'Humanität' war der zentrale Begriff ihrer politischen Utopie.[29] Als 'Mensch' zu reisen, wie Kotzebue es bean-

---

[23] Die Begriffe 'Neues', 'Neuheit', 'neu', bei Benkowitz, Glogau, Bd. 2, S. IV; Seume, S. 7; Rehfues, Italien, Bd. 1, S. 20; Kotzebue, Bd. 1, S. IV; Morgenstern, S. XI; Brun, Sitten, S. XI.

[24] Brun, Sitten, S. XI; Seume, S. 7f.; Kotzebue, Bd. 1, S. IV; Rehfues, Italien, Bd. 1, S. 20.

[25] Rehfues, Italien, Bd. 1, S. 8, S. 12–19.

[26] Der Anspruch direkter politischer Kritik ist von Seume zwar eingelöst worden, meiner Meinung nach hat die Forschung aber seine Nähe zu den 'kleinen Leuten' und zur sozialen Realität Italiens oft übertrieben (z.B. Oswald, S. 47; De Seta, Specchio, S. 254). Über das Leben der Unterschichten, gesellschaftliche Verhältnisse oder volkskulturelle Erscheinungen des Ancien Régime erfährt man bei ihm weniger als bei anderen Autoren.

[27] Bödeker, Menschheit, S. 1064.

[28] Reinhart Koselleck: Zur historisch-politischen Semantik asymmetrischer Gegenbegriffe, in: Ders., Semantik, S. 248.

[29] Vgl. Bödeker, Menschheit, S. 1064, S. 1076f., S. 1084 und Posselt, S. 60f.

sprucht³⁰, hieß daher Verpflichtung zu vorurteilsloser Wahrnehmung und rückhaltloser Kritik unnatürlicher, schädlicher gesellschaftlicher Verhältnisse, so wie sie die Aufklärung verstand. Wie wenig spezifisch der Begriff nach 1789 verwendet wurde, zeigt die Tatsache, daß sich politisch sehr unterschiedlich eingestellte Autoren auf ihn berufen. Die politische Differenzierung der Aufklärung nach der Französischen Revolution wird durch ihn eher verdeckt. Nach 1806 taucht der Begriff der Menschheit als Leitbegriff für die Wahrnehmung auf Reisen nicht mehr auf.

Am Ende einer Epoche steht Uxkull, der 1811 in seinem Bericht eine Bestandsaufnahme der Gattung vornimmt. Die unüberschaubare Zahl der Beschreibungen macht es unmöglich, Neues zu berichten. Der wahre Grund dafür, daß weiter Reiseberichte veröffentlicht werden, sind die Gesetze des literarischen Marktes in einer Gesellschaft, in der nicht nur der Inhalt des Genres, sondern auch die Italienreise selbst zu einem Topos geworden ist.

„Sie wollen, mein Freund, ich soll Ihnen etwas aus diesem e i n s t gelobten Lande schreiben, wohin sich soviele sehnen, und mehrere glauben, sie müßten sich Anstands halber sehnen, weil es nun eine Gemeinweide geworden ist, auf der sich alles aus Teutschland herumtummelt, was für einen Kunstfreund und gebildet gelten will, und was durch diese Liebhaberey sich sein Brod erscriblen, erwerben will oder muß."³¹

„Wie soll man jetzt am Anfang des 19 ten Jahrhunderts etwas sagen oder schreiben, das der Zuhörer oder Leser, wenn er über 15 Jahr alt ist, und kein schlechtes Gedächtnis hat, nicht schon längst in der Lesebibliothek seines Orts oder Oertchens oder in einer periodischen Schrift gelesen hätte."³²

In dieser Feststellung Uxkulls wird zum ersten Mal die grundlegende Veränderung des Genres und vor allem seiner Funktion thematisiert. Nicht mehr das Interesse an einer systematischen Erkundung und Kritik anderer europäischer Gesellschaften werden als Grund für die Beschreibungen genannt. Auch das reisende Subjekt steht hier nicht im Vordergrund, sondern die persönliche oder gesellschaftliche Lage der Gebildeten in Deutschland. Das Genre reflektiert die ökonomischen und gesellschaftlichen Bedingungen seiner Existenz. Als Reaktion auf die Entwicklung zu

---

[30] Kotzebue, Bd. 1, S. 6. Vgl. auch Gerning, Bd. 1, S. 7. Die vorher genannten Begriffe bei: Benkowitz, Glogau, Bd. 3, S. XI; Rehfues, Italien, Bd. 1, S. 21. Stegmann, Bd. 1, S. V, erhebt den Anspruch freimütiger Darstellung, Seume den der Vorurteils- und Leidenschaftslosigkeit (S. 8).

[31] Uxkull, Bd. 1, S. 3.

[32] Ebd., S. 5.

einer 'normierten Italiensehnsucht', die die Literatur des ausgehenden 18. Jahrhunderts geschaffen hat, entsteht der deutsche Italienliebhaber. Von den vielen Reisenden, die nur nach Italien fahren, weil es zum guten Ton gehöre, grenzt Uxkull sich ab. Sich selbst stellt er als wirklich interessierten Kunstfreund dar, bei dem die Begeisterung für Italien nicht bloß „zu den Gemeinplätzen der Conversatio"[33] gehört, sondern ehrlich empfunden sei. Die Spezies der echten Italienfreunde scheint aber schon zur Minderheit geworden zu sein,[34] das von 'Touristen' überschwemmte Italien zum einst gelobten Land.

Nach 1815 nehmen einige Vorworte die Form von Entschuldigungen an, die keine wirkliche „Rechtfertigung"[35] mehr für ihre Autorenschaft finden. Der Themenkanon und die Ansprüche an das Genre bleiben, mit individuell unterschiedlichen Schwerpunkten, dieselben.[36] Allerdings nimmt die Betonung der Subjektivität des

---

[33] Uxkull, zitiert nach Philipp Joseph von Rehfues/ Johann Friedrich Tscharner: Italienische Miscellen, 5 Bde., Tübingen 1804/05/06, Bd. 5, S. 4. Der Abschnitt über die Italienreisen aus Uxkull, Bd. 2, S. 4–36 wurde schon 1806 in Rehfues' Zeitschrift (Bd. 5, S. 3–23) unter dem Titel „Disappointments of Italy. oder Ueber die Reisen nach Italien, besonders nach Rom." veröffentlicht.

[34] Vgl. Rehfues, Miscellen, Bd. 5, S. 4.

[35] August Wilhelm Kephalides: Reise durch Italien und Sicilien. 2 Bde., Leipzig 1818, Bd. 1, S. V. Vgl. Otto Friedrich Wehrhan: Fußreise zweyer Schlesier durch Italien und ihre Begebenheiten in Neapel, Breslau 1821, S. I und Ernst Gottfried Freiherr von Odeleben: Beiträge zur Kenntniß von Italien vorzüglich in Hinsicht auf die mineralogischen Verhältnisse dieses Landes; gesammelt auf einer im Jahr 1817 unternommenen Reise nach Neapel und Sizilien, 2 Bde., Freiberg 1819/20, Bd. 1, S. III.

[36] Kephalides, Bd. 1, S. VIf.; Herrmann Friedländer: Ansichten von Italien, während einer Reise in den Jahren 1815 und 1816, 2 Bde., Leipzig 1819/20, Bd. 1, S. VII; Ife, S. XI; Odeleben, Bd. 1, S. II; Wehrhan, S. If.; Toussaint von Charpentier: Bemerkungen auf einer Reise von Breslau über Salzburg, durch Tyrol, die südliche Schweiz nach Rom, Neapel und Paestum im Jahre 1818, 2 Bde., Leipzig 1820, Bd. 1, S. 5; Wilhelm Christian Müller: Briefe an deutsche Freunde von einer Reise durch Italien über Sachsen, Böhmen und Oestreich, 1820 und 1821 geschrieben und als Skizzen zum Gemälde unserer Zeit herausgegeben, 2 Bde., Altona 1824, Bd. 1, S. VIII; Friedrich Heinrich von der Hagen: Briefe in die Heimat aus Deutschland, der Schweiz und Italien, 4 Bde., Breslau 1818–1821, Bd. 1, S. IVf.

Aufrechterhalten werden der Anspruch auf Unvollständigkeit, Unterhaltung, Nutzen wie auch die Abgrenzung gegen eine Beschränkung auf das Nützliche. Unterhaltung: Ife, S. XII; Wehrhan, S. III; Müller, Bd. 1, S. VIII. Unvollständigkeit: Charpentier, Bd. 1, S. 4; Friedländer, Bd. 1, S. VI. Nutzen: Ife, S. XII; Kephalides, Bd. 1, S. VIf. Nicht nur Nutzen: Friedländer, Bd. 1, S. VII. Zu den bisher genannten 'neuen' Inhalte kommen jetzt noch die mittelalterliche Kunst oder Tips für Reisende mit wenig Geld hinzu. Als Reiseführer verstehen sich : August Ife: Fußreise vom Brocken auf den Vesuv und Rückkehr in die Heimath, Leipzig 1820, S. XII, und

eigenen Berichtes und die Abgrenzung vom Fachgelehrtentum deutlich ab.[37] Für fast jeden Autor ist nun die von Jugend an gehegte Sehnsucht nach Italien, das „Mekka"[38] des 'gebildeten Europäers', der Grund für die Reise.

Jetzt taucht immer öfter ein Begriff in den Vorworten auf, der den des Nutzens ersetzt: das Interesse. Schon 1806 hatte Rehfues das zunehmende Publikumsinteresse an Zeitschriften zu fremden Ländern als positiv bewertet, da es „Geschmack, Sinn für's Schöne und humane Bildung"[39] befördere. Bei ihm erscheint das 'Interesse' noch neben dem 'Nutzen' und fördert Fähigkeiten, die im Sinne der Aufklärung[40] als gesellschaftlich nützlich gelten. Das 'Neue' kann aber, ebenso wie das 'Interesse', nicht immer gesellschaftliche Relevanz beanspruchen. Oft handelt es sich lediglich um ein weiteres Detail. Nach 1815 werden beide Begriffe weiter benutzt, ohne genauer definiert zu werden. Erst bei Müller taucht das Leserinteresse wieder auf, nun allerdings als rein individuelle Erwartung der Leser. Müller stellt es dem Leser ausdrücklich frei, sich aus dem detailliert gegliederten Inhaltsverzeichnis nur die Themen auszusuchen, die ihn interessieren.[41] Zu unterschiedlich seien die Erwartungen, als daß noch der ganze Reisebericht für den Leser interessant sein könne. Obwohl auch Müller noch belehren will, tritt nun doch immer mehr das individuelle Leserinteresse in den Vordergrund, das nicht mehr mit einem übergeordneten gesellschaftlichen Interesse gleichgesetzt wird.[42] In der Aufsplitterung der Interessen und in der Auflösung des Publikumsbegriffs dokumentieren sich gesellschaftliche Entwicklungen, die auch das Genre verändern: Die beginnende Spezialisierung der einzelnen Wissenschaftsfächer läßt nicht mehr alle Themen als allgemein interessant erscheinen. Die zunehmend individuelleren Bedürfnisse der Leserschaft verweisen auf die veränderten politischen Verhältnisse. Das undifferenzierte 'Publicum' galt der Aufklärung als Garant der Kontrolle der Politik durch die Öffentlichkeit. Diese Aufgabe mußte eine differenzierte Leserschaft nicht mehr erfüllen, der auch nicht mehr automatisch eine politische Funktion zugeschrieben wurde.

Odeleben, Bd. 1, S. III. Vor 1815 beanspruchen dies schon: Kotzebue, Bd. 1, S. X; Morgenstern, S. XVII.

[37] Subjektivität und Abgrenzung vom Fachbericht nur noch bei Kephalides, Bd. 1, S. VIf. Hagen, Bd. 1, S. V; Charpentier, Bd. 1, S. 5; Odeleben, Bd. 1, S. III reisen nun gerade aus fachwissenschaftlichen Gründen.

[38] Wehrhan, S. I.

[39] Rehfues, Italien, Bd. 1, S. 21; vgl. eBd. , S. 20; Benkowitz, Glogau, Bd. 3, S. XII.

[40] Posselt, S. 5, S. 15, S. 64, S. 75, S. 78; Volkmann, Bd. 1, S. XXVIII, S. XXXII.

[41] Müller, Bd. 1, S. VIIIf.

[42] Vgl. Müller, Bd. 1, S. VII. Schon wenige Jahre vorher hatte Morgenstern, S. XII, das 'Publicum' als einen zu vagen Adressaten gekennzeichnet, als daß man für es schreiben könne.

Im ganzen Zeitraum von 1789 bis 1821 durchzieht die Forderung nach realistischer Schilderung, nach Genauigkeit in der Darstellung die Reiseberichte. Objektivität bleibt also ein durchgängiges Ziel der Gattung, auch wenn das Bewußtsein über die individuellen Voraussetzungen einer objektiven Wahrnehmung bei Müller 1821 noch genau dasselbe ist wie am Ende des 18. Jahrhunderts.[43] Wahrnehmbar ist auch das Ende des alten staatswissenschaftlichen Konzepts. Die umfassende Sammlung sozialer Daten, wie sie für alle Reiseberichte der zweiten Hälfte des 18. Jahrhunderts typisch war, bricht um 1810 ab. Mit ihr endet offensichtlich auch die wissenschaftliche Aufgabe der Italienreiseberichte, soweit es die Beobachtung der italienischen Gesellschaft betrifft.

Der deutliche Bruch in der Gattungstradition ist, bei aller Kontinuität in Themen und Ansprüchen, das wesentliche Kennzeichen des gesamten Zeitabschnittes. Der explizit aufklärerische Anspruch, die Apologie der Subjektivität des Autors, die Reflexion der eigenen Wahrnehmung erleben ihren Höhepunkt nach 1800 und enden um 1806. Der Abbruch aller dieser Gattungstraditionen verweist auf eine entscheidende Veränderung in den Reiseberichten um 1810. Am deutlichsten markieren die Bemerkungen Uxkulls zum Genre diesen Bruch. Obwohl seit 1800 fortlaufend festgestellt wird, daß schon alles über Italien gesagt sei, wird doch weiter geschrieben. Nicht nur Italien ist zum Mythos, sondern die Reise dorthin ist zur verpflichtenden kulturellen Praxis geworden. Die Bedeutung, die die ab 1806 fast durchweg genannte echte oder geheuchelte Sehnsucht nach Italien für Reisende angenommen hat, wird so verdeckt. Nur Uxkull thematisiert ihre ökonomische und repräsentative Notwendigkeit für Autoren und Reisende. Außer ihm fragt niemand nach der gesellschaftlichen Funktion, die die Reise für die Reisenden hat, wenn sie nach Deutschland zurückgekehrt sind. Die Bedeutung der Autorenschaft und des Reisendenstatus wie auch der Italiensehnsucht für die Gebildeten und den Wissenschaftsbetrieb in Deutschland bleiben unerwähnt.

---

[43] Friedländer, Bd. 1, S. VII. Vgl. Müller, Bd. 1, S. VII; Odeleben, Bd. 1, S. VI; Kephalides, Bd. 1, S. VI; Uxkull, Bd. 1, S. 5; Brun, Sitten, S. XI; Morgenstern, S. XVII, Rehfues, Gemählde, Bd. 1, S. X; Benkowitz, Glogau, Bd. 2, S. VI; Benkowitz, Neapel, S. If. Müller ist nach 1815 der einzige, der sich mit der Frage der 'richtigen' Wahrnehmung auseinandersetzt. Er empfiehlt den Mittelweg zwischen Vorinformation und Unwissenheit, warnt vor einer Orientierung an den eigenen Lebensgewohnheiten.

IV. Neapel zwischen den Revolutionen: 1789–1799

1. Großstadtbegeisterung und Volksmenge

Der Eintritt in die Stadt, in das „rauschende Neapel"[1], ist für die Reisenden ein zentrales Erlebnis und wird in ihren Berichten besonders hervorgehoben. Von Capua kommend, mündet die Landstraße direkt auf die Hauptstraße Toledo, die die Stadt durchschneidet und vor dem Königspalast am Meer endet. Der Autor des 'Tagebuch' beschreibt seine Ankunft so:

> „Wir näherten uns so allgemach mit angenehmer Empfindung, und bey schöner Witterung der Haupt-Stadt, die Sonne neigte sich nun unter den Horizont und warf noch ihre letzten lieblichen Strahlen, der halbe Mond und noch einige Sternen glänzten helle, als wir den Hügel erreichten, an welchem Neapel angebauet ist; und mit Ungeduld fuhren wir den gebogenen Weg hinunter [...] und kamen dann an die berühmte Gasse Toledo, welche sehr breit, in gerader Linie, mit prächtigen Häusern besetzt, und bey einer halben Stunde lang ist: wegen ihrer Abhältigkeit zeiget sich solche ganz perspektivisch. Die vielen Lichter und Fackeln, die längst dieser Straße brannten, und besonders die viele hundert Lampen, die am Ende der selben, [...] , von der Ferne beisammen gesehen wurden, stellt einen Anblick dar, welche mit den schönsten Feuer-Werkern in Vergleichung gesetzt werden kann; [...]."[2]

Neapel war im 18. Jahrhundert die größte Stadt Italiens und die drittgrößte Europas nach London und Paris. Seit 1734 war sie, nach über 200jähriger Abhängigkeit von Spanien und Österreich, Residenz einer unabhängigen Dynastie. Die Anwesenheit des Hofes und des Adels machten sie zu einem mondänen Zentrum, das viele ausländische Reisende anzog.[3] Nach dem überraschenden Blick auf die herrliche Lage der Stadt von der Anhöhe Capodichino aus, bedeutet die Fahrt auf dem Toledo für die Reisenden das Eintauchen in die Großstadt. Ihr sinnfälligster Ausdruck sind für die Autoren die „brausenden Geräusche"[4], „das lärmende Getüm-

---

[1] Gerning, Bd. 1, S. 167.

[2] Tagebuch einer Reise nach Italien im Jahre 1794, gedruckt zum Besten der Armen, ohne Ort 1802, S. 160f.

[3] Ruggiero Moscati: Dalla reggenza alla Repubblica partenopea, in: Storia di Napoli, hrsg. v. G. Galasso, Bd. 7, Neapel 1972, S. 722–784, S. 734; Garms, S. 633f.

[4] Gerning, Bd. 1, S. 169.

mel"⁵ der Hauptstraße, die als eine der prächtigsten in Europa geschildert wird.⁶ Der Autor des 'Tagebuch' ist nicht der Einzige, bei dem vor allem die Begeisterung über das Großstadtangebot an Südfrüchten, Kaffeehäusern und modisch gekleideten Frauen zum Ausdruck kommt.⁷ Nur Jacobi empfindet die Großstadt als bedrohlich und zieht die Natur vor:

> „Wer das Gewühl von 400.000 Menschen noch nicht gewohnt ist, hat in den ersten Tagen seine Sinne nur halb, und dankt dem Himmel, so oft er mit Hals und Bein wieder nach Hause gekommen ist. Aus dem Fenster hat man dann gut Lachen über die Thoren, die sich mit aller Gewandtheit, deren ihr Körper und Geist fähig sind, durch ihr ganzes Leben drängen, um nur h i e r unter dem großen Haufen l e b e n zu k ö n n e n. Mir ist nicht besser zu Muthe, wenn ich dem unerträglichen Getümmel einmal entfliehen, und mich [...] auf eine einsame Klippe an den Strand setzen kann; da giebt Gottes großer Rauchfang gegenüber [der Vesuv, K.K.] uns andere Augenweide".⁸

Allein Jacobi drückt seine Ablehnung der Großstadt offen aus. Doch auch bei Stolberg und Stegmann tauchen Äußerungen auf, die großen Städten generell einen verderblichen Einfluß auf die Moral ihrer Bewohner zuschreiben.⁹ Trotzdem sind beide von der Großstadt Neapel fasziniert.

Der Hintergrund dieser ambivalenten Beschreibung ist die Entdeckung der Großstadt am Ende des 18. Jahrhunderts. Lärm, Menschengewühl, kulturelle Vielfalt, Luxus und Konsumreiz wurden ebenso als ihre Kennzeichen empfunden wie Einsamkeit, soziales Elend und Verbreitung des Lasters.¹⁰ Am Beispiel der Städte Paris und London, aber auch in Neapel hatte sich seit den fünfziger Jahren

---

⁵ Friedrich Leopold Graf zu Stolberg: Reise in Deutschland, der Schweiz, Italien und Sicilien, 4 Bde., Königsberg und Leipzig 1794, Bd. 3, S. 93.

⁶ Jacobi, Bd. 1, S. 297; vgl. Gerning, Bd. 1, S. 169f., S. 180, S. 226f.; Leopold von Buch: Geognostische Beobachtungen auf Reisen durch Deutschland und Italien, 2 Bde., Berlin 1802/09, in: Ders., Gesammelte Schriften, Hrsg. von J.Ewald, J.Roth und H.Eck, 3 Bde., Berlin 1867–1877, S. 143–532, Bd. 2, S. 387, S. 389f.; Joseph Hager: Reise von Warschau über Wien nach der Hauptstadt von Sizilien, Breslau/Leipzig, S. 146; Jacobi, Bd. 1, S. 280; Lehne, S. 108; Küttner, Bd. 2, S. 144f.; Stegmann, Bd. 1, S. 139f.; Stolberg, Bd. 2, S. 299f.

⁷ Tagebuch, S. 177.

⁸ Jacobi, Bd. 1, S. 280.

⁹ Stolberg, Bd. 2, S. 296; Stegmann, Bd. 1, S. 99.

¹⁰ Ralph Rainer Wuthenow: Die Entdeckung der Großstadt in der Literatur des 18. Jahrhunderts, in: C.Meckseper/ E.Schraut (Hrsg.), Die Stadt in der Literatur, Göttingen 1983, S. 7–27, S. 7 und S. 17f.

eine Diskussion um die Vor- und Nachteile der Großstadt für die gesellschaftliche Entwicklung entsponnen.[11] Neben dem Verhältnis von Hauptstadt und Provinz, das in Neapel besondere Relevanz erhielt, war es vor allem die Frage nach der gesellschaftlichen Moral, nach der Bedeutung der Stadt im Prozeß der Zivilisation, der die Diskutanten bewegte. Die große Stadt wird innerhalb dieser Diskussion entweder zum Ort, an dem sich Moral und Charakter einer Nation bilden – so Montesquieu –, oder an dem der Verfall der Moral im Gegensatz zur Provinz zu beobachten ist – so Rousseau. In beiden Fällen stehen die moralischen Zustände im Mittelpunkt der Aufmerksamkeit.[12] Die Reisenden bewegen sich mit ihren Großstadterlebnissen innerhalb dieser Alternativen, wenn sie einerseits von der Vielfalt Neapels, der ganz eigenen Lebenswelt – repräsentiert durch Rauschen und funkelnde Lichter – begeistert sind, andererseits aber vor dem gefährlichen Gedränge fliehen wollen. Neapel wird in der Beschreibung Jacobis deutlich zum Sinne und Individualität raubenden, negativen Pol der Zivilisation. Dem stellt er die Natur als positiven Pol und Ort der Selbstbesinnung des Individuums gegenüber. Das Land, die Natur erscheinen ihm als der Ort wahren Seins.[13] Zwar wird Neapel von den meisten Reisenden positiv bewertet, doch zieht sich die Auffassung von der Natur als Ort unverdorbener Kultur und Moral durch alle Berichte.

Ein weiteres wesentliches Element der zeitgenössischen Diskussion war die hohe Bevölkerungsdichte der großen Stadt.[14] Daher wenden sich die Reisenden bei der Schilderung der sozialen Verhältnisse zuerst der Bevölkerungszahl zu. Stegmann spricht von „viermalhunderttausend Menschen auf einen Plaz zusammengedrängt, kleiner als der, worauf Berlin steht".[15] Gerning hält Neapel „für die lebhafteste und,

---

[11] Franco Venturi: Napoli Capitale nel pensiero dei riformatori illuministi, in: Storia di Napoli, Bd. 8, Neapel 1971, S. 3–73, S. 3ff., S. 17ff., S. 29, S. 37ff.

[12] Conrad Wiedemann: „Supplement seines Daseins"? Zu den Kultur- und identitätsgeschichtlichen Voraussetzungen deutscher Schriftstellerreisen nach Rom-Paris-London seit Winckelmann, in: Ders., Rom–Paris–London, S. 1–29; S. 6; Wuthenow, Entdeckung, S. 17.

[13] Diese Einschätzung tritt bei deutschen Autoren der Zeit häufig auf. Vgl. Wiedemann, S. 6; Erich Kleinschmidt: Die ungeliebte Stadt. Umrisse einer Verweigerung in der deutschen Literatur des 18. Jahrhunderts, in: Zeitschrift für Literaturwissenschaft und Linguistik, 12.Jgg., Heft 48, Göttingen 1982, S. 29–49, S. 47. Eine zu Jacobi fast gleichlautende Formulierung findet sich auch in einer Reisebeschreibung über Paris; vgl. Grosser, Reiseziel, S. 170.

[14] Venturi, Napoli, S. 3, S. 20.

[15] Stegmann, Bd. 1, S. 139.

für ihren Umfang bevölkerteste Stadt, in der ich je gewesen bin, selbst London und Paris nicht ausgenommen".[16]

Die Zahlenangaben der Reisenden, 400.000 bis 500.000 Einwohner, entsprechen im wesentlichen den Schätzungen der historischen Forschung. Neapel erfuhr im 18. Jahrhundert, wie ganz Italien, einen ungeheuren Bevölkerungszuwachs. Zwischen 1742 und 1797 stieg die Zahl seiner Bewohner um fast 50% auf ca. 430.000. Die Bevölkerung des ganzen Reichs wuchs um etwa 25%.[17] Der Grund für den Zuwachs war in Neapel die Zuwanderung vom Lande. Diese hatte ihre Ursache in einer zunehmenden Verschlechterung der bäuerlichen Lebenslage. Die Agrarproduktion hielt seit 1750 nicht mit dem Bevölkerungswachstum Schritt. Das verteuerte die Lebensmittel und führte zu einer dauerhaften Unterversorgung. Wesentlicher war aber die Bildung einer neuen Provinzbourgeoisie, die vor allem kirchliche und kommunale Länder aufkaufte oder sich aneignete, sie einzäunte bzw. die kommunalen Nutzungsrechte ablöste. Dies nahm vor allem unterbäuerlichen Schichten die Existenzgrundlage. Die Pachtbedingungen für die Bauern verschärften sich. Die Ablösung von Frondiensten ließ einige Großgrundbesitzer zur Bewirtschaftung mit Lohnarbeitern übergehen. Während die Erzeugerpreise durch Grundbesitzer und Großhändler niedrig gehalten wurden, stiegen die Getreidepreise seit 1793 durch den erhöhten Bedarf nach Eintritt Neapels in den Koalitionskrieg an. Die Möglichkeit zu gewerblichem Nebenerwerb nahm durch den Verfall der süditalienischen Textilproduktion ab. Insgesamt erreichte die finanzielle und wirtschaftliche Krise des Königreichs in den neunziger Jahren ihren Höhepunkt. Dies alles führte zu einer Schwächung der weithin vorherrschenden, ohnehin anfälligen Subsistenzwirtschaft, zu Wanderarbeitertum und Emigration, vor allem nach Neapel und ins landwirtschaftlich intensiv genutzte Kampanien.[18] Obwohl die

---

[16] Gerning, Bd. 1, S. 144f.; vgl. Tagebuch, S. 177; Hager, S. 148; Küttner, Bd. 2, S. 144f.; Gerning, Bd. 1, S. 179.

[17] Die Bevölkerungszahl ist aufgrund widersprüchlicher Quellenangaben nur annähernd zu bestimmen. Vgl. Renata Pilati: La popolazione di Napoli dal 1790 al 1820, in: G.Civile (u.a.), Studi sulla società meridionale, Napoli 1978, S. 1–45, S. 5–23; Claudia Petraccone: Napoli dal Cinquecento all'Ottocento. Problemi di storia demografica e sociale, Neapel 1974, (Storia. Saggi e ricerche, 9), S. 248; Giovanni Aliberti: Economia e Società da Carlo III ai Napoleonidi (1734–1806), in: Storia di Napoli, hrsg. v. G.Galasso, Bd. 8, Neapel 1971, S. 77–151, S. 78f.; Stuart J. Woolf: La storia politica e sociale, in: R.Romano/ C.Vivanti (Hrsg.), Storia d'Italia, Bd. 3, Dal primo Settecento all'Unità, Turin 1973, S. 5–508, S. 39; Moscati, S. 740; Pasquale Villani: Mezzogiorno tra riforme e rivoluzione, 3.Aufl. Rom/Bari 1977, S. 100f.

[18] Zum gesamten Abschnitt vgl. Aliberti, S. 80–94; Domenico De Marco: Momenti della politica economica di Carlo e Ferdinando di Borbone, in: Civiltà del '700 a Napoli 1734–1799, Bd. 1, Neapel 1979, S. 23–28, S. 24, S. 28; Paolo Macry: Mercato e società nel regno di Napoli, Neapel 1974, S. 81, S. 461, S. 468; Pasquale Villani: Feudalità, riforme, capitalismo agrario. Panorama di storia sociale italiana tra Sette e Ottocento, Bari 1968, S. 13ff.; Stuart J. Woolf: La

Reisenden die Armut auf dem Lande und deren Gründe zumindest teilweise wahrnehmen, stellt doch keiner von ihnen einen Zusammenhang zwischen der Armut in- und außerhalb Neapels her.[19]

Im Zusammenhang mit den Diskussionen um die Bevölkerungszahl ergehen sich die Autoren in Betrachtungen über die Fruchtbarkeit des Landes. Stegmann meint, daß das Königreich „bei einem besseren Anbau, der aber freilich nur bei Aufhebung der den Landmann drükenden Lasten des Feudal Systems möglich ist",[20] seine Bevölkerung verdoppeln könnte. Kurz darauf errechnet er, deutlich von physiokratischen Ideen beeinflußt, sogar eine mögliche Verdreifachung der Bevölkerung.[21] Voraussetzung sei ein gleich intensiver Anbau wie in der 'Terra di Lavoro', der fruchtbaren Gartenbauzone nordwestlich von Neapel. Es handelt sich hierbei um einen gängigen Topos der Aufklärer, den neben den Deutschen auch der neapolitanische Reformer Galanti in seinen Schriften äußert.[22] Das Königreich war geographisch in zwei sehr unterschiedliche Zonen gespalten. In Kampanien und den stadtnahen Küstenzonen in Kalabrien und Apulien herrschten Gartenbau und extensive Getreidewirtschaft bei veralteten Anbautechniken vor. In den bergigen Zentralregionen der Abruzzen und der Basilicata überwog die Weidewirtschaft, und mehr als die Hälfte des Landes lag brach.[23] Die Reisenden überschätzen die Nutzbarkeit des Bodens und seinen Umfang. Neben der physiokratischen Einstellung, der allein die Landwirtschaft als produktiv gilt, liegt die Ursache hierfür auch in der realen Erfahrung vieler Reisender. Die Mehrzahl von ihnen verläßt die Stadt und ihre unmittelbare Umgebung nur bei der An- und Abreise. Diese führt sie gerade durch die 'Terra di Lavoro'. Küttner, Stegmann und Gerning bereisen zwar

---

formazione del proletariato (secoli XVIII-XIX), in: R.Romano/ C.Vivanti (Hrsg.), Storia d'Italia, Annali 1, Dal feudalesimo al capitalismo, Turin 1978, S. 1049–1078, S. 1056, S. 1061; Ders, La storia, S. 23, S. 26, S. 35; Aurelio Lepre/ Pasquale Villani: Il mezzogiorno nell'età moderna e contemporanea, 2 Bde., Neapel 1974, Bd. 1, S. 175.

[19] Zur ländlichen Armut: Küttner, Bd. 2, S. 206; Jacobi, Bd. 2, S. 158; Gerning, Bd. 2, S. 184 und S. 204.

[20] Stegmann, Bd. 2, S. 15; in diesem Sinne: Hager, S. 147f.; Tagebuch, S. 199; Stolberg, Bd. 2, S. 295f., Bd. 3, S. 94ff.; Jacobi, Bd. 1, S. 284 und S. 294, Bd. 2, S. 137, Stegmann, Bd. 1, S. 51 und S. 90, Bd. 2, S. 80. Ausnahmen sind Küttner und Gerning.

[21] Stegmann, Bd. 2, S. 16f.; zur physiokratischen Einstellung vgl. Bd. 1, S. 51, S. 95.

[22] Vgl. Hager, S. 148. Zum Fruchtbarkeitstopos: Altgeld, S. 19; Benedetto Croce: Storia del Regno di Napoli, in: Ders., Scritti di storia letteraria, 44 Bde., Bari 1921–54, Bd. 19, 6.Aufl. Bari 1965, (1.Aufl.1925), S. 174f. und S. 283f.; Macry, S. 37.

[23] Villani, Mezzogiorno, S. 235; Macry, S. 36–41.

die Provinz, bleiben aber an der thyrennischen und apulischen Küste.[24] Lediglich Stolberg und Jacobi fahren auch an die ionische Küste und nach Sizilien. Die Straßen, an die sie gebunden waren, führten hauptsächlich durch die intensiver genutzten Küstenregionen. Aber auch der Anblick wenig genutzter Gegenden bringt sie nicht von der These der Fruchtbarkeit ab.

Fast ebensowenig wie die Gründe für die hohe Bevölkerungszahl Neapels wird in den Berichten die große Armut der Masse seiner Bewohner beschrieben. Die Stadt war überbevölkert, es fehlte an Wohnungen. Die Lebensmittelpreise verdoppelten bis vervierfachten sich in der zweiten Jahrhunderthälfte, besonders stark stiegen sie im letzten Jahrzehnt. Die Löhne stagnierten, die Gefahr von Epidemien stieg, die Qualität der Ernährung sank.[25] Trotzdem boten die Verhältnisse in Neapel den Immigranten bessere Überlebensmöglichkeiten als das Land. In den Reiseberichten wird die Armut zwar erwähnt, das oben geschilderte Ausmaß läßt sich aber nur erahnen. Vielmehr dienen die „halbnackten Bettelfamilien"[26] eher als 'Contrast' zum mißbilligten Luxus des Adels oder als Beleg für die verderblichen Folgen eines staatlich geduldeten Müßiggangs.[27] Entsetzt äußert sich über die vielen Bettler, von denen er sich belästigt fühlt, nur Jacobi, wenn auch in anderer Weise als vielleicht erwartet:

> „[...] unglaublich weit wird auch die Verstellung getrieben, und hier zeigt der Italiäner Industrie. Es gibt der wohlthätigen Anstalten überall so viele, daß es Dürftigen nicht schwer wird, Verpflegung und Unterhalt zu finden; aber die Betteley ist einträglicher, und man hat mich versichert, daß viele dieser Leute nicht allein sich, sondern auch eine zahlreiche Familie reichlich unterhalten."[28]

2. Der neapolitanische Volkscharakter: Die Lazzaroni

Einmal in der Stadt angekommen, wenden sich die Reisenden einer weiteren Sehenswürdigkeit Neapels zu. Im Anschluß an die Beschreibung der herrlichen Lage

---

[24] Stegmann bereist Kalabrien, Gerning wahrscheinlich Kalabrien und Apulien, Küttner fährt über Salerno nach Pästum.

[25] Aliberti, S. 84–94; Moscati, S. 731.

[26] Gerning, Bd. 1, S. 231.

[27] Jacobi, Bd. 1, S. 305; Stolberg, Bd. 4, S. 258. Weitere Äußerungen zur Armut: Buch, Bd. 2, S. 389; Gerning, Bd. 1, S. 179; Tagebuch, S. 200.

[28] Jacobi, Bd. 1, S. 305.

der Stadt schreibt Küttner, daß ihn die 'Lazzaroni' vor seinem Haus eben so sehr begeistert hätten wie der Blick auf den Golf von Neapel.[29]

Bei den Lazzaroni handelt es sich um die neapolitanischen Unterschichten, die zum wichtigsten Neapel-Mythos des 18. Jahrhunderts geworden waren. Der Name leitet sich vom Aufstand der Stadt gegen die spanischen Besatzer in den Jahren 1647/48 her. Er bezeichnet die Anhänger des Revolten-Führers Masaniello. Herkunft und Bedeutung des Namens sind ungewiß, wurden aber nach Croce von der städtischen Plebs als Eigenname angenommen.[30] Zwischen 1650 und 1750 wurde der Begriff 'Lazzaroni' von Historikern nur im Zusammenhang mit dem Masaniello-Aufstand benutzt. Als generelle Bezeichnung für den neapolitanischen Pöbel erschien er in einem Reisebericht Montesquieus aus dem Jahr 1729.[31] In der Folge entwickelten sich die Lazzaroni zu einer der wesentlichen Sehenswürdigkeiten Neapels und zum unverzichtbaren Thema jeder Reisebeschreibung. Zeitgenössische Reiseführer verweisen bei der Beschreibung der Stadt ganz selbstverständlich auf sie:

„[…] Porzellan- u. Tressenfabriken, schöne Arbeiten aus Marmor oder Lava, Darmsaiten (Nudeln, Maccaroni, Confitüren). Ziemlicher Küstenhandel, guter Hafen (Molo). Lazaroni. Gegend äusserst reizend. Die See, eine Menge Gärten, Landhäuser, Weinberge, Vesuv […]."[32]

Was die Lazzaroni auch in den neunziger Jahren interessant macht, ist ihr Lebenswandel, wie ihn fast alle Autoren beschreiben:

„Die Zahl der so genannten Lazaroni, deren man auch in Rom antrifft, soll sich hier auf vierzigtausend erstrecken. Viele von diesen leben unter freiem Himmel, und finden bei bösem Wetter des Abends das gewohnte Obdach, unter einer

---

[29] Küttner, Bd. 2, S. 139f.

[30] Das Wort wird von den in Lazaretten wohnenden Leprösen, dem Lazarus der Bibel oder der spanischen Bezeichnung für 'Bettler' hergeleitet. Benedetto Croce: I „Lazzari", in: Ders., Aneddoti di varia letteratura, 4 Bde., 2.Aufl. Bari 1953–54, Bd. 3 (1954), S. 198–211, S. 198, 203ff.; Ders.: I „Lazzari" negli avvenimenti del 1799, in: Ders., Varieta di storia letteraria e civile, 2 Bde., 2.Aufl. Bari 1949, Bd. 1, S. 180–200, S. 190.

[31] Croce, I „Lazzari", S. 206; Richter, Neapolitaner, S. 123; Mozzillo, Sirena, S. 10, S. 76.

[32] Engelmanns und Reichards Taschenbuch für Reisende durch Deutschland und die angrenzenden Länder, 4. Aufl. Frankfurt/M. 1835 (1. Aufl. 1807), S. 192 f.; vgl. Heinrich August Ottokar Reichard: Handbuch für Reisende aus allen Ständen. Nebst einer neuen und möglichst vollständigen Post- und Reisekarte durch Deutschland nach Italien, England, Frankreich, der Schweiz, Holland, Pohlen, Ungarn und Rußland, 2. Aufl. Leipzig 1793, (1. Aufl. 1784), S. 384f. und Moscati, S. 470.

Bude, in einer Halle, vor den Häusern oder vor Felsen. Sie übernehmen nicht leicht eine Arbeit, so lange sie einen Heller im Sack haben. Für den künftigen Tag sorgen sie nicht. Derselbige milde Himmel, welcher den Schooß der immer gebärenden, immer säugenden Erde dieses Landes immer befruchtet, wirket auch auf ihren frohen Sinn. Ein leichtes Blut fließt in ihren Adern, und Sorge kennen sie nicht. Wird einem solchen im Augenblick, da er nicht vom Bedürfniß sich gedrängt fühlt, ein durch Arbeit zu verdienender Lohn angeboten, so hebt er den Rücken der einen Hand ans Kinn, und schlägt den Kopf verneinend rückwärts, selbst zum Sprechen zu träge. Reizet aber etwas, ich sage nicht seine Leidenschaften, welche leicht wie Strohfeuer aufflammen und erlöschen, reizet etwas ihn zum Antheil, so ist kein Mensch geschwätziger, geberdenreicher wie er".[33] (Stolberg)

„Nur die Lazaroni haben einen Original-Charakter. Diese bilden ein eignes Geschlecht und eine Familie; sie sind sich auch meist einander ähnlich, an braunem, länglich vollem Gesicht, an nervigen, starken Gliedern und am hohen Mannswuchs. In ihnen glaubt man alte Römer zu sehen [...]. Ihr Stand ist ein wahrer abgesonderter Stand, er greift in keinen andern ein, will mit keinem was gemein haben, und sieht nicht scheel nach blendenden Glückes Gaben."[34] (Gerning)

Hierzu im Widerspruch steht die Beschreibung Stegmanns:

„Die letzte Einwohnerklasse machen die Sansculottes von Neapel, die berüchtigten Lazzaroni oder Lazzari (von ihren Lumpen). Viele Reisebeschreiber haben die Idee verbreitet, als ob diese Leute eine Art von Corps bildeten [...]. Nichts kann falscher seyn. Es existiert [...] kein Corps, und eigentlich auch keine ausschließliche Menschenklasse, die den Namen führte. Alle von Eigenthum entblößte Einwohner von Neapel, sie treiben nun ein Handwerk oder nicht, nähern sich mehr oder weniger den Lazaroni's, das heißt, sie liegen einen guten Teil ihrer Zeit auf den Strassen oder am Seeufer zu, sie arbeiten auf den Strassen in ihrem Handwerke, und ihre Habe schränkt sich auf ein Hemd und ein paar leinwandne Beinkleider ein [...]. Reicht ihr Geldvorrath zu, oder haben sie Weib und Kind, so miethen sie freilich irgend einen dunkeln Winkel, worin sie schlafen, oder graben sich als echte Troglodyten in dem Pausilip Kammern ein, – wo nicht, so liegen sie des Nachts unter Säulengängen, Vordächern, auf Bänken, oder wo sie sonst sechs Fuß lang Raum finden. – Diese letztern nennt man nun eigentlich Lazzaroni oder Banchieri, aber es ist un-

---

[33] Stolberg, Bd. 2, S. 296f.
[34] Gerning, Bd. 1, S. 209f.

möglich zwischen ihnen und den ärmern Handwerkern eine Gränzlinie zu ziehen. Viele wirkliche Lazzaroni's treiben dabei Korbflechten, Schuhfliken und ähnliche Beschäftigungen, und viele wirkliche Handwerker bringen im Fall der Noth ihre Nächte auf der Strasse zu. – Ein grosser Teil besteht aus Findelkindern, und ist daher dem Anschein nach auch nicht durch das kleinste Band an die menschliche Gesellschaft geknüpft."[35]

Die hier wiedergegebenen Charakterisierungen zeigen schon die Undeutlichkeit und Widersprüchlichkeit des Begriffs 'Lazzaroni' und der so bezeichneten sozialen Gruppe bzw. ihrer Eigenschaften. Einerseits scheint er das Subproletariat ohne Wohnung und feste Arbeit zu bezeichnen, den „niedrigsten Pöbel"[36]. Andererseits weitet sich der Begriff im Gebrauch der Reisenden auf andere soziale Gruppen aus. Sogar die Unterschichten anderer Städte werden als 'Lazzari' bezeichnet.[37]

Hilfreicher für die Bestimmung der Gruppe, die in den Berichten als 'Lazzaroni' bezeichnet werden, sind die Berufsgruppen, auf die die Reisenden den Begriff anwenden. Sie erwähnen arme Handwerker, Schiffer, Fischer, Bediente, Lastenträger, Kutscher und kleine Lebensmittelhändler, d.h. also die gesamte städtische Unterschicht, das sogenannte 'popolo minuto'. Im Falle Neapels gehörten dann also nicht nur Bettler und unzünftige Lohnarbeiter zum 'popolo minuto', sondern auch die zünftig organisierten kleinen Lebensmittelhändler, die ihre Ware im Laden oder auf der Straße verkauften, arme Handwerker und die ebenfalls zünftig organisierten Fischer.[38]

---

[35] Stegmann, Bd. 2, S. 151f.; übereinstimmende Charakterisierungen bei Küttner, Bd. 2, S. 160ff.; Tagebuch, S. 197; Jacobi, Bd. 1, S. 305; Buch, Bd. 2, S. 389; teilweise bei: Lehne, S. 191.

[36] Mozzillo, Sirena, S. 24, S. 110. In diese Richtung tendieren auch: Croce, I „Lazzari" , S. 205; Moscati, S. 740; Giuseppe Galasso: Intervista sulla storia di Napoli, hrsg.v. Percy Allum, Bari 1978, S. 114.

[37] Croce, I „Lazzari" , S. 201; Stolberg, Bd. 2, S. 296; Gerning, Bd. 3, S. 245.

[38] Die Nennung der Lazzaroni-Tätigkeiten neben Stegmann auch bei: Küttner, Bd. 2, S. 161f., Gerning, Bd. 1, S. 209 und S. 250; Jacobi, Bd. 1, S. 303. Vgl. auch den neapolitanischen Zeitgenossen in Carlo De Nicola (Hrsg.), Diario napoletano (1798 – 1825), 3 Bde., Neapel 1906, Bd. 1, S. 3. Die Definition des 'popolo minuto' in: Eric J. Hobsbawm, Sozialrebellen. Archaische Sozialbewegungen im 19. und 20. Jahrhundert, Gießen 1979, S. 151f. Die Mehrzahl der Historiker vertritt, wenn sie auch nicht immer den Begriff des 'popolo minuto' benutzt, diese Interpretation. Vgl. Lucia Valenzi: I Lazzari nella letteratura di viaggio a Napoli (XVIII-XIX sec.), in: L.Botti (Hrsg.), Povertà e beneficenza tra rivoluzione e restaurazione, Neapel 1990, S. 95–123, S. 97; Petraccone, Napoli, S. 58; Chevallier, Lazzarone, S. 20; Mozzillo, Sirena, S. 14, S. 77; Maria Antonietta Visceglia: Genesi e fortuna di una interpretazione storiografica: La rivoluzione napoletana del 1799 come „rivoluzione passiva" , in: Annali della Facoltà di Magistero dell'Università degli studi di Lecce, I (70–71), S. 163–207, S. 169; Peter Burke: The virgin of the

In der Tat sprechen viele zeitgenössische Quellen, unter ihnen auch Reiseberichte, von den Lazzaroni als 'popolo minuto'.[39] Die Identifikation der Lazzaroni mit der unteren Unterschicht geht auf eine wertende soziale Unterscheidung schon des 17. Jahrhunderts und auch des 18. Jahrhunderts zurück, die zwischen Volk, 'popolo', und Pöbel, 'plebe', unterschied.[40] Während unter 'Volk' die respektablen Bürger: Freiberufler, respektierte Handwerker und gehobene Bediente verstanden wurden, umfaßte die 'Plebs' eben das 'popolo minuto' und wurde im Falle politischer Unruhen schnell auch mit den abwertenden Ausdrücken 'plebaglia', 'popolaccio' oder 'canaglia' belegt.[41]

Die grundlegende Ursache für die Unschärfe der Lazzaroni-Definition liegt in dieser generellen Sicht des Bürgers auf den Pöbel. Ein weiterer Grund ist vermutlich ein Wahrnehmungswandel der Reisenden. Bis in die achtziger Jahre hinein charakterisieren sie die Lazzaroni als abgeschlossenen Stand, der fast als Volksstamm beschrieben wird und der sich durch Trägheit und die Weigerung, zu arbeiten, auszeichnet. So jedenfalls referiert Goethe 1787 die Gattungstradition.[42] Er

---

Carmine and the Revolt of Masaniello, in: Past and Present, Nr.99, May 1983, Oxford, S. 3–21, S. 6; Laura Barletta: Il carnevale del 1764 a Napoli. Protesta e integrazione in uno spazio urbano, Neapel 1981, S. 36, S. 79, S. 98. Croce bezeichnet die Lazzaroni in einem Artikel als Lumpenproletariat (I „Lazzari", S. 200, S. 205), in einem späteren (I „Lazzari" negli, S. 189f.) übernimmt er die inhaltliche Definition des 'popolo minuto' zu dem er auch Ladenbesitzer und viele Handwerker der weniger angesehenen Zünfte wie Schneider und Schuster zählt.

[39] Franco Venturi: Settecento riformatore, Bd. 5: L'Italia dei lumi (1764–1790), Halbb.1, La rivoluzione di Corsica. Le grandi carestie degli anni sessanta. La Lombardia delle riforme, Turin 1987, S. 264; Domenico Scafoglio: La maschera della cuccagna. Spreco, rivolta e sacrificio nel Carnevale napoletano del 1764, Neapel 1994, S. 30;Valenzi, Lazzari, S. 112; Visceglia, Genesi, S. 169.

[40] Petraccone, Napoli, S. 58; Visceglia, Genesi, S. 181; Burke, Virgin, S. 8; Teresa Dumontet: La vita popolare a Napoli alla fine del '700, unveröffentlichte 'Tesi di laurea', Neapel 1984, S. 15.

[41] Vgl. auch Alfonso Fiordelisi (Hrsg.): I giornali di Diomede Marinelli, pubblicati parzialmente da A.Fiordelisi (1794–1800), Neapel 1901, S. 27ff., S. 36; Chevallier, Lazzarone, S. 20. Folge dieser negativen Wertungen, die sich bis in die Geschichtsschreibung des 20. Jahrhunderts erhalten haben, sind die Einschätzungen Venturis und Mozzillos, es habe sich bei den Lazzaroni um eine der Camorra ähnliche Organisation gehandelt. Vgl. Venturi, Settecento, S. 242; Mozzillo, Sirena, S. 113, S. 116. Zum Volksbegriff in Reiseberichten des 18. Jahrhunderts vgl. Kay Kufeke: Die Darstellung des „Volkes" in Reiseberichten des späten 18. und frühen 19. Jahrhunderts (1780–1810), in: A.Conrad/ A.Herzig/ F.Kopitzsch (Hrsg.), Das Volk im Visier der Aufklärung. Studien zur Popularisierung der Aufklärung im späten 18. Jahrhundert, Hamburg/Münster 1998, S. 81–102, S. 84ff.

[42] Johann Wolfgang von Goethe: Italienische Reise, in: Erich Trunz (Hrsg.), Werke (Hamburger Ausgabe), Bd. 11, 9.Aufl. München 1978, S. 332–342. Dabei bezieht er sich auf den für die Gattung Reisebericht sehr einflußreichen Reiseführer Volkmanns von 1770. Vgl. auch Karl P.

ist der erste deutschsprachige Reisende, der im Gegensatz zu dieser Tradition behauptet, daß die Lazzaroni sehr wohl arbeiten. Der italienische Reisende Carlo Antonio Pilati (1777) und der Engländer John Moore (1781) hatten dies schon vor Goethe entdeckt, jedoch findet sich in der deutschsprachigen Reiseliteratur kein Bezug darauf.[43] Goethe veröffentlichte seine Beschreibung der verschiedenen Tätigkeiten der Lazzaroni 1788.[44] Erst danach scheint für die deutschsprachigen Autoren ein Blick auf die Lazzaroni als arbeitende Mitglieder des 'popolo minuto' möglich, wenn auch nicht zwingend.[45] Küttner bemerkt diese Wahrnehmungsveränderung, wenn er schreibt, es hätten „schon andere vor mir erinnert, daß sich diese Menschenclasse allmählig geändert hat".[46] Allerdings nimmt er für veränderte Realität, was lediglich eine veränderte Sichtweise der Reisenden auf die Realität ist.

Die Angaben der Reisenden über die Anzahl der Lazzaroni, die zwischen 30.000 und 60.000 schwanken, hält die Forschung für übertrieben. Angesichts der ungenauen Gruppendefinition sind diese Zahlen in der Tat wenig aussagekräftig.[47] In den achtziger Jahren waren, bei einer Gesamtzahl von 350.000 Einwohnern, ungefähr zwei Drittel aller Einwohner Neapels Angehörige der Mittel- und Unterschicht.[48] Angesichts der erwähnten Krise des Handwerks kann man für das 18.

Moritz: Reisen eines Deutschen in Italien in den Jahren 1786–88, in: Ders., Werke, hrsg. von Horst Günther, 3 Bde., Frankfurt/M. 1981, Bd. 2, S. 127–485.

[43] Vgl. Chevallier, Lazzarone, S. 25f.; Valenzi, Lazzari, S. 103; Griep, Biographie. Beide Berichte waren jeweils ein Jahr nach Erscheinen ins Deutsche übersetzt worden.

[44] Als Artikel unter dem Titel „Auszüge aus einem Reisejournal" Nr.5 und Nr.6 in Wielands „Teutscher Merkur" und 1789 anonym in der Aufsatzsammlung von Ch. Penker: Skizzen von Italien ueber einige Theile dieses Landes, die es werth sind, sie näher kennen zu lernen, ohne Ort 1789. Vgl. Goethe, S. 642.

[45] Tagebuch, S. 197. Im Widerspruch zu seiner Feststellung, Lazzaroni und Handwerker seien nicht zu trennen, behauptet Stegmann an anderer Stelle (Bd. 1, S. 106): „Die Seeleute zu Neapel sind von den Lazzaronis sehr verschieden und vielleicht eine der arbeitsamsten und ehrlichsten Menschen-Klassen in Italien" .

[46] Küttner, Bd. 2, S. 161.

[47] Stolberg, Bd. 2, S. 296; Gerning, Bd. 1, S. 209; Küttner, Bd. 2, S. 161; Jacobi, Bd. 1, S. 305; Stegmann, Bd. 1, S. 102; Croce, I „Lazzari" , S. 206f.; Moscati, S. 740; Valenzi, Lazzari, S. 98f.; Lucia Valenzi: Poveri, ospizi e potere a Napoli (XVIII–XIX Sec.), Neapel 1995, S. 8f., S. 133. Eine zahlenmäßige Zunahme der Lazzaroni in Übereinstimmung mit der sozialen Entwicklung läßt sich anhand der Berichte nicht konstruieren. Sowohl 1740 als auch in den 1770er oder 1790er Jahren werden Zahlen zwischen 25.000 und 40.000 genannt. Nur Sharp (1766) und Archenholtz (1785) nennen erstaunlich niedrige Zahlen um die 5.000.

[48] Angaben zur Berufsverteilung gibt es nur für die erste Hälfte des 17. Jahrhunderts. Dort erscheinen über 30 % der Berufstätigen als Handwerker, jeweils ca. 10 % als Lebensmittelhändler

Jahrhundert wohl von einer geringeren Zahl festbeschäftigter Handwerksgesellen und einer steigenden Zahl Unter- bzw. Nichtbeschäftigter ausgehen. Eine starke Mittelschicht im Sinne eines neuen Bürgertums und wahrscheinlich auch als ständisch-zünftige Gruppe wohlhabender Handwerker gab es nicht.[49] So muß man für die neunziger Jahre, ohne genaue Zahlen nennen zu können, von einer starken Unterschicht aus Handwerksgesellen, ebenfalls zünftigen kleinen Lebensmittelhändlern, Fischern, Bedienten, Handlangern und Bettlern ausgehen. Mag also die von den Reisenden genannte Anzahl der Lazzaroni für die Allerärmsten übertrieben sein, so ist sie für die neapolitanische Unterschicht sicherlich zu niedrig.

So widersprüchlich wie der Lazzaroni-Begriff sind auch die Eigenschaften, die die Reisenden ihnen zuschreiben. Doch überwiegen in der Darstellung vor allem die negativen Charakteristika. Die Autoren versuchen nicht nur ein Bild der hervorstechendsten Lazzaroni-Eigenschaften zu gewinnen, sondern des neapolitanischen oder sogar italienischen 'Volkscharakters'. Daher verschwimmen oft die Grenzen zwischen dem, was allen Italienern, den Neapolitanern oder nur dem 'Pöbel' zugeschrieben wird. Dieses Bemühen um den Volkscharakter hat in Reiseberichten, nicht nur über Italien, schon eine längere Tradition. In den deutschsprachigen Berichten hatte sich eine Negativ-Tradition des Bildes vom Italiener entwickelt. Während das Gros der Reisenden seine mit dieser Tradition übereinstimmenden Beobachtungen nicht in Frage stellt, sucht Stegmann im Vergleich zwischen Tradition und eigener Erfahrung nach einem positiveren Bild des Italieners. Wie wenig es ihm dennoch gelingt, sich aus der Tradition zu lösen, muß als Zeichen ihrer Stärke verstanden werden.

Daß sich die Reisenden bei der Suche nach dem Volkscharakter den Unterschichten zuwenden, ist durchaus programmatisch. So stellt Knigge in Reichards Reiseführer fest:

„Die Leute von gutem Tone sehen einander in allen europäischen Staaten und Residenzen ähnlich, aber das eigentliche Volk, oder noch mehr der Mittelstand,

---

und Bediente, 7 % als Fischer und Schiffsleute. Allerdings gibt es für 25 % der Berufstätigen keine Angaben. Vgl. Petraccone, Napoli, S. 60ff.; Giuseppe Galasso, Le magnifiche sorti e regressive di una grande capitale, in: A. Mozzillo (Hrsg.), La dorata menzogna. Societa popolare a Napoli tra Settecento e Ottocento, Neapel 1975, S. IX–XXXVI, S. X. Zur Bevölkerungszahl vgl. Moscati, S. 736, S. 738, S. 740; Aliberti, S. 79, S. 84. Aliberti geht von 371.000 Einwohnern im Jahr 1780 aus.

[49] Die historische Forschung ist sich zwar über das Fehlen einer erwähnenswerten 'neuen Bourgeoisie' in Neapel einig, sagt aufgrund fehlender Daten aber nichts über das ständische Bürgertum.

trägt das Gepräge der Sitten des Landes. Nach ihnen muß man den Grad der Kultur und Aufklärung beurtheilen."[50]

Um den „Grad der Kultur" des 'eigentlichen Volks' in Neapel ist es nun nach Ansicht der Reisenden nicht eben gut bestellt. Zunächst ist da die „angeborene [...] Trägheit und Indolenz des Volkes"[51], die auch Stegmann bestätigt. Der angebliche 'Müßiggang' der Neapolitaner ist in den neunziger Jahren schon sprichwörtlich und seit geraumer Zeit unverzichtbarer Teil jedes Reiseberichtes. Soweit die Autoren diesen Gemeinplatz nicht nur wiederholen, gehen sie in unterschiedlicher Weise auf ihn ein. Stegmann sieht den Müßiggang eingeschränkt auf den Pöbel großer Städte und hebt den Fleiß der Bauern und Handwerker hervor. In aufgeklärter Tradition wendet er den Vorwurf des 'Müßiggangs' aber auch gegen die im Kaffeehaus sitzende Oberschicht.[52] Stolberg schreibt zu dem Vorwurf des Müßiggangs der Unterschichten:

„Die bis zum Ekel wiederholte Verwunderung über die Trägheit dieses Volkes, beweiset einen flüchtigen oder übel gesinnten Beobachter. Daß die Folgen des Müßiggangs verderblich sind, ist gewiß sehr wahr. Daß aber der Mensch, welcher, einige erkünstelte Bequemlichkeiten des Lebens mehr zu haben, einige Stunden mehr arbeitet, demjenigen vorzuziehen sei, der die natürlichste aller Bequemlichkeiten, Ruh in der Hitze, vorzieht, kann ich nicht einsehen. Dasjenige, was der Neapolitaner braucht, wird ihm von der milden Natur beinahe ohne, daß er die Hände darnach ausstreckt, in den Schooß geworfen. Sehr mäßig im Essen und Trinken, bedarf er auch wenig zur Kleidung, keiner Heitzung, und kann sogar einer Wohnung entbehren."[53]

Wie nun auch immer die Wertung ausfällt, am Bild des müßigen Neapolitaners ändert sich im Grundsatz nichts. Die Wahrnehmung der verschiedenen Arbeiten, die die angeblich untätigen Lazzaroni verrichten, geht mit der gewohnten Sichtwei-

---

[50] Reichard, Handbuch, S. 17. Entgegen der geforderten Orientierung am Mittelstand beziehen sich die Autoren bei der Beschreibung des Volkscharakters im wesentlichen auf das 'eigentliche Volk', d.h. das 'popolo minuto'. Dies ist wahrscheinlich sowohl auf die Schwäche des Mittelstandes in Italien zurückzuführen als auch darauf, daß sich die Unterschicht mühelos und ohne persönlichen Kontakt herstellen zu müssen auf der Straße beobachten ließ.

[51] Jacobi, Bd. 1, S. 285. Vgl. Küttner, Bd. 2, S. 147; Tagebuch, S. 197ff.; Lehne, S. 191; Stolberg, Bd. 2, S. 300.

[52] Stegmann, Bd. 1, S. 50f., S. 149.

[53] Stolberg, Bd. 2, S. 296.

se einher, ohne sie zu verdrängen. Fleiß wird ihnen nur beim Betteln zugeschrieben.[54]

Das südliche Klima fördert angeblich auch eine gewisse Sorglosigkeit und die Genußsucht. Das erste Interesse aller Neapolitaner, schreibt Stolberg, sei das Vergnügen.[55] Darüber hinaus seien sie gutmütig, lebhaft, friedlich, mäßig und aufrichtig.[56] Angesichts der Genußsucht ist es nicht verwunderlich, daß sie auch Tanz, Gesang und rauschende Feste lieben:

„Nächst den Vergnügungen des Gaumens sind Schauspiele, Musik, Tanz und Gesang ihre Leidenschaften, die Mädchen legen in ihren Feierstunden den Tamburin und die Kastagnetten nicht aus den Händen, und in Sommernächten ertönen nach 12 Uhr in den kleinen Strassen alle Balkons von Sängern und Sängerinnen."[57] (Stegmann)

Stegmann verweist aber zugleich auf die negativen Folgen des Hanges zum Genuß. Die angenehmen Lebensbedingungen führten dazu, daß der Neapolitaner nur am Vergnügen interessiert sei. Geld, Ehre und Patriotismus seien für ihn – so Stegmann – von untergeordneter Bedeutung.[58]

Die Genußsucht der Neapolitaner, die anfangs noch so harmlos erschien, führe sie schließlich zu Sittenlosigkeit, Habgier und Betrug:

„Von der Sittlichkeit des Volkes entwürfe ich auch gerne ein besseres Bild [...]. Nach allen Seiten sind diese Menschen von den ersten Gesetzen der Natur abgewichen, und fürchterlich straft sie der Frevel. Nicht blos eine Beule liegt vor der Stirne offen da, sondern das Gift ist durch den ganzen Körper gedrungen bis in seine kleinsten Adern und Nerven. Es soll in dem strengsten Verstande des Worts wahr seyn, daß ordentliche Ehen unter der Menge garnicht mehr üblich sind, und daß die vollkommenste Zügellosigkeit eine der ersten stillschweigenden Bedingungen der Verbindung ist."[59] (Jacobi)

---

[54] Jacobi, Bd. 1, S. 306.

[55] Stolberg, Bd. 2, S. 229. Zur neapolitanischen Genußsucht siehe auch: Gerning, Bd. 1, S. 208, S. 248; Stegmann, Bd. 1, S. 155; Buch, Bd. 2, S. 404; Jacobi, Bd. 1, S. 307.

[56] Ebd., S. 296f. Weitere Urteile in diesem Sinne: Gerning, Bd. 1, S. 208f., S. 227; Küttner, Bd. 2, S. 160f.; Stegmann, Bd. 1, S. 140, S. 153; Hager, S. 146; Buch, Bd. 2, S. 404; Jacobi, Bd. 1, S. 307.

[57] Stegmann, Bd. 1, S. 154f. Vgl. Stolberg, Bd. 4, S. 280ff.; Gerning, Bd. 1, S. 129f.

[58] Stegmann, Bd. 1, S. 139.

[59] Jacobi, Bd. 1, S. 315f. Zur Unsittlichkeit vgl. Gerning, Bd. 1, S. 238f.; Stolberg, Bd. 4, S. 257.

Auflösung der Familie und Prostitution überall: Dies ist das schreckliche Bild, das Jacobi vom sittlichen Zustand der Neapolitaner zeichnet. Den Städtern schreibt Stegmann neben Vergnügungssucht auch Egoismus, Geldgier und Hang zum Betrug zu.[60] Die Differenz zu den übrigen Autoren und sein Versuch einer Ehrenrettung der Italiener beschränkt sich in diesem Fall darauf, die gängigen Urteile für die Bewohner der Städte, vor allem Roms und Neapels zu bestärken, die Landbewohner aber davon auszunehmen.[61] Gleichzeitig versucht er, den Vorwurf zu relativieren, indem er meint, der Italiener bekenne sich offen zu seiner Geldgier, und mit dem reichen Fremden würde der Lazzarone im Notfall „sein leztes Stück Brod theilen, und ihn auf seinen Schultern ins Hospital tragen."[62]

Stegmann hält alle Neapolitaner auch für „lebhaft und geschwäzig".[63] Nach Meinung aller Autoren führt die Hingabe an die sinnlichen Antriebe aber, wie beim Genuß, letztendlich zu Negativem. Ergebnis der Lebhaftigkeit seien Reizbarkeit, Eifersucht, Rach- und Streitsucht.[64] Daraus folgten wiederum, wenn auch seltene, Totschläge. Sein instinktives Empfinden treibe den Italiener zur Gewalt:

> „Wer zeigt wohl mehr Verachtung des Todes, mehr wahre Herzhaftigkeit – zwei Nordländer, die nach einem Gezänk von einer halben Stunde sich mit Mühe entschliessen, ihre Fäuste zu Schiedsrichtern zu nehmen – oder zwei Italiäner, die, wenn nach einem minutenlangen Wortwechsel Leidenschaft die Sprache erstikt, die Rücksicht auf ihr Leben freiwillig der Rache unterordnen, und mit Messern aufeinander losgehen? [...] den gemeinen Italiäner lehrt das der Instinkt, wozu sich in unsern kalten Ländern oft der Mann von Stande nur, wie er sagt, durch die Geseze der Ehre treiben läßt!"[65]

Dieser Eindruck des Ausgeliefertseins an die natürlichen Anlagen zeigt sich auch bei der Beurteilung des Bildungsgrades der Neapolitaner. Generell werden sie als un-

---

[60] Stegmann, Bd. 1, S. 95.

[61] Vgl. ebd., S. 41f., S. 94f.

[62] Ebd., Bd. 1, S. 104. Vgl. S. 96–100, S. 102ff. Vgl. Tagebuch, S. 196; Gerning, Bd. 1, S. 234.

[63] Ebd., S. 154. Vgl. Jacobi, Bd. 1, S. 311.

[64] Buch, Bd. 2, S. 398; Gerning, Bd. 1, S. 208, S. 235; Tagebuch, S. 197; Jacobi, Bd. 1, S. 303f.; Stegmann, Bd. 1, S. 102; Stolberg, Bd. 4, S. 256f.

[65] Stegmann, Bd. 1, S. 49f. Vgl. eBd., S. 101; Stolberg, Bd. 2, S. 297.

wissend und schlecht erzogen angesehen.⁶⁶ Ebenso verbreitet ist aber die Meinung, von Natur aus seien sie verständig:⁶⁷

> „Die Gesichtszüge drücken auch in den untern Volksklassen Nachdenken und Verstand aus, [...] unendlich oft ist man gezwungen bei dem Anblik des ausdruksvollen Profils vom Kopf eines Lastträgers sich selbst zu sagen: Was hätte aus diesem Menschen werden können, wenn alle seine Anlagen ausgebildet, seine Fähigkeiten in Wirksamkeit gesezt worden wären!"⁶⁸ (Stegmann)

Dieses Bild des Neapolitaners wird ergänzt durch weitere Charakterisierungen. In den Augen der Reisenden ist er schön und häßlich, dreckig, aufrührerisch, furchtsam, unpatriotisch und freiheitsliebend. Zudem ist er abergläubisch und daher irrational, aber nicht bigott; kriecherisch und Franzosen-feindlich, lustig und ein Tierquäler.⁶⁹ Diese extreme Widersprüchlichkeit der Eigenschaften, die den Neapolitanern zugeschrieben werden, ergibt sich nicht nur aus der Gegenüberstellung verschiedener Autoren. Die Charakterisierungen jedes Autors sind in sich widersprüchlich. Das beste Beispiel hierfür ist Stegmann. Seine Versuche einer positiven Darstellung enden teils mit der Begrenzung der Vorwürfe auf die städtische Bevölkerung, teils mit der Verkehrung der Bewertung (Streitsucht wird Mut), teils mit einer Wendung gegen die müßige Oberschicht. Im Kern bestätigt aber auch er die negativen Urteile. Stegmann ist es auch, der den italienischen Volkscharakter folgendermaßen zusammenfaßt: Die Italiener seien mit

> „[...] feinern und biegsamern Organen, [...] mit einem reizbarern Empfindungsvermögen, und einer lebhaftern Imagination ausgestattet, als ihre nordischen Nachbarn. [...] Durch die Vereinigung beider aber bildet sich der geistvolle und leidenschaftliche Charakter, der, nicht gemacht in irgend etwas bei der Mittelmäßigkeit stehn zu bleiben, für das Gute so wie für das Böse in höchstem Grade empfänglich ist. Daher die physischen und moralischen Kontraste, [...] die häufigen Extreme von Charakteren, zu denen in unsern nördlichen

---

[66] Stegmann, Bd. 1, S. 149f., S. 52–58; Buch, Bd. 2, S. 404; Gerning, Bd. 1, S. 224; Tagebuch, S. 197; Stolberg, Bd. 2, S. 295; Lehne, S. 191; Jacobi, Bd. 1, S. 291.

[67] Stolberg, Bd. 2, S. 295; Stegmann, Bd. 1, S. 149f., S. 170f.; Gerning, Bd. 1, S. 208.

[68] Stegmann, Bd. 1, S. 170f.

[69] Häßlichkeit: Gerning, Bd. 1, S. 232; Stegmann, Bd. 1, S. 59f. Dreck: Gerning, Bd. 1, S. 232f.; Jacobi, Bd. 1, S. 287f. Furcht: Gerning, Bd. 1, S. 281; Jacobi, Bd. 1, S. 296f. Fehlender Patriotismus: Stegmann, Bd. 1, S. 46–49, Bd. 2, S. 11; Gerning, Bd. 1, S. 211. Freiheitsliebe: Stegmann, Bd. 2, S. 285; Stolberg, Bd. 4, S. 286. Schönheit: Gerning, Bd. 1, S. 185, S. 231. Franzosen-Feindlichkeit: Jacobi, Bd. 1, S. 297. Lustigkeit: Stegmann, Bd. 1, S. 215; Gerning, Bd. 1, S. 208, 235f. Tierquäler: Stolberg, Bd. 2, S. 300.

Himmelstrichen nur selten eine Verkettung sonderbarer Schiksale einen ausserordentlichen Menschen hinauftreibt; daher die ungebändigten Leidenschaften, deren Folgen so oft die Menschheit entehren, aber daher auch die Energie, mit der sich der Geist der Nation durch alle Hindernisse den Weg gebahnt hat, die ihm noch bis heut Pfafferei und vernachlässigte Volkserziehung vorzüglich vor allen andern Ländern entgegen sezen."[70]

Auch der Neapolitaner erscheint als ein Wesen, das seinen unmittelbaren, sinnlichen Antrieben, den 'Leidenschaften' wehrlos ausgeliefert ist.

Unter den hier angeführten Charakteristika lassen sich einige Eigenschaften erkennen, die nicht nur 'den Italienern', sondern besonders den Neapolitanern und hier vor allem dem 'gemeinen Volk' zugeschrieben werden. Dies sind Lebhaftigkeit, Genügsamkeit, Freundlichkeit, Friedlichkeit und „Hang zur Witzigkeit"[71] auf der positiven Seite. Verhalten und Dialekt der Neapolitaner werden oft in die Nähe des Pulcinell, d.h. des Harlekin, gerückt. Genußsucht, Häßlichkeit, Faulheit und Unsauberkeit zählen zu den negativen Eigenschaften.[72] Habgier, unkontrollierte Leidenschaften, fehlender Patriotismus, Rach- und Streitsucht werden auch allen anderen Italienern zugeschrieben. Das abschließende Urteil über die Neapolitaner fällt sowohl was ihre guten und schlechten Eigenschaften betrifft, als auch im Vergleich mit den restlichen Italienern überwiegend positiv aus. Gerning meint sogar, ihr 'Nationalcharakter' sei der beste unter allen italienischen.[73]

Wie die angeführten Zitate zeigen, sehen die Reisenden die Hauptursache für den neapolitanischen Volkscharakter im Klima. Diese Theorie teilen sie mit dem neapolitanischen Aufklärer Galanti und dem französischen Philosophen und Neapel-Reisenden Montesquieu.[74] Die vermeintliche Fruchtbarkeit des Landes und die Hitze führen demnach zu Trägheit und zur leichten Hingabe an die Genüsse. Das Verhalten der Neapolitaner wird im Guten wie im Bösen deterministisch von der äußeren wie ihrer inneren Natur beherrscht. Die Natur verursacht sowohl ihre

---

[70] Stegmann, Bd. 1, S. 70f.

[71] Gerning, Bd. 1, S. 208, S. 235; Stegmann, Bd. 1, S. 235f.; Jacobi, Bd. 1, S. 297, S. 307; Buch, Bd. 2, S. 404; Hager, S. 146, S. 150.

[72] Zu den typisch neapolitanischen Eigenschaften vgl. die Anm. 33-35, 53-71, 74 und 75. Gerning (Bd. 1, S. 233) schreibt: „Unreinlich ist der Italiäner, aber der Neapolitaner ist es im Superlativus."

[73] Gerning, Bd. 2, S. 208. Vgl. Stolberg, Bd. 2, S. 295 und Bd. 4, S. 256; Küttner, Bd. 2, S. 160; Jacobi, Bd. 1, S. 296f.; bei Stegmann das Kapitel „Nazionalcharakter" , Bd. 1, S. 36-111, besonders S. 160.

[74] Gerning, Bd. 1, S. 229, Bd. 2, S. 71, S. 140; Stegmann, Bd. 1, S. 32, S. 70, S. 139f.; Stolberg, Bd. 3, S. 128f., Bd. 4, S. 258f.; Jacobi, Bd. 1, S. 296f.; Mozzillo, Sirena, S. 71.

Passivität als auch ihre Gefühlsausbrüche, zwischen denen sie offensichtlich in unvorhersehbarer Weise schwanken. Ein ausgeglichenes Wesen und an moralischen Normen orientiertes Verhalten ist ihnen nach dieser Vorstellung von Natur aus nicht möglich. Gesellschaftliche Ursachen für den Volkscharakter werden erst in zweiter Linie genannt. Schlechte Staatsverfassung, fehlende 'Polizey', mangelhafte Volkserziehung und die lange Zeit spanischer Besatzung, kurz: die Fehler der Regierung verschlimmerten die Situation nur noch.[75]

Stolberg, Jacobi und Stegmann betonen zusätzlich den moralisch verderblichen Einfluß der großen Städte. Im Gegensatz zum Klima-Argument ist es hier gerade die Abwendung von der Natur, die zur Unmoral führt.[76] Unabhängig von den Gründen, die die Autoren nennen, bewegt sich ihre Kritik am Volkscharakter vor allem auf der Ebene der Moral.

Bei der Beschreibung des neapolitanischen Charakters ist nicht immer ausdrücklich von den Lazzaroni die Rede. Ein Vergleich zwischen den Schilderungen des Lazzaroni-Verhaltens und den Eigenschaften des neapolitanischen Volkscharakters zeigt aber, daß die Lazzaroni über alle Eigenschaften des neapolitanischen Charakters verfügen, mithin seine typischen Vertreter darstellen. Faktisch bestätigen alle Reiseberichte diese Auffassung durch die herausragende Stellung, die sie den Lazzaroni einräumen. In ihren bewußten Äußerungen schwanken die Autoren zwischen der Behauptung, die Lazzaroni seien eine neapolitanische Besonderheit, ein „Original-Charakter"[77], und der Feststellung, sie seien „im Grunde nichts anders [...], als die niedrigste Menschenclasse anderer großen Städte".[78] Auch dies ist eine Folge der 'Entdeckung' des arbeitenden Lazzarone durch die Reisenden.

3. Stadt, Staatsapparat, Ökonomie und 'Feudalsystem' im Urteil der Reisenden

3.1. Stadtbild, Justizapparat und 'Feudalsystem'

Neben dem neapolitanischen Volkscharakter unterziehen die Reisenden auch die gesellschaftlichen Verhältnisse Neapels einer eingehenden Kritik. Das Urteil über Stadtbild, Staatsapparat und Wirtschaft fällt noch schlechter aus als jenes über den

---

[75] Stegmann, Bd. 1, S. 50, S. 149f.; Gerning, Bd. 1, S. 185, S. 208, S. 224, S. 229; Stolberg, Bd. 4, S. 259, Jacobi, Bd. 1, S. 305.

[76] Stolberg, Bd. 2, S. 296; Stegmann, Bd. 1, S. 99.

[77] Gerning, Bd. 1, S. 209.

[78] Küttner, Bd. 2, S. 161.

Volkscharakter. Die Gründe für die Mißstände werden nun allerdings mehr in gesellschaftlichen Zusammenhängen gesucht.

So einhellig positiv die natürliche Lage der Stadt beurteilt wird, mit der selbst Konstantinopel und Genua angeblich nicht mithalten können,[79] so einhellig negativ ist doch die Sicht auf die Stadtarchitektur:

> „Meist schmale Gassen, kaum vier öffentliche Plätze, worunter keiner sehr groß ist, und keine herrlichen Denkmale der Baukunst besitzt diese gewühlvolle Stadt."[80]

Im Einklang mit dem an Antike, Renaissance und Klassizismus orientierten Zeitgeschmack erscheint das überwiegend barocke Neapel als „buntschekig"[81] und „überladen mit Zierrathen"[82]. Besonders die Kirchen seien „schwer gothisch"[83], der Dom „prächtiger als schön, ja [...] garnicht schön".[84] Schlecht ist es nach Meinung der Reisenden auch um die großstädtische Infrastruktur bestellt. Die Straßen seien nicht beleuchtet und erst seit 1790 numeriert. Abfälle und Fäkalien bedecken die Straßen:

> „Hier verwünscht man es oft selbst in dem Königlichen Pallast, daß man eine Nase hat."[85]

Bettelei und mangelhafte Hygiene seien ebenso wie die Diebstähle Folge der Trägheit von Menschen und Regierung.[86] Die Kritik am mittelalterlichen oder barocken Stadtbild entspricht dem aufklärerischen Ideal einer übersichtlichen und rational

---

[79] Gerning, Bd. 1, S. 169.

[80] Ebd., S. 180f.

[81] Jacobi, Bd. 1, S. 299.

[82] Ebd.. Vgl. Stolberg, Bd. 3, S. 9.

[83] Jacobi, Bd. 1, S. 310. Vgl. Küttner, Bd. 2, S. 136, S. 146f.; Gerning, Bd. 1, S. 180, S. 233; Stolberg, Bd. 2, S. 301. Mozzillo, La frontiera, S. 372, hat darauf verwiesen, daß das Adjektiv 'gotisch' in der Reiseliteratur auch barocke oder byzantinische Architektur bezeichnete, vor allem also als pejorativer Begriff benutzt wurde.

[84] Stolberg, Bd. 3, S. 9.

[85] Gerning, Bd. 1, S. 233; Jacobi, Bd. 1, S. 288.

[86] Stegmann, Bd. 2, S. 181. Vgl. Stegmann, Bd. 2, S. 50; Tagebuch, S. 188 und S. 199f.; Stolberg, Bd. 4, S. 258; Jacobi, Bd. 1, S. 302 f. und S. 305.

geordneten Stadt, wie sie auch die 'Encyclopedie' forderte.[87] Darüber hinaus war der Zustand von Straßen, Pflaster oder Beleuchtung für die Aufklärung und die Reiseberichte des 18. Jahrhunderts ein Hinweis auf die Qualität der Staatsverwaltung. Ja, sogar die Moralität der Bewohner wurde mit dem Stadtbild in Beziehung gesetzt. Schlechte Beleuchtung und gewundene Straßen förderten die Kriminalität und ließen von den Menschen, die sich im Dunkeln bewegten, nichts Gutes erwarten.[88]

Zahlreich seien, so die Autoren, auch die Mißstände im Staatsapparat. Die Ausgrabungen in Pompeji gingen trotz bereitgestellten Geldes nicht voran und Staatsbeamte bereicherten sich an Hilfsgeldern für das durch Erdbeben geschädigte Kalabrien. Die Offiziersstellen in der Armee würden verkauft und ihre Inhaber hätten „eher das Ansehen von grossen Fackins, als herzhaften Militärs"[89]. Die Effektivität der Armee scheint, trotz Reform nach französischem Vorbild, nicht sichergestellt.[90]

Besonders schädlich erscheinen den Reisenden die große Zahl der Verwaltungsgremien und ihrer Bedienten, „[...] wie denn leider fast in allen Unter-Verwaltungen Verkäuflichkeit, Gierigkeit, Raubsucht und Bestechlichkeit, besonders der Subalternen und Zöllner, herrscht".[91] Hervorstechendstes Beispiel dieser Mißstände ist für die Autoren der Justizapparat. Gerning hält die verschiedenen Einflüsse wechselnder Eroberer für die Ursache der uneinheitlichen Gesetzeslage.[92] Die Kritik trifft hier vor allem die Überschneidungen von Gesetzen und Kompetenzen und die in ganz Europa, mit Ausnahme Preußens,[93] übliche Praxis der Käuflichkeit der Staatsämter, kurz: die „fehlerhafte Ökonomie der Macht"[94] (Foucault). In Überein-

---

[87] Wuthenow, Entdeckung, S. 12.

[88] Ein neapolitanischer Aufklärer meinte 1750, daß gewundene, enge Gassen aufrührerische Bewohner hervorbringe. Vgl. Venturi, Napoli, S. 22; Griep, Reiseliteratur, S. 758f., S. 762.

[89] Tagebuch, S. 159. Facchino bedeutet auf italienisch Lastenträger und wird oft auch synonym für die Lazzaroni benutzt.

[90] Alle diese Mißstände: Stegmann, Bd. 1, S. 281, Bd. 2, S. 68ff., S. 95, S. 104, S. 121f.; Gerning, Bd. 1, S. 278ff., Bd. 2, S. 238; Küttner, Bd. 2, S. 148f., S. 157ff.; Hager, S. 160.

[91] Gerning, Bd. 1, S. 217; vgl. Jacobi, Bd. 1, S. 289; Stegmann, Bd. 2, S. 75.

[92] Gerning, Bd. 1, S. 212.

[93] Vgl. Le Roy Ladurie, S. 785.

[94] Michel Foucault: Überwachen und Strafen. Die Geburt des Gefängnisses, 10. Aufl. Frankfurt/M. 1992, S. 101. Zur Kritik Montesquieus an uneinheitlicher Gesetzgebung vgl. Frank Herdmann: Montesquieurezeption in Deutschland im 18. und beginnenden 19. Jahrhundert, Hildesheim/Zürich/New York 1990, (Philosophische Texte und Studien; Bd. 25), S. 43.

stimmung mit der aufklärerischen Diskussion in Frankreich und Neapel[95] fordern die Reisenden eine klar gegliederte, übersichtliche Justizpraxis, die richterliche Willkür ausschließt. Die Vergabe von Ämtern soll sich nicht an den staatlichen Finanzierungsbedürfnissen orientieren.

Die Folgen der uneinheitlichen Gesetzeslage in Neapel seien die mehr als 10.000 Anwälte, „die alle von dem außerordentlichen Streitgeiste der Nation ihren Unterhalt und das oft so reichlich finden, daß Advokaten zwanzigtausend, und Subalternen die fünftausend Thaler jährlich verdienen, nichts seltnes sind".[96]

Bleiben Gerning und das 'Tagebuch' bei der Kritik an der Gewinnsucht der anwaltlichen „Raubvögel"[97] stehen, so erkennen Jacobi und Stegmann die Ursachen für den überdimensionierten Justizapparat in Neapel deutlicher, wenn sie die erstinstanzlichen Provinzgerichte beschreiben. Diese waren mehrheitlich Teil der adeligen, baronalen Gerichtsbarkeit, der insgesamt über 70% der Bevölkerung unterstanden. In den gegen Jahrhundertende zunehmenden gerichtlichen Auseinandersetzungen zwischen adeligen Grundbesitzern und Gemeinden bzw. Bauern um Gemeindeländer, Nutzungsrechte und Frondienste konnten letztere hier kein Recht erwarten und bemühten sich daher um eine Überweisung an die königlichen Gerichte in Neapel. Diese hatten hieran ein zweifaches finanzielles Interesse: Die unteren Gerichtsbeamten, Schreiber und Aktenführer, wurden nach dem Streitwert bezahlt. Ihr Verdienst stieg also mit der Zahl der Fälle. Zusätzlich bot jeder Streitfall auch für die Richter die Möglichkeit weiterer Einkünfte, denn jede Partei mußte bei Gericht Bestechungsgelder investieren: die Gemeinde, um eine Übernahme durch das königliche Gericht zu erreichen, der Grundbesitzer, um eine Entscheidung über die Gültigkeit von ihm beanspruchter Rechte über Jahrzehnte zu verzögern, bis die finanziell schwächere Gemeinde aufgeben mußte.[98]

So ergab sich eine Konzentration der Prozesse und der von ihnen profitierenden Gerichtsangestellten und Anwälte in Neapel. Im Justizapparat der Hauptstadt entschieden sich die sozialen Auseinandersetzungen auf dem Lande. Die historisch einflußreiche Rolle der Justiz wie auch die konkreten Verdienstmöglichkeiten führten zu einem hohen Sozialprestige dieses Berufs, zumal auch die regulären

---

[95] Ebd., S. 102; Renata Pilati: Delitti e ordine pubblico durante il decennio francese: gli atti della Gran Corte Criminale di Napoli, in: Archivio Storico per le province napoletane, Bd. 102, Neapel 1984, S. 389–419, S. 392.

[96] Stegmann, Bd. 1, S. 83 f. Vgl. Gerning, Bd. 1, S. 211ff.; Jacobi, Bd. 1, S. 289, Bd. 2, S. 142 und S. 153f.; Stegmann, Bd. 1, S. 44f., S. 89f.; Bd. 2, S. 28, S. 50f., S. 74–79; Tagebuch, S. 196.

[97] Tagebuch, S. 188. Vgl. Gerning, Bd. 1, S. 214.

[98] Zum Justizapparat vgl. Raffaele Ajello: La vita politica napoletana sotto Carlo di Borbone, in: G.Galasso (Hrsg.), Storia di Napoli, 10 Bde., Neapel 1967–74, Bd. 7 (1972), S. 463–715, S. 531ff.; Aliberti, S. 100ff.; Moscati, S. 723; Villani, Mezzogiorno, S. 198 und S. 275f.

Gehälter der bei Gericht Angestellten um das dreifache über denen anderer freier Berufe lagen.[99]

Im Gegensatz zur französischen Diskussion, die sich auch gegen die Einflußnahme des Monarchen auf die Justiz wehrt,[100] richten Jacobi und Stegmann ihre Kritik vor allem gegen die „Privat-Gerichtsbarkeit"[101] des Adels. Sie erkennen deren Funktion als Herrschaftsinstrument und die Bestechlichkeit der Juristen. Nur Stegmann aber beschreibt ausführlich den Mechanismus, der zur Konzentration der Auseinandersetzungen in Neapel führt. Die anderen Autoren bleiben im wesentlichen bei der Polemik gegen die Anwälte stehen, die sie als schmutzige „Gesellen in zerrissenen Strümpfen"[102] beschreiben. Stegmann betreibt die Kritik an der Justiz zwar am intensivsten, relativiert sie jedoch sofort wieder. Zur Kritik an den schlechten Gesetzen vermerkt er, eine erträgliche Strafgesetzgebung gebe es fast nirgendwo in Europa.[103]

Die Kritik an der feudalen Gerichtsbarkeit ist nur ein Aspekt der umfassenderen Kritik der Reisenden an „der Tyrannei des hohen Adels"[104], dem „Feudalsystem"[105]. Die feudalen Besitzverhältnisse und Vorrechte sind nach Meinung der Reisenden der Hauptgrund für die wirtschaftliche und soziale Zurückgebliebenheit des Königreichs:

„Das Lehenssystem lastet allzu schwer auf dem schönen Lande. Da ist kein Bauernstand, und verpachtet sind die Länder und Güter von schwelgenden Besitzern und gierigen Unternehmern in dürftige Hände, die sie bearbeiten und ihr elendes Leben und ihre fruchtbaren Familien taglöhnerisch fortschleppen müssen."[106] (Gerning)

---

[99] Aliberti, S. 104; Umberto Dante: Insorgenza ed anarchia. Il regno di Napoli e l'invasione francese, Salerno 1980, S. 40.

[100] Foucault, S. 102.

[101] Jacobi, Bd. 2, S. 142. Vgl. eBd., S. 151f.; Stegmann, Bd. 2, S. 51 und S. 75–79.

[102] Tagebuch, S. 188f. Vgl. Gerning, Bd. 1, S. 214.

[103] Stegmann, Bd. 1, S. 45.

[104] Stolberg, Bd. 2, S. 295.

[105] Stegmann, Bd. 2, S. 15.

[106] Gerning, Bd. 1, S. 259. Vgl. Jacobi, Bd. 2, S. 147, Bd. 1, S. 290.

Neben der Konzentration des Grundbesitzes in Händen des Adels sind überhöhte Pachten und ungerechte Steuererhebung das Ziel ihrer Kritik.[107] Beides sei Grund für die elende Lage der Landbevölkerung wie auch Hindernis einer Ausweitung der Agrarproduktion.

Tatsächlich konzentrierten sich der Besitz und vor allem der Grundbesitz im 18. Jahrhundert zunehmend beim Adel und beim Klerus. Die Grundrente verdoppelte sich zwischen 1750 und 1800. Aufgrund feudaler Vorrechte und mangelhafter Erfassungsmethoden bezahlten adelige Großgrundbesitzer weniger Grundsteuern. Den größeren Teil der staatlichen Steuereinnahmen machten ohnehin die Abgaben aus, die auf Konsum und Verkauf von Lebensmitteln lagen. Sie trafen vor allem den ärmeren Teil der Bevölkerung.[108]

Die hohen Steuern und Pachten sind für Stegmann ein weiterer Beweis der unerhörten Fruchtbarkeit des Landes, das unter ihrer Last nicht zugrunde gehe. Eigener Grundbesitz und geringere Steuern würden nicht nur seiner Ansicht nach für die Bauern Anreiz zu größerer Produktivität sein.[109]

Die Kritik der Reisenden an der juristischen und ökonomischen Übermacht des Adels als Haupthindernis einer effektiven Landwirtschaft und Staatsorganisation ist Teil einer europäischen Diskussion der siebziger Jahre des 18. Jahrhunderts. In Neapel entzündete sie sich in den achtziger Jahren vor allem an Filangieris Kritik der baronalen Gerichtsbarkeit und Grundbesitz-Konzentration in seinem auch ins Deutsche übersetzten Buch 'Scienza della legislazione'.[110] Diese auch von Galanti, einem bekannten neapolitanischen Aufklärer, unterstützte Kritik stand vor dem Hintergrund zweier schon gescheiterter Versuche der Schwächung der baronalen Jurisdiktion durch die neapolitanische Regierung 1769 und 1773.[111] In der Vorstellung der Aufklärer war eine Steigerung der Agrarproduktion nur bei intensivem Anbau mit modernen Methoden möglich. Voraussetzung hierfür war die Verfügbarkeit des Bodens, der aber in der Hand des Adels und des Klerus blieb, da den Verkauf beschränkende Rechtsverhältnisse einmal erworbenen Boden oft unveräußerlich machten. Vor allem der Adel aber verbrauchte die Erträge, ohne an einer Produktionssteigerung interessiert zu sein. Rechtsprechung und ökonomische

---

[107] Stegmann, Bd. 2, S. 18. Vgl. eBd., S. 21 und S. 85; Stolberg, Bd. 3, S. 94ff., Bd. 4, S. 246ff.; Jacobi, Bd. 2, S. 139ff., S. 107f., Bd. 1, S. 285; Gerning, Bd. 1, S. 206, Bd. 2, S. 70.

[108] Zur Grundbesitzverteilung vgl. Woolf, La storia, S. 26f.; Villani, Mezzogiorno, S. 161f. und S. 195; zu Steuern: Villani, Mezzogiorno, S. 244 und S. 268; Ajello, La vita, S. 559.

[109] Stegmann, Bd. 2, S. 80, S. 85; Jacobi, Bd. 2, S. 107 f.; Stolberg, Bd. 2, S. 285, Bd. 3, S. 246ff.

[110] Villani, Mezzogiorno, S. 164–172; Woolf, La storia, S. 85, S. 138f.; Ajello, La vita, S. 565f.

[111] Woolf, La storia, S. 84f.

Machtstellung ermöglichten ihm die Ausbeutung der Bauern ebenso wie den Widerstand gegen den Staat, von dem nach Meinung der Aufklärer allein Verbesserungsmaßnahmen ausgehen konnten. Staatliche Reformversuche hatten auch hier nur wenig Erfolg.[112]

Angesichts der Einbindung in die antifeudale aufklärerische Diskussion entgeht den Reisenden, mit wenigen Ausnahmen, daß reiche Bürger enteignete Kirchengüter aufkauften und sich so an der Unterdrückung der Bauern beteiligten.[113] Die von den Aufklärern geforderte Streuung des Grundbesitzes stärkte im Königreich die 'neue Bourgeoisie', nicht aber einen selbständigen Bauernstand.

3.2. Handel und hauptstädtischer Machtblock, Handwerk und 'Mittelstand'

Intensiv setzen sich die Autoren auch mit den Mängeln im Handel auseinander. Nach einem Verweis auf den blühenden Handel der oberitalienischen Städte im Mittelalter stellt Gerning fest, daß dieser augenblicklich sehr zurückgeblieben sei.[114] Immer wieder wird die Intensivierung des Handels befürwortet. Zu hohe Steuern und Ausfuhrzölle verteuerten die Waren, was wiederum den Schmuggel und die Bestechlichkeit der Zöllner fördere.[115] Zusätzlich werden der Mangel an Kapital, verursacht durch Luxuskonsum, und der betrügerische Volkscharakter als Handelshemmnisse genannt. Die Tatsache, daß der Außenhandel fast völlig von Ausländern betrieben wird, scheint den Autoren ein weiterer Beweis für die Wirkung des Klimas, das die Einheimischen, aber auch die Fremden verweichliche:

„[...] selbst die hier ansässigen fremden Negocianten scheinen den Genuß und die Leichtigkeit des nur dahin schwebenden südlichen Lebens eingesogen zu haben, denn der eiserne nordische Fleiß verschwindet."[116]

---

112 Vgl. Villani, Mezzogiorno, S. 176–182.

113 Jacobi, Bd. 2, S. 141 ff. Vgl. eBd., S. 109 und Gerning, Bd. 1, S. 259. Zur 'Blindheit' der deutschen Kameralisten gegenüber den Konflikten von „Arbeit und Kapital" vgl. Christof Dipper: Naturrecht und wirtschaftliche Reformen, in: O.Dann/ D.Klippel (Hrsg.), Naturrecht-Spätaufklärung-Revolution, Hamburg 1995, (Studien zum 18. Jahrhundert; Bd. 16), S. 164–181, S. 171.

114 Gerning, Bd. 2, S. 67.

115 Stegmann, Bd. 2, S. 84f. Zu überhöhten Steuern, Zöllen und Schmuggel: Jacobi, Bd. 2, S. 50; Stolberg, Bd. 3, S. 216, S. 246f.; Stegmann, Bd. 2, S. 81–87; Gerning, Bd. 2, S. 70.

116 Gerning, Bd. 2, S. 70. Vgl. Jacobi, Bd. 2, S. 297f. Zu Kapitalmangel durch Luxus: Stegmann, Bd. 2, S. 90; durch betrügerischen Charakter: Tagebuch, S. 196.

So sehr die Kritik der Reisenden am geringen Umfang des Handels zutrifft, so wenig dringt sie doch zu den internationalen Gründen und den inländischen Nutznießern vor.[117] Neapel war im 18. Jahrhundert, wie ganz Italien, in Handel und Produktion von den beiden Großmächten England und Frankreich abhängig. Es exportierte vor allem die Agrarprodukte Getreide, Öl und Wein und als einziges Halbfabrikat Rohseide.

Umgekehrt wurde Neapel von England und Frankreich mit Fertigprodukten versorgt, vor allem mit englischen Baumwolltextilien. Mit der Mehrzahl der ausländischen Handelspartner war Neapels Handelsbilanz negativ. Die inländische Produktionsstruktur war entscheidend vom Außenhandel bestimmt. Die sich industriell entwickelnden Staaten brauchten Nahrungsmittel und Absatzmärkte für ihre Fertigprodukte. Die italienische Textilherstellung wurde im 18. Jahrhundert durch die englischen Importe nahezu zerstört, die Entwicklung einer eigenen Manufakturindustrie durch die Konkurrenz verhindert. Lediglich die Einstellung auf die ausländischen Bedürfnisse ermöglichte dem Königreich eine Teilnahme am internationalen Handel.[118] Diese fast koloniale Abhängigkeit nehmen die Reisenden nicht wahr.

Stegmann sieht zumindest die politische Abhängigkeit Neapels von den Großmächten, und Küttner allein erkennt Italiens Stellung im Welthandel, wenn er feststellt:

„Die Entdeckung des Vorgebirgs der guten Hoffnung war ein Schlag, der Italien auf immer zu Grunde gerichtet hat, und von dem es sich nie wieder erholen wird und kann".[119]

Was den Binnenhandel angeht, so bleibt die Analyse der Reisenden eher oberflächlich. Die Ausbeutung der Bauern behindert ihrer Meinung nach die Produktion und damit den Handel. Stolberg erwähnt immerhin, dem Bauer sei schon geholfen, wenn er seine Produkte selbst verkaufen könne.[120] Warum dies nicht der Fall ist, beschreibt Gerning:

---

[117] Ajello, S. 606 und S. 631; Villani, Mezzogiorno, S. 260f.

[118] Ajello, La vita, S. 603f.; De Marco, S. 25; Aliberti, S. 140f.; Woolf, La storia, S. 41f.; Aurelio Lepre: Il mezzogiorno dal feudalesimo al capitalismo, Neapel 1979, (Collana di ricerche e analisi storiche, 2), S. 12–22; Villani, Feudalità, S. 137; Raffaele Ajello: La civiltà napoletana del Settecento, in: Civiltà del '700 a Napoli 1734–1799, 2 Bde., Neapel 1979, Bd. 1, S. 14–21, S. 21.

[119] Küttner, Bd. 2, S. 304. Vgl. Stegmann, Bd. 2, S. 109.

[120] Stolberg, Bd. 4, S. 247.

„Die schändliche Vorschuß- und Verkauf-Wucherey mit den armen Landpächtern, beginnt schon im Oktober auf den nächsten July, wo die volle Erndte oft zu einem geringen Mittelpreise verschleudert wird."[121]

Was Gerning hier schildert, ist die 'contratto alla voce' genannte Vertragsart. Durch ihn finanzierten Kornhändler dem Bauern den Anbau vor und ließen sich nach der Ernte in Naturalien ausbezahlen. Der Preis des Getreides, die 'voce', wurde von einem Regierungsvertreter nach Beratung mit Händlern und Produzenten festgelegt. Aufgrund des Kräfteverhältnisses und des zu Erntezeiten eher niedrigen Preises fiel die 'voce' meist niedrig aus. Die Kornhändler sicherten sich auf diese Weise die alleinige Verfügung über die Ernte und Gewinne, die am Markt zu machen waren. Der Bauer verdiente wenig und blieb so vom Händler abhängig. Die Behörde für die Getreideversorgung Neapels, die 'annona', beauftragte jedes Jahr eine Handvoll Händler mit der Versorgung. Sie zahlte ihnen einen um mindestens 30% höheren Preis als die 'voce' und subventionierte den Preis für die städtischen Verbraucher herunter. Dies führte zu garantierten Gewinnen für die Händler und einem ständigen Defizit des städtischen Etats. Deshalb war für eine Beleuchtung der Straßen oder hygienische Maßnahmen kein Geld vorhanden. Da die Händler von allen Zöllen und Kontrollen ausgenommen waren, ergab sich für sie zusätzlich die Möglichkeit, Getreide zu horten oder illegal zu exportieren. Allein diese Händler verfügten über genug Geld, um die Transporte oder den Ankauf zu finanzieren.

Eine weitere Profitmöglichkeit war der Getreideexport, der aber von der Regierung erlaubt werden mußte. Diese Erlaubnis, die sogenannten 'tratte', erfolgte nur bei niedrigen 'voci'. Neben der neapolitanischen 'annona' hatten also auch Händler und adelige Grundbesitzer Interesse an niedrigen 'voci', um mit Gewinn exportieren zu können. Diesen Vorgang beschreibt nur Jacobi.[122] Die Versorgung Neapels, der Export und die Kontrolle über die Ernte vermittels des 'contratto alla voce' führte zu einer Verknappung des Getreides in der Provinz, die wohl Bedarf, aber kein Geld hatte, um Korn zu erwerben. Ein provinzinterner Markt für Agrar- und Manufakturprodukte konnte so nicht entstehen. Die Kontrolle Neapels über die Agrarproduktion war absolut.[123] Eine Ausweitung der landwirtschaftlichen Produktion war unmöglich, was aufgrund der Angst vor Unterversorgung eine Regulierung notwendig machte. Niedrige Produktivität und Kontrolle durch die Hauptstadt erhielten sich auf diese Weise gegenseitig aufrecht.[124]

---

[121] Gerning, Bd. 2, S. 70.

[122] Jacobi, Bd. 2, S. 144f.

[123] Vgl. Aliberti, S. 136. Für den Handel mit Olivenöl bestanden ähnliche Regelungen.

[124] Vgl. Macry, S. 17–26, S. 78–87; Aliberti, S. 116–121, S. 138f., S. 123f.

In den Reiseberichten tauchen zwar nicht die genauen Mechanismen, wohl aber die Wahrnehmung der parasitären Rolle Neapels gegenüber dem Lande auf. Jacobi verurteilt

> „[...] die ebenso ungerechte als heillose Weise der Regierung, dem Verkehr und Gewerbe der kleineren Städte alle nur erdenklichen Schwierigkeiten in den Weg zu legen, um einer Hauptstadt, die, nach Massgabe der Kräfte des Staats, ohnehin schon ein Ungeheuer ist, alle Quellen des Reichthums zuzuführen; nur ihren Handel zu begünstigen, ihren Anwuchs zu befördern."[125]

Ein weiteres Problem der Staatsverwaltung, das die Stellung Neapels gegenüber der Provinz noch verstärkte, waren die Zoll- und Steuerpachten. So sehr die Reisenden immer wieder die schädlichen Auswirkungen der Zölle auf Kauf, Verkauf und Export aller wesentlichen Waren für den Handel kritisieren, so wenig erkennen sie doch die Funktion dieser Einrichtung.

Der Staat verpachtete alle Steuern und Abgaben an Privatleute, die dafür im voraus eine einmalige Summe zahlten. Die Rückzahlung dieses Kredites und seiner Zinsen erfolgte dadurch, daß die Pächter die Steuern selbst eintrieben. Die Untervermietung der Einnahmen an Subunternehmer bot große Gewinnmöglichkeiten. Außerdem ließen sich Bestechungsgelder für die Vergabe von Untervermietungen und 'Ausnahmen' von der Verzollung erzielen, die Steuereinnahmen konnte man durch besonders rücksichtslose Eintreibung erhöhen. Was die Reisenden an den 'arrendamenti' genannten Steuerpachten kritisierten, Bestechung und Erpressung,[126] machte für die Pächter gerade die Attraktivität dieser Geldanlage aus.

Die hohen Gewinnmöglichkeiten der Steuerpachten und des Kornhandels zogen alles Geld in diesen Bereich. Kapital für produktive Investitionen war kaum vorhanden und wegen der größeren Unsicherheit des Gewinns teurer. In diesen Verhältnissen und nicht im verweichlichenden Einfluß des Klimas muß der Grund für die Vorherrschaft von Ausländern im Fernhandel gesehen werden. Den einheimischen Kapitalanlegern boten sich größere Profite im Staatsbereich.[127] Um Zugang zu diesen Profiten zu erhalten, bedurfte es aber der Beziehungen zum hauptstädtischen Verwaltungs- und Justizapparat. Denn dieser entschied über die Verga-

---

[125] Jacobi, Bd. 2, S. 6. Vgl. Gerning, Bd. 2, S. 70; Stegmann, Bd. 2, S. 13; Stolberg, Bd. 2, S. 296; Jacobi, Bd. 1, S. 285, Bd. 2, S. 49 und S. 153ff.

[126] Gerning, Bd. 1, S. 217. Eine weitere Erwähnung der Steuerpacht nur bei Stegmann, Bd. 2, S. 72 und S. 83f.

[127] Zu den Steuerpachten: Ajello, La vita, S. 544, S. 555, S. 561ff., S. 602; Woolf, La storia, S. 48; Villani, Mezzogiorno, S. 255; Aliberti, S. 108f.; Dante, S. 40. Die Dominanz der Ausländer im Fernhandel ist allerdings auch dem größeren Besitz an Kapital geschuldet, das vor allem genuesische und livornesische Kaufleute in Neapel investierten. Vgl. Woolf, La storia, S. 41f.

be der Steuerpachten und Exportlizenzen, die Höhe der 'voci' und den Ausgang der Prozesse. Ebenso wie alle Produkte des Landes nach Neapel flossen und alle Gewinne, die mit ihnen zu machen waren, bündelten sich auch die Entscheidungen über deren Verteilung in den Gremien der Hauptstadt. Dies führte wiederum zu verstärktem Geldzufluß, der eingesetzt wurde, um die Macht in der Provinz zu erhalten. Ein Amt im Staatsapparat garantierte also eine Beteiligung an der Ausbeutung des Landes. Diese Ämter waren im wesentlichen vom städtischen Adel und bürgerlichen Juristen besetzt. Beide Gruppen investierten ihr aus Grundbesitz oder Amtsführung stammendes Geld in den Staatsapparat, der wiederum neue Gewinne garantierte.[128] Das starke Gewicht der bürgerlichen Juristen im Staatsapparat bestand seit dem 16. Jahrhundert und war historisch bedingt. Spanier und Österreicher, Besatzungsmächte bis 1734, stärkten die Verwaltung, um den Adel zu schwächen und die Ausbeutung des Landes zu erleichtern.[129] Mit der Zentralisierung unter den Bourbonen nahm ihr Gewicht noch zu. Am Ende des Jahrhunderts ergab diese Entwicklung einen Machtblock aus Adel, bürgerlicher Verwaltung und Lebensmittelhändlern, der sich aufgrund seiner Interessen jedem Reformversuch erfolgreich widersetzte.[130] Die zahlreichen Versuche der neuen Dynastie seit 1734, die absolute Herrschaft des Königs zu stärken, unter anderem durch eine Rückgewinnung der Kontrolle über die Steuereinnahmen, scheiterten. Hinzu kam der hohe Geldbedarf des Königs für Repräsentation und seit 1793 für den Krieg gegen Frankreich. Er führte zu einem Ausverkauf von Ämtern und staatlichen Rechten, z.B. auch der Monopole auf den Spielkartenverkauf und das Lotto.[131]

Gerning bemerkt, neben Stegmann, sehr wohl die Interessen, die Reformen im Wege standen.

„Es war schon die Rede, Neapel zum Freyhafen zu machen, da giengen aber einige Millionen an verpachteten Zöllen verlohren, und neue Misbräuche der gierigen Aufseher träten ein. Schwer ist hier ein eingewurzeltes Uebel zu heilen, wegen Zerrüttung des ganzen Körpers!"[132]

---

[128] Zur parasitären Rolle des Staatsapparates: Ajello, Civiltà, S. 15; De Marco, S. 23; Aliberti, S. 100–108.

[129] Sizilien war seit 1282, Unteritalien seit 1442 aragonesisch. Ab 1501 herrschte in Neapel ein spanischer Vizekönig. Österreich gewann Neapel 1713, Sizilien 1720 und verlor beide 1734 an den spanischen Bourbonen Karl VII.

[130] Ajello, Civiltà, S. 14f., S. 19; Aliberti, S. 77, S. 105f.; Galasso, Intervista, S. 113.

[131] Vgl. Gerning, Bd. 1, S. 217f.; Aliberti, S. 102; Ajello, La vita, S. 554f., S. 665.

[132] Gerning, Bd. 2, S. 70; Stegmann, Bd. 2, S. 83f.

Angesichts dieses Machtblocks wird auch die allen Reisenden gemeinsame Polemik gegen die Anwälte und Gerichte verständlich. Gerning beschreibt das neapolitanische Gericht, die 'vicaria', so:

„Man sehe wie es zu ihr hereinwimmelt, wie sie von schwarz und gelben Rechtspflegern dröhnt [...] sie tragen sich alle nach spanischer Art, oder wie protestantische Candidaten der Theologie, [...]. Ein Amsterdammer Börse-Gebrumm [...], eine Juden-Schule, wo Hamann geklopft wird, ist lange nicht mit diesem Lärme vergleichbar."[133]

Die Juristen als Inbegriff alles Veralteten und Doktrinären, als traditionelle Gegner jeder Reform, waren eine konkrete Erfahrung der neapolitanischen Aufklärer der zweiten Jahrhunderthälfte. In den achtziger Jahren, der verspäteten Phase der Zusammenarbeit zwischen König und Aufklärern, scheiterten alle Reformversuche auch, weil die Juristen den Adel und ihre eigenen Interessen verteidigten.[134] Diese Gegnerschaft spiegelt sich auch in den deutschen Reiseberichten wider und erklärt neben der gängigen bürgerlichen Polemik gegen die unnützen, weil angeblich unproduktiven Berufe, die negative Darstellung der Juristen.

Im Vergleich zur Erörterung der Verhältnisse auf dem Lande und im Handel bleiben die Kommentare der Autoren zu Industrie und Handwerk gering. Tatsächlich gab es in Neapel am Ende des 18. Jahrhunderts, im Gegensatz zu norditalienischen Städten, kaum Manufakturen. Neben den erwähnten finanziellen Hindernissen lag dies auch am noch vorhandenen Monopol der Zünfte.[135] Die Autoren konstatieren lediglich den Mangel an Manufakturen und erwähnen die schlechte Qualität der Produkte in den wenigen Seidenmanufakturen.[136] Stegmann versucht, dem auch von ihm kritisierten Mangel etwas Gutes abzugewinnen, indem er betont, wichtiger sei die Förderung der Landwirtschaft, da Manufakturen ja durch Krieg zerstört werden könnten.[137]

---

[133] Gerning, Bd. 1, S. 213.

[134] Zur Rolle der Juristen in den Reformen der achtziger Jahre: Woolf, La storia, S. 44 f., S. 131–140; Villani, Mezzogiorno, S. 172–177; Ajello, La vita, S. 532f., S. 556, S. 713; Stegmann, Bd. 1, S. 90.

[135] Aliberti, S. 96–100, S. 151; Woolf, La storia, S. 23. Zur Manufakturproduktion: Villani, Mezzogiorno, S. 248–263.

[136] Gerning, Bd. 2, S. 72f.; Stegmann, Bd. 1, S. 90, Bd. 2, S. 81f., S. 86; Jacobi, Bd. 2, S. 218 und S. 354; Stolberg, Bd. 3, S. 138.

[137] Stegmann, Bd. 1, S. 51.

Ebenso geringen Platz wie der Behandlung der Manufakturen räumen die Reisenden der des Handwerks ein. Keiner von ihnen beschreibt Handwerker bei der Arbeit oder die Verteilung der verschiedenen Gewerbe auf die Straßen der Stadt. Die gängige Kritik der Aufklärung an den produktionshemmenden Zunftverfassungen findet sich allein bei Jacobi.[138] Der Verzicht auf eine Kritik an den Zünften bei allen übrigen Autoren stimmt weitgehend mit der Position neapolitanischer Aufklärer überein. Diese Haltung ist wahrscheinlich darauf zurückzuführen, daß das Gewicht des Handwerks innerhalb der Stadtökonomie ständig zurückging.[139]

Eines der Mittel zur Behebung der ökonomischen Misere Neapels sehen die Autoren in einer Förderung des 'Mittelstandes'. Ein fehlender „Kaufmannsstand"[140] und die gesellschaftliche Geringschätzung von Kaufleuten und bürgerlichen Landbesitzern werden von Stegmann als schädlich beurteilt, seien sie doch der „wahre Nerv"[141] des Staates. Bei den übrigen Autoren bleibt die Definition der sozialen Gruppen, die unter der so positiv bewerteten „Mittelclasse"[142] zu verstehen sind, ungenau. Gernings Hinweis auf die Cafés als Treffpunkt der 'Mittelclasse' und sein Lob der geringen Distanz zwischen Adel und Bürgertum in Neapel lassen allerdings vermuten, daß es sich nur um wohlhabende Nicht-Adelige handeln kann.[143] Handwerker oder zumindest Handwerksmeister lassen sich an keiner Stelle hinter dem Begriff der 'Mittelclasse' erkennen.

So kann man annehmen, daß die Reisenden unter dem Begriff 'Mittelstand' vor allem Kaufleute, Manufakturbetreiber und bürgerliche Grundbesitzer zusammenfaßten, deren wirtschaftliche Aktivitäten sie positiv bewerteten. Diese aber gab es in Neapel nur in geringer Zahl. Neben bürgerlichen Rentiers war es das professionelle Bürgertum der Beamten, Juristen und Gelehrten, das überwog.[144] Die Forderung

---

[138] Jacobi, Bd. 1, S. 286 und S. 297; Gerning, Bd. 1, S. 180; Stolberg, Bd. 3, S. 258.

[139] Aliberti, S. 94–100; Woolf, La storia, S. 40f. und S. 139.

[140] Stegmann, Bd. 1, S. 89. Zur positiven Wertung des Mittelstandes: Jacobi, Bd. 2, S. 157; Stolberg, Bd. 2, S. 295, Bd. 3, S. 252; Gerning, Bd. 1, S. 199; Lehne, S. 191.

[141] Stegmann, Bd. 1, S. 91.

[142] Gerning, Bd. 1, S. 241.

[143] Ebd.

[144] Ajello, La vita, S. 530ff.; Woolf, La storia, S. 74; Aliberti, S. 100; Ruppert, S. 536–42. Ruppert verweist darauf, daß im Selbstverständnis der deutschen Aufklärung des späten 18. Jahrhunderts nur Gebildete, Beamte, Offiziere und Soldaten zum Bürgertum zählten, eventuell auch Handwerksmeister. Vgl. Werner Conze: Artikel 'Mittelstand', in: Geschichtliche Grundbegriffe, Bd. 4, Stuttgart 1978, S. 49–92, S. 57f. Conze nennt zusätzlich noch Kaufleute und Manufakturbesitzer.

der Reisenden nach einer Hebung des Mittelstandes bleibt angesichts der wirklichen Verhältnisse in Neapel theoretisch und zeugt vom Unverständnis der Mechanismen, die das Entstehen einer solchen Gruppe, vor allem in der Hauptstadt, verhinderten. Gleichzeitig verweist diese Forderung aber auf die soziale Gruppe, der allein in den Augen der Autoren eine positive Rolle zukommt: das wirtschaftlich aktive Bürgertum. Die Hoffnung auf ein 'neues Bürgertum' teilten auch die neapolitanischen Aufklärer.[145] Lediglich Stegmann weicht von der skizzierten Haltung ab, indem er die Handwerker ausdrücklich in die Gruppe der positiv bewerteten Kräfte miteinbezieht.[146] Wahrscheinlich liegt der Grund hierfür in seiner größeren Nähe zu den Ideen der französischen Revolution.

3.3. Die Kritik der Reisenden und die Überlebensmöglichkeiten der Unterschichten

Die Gründe für den schlechten Zustand des Königreiches sehen die Reisenden im 'Feudalsystem', den Mängeln in Gesetzen und Verwaltung und in den Nachwirkungen der dreihundert Jahre spanischer Herrschaft.[147] Das Klima als Grund für Mißstände spielt nur eine untergeordnete Rolle. Werden die Beschränkungen der Landwirtschaft und des Außenhandels umfassend analysiert, so bleiben die Einsicht in die Funktionsweise des Binnenhandels und der Steuerpachten auf die Wahrnehmung der Auswirkungen, d.h. der parasitären Rolle Neapels, beschränkt. Nur wenige Autoren nennen den 'contratto alla voce' oder die 'arrendamenti', erkennen deren Funktion als Kontrollmechanismus der Agrarproduktion und Hindernis produktiver Investitionen aber nicht. Letztlich bleibt daher auch eine vollständige Einsicht in die Funktionsweise des hauptstädtischen Machtblocks aus, dessen Existenz im Justizbereich immerhin erkannt wird oder gegen den die Reisenden doch ohne konkrete Analyse polemisieren. Im Zusammenspiel mit der positiven Orientierung am Mittelstand ergibt sich hieraus eine einseitige Betonung der Rolle des Feudalsystems und eine Vernachlässigung der Beteiligung bürgerlicher Gruppen an der Ausbeutung des Landes.[148]

---

[145] Woolf, La storia, S. 74.

[146] Stegmann, Bd. 1, S. 51, S. 89f. und S. 150.

[147] Jacobi, Bd. 1, S. 285.

[148] Villani betont mehrmals (Mezzogiorno, S. 163, S. 180f., S. 189), er halte den Einfluß, den die historische Forschung dem Staatsapparat im 18. Jahrhundert zuschreibt, für übertrieben. Dem kann mit Ajello (Civiltà, S. 15) nur entgegengehalten werden, wie sehr der Adel in Neapel vom Apparat abhängig war. In der Provinz war die ökonomische Macht des Adels sicher ungebrochen, aber auch für die Konflikte und Profitchancen dort war gelegentlich die Anrufung des hauptstädtischen Apparates notwendig.

Angesichts des Blocks von Interessen und aufgrund des Fehlens eines 'neuen Bürgertums' gibt es in Neapel keine soziale Basis für die von den Autoren vorgeschlagenen Reformen. Das stellt für sie wie für die neapolitanischen Aufklärer jedoch keinen entscheidenden Faktor dar.[149] Die fast koloniale ökonomische Abhängigkeit Neapels von den europäischen Großmächten beachten die Reisenden ebensowenig.

Die von ihnen vorgeschlagenen Reformen zielen vor allem darauf ab, die Agrarproduktion zu steigern und die staatliche Regulierung des Handels abzuschaffen. Weiteres wesentliches Ziel der Reformen wie auch Mittel zu ihrer Durchführung ist ein gestärkter zentraler Staat. Ohne dies ausdrücklich zu fordern, laufen die Abschaffung der baronalen Jurisdiktion, die Vereinheitlichung von Rechtsprechung und Verwaltung und die von Gerning geforderte Abschaffung der Steuerpachten darauf hinaus.[150] Auch die angestrebten Verbesserungen der hauptstädtischen Infrastruktur, die „Eröffnung neuer Bahnen der Indüstrie"[151] und eine „zwekmässige Volkserziehung und Beförderung der Aufklärung"[152] können die Reisenden sich nur als Maßnahmen des Staates vorstellen. Stolberg faßt alle diese Reformvorstellungen zusammen, wenn er schreibt:

„Die Länder [des Königreichs, K.K.] fangen an sich zu erholen, [...] fruchtbarer als irgend ein Land in Europa, zum Handel gelegen wie wenige, von Himmel, Erde und Meer begünstigt, bedürfen sie nur einiger Zeit und weiser Ermunterung, welche ja nichts zu früh erzwingen, lieber begünstigen wolle, um die Blüte des Wohlstandes zu erlangen, den die milde Natur ihnen bestimmt hat. Vor allen Dingen müßte der Tyrannei des hohen Adels gewehrt, der Mittelstand gehoben, die Handlung nicht gegängelt, sondern durch Freiheit belebt, der verwilderte Landmann liebkosend humanisiret werden, um eine Nation zu heben, welche [...] schnell an Begriff, von feuriger Empfindung, und gewiß keiner bösen Gemüthsart ist."[153]

Die Lage der hauptstädtischen Unterschichten beachten die Reisenden in ihren ökonomischen Erörterungen nicht. Das Elend auf dem Lande als Grund für den Bevölkerungszuwachs Neapels nehmen sie nicht wahr. Die Verteilung der Gewinne

---

[149] Aliberti, S. 116. Im Unterschied zu den meisten Deutschen sehen die neapolitanischen Aufklärer die schädlichen Auswirkungen des 'contratto alla voce' und der Steuerpachten genau. Vgl. Villani, Feudalità, S. 137; Ajello, La vita, S. 565f.

[150] Gerning, Bd. 1, S. 218.

[151] Stolberg, Bd. 4, S. 259.

[152] Stegmann, Bd. 2, S. 345.

[153] Stolberg, Bd. 2, S. 295.

und Agrarprodukte des Königreiches in der Hauptstadt ermöglichte den Unterschichten, an diesen Gewinnen, wenn auch in bescheidenem Maße, teilzuhaben. Trotz der schon beschriebenen katastrophalen Lebensbedingungen in Neapel bot die Stadt bessere Überlebensmöglichkeiten als das Land.[154] Diese Möglichkeiten bestanden zunächst in festen, öfter jedoch wohl nur zeitweiligen Arbeitsverhältnissen. Aufgrund der Schwäche von Manufaktur und Handwerk handelte es sich vorwiegend um Arbeit im Dienstleistungsbereich, z.B. als Kutscher oder Diener im Dienste des in Neapel ansässigen Adels und des Klerus.[155] Der Hafen bot unregelmäßig Arbeit für die hohe Zahl ungelernter Arbeitskräfte. Die Verpachtung von Zöllen und Steuern schuf Arbeit auch für die Unterschichten, denn die Pächter und Subpächter brauchten Personal. Neben diesen legalen Arbeitsmöglichkeiten bot der Schmuggel eine weitere Verdienstmöglichkeit. Aufgrund der hohen Zölle machte er einen großen Teil des gesamten Handels aus. Er war so verbreitet, daß Zollkontrollen am Hafen in der Nähe des 'Mercato', des Zentrums des armen Neapels, zum gewaltsamen Widerstand der Bevölkerung führten.[156] Der Straßenverkauf geschmuggelter Waren bot vielen Menschen Arbeit und schließlich waren auch die Bedingungen für Bettelei, Prostitution und Diebstahl in der Großstadt besser als in der Provinz. Was die Lebensmittelversorgung betraf, so sicherte die städtische 'annona' die Versorgung mit Grundnahrungsmitteln. Im Gegensatz zur Provinz, wo man sich nur Mais- und Gerstenmehl leisten konnte, gab es in Neapel Weizenmehl zu subventionierten Preisen.[157] Eine staatliche Armenfürsorge existierte kaum, auch dies war Ergebnis der Defizite aus der Getreideversorgung. Schon seit 1751 wurde am Prestigeprojekt eines Armenhauses gebaut, das aber lange nicht funktionierte.[158] Dafür gab es verschiedene kirchliche Institutionen, die Armenspeisungen vornahmen.

Trotz der besseren Überlebensmöglichkeiten ist wohl nicht anzunehmen, daß sie für alle Unterschichtsangehörigen ausreichten. Vielmehr kann man von einer erbitterten Konkurrenz um diese Möglichkeiten und einer Hierarchie innerhalb der Unterschichten ausgehen. So ergibt sich das Bild eines nach eher fester oder wechselnder Beschäftigung gegliederten 'popolo minuto', dessen größerer, nicht fest

---

[154] Aliberti, S. 81; Moscati, S. 740.

[155] Woolf, La storia, S. 38ff.; Aliberti, S. 81f., S. 88, S. 100; Woolf, La formazione, S. 1054 und S. 1059.

[156] Aliberti, S. 146; Ajello, La vita, S. 555, S. 600.

[157] Macry, S. 81; Moscati, S. 740.

[158] Vgl. Lucia Valenzi: La povertà a Napoli e l'intervento del governo francese, in: A.Lepre (Hrsg.), Studi sul Regno di Napoli nel Decennio francese (1806–1815), Neapel 1985, S. 59–79, S. 60, S. 65; Renato De Fusco: L'architettura della seconda metà del Settecento, in: Storia di Napoli, Bd. VIII, Arte, cultura e società nel '700, Neapel 1972, S. 367–449, S. 416ff.

beschäftigter Teil wechselweise alle vorhandenen Überlebensmöglichkeiten nutzte. Valenzi hat dies als „arte dell'arrangiarsi"[159] bezeichnet. Genauer ist die Definition Olwen Huftons, die für diese Art des Überlebens den Begriff der 'economy of makeshift', einer 'Notbehelfs-Wirtschaft', geprägt hat.[160]

In den Reiseberichten taucht diese Art der Wirtschaft am Rande auf, wenn die Autoren von Abfall sammelnden Armen berichten.[161] Stegmann hatte den fließenden Übergang von Lazzaroni zu Handwerkern unterstrichen. Seine Beobachtung läßt vermuten, daß auch bessergestellte Mitglieder des 'popolo minuto' bei Bedarf auf die Notbehelfs-Wirtschaft zurückgriffen. Aus welchen wirtschaftlichen und politischen Bedingungen sich die Arbeit des 'popolo minuto' ergibt und daß erst die parasitäre Rolle Neapels ihren Umfang möglich macht, taucht in den Reiseberichten nicht auf. Werden die gesellschaftlichen Gründe der wirtschaftlichen Misere also durchaus erkannt, so scheinen die neapolitanischen Unterschichten frei von allen gesellschaftlichen Einbindungen.

Dem geringen Interesse für die Lebensumstände der Unterschichten entspricht die fast vollkommene Nichtbeachtung der Armenfürsorge. Diese ist um so erstaunlicher, als der Zustand der staatlichen Infrastruktur, auch der Armenfürsorge, ein Standardthema in Reiseberichten war. Nur Jacobi und Gerning erwähnen eher summarisch die kirchlichen Fürsorgeeinrichtungen.[162] Die typisch aufklärerische

---

[159] Valenzi, Lazzari, S. 104. Vgl. S. 97.

[160] Den Begriff der „economy of makeshift" oder „Notbehelfs-Wirtschaft" benutzt Hufton für die Überlebensformen der Armen im Frankreich der zweiten Hälfte des 18. Jahrhunderts. Sie faßt unter diesen Begriff befristete oder dauernde Emigration, Handlangerarbeiten, Bettelei, Landstreicherei, Diebstahl, Prostitution, Leben von Armenfürsorge und Schmuggel. Dabei ist stets die nichtfeste Beschäftigung gemeint. Die Verhältnisse in Neapel entsprechen dieser Definition, wobei hervorzuheben bleibt, daß die Grenze zwischen fester und zeitweiser Arbeit nicht genau zu bestimmen ist. Angesichts der Krise des Handwerks konnten auch zuvor feste Anstellungen zu saisonalen Beschäftigungen werden. Galasso berichtet von der Bauwirtschaft in Neapel, sie habe generell saisonalen Charakter gehabt (Galasso, Le magnifiche, S. XXVIII). Die für Neapel genannten Formen der Arbeit beschränken sich nicht allein auf das, was Illich als Schattenarbeit definiert (Arbeit, die die normale Produktion erst ermöglicht), sondern auch auf die Gebiete der von ihm so genannten informellen und regulären Ökonomie (illegale und legale Arbeit). Es erscheint daher sinnvoller, Huftons Begriff zu verwenden, der die Ausnutzung verschiedener Überlebensmöglichkeiten betont (Olwen H. Hufton: The poor of Eighteenth-Century France 1750 – 1789, Oxford 1974; Ivan Illich: Genus, Reinbek 1983). Beispiele für illegale Verdienste durch Prostitution, Schmuggel, Diebstahl Unterschlagung oder Bestechlichkeit bei Pilati, Delitti, S. 404ff.

[161] Jacobi, Bd. 1, S. 303; Stegmann, Bd. 2, S. 181, Gerning, Bd. 1, S. 233. Vgl. Dumontet, S. 16, S. 89.

[162] Gerning, Bd. 1, S. 223ff.; Jacobi, Bd. 1, S. 306. Eine ausführliche Darstellung der Armenfürsorge bei Valenzi, Poveri, S. 13ff.

Praxis, Armut als Müßiggang und Ergebnis moralischer Schuld anzusehen, klingt zwar an, führt aber – im Gegensatz zur üblichen Diskussion um die Armenfürsorge im 18. Jahrhundert – nicht dazu, eine Fürsorgepraxis zu fordern, die die Armen zur Arbeit zwingt.[163]

4. Die Kritik am Luxus des Adels

Der Adel ist neben den Lazzaroni die einzige soziale Gruppe, die die Reisenden genauer schildern. Mit ihr allein haben sie persönlichen Kontakt. Neben den wirtschaftlichen Verhältnissen kritisieren die Autoren vor allem die Lebensweise der adelig-bürgerlichen Oberschicht. Zunächst beschreiben sie die Gewohnheit des Adels, die Erträge seines Grundbesitzes in Neapel zu verbrauchen, statt sie produktiv zu investieren:[164]

> „Der Hauptcharakterzug des Adels ist Liebe zum Glanz, den man durch Groesse der Titel, durch Menge der Bedienten und durch Pracht der Equipagen zu behaupten sucht."[165]

Spiel, Oper und ausschweifende Feste seien die Hauptbeschäftigungen. Weil es gerade Mode sei, trügen die Vornehmen englische Baumwollkleider statt italienischer Seide.[166] Zentraler Punkt der Kritik am adeligen Repräsentationsverhalten ist die „Sucht des Corsofahrens",[167] d.h. die Spazierfahrt in aufwendigen Kutschen:

> „Der Corso wird nachmittags an den Meerstraßen St. Lucia und Chiaja bis zum Posilippo Strande gehalten, woselbst oft sprach- und gefühllos geruht und Land und Meer minder beschaut wird als die vorrüberrollenden Kutschen; [...] Freytags wird die Straße, die nach Portici führt, mit dieser rasselnden Ehre begabt."[168] (Gerning)

> „Die Kutschen [...] sollen ehemals mit kostbaren Malereien und Vergoldung überladen, auch gewöhnlich mit vier bis acht Pferden bespannt gewesen seyn.

---

[163] Jacobi, Bd. 1, S. 306; Stolberg, Bd. 4, S. 258; Woolf, La formazione, S. 1064f.

[164] Stegmann, Bd. 1, S. 90; Jacobi, Bd. 2, S. 109 und S. 143.

[165] Stegmann, Bd. 1, S. 142.

[166] Ebd., S. 147.

[167] Ebd., S. 145.

[168] Gerning, Bd. 1, S. 230.

Gegenwärtig hat [...] der englische Geschmak diesen Schimmer verdrängt, man sucht blos in der Feinheit des Laks und in der Eleganz der Form Vorzüge. Selten erblikt man noch einen sechssizigen goldnen Familienwagen, und Jokei's sind an die Stelle der Vorreuter getreten."[169] (Stegmann)

Diese Vorliebe für den Corso ist den Reisenden vollkommen unverständlich, da man sich nicht einmal unterhalten könne und der Aufwand für die Kutsche das Vermögen manches Adeligen übersteige.[170] Viele Adelige weigerten sich trotz ihrer Armut, einer Arbeit nachzugehen.

Ein weiterer Kritikpunkt der Autoren ist die große Zahl der Adelstitel in Neapel.[171] Stegmann schildert das Bestreben besonders der reichen Bürger, sich adeln zu lassen. Diese Orientierung am adeligen Lebenswandel hält er für schädlich, da sie unproduktiv sei. Die Berufe bürgerlicher Neapolitaner: Richter, Notar, Arzt oder Priester, hält Stegmann ebenfalls für unnütze, weil unproduktive Beschäftigungen.[172]

Die Mißbilligung der Reisenden gegenüber der Lebensweise des Adels und dem Verhalten der reichen Bürger zeugt von ihrem Unverständnis der konkreten Verhältnisse in Neapel. Die Repräsentation nach außen war wesentlicher Bestandteil des adeligen Lebensstils. Der öffentlich betriebene Aufwand bestimmte neben der Herkunft die gesellschaftliche Position eines Adeligen. Ein Titel war dort unverzichtbar, wo er Bedingung gesellschaftlicher Macht und Zeichen sozialen Aufstiegs darstellte. Nicht Arbeit, sondern Aufwand schuf Ansehen. Die Anwesenheit der Adeligen in Neapel war notwendig, wollten sie an der Verteilung der Profite teilhaben und ihre soziale Macht festigen. Diese Teilhabe war nur möglich, wenn man sich durch entsprechende Repräsentation als Mitglied des hauptstädtischen Machtblocks darstellte. Zudem mußte für ein Oberschichtmitglied der Aufenthalt in der Provinz ohne Zerstreuung und feine Gesellschaft todlangweilig sein. Dies war einer der Gründe, weshalb auch die Reisenden den „so wenig cultivierten"[173] Rest des Königreichs nach Möglichkeit mieden. Für das neapolitanische Bürgertum führte der einzige Weg zur Verwertung erworbener Reichtümer und zur Machtteilhabe

---

[169] Stegmann, Bd. 1, S. 146; Vgl. Stolberg, Bd. 4, S. 91ff.; Küttner, Bd. 2, S. 162f.; Jacobi, Bd. 1, S. 311; Tagebuch, S. 197.

[170] Jacobi, Bd. 1, S. 311.

[171] Gerning, Bd. 1, S. 230. Zur 'Titel-Flut': Stegmann, Bd. 1, S. 90; Hager, S. 169.

[172] Stegmann, Bd. 1, S. 90.

[173] Hager, S. 180f. Ausnahmen sind hier Stolberg und Jacobi, die die beschwerliche Reise in Unteritalien und Sizilien wegen der antiken griechischen Überreste auf sich nehmen.

über den Erwerb eines Adelstitels oder ein Amt im Staatsapparat.[174] Der neapolitanische König verkaufte Adelstitel genauso wie Steuerpachten, da er unter ständiger Geldnot litt.

Die Polemik der Autoren gegen den Adel, die Hervorkehrung einer bürgerlich-produktiven Haltung beruht aber nicht nur auf Unverständnis. Sie dient darüber hinaus dazu, sich als eine eigene und zudem als einzig tugendhafte gesellschaftliche Gruppe zu konstituieren. Dies geschieht im Deutschland des 18. Jahrhunderts und auch in den Reiseberichten durch Abgrenzung gegen den angeblich parasitären und sittenlosen Adel. Die positiven Äußerungen einiger Reisender über die geringe Differenz zwischen Bürgern und Adel in Neapel[175] und die Lebenssituation der Autoren, die entweder selbst adelig waren oder gute Beziehungen zu Adeligen pflegten, stehen hierzu nicht im Widerspruch. Sie verweisen vor allem auf die Absicht, sich als rechtlich gleichgestellte Gruppe zu etablieren.[176]

Ein weiteres Beispiel für die schädliche Wirkung des adeligen Luxus auf die Gesellschaft sehen die Autoren in deren „meist unreinlichen zerlappten Bedienten".[177] Die Diskussion um die Moral der Stadtbewohner wird hier wieder aufgenommen, und die Folgen des adeligen Lebensstils – die große Zahl müßiggehender Bedienter – ernten Kritik.

„Viel trägt zur Immoralität der Städte die ungeheure Anzahl von Bedienten bei, welche ein Nazional Vorurtheil die reichen und wohlhabenden Familien um die Wette halten läßt, und die oft ein Viertel der Bevölkerung in den grossen Städten ausmachen. Natürlich kann dem Staate eine solche Menge müssiger Leute ohne Sitten und ohne Eigenthum nicht anders als schädlich seyn, und es ist sehr inconsequent von den Regierungen, daß sie von der einen Seite die Bettelorden

---

[174] Ajello, La vita, S. 530. Ein Beispiel für den Aufstieg einer bürgerlichen Familie durch Amt, Handel und Erwerb eines Lehens samt Titel und der Macht, die daraus erwuchs, sind die Berio. Ein Mitglied der Familie vergab schließlich Aufträge an den berühmtesten zeitgenössischen Bildhauer Canova und ließ sich Goethe bei dessen Aufenthalt vorstellen. Vgl. Macry, S. 343ff.

[175] Gerning, Bd. 1, S. 241. Ähnliche Äußerungen zur Wiener 'Gesellschaft' im Gegensatz zu Deutschland in Bd. 1, S. 31. Stolberg kritisiert die Trennung von Adel und Bürgertum in Deutschland in Bd. 1, S. 50f.

[176] Norbert Elias: Über den Prozeß der Zivilisation. Soziogenetische und psychogenetische Untersuchungen, 2 Bde., 11.Aufl. Frankfurt/M. 1986, Bd. 1, S. 17–42. Vgl. Möller, S. 4, S. 6f.; Maurer, Biographie, S. 39, S. 142f.

[177] Gerning, Bd. 1, S. 230.

[...] einschränken, und von der andern dem Akerbau dreimal mehr Hände ungestört durch den Luxus entziehn lassen."[178] (Stegmann)

Stegmann behauptet: „Um seinem Rang Ehre zu machen", unterhalte ein „mittelmässiges Haus" in Neapel etwa dreißig Bediente, zwei Kutschen und mehrere Pferde. „Ein rechtlicher Mann" müsse „wenigstens einen Bedienten halten, um Zutritt in Gesellschaft zu bekommen".[179] Die Gesamtzahl der Bedienten in Neapel, die sich aus diesen Angaben ergäben, scheint sehr hoch. Wesentlich bleibt aber der erhebliche Anteil von Bedienten an der Stadtbevölkerung, der bis zu 10 Prozent betragen haben dürfte.[180]

Gerning und Stegmann betonen, die Diener seien so schlecht bezahlt, daß sie ihre Herrschaft bestehlen oder betrügen müßten, um leben zu können. Ohne die Trinkgelder von Fremden „[...] stürbe [...] die Hälfte vor Hunger!"[181] Diese Trinkgelder aber, die die „gierigen Bedienten"[182] nach Empfängen und an Feiertagen abholen, werden von vielen Reisenden als Zumutung angesehen. Küttner sträubt sich dagegen, für eine Einladung bezahlen zu müssen – wie er es versteht –, und Gerning lobt das in den Florenzer Uffizien bestehende Verbot, Trinkgelder anzunehmen.[183] Diese Kritik geht ebenfalls auf eine Diskussion in Deutschland zurück, die die traditionellen Sonderleistungen an Diener und das familiäre Verhältnis zu ihnen ablehnte. Was für die Reisenden die Herstellung eines reinen Anstellungsverhältnisses sein mochte, bedeutete für die Dienerschaft Lohnminde-

---

[178] Stegmann, Bd. 1, S. 95f. Vgl. Gerning, Bd. 1, S. 234; Tagebuch, S. 197. Die Kritik am Müßiggang, an ungenutzten Arbeitskräften war integraler Bestandteil der Großstadtdiskussion. Vgl. Venturi, Napoli, S. 26ff.

[179] Stegmann, Bd. 1, S. 95.

[180] Moscati, S. 734ff. veranschlagt für die 1780er Jahre die Zahl von 25.000 – 30.000 Personen für alle Adeligen, reichen Bürger und ihre Dienerschaft. Stegmann schätzt die Zahl des Adels in Neapel auf 1500 Familien. Bei der von ihm als Durchschnitt veranschlagten Zahl von 30 Bedienten pro Haus ergibt sich eine Zahl von 45.000 Dienern, d.h. ca. 10%. Galasso (Le magnifiche, S. X) gibt den Anteil der Bedienten in Neapel für das 17. Jahrundert mit 10%, Petraccone (Napoli, S. 61) mit ca. 5% an. Engelsing veranschlagt die Zahl der Bedienten in den großen europäischen Städten um 1800 auf ebenfalls um die 10 % (Rolf Engelsing: Zur Sozialgeschichte deutscher Mittel- und Unterschichten, 2. erweiterte Aufl. Göttingen 1978, (Kritische Studien zur Geschichtswissenschaft, Bd. 4), S. 242ff., S. 246f. Vgl. Aliberti, S. 84f.; Woolf, La storia, S. 24.

[181] Stegmann, Bd. 1, S. 96. Vgl. eBd., S. 145; Gerning Bd. 1, S. 230.

[182] Gerning, Bd. 1, S. 230.

[183] Küttner, Bd. 1, S. 416, S. 434; Gerning, Bd. 3, S. 222. Vgl. Tagebuch, S. 159; Hager, S. 101; Jacobi, Bd. 1, S. 130.

rung und Wegfall der sonst durchaus üblichen Altersversorgung.[184] Mit Ausnahme von Gerning und Stegmann erwähnen die Autoren nicht, daß die Trinkgelder für die Bedienten wegen der niedrigen Löhne lebensnotwendig waren. Dies mußte ihnen jedoch bekannt sein, denn auch in Deutschland waren Trinkgelder und Geschenke zu besonderen Anlässen ein fester Teil des Einkommens der Dienerschaft und machten oft einen großen Teil davon aus.[185] Dieses System zusätzlichen Verdienstes, das in Neapel ebenso wie in Deutschland auch bei Bedienten von Gerichten und Ämtern üblich war, erklärt zumindest teilweise die Geldforderungen von Dienern oder Zöllnern, die von den Reisenden nur als Bestechlichkeit wahrgenommen werden.[186]

Die Weigerung der Reisenden, Trinkgelder zu geben, zeugt aber auch von der Ablehnung der Pflichten eines Mannes von Stand. Nach adeligem Verständnis stellte sich die eigene gesellschaftliche Stellung nicht allein durch den Adelstitel, sondern auch durch den Grad des Luxus, d.h. durch die Zahl der Diener oder die Höhe der Trinkgelder her.[187] Auch bürgerliche Herren in Deutschland repräsentierten ihre soziale Stellung durch mit einer Livree bekleidete Diener. Erst das Nichtverstehen oder Nichtverstehenwollen dieser Praxis durch die Reisenden macht es möglich, die Diener als „müssige Leute" zu bezeichnen.[188] Die Reisenden sehen in den Bedienten vor allem eine Masse nicht-produktiver Menschen, die daher, wie die Anwälte, dem Staat schaden.

---

[184] Dies führt Engelsing, Sozialgeschichte, S. 267, als Grund für die Ablehnung der Trinkgelder an. Worin aber das 'Unanständige' oder 'Unsittliche' der Trinkgelder (wie es die Kritiker formulierten) lag, erklärt er nur ungenügend.

[185] Vgl. z.B. zur Einkommenssituation von Bedienten an der Göttinger Universität: Silke Wagener: Pedelle, Mägde und Lakaien. Das Dienstpersonal an der Georg-August-Universität Göttingen 1737–1866, Göttingen 1996, (Göttinger Universitätsschriften: Ser.A, Schriften; Bd. 17), S. 83, S. 112ff., S. 151ff., S. 284ff., S. 309ff.

[186] Gerning, Bd. 2, S. 58, S. 70; Jacobi, Bd. 1, S. 290; Stegmann, Bd. 2, S. 51, S. 69; Tagebuch, S. 155. Vgl. Engelsing, Sozialgeschichte, S. 260, S. 277; Dumontet, S. 84.

[187] Der neapolitanische Aufklärer Joseph Maria Galanti: Neue historische und geographische Beschreibung beider Sicilien, 5 Bde., Leipzig 1790–95, Bd. 1, S. 445, weiß, daß das Mitsichführen eines Läufers in Neapel als Zeichen für den Adelstitel seines Herrn galt. Ein anderer Reisender des 18. Jahrhunderts, Casanova, verstand diese Funktion des Trinkgeldes aufgrund seiner Nähe zur höfischen Welt weitaus besser. Vgl. Giacomo Casanova: Geschichte meines Lebens, hrsg. von Erich Loos, 12 Bde., Berlin 1985, Bd. 11, S. 132. Vgl. Wagener, S. 86.

[188] Gerning, Bd. 1, S. 234f.

Zumindest einigen Reisenden erscheint klar, daß die „Bestechlichkeit"[189] der Bedienten, aber auch die von Beamten und Kutschern, die oft als Beweis italienischer Geldgier angesehen wird, eine wirtschaftliche Notwendigkeit ist. Küttner und Gerning erwähnen, daß es sich bei den Trinkgeldern nicht um eine typisch italienische Praxis handelt, sondern daß diese in Hamburg und Wien ebenfalls üblich sind.[190] Die Bedienten aber als Nutznießer der wirtschaftlichen Verhältnisse zu sehen und den Luxus als für sie positiven Wirtschaftsfaktor, ist den Autoren nicht möglich. So bleibt das Verhalten der Unterschichten für die Reisenden auch hier im wesentlichen eine moralische Frage. Den Lebensstil und den Luxus des Adels sehen sie, in Übereinstimmung mit den neapolitanischen Aufklärern, nicht nur als moralisch, sondern auch als wirtschaftlich schädlich an.[191]

5. Die Ablehnung der katholischen Kirche und der Volksfrömmigkeit

Neben der gesellschaftlich 'schädlichen' Rolle des Adels ist es vor allem die katholische Kirche, die zum Gegenstand der Kritik und der Polemik der Reisenden wird. Stegmann schreibt:

„Das gegenwärtige ist nicht das Jahrhundert der Geistlichkeit. Die unmerklichen aber desto unwiderstehlichern Fortschritte der gesunden Vernunft haben überall, [...] den Volksglauben an eine besondere Klasse von Menschen untergraben, die sich anmaßt, ihren Mitbürgern die Thüren des Himmelreichs zu öffnen und zu verschließen. Mit diesem Glauben wird hoffentlich auch das ganze aus dem finstern Mittelalter herrührende System, welches sie [...] einen wahren statum im statu bilden, und als solche oft ungeheure Reichthümer besizen läßt, zusammenstürzen."[192]

---

[189] Gerning (Bd. 1, S. 232) schreibt: „Bestechlich ist die Dienerschaft, [...] bey guten Mancia's oder Handgeschenken kommt kein Geheimniß über ihre Zunge." Vgl. Tagebuch, S. 159.

[190] Gerning, Bd. 1, S. 41; Küttner, Bd. 1, S. 116, Bd. 2, S. 313.

[191] Woolf, La storia, S. 31, S. 148; Ajello, La vita, S. 565. Vgl. zur Diskussion in Deutschland um den ökonomischen und moralischen Schaden durch eine große Dienerzahl auch Horst Günther: Herr und Knecht, in: G.Frühsorge/ R.Gruenter/ B. Freifrau Wolff Metternich (Hrsg.), Gesinde im 18. Jahrhundert, Hamburg 1995, (Studien zum 18. Jahrhundert; Bd. 12), S. 1–12, S. 2, S. 4.

[192] Stegmann, Bd. 2, S. 125.

Wie bei der Kritik am 'Feudalsystem' ist es auch hier der große wirtschaftliche Einfluß, diesmal der Kirche, der den Autoren mißfällt. Sie betonen den ungeheuren kirchlichen Reichtum und die zu große Anzahl von Klöstern und anderen kirchlichen Einrichtungen.[193] Jacobi schätzt die kirchlichen Einkünfte mit zwei Dritteln bis drei Fünfteln der Landeseinnahmen zwar zu hoch ein, tatsächlich stiegen aber Einnahmen und Grundbesitz der Kirche im ganzen 18. Jahrhundert in ähnlichem Ausmaß wie der adelige Grundbesitz. Zwanzig bis dreißig Prozent der agrarischen Einkünfte gingen an den Klerus, dessen führende Mitglieder aus Grundbesitzerfamilien stammten.[194]

Hager sieht in Neapel „eine ungeheure Anzahl Mönche und Weltgeistlicher"[195], die in den Cafés und auf den Promenaden 'herumlungern'. Der Wirtschaft und dem Militär werden seiner Meinung nach so Kräfte entzogen. Diese Darstellung verkehrt insofern Ursache und Wirkung, als nicht die große Zahl der Kleriker der Wirtschaft Kräfte entzog, sondern die äußerst geringe Zahl von Überlebensmöglichkeiten auch die Unterschichten dazu bewegte, Familienmitglieder aus Versorgungsgründen zu Klerikern zu bestimmen.[196] Allerdings waren viele Kirchenleute ebenfalls zur Notbehelfswirtschaft verdammt, indem sie sich von den Einkünften hier und da gehaltener Messen oder sogar magischer Praktiken ernähren mußten.[197] Neben der negativen Wirkung der kirchlichen „Schmarozerpflanzen"[198] auf ökonomischem Gebiet erscheint das Wirken der katholischen Kirche den Reisenden auch in anderen gesellschaftlichen Bereichen als schädlich. Der Klerus sei ungebildet und unmoralisch, es fehle an „gottesdienstliche[r] Aufklärung"[199], die kirchlichen Rituale seien „zu bloßem äußeren Prunk herabgesunken".[200] Hauptziel der Kritik sind hier vor allem die Mönche, die der Autor des 'Tagebuch' als 'fette Mastochsen' bezeichnet.[201] Gerning schreibt:

---

[193] Ebd., S. 125ff.; Jacobi, Bd. 1, S. 390f.; Gerning, Bd. 1, S. 222f.

[194] Aliberti, S. 85, S. 110, S. 125; Woolf, La storia, S. 24ff., S. 29f.

[195] Hager, S. 148. Vgl. Jacobi, Bd. 1, S. 291; Stegmann, Bd. 2, S. 27; Gerning, Bd. 1, S. 280.

[196] Gabriele De Rosa: Vescovi, popolo e magia nel sud, Neapel 1971, S. 44; Gerning, Bd. 1, S. 223.

[197] Giuseppe Galasso: La storia socio-religiosa e i suoi problemi, in: Ders., L'altra Europa. Per un'antropologia storica del mezzogiorno d'Italia, Mailand 1982, S. 414–430, S. 425f.

[198] Stegmann, Bd. 2, S. 173.

[199] Ebd., Bd. 1, S. 71.

[200] Jacobi, Bd. 1, S. 291. Vgl. Küttner, Bd. 2, S. 204.

[201] Tagebuch, S. 203f.

„Sittenlos sind besonders die Mönche, die auch vom Volke laut verachtet werden. Sie verführen die Weiber, rollen in Calesen umher und treiben allerley Unfug".[202]

Wiederholt wird von jungen Mädchen berichtet, die gegen ihren Willen ins Kloster gezwungen wurden. Selbst der Blick vom Kamaldulenser-Kloster auf den „Sonnen-Untergang am herrlichen Posilipp", der Gerning zu Tränen rührt, lasse die Mönche kalt.[203] Die anhaltende Polemik gegen den Katholizismus durchzieht die Berichte als ein Standardmotiv. Nur Stolberg hebt das harte Leben des würdigen Klerus hervor, auch wenn er Mißstände innerhalb der katholischen Kirche zugesteht.[204] Ihm ist daran gelegen, die Institution Kirche von der Kritik an bestimmten Formen katholischer Religiosität, die auch er teilt, auszunehmen. In dieser Haltung kündigt sich Stolbergs bevorstehende Konversion zum Katholizismus an.

Eher beiläufig erwähnen die Reisenden die Jahrzehnte währende Auseinandersetzung zwischen Papst und Bourbonen-Dynastie um die formale Lehenshoheit des Papstes über Neapel und die Vorrechte des Klerus bei Steuern und Gerichtsbarkeit.[205] Die Reformen der Bourbonen zur Stärkung des absolutistischen Staates, die auch von den einheimischen Aufklärern befürwortet wurden, waren erfolgreich. Sie scheiterten im Gegensatz zu den zaghaften Reformversuchen auf wirtschaftlichem Gebiet nicht, weil der adelig-bürgerliche Machtblock am Erwerb des kirchlichen Grundbesitzes interessiert war.[206] Die von den Reisenden befürworteten antikirchlichen Reformen der Bourbonen bestanden im wesentlichen in der Durchsetzung des absoluten Königtums und einem Abbau steuerlicher und gerichtlicher Vorrechte. Eingriffe in Ritus oder Priesterausbildung sahen sie nicht vor.

Die Wirkung des lasterhaften und ungebildeten Klerus auf die Bevölkerung kann nach Meinung der Reisenden nur negativ sein:

„Wo die Geistlichkeit so zahlreich und so reich ist, kann der Zustand der Religion nicht vortheilhaft seyn [...] und das Volk ist unglaublich unwissend".[207]

---

[202] Gerning, Bd. 1, S. 224.

[203] Stegmann, Bd. 2, S. 173; Lehne, S. 168–186; Gerning, Bd. 1, S. 249; Gerning, Bd. 1, S. 254f.

[204] Stolberg, Bd. 4, S. 254f., Bd. 3, S. 115f.

[205] Hager, S. 149f.; Gerning, Bd. 1, S. 221; Jacobi, Bd. 1, S. 291ff.

[206] De Rosa, S. 30, S. 77; Woolf, La storia, S. 54, S. 147.

[207] Jacobi, Bd. 1, S. 291; Gerning, Bd. 1, S. 224; Stegmann, Bd. 1, S. 71, S. 343.

Ergebnis der falschen Erziehung des Volkes durch die Kirche sei auf religiösem Gebiet vor allem der Aberglaube. Dabei ist es nicht so sehr die hier wie andernorts beklagte Sinnlichkeit und reine Äußerlichkeit der Religion[208] als vielmehr die nur wenig verdeckte Fortdauer heidnischer Kulte, die die Autoren empört. Küttner und Stegmann erwähnen die Existenz eines phallischen Fruchtbarkeitskultes in den Abruzzen. Es handelt sich um die Verehrung des heiligen Cosimo, die von der Kirche wegen der gewinnbringenden Wachsopfer aufrechterhalten werde.[209] Erscheint der Katholizismus der Provinz den Reisenden als reines Heidentum, so ist auch die hauptstädtische Religiosität in ihren Augen nicht weit davon entfernt. Hier konzentriert sich ihre Aufmerksamkeit auf die Heiligenverehrung, deren heidnisch-antiken Ursprünge Gerning nicht müde wird zu betonen.[210] Vor allem die Verehrung und das Wunder des berühmten Stadtpatrons San Gennaro beschäftigt sie:

„Der heilige J a n u a r i u s bleibt immer des Volkes geliebter Mittler und er muß sich noch oft bey der Maria, bey Christus, ja bey Gott Vater selbsten, thätig für die Flehenden verwenden. Von den eifrigsten Januarius-Anbetern wird auch Christus und Maria zuerst angefleht, für sie bey ihrem geliebten Heiligen zu sprechen."[211] (Gerning)

Im Dom der Stadt wird in einer gläsernen Ampulle das Blut S. Gennaros aufbewahrt. Zweimal im Jahr findet eine Prozession statt, in der die Statue des Heiligen mitgeführt wird. An deren Schluß steht eine Zeremonie, bei der die Gläubigen den Stadtpatron so lange beschwören, bis das Blut des Heiligen sich in der Hand des Erzbischofs durch ein Wunder verflüssigt. Die Reisenden stehen diesem Ereignis höchst skeptisch gegenüber und betonen, daß selbst einheimische Katholiken den Glauben an den Patron und das Wunder belächeln.[212] Ebenso skeptisch bis spöttisch nehmen die Autoren die Prozessionen mit der Statue des Heiligen bei Vesuv-Ausbrüchen zur Kenntnis:

„Dieser marmorne Abgott [die Statue des S. Gennaro auf einer Brücke am Stadtrand, K.K.] hält seine rechte Hand gegen den Vesuv, gleich als ob er ihm

---

[208] Gerning, Bd. 1, S. 219; Tagebuch, S. 196; Jacobi, Bd. 1, S. 291.

[209] Küttner, Bd. 2, S. 164ff.; Stegmann, Bd. 1, S. 364. Gerning, Bd. 1, S. 220, betont, auch in Neapel trügen „[...] gemeine Weiber am Meerstrande priapenförmige Hals- und Ohrgehänge, Symbole der Fruchtbarkeit".

[210] Gerning, Bd. 1, S. 220. In diesen Kontext stellt Gerning (Bd. 1, S. 226) auch die in Süditalien übliche Totenklage. Vgl. Stolberg, Bd. 3, S. 10f.

[211] Gerning, Bd. 1, S. 219f.

[212] Stolberg, Bd. 3, S. 10; Gerning, Bd. 1, S. 219f.; Jacobi, Bd. 1, S. 300f.; Tagebuch, S. 163.

gebieten wollte, Neapel zu verschonen; bey der letzten Eruption wurden Prozessionen zu diesem Gesellen verordnet, wobey sich Vornehme und Geringe, mit dem Strick um den Hals, und einem Sack eingehüllt, baarfuß einfanden; er ließ sich erbetten und befahl dem Feuerstrom über das Dorf Torre del Greko zu marschieren; wir machten dem Kerl ein tiefes Compliment, mit dem Wunsch, daß er nicht bald durch den heiligen Februarius abgesetzt werden möchte."[213] (Tagebuch)

Die Prozessionen sind nach Meinung der Reisenden lächerlich, unwirksam und in höchstem Maße irrational. Diese Irrationalität beherrscht in Neapel angeblich alle sozialen Schichten.[214] Stegmann setzt gegen dieses Verhalten die Hoffnung, man werde wenigstens „im künftigen Jahrhundert aufgeklärt genug [...] denken, um bei Ausbrüchen [des Vesuvs, K.K.] nicht mehr das Blut des heiligen Januarius, sondern die Mittel zur Sicherung der Ortschaften anzuwenden, welche gehörige Anwendung mechanischer Kräfte [...] darbietet."[215] Exemplarisch für dieses Verständnis von Vernunft, das die Reisenden der angeblichen Irrationalität der neapolitanischen Religiosität entgegensetzen, ist eine Bemerkung im 'Tagebuch' anläßlich des unbeleuchteten Tunnels durch den Berg Posilipp:

„Wir schalten auf die Pfaffen, welche so manchem Heiligen vor den Häusern Tag und Nacht Lanternen anzünden, und diese Grotte unbeleuchtet lassen."[216]

Die Heiligenverehrung wird hier als unnütz aufgefaßt und die für sie aufgewandte Kraft für eine 'sinnvolle', 'vernünftige' Maßnahme eingefordert. Daß dies gerade die Beleuchtung eines Tunnels ist, hat durchaus symbolischen Wert, gilt doch der Zustand von Straßen und Beleuchtung in Reiseberichten des 18. Jahrhunderts als Gradmesser der Effektivität und Aufgeklärtheit eines Staates. Darüber hinaus verweist das Bild von der richtigen Anwendung des Lichts auf unterschiedliche Strategien, nicht aber auf unterschiedliche Ziele. Halten die neapolitanischen Gläubigen Gebete an den Heiligen für den besten Schutz vor Gefahren, so setzen die Autoren auf den Einsatz instrumenteller Vernunft. Die Erkenntnis, daß es sich aus der Sicht der jeweiligen Akteure um gleich wirksame, zweckrationale Strategien handelt, liegt den Reisenden allerdings fern. Vielmehr bemühen sie sich immer wieder, das 'Wirken des Heiligen in der Welt' zu erklären, d.h. auf in ihren Augen rationale Ursachen zurückzuführen. Stolberg vermutet, das angebliche Blut des San Gennaro

---

[213] Tagebuch, S. 175f. Vgl. Buch, Bd. 2, S. 398f.

[214] Gerning, Bd. 1, S. 219f.

[215] Stegmann, Bd. 1, S. 308.

[216] Tagebuch, S. 179.

werde „durch die natürliche Wärme der Hand flüssig".[217] Das Ende eines Vesuv-Ausbruchs bei einer Prozession führt er auf Zufall und den Betrug des Bischofs zurück, der sich bei 'Naturforschern' über das voraussichtliche Ende des Ausbruchs informiert habe.[218] Küttner schließlich versucht bei der Besichtigung der Grotte, die den Touristen als Vergils Grotte der Sibylle gezeigt wird, zu erklären, wie es im Dunkeln möglich gewesen sei, die Sage von der uralten Wahrsagerin glaubhaft zu machen. Aufgrund der ungenügenden Beleuchtung habe man das genaue Alter der Wahrsagerin ebensowenig erkennen können wie einen Personenwechsel nach deren Tod:

> „Dieß wäre denn, dünkt mich, keine üble Art, sich so manches, das uns da dunkel ist, zu erklären. Aber ich fürchte, diese Vorstellungsart ist zu einfach und gar zu natürlich, um Beyfall zu finden."[219]

Die Übereinstimmung der Autoren in der Behandlung katholischer wie antiker Religiosität, die sich hier zeigt, ist nicht zufällig. Wenn sie auch Heidentum und neapolitanischen Katholizismus nicht für identisch halten, so entwickeln sie doch in der Auseinandersetzung mit antiker Religiosität am deutlichsten, was sie an beidem mißbilligen. Lehne formuliert die Kritik am radikalsten, wenn er behauptet, der Isis-Kult habe das Christentum vorbereitet, „indem er an das Geheimnisvolle gewöhnte, und mit imposanten Ceremonien und Aufzügen zur Theilnahme lockte. Aber ihm fehlte die reine Moral, die Tendenz der Vernunft."[220] Der katholische Lehne wie der noch protestantische Stolberg kritisieren an der antiken Religion, daß „falsche Religionen […] nach den Lüsten der Menschen gebildet"[221] seien. Angesichts des Urteils der Autoren über den moralischen Zustand des katholischen Klerus liegt es in ihren Augen nur zu nahe, den neapolitanischen Katholizismus für eine 'falsche Religion' zu halten. Diesen Schluß zieht ausdrücklich nur Lehne. Die übrigen Autoren beschränken sich auf die Schilderung des Prunks, der Sinnlichkeit und der Rituale,[222] um damit nahezulegen, daß eine Religiosität, die das Äußere betone und die Sinne anspreche, bei den Gläubigen die Hingabe an 'Lüste' und 'Leidenschaften' fördere.

---

[217] Stolberg, Bd. 3, S. 10. Vgl. Gerning, Bd. 1, S. 220; Jacobi, Bd. 1, S. 264.

[218] Ebd., S. 301.

[219] Küttner, Bd. 2, S. 189. Auch Lehne (S. 155) ruft angesichts der Sibyllengrotte aus: „Welch ein herrliches Feld für Aberglauben und Trug!"

[220] Lehne, S. 131.

[221] Stolberg, Bd. 3, S. 67. Vgl. Lehne, S. 145.

[222] Jacobi, Bd. 1, S. 292f.; Lehne, S. 131, S. 145; Tagebuch, S. 196.

Die wesentlichen Kennzeichen der neapolitanischen Frömmigkeit sind in den Augen der Reisenden Unmoral und Irrationalität, die durch das Verhalten des Klerus noch verstärkt werden. Formen und Inhalte der Religiosität gelten den Autoren eher als heidnisch denn als christlich. Obwohl diese Argumentation scheinbar historisch vorgeht, blendet sie doch die Historizität der katholischen Religiosität im Süden Italiens zu einem großen Teil aus. Die Verehrung von Heiligen oder Stadtpatronen und Wunder erlebten in ganz Europa Jahrhunderte besonderer Verbreitung oder Intensität. Ebenso gab es regionale Schwerpunkte.[223] Der Heilige und die Formen seiner Verehrung sind darüber hinaus Teil einer sozialen Struktur, in der sie eine wohldefinierte Funktion haben. Der Heilige ist Objekt sozialer Konkurrenz zwischen gesellschaftlichen Gruppen, kirchlichen Orden und auch zwischen Kirche und Gläubigen.[224] Im Königreich Neapel wurden im 18. Jahrhundert Heilige verehrt, die aus der Zeit des frühen Christentums stammten und oft Märtyrer waren. Hinzu kamen Heilige, die im Mittelalter durch die Bettelorden eingeführt worden waren, und die Heiligen der Gegenreformation, oft Mitglieder der neuen Orden des 17. Jahrhunderts.[225] Die Institution des Stadtpatrons ist ebenfalls seit den ersten Jahrhunderten nach Christus bekannt, erfuhr aber im 17. Jahrhundert im Rahmen der Gegenreform eine ungeheure Intensivierung. Neapel hatte am Ende des 16. Jahrhunderts sieben Patrone, ein Jahrhundert später waren es schon 34.[226] Das Blut weiterer Heiliger wurde auch in anderen italienischen Städten verehrt, wobei Neapel aber die bei weitem größte Anzahl solcher Reliquien verzeichnete.[227]

San Gennaro gehört zu den Märtyrer-Heiligen spätantiker Herkunft. Diese waren – wie Gennaro – oft Bischöfe, die im Ruf standen, viele Menschen zum Chri-

---

[223] Giulio Sodano: Miracoli e ordini religiosi nel Mezzogiorno d'Italia (XVI–XVIII secolo), in: Archivio storico per le province napoletane, hrsg. von der Società napoletana per la storia patria, Bd. 105, Neapel 1987, S. 293–414, S. 305 und S. 314; Jean-Michel Sallmann: Il santo patrono cittadino nel '600 nel Regno di Napoli e in Sicilia, in: G.Galasso/ C.Russo (Hrsg.), Per la storia sociale e religiosa del Mezzogiorno d'Italia, 2 Bde., Bd. 2, Neapel 1982, (Esperienze, 1), S. 187–211, S. 191ff.

[224] Jean-Michel Sallmann: Il santo e le rappresentazioni della santità. Problemi di metodo, in: Quaderni storici, Jgg. XIV, Nr.41, Mai-August 1979, Ancona, S. 584–602, S. 589, 599ff.; Ders., Patrono, S. 193f., 206f.; Sodano, S. 305, S. 309, S. 314, S. 328, S. 398; Maria Antonietta Visceglia: Rituali religiosi e gerarchie politiche a Napoli in età moderna, in: P.Macry/ A.Massafra (Hrsg.), Fra storia e storiografia. Scritti in onore di Pasquale Villani, Bologna 1995, S. 587–620, S. 595, S. 615ff.

[225] Sallmann, Patrono, S. 195.

[226] Sallmann, Patrono, S. 190, S. 207.

[227] Vittorio Paliotti: San Gennaro. Storia di un culto, di un mito, dell'anima di un popolo, Mailand 1983, S. 195ff.

stentum bekehrt zu haben. Seit dem 5. Jahrhundert wurde sein Leichnam in Neapel verehrt und ebensolange war er Stadtpatron. Seine Verehrung war auf Neapel und Umgebung beschränkt. Er war der Hauptpatron der Hauptstadt und avancierte 1663 sogar zum Patron des Reiches.[228] Obwohl der Leichnam des Heiligen schon fast ein Jahrtausend verehrt worden war, begann die besondere Verehrung seines Blutes erst im 14. Jahrhundert, in dem das erste Mal von dem Wunder seiner Verflüssigung berichtet wurde. Erst im folgenden Jahrhundert trat das Wunder regelmäßig auf, was die Ausweitung des Zeremoniells nach sich zog. Im 16. Jahrhundert wurde das Wunder aus der Kirche auf öffentliche Plätze verlegt, und die Verehrung erreichte, mit prunkvollen Festarchitekturen und für den Anlaß komponierter Musik, ihren Höhepunkt im 17. und 18. Jahrhundert.[229] Diese Entwicklung ging mit dem Höhepunkt der Heiligenverehrung im Mezzogiorno im 16. und 17. Jahrhundert einher. In Neapel war sie anscheinend vor allem auf die Politik der Adelsfamilie der Carafa zurückzuführen, die im 16. und 17. Jahrhundert eine Reihe von Erzbischöfen stellten und den Kult förderten. Die Bourbonen setzten diese Förderung fort und entwickelten eine Politik der Verehrung, indem sie an die besondere Beziehung zwischen König und Heiligem, die schon im 15. und 16. Jahrhundert auftrat, anknüpften. Noch bis spät ins 19. Jahrhundert betrieben alle Herrscher – Bourbonen wie die Napoleoniden – eine systematische Verehrung des Heiligen, verstanden als symbolischer Tribut an die Interessen der Stadt und ihres Volkes.[230]

Zwar fassen die Reisenden die Verehrung des Stadtheiligen als Ergebnis historischer und gesellschaftlicher Bedingungen (antike Kulte, kirchlicher Einfluß) auf, sprechen ihnen innerhalb der aktuellen neapolitanischen Gesellschaft jedoch jede Rationalität ab.

Diese Sichtweise verkennt, daß die 'sinn-' und 'wirkungslosen' Prozessionen und Wunder Teil einer gesellschaftlichen Konzeption waren, innerhalb derer sie nicht nur sinnvoll, sondern auch wirksam erschienen. Mit De Martino kann man davon ausgehen, daß es sich bei den beschriebenen Riten um „sozialisierte und traditionalisierte Techniken"[231] zur Krisenbewältigung handelte. D.h. es waren

---

[228] Giuseppe Galasso: Santi e santità, in: Ders., L'altra Europa, S. 64–120, S. 84, S. 91, S. 100; Paliotti, S. 71f.; Sallmann, Patrono, S. 191.

[229] Paliotti, S. 82, S. 118ff. Eine Beziehung zwischen den Vesuvausbrüchen und Prozessionen mit den Reliquien S. Gennaros zur Buße und Beschwichtigung tritt vermehrt ebenfalls erst seit dem 17. Jahrhundert auf und hält das ganze 18. Jahrhundert über an (Paliotti, S. 163f., S. 167f.).

[230] Paliotti, S. 82, S. 99, S. 112, S. 134ff. Michele L. Straniero: Indagine su San Gennaro. Miracoli, fede, scienza, Mailand 1991, S. 19f.

[231] Ernesto De Martino: Katholizismus, Magie, Aufklärung. Religionswissenschaftliche Studie am Beispiel Süditaliens, München 1982, (ital.: Sud e magia, Mailand 1959), S. 129. Vgl. Natalie Zemon Davis: Die Riten der Gewalt, in: Dies., Humanismus, Narrenherrschaft und die Riten der

innerhalb der neapolitanischen Gesellschaft mehrheitlich anerkannte, historisch überlieferte Mittel, mithilfe derer man Gefahren für Individuen oder die Stadt abzuwehren versuchte. Im Mezzogiorno traten Wunder in der frühen Neuzeit vor allem bei Krankheiten, Unfällen, Epidemien und Naturkatastrophen auf. Seit dem 17. Jahrhundert wird vermehrt von Prozessionen mit den Reliquien S. Gennaros bei Vesuv-Ausbrüchen berichtet.[232] Diese kollektiven Techniken verhinderten individuelles Verzweifeln angesichts übermächtiger Naturkräfte und hielten kulturelle Reaktionsformen aufrecht.[233] Die Prozessionen wirkten dadurch, daß sie den in den Ritualen von vornherein vorgesehenen guten Ausgang reaktualisierten. Im Fall San Gennaros bestand dieser in der garantierten Verflüssigung des Blutes bei intensiver Verehrung durch die Gläubigen. Verwüstete der Vesuv die Stadt doch, so hielten die Rituale auch für solche Fälle Erklärungen und Handlungsmöglichkeiten bereit. Im Falle Neapels war dies z.B. die 'Bestrafung' des Heiligen durch Mißhandlung seines Bildes, wie Jacobi sie schildert.[234] Den Gläubigen mußten also Prozessionen, ihr Erfolg oder Mißerfolg genau so rational erscheinen wie den Reisenden die Anwendung technischer Mittel. Die Reisenden dokumentieren mit ihren Urteilen daher vor allem ihr Bewußtsein, im Besitz der einzig gültigen Erklärung zu sein.

Der Vorwurf des Heidentums zielt in eine ähnliche Richtung. Zunächst handelte es sich bei den beschriebenen Praktiken natürlich um Synkretismus, d.h. christliche Religiosität, in der einzelne Praktiken heidnischer Kultformen verändert fortbestanden.[235] Die Polemik der Autoren läßt die beschriebenen Praktiken einerseits als Relikt einer vergangenen Zeit erscheinen, die keine gesellschaftliche Funktion mehr erfüllen. Eine Interpretation, die – wie gezeigt wurde – nicht zutrifft.

Gewalt. Gesellschaft und Kultur im frühneuzeitlichen Frankreich, Frankfurt/M. 1987, S. 171–209, S. 208.

[232] Sodano, S. 304, S. 324, S. 333; Paliotti, S. 163f.

[233] Vgl. hierzu De Martinos Interpretation zur Wirkung kirchlicher und nichtkirchlicher magischer Rituale (S. 100–132, S. 137ff.; S. 234).

[234] Jacobi, Bd. 1, S. 300f.; Richard C. Trexler: Florentine Religious Experience: The sacred image, in: R.Harrier (Hrsg.), Studies in the Renaissance. Publications of The Renaissance Society of America, 21 Bde., New York 1954–1974, Bd. 19, 1972, S. 7–41, S. 7–29 beschreibt ähnliche 'Bestrafungen' eines Standbildes im Florenz des 15. und 16. Jahrhunderts. Ein weiteres Beispiel für die 'Bestrafung' eines Bildes des heiligen Rocco im 17. Jahrhundert in Lukanien nennt Pasquale Lopez: Clero, eresia e magia nella Napoli del Viceregno, Neapel 1984, S. 200f.

[235] Diese Definition auch bei Russo, Delumeau und Lopez. Lopez betont die wechselseitige Beeinflussung von offizieller katholischer Religiosität und magischen Praktiken der Gläubigen. Alle Autoren sehen magische Elemente im Katholizismus als Reste einer vorchristlichen Kultur, die als eigenständige Form nicht mehr besteht. Vgl. Carla Russo: La storia socio-religiosa e i suoi problemi, in: Dies. (Hrsg.), Società, chiesa e vita religiosa nell'Ancien Régime, Neapel 1976, S. XIII–CCXLIV, S. CLXXXII, S. CC; Lopez, S. 164.

Vielmehr macht erst die Nichtbeachtung des gesellschaftlichen Zusammenhanges die neapolitanische Religiosität zu etwas Unerklärbarem, Irrationalem.[236]

Andererseits verstellt der Vorwurf des Heidentums den Blick auf die gesellschaftlichen Bedingungen, die ein Fortdauern vorchristlicher Aspekte im Katholizismus erklären könnten.[237] Was den Autoren als heidnisch erscheint, war Ausdruck eines starken Gegensatzes zwischen tridentinisch orientierter Kirchenführung auf der einen und Gläubigen und niederem Klerus auf der anderen Seite. Zwischen dem Konzil von Trient und der Mitte des 18. Jahrhunderts vollzog sich ein Akkulturationsprozeß, in dem die Kirchenführung die offizielle Interpretation des Katholizismus bei Gläubigen und niederem Klerus durchzusetzen versuchte. Gerade magische Praktiken, mangelhafte Moral und Ausbildung des Klerus wurden auch von der katholischen Kirche angegriffen. Die Jesuiten unternahmen noch im 18. Jahrhundert eine innere Mission in ländlichen Gebieten und bei den städtischen Unterschichten.[238] Trotz dieser Anstrengungen erhielten sich Elemente vorchristlicher Kulte innerhalb katholischer Kultformen. So verweist die wunderwirkende Kraft der Heiligenreliquien oder von Öl und Wasser, die Reliquien berührt hatten, auf ein magisches Weltverständnis. In Süditalien zählte das Blut von Heiligen zu den bevorzugten Reliquien, denen Wunderkraft zugeschrieben wurde.[239]

Diesen wechselseitigen Prozeß der Beeinflussung, in dem sich weder Kirche noch Gläubige ganz durchsetzten, können die Reisenden nicht wahrnehmen.[240]

---

[236] De Martino, S. 130ff., S. 144f.

[237] De Martino (S. 210ff.) erklärt die Fortdauer der Magie in Süditalien und die Schwäche von Kirche und Aufklärung ihr gegenüber aus den gesellschaftlichen Verhältnissen, d.h. dem Fehlen eines starken Bürgertums als Motor aufgeklärter Rationalität. Daraus folgt für ihn eine nur unvollkommene Ersetzung der Magie durch Naturbeherrschung. Fraglich erscheinen muß heute der Enthusiasmus, mit dem De Martino sich, ebenso wie die Reisenden und unter Berufung auf Croce, für „das wahre Licht der Vernunft" (S. 214) ausspricht. Ob diese Weltanschauung wirklich in der Lage ist, „das Reich der Finsternis und der Schatten in seine Grenzen" zu weisen (S. 214), darf bezweifelt werden.

[238] De Rosa, S. 11, S. 40 und S. 72f.; Carla Russo: La religiosità popolare nell'età moderna. Problemi e prospettive, in: Problemi di storia della chiesa nei secoli XVII-XVIII. Atti del convegno di aggiornamento (Bologna 3–7 settembre 1979), hrsg. v. Associazione italiana dei professori di storia della chiesa, Neapel 1982, S. 137–190, S. 172ff.; S. 186. Von einem Austauschprozeß im Verhältnis zwischen traditionaler und hegemonialer Kultur der Eliten sprechen auch Gramsci, De Martino und Ginzburg (Russo, Religiosità, S. 141).

[239] Sodano, S. 355, S. 357, S. 369, S. 372.

[240] Die Kennzeichnung magischer Praktiken als reines Relikt vergangener Kulturen hat auch bei De Martino dazu geführt, daß die magische Weltsicht nicht mehr als eine aktive kulturelle Form wahrgenommen wird, die auch heute noch wirksam ist. Dies fördert ein Verständnis, das eine

Der von ihnen statt dessen erhobene Vorwurf des Heidentums bewirkt so eine 'Irrationalisierung' der Religiosität und kennzeichnet die katholische Kirche zudem als Bewahrerin veralteter, unchristlicher Praktiken. Darüber hinaus ermöglicht diese Sichtweise erst die Behauptung, der schlechte Zustand von Klerus und Gläubigen sei Schuld der Kirche. Zwar polemisieren die Reisenden ausdrücklich nur gegen den niederen Klerus, sie erwecken jedoch den Eindruck, die Kirche als Institution sei für die 'beklagenswerten Verhältnisse' verantwortlich.[241] Die Behauptung, kirchlicher Einfluß fördere die Unmoral, kann angesichts der Bemühungen der Kirchenführung und der Widerstände innerhalb der Bevölkerung dagegen nicht als stichhaltig angesehen werden. Auch die von den Autoren mehr suggerierte als belegte Annahme, Betonung äußerlicher Formen führe automatisch zu sexuellen Ausschweifungen, ist wenig überzeugend. Allerdings verweisen diese Äußerungen auf ein anderes Konzept von Moral, als dessen Vertreter die Reisenden sich verstehen und das Innerlichkeit und sexuelle Disziplinierung betont. Dieses Konzept ist in den Berichten zu Neapel meist nur zu erahnen.[242] Deutlicher erscheint der Anspruch der Autoren, alleinige Vertreter wahrer Moral zu sein. Die Polemik gegen die Mönche als Inbegriff der parasitären, alles andere als asketischen Existenz bedient sich ebenso alter wie gängiger Vorurteile. Durch diese Polemik wird die Kirche als Institution, die für die moralische Volkserziehung zuständig ist, vollständig diskreditiert. Grund dafür sind nicht nur die – nach Meinung der Reisenden – unmoralischen Exzesse der Mönche, sondern auch das falsche Konzept der Kirche von Moralität. Gegen diesen in so schwarzen Farben geschilderten Gegner nehmen sich die Reisenden mit ihrem Anspruch, alleinige Vertreter der Rationalität und Moral zu sein, um so glänzender aus. Und dies scheint auch ihre wesentliche Absicht zu sein. Wie die Abgrenzung vom Luxus des Adels dient auch die Polemik

---

unumkehrbare historische Entwicklung vom Heidentum zum Christentum annimmt und damit den Fortschrittshoffnungen der Aufklärer des 18. Jahrhunderts verhaftet bleibt. Vgl. Annamaria Rivera: Il mago, il santo, la morte, la festa. Forme religiose nella cultura popolare, Bari 1988, S. 60f.

[241] Diese Haltung setzt sich auch in der Reaktion der Reiseliteratur und der italienischen Geschichtsschreibung auf die Revolution von 1799 fort. Die Parteinahme der Lazzaroni gegen die Republik wird dort wesentlich auf den reaktionären Einfluß der Kirche auf das Volk zurückgeführt. Sämtliche Autoren, Reisende wie Historiker in aufgeklärter Tradition, 'übersehen' dabei das erhebliche Maß an Autonomie, das niederen Klerus und Gläubige gegenüber der Kirchenführung auszeichnete. Ebenso beachten sie nicht, daß eine erhebliche Zahl der Bischöfe Süditaliens die Republik unterstützte, so auch der neapolitanische, unter dessen Aufsicht sich das 'pro-französische' S. Gennaro-Wunder vollzog. Erst die Arbeiten Gabriele De Rosas aus den siebziger Jahren dieses Jahrhunderts haben diese Sicht widerlegt. Vgl. Dante, S. 85ff.

[242] Die Betonung der Innerlichkeit ergibt sich aus der Ablehnung der äußeren Formen. Dieses Konzept wird in den Berichten nach 1800 deutlicher vertreten. Auf die sexuelle Disziplinierung lassen die schon erwähnten Äußerungen gegen außereheliche Beziehungen und Ausdruck von Erotik z.B. im Tanz schließen. Vgl. Stolberg, Bd. 3, S. 128–134.

gegen die Kirche und die Religiosität der Selbstdefinition der Autoren und der Durchsetzung der eigenen Begriffe von Vernunft und Moral. Hierzu ist es geradezu notwendig, die traditionell einzige Vermittlerin einer zusammenhängenden Weltsicht als Verbreiter falscher Begriffe darzustellen. In den Augen der Reisenden ist die katholische Kirche unfähig, ihrer Aufgabe nachzukommen, die in der Vermittlung moralischen Verhaltens besteht.

Zudem ist die Kirche in Neapel eine wirtschaftlich mächtige Institution. Dadurch behindert sie, hierin dem 'Feudalsystem' ähnlich, die volle Durchsetzung des von den Reisenden befürworteten staatlichen Machtanspruchs und der von ihnen propagierten Reformen. Dies gilt nicht nur auf wirtschaftlichem Gebiet, sondern auch im Bereich der Volkserziehung, der den Reisenden besonders wichtig erscheint.

Die hier skizzierte Haltung der deutschen Reisenden wurde, wenn auch in abgeschwächter Form, auch von katholischen italienischen Aufklärern eingenommen.[243] Ihnen galt die Kirche ebenfalls als Inbegriff der wirtschaftlich schädlichen, ständischen Gegenmacht im Staat.

Welchen Anteil die Unterschichten an den geschilderten religiösen Praktiken hatten, geht aus den Berichten nicht hervor. Soweit die Autoren hier überhaupt eine Differenzierung vornehmen, betonen sie die Teilnahme aller Bevölkerungsschichten an den Prozessionen.[244] Die Schilderung der Reisenden verdeckt auch hier die Differenzen, die zwischen den sozialen Gruppen in Neapel bestanden. Gerning verweist auf diese Unterschiede, wenn er von der Ablehnung der S. Gennaro-Verehrung durch 'katholische Christen' spricht. So distanzierten sich neapolitanische Bürger von den in ihren Augen extremen Verhaltensformen der Lazzaroni bei Prozessionen, und diese führten von der Kirche nicht gebilligte Umzüge durch.[245] Auch bei Prozessionen trat also der Unterschied zwischen dem Religionsverständnis der Kirchenführung und des 'popolo minuto' zu Tage. Aufgrund des Interesses der Reisenden, die katholische Kirche als Institution zu diskreditieren, mußte es ihr Ziel sein, die besonders 'leidenschaftliche' Verehrung des Stadtpatrons durch die Unterschichten als Verhaltensweise aller Gläubigen, unabhängig von ihrer sozialen Herkunft, darzustellen.

---

[243] De Rosa, S. 52 und S. 72; Croce, La vita, S. 131f.; Woolf, La storia, S. 68ff., S. 79f.

[244] Gerning, Bd. 1, S. 222; Buch, Bd. 2, S. 401.

[245] Barletta, S. 99. An regulären Prozessionen nahmen zwar alle Schichten teil, jedoch nach sozialen Gruppen getrennt. Unterschiedliche Verhaltensweisen wären also zumindest in solchen Fällen möglich gewesen. Vgl. Maria Gabriella Rienzo: Il processo di christianizzazione e le missioni popolari nel Mezzogiorno. Aspetti istituzionali e socio-religiosi, in: Galasso/ Russo, Bd. 1, Neapel 1980, S. 439–481, S. 464f.

Im Gegensatz zu dieser Darstellungsweise differenzierte sich gerade im 18. Jahrhundert das Verständnis der verschiedenen sozialen Gruppen vom Heiligen. Die Grenze zwischen Heiligem und Profanem hatte sich seit dem tridentinischen Konzil verschoben und war undurchlässiger geworden. Bei Teilen der Oberschicht und auch des Klerus entwickelte sich eine rationalisiertes Verständnis von Religion. Man begann auch innerhalb des Katholizismus magische Praktiken für irreal zu halten und versuchte, sie im Sinne aufgeklärter Rationalität zu erklären. Die religiösen Praktiken des Katholizismus verinnerlichten sich zunehmend.[246] Diese Entwicklung gerät nicht in das Blickfeld der Reisenden.

6. Die aufrührerischen Lazzaroni und ihr Verhältnis zum König

Der Mythos von den Lazzaroni ist untrennbar mit der Auffassung verbunden, sie seien aufrührerisch. Grund dafür ist die Revolte von 1647/48. Angeblich pflegen die Unterschichten auch einhundertundfünfzig Jahre danach noch die Erinnerung an Masaniello:

„Noch bis heut ist bei den Lazzaroni's sein Andenken nicht verloschen, sie wiederholen heimlich seinen Namen; kommen sie einst auf den Gedanken, ihn laut zu nennen, so sind ihre Herrscher verloren."[247] (Stegmann)

Aufgrund dieses latenten Hanges zum Aufruhr und wegen der fehlenden Sicherheitsmaßnahmen müsse die Regierung besondere Rücksicht auf die Wünsche des Volkes und speziell der 40.000 Lazzaroni nehmen.[248] Allerdings ist die aktuelle Gefahr eines Volksaufruhrs nach Meinung der Autoren gering. Nicht nur Stegmann betont:

„Wäre also der italienische Pöbel wirklich so unmoralisch, als man ihn schildert; was sollte diesen Sansculottes, die täglich beisamen sind, und täglich ihren entblößten Zustand mit dem Ueberfluß andrer vergleichen können, wohl abhalten, in Masse aufzustehn und die ursprüngliche Gleichheit der Güter [sic!, K.K.] wieder herzustellen, oder wenigstens aus dem Ueberflusse des müssig gehenden Luxus ihre Bedürfnisse zu befriedigen? – Aber keinesweges! Je weniger der Lazzarone hat, desto weniger Bedürfnisse kennt er. Sein Müssiggang ist ei-

---

[246] Russo, Religiosità, S. 178; Dies., Storia, S. CXLVIf.; Lopez, S. 187, S. 214, Galasso, Santi, S. 107.

[247] Stegmann, Bd. 2, S. 285.

[248] Jacobi, Bd. 1, S. 305. Zu fehlenden Sicherheitsmaßnahmen vgl. Stolberg, Bd. 2, S. 296ff.; Lehne, S. 191.

ne Folge der Unwissenheit, nicht der Wahl, er geht müssig, weil er kein Geld braucht, er verrichtet die mühsamsten Arbeiten, wenn ihn hungert. Er besizt nichts, aber er verlangt auch nichts zu besizen, denn er hat keinen Begrif von den Reizen des Eigenthums. [...] und so schleppt er sein sorgloses Leben einförmig, aber glücklich hin."[249]

Aufgrund der Genügsamkeit der Lazzaroni komme es nur darauf an, sie mit dem Nötigsten zu versorgen. Die Regierung halte deshalb immer ausreichend „Macaroni und Eiswasser"[250] für sie bereit.

Neben der beschwichtigenden Politik der Regierung ist es nach Ansicht der Reisenden das besondere Verhältnis zwischen König und Lazzaroni, das den sozialen Frieden garantiert. Trotz unterschiedlicher Bewertung des Königshauses und seiner Politik stimmen alle Autoren darin überein, daß der König „wegen seiner großen Leutseligkeit der Abgott des Volks"[251] sei und „gerne lazaronisch"[252] spreche. König und Lazzaroni verbänden „ihre Sprache und ihre Denkungsart."[253] Diese Charakterisierung erhält ihre volle Bedeutung erst, wenn man das Urteil der Reisenden über den König kennt. Die Mehrzahl berichtet, er sei zwar gutmütig, aber unwissend, ja dumm, und sein einziges Interesse gelte der Jagd. Die Politik werde von der Königin und dem Ersten Minister Acton bestimmt.[254]

Die Stärke der Lazzaroni als politischer Faktor wie auch ihre Nähe zum König drückt sich – den Berichten zufolge – darin aus, daß sie über eine eigenständige Organisation verfügen. Angeblich wählen sie einen Anführer, der jederzeit Zugang zum König habe. Bei verschiedenen Anlässen hätten der Führer oder mehrere tau-

---

[249] Stegmann, Bd. 1, S. 152f. Vgl. Stolberg, Bd. 2, S. 298; Gerning, Bd. 1, S. 210.

[250] Küttner, Bd. 2, S. 160. Die Ansicht von der latenten Gefahr des Aufruhrs in Neapel war auch bei den Neapolitanern selbst verbreitet. Vgl. Venturi, Napoli, S. 44; Scafoglio, S. 50f.; Burke, Virgin, S. 8.

[251] Jacobi, Bd. 1, S. 294.

[252] Gerning, Bd. 1, S. 270.

[253] Stegmann, Bd. 1, S. 154. Vgl. Stolberg, Bd. 2, S. 295, S. 298. Der Begründer der neapolitanischen Bourbonen-Dynastie, Karl VII., war zweitgeborener spanischer Prinz, der die Schwäche Österreichs im polnischen Thronfolgestreit ausnutzte, um das Königreich Neapel zu erobern. Er errichtete nach mehr als 200 Jahren spanischer und österreichischer Herrschaft in Neapel wieder eine eigene Dynastie. Erst sein Sohn und Nachfolger Ferdinand IV., König von 1759 bis 1825 (mit zweimaliger Vertreibung in den Jahren 1799 und 1806–1815) war in Neapel geboren und sprach neapolitanisch.

[254] Jacobi, Bd. 1, S. 293f.; Küttner, Bd. 2, S. 149–152; Stegmann, Bd. 2, S. 65, S. 314; Stolberg, Bd. 2, S. 295; Gerning, Bd. 1, S. 260–272.

send Lazzaroni dem König ihre Unterstützung angeboten.[255] Von Gerning und Stolberg werden die Lazzaroni als besonders franzosenfeindlich und im Umgang mit Gegnern nicht eben zimperlich beschrieben. Stolberg, Gerning und Küttner lassen keinen Zweifel an der Existenz eines 'capolazzaro', wenn auch aus ihren Beschreibungen hervorgeht, daß sie die geschilderten Ereignisse nicht selbst gesehen haben. Stegmann hingegen bestreitet, daß „sie ein Oberhaupt, einen sogenannten König hätten, der von der Regierung besoldet würde".[256] Ebenso wenig gebe es eine Organisation.

Die Lazzaroni werden hier das erste und einzige Mal als Gruppe dargestellt, die in gesellschaftlichen Verhältnissen politisch handelt. Dies bleibt allerdings die einzige Neuerung, denn auch in ihrem politischen Verhalten erscheinen sie im wesentlichen von ihrem Charakter bestimmt. Über Rebellion gegen oder Anpassung an die Herrschaftsverhältnisse entscheiden demnach die, wenn auch bescheidenen, materiellen Ansprüche. Der soziale Frieden bleibe erhalten, solange die 'Bestechungssumme' der Regierung nur hoch genug sei. Die Lazzaroni werden in den Augen der Reisenden also auch in der Politik hauptsächlich von sinnlich-materiellen Antrieben geleitet.

Trotz dieses einfachen Rezepts bleibt aber ein Aufruhr nach Meinung der Reisenden ständig möglich. Diese Ansicht ist Ergebnis des Bildes von den unberechenbaren, 'reizbaren Leidenschaften' der Neapolitaner. Im Gegensatz dazu steht die Schilderung Stegmanns und anderer Autoren. Bei ihnen scheinen die Lazzaroni an materiellen Dingen geradezu uninteressiert. Diese Widersprüchlichkeit durchzieht alle Berichte. Die Gegensatzpaare Aufruhr und Friedfertigkeit, Habgier und Anspruchslosigkeit werden den Lazzaroni gleichermaßen zugeschrieben.

Auch die Liebe der Lazzaroni zu ihrem König ist nach Meinung der Autoren nicht etwa Zeichen dafür, daß sie Ideale hegen, die über den eigenen Bauch hinaus reichen. Ihre Zuneigung gilt vielmehr als Ausdruck der geistigen Übereinstimmung mit dem König. Beide seien allein an ihrem Vergnügen interessiert.

Es mag tatsächlich zur Identifikation der Lazzaroni mit dem Herrscherhaus beigetragen haben, daß der König 'lazaronisch', d.h. neapolitanisch sprach. Für die Reisenden zeigt sich hierin aber vor allem ein neapolitanischer Charakterzug, der König und Lazzaroni gemeinsam ist. Den literarisch gebildeten Autoren gilt der Gebrauch des Dialekts eher als weiteres Zeichen der geistigen Beschränktheit des Volks wie des Königs. Hatte doch der Berliner Aufklärer Moses Mendelssohn den

---

[255] Gerning und Stolberg geben den Namen des Anführers mit Sabbato an. Der sei „Krämer in ihrem Hauptquartier dem Markte" (Gerning, Bd. 1, S. 210), von dem auch der Masaniello-Aufstand ausging. Bei der Verschwörung von 1794 handelt es sich um die Umsturzpläne einer freimaurerisch-jakobinisch orientierten Gruppe aus der Oberschicht. Vgl. Stolberg, Bd. 2, S. 297; Küttner, Bd. 2, S. 162; Gerning, Bd. 1, S. 210f.

[256] Stegmann, Bd. 1, S. 157.

Gebrauch der Hochsprache als „Barometer der Aufklärung"[257] bezeichnet. Bei solch' großer charakterlicher Übereinstimmung halten die Reisenden das Bündnis zwischen Lazzaroni und König für ausgemacht. In diesem Bündnis ist für sie allerdings der König der bestimmende Faktor. Durch die Zugeständnisse würden die Lazzaroni ruhig gehalten, die nur ihren sinnlichen Regungen nachgäben und sonst ohne Ideale und politischen Willen seien. Die von den Reisenden wahrgenommene Franzosenfeindlichkeit scheint lediglich von der Liebe zum König, nicht aber von inhaltlichen Vorstellungen über Königtum und Religion motiviert.

Zum Bild von den unberechenbaren Lazzaroni gehört auch, daß sie, einmal aus ihrer Friedfertigkeit erwacht, sogar gewalttätig werden können.[258] Die Behauptung, die Lazzaroni würden ihre Feinde brutal mißhandeln, taucht in den Reiseberichten wiederholt auf. Von Montesquieu (1729) und de Sade (1775) werden sie ebenfalls als blutrünstig beschrieben. Diese Charakterisierung beruft sich wie die vom Aufrührertum auf die Ereignisse der Masaniello-Revolte.[259]

Wenn die Darstellung der Lazzaroni hier als Mythos bezeichnet wird, so vor allem deshalb, weil sie nicht als eine realistische Beschreibung der neapolitanischen Unterschichten verstanden werden soll. Interessanter erscheint dieser Mythos in Hinsicht darauf, was er über seine Erzähler aussagt. Was also führte die Reisenden zu ihrer Sicht auf die Unterschichten?

Zunächst einmal waren die politisch-gesellschaftlichen Kräfteverhältnisse in Neapel traditionell durch die stete Konkurrenz von König und Adel gekennzeichnet. Um seine Herrschaftsansprüche durchzusetzen, mußte das Königtum andere soziale Gruppen stärken, um so als vermittelnde Kraft auftreten zu können. Die spanischen und österreichischen Besatzer bedienten sich hierzu des von bürgerlichen Juristen besetzten Staatsapparates. Nun war die politische Macht des Adels im 18. Jahrhundert zwar gebrochen, nicht aber seine ökonomische Vorherrschaft, wie die Diskussion um das 'Feudalsystem' zeigt. Die Macht des absoluten Königtums war seit 1734 gestärkt worden, hatte sich aber nicht als allein bestimmende gesellschaftliche Kraft durchsetzen können. Diese Situation führte zum Scheitern der meisten aufklärerischen Reformversuche im 18. Jahrhundert.

---

[257] Zitiert nach: Günter Birtsch: Der Idealtyp des aufgeklärten Herrschers. Friedrich der Große, Karl Friedrich von Baden und Joseph II. im Vergleich, in: Ders. (Hrsg.), Der Idealtyp des aufgeklärten Herrschers. Aufklärung. Interdisziplinäre Halbjahresschrift zur Erforschung des 18. Jahrhunderts und seiner Wirkungsgeschichte, 2.Jgg., Heft 1, 1987, S. 9–47; S. 25.

[258] Stolberg, Bd. 2, S. 298f.; Gerning, Bd. 2, S. 210. Vgl. Moscati, S. 774; Pietro Colletta: Storia del reame di Napoli, 4 Bde., Capolago 1844–45, (1.Aufl. 1834), Bd. 1, S. 284.

[259] Mozzillo, Sirena, S. 11, S. 64f.

Angesichts dieser gesellschaftlichen Kräfteverhältnisse war der Staat weiterhin auf die Unterstützung gesellschaftlicher Gruppen angewiesen.[260] In Neapel waren neben Adel und Bürokratie die Unterschichten eine dieser Gruppen. In Anbetracht des großen Elends der Unterschichten und der ungenügenden staatlichen Repressionsmöglichkeiten konnten sie die Existenz des Staates durchaus bedrohen. Allen Beteiligten war der Masaniello-Aufstand noch in guter Erinnerung, durch den der spanische Vizekönig zeitweise aus der Stadt vertrieben wurde.[261] Ausdruck der gebotenen Rücksichtnahme auf die Unterschichten war die privilegierte Lebensmittelversorgung der Stadt, die 'annona'.[262] Gerade in der zugespitzten Lage der neunziger Jahre war die 'annona' ein notwendiges Instrument zur Beruhigung der städtischen Unterschichten.[263]

Neben dieser praktischen Wirkungsmöglichkeit mußte es dem König aber ebenso darum gehen, seine Rolle als Wohltäter der Unterschichten und als den Ständen übergeordnete Instanz auf symbolischer Ebene zu verankern. Im Hinblick auf die Lazzaroni bediente er sich dabei eines bestimmten Bildes vom König, wie es in verschiedenen Teilen Europas im Mittelalter und der frühen Neuzeit verbreitet war. Innerhalb dieses Konzepts war der König eine sakrale Person, Symbol und Garant der Gemeinschaft. Er war dafür verantwortlich, daß die Rechte aller gesellschaftlichen Gruppen gewahrt wurden.[264] Besonders für die Unterschichten war er Berufungsinstanz gegen Übergriffe Mächtigerer. Seine Anerkennung beruhte auf

---

[260] Ajello, La vita, S. 493; Aliberti, S. 116; Woolf, La storia, S. 41, S. 47; Dante, S. 42f. und S. 123f.

[261] Barletta, S. 102, berichtet von der Furcht der Oberschicht vor einem Volksaufstand während der Hungersnot 1764. Trotz mehrerer zehntausend Opfer kam es aber nicht zur Revolte.

[262] Warum diese Einrichtung, die den Freihandelsplänen der Autoren so sehr widerspricht, von den Reisenden kaum beachtet wird, bleibt unklar. Ursache hierfür mögen die insgesamt geringe Analyse des Binnenhandels oder verschiedene Reformmaßnahmen sein, die die 'annona' seit 1788 abschwächten und gleichzeitig eine staatliche Kontrolle der Versorgung ermöglichten. Stegmann, Bd. 2, S. 56f., hält die Auswirkungen der 'annona' für schädlich. Sie behindere den freien Handel, könne aber die Brotversorgung Neapels nicht sicherstellen. Vgl. Gerning, Bd. 1, S. 233; Hager, S. 161; Macry, S. 458; Aliberti, S. 130.

[263] Moscati, S. 741; Woolf, La formazione, S. 1053; Macry, S. 348; Scafoglio, S. 58ff. Ein weiterer Grund für ihre Aufrechterhaltung war das Profitinteresse der beteiligten Händler.

[264] Vgl. Emmanuel Le Roy Ladurie: Die klassische Monarchie in Frankreich, in: K.H.Bohrer (Hrsg.), Sonderheft Merkur, Deutsche Zeitschrift für europäisches Denken, Geschichte und Ethnologie, 41.Jgg., Heft 9/10, München 1987, S. 772–789, S. 772–776; George Rudé: The crowd in history. A study of popular disturbances in France and England 1730–1848, New York 1964, S. 227f.; Hobsbawm, S. 158–162; Barletta, S. 36; Scafoglio, S. 60, S. 76. Auch Valenzi, Lazzari, S. 110f., hebt die Versuche sowohl der Bourbonen als auch der Napoleoniden hervor, über Geschenke ein persönliches Verhältnis zu den Unterschichten aufzubauen.

der Erfüllung dieser Aufgabe. Ein Angriff auf ihn als Symbol war gleichbedeutend mit einem Angriff auf die Gemeinschaft und die Rechte ihrer Mitglieder. Durch die Fürsorge für die Armen erfüllte der König die Rolle, die ihm in diesem Konzept zugeschrieben wurde. Gleichzeitig gab sie ihm Gelegenheit, seine Macht darzustellen.

Die spezielle Entwicklung des Königsbildes in Neapel ist bisher nicht erforscht worden. Es läßt sich jedoch erkennen, daß der neapolitanische König Ferdinand IV. auch im 18. Jahrhundert noch bemüht war, an dieses Konzept anzuknüpfen. So heißt es, der König sei beim Karneval von einer Eskorte der Lazzaroni umgeben gewesen. Selbst Historiker des 20. Jahrhunderts referieren die schon 1793 von Gorani verbreitete Geschichte, der König persönlich habe Fische gefangen und sie auf der Straße verkauft.[265] Beide Darstellungen belegen, unabhängig von ihrer Wahrhaftigkeit, daß das geschilderte Konzept zumindest in wesentlichen Zügen noch im Bewußtsein war.

Bestes Beispiel dafür, daß der König bemüht war, solche Auffassungen zu verstärken und auszunutzen war die sogenannte Cuccagna [ital. für: Schlaraffenland, K.K.] während des Karnevals. Seit dem 17. Jahrhundert wurden im Karnevalszug Wagen mitgeführt, die mit Lebensmitteln geschmückt waren und am Ende des Umzugs dem Volk zur Plünderung freigegeben wurden. Die Bourbonen stärkten diesen Aspekt des Karnevals und machten die Cuccagna seit 1759 zum Hauptereignis des Festes. Sie verlegten sie auf den Platz vor dem Königspalast und verwandelten sie in eine feste Installation aus Lebensmitteln, die Themen aus der antiken Mythologie darstellte.[266] Durch die gezielte Politik des Königs wurde die Cuccagna so zu einer Inszenierung des staatlichen Machtanspruchs und der königlichen Fürsorge für die ganze Gemeinschaft und besonders die Unterschichten. Die Plünderung durch die Lazzaroni erfolgte nunmehr auf einen Wink des Königs vom Balkon des Palastes unter seinen und den Augen zahlreicher Zuschauer. Zugleich war sie aber auch eine Anerkennung seiner Macht durch Lazzari und Bürger. Diese nahmen sein Geschenk an, und ihre Vertreter feierten in Dankesadressen ihren König für seine Freigebigkeit und als Garanten der sozialen Ordnung.[267] Die königliche Fürsorge für die Lazzaroni ging über die Maßnahmen der 'annona' und Cuccagna allerdings nicht hinaus. Letztere war wesentlich eine Propagandaveranstaltung,

---

[265] Harald Acton: The Bourbons of Naples: 1734–1825, Reprint, London 1974, (1.Aufl. 1956), S. 227; Croce, I „Lazzari" , S. 210; Scafoglio, S. 50f., S. 46f.; Joseph Gorani: Geheime und kritische Nachrichten von Italien nebst einem Gemälde der Höfe, Regierungen und Sitten der vornehmsten Staaten dieses Landes. Aus dem Französischen übersetzt, 3 Theile, Frankfurt/Leipzig 1794, (frz. 1793), S. 50f.

[266] Barletta, S. 27ff.; Scafoglio, S. 13f.

[267] Ebd., S. 35ff.

nicht eine wirkliche Unterstützung. Nur die 'annona' stellte eine wirksame Fürsorgemaßnahme dar.[268]

Ebenso wie der König versuchte, das Konzept vom König als Symbol der Gemeinschaft für seine Interessen zu instrumentalisieren, lassen sich ähnliche Versuche vonseiten der Lazzaroni feststellen. Sie bestanden im wesentlichen darin, die königliche Fürsorge gerade für die Armen einzuklagen. Als die Cuccagna im Jahre 1764, in dem Karneval und drohende Hungersnot zusammenfielen, von Dieben vorzeitig geplündert wurde, brachten die Lazzaroni ihre Empörung darüber durch die vollkommene Zerstörung des leeren Cuccagna-Gerüstes zum Ausdruck und forderten vom König deren Ersatz. Die Zerstörung des Gerüstes stellte eine offene Verletzung der Spielregeln dar, die angesichts der möglichen Hungersnot als Drohung an die Regierung verstanden werden mußte. Mit dieser Regelverletzung schwangen sich die Lazzaroni von Statisten königlicher Machtrepräsentation zu selbständigen Verhandlungspartnern auf. Die Drohung wurde verstanden und führte zum zusätzlichen Import von englischem Weizen, aus Angst vor einer Revolte.[269]

Auch in der Folge handelten die Lazzaroni als eigenständige Gruppe. Sie zwangen den Erzbischof Neapels dazu, die Statue S. Gennaros auszustellen und sie in einer Prozession durch die Stadt zu tragen, um die Hungersnot abzuwenden. Die Prozession endete mit der Plünderung von Lebensmittelgeschäften und Angriffen auf die Wagen, die Regierungsmitglieder und andere Oberschichtangehörige mit Brot versorgten. Das geplünderte Mehl wurde anschließend in kontrollierter Form an das Volk verteilt. Wohlhabende Bürger mußten im Gegensatz zu Unterschichtsangehörigen ein Vielfaches des üblichen Preises zahlen.[270] Am folgenden Tag versammelten sich mehrere Prozessionszüge vor dem Königspalast, um den König um Hilfe anzurufen.[271]

---

[268] Während der Hungersnot 1764 versagte sie allerdings vollkommen wegen der Spekulationen der mit ihr betrauten Händler. Vgl. Barletta, S. 38, S. 100ff.

[269] Ebd., S. 11ff.; S. 38f.; Scafoglio, S. 68.

[270] Mozzillo, Sirena, S. 21; Scafoglio, S. 80f. Mozzillo, fehlgeleitet von seiner Theorie einer parasitären Bande, die mit den Herrschenden paktiere, sieht in solchem Verhalten „una sorta di camorra", eine Art von Camorra, die vor allem die Mittelschichten traf, die Revolte der ärmsten Schichten verhinderte und die Lazzaroni zu Komplizen der Aristokratie machte. Diese Analyse Mozzillos aus dem Jahre 1975 zeigt, wie sehr eine Sicht der Lazzari als Verbündeter der reaktionären Kräfte, sei es nun als Bande, wie bei Mozzillo, oder als soziale Gruppe, wie bei den Reisenden, an der Wirklichkeit vorbeigeht, wie sehr aber auch die Geschichtsschreibung bis in die Gegenwart die aufklärerischen Topoi wiederholt.

[271] Barletta, S. 99; Scafoglio, S. 86.

Alle diese Aktionen des 'popolo minuto' zeugen, entgegen einer bis in die Gegenwart wirksamen Auffassung unter Historikern, sowohl von eigenständigem politischem Handeln als auch von nicht nur materiellen Interessen und Wertvorstellungen. Vom gleichen Konzept gesellschaftlicher Harmonie ausgehend, forderten die Unterschichten vom König Unterstützung. Sie beschränkten sich dabei aber nicht auf die Rolle des Beschenkten, sondern setzten in Aktionen ihre Interpretation des Konzeptes gegen die des Königs und der Regierung.[272] Zwar waren ihre Interessen in dieser Notlage zuallererst materiell, aber sowohl in der erzwungenen Prozession als auch in der kontrollierten Mehlverteilung kommen Wertvorstellungen zum Ausdruck, die darüber hinausgehen. Die Vertreter dieser Vorstellungen, die von Rudé 'generalized beliefs', bei Edward P. Thompson 'moral economy' genannt werden, betonen die Gleichheit aller Gesellschaftsmitglieder und fordern die Versorgung aller Gesellschaftsangehörigen. Sie verehren den König und bestimmte Heilige als Symbole einer gerechten Gesellschaft und lehnen alle außerhalb dieser Gemeinschaft Stehenden ab.[273]

---

[272] Ferdinand IV. war bis 1776 minderjährig, so daß ein Regentschaftsrat für ihn die Regierungsgeschäfte führte.

[273] Rudé, S. 222ff., S. 244. Vgl. Hobsbawm, S. 20, S. 147–151, S. 158–162. Rudé überbetont in seinen Analysen die rein materiellen Forderungen der Unterschichten. Gegenüber der Darstellung in seinem Buch 'Die Massen in der französischen Revolution', (München/Wien 1961), schwächt er diesen Aspekt in 'The crowd in history' jedoch ab, wahrscheinlich, weil inzwischen Hobsbawms 'Sozialrebellen' erschienen war. Durch ihre marxistische Haltung beeinflußt, heben beide die Theorielosigkeit des 'Mob' hervor, was ihrer Meinung nach zu einer hohen Beeinflußbarkeit beiträgt. Diese Behauptung unterschätzt meiner Meinung nach die Homogenität des Unterschicht-Weltbildes. Auch Valenzi (Lazzari, S. 117 und S. 123) spricht dem Volk politisches Bewußtsein ab und hält seine Aktionen für in den Loyalitäten schnell wechselnd und nicht von feststehenden Grundsätzen bestimmt. Burke meint, die rituellen Aktionen der Aufständischen von 1648 seien zwar spontan, verliefen aber innerhalb bekannter stereotyper Formen und würden zeitweise von einer festgefügten sozialen Gruppe getragen (Vgl. Burke, Virgin, S. 17ff.). Den kulturellen Kontext der Volksaktionen im 16.–18. Jahrhundert betont auch Panico, S. 144f. Zu den widerstreitenden Interessen von Vertetern des Adels, königlichem Vikar und Stadtregierung und dem institutionellen Zusammenhang, in dem sich die Volksbewegung 1799 entwickelt, vgl. Anna Maria Rao: Guerra e politica nel „Giacobinismo" napoletano, in: Dies. (Hrsg.), Esercito e società nell'età rivoluzionaria e napoleonica, Neapel 1990, S. 187–245, S. 198ff.
Obwohl Hobsbawm und Rudé auf die religiösen Aspekte der Unterschichtbewegungen eingehen (bei Thompson spielt dieser Aspekt keine Rolle), wird die Bedeutung der Religiosität in ihnen nicht genügend geklärt. Sie erscheint nur als Nebenaspekt des Gegensatzes zwischen Arm und Reich (so auch bei Dante, S. 81–86). Das Problem formuliert Anna Maria Rao, die eine Untersuchung aller symbolischen Aspekte der Volksbewegung, einschließlich der religiösen, fordert (La Repubblica Napoletana del 1799, in: Storia del Mezzogiorno, hrsg. von G. Galasso/R. Romeo, Bd. IV, II. Halbb., Il regno dagli Angoini ai Borboni, Rom 1986, S. 469–539, S. 502f., S. 535).

In den Ereignissen des Jahres 1764 entspann sich die Auseinandersetzung um die Interpretation und Anwendung eines gemeinsamen Konzeptes auch auf religiösem Gebiet. Indem die Lazzaroni S. Gennaro gegen den Willen des Erzbischofs anriefen, bestritten sie das Monopol der zuständigen Autoritäten auf alleinige Interpretation des Heiligen. Die Position der Unterschichten in diesem Streit war aber durchweg die schwächere und konnte sich nicht durchsetzen.[274]

Aufrührerisch waren die Lazzaroni zwar bei bestimmten Anlässen, aber nicht im von den Reisenden beschriebenen Sinne. Ihre Revolten verliefen in geregelten Formen, die sich an den 'generalized beliefs' orientierten. Unberechenbar oder irrational kann ihr Verhalten den Autoren nur erscheinen, weil sie ihre Wertvorstellungen nicht kennen.[275]

Von einem Bündnis zwischen König und Lazzaroni in der von den Reisenden beschriebenen Art läßt sich unter diesen Umständen ebenso wenig sprechen wie von einer parasitären Symbiose zwischen beiden.[276] Auch die Behauptung, der König bestimme das politische Handeln der Lazzaroni, bestätigt sich nicht. Beide Darstellungsweisen verhindern den Blick auf die innergesellschaftlichen Brüche und die Auseinandersetzungen, die zwischen den verschiedenen Gruppen bei dem Versuch stattfanden, die eigenen Interessen durchzusetzen. Allerdings gingen König wie Lazzaroni in dieser Auseinandersetzung von einem in seinen Grundzügen gleichen theoretischen Konzept aus. Dieses versuchten beide im jeweils eigenen Interesse zu füllen. Die Anerkennung dieses Konzeptes durch den König machte beide zu Partnern, solange der Schein der Cuccagna und die Wirklichkeit der 'annona' bestanden.[277]

Solange sich die Lazzaroni innerhalb dieses Konzeptes bewegten, waren sie allerdings der schwächere der Kontrahenten. Nicht zu leugnen ist die Teilhabe der städtischen Unterschichten an der Ausbeutung des Königreiches durch die Hauptstadt. Das Verhältnis zwischen König und Lazzaroni läßt sich deshalb aber trotz-

---

[274] 1764 gelang es der Kirchenführung, den Unterschichtenprotest durch kontrollierte Prozessionen zu kanalisieren. Vgl. Barletta, S. 100ff.; Scafoglio, S. 83. Burke, Virgin, S. 12, berichtet auch aus dem Masaniello-Aufstand vom Kampf zwischen Obrigkeit und Aufständischen um die Unterstützung der Heiligen.

[275] Barletta, S. 13f., S. 100.

[276] Dies behaupten Hobsbawm, S. 157f., für die gesamte Unterschicht und Mozzillo, Sirena, S. 108, 125f., für die 'Bande' der Lazzaroni, denen die Plebs ihre Führung überlassen habe.

[277] Beispiele dafür, daß das Volk nicht nur die Spielregeln nicht einhielt, sondern den mit ihnen verbundenen Herrschaftsanspruch vollkommen ablehnte, nennt Dante erst für die Zeit nach 1799. Unter zugespitzten Bedingungen des materiellen Elends und bei Zerschlagung des Staatsapparates und Flucht des Königs, wie sie 1799 im Königreich gegeben waren, scheint auch eine Loslösung vom erwähnten Gesellschaftskonzept möglich. Vgl. Dante, S. 130–137, S. 169.

dem nicht als komplizenhaft parasitär darstellen. Die unter das Existenzminimum gedrückten Unterschichten waren vielmehr gezwungen, die besseren Überlebensmöglichkeiten in Neapel zu nutzen, und blieben vor allem durch gemeinsame kulturelle Wertvorstellungen mit dem Königtum verbunden.

Das Bild vom volkstümlichen König Ferdinand, das die Reisenden malen und das Croce in den Begriff des 're lazzarone'[278] faßte, erscheint vor diesem Hintergrund ebenfalls als falsch. Dabei sollen hier nicht die Jagdleidenschaft oder das geringe intellektuelle Niveau Ferdinands angezweifelt werden. Interessanter erscheint vielmehr, daß einige der Reisenden gleichzeitig das positive Bild reproduzieren, das der König von sich zu geben bemüht war. Diese Übereinstimmung erklärt sich weniger aus der Gutgläubigkeit der Autoren als aus ihren eigenen Interessen. Gerning, Stolberg und Hager bestärken das Bild des vom Volk geliebten Königs, da sie die neapolitanische Monarchie als reformfreundliche und gleichzeitig antifranzösische, d.h. als Alternative zur französischen Revolution darstellen wollen.[279] Den eher monarchiekritischen Reisenden Stegmann, Jacobi und Küttner dient der beschränkte König als willkommenes Abbild des Zustandes des neapolitanischen Staates, in dem statt Reformen nur Luxus und die reaktionäre Politik der Königin herrschen.[280] Die angebliche charakterliche Übereinstimmung zwischen König und Lazzaroni entpuppt sich also als Ergebnis der Darstellung durch die Reisenden. In ihnen erscheinen die Lazzaroni nur als treue oder durch falsche Regierung verrohte Untertanen. Ein Stück historischer Realität schaut in dieser Darstellung insoweit hervor, als sie auf die von König und Lazzaroni geteilten Wertvorstellungen verweist.

Ob es eine Organisation und einen Führer der Lazzaroni gegeben hat, ist auch heute noch ungeklärt. Auch die Reisenden, die von einem 'capolazzarone' sprechen, lassen Form und Umfang der Gruppe, die er angeblich vertritt, im Ungewissen.

---

[278] Croce, Storia, S. 190, S. 240. Vgl. Moscati, S. 744 und Ajello, Civiltà, S. 21.

[279] Hager unternimmt seine Reise im Auftrag des Königs. Gerning ist zeitweise neapolitanischer Gesandter. Stolbergs Frankreich-Kritik durchzieht alle vier Bände seines Berichts. Zu Stolberg vgl. Harro Zimmermann: Der Antiquar und die Revolution, Friedrich Leopold Stolbergs 'Reise in Deutschland, der Schweiz, Italien und Sicilien', in: W.Griep (Hrsg.), Reise und soziale Realität am Ende des 18. Jahrhunderts, Heidelberg 1983, S. 95–122, S. 96ff., S. 107, S. 117.

[280] Küttner, Bd. 2, S. 134. Die hier schon angelegte, negative Interpretation erfährt ihre endgültige Bestätigung dann nach 1799. Nach Ansicht Benedetto Croces entsteht am Ende des 18. Jahrhunderts der „nobile plebeo" (der plebeiische Adelige, K.K.), der, ohne geistige Interessen, nur dem Luxus lebt, mit seinem Kutscher scherzt und von diesem dafür geliebt wird. Prototyp dieses Adeligen ist für Croce König Ferdinand IV. (Croce, Storia, S. 190).

Der Führer erscheint als Vertreter des ganzen Standes der Lazzaroni, der seine Stellung durch Wahl oder aufgrund seines Ansehens erhält.[281]

Nun hat es einen Vertreter des 'popolo minuto' im Stadtrat mit Sicherheit nicht gegeben.[282] Auch für die Existenz einer fest umrissenen Bruderschaft oder Zunft gibt es keine eindeutigen Hinweise.[283] Für das frühe 19. Jahrhundert bezeugt De Bourcard allerdings die Existenz einer speziellen Gruppe von Lastenträgern, den 'facchini', im Hafen, San Giovannari genannt. Sie verfügten über Anführer, ihre Zahl war begrenzt, und sie hatten das Monopol auf den Transport bestimmter Waren. Diese Art von Zunft gab es auch in Genua und Venedig. Sie bestand dort ausschließlich aus Nicht-Genuesen bzw. Nicht-Venezianern und ihren Nachfahren. Wenn es diese Zunft schon im 17. Jahrhundert gab, könnte sie Montesquieu zur Schaffung des Lazzaroni-Mythos veranlaßt haben, wurden doch die Lazzaroni oft mit den facchini gleichgesetzt und als eigene 'Rasse' beschrieben.[284]

Die Existenz einer dauerhaften, offiziell anerkannten Organisation der gesamten Unterschicht im 18. Jahrhundert kann man wohl ausschließen. Allerdings gibt es mehrere Belege für die Existenz von Lazzaroni-Anführern.[285] Ob dies alles nun Belege für die Existenz eines ständigen Anführers des 'popolo minuto' oder der 'San

---

[281] Küttner (Bd. 2, S. 162) erwähnt „eine eigene Verfassung", Stolberg (Bd. 2, S. 297) spricht von 30.000 Lazzaroni, die sich „verschworen" hätten, und von der Wahl eines Führers. Gerning (Bd. 1, S. 210) spricht vom „abgesonderte(n) Stand" und einem „erwählte(n) Haupt". Vgl. Valenzi, Poveri, S. 138

[282] Einziger nichtadeliger Vertreter der Stadtbevölkerung war der 'eletto del popolo'. Ursprünglich eine Vertretung der Zünfte, war dieses Amt am Jahrhundertende oft von reichen Bürgern oder 'annona'-Händlern besetzt, die es als politisches Sprungbrett zum sozialen Aufstieg benutzten. Vgl. Macry, S. 357; Barletta, S. 37.

[283] Lediglich eine Quelle spricht von der Auflösung einer 'compagnia' der neapolitanischen Plebs 1634, eine andere von einer organisierten, uniformierten Gruppe um Masaniello 1647/48. Vgl. Croce, I 'Lazzari', S. 200.

[284] Francesco De Bourcard: Usi e costumi di Napoli e contorni, Mailand 1970, (1.Aufl. 1857–66), S. 534ff.

[285] So gibt es Dankadressen eines Nicola de Sapato von 1764, 1773 und 1775 an den König anläßlich der Cuccagna. Ein zeitgenössische Beobachter erwähnt einen 'capolazzaro' mit Namen Giuseppe Paggio, der den König 1798 von der Flucht vor den Franzosen habe abhalten wollen. Der Name des Dankadressenübermittlers von 1764, 1773 und 1775 stimmt dabei mit dem von Stolberg und Gerning für 1792 und 1797 genannten Namen überein. Vgl. Barletta, S. 36, S. 47; Scafoglio, S. 63, S. 73, S. 77; [Bartolomeo Nardini:] Denkwürdige Begebenheiten der letzten Revolution zu Neapel oder Geschichtserzählung von dem, was sich vor dem Einzug der franz. Armee und nach dem Abmarsch derselben daselbst zugetragen hat. Von einem Augenzeugen. Aus dem Französischen, Berlin 1805 (frz. 1803), S. 49f.; De Nicola, Bd. 1, S. 3. Auch Rao, Repubblica, S. 481 und Valenzi, Lazzari, S. 111 erwähnen Anführer. Zur Organisation vgl. Croce, I „Lazzari", S. 207f.; Galasso, Le magnifiche, S. XXVI; Valenzi, Lazzari, S. 115.

Giovannari' sind oder für die Wirksamkeit des Lazzaroni-Mythos und der königlichen Propaganda auch in Neapel, bleibt unklar. Auf jeden Fall kann man wohl von Anführern einzelner Stadtviertel, vielleicht auch des ganzen 'popolo minuto' in Spannungssituationen ausgehen.[286]

In den Reiseberichten des 18. Jahrhunderts scheint die Erwähnung einer Organisation und eines Führers nicht auf Montesquieu zurückzugehen, sondern auf den Bericht des Abbé Saint-Non von 1781.[287] In deutschen Berichten ist zumindest bei Moritz (1788), F.J.L. Meyer (1784) und Goethe (1788) nicht davon die Rede. Wann und warum das Motiv in die deutsche Reiseliteratur Eingang fand, bleibt ungewiß. Es ist aber zu vermuten, daß es im Kern auf die genannten Quellen des 17. Jahrhunderts und den Masaniello-Aufstand zurückgeht.

Am Ende des Jahrhunderts veränderte sich in Neapel das theoretische Konzept vom fürsorgenden König und dessen Fürsorgepraxis. In den Jahren nach 1764 nahmen die Tumulte während der Cuccagna zu.[288] Steigender Druck von seiten der Kirche und aus der Oberschicht führten 1778 schließlich zu ihrer Abschaffung. Bei großen Festen verteilte man nun Aussteuern an arme Mädchen, um ihnen die Heirat zu ermöglichen. Hierdurch wurde den Lazzaroni die Möglichkeit zu eigenen Aktivitäten endgültig genommen und der Akt symbolischer Fürsorge nicht mehr durch ihr spontanes Handeln gefährdet. Der König festigte durch diesen Schritt seine Stellung und ging von der Vermittlung zwischen den konkurrierenden gesellschaftlichen Gruppen immer mehr zu ihrer Beherrschung über.[289] Dieses absolutistische Staatsverständnis findet sich auch in einer Bemerkung Stolbergs zum Lazzaroni-Problem wieder:

---

[286] Zeitgenossen und Historiker nennen den Verbündeten der Neapolitanischen Republik, Antonia Avella, genannt 'Pagliuchella'. Vgl. Rao, Repubblica, S. 481; Venturi, Settecento, S. 244; Dumontet, S. 18; Nardini, Begebenheiten, S. 63. Rudé (S. 252) macht für die von ihm untersuchten Revolten um 1800 in England und Frankreich nur lokal und zeitlich begrenzte Führer und keine 'Militanten' aus. Galasso (Le magnifiche, S. XXVI) verweist mit der offiziell anerkannten Organisation auch den Zugang eventueller Führer zum König ins Reich des Lazzaroni-Mythos. Bei dieser Behauptung übergeht er aber den zeitgenössischen Bericht De Nicolas. Valenzi (Lazzaroni, S. 115f.) hält sowohl die Berichte vom Anführer als auch von seinem privilegierten Verhältnis zum König für möglich.

[287] Mozzillo, Sirena, S. 26.

[288] Barletta interpretiert die Zerstörung des Cuccagna-Gerüstes 1764 als Bewußtwerdung der Unterschichten über den Scheincharakter staatlicher Fürsorge. Vielleicht waren es aber einfach die sich verschärfenden Lebensverhältnisse der Unterschichten, die zu den häufigen Regelverstößen bei der Cuccagna führten.

[289] Ebd., S. 39f. Scafoglio, S. 50ff.

„Ein Haufen von vielen Tausenden, welche nichts zu verlieren haben, kann sehr furchtbar sein; kann einen tyrannisch gesinnten König in heilsamer Furcht erhalten. Eine despotische Verfassung bedarf vielleicht eines solchen Gegenmittels, welches durch überwiegende, wiewohl blinde Kraft, der gleichfalls blinden Macht, Schrecken einjagt. Eine freie Verfassung aber erfordert Ordnung, denn Freiheit muß auf Ordnung gegründet sein. Unter einem wirklich freien Volke, werden weder heerdlose Lazaroni, wie in Neapel, noch megärische dames des halles (Fischweiber) wie in Paris, sein."[290]

In einer Gesellschaft, wie sie den Reisenden vorschwebt, darf es neben der ordnenden Staatsmacht keine konkurrierenden Kräfte geben. Darüber hinaus muß sich aber auch der vermutete Repräsentant dieser Staatsmacht, der König, an die vorgegebene Ordnung halten.[291]

Modell dieser Gesellschaft wie auch der neuen Fest- und Fürsorgekonzeption, war seit 1783 die vom König gegründete Seidenmanufaktur S. Leucio.[292] Während der Ersatz für die Cuccagna von keinem der Reisenden erwähnt wird, ergehen sich die Freunde des Königs in Lobreden auf die Mustermanufaktur. Ihre Verfassung, die Ferdinand angeblich selbst entworfen hat, nennt Hager „ein lesenswürdiges Actenstück für die Menschengeschichte des achtzehnten Jahrhunderts."[293] Der Grund für dies außerordentliche Lob sind die ausgesprochen aufklärerischen Maximen, nach denen das Gemeinschaftsleben der Kolonie geregelt wurde. Die Bewohner waren zu Gottesfurcht, Gehorsam gegen den König und zur Achtung des Eigentums verpflichtet. Formal waren alle Kolonisten gleich. Nur individuelle Leistung sollte zu Unterschieden führen, und es bestand die Pflicht zur Arbeit. Zwar wurden den Kolonisten Haus und Hausrat geschenkt, es gab eine Schulausbildung und für die Arbeitsunfähigen eine Unterstützung, aber wer mit 16 Jahren keiner Arbeit nachging, wurde ins Arbeitshaus geschickt. Einmal im Jahr richtete der König eine Massenheirat aus, wobei er den Frauen die Mitgift schenkte.[294]

---

[290] Stolberg, Bd. 2, S. 299.

[291] Zu diesem Konzept der Herrschaft und des Königtums im 18. Jahrhundert in Deutschland vgl. Wienfort, S. 147.

[292] De Marco, S. 25; Mario Battaglini: La fabbrica del Re. La Manifattura reale di San Leucio tra Assolutismo e Illuminismo, Rom 1983, S. 11.

[293] Hager, S. 157.

[294] Battaglini, S. 30ff., S. 81. Vgl. Gerning, Bd. 2, S. 299–304.

In diesen Regelungen des Königs erkennt Hager „nicht allein den sorgfältigen Hausvater, sondern auch den tugendhaften Philosophen"[295]. Dem „Beyspiele der größten Monarchen aller Jahrhunderte" folgend, halte Ferdinand sich sogar oft in S. Leucio auf, um „fern von dem Getümmel [...] einige Stunden in philosophischer Einsamkeit zuzubringen."[296]

In der Verfassung S. Leucios wie in ihrer Darstellung durch die Reisenden kommt der Anspruch des Königs auf absolute Herrschaft zum Ausdruck. Von einer Bindung des Königs an die von ihm selbst geschaffene Verfassung ist nirgendwo die Rede. Die Beherrschten treten ihm nur noch als Wohltatenempfänger gegenüber, nicht als konkurrierende Individuen oder Stände mit eigenen Intentionen. Die Kolonie gleicht einem aufgeklärt absolutistischen Staat, in dem nicht die Rechte der Bewohner, wohl aber die Interessen des Staates an der größtmöglichen Nutzung der menschlichen Ressourcen durchgesetzt sind. Der in den Augen seiner Gegner tumbe Ferdinand wird hier in seiner wie der Darstellung der monarchiefreundlichen Autoren zum aufgeklärten Philosophen auf dem Thron. Mit der Wirklichkeit Neapels hat dieses Bild allerdings nicht das Geringste zu tun. Es erscheint eher als gesellschaftliches Propaganda- und Wunschbild des Königs, dem nun auch die aufgeklärten Reisenden zustimmen können, die das im Fest der Cuccagna ausgedrückte Konzept der Fürsorge noch abgelehnt hatten. So erhofft sich Gerning eine Ausweitung der Verfassung S. Leucios auf das ganze Königreich, und auch neapolitanische Aufklärer lobten diesen Gesellschaftsentwurf.[297]

Das Bild der Reisenden von den Lazzaroni als politisch handelnder Gruppe ist wesentlich von ihrer in sich widersprüchlichen Auffassung des neapolitanischen Volkscharakters bestimmt. Diese Reduzierung gesellschaftlich bedingten Verhaltens auf unhistorisch-biologische Faktoren führt zum Unverständnis gegenüber den Inhalten und Formen der politischen Auseinandersetzung. Dieses Unverständnis und eigene politische Interessen bewirken wiederum eine Übernahme der These vom Bündnis zwischen König und Lazzaroni, mit der die Autoren sowohl der Propaganda des Königs als auch dem Lazzaroni-Mythos aufsitzen.

Auch mit der Behauptung, es gebe eine Organisation der Lazzaroni und einen direkten Zugang ihres Führers zum König, wiederholen sie Teile des Mythos, die wahrscheinlich auf das 17. Jahrhundert zurückgehen. Nicht zuletzt zeugt die Aufnahme dieses Motivs von der Vorstellung der Autoren, ein politisches Handeln der Lazzaroni ohne vom König gelenkte Anführer sei unmöglich. Damit sprechen sie

---

[295] Hager, S. 157. Vgl. Gerning, Bd. 2, S. 269.

[296] Hager, S. 157. Vgl. Stolberg, Bd. 4, S. 304; Küttner, Bd. 2, S. 158f.

[297] Battaglini, S. 13, S. 21, S. 24; Gerning, Bd. 3, S. 72. Im Gegensatz zu den hohen Erwartungen stand die Realität, die S. Leucio nicht einmal als wirtschaftliches Modell funktionieren ließ. Die Manufaktur arbeitete mit Verlust und wurde schließlich an Privatleute verpachtet.

den Unterschichten ein weiteres Mal gemeinsame Wertvorstellungen ab. Nur Stegmann verweigert sich dieser Variante, hält im übrigen aber am Mythos fest. Angesichts des fehlenden Verständnisses für die innergesellschaftlichen Auseinandersetzungen ist es nicht verwunderlich, daß die Reisenden die Selbstdarstellungen bzw. die theoretischen Konzepte der verschiedenen sozialen Gruppen für Realität nehmen. Zusätzlich sind sie selbst an der Produktion solcher Konzepte beteiligt, z.B. wenn sie die Person des Königs im Sinne ihrer jeweiligen politischen Absichten entwerfen oder wenn ein Teil von ihnen seine Selbstdarstellung als aufgeklärter Monarch unterstützt. Beide Vorgänge zeigen, daß Verständnis, Zustimmung oder auch nur negative Anknüpfung (im Falle der Darstellung des Königs als ungebildet und reformfeindlich) an die neapolitanischen Verhältnisse nur da möglich sind, wo sie in die Vorstellungs- und Wertewelt der Reisenden passen. Diese Feststellung trifft auch auf ihr Staatskonzept zu, das den absolutistischen Zentralstaat ohne ständische Nebenmächte anstrebt. Nur wo es, wie in der Satzung S. Leucios, zum Ausdruck kommt, finden die gesellschaftlichen Verhältnisse ihre Zustimmung. Der Wechsel von der Cuccagna zum Heiratsfest, den die neapolitanische Zentralmacht 1778 vollzog, war Ausdruck dieses Wandels im Staatskonzept.

7. Die neapolitanische Aufklärung, die Wissenschaft und die Bedeutung der Volkserziehung

Wie schon erwähnt, stimmen die deutschen Reisenden in allen beschriebenen ökonomischen und politischen Fragen mit den neapolitanischen Aufklärern überein. Aus Bemerkungen und Zitaten in den Berichten geht hervor, daß die Deutschen ihre Informationen über Neapel auch aus deren Schriften bezogen.[298] Gerning widmet dem Wissenschaftsbetrieb Neapels sogar eine ausführliche Beschreibung, in der er besonders die zeitgenössischen Aufklärer Filangieri, Galanti, Galiani und Delfico hervorhebt und den Inhalt ihrer Schriften zu Rechts-, Staats- und Wirtschaftsreformen referiert. Alle vier wurden zu Beginn der achtziger Jahre von der Regierung zur Durchführung aufklärerischer Reformen herangezogen.[299] Auch die Aufklärer des frühen 18. Jahrhunderts, Giannone und Genovesi, werden erwähnt. Gerning ergeht sich in höchstem Lob aller dieser Männer, die er als rastlose Kämpfer für die Reform des Staates beschreibt. Den Historiker Giannone bezeich-

---

[298] Hager beruft sich bei der Diskussion um die Bevölkerungszahl auf den Neapolitaner Galanti. Stegmann erwähnt lobend die Rechtsreformer Beccaria – dieser allerdings ein Mailänder – und Filangieri. Vgl. Hager, S. 147f.; Stegmann, Bd. 1, S. 82. Küttner, Bd. 2, S. 146, erwähnt als seine Quellen 'statistische Werke'.

[299] Woolf, La storia, S. 136f.

net er sogar als „der Wahrheit Priester"[300]. Höhepunkt dieser Wertschätzung ist bei Gerning die Bemerkung:

> „Die schöne Erde, das milde Clima, der heiternde Himmel ertheilen der Seele die glücklichsten Fähigkeiten und stimmen sie, durch unsterbliche Werke sich zu zeigen."[301]

Die Kenntnis der neapolitanischen Aufklärer war kein Zufall. Ihre Schriften wurden seit den sechziger Jahren ins Deutsche übersetzt und besonders diejenigen zu ökonomischen Themen positiv aufgenommen. Eine große Verbreitung erlangten Beccaria und Filangieri, dessen 'Scienza della legislazione' dreimal herausgegeben wurde. Darüber hinaus hatten auch deutsche Reisende der achtziger Jahre – Bartels, Goethe, Meyer und Münter – schon über die neapolitanische Aufklärung berichtet.[302]

In krassem Gegensatz zum höchst positiven Bezug auf die Aufklärer steht das Urteil eines Teils der Reisenden über den Zustand der Künste und des Bildungswesens in Neapel. Jacobi meint, die Neapolitaner seien auf diesem Gebiet um mehr als ein Jahrhundert im Rückstand.[303] Der Autor des 'Tagebuch' schreibt:

> „Die schönen Künste sind in Neapel wenig mehr bekannt; die Musik ausgenommen; in der Mechanick ist man noch sehr weit zurück; schreiben und lesen können die wenigsten unter dem gemeinen Volk; in manchen Gegenden dieses Königreiches wird gar keine Schule gehalten."[304]

---

[300] Gerning, Bd. 2, S. 201. Giannone (1676–1748), neapolitanischer Rechtsanwalt, verteidigte die Rechte des Staates gegenüber den Hoheitsansprüchen der Kirche. Montesquieu und Voltaire erwähnten ihn lobend. Er starb in piemontesischer Gefangenschaft, nachdem er exkommuniziert worden war und lange im Exil in Wien gelebt hatte. Genovesi (1712–1769), Universitätsprofessor und Nationalökonom, hatte von 1754 bis zu seinem Tode den ersten Lehrstuhl für Volkswirtschaft in Europa an der Universität Neapel inne. Vgl. Stegmann, Bd. 1, S. 82; Gerning zu Filangieri: Bd. 3, S. 3–10; zu Galanti: Bd. 3, S. 11–18; zu Galiani: Bd. 3, S. 18–24; zu Delfico: Bd. 3, S. 37f. Der gesamte Abschnitt zur neapolitanischen Wissenschaft: Bd. 3, S. 3–66.

[301] Gerning, Bd. 3, S. 14.

[302] Venturi, L'Italia, S. 1079, S. 1082f., S. 1086, S. 1105 und S. 1986f. Beccaria wurde 1766, Genovesi in den 70er Jahren, Galanti in den 90er Jahren übersetzt.

[303] Jacobi, Bd. 1, S. 317. Vgl. Stolberg, Bd. 2, S. 313.

[304] Tagebuch, S. 197. Vgl. Gerning, Bd. 2, S. 14, S. 39, S. 58, S. 141ff.

Das vernichtende Urteil über Kunst und Bildungswesen in Neapel ist nicht neu. Schon im 17. Jahrhundert urteilten nicht nur deutsche Reisende ähnlich.[305] Auch die deutschen Reisenden der achtziger Jahre kritisierten fehlende Bildung und Aufklärung und den Verfall der Wissenschaft.[306]

Mag nun das negative Urteil über die Künste, besonders die Malerei, vor allem dem barockfeindlichen Geschmack der Reisenden zuzuschreiben sein, so ist es im Fall des Bildungswesens Ergebnis eines neuen Bildungsverständnisses. Worin dieses neue Verständnis besteht, geht aus Stegmanns Auseinandersetzung mit dem negativen Urteil über den Bildungsgrad der Italiener hervor. Dem Vorwurf, die Italiener sprächen keine Fremdsprachen, läsen keine Reiseberichte, seien überhaupt nicht über das Ausland informiert, begegnet er mit Relativierungen. Die Italiener seien sehr wohl informiert, wenn auch in geringerem Maße als die Deutschen.[307] Zudem hätten die Italiener ja in Kunst wie Natur alles im eigenen Land und müßten daher nicht ihre „wohlklingende Sprache vergessen, um durch die rauhen Pfade der deutschen in die Tiefe unserer Literatur zu dringen – Tasso wegwerfen, um Klopstock zu studieren!"[308] Das Beispiel der Engländer zeige, „daß häufiges Reisen allein weder aufgeklärt noch gerecht gegen die Verdienste andrer Nationen macht."[309] Der eher rhetorisch-humanistischen und literarisch orientierten italienischen Bildung stellt Stegmann einen Bildungsbegriff gegenüber, der sich an der europäischen Aufklärungsdiskussion und ihrem Anspruch auf Erfassung und Reform der gesellschaftlichen Verhältnisse orientiert. Wenn Stegmann die Vorwürfe an die Italiener relativiert, ja scheinbar sogar die italienische Beschränkung bevorzugt, so zeigt er sich doch als Vertreter eben jenes neuen Bildungsbegriffs. Er kritisiert die Rückständigkeit Italiens in „der gottesdienstlichen und philosophischen Aufklärung"[310] und bemängelt die vernachlässigte Volkserziehung.[311] Als einziger der Autoren denkt er über den wahrgenommenen Gegensatz nach und begreift ihn als Folge unterschiedlicher Bildungsinhalte. Die übrigen Reisenden erkennen nur den Gegensatz zwischen Bildung und Unbildung.

Die Betonung des Verfalls der Bildung durch die Reisenden, die wiederholte Bemängelung der Volkserziehung verweisen noch auf eine weitere Aufgabe, die sie der Bildung zuweisen. Sie soll vor allem den Unterschichten Kenntnisse, aufkläreri-

---

[305] Schudt, S. 211.

[306] Venturi, L'Italia, S. 1106f.

[307] Stegmann, Bd. 1, S. 53.

[308] Ebd., S. 56.

[309] Ebd.

[310] Ebd., S. 71.

[311] Ebd., S. 86.

sche Prinzipien und Moral vermitteln. Schon die Haltung zur Kirche als wesentlicher Ausbildungsinstitution, die durch ihren Einfluß angeblich Irrationalität und Unmoral fördert, macht dies deutlich. Die Herleitung unmoralischen Verhaltens des Volkes aus fehlender Erziehung, die die deutsche Reiseliteratur des späten 18. Jahrhunderts generell kennzeichnet,[312] formuliert Stolberg:

„Bei den Napolitanern, und bei den Italiänern überhaupt, haben die Fehler eines heißen Himmelsstrichs desto freieres Spiel, da der öffentliche und der häusliche Unterricht der Jugend auf eine nicht zu verantwortende Weise vernachlässigt wird. Wie unter diesem Himmel der fruchtbare Boden reich an mannigfaltigen Früchten ist, und an vielartigen Disteln von ungemeiner Größe, so ranken auch Fehler und Laster mit üppigem Wuchs aus dem Nationalcharakter dieser Völker, deren Anlagen [...] sehr groß sind."[313]

Die Erziehung des scheinbar noch im Naturzustand befindlichen Volkes, d.h. der Unterschichten, wird in dieser Auffassung zur wichtigen Bedingung einer vernünftigen Gesellschaft im Sinne der Reisenden. Die Versäumnisse der Regierung auf diesem Felde und die Duldung der negativen Einflüsse der Kirche sind so gesehen eine weitere Ursache der zurückgebliebenen ökonomischen und politischen Verhältnisse in Neapel. Weil die Autoren die Volkserziehung als wesentliches Mittel gesellschaftlicher Umgestaltung ansehen, kann ihnen ein Bildungssystem, in dem der Oberschicht klassische, der Unterschicht keine schulische Bildung zuteil wird, nur als Verfall von Bildung erscheinen.[314]

Bei ihrer Verurteilung des neapolitanischen Bildungswesens übersehen die Autoren, daß es durchaus Reformen gab. So wurden zu Beginn der siebziger Jahre staatliche Schullesebücher eingeführt und in einer Universitätsreform 1777 neue Lehrstühle, darunter einer für Kirchengeschichte geschaffen. Inhaber dieses Lehrstuhls wurde

---

[312] Altgeld, S. 21; Stegmann, Bd. 1, S. 71, S. 149f.; Gerning, Bd. 1, S. 224; Stolberg, Bd. 4, S. 257 und S. 259; Jacobi, Bd. 1, S. 292f.

[313] Stolberg, Bd. 4, S. 257. Zu den Erziehungszielen der deutschen Volksaufklärung vgl. Wolfgang Ruppert: Volksaufklärung im späten 18. Jahrhundert, in: R.Grimminger (Hrsg.), Hansers Sozialgeschichte der deutschen Literatur vom 16. Jahrhundert bis zu Gegenwart, Bd. 3, München/Wien 1980, S. 341-360, S. 343, S. 353-358.

[314] Allerdings erhoffen sich die deutschen Reisenden wie die italienischen Aufklärer seit den sechziger Jahren von Reformen auf wirtschaftlichem Gebiet einen größeren Effekt auf die gesellschaftlichen Verhältnisse als von einer besseren Erziehung. Vgl. Woolf, La storia, S. 69, S. 72ff.

ein Aufklärer. Darüber hinaus wurden staatliche Schulen, allerdings mit Klerikern als Lehrer, eingerichtet.[315]

Daß diese Maßnahmen nicht beachtet werden, hängt sicher damit zusammen, daß das neapolitanische Bildungswesen im Vergleich zum deutschen trotz der Reformen zurückblieb. Die italienischen Universitäten konnten, was die Dozenten und das Fächerangebot in den neuen Leitfächern Jura, Kameralistik oder Statistik betraf, mit den deutschen Reformuniversitäten der protestantischen Staaten nicht mithalten.[316] Ebenso wichtig war aber auch die kaum differenzierende Analyse der Verhältnisse durch die Autoren und das starke Vorurteil vom Verfall der Bildung. Aus diesem folgte eine Wahrnehmung, die das Vorurteil entweder bestätigte oder die Situation auf den Gegensatz von blühender Aufklärung und verfallender Bildung reduzierte.

Im letzten Drittel des Jahrhunderts heben viele Reisende, beginnend mit Joseph-Jérôme Lalande (1765/66), die Leistungen gerade neapolitanischer Wissenschaftler hervor.[317] In den Berichten der neunziger Jahre führt das aber nur zur positiven Identifikation mit den Aufklärern, also den Vertretern der eigenen Positionen. Was in Kunst und Bildung den eigenen Maximen nicht entspricht, wird pauschal als Verfall wahrgenommen.

8. Stadtgeschichte und Stadttopographie

Der positive Bezug der Reisenden auf die neapolitanische Aufklärung findet seine Entsprechung in der Darstellung der Stadtgeschichte. Im Bereich der Bildung ist es die Aufklärung, aus deren Perspektive die Reisenden die Verhältnisse beurteilen. In der Geschichte gehen die Reisenden ähnlich vor. Auch hier ermöglicht eine bestimmte Perspektive und die Identifikation mit bestimmten Personen die Strukturierung und Interpretation der Geschichte.

In der Interpretation der Reisenden ist die Geschichte des Königreichs Neapel vor allem eine Geschichte des Verfalls. Die ideale Zeit der griechischen Gründer

---

[315] Moscati, S. 737f.; Woolf, La storia, S. 108. Zu den Reformen der 70er und 80er Jahre im Bereich der Elementarschulen vgl. Elvira Chiosi: Lo spirito del secolo. Politica e religione a Napoli nell'età dell'illuminismo, Neapel 1992, S. 79ff.

[316] Pierangelo Schiera: Die italienische Universität im Zeichen der Aufklärung: fehlende Institution in einem reformerischen Zeitalter, in: N.Hammerstein (Hrsg.), Universitäten und Aufklärung, (Das achtzehnte Jahrhundert, Supplementa; Bd. 3), S. 221–242, S. 228, S. 234, S. 240f.; Anton Schindling: Die protestantischen Universitäten im Heiligen Römischen Reich deutscher Nation im Zeitalter der Aufklärung, in: Hammerstein, S. 9–19, S. 15, S. 19.

[317] Venturi, L'Italia, S. 1118; Schudt, S. 211.

war nur von kurzer Dauer.³¹⁸ Schon die „despotische [...] Republik"³¹⁹ der Römer brachte den Verlust der Freiheit und erstickte „die noch übrigen bürgerlichen Tugenden."³²⁰ Mit ihnen beginnt für Lehne in Neapel die Herrschaft des Lasters:

> „Als deine [Neapels, K.K.] Wollüste Hannibals Heer entnervten, warst du nicht mehr Elysium. Seitdem bist Du es nie mehr geworden. Gleich den Syrenen, die einst an deinen Küsten sangen, brachtest Du Allen Verderben, die dich unterjochten."³²¹

Als weitere Station des Verfalls galt die byzantinische Herrschaft, die die Grundlagen des 'Feudalsystems' gelegt und die Verwirrung des Justizsystems verursacht habe. Langobarden und Normannen hätten die Leibeigenschaft und die endgültige Durchsetzung der „Tartarischen – Lehen -Verfassung"³²² gebracht. Unter normannischer Herrschaft setzte sich der Sittenverderb fort.³²³

Wirklich aufgehalten wurde nach Meinung der Reisenden der stetige Verfall erst durch die Herrschaft Friedrichs II. Er förderte Wissenschaft und Kunst, reformierte die Rechtsprechung und wandte sich gegen den Aberglauben und den Papst. „Mild war die Beherrschung Friedrichs und seiner teutschen Nachfolger", aber verfolgt von den Intrigen des Papstes „starb 1250 der aufgeklärte gute Friedrich, der über sein Zeitalter hinaus war."³²⁴ In dieser Zeit griffen die Päpste in – nach Meinung der Autoren – unzulässiger Weise in die weltliche Herrschaft ein. Den Nachstellungen von Papst und Franzosen, d.h. der Anjou, sei schließlich auch die Hinrichtung des letzten Staufers Konradin zuzuschreiben. Sie bezeichnet für alle Reisenden den Höhepunkt des Verwerflichen.³²⁵

Nach diesem Ereignis versank Neapel für die Reisenden endgültig im Elend des 'Feudalsystems', „während im übrigen Italien die Städte durch den mit Handel und Wissenschaft veredelten Bürgerstand gehoben, und alles von hohem Gemeingeiste

---

[318] Lehne, S. 96.

[319] Gerning, Bd. 1, S. 185.

[320] Ebd., S. 186.

[321] Lehne, S. 99.

[322] Ebd., S. 185.

[323] Gerning, Bd. 1, S. 173, S. 185, S. 187f. Vgl. Lehne, S. 101.

[324] Ebd., S. 197. Vgl. Hager, S. 194.

[325] Gerning, Bd. 1, S. 185, S. 199; Lehne, S. 101; Jacobi, Bd. 1, S. 7. Zur Verantwortung des Papstes für die Hinrichtung: Stolberg, Bd. 2, S. 293.

beseelt worden" war.³²⁶ Die gerechte Strafe für die Ermordung Konradins ereilte die Franzosen in der Sizilianischen Vesper.³²⁷ In der Folge war Neapel nur noch drei Jahrhunderte „[...] eine spanische Provinz von gierigen Vicekönigen beherrscht, wie Mexiko und Peru, und Hierarchie und Anarchie, Aristokratismus und Despotismus verjochten es".³²⁸ Sieht nun Lehne auch in jüngster Zeit nur die Fortsetzung von Verbrechen, Tyrannei und Grausamkeit, so erfährt Neapel in den Augen Stolbergs und Gernings mit den Bourbonen eine Art Auferstehung. Unter ihnen erblühten Kunst, Wissenschaft und Handel sowie die antipäpstliche und antifeudale Politik.³²⁹

> „Unter königlichem Schutz erschienen Genovesis, Filangieris, Galantis und andere Werke, welche die reinen Grundsätze der Staatswirtschaft darstellten, und eine langsam fortschreitende Staatsreform war angetreten".³³⁰ (Gerning)

Die Geschichte Neapels gewinnt für die Reisenden ihre Bedeutung erkennbar aus der Gegenwart. Ausgehend von der eigenen Interpretation der aktuellen Gesellschaftsverhältnisse wird Geschichte so konstruiert, daß sie allein auf diese Interpretation hinführt. In eben dem Maße, wie die neapolitanische Geschichte so als politisches Argument für die Gegenwart dient, wird sie für die Autoren auch nur noch in deren Begriffen vorstellbar.

In ihrer Darstellung der Geschichte lassen sich fast alle wesentlichen Elemente der Kritik und der Identifikation wiederfinden, die die Reisenden auch in der aktuellen Situation äußern. So wurden die Grundlagen für die negativen Seiten des neapolitanischen Volkscharakters, Wollust und Genußsucht, angeblich schon in römischer Zeit gelegt. Die positiven Eigenschaften, Friedlichkeit und Treue zum Herrscher, gingen auf die Griechen zurück. Die unheilvolle Entwicklung hin zum 'Feudalsystem' wird den barbarischen Besatzern, Langobarden und Normannen, zugeschrieben. Hierbei wird die Denunziation des 'Feudalsystems' noch dadurch verstärkt, daß es mit wilden, asiatischen Horden identifiziert wird. Ebenso barbarisch wie diese handelt der Papst. Die aktuelle Kritik der Reisenden an der weltlichen Rolle der Kirche spiegelt sich darüber hinaus in der Schilderung ihrer Beteiligung an der Ermordung Konradins.

Friedrich II. ist inmitten des Verfalls die positive Identifikationsfigur der Reisenden. Als Kaiser betrieb er eine antipäpstliche Politik und förderte die Wissen-

---

326 Gerning, Bd. 1, S. 199f.

327 Stolberg, Bd. 2, S. 293. Vgl. Lehne, S. 101f.

328 Gerning, Bd. 1, S. 185. Vgl. Stolberg, Bd. 2, S. 293; Lehne, S. 101f.

329 Ebd., S. 204ff.

330 Gerning, Bd. 1, S. 206. Vgl. Stolberg, Bd. 2, S. 295; Jacobi, Bd. 1, S. 211.

schaften. Dies genügt den Autoren, um aus ihm einen Aufklärer vor der Aufklärung zu machen.[331] Er erscheint als Philosoph auf dem Thron, wie Ferdinand IV. in der Gegenwart. Die Identifikation mit Friedrich bietet sich auch deshalb an, weil die historischen Gegner der Staufer, der Papst und die Anjou, in der Sichtweise Stolbergs und Gernings mit den aktuellen Gegnern der Aufklärung, dem Papst und dem revolutionären Frankreich, identisch sind. Die Ermordung des letzten Staufers Konradin wird in der Interpretation Stolbergs und Gernings so zu einer Tat gegen die 'deutsche' Aufklärung, der die Reisenden selbst angehören. Sie reklamieren im 18. Jahrhundert für sich, was sie Friedrich im Mittelalter zuschreiben: die einzig positive Kraft im geschichtlichen Verfallsprozeß zu sein.

Die Kritik am revolutionären Frankreich des 18. Jahrhunderts wird von Stolberg noch dadurch verstärkt, daß er den Mord am französischen Adel Siziliens während der Sizilianischen Vesper für gerechtfertigt hält und die Ablehnung französischer Herrschaft zur überhistorischen Konstante erklärt. Der positive Bezug Gernings auf die mittelalterlichen oberitalienischen Städte ist ebenfalls eine Übertragung aktueller Werte auf historische Vorgänge. Sie impliziert zudem, daß es im Mittelalter wie im 18. Jahrhundert das 'Feudalsystem' ist, das den gesellschaftlichen Fortschritt verhindert.

Schließlich enthält der von den Reisenden skizzierte Geschichtsablauf die These eines paradiesischen gesellschaftlichen Urzustandes, seines Verfalls und der endlichen Wiedererrichtung harmonischer gesellschaftlicher Verhältnisse. Innerhalb dieses Geschichtsverlaufs ist es die Aufklärung, die dem Verfall ein Ende setzt und eine Gesellschaft zu schaffen verspricht, die die Vertreibung aus dem paradiesischen Urzustand rückgängig macht. Die Aufklärung erhält auf diese Weise in der Geschichtsinterpretation der Reisenden erlösenden Charakter.

Natürlich weisen die Geschichtsinterpretationen der Reisenden Unterschiede in Schwerpunktsetzung, Inhalten und Geschichtskonzeption auf. Stolberg und Gerning sehen im angeblich aufgeklärten neapolitanischen König noch den Betreiber ihrer Reformpläne. Für Lehne ist mit den „Erscheinungen einer Freiheit mit Tyrannenwuth, einer Philosophie mit Intoleranz, einer Gleichheit mit Unterdrükung"[332], wie sie die Französische Revolution zeigt, die Hoffnung auf eine bessere Gesellschaft erloschen. In ihrer Wahrnehmung der neapolitanischen Geschichte als durch

---

[331] Stuke, S. 244, zufolge bezeichneten die Aufklärer des 18. Jahrhunderts ihre Zeit noch nicht als Epoche der Aufklärung. In ihren Augen war Aufklärung zu verschiedenen geschichtlichen Zeiten möglich. Gerning, der Friedrich II. als „über sein Zeitalter hinaus" kennzeichnet, rechnet Friedrichs Politik jedoch eher dem 18. Jahrhundert zu. Die Empfindung des eigenen als eines besonders aufgeklärten Jahrhunderts findet sich auch bei Stegmann (Bd. 1, S. 88), Hager (S. 13) und im 'Tagebuch' (S. 301). Vgl. Horst Stuke: Artikel 'Aufklärung', in: Geschichtliche Grundbegriffe, Bd. 1, Stuttgart 1972, S. 243–342.

[332] Lehne, S. 97. Während die Verfallsgeschichte für Stolberg und Gerning auch positive Aspekte enthält, sieht Lehne nach dem Ende des idealen Urzustandes nur Verfall und Verderben.

Eroberer verursachten Zerfall und in der Sicht auf diese Geschichte vom Standpunkt der Aufklärung stimmen alle Berichte aber überein.[333]

Im Gegensatz zur intensiven Diskussion der Stadtgeschichte, die deren Struktur und Bewertung organisiert, steht die Wahrnehmung der Stadttopographie durch die Reisenden. Ihre Beschreibungen der Stadt dringen nur in wenigen Fällen in diese selbst vor. Die Orte, die in ihren Berichten von Bedeutung sind, liegen fast ausnahmslos am Stadtrand. Der Tunnel durch den Posilipp, das nahegelegene Grab Vergils und die Chiaia, der Spazierweg der Oberschicht am Meer, begrenzen die Stadt im Westen. Im Osten endet sie am Vesuv und bei Pompeji. Alle diese Orte gehören für die Reisenden thematisch und geographisch noch zur aus Natur und Antike bestehenden Umgebung. Auch für die Beschreibungen der Stadt vom Meer oder von Aussichtsplätzen aus trifft dies zu.[334] In ihnen erscheint Neapel nur noch als herrlich gelegener Teil der wunderschönen Bucht. Wird wirklich einmal die Stadt beschrieben, so im schnellen Überblick über die häßliche Architektur oder in kurzer Aufzählung der Kastelle oder Plätze.[335] Ausführliche Beschreibungen des Lebens auf der Straße fehlen. Ausnahmen hiervon bilden allein der Toledo und in geringerem Maße der Mercato. Auf diese beiden Orte konzentriert sich die Stadtwahrnehmung der Reisenden. Dabei symbolisiert das Gewühl auf dem Toledo vor allem die Faszination, aber auch die verderblichen Einflüsse, die von der Großstadt ausgehen.

Der Mercato, der Markt in Hafennähe und gleichzeitig Hinrichtungsplatz, war das Zentrum des armen Neapels. Er wird durch zwei historische Ereignisse, die mit ihm verbunden sind, zum zweiten wesentlichen Ort der Stadtwahrnehmung. Vom Mercato ging 1647 die durch Masaniello geführte Revolte der Lazzaroni aus, und auf dem Platz wurde Konradin hingerichtet.[336] Beide Themen, das der aufrührerischen Lazzaroni und jenes der guten Staufer, verbinden die Reisenden unauflöslich mit Neapel. Im Unterschied zum Großstadtleben auf dem Toledo werden Ort und Ereignisse aber lediglich in der Beschreibung verknüpft. Eigene Erlebnisse auf dem Mercato beschreiben die Reisenden nicht.

---

[333] Stegmann, der keine Darstellung der neapolitanischen Geschichte gibt, zeigt in einem Überblick über die Geschichte Italiens zu 'Feudalsystem', Papst und oberitalienischen Städten die gleichen Wertungen (Bd. 1, S. 5–12). Er unterscheidet sich jedoch dadurch von den anderen Autoren, daß er in der italienischen und neapolitanischen Geschichte einen Hang des Volkes zur Republik zu entdecken meint. Er selbst befürwortet die napoleonischen Republikgründungen in Oberitalien (Bd. 2, S. 283ff.).

[334] Gerning, Bd. 1, S. 254f.; Buch, Bd. 2, S. 388; Lehne, S. 123; Küttner, S. 155; Stolberg, Bd. 2, S. 306; Bd. 4, S. 29; Tagebuch, S. 206.

[335] Gerning, Bd. 1, S. 177–179; Jacobi, Bd. 1, S. 299; Stolberg, Bd. 2, S. 301.

[336] Gerning, Bd. 1, S. 177. Vgl. Stolberg, Bd. 3, S. 23.

Wie bei der Wahrnehmung der Stadtgeschichte wird also auch die Wahrnehmung der Stadttopographie durch die Auswahl bedeutsamer Punkte strukturiert. Im Unterschied zur Geschichtsinterpretation wird die Stadt dadurch aber kaum erschlossen. Ihr größerer Teil bleibt unbeachtet, und die Auswahl von Toledo und Mercato werden von Inhalten bestimmt, die das Bild der Autoren von Neapel schon vor ihrer Ankunft prägten. Die Wahrnehmung der Stadt durch die Reisenden beschränkt sich auf die Reproduktion dieses Bildes. Die Erfahrung am Ort, die nur im Falle des Toledo als wirklich erscheint, spielt dabei eine nachgeordnete Rolle.

Abb. 1: Masaniello spricht auf der Piazza Mercato zum Volk von Neapel

Abb. 2: Eingang zum Tunnel durch den Posilipp

Abb. 3: Neapel – Blick auf die Chiaia und den Vesuv

V. Das Echo der Revolution: Die Ausweitung der Neapelbeschreibung zwischen 1802 und 1806

Die Fortschreibung und der Wandel wichtiger Topoi bis 1810

1. Neue Berichtsformen und konstante Topoi

Die Revolution von 1799 bringt einen Bruch in der Kontinuität der Reiseberichte mit sich. Aufgrund der kriegerischen Ereignisse in Rom und ganz Süditalien erscheint in den Jahren 1799 bis 1801 kein deutschsprachiger Bericht. Ab 1802 aber verstärkt sich das Bedürfnis, über Neapel zu schreiben, wieder. Hauptgrund dieses verstärkten Interesses ist natürlich die mit Unterstützung der Franzosen in Neapel errichtete Republik und deren blutige Zerschlagung mithilfe der königstreuen Volksmassen. Im zweiten Koalitionskrieg 1799–1802 eroberte Frankreich 1799 Neapel, das Mitglied der Koalition war. Unter französischer Besatzung wurde aus italienischen Anhängern der Französischen Revolution und Aufklärern eine republikanische Regierung gebildet. Sie bestand von Januar bis zum Juni 1799 und brach nach Abzug der französischen Truppen unter dem Angriff der Truppen des nach Sizilien geflohenen Königs zusammen.[1] Als Reaktion hierauf erscheinen nicht nur Reisebeschreibungen, sondern auch Berichte über die Revolution, Theaterstücke und Räuberromane vor dem Hintergrund der neapolitanischen Ereignisse.[2] Die

---

[1] Die Lazzaroni verteidigten Neapel in Straßenkämpfen drei Tage lang, ehe es den Franzosen gelang, die Stadt zu erobern. Bei der Rückeroberung durch den König beteiligten sie sich an Morden an angeblichen oder wirklichen Sympathisanten der Republik. Sowohl die heldenhafte Verteidigung der Stadt und des Königtums durch die Lazzaroni als auch ihr Terror gegen die überwiegend der Oberschicht zugehörigen Republik-Sympathisanten riefen ein großes Echo in der europäischen Öffentlichkeit hervor.

[2] Nardini, Begebenheiten; Helen Maria Williams: Zur Geschichte der Revolution des Königreichs Neapel im Jahre 1798, in: Minerva. Ein Journal historischen und politischen Inhalts, Hrsg. von J.W. von Archenholtz, Bd. 2 (1801), S. 377–424, Bd. 3, S. 99–134; J.G. Pahl: Geschichte der parthenopäischen Republik, Frankfurt/M. 1801; Neapel und die Lazzaroni. Ein charakteristisches Gemälde für Liebhaber der Zeitgeschichte. Mit einem großen ausgemalten Carrikaturkupfer, die Bewaffnung der Lazzaroni's vorstellend, Frankfurt und Leipzig 1799; [August Klingemann:] Der Lazaroni oder Der Bettler von Neapel. Ein romantisches Schauspiel in fünf Akten. Vom Verfasser der Maske, in: Neueste deutsche Schaubühne. Dritter Jahrgang, Fünfter Band, Augsburg 1805; [H.C. Schiede:] Der Gott der Lazzaroni, oder Nivolis Schutzgeist auf der Flucht. Ein Seitenstück zu Saul II. König von Kanonenland, Neapel [d.i. Erfurt] 1800; [Christian August Vulpius:] Die Russen und Engländer in Neapel, vom Verfasser des Rinaldo Rinaldini. Nebst

Verlage nutzen die Konjunktur. Dabei tritt ein neues Phänomen in Erscheinung: Autoren verwerten ihre Erlebnisse nun mehrmals, indem sie mehrere Berichte schreiben bzw. Zeitschriften gründen, die fortlaufend über Italien berichten sollen. Benkowitz veröffentlicht drei Reiseberichte, von seiner Zeitschrift „Helios" erscheinen immerhin zwei Jahrgänge (1802/03). Rehfues' Zeitschrift erscheint zunächst unter dem Titel „Italien", dann als „Italienische Miscellen" von 1803 bis 1806. Beide Autoren halten sich überdurchschnittlich lange in Italien auf: Benkowitz eineinhalb Jahre fast nur in Neapel, Rehfues sogar vier Jahre, davon eines in Neapel. Ergänzt durch andere ausführliche Berichte führt das zu einer intensivierten Beschreibung der neapolitanischen Gesellschaft und zu neuen, bisher unerwähnten Themen. Besonders Rehfues zeigt sich über italienische Literatur, Aufklärung, Geschichte und politische Verhältnisse Italiens sehr gut informiert. Die Themen wechseln in bunter Reihenfolge: Ernsthafter Bericht steht neben Anekdoten und kleinen Alltagserlebnissen des Autors. Die Form ist bewußt unterhaltender und journalistischer als die meisten Reiseberichte bis dahin.

Wie schon vor 1799 werden aktuelle politische Ereignisse – mit Ausnahme der Revolution – kaum behandelt. Einige wichtige Topoi erfahren hingegen einen Wandel, der sich über das Jahr 1806 hinaus fortsetzt. Die Entwicklung dieser Topoi habe ich hier mit einbezogen, obwohl die meisten der Berichte nach 1806 durch ihre Struktur einer neuen, einer Übergangsepoche der Gattung angehören.

In vielen Wahrnehmungsbereichen herrscht in den Reiseberichten, trotz der Ereignisse von 1799, eine bemerkenswerte Kontinuität. Der Toledo mit seinem Menschengewühl, seinen Geräuschen und dem gefährlichen Kutschenverkehr bleibt Synonym für die Metropole.[3] Faszination und Abwehr der Großstadt halten sich weiter die Waage. Abwechselnd erscheint Neapel als „ungeheures Labyrinth"[4], „Kokotte"[5], „Zauberlaterne"[6] oder Geschwür eines sonst gesunden Körpers.[7] Kon-

---

einigen Nachrichten, Anekdoten und Charakterzügen von Nelson, Leipzig 1800; [Bartolomeo Nardini:] Leben und Heldenthaten des Antonio Gargiulo, genannt Fra Diavolo. Excapuziner, Räuberhauptmann und General bei der Armee des Cardinal Ruffo in Calabrien. Nach italienischen und französischen Quellen gezeichnet, Mannheim 1803; Der Seeräuber von Neapel. Frey nach dem Englischen. Eine abentheuerliche Geschichte, Leipzig 1803.

[3] Benkowitz, Glogau, Bd. 3, S. 201, S. 222; Keller, S. 104; Eichholz, Bd. 3, S. 58f.; Kotzebue, Bd. 2, S. 51, S. 85; Recke, Bd. 3, S. 53.

[4] Benkowitz, Neapel, S. 378.

[5] Ders., Glogau, Bd. 3, S. 201.

[6] Recke, Bd. 3, S. 55.

[7] Rehfues, Gemählde, Bd. 1, S. 26ff., verurteilt die ökonomisch schädliche Funktion der übervölkerten Hauptstadt. Eichholz (Bd. 4, S. 62) zieht dem unsittlichen Stadt- das Landleben

tinuität herrscht auch in der Beschreibung der wunderschönen Lage der Stadt[8], ihrer großen Bevölkerungszahl[9] und der schlechten Architektur[10].

Die positive Bewertung der neapolitanischen Aufklärer bleibt erhalten, wobei die Wissenschaftler des frühen 18. Jahrhunderts nicht mehr erwähnt werden. Wie zuvor sind es Galiani, Filangieri und nun auch viele der wegen ihrer Teilnahme an der Republik hingerichteten Männer, die genannt werden. Unter den Lebenden, die die Autoren besuchen, finden der Vulkanologe Herzog Bernardo della Torre, der Marchese Francesco Berio und Erzbischof Capecelatro Erwähnung.[11] Gleich bleibt auch, mit gelegentlichen Ausnahmen, die vernichtende Kritik am Zustand des Bildungswesens und der Künste.[12] Nur Rehfues, der in den Miscellen regelmäßig über Wissenschaft und neueste Literatur berichtet, hebt die positiven Seiten des italienischen Wissenschaftsbetriebes hervor. Wie schon Stegmann kritisiert er aber das veraltete Bildungsverständnis, das er in Italien zu erkennen glaubt: Überholte Lehrinhalte, pedantische Wissenschaftler, fehlende volkspädagogische Bücher, Unkenntnis ausländischer Literatur und Sprachen.[13] Was ihn vor allem anderen stört, ist die fehlende Öffentlichkeit. Eine zu geringe Zahl von Zeitschriften und die Zensur verhindern die öffentliche Diskussion, besonders in Neapel. Die so notwendigen Verbesserungsvorschläge der Gelehrten an die Herrschenden stünden immer noch unter dem Verdacht des Jakobinismus.[14] Vor allem die Unterschichten könnten wegen des schlechten Unterrichts „die herrliche Kunst des Lesens und Schreibens"[15] nicht ausüben. So muß auch Rehfues, trotz einer positiven Einschät-

---

vor. Benkowitz (Glogau, Bd. 3, S. 278) hält die Großstadt für das geeignete Studienfeld menschlicher Natur.

[8] Eichholz, Bd. 3, S. 74; Seume, S. 168; Benkowitz, Helios, Bd. 1, S. 126; Kotzebue, Bd. 2, S. 39; Rehfues, Gemählde, Bd. 1, S. 12.

[9] Benkowitz, Glogau, Bd. 3, S. 209; Ders., Neapel, S. 379; Eichholz, Bd. 3, S. 58; Rehfues, Gemählde, Bd. 1, S. 27. Die zeitgenössischen Schätzungen der Bevölkerungszahl liegen zwischen 370.000 und 600.000 Einwohnern. Die heutige Annahme liegt bei um die 400.000, mit stark sinkender Tendenz zwischen 1806 und 1816. Vgl. Pilati, Popolazione, S. 1–45.

[10] Recke, Bd. 3, S. 23; Kotzebue, Bd. 1, S. 253; Keller, S. 104; Benkowitz, Neapel, S. 378.

[11] Rehfues, Miscellen, Bd. 1, S. 43, S. 89; Bd. 5, S. 81; Recke, Bd. 3, S. 91ff.; Eichholz, Bd. 3, S. 220ff.; Benkowitz, Helios, Bd. 2, S. 284; Kotzebue, Bd. 2, S. 101f., S. 147.

[12] Benkowitz, Neapel, S. 152; Kotzebue, Bd. 2, S. 147ff., S. 237, Recke, Bd. 3, S. 259; Rehfues, Gemählde, Bd. 2, S. 29ff.

[13] Rehfues, Gemählde, Bd. 2, S. 29ff.; Ders., Miscellen, Bd. 1, S. 43ff., Bd. 5, S. 80ff.

[14] Rehfues, Miscellen, Bd. 5, S. 35, S. 38f..

[15] Rehfues, Miscellen, Bd. 5, S. 34.

zung, was die Entwicklung der Wissenschaften in Italien auf längere Sicht betrifft, ein bitteres Resümee ziehen:

„Bis jetzt hat die Wissenschaft nicht auf das Leben gewirkt. Manche Regierungen haben Reformen versucht, die bei mangelnder Staatskenntniß mißlangen. Die Unterhaltungen der Nation sind die nehmlichen geblieben; das Volk ist im Punkte der Religion so wenig aufgeklärt, als vor einigen Jahrhunderten."[16]

Unerbittlich bleibt auch die Kritik der Reisenden am Justizsystem.[17] Deutlicher wird jetzt allerdings der wesentliche Grund für die Kritik an den Anwälten. Benkowitz behauptet, es gebe je 30.000 Anwälte, 'Pfaffen' und Lazzaroni:

„Die Stadt würde nicht untergehen, wenn auch von jeder dieser Menschenklasse nur 3.000 da wären." [18]

Hier zeigt sich, daß es die große Zahl 'unproduktiver' Menschen ist, die Benkowitz' Kritik treffen soll. Es ist das aufklärerische Motiv des 'Müßigganges', um dessentwillen er hier deutlich übertreibt. Denn tatsächlich gab es in dieser Zeit nur etwa 4.800 Justizbeamte und Anwälte[19] in Neapel.

Im Vergleich zu Stegmann analysiert Rehfues die Gerichte und ihre Funktion innerhalb des hauptstädtischen Machtblocks noch konkreter. Er kritisiert die Konzentration aller Gerichte in Neapel, die „die Hauptstadt zum Mittelpunkt aller Geschäfte"[20] macht. Es ist die ungerechte Praxis der Justiz, die einen schädlichen Apparat aufrechterhält: die schlechten Gefängnisse, die die Menschen erst zu Verbrechern machen und aus denen man sich freikaufen kann, die Bestechlichkeit der unterbezahlten Richter, das finanzielle Interesse der Anwälte.[21] Grund für die Streitfälle sind die – seiner Meinung nach – entschuldbaren Felddiebstähle und der Schmuggel. Die Auseinandersetzungen um Fideikommisse, die den freien Kauf und Verkauf adligen und kirchlichen Grundbesitzes verhindern, beschäftigen die Ge-

---

[16] Ebd., S. 33f.

[17] Recke, Bd. 3, S. 34; Kotzebue, Bd. 1, S. 280; Eichholz, Bd. 3, S. 119f.; Seume, S. 284; Benkowitz, Glogau, Bd. 3, S. 254ff.; Rehfues, Gemählde, Bd. 1, S. 95.

[18] Benkowitz, Glogau, Bd. 3, S. 254.

[19] Diese Zahl stammt aus einer Zählung im Jahr 1807. Vgl. Giuseppe Galasso: Professioni, Arti e mestieri della popolazione di Napoli nel sec.XIX, in: Annuario dell'istituto storico italiano per l'età moderna e contemporanea, Bd. XIII-XIV, 1961/62, S. 109-179, S. 138.

[20] Rehfues, Gemählde, Bd. 1, S. 28.

[21] Ebd., Bd. 1, S. 201-217.

richte im Übermaß. Rehfues beschuldigt sogar den König des Eingriffs in die Rechtsprechung. Die bestechlichen Richter würden absichtlich beibehalten, damit sie bei Bedarf in seinem Sinne urteilten.[22] Zwar erhebt er als einziger der Reisenden diesen Vorwurf, aber seine Bemerkung zeigt, daß auch Ferdinand nun von Kritik nicht mehr ausgespart bleibt. Rehfues' abschließender Kommentar ist bitter:

„[…] der Menschenfreund entfernt sich schweigend ernst, und beklagt die Kunst des Geistes, der auch die Lüge zur Wahrheit machen kann."[23]

Zumindest teilweise unverändert erscheinen in den Berichten nach 1799 die Urteile über zwei weitere wichtige Elemente der neapolitanischen Gesellschaft: den Adel und die katholische Kirche.

Systematisch schreiben die Reisenden dem Adel eine Vielzahl negativer Eigenschaften zu.[24] Seinen repräsentativen Lebensstil interpretieren sie als Ausdruck von Prunksucht, Verschwendung und Müßiggang. Eine liberalere Sexualität erscheint ihnen als Zeichen von Sittenverfall. Das angebliche Desinteresse an geistigen Dingen – auf Empfängen herrschten „Spiel und Weibergalanterie"[25] statt ernsthafter Konversation – wird zur „Unkultur"[26]. Die Abgrenzung des Adels von anderen Ständen durch Titel, „Wappensucht"[27] und „Kleiderprunk"[28] wird als schädlich für die ganze Gesellschaft dargestellt. Daher begrüßt Rehfues die vollkommene politische Entmachtung des neapolitanischen Adels nach der Revolution von 1799, an der viele Männer aus dem hauptstädtischen Adel beteiligt waren.[29] Fortgesetzt wird auch die Kritik an den Corsofahrten der Adeligen. Deutlicher als vor 1799 formulieren Autoren nun das fehlende Interesse des Adels an der Natur und konfrontieren es pointiert mit dessen Spielleidenschaft:

---

[22] Rehfues, Gemählde, Bd. 1, S. 216. Vor 1799 hatte schon Jacobi (Bd. 2, S. 142) diesen Verdacht geäußert.

[23] Rehfues, Miscellen, Bd. 3, S. 8.

[24] Rehfues, Gemählde, Bd. 1, S. 139, Bd. 2, S. 133ff.; Kotzebue, Bd. 2, S. 87, S. 172; Eichholz, Bd. 3, S. 116, S. 128, 147ff.; Benkowitz, Helios, Bd. 2, S. 83.

[25] Seume, S. 159.

[26] Kotzebue, Bd. 2, S. 163.

[27] Kotzebue, Bd. 1, S. 274.

[28] Kotzebue, Bd. 2, S. 161.

[29] Rehfues, Gemählde, Bd. 1, S. 24, S. 217; Bd. 2, S. 128, S. 138.

„[...] es gibt Leute unter ihnen [...], die acht bis zehn der herrlichsten Villa's besitzen, und sich doch nie aus Neapel entfernen, weil sie dort nur g r ü n , nicht aber r o t h und s c h w a r z zu sehen bekommen."[30]

Gegen diese Charakterisierung der Adeligen setzt Eichholz die aufklärerische Form von Geselligkeit in der Natur: den Spaziergang. Den 1782 fertiggestellten Park direkt neben der Straße am Meer, auf der die Kutschen des Adels fahren, bezeichnet er als die schönste Promenade aller italienischen Küstenstädte.[31] Als Grund nennt er den Ausblick auf das Meer, der von den Kutschenfahrern angeblich nicht beachtet wird. In diesem Park, der 'Villa reale', steht auch die berühmte antike Skulptur des farnesischen Stiers, die neben dem Naturausblick eine weitere Attraktion für den Gebildeten darstellt. Obwohl man hier keiner aufwendigen Karossen bedarf, ist der Park jedoch nicht weniger exklusiv als der Corso. Nur ordentlich gekleidete Menschen haben Zutritt, „gemeines Volk"[32] ist nicht zugelassen. Diese Tatsache kritisiert Eichholz allerdings nicht.[33]

Die angeblich zu große Zahl Bedienter in adeligen Haushalten wird weiter kritisiert:

„Ohne ihnen Unrecht zu thun, darf man behaupten, daß unter der großen Menschenklasse, welche durch die Eitelkeit der Vornehmern, dem Akerbau und den Gewerben entrissen wird, die der Bedienten die verworfenste in Neapel ist. Im Müssiggang geht auch der beste Mensch zu Grunde. Bei diesen wirkt noch die schlechte Bezahlung und das Beispiel ihrer Herrn."[34]

---

[30] Kotzebue, Bd. 2, S. 162, und Brun, Sitten, S. 45. Vgl. Rehfues, Gemählde, Bd. 2, S. 138; Karl Friedrich Benkowitz: Das italienische Kabinet, oder Merkwürdigkeiten aus Rom und Neapel, Leipzig 1804, S. 144f.; Ders., Glogau, Bd. 3, S. 312; Eichholz, Bd. 3, S. 148; Keller, S. 66.

[31] Eichholz, Bd. 3, S. 85. Vgl. Roberto Di Stefano: Storia, Architettura e urbanistica, in: Storia di Napoli, Bd. IX, Neapel 1972, S. 645–743, S. 674.

[32] Eichholz, Bd. 3, S. 86.

[33] Der freie Zugang zu herrschaftlichen Gärten wird im 18. Jahrhundert an anderer Stelle von vielen Aufklärern als willkommener Ausdruck bürgerlicher Gleichstellung gelobt, z.B. im Wiener Augarten. Die Vergnügungen der Unterschichten im Wiener Prater wurden allerdings als unangenehm empfunden. Vgl. Sadowsky, S. 245f.

[34] Rehfues, Gemählde, Bd. 1, S. 114.

Obwohl die meisten Reisenden nun erkennen, daß die Trinkgelder wegen der niedrigen Löhne für den Lebensunterhalt der Bedienten notwendig sind, halten sie diese Gewohnheit doch weiter für unanständig und daher für abschaffenswert.[35]

Die Kritik an der katholischen Kirche als Institution und als Träger der Volkserziehung setzt sich ebenfalls fort.[36] Allerdings wird die Kritik nun ausführlicher und bei vielen Autoren auch agressiver. Der große Landbesitz, der 'Müßiggang', das Monopol auf die Volkserziehung und die Verbreitung von „Aberglauben"[37], „Fanatismus"[38] und „Heidentum"[39] werden als Kritikpunkte aufrechterhalten. Eichholz vergleicht die Priester mit Ratten im Kornspeicher, die dumm, „schmutzig ausschweifend und im Geheim viehischen Lüsten ergeben"[40] seien. Immer wieder sind es die angeblich rein äußerlichen Riten des katholischen Glaubens, die angeprangert werden.

Zusätzlich definieren die Reisenden nun aber auch die aus ihrer Sicht positiven gesellschaftlichen Aufgaben der Religion. Die wesentliche Aufgabe der Religion sei die Erziehung zu Vernunft, Toleranz, Sittlichkeit und Innerlichkeit. Nicht die Verehrung von Heiligen, eines der Paradebeispiele der Reisenden für das betont Äußerliche des Katholizismus, solle den Gläubigen beschäftigen. Entscheidend sei für den Christen vielmehr „der Gedanke an den allwissenden Gott, der die Herzen prüft und sein Inneres erforscht".[41] Es sei besser, den Armen zu helfen, als Geld für religiöse Feste zu verschwenden. Die Religion solle die „Glückseligkeit der Gesellschaft befördern"[42]. Dagegen trage der Katholizismus zum Vorherrschen des Egoismus bei und bekämpfe die Aufklärung.

Im Einklang mit dieser negativen Einschätzung der katholischen Kirche ersetzt Benkowitz die These vom Klima als bestimmendem Faktor gesellschaftlicher Ent-

---

[35] Seume, S. 296; Benkowitz, Glogau, Bd. 2, S. 248; Eichholz, Bd. 3, S. 148; Kotzebue, Bd. 2, S. 149, S. 191, S. 257, Bd. 3, S. 252f.; Recke, Bd. 1, S. 212, S. 449; Rehfues, Gemählde, Bd. 2, S. 136ff.

[36] Vgl. zusätzlich zu den im Folgenden genannten Stellen: Kotzebue, Bd. 1, S. VII, Bd. 2, S. 23; Benkowitz, Neapel, S. 196, S. 287, S. 394; Ders., Helios, Bd. 2, S. 20ff., S. 56f.; Ders., Glogau, Bd. 3, S. 254, S. 327; Eichholz, Bd. 3, S. 104, S. 121; Rehfues, Gemählde, Bd. 2, S. 8, S. 28, S. 43, S. 144; Recke, Bd. 3, S. 114, 222; Keller, S. 70f.; Seume, S. 163, S. 276.

[37] Benkowitz, Helios, Bd. 2, S. 85.

[38] Eichholz, Bd. 3, S. 99.

[39] Benkowitz, Helios, Bd. 2, S. 80.

[40] Eichholz, Bd. 3, S. 122ff. Vgl. Kotzebue, Bd. 2, S. 177.

[41] Benkowitz, Helios, Bd. 2, S. 79.

[42] Kotzebue, Bd. 2, S. 176.

wicklung durch die von der Religion als entscheidendem Faktor.[43] Unter der Überschrift „Warum werden die Menschen immer schlimmer, je weiter man nach Süden kömmt?"[44] stellt er einen zunehmenden Verfall von Moral und Kultur fest, je weiter man sich von Pommern und Preußen – dessen Beamter Benkowitz ist – nach Süden bewege. Nicht verweichlichende Hitze mache Mensch und Staatsverfassung im Süden schlechter als im Norden. Es sei die protestantische Religion, die den Pommeraner moralisch über den Neapolitaner triumphieren lasse.

„[...] je eifriger die katholische Religion an irgend einem Orte herrscht, um so schlechter sind die Menschen, und deshalb ist ihre Verworfenheit in Rom [...] und in Neapel, wo sie am eifrigsten getrieben wird, so groß."[45]

Wo also der Katholizismus Einfluß auf Fürsten und Staat gewinnt, so das Fazit, ist der Untergang des Gemeinwesens besiegelt.[46]

2. Neue Themen: Überwachen und Strafen in Neapel

In weit größerem Maße als vor 1799 werden nun die Armut und die große Zahl der Hungernden und Bettler in Neapel beschrieben. Dies ist wahrscheinlich nicht Ausdruck einer gesteigerten Sensibilität für das Problem, sondern Auswirkung der sich noch immer steigernden Armut in Neapel. Im Zeitraum zwischen 1798 und 1810 stiegen die Lebensmittelpreise und die Bevölkerungszahl ständig an. In den Jahren 1802 und 1804 gab es besonders schwere Hungersnöte.[47] Die Reisenden behalten die Verurteilung der Bettelei als 'Müßiggang' bei, zumal sie nach Ansicht der Autoren auch von Menschen betrieben wird, die arbeiten könnten.[48] Mehr noch als Entrüstung ruft das allgegenwärtige Elend aber eine Mischung aus Ab-

---

[43] Vgl. Karl-Heinz Kohl: Entzauberter Blick. Das Bild vom guten Wilden und die Erfahrung der Zivilisation, Frankfurt/M. 1986, S. 113ff., S. 143; Urs Bitterli: Die 'Wilden' und die 'Zivilisierten'. Grundzüge einer Geistes- und Kulturgeschichte der europäisch-überseeischen Begegnung, München 1976, S. 352. Montesquieus These aus dem 'Esprit des lois' wurde in der zweiten Jahrhunderthälfte durch den Schweizer Aufklärer Iselin popularisiert. Wie bei Buffon war es auch bei Iselin das mitteleuropäische Klima, das die idealen Bedingungen der menschlichen und gesellschaftlichen Entwicklung bot.

[44] Benkowitz, Glogau, Bd. 3, S. 325.

[45] Ebd., S. 326.

[46] Benkowitz, Glogau, Bd. 3, S. 300; Seume, S. 279, S. 291.

[47] Pilati, Popolazione, S. 23f., S. 28f.

[48] Benkowitz, Helios, Bd. 2, S. 69; Rehfues, Miscellen, Bd. 2, S. 28.

scheu, Mitleid und politischer Kritik hervor. Besonders beeindruckt zeigt sich Benkowitz, der in seinem 'Helios' die Armut in und um Neapel eindringlich schildert. Hält er die Armut eines nackt auf der Straße liegenden Menschen zunächst noch für Verstellung, die er durch eine Probe aufdecken will,[49] so überzeugt ihn von der Realität des Hungers schließlich ein Junge, der sich in einem Wirtshaus über die Reste seiner Mahlzeit hermacht.[50] Die ständige Anwesenheit der Armen, selbst im Kaffeehaus oder der Gemäldegalerie, ihre „abscheulichen übertriebenen Klagetöne"[51], die selbst nachts noch durchs offene Fenster in die Wohnung dringen, verfolgen nicht nur Benkowitz:

„Und nicht Neapel allein, alle umliegende, selbst die heiligsten Gegenden sind mit diesem Ungeziefer, wie mit Heuschrecken bedeckt. Man geht auf Cap Misene, und will sich seinen Empfindungen überlassen; man will an den Aeneas [...] denken; aber in jedem Augenblick stört uns ein Bettler. [...] Wie sehr dies den Genuß dieser merkwürdigen Gegenden verbittert und herabsetzt, leuchtet von selber ein. Und ein so reiches Land, wo der Boden vier-, fünf-, sechs-, ja achtmal das Jahr hindurch trägt, [...] sollte diesem Übel nicht abhelfen können? Das ist gar nicht denkbar."[52]

Deutlich ist es hier die physische Nähe, die Abscheu und Widerwillen bei Benkowitz hervorruft. Die für den Gebildeten und Touristen typischen Sozialräume: das Café, die Gemäldegalerie, die Orte mit Bezug auf antike Geschichte verlieren ihre Abgrenzungskraft. Die direkte Konfrontation mit dem Elend verdirbt dem reisenden Bürger den Genuß. Forderte er vom Adel gerade die Aufhebung der ständischen Trennungslinie, so möchte er sie im Verhältnis zu den Unterschichten verstärken. Dies beweist die Erleichterung, die Benkowitz empfindet, als während seines Aufenthaltes ein königliches Edikt alle Armen in das Arbeitshaus, den 'Albergo dei Poveri', einweist. Nun fühlt er sich „von einer Art Verfolgung befreit".[53] Nicht nur Einschließung aber ist es, die ihm als Mittel gegen die Armut vorschwebt. Die arbeitsunfähigen, verschämten Armen möchte er unterstützen, während er die arbeitsfähigen zu Arbeit anhalten und damit die Bettelei abschaffen

---

[49] Benkowitz, Helios, Bd. 1, S. 124. Siehe auch eBd., Bd. 1, S. 114–119; Rehfues, Miscellen, Bd. 2, S. 28ff.

[50] Ders., Neapel, S. 89.

[51] Ders., Helios, Bd. 2, S. 72. Vgl. Kotzebue, Bd. 1, S. 255.

[52] Ders., Helios, Bd. 2, S. 72; vgl. auch Kotzebue, Bd. 1, S. 255.

[53] Ders., Helios, Bd. 2, S. 74.

will.⁵⁴ Denn Armut ist für die aufgeklärten Reisenden wesentlich ein moralisches Problem. Arbeitsamkeit soll denjenigen beigebracht werden, die angeblich oder wirklich das Leben auf der Straße regelmäßiger Arbeit vorziehen. Ordentliche Kleidung, Sauberkeit sollen ihnen vermittelt werden. Denn Bettler und Pöbel haben ja, so Rehfues, keinen Begriff von der Amoralität ihres Lebenswandels.⁵⁵ Zudem ist eine große Zahl von Bettlern auch für die Moral der übrigen Gesellschaft gefährlich, denn sie gewöhnt die Vorübergehenden daran, beim Anblick der Elenden gleichgültig zu bleiben. Dadurch geht dem Bürger noch ein weiterer „sehr reiner und schöner Genuß" verloren: „das Vergnügen, das durch Wohlthun verursacht wird".⁵⁶ Gilt doch das Mitleid den Zeitgenossen des 18. Jahrhunderts als Ausdruck der Sorge um das Gemeinwohl und damit als Tugend, die generell zu moralischem Verhalten anhält.⁵⁷

Angesichts der großen Not sehen aber auch die Reisenden die Armut nicht mehr nur als moralisches Problem. Sie machen die steigenden Lebenshaltungskosten für Bettelei und Diebstahl verantwortlich und beklagen, wenn auch in recht allgemeiner Form, den großen Gegensatz zwischen Arm und Reich in Neapel. Verantwortlich für diesen Zustand der Gesellschaft ist nach Meinung vieler Autoren die Regierung.⁵⁸ Der 'Albergo dei poveri', so stellen sie fest, wird schlecht verwaltet und beschäftigt nur wenige hundert Arme.⁵⁹ Trotz der nun sehr viel genaueren Wahrnehmung der Armut bleiben die Autoren allerdings bei der Beobachtung

---

⁵⁴ Ebd.. Zu den 'guten', verschämten Armen, die unterstützt werden sollen: Eichholz, Bd. 1, S. 126; Rehfues, Gemählde, Bd. 2, S. 21. Vgl. Valenzi, Poveri, S. 43.

⁵⁵ Philipp Joseph von Rehfues: Briefe aus Italien während der Jahre 1801–1805, 2 Bde., Zürich 1809, Bd. 1, S. 174. Zur Armut und Bettelei als moralischem Problem: Benkowitz, Neapel, S. 369; Keller, S. 65. Diese Interpretation der Armut wurde auch schon in der 'Encyclopedie' vertreten. Vgl. Valenzi, Poveri, S. 44.

⁵⁶ Benkowitz, Helios, Bd. 1, S. 119.

⁵⁷ Friedrich Vollhardt: Naturrecht und „schöne Literatur" im 18. Jahrhundert, in: Dann/Klippel, S. 216–232, S. 220, S. 227.

⁵⁸ Arm und reich: Rehfues, Gemählde, Bd. 1, S. 41; Recke, Bd. 3, S. 263; Benkowitz, Helios, Bd. 1, S. 196; Seume, S. 342. Regierung: Recke, Bd. 3, S. 66; Kotzebue, Bd. 2, S. 116; Benkowitz, Helios, Bd. 2, S. 107; Rehfues, Briefe, Bd. 1, S. 181.

⁵⁹ Benkowitz, Bd. 1, S. 256; Recke, Bd. 3, S. 39; Keller, S. 105; Rehfues, Gemählde, Bd. 1, S. 175. Rehfues nennt die Zahl von 800 Insassen, was wohl realistisch ist. Keller nennt 7.000 Kinder und Alte, wobei aber unklar ist, ob er wirklich das Armenhaus meint. Diese Zahl ist für den 'Albergo', selbst für die Zeit der französischen Regierung, in der die Zahl der Insassen auf über 2.000 anstieg, stark übertrieben. Die Lebensverhältnisse im Albergo waren denkbar schlecht, die Sterblichkeit sehr hoch. (Valenzi, Povertà, S. 65f.; Dies., Poveri, S. 64ff.).

dessen stehen, was sie auf der Straße sehen. Denn mit Ausnahme von Rehfues[60] nimmt keiner eine genauere Untersuchung der vielen neapolitanischen Armenanstalten vor. Diese sind überwiegend kirchlich und fördern nach aufklärerischen Begriffen die Bettelei, denn sie ermöglichen es, ohne Arbeit zu überleben. Für den Leser reduziert sich die Armenpolitik in Neapel so auf das in übergroßem Stil geplante Arbeitshaus, das nie vollständig fertiggestellt werden sollte. Die wiederholten Ansätze der neapolitanischen Regierung vor und nach 1799 zu einer aufgeklärten Armenpolitik sind den Reisenden offensichtlich unbekannt.[61] Es waren aber vor allem die finanzielle Misere des Königreiches und das ungeheure Ausmaß der Armut, die es unmöglich machten, die Armen einzuschließen und zur Arbeit zu zwingen.[62] Erst die französische Regierung machte hier ab 1808 einige 'Fortschritte', indem sie die Anzahl der Insassen des 'Albergo' verdreifachte und Arme bei öffentlichen Arbeiten einsetzte.[63] Alle diese näheren Umstände beachten die Autoren aber nicht. Sie begnügen sich damit, die Regierungspolitik anzuprangern, was wiederum ihren nahezu uneingeschränkten Glauben an die Wirkung staatlichen Dirigismus' bezeugt.

Angesichts einer Frau, die er auf der Straße sterben sieht, formuliert Kotzebue eine flammende Anklage:

„Und ich denunciere nunmehr diesen Greuel vor ganz Europa. Ich sage laut: Am 4. December 1804 [...] ist zu Neapel, in [...] einer der volkreichsten Straßen der Stadt, **ein Mensch Hungers gestorben!!!** – Der König fuhr heute auf die Jagd. Ich sah zwanzig bis dreißig seiner Hunde vorbeiführen – sie waren alle wohl genährt."[64]

Die Empörung Kotzebues ist sicher Ausdruck des Entsetzens über das neapolitanische Elend. Wie die Reaktion der Reisenden auf die Armut zeigt, speist sie sich aber ebenso aus dem Wunsch, nicht direkt mit den Armen konfrontiert zu werden. Ein weiterer Grund ist die Überzeugung, daß ein Herrscher, der solches Elend zuläßt, die moralischen Grundlagen zerstört, auf denen eine Gesellschaft nach Meinung der Reisenden aufgebaut sein sollte: Arbeitsamkeit, Ordnung, Sauberkeit, Mitleid, Gerechtigkeit.

---

[60] Rehfues, Gemählde, Bd. 1, S. 178f., S. 232ff., Bd. 2, S. 3–22.

[61] De Fusco, S. 414ff.; Valenzi, Povertà, S. 59ff., S. 65; Michelangelo Mendella: La prima restaurazione borbonica (1799–1806), in: Storia di Napoli, Bd. 9, Dalla restaurazione al crollo del reame, Neapel 1972, S. 1–30, S. 17.

[62] Ebd., S. 63, S. 65; Valenzi, Poveri, S. 97.

[63] Ebd., S. 61–67. Vgl. Valenzi, Poveri, S. 97ff.

[64] Kotzebue, Bd. 2, S. 116f.

Ein weiteres neues Thema in den Berichten sind die Hinrichtungen, die auf dem mythenumwobenen Mercato vorgenommen werden. Ausführlich schildert Benkowitz den Umzug von Verurteiltem, Henkern und den 'Bianchi', den mit weißen Kapuzen bekleideten Mitgliedern der Brüderschaft, die dem Verurteilten Trost zusprechen.[65] Auch Kotzebue, der sich speziell hierfür ein Zimmer mit guter Sicht mietet, verfolgt den Verlauf der Hinrichtung und die Reaktionen des Publikums.[66] Beiden gefällt die Volksfestatmosphäre, die durch tausende von Menschen hervorgerufen wird, die den Platz füllen. Aber auch hier wird die Praxis der Justiz negativ beurteilt. Trotz seines Interesses und obwohl er sich den Ablauf von einem Bedienten erklären läßt, zeigt Benkowitz nur wenig Verständnis für die Symbolik des Vorgangs. Die Kleidung der 'Bianchi' erscheint ihm wie auch Kotzebue lächerlich und gespenstisch.[67]

Ein mehrere Stunden während Zug des Verurteilten durch die Stadt, Kleidung und Attribute, die die Art seines Verbrechens anzeigten, Bestrafungen am Ort des Verbrechens waren für die Strafpraxis der frühen Neuzeit in ganz Europa die Regel.[68] Den deutschen Reisenden mußten solche Umzüge aus ihrer Heimat bekannt sein.[69] Die Hinrichtung selbst, in ihrem rituellen Ablauf genau festgelegt, war Ausdruck staatlicher Macht. Die Öffentlichkeit garantierte die Rechtmäßigkeit dieser Macht. Die Strafe sollte abschrecken, die Tat sühnen und die Rechtsordnung vor aller Augen wiederherstellen.[70] Sie variierte je nach Straftat und zielte auf den Körper: Hängen, Köpfen, die Abtrennung von Gliedmaßen. Die Reisenden berich-

---

[65] Benkowitz, Helios, Bd. 1, S. 85–96. Er schildert allerdings eine Hinrichtung auf dem 'Largo del Castello'.

[66] Kotzebue, Bd. 2, S. 196–205.

[67] Benkowitz, Helios, Bd. 1, S. 85ff.; Kotzebue, Bd. 2, S. 197. Von der Recke (Bd. 3, S. 274) beobachtet den Umzug eines wegen Postraubes verurteilten Postillions, der wie bei Chiarivaris verkehrt herum auf einem Esel reitet. Für sie handelt es sich um ein „Kriminalschauspiel", dessen Bedeutung sie aber nicht erfaßt. Guido Panico: Il carnefice e la piazza. Crudeltà di stato e violenza popolare a Napoli in età moderna, Neapel 1985, (Pubblicazioni dell'Università degli studi di Salerno, Sezione di studi storici, 3), S. 43ff. berichtet von diesem Ritual als Strafe für zum Tode Verurteilte, aber auch für Händler, die Lebensmittel verfälscht hatten.

[68] Richard van Dülmen: Das Schauspiel des Todes. Hinrichtungsrituale in der frühen Neuzeit, in: R.van Dülmen/ N.Schindler (Hrsg.), Volkskultur. Zur Wiederentdeckung des vergessenen Alltags (16.–20. Jahrhundert), Frankfurt/M. 1984, S. 203–245, S. 221; Foucault, S. 58; Panico, S. 33ff.

[69] Von öffentlichen Hinrichtungen in Deutschland wird noch aus dem 19. Jahrhundert berichtet. Nur in Österreich hatte Joseph II. 1786 die Todesstrafe abgeschafft. Sie wurde nach seinem Tode aber wieder eingeführt. Vgl. Richard van Dülmen: Theater des Schreckens. Gerichtspraxis und Strafrituale in der frühen Neuzeit, München 1985, S. 104f. und S. 172.

[70] Dülmen, Schauspiel, S. 203f.

ten von auf Pfähle gespießten Köpfen und Armen, die die Räuber im Kirchenstaat abschrecken sollten.[71] Wie bei der Cuccagna gehörte auch hier die Beteiligung des Volkes zu den Unwägbarkeiten des 'Machttheaters'[72]. Der Ablauf der Hinrichtung wurde von den Zuschauern kommentiert, ja sogar Angriffe auf den Henker waren möglich.[73]

Von diesem vielschichtigen Ritual und seiner symbolischen Bedeutung verstehen die Reisenden nichts. Sie nehmen die Strafen innerhalb eines anderen Koordinatensystems wahr. Obwohl die Strafen im 18. Jahrhundert deutlich weniger blutig waren als noch im 16. und 17.[74], ist es vor allem die Wirkung der Grausamkeit auf den Zuschauer, die sie fürchten. Statt abzuschrecken, gewöhne Grausamkeit das Volk an Greuel und fördere so das Verbrechen.[75] Rehfues kritisiert die „kannibalische Weise"[76] der Bestrafung in Rom. Obwohl er keineswegs ein Freund Napoleons ist, lobt Benkowitz die Strafpraxis in Frankreich:

„Kein Scheiterhaufen dampft, keine zerschmetterte menschliche Gebeine liegen auf den Hochgerichten, kein Lebender wird mit Pferden zerrissen, keine Stäbe, keine Ruthen, keine glühende Zangen martern das Menschengeschlecht mehr: alle diese Greuel sind aus den Bezirken Frankreichs verschwunden; und vernimmt man etwa, daß nun Verbrechen und Verbrecher sich dort vermehren? Im Gegentheil, sie vermindern sich."[77]

Die körperlichen Strafen widersprächen der Menschenwürde und verdürben die Moral. Für die Reisenden ist die einzig wirksame Sicherung gegen Verbrechen die Verstärkung eben dieser Moral, des individuellen Gewissens.

---

[71] Z.B. Benkowitz, Glogau, Bd. 3, S. 185; Panico, S. 36f., S. 43.

[72] Dieser Begriff von van Dülmen (Schauspiel, S. 204) geht auf E.P. Thompson zurück, der das Verhältnis von Gentry und Volk im England des 18. Jahrhunderts von theatralischer Repräsentation und Gegentheater des Volkes bestimmt sieht. Vgl. Edward P. Thompson: Patrizische Gesellschaft, plebeische Kultur, in: Ders., Plebeische Kultur, S. 168–202, S. 179f.

[73] Dülmen, Schauspiel, S. 204. Rehfues (Miscellen, Bd. 1, S. 37–50) berichtet von einer Hinrichtung in Neapel, bei der die Menge die Partei des Verurteilten ergriff, da dieser seine Reue beteuerte und es dem Henker nicht gelang, den Kopf mit dem ersten Schlag abzutrennen.

[74] Panico, S. 9; Dülmen, Schauspiel, S. 205.

[75] Rehfues, Gemähide, Bd. 1, S. 202; Benkowitz, Glogau, Bd. 1, S. 177. Siehe hierzu auch Foucault, S. 116.

[76] Rehfues, Miscellen, Bd. 5, S. 169. Vgl. Ders., Gemähide, Bd. 1, S. 102; Benkowitz, Helios, Bd. 1, S. 92; Kotzebue, Bd. 2, S. 204.

[77] Benkowitz, Glogau, Bd. 1, S. 176.

„Einen solchen moralischen Zaun, [...] muß ein jeder Mensch um sich haben, bei denen man ihn fassen kann, ohne ihn durch körperliche Strafen zu erniedrigen."[78]

Die Kritik an der Strafpraxis, die Benkowitz hier äußert, ist Teil einer europäischen Diskussion, die die Aufklärer im letzten Drittel des 18. Jahrhunderts führten. Sie bezichtigten das Ancien Régime der Rohheit und Brutalität und projektierten eine Bestrafung, die nicht mehr den Körper, sondern die Seele treffen sollte.[79] Denn, so Benkowitz:

„D i e   S e e l e   b e g e h t   d a s   e i g e n t l i c h e   V e r b r e c h e n."[80]

Es galt nicht mehr, die Macht der Herrschenden über die Körper zu demonstrieren, sondern die Macht als Instanz in die Körper einzupflanzen. Strafe sollte nicht mehr nur der Sühne, sondern auch der Erziehung und Besserung dienen. Dabei wandten sich die Aufklärer und auch die Reisenden nicht gegen Strafen generell.[81] Benkowitz überlegt einen Moment, ob grausame Strafen zumindest in Italien, „wo eine so abscheuliche Menschenrace ist",[82] nicht doch notwendig seien. Wichtiger erscheint aber die Veränderung der moralischen Einstellung der Verbrecher und aller anderen 'unmoralischen' Menschen.

In diesem Punkt treffen sich die Argumentationen der Autoren zur Armut und zur Strafpraxis. Auch in diesem Fall ist es Aufgabe des Staates, die Erziehung durchzuführen. An der Möglichkeit, durch staatlichen Eingriff den Charakter der Menschen verändern zu können, kommt auch hier kein Zweifel auf.[83] Im Rahmen welcher Institution eine moralische Prägung vorgenommen werden soll, sagen die Autoren nicht. Doch ebenso wie im Fall der Armut muß Öffentlichkeit vermieden werden, um nicht die öffentliche Moral zu gefährden. Dies ist, so Foucault, der Grund für die rasche Etablierung von Gefängnissen als Strafort im 19. Jahrhundert. Dort wurde den Seelen der Insassen durch eine strenge Disziplin über die Körper

---

[78] Ebd., S. 178. In den Kategorien von Gewissen und Moral behandelt auch Kotzebue die Hinrichtung, wenn er den Henker, der lacht, deswegen als „Teufel" bezeichnet und überlegt, ob er wohl in der folgenden Nacht ruhig habe schlafen können (Bd. 2, S. 201, S. 204).

[79] Foucault, S. 25, S. 131. Vgl. Dülmen, Theater, S. 170.

[80] Benkowitz, Glogau, Bd. 1, S. 181.

[81] Foucault, S. 17, S. 99.

[82] Benkowitz, Glogau, Bd. 3, S. 185.

[83] Z.B. Rehfues, Miscellen, Bd. 1, S. 192.

die neue Moral vermittelt. Vorbild für das Gefängnis war das Arbeitshaus.[84] Beide Einrichtungen ließen öffentliche Grausamkeit und offensichtliches Elend verschwinden.

Mit den Körpern der Verurteilten und Bettler verschwinden auch der Widerwille oder die Ohnmacht, denen sich die Reisenden in ihrem eigenen Körper ausgesetzt fühlen und die ihr moralisches Inneres bedrängen. Übrig bleiben nur die 'guten Gefühle' des Gebildeten: bei der Erinnerung an Aeneas oder beim Almosengeben.

3. Die Auflösung der systematischen Gesellschaftskritik

Den deutlichen Kontinuitäten in der Beschreibung der Stadt und der Abgrenzung von Adel und Kirche steht nach 1800 ein ebenso klares Abrücken von wesentlichen aufklärerischen Positionen gegenüber. So verzichten die meisten Autoren auf den bis dahin üblichen kurzen Abriß der neapolitanischen Geschichte, aus dem der Volkscharakter und der schlechte Zustand des Staates abgeleitet wurden.[85] Sicher wird Konradin weiter erwähnt, sein Tod dient aber nicht mehr als Orientierungspunkt in der aktuellen politischen Auseinandersetzung. Ebenfalls fast ganz verschwunden ist die Erörterung des Handels. Die Reisenden, vor 1799 noch entschiedene Vertreter des Freihandels und zumindest oberflächliche Kenner der inneren Wirtschaftsverhältnisse, äußern sich zu beiden Themen nicht mehr. Nur am Rande werden noch die vielen Ausländer unter den großen Kaufleuten und die falsche Orientierung der neapolitanischen Händler auf schnelle Spekulationsgewinne erwähnt.[86] Handwerk und Industrie erscheinen weiterhin kaum in den Texten.[87]

---

[84] Foucault, S. 159, S. 168f.. Der Mailänder Aufklärer Beccaria fordert explizit die Erziehung der Straftäter im Arbeitshäusern (Dülmen, Theater, S. 172).

[85] Ausnahmen sind hier Recke (Bd. 3, S. 26ff.) und Rehfues (Gemählde, Bd. 1, S. 17ff.). Für Recke ist Neapels Geschichte weiter gekennzeichnet von Genuß, Ausschweifungen und – auch päpstlichen – Greueltaten. Rehfues erwähnt nur die vielen fremden Einflüsse, gegen die die Neapolitaner gleichgültig blieben.

[86] Benkowitz, Glogau, Bd. 3, S. 211; Kotzebue, Bd. 2, S. 217; Seume, S. 345; Rehfues, Gemählde, Bd. 2, S. 57. Selbst Philipp Andreas Nemnich: Reise durch Italien. Vom December 1809, bis zum April 1810, Tübingen 1810, in: Ders., Tagebuch einer der Kultur und Industrie gewidmeten Reise, 8 Bde., Tübingen 1809–10, Bd. 7, S. 162–176, dessen Buch ein Handbuch für Kaufleute ist, geht in seiner Beschreibung des neapolitanischen Handels wenig über die Reiseberichte hinaus. Immerhin erwähnt er die Kontrolle von Preisen und Exporten durch neapolitanische Kaufleute und Stadtverwaltung (S. 165).

[87] Kurze Erwähnungen bei Kotzebue, Bd. 2, S. 141; Seume, S. 345. Nemnich, S. 171, schreibt von wenigen „Industrie-Erzeugnissen", die häufig von schlechter Qualität seien.

Die Apologie des Mittelstandes verschwindet bei der Mehrheit der Autoren. Nur hier und da findet man noch eine Bemerkung, die die Orientierung auf die Gruppe zwischen Adel und Unterschichten erkennen läßt. Eichholz, Rehfues und Brun stimmen hingegen ein vor 1799 nicht gekanntes Hohelied auf die 'Mittelklasse' an. In den großen Städten Italiens sei sie die einzige soziale Gruppe, die sich durch Fleiß, Mäßigkeit, Sparsamkeit und reine Sitten auszeichne. In Neapel entdeckt Rehfues eine bedeutende Mittelklasse, die ohne jene Laster sei, „in welchen sich die höchsten und niedrigsten Stände begegnen"[88]. Die neapolitanischen Handwerker arbeiteten auf offener Straße, die Verteilung der Gewerbe auf bestimmte Straßen erleichterten dem Kunden den Preisvergleich:

> „Hierher geht also, wer sich mit dem dolce far niente der Italiener versöhnen will; er wird nur den erfreulichen Anblik einer wohlhabenden, thätigen, und somit glücklichen Menschenklasse genießen. Diese Menschen sind gute Bürger.[...] In ältern Zeiten waren es in Italien die Handwerksinnungen, welche den Kampf gegen den Aristokratismus am kraftvollsten bestanden."[89]

Für Rehfues ist der Mittelstand also immer noch der Fels in der Brandung, der auch den Extremen von Revolution und Restauration standhält. Dabei rechnet er, wie Stegmann und im Unterschied zu den übrigen Autoren, die Handwerker ganz selbstverständlich dazu. Sie verteidigen jetzt die Prinzipien des freien Marktes, der es dem Kunden ermöglicht, das beste Angebot auszuwählen. Deutlicher als in den Berichten vor 1799 wird der Mittelstand hier noch einmal idealisiert, indem ihm als einziger gesellschaftlicher 'Klasse' die hochgeschätzten Tugenden Arbeitsamkeit und 'Sittlichkeit' zugeschrieben werden. Er vertritt die Prinzipien des Freihandels und wird als moralische Insel innerhalb der Gesellschaft und der politischen Umwälzungen der Zeit charakterisiert. Dieser idealtypische Mittelstand ist es, der als vorbildliches politisches Subjekt von den Reisenden entworfen und auf die neapolitanische Realität projiziert wird. Der real vorgefundene Mittelstand in Neapel weicht, z.B. mit seiner Orientierung am adeligen Lebensstil, von diesem Idealtyp ab und wird dafür oft genug kritisiert.[90]

---

[88] Rehfues, Gemählde, Bd. 1, S. 79. Im gleichen Sinn Eichholz, Bd. 3, S. 128; Brun, Sitten, S. 258; Rehfues, Miscellen, Bd. 5, S. 96–102.

[89] Ebd., S. 80f.

[90] Seume (S. 159) und Eichholz (Bd. 3, S. 116) halten die Orientierung der Kaufleute am adeligen Lebensstil für verderblich. Kotzebue, Bd. 2, S. 189, kritisiert den Mittelstand, weil er wie die Unterschichten Lotto spielt und abergläubisch ist. Rehfues, Gemählde, Bd. 2, S. 148, kritisiert die Orientierung auf den Anwaltsberuf aus Gewinngründen. Neben der Kritik am 'realen' Mittelstand zeigen diese Äußerungen auch, wie ungenau der Begriff die sozialen Gruppen be-

Die einschneidendste Veränderung in den Berichten aber ist die weitgehende Auflösung der Kritik am 'Feudalsystem'. Auch zu diesem Thema schweigen die meisten Autoren jetzt. Ausnahmen gibt es nur wenige. Recke hält zumindest noch den Landbesitz der Bauern für notwendig. Seume und Rehfues halten an der bisherigen Kritik fest, und zumindest letzterer tritt weiter für die Enteignung des Adels und der Kirche ein.[91] Explizit wird der Meinungsumschwung, den die Mehrheit der Autoren zwischen 1800 und 1806 stillschweigend vollzieht, in Friederike Bruns Reisebericht. Sie unternahm ihre zweite Reise nach Neapel in den Jahren 1809/10.

Nachdem das Königreich Neapel 1806 erneut von den Franzosen erobert worden war, schaffte der von Napoleon als König eingesetzte Murat in den Jahren 1808/09 die feudalen Rechts- und Besitzverhältnisse ab. Ein Teil des adeligen Grundbesitzes, später auch Staatsland und Kirchengüter wurden verkauft. Bei den Käufern handelte es sich fast ausschließlich um Adelige und Beamte, die dem Hof nahestanden, und um Angehörige des Provinzbürgertums. Zwar sollten auch Kleinbauern Land erhalten, doch kam es dazu nicht mehr, weil die Reform vorher abgebrochen wurde.[92] Immerhin wurden aber wesentliche Forderungen der europäischen Aufklärung, die Durchsetzung des Prinzips des freien Eigentums und die Abschaffung feudaler Rechte und Jurisdiktion, nun in die Wirklichkeit umgesetzt. Auch nach Rückkehr der Bourbonendynastie 1815 konnten diese Reformen nicht mehr rückgängig gemacht werden.

Brun reagiert als einzige Autorin auf diese Veränderungen. Statt die Reform zu begrüßen, bricht sie nun aber eine Lanze für die Adeligen, deren Existenz sie bedroht sieht. Viele der ersten Familien seien schon verarmt. Zwar müsse man die Landverteilung an die Gemeinden gutheißen, aber dafür dürfe der adelige Grundbesitz nicht angerührt werden, denn:

„Hier ist nicht etwa von barbarischen Feudalrechten die Rede, sondern vom Besitz eines durch Jahrhundert lange Vererbung angestammten Vatererbes!"[93]

Obwohl sie an anderer Stelle den „äußerst geistvollen"[94] Innenminister Giuseppe Zurlo lobt, hält sie das von ihm eingesetzte Gericht für die Landreform für „ein

---

zeichnet, die er umfassen soll. So kommt Rehfues nur deshalb zu der Feststellung, es gebe einen zahlreichen Mittelstand, weil er die Handwerker mit einbezieht.

[91] Recke, Bd. 3, S. 16; Rehfues, Gemählde, Bd. 1, S. 217, Bd. 2, S. 128; Seume, S. 297, S. 344. Vgl. Keller, S. 66.

[92] Pasquale Villani: Il Decennio Francese, in: Storia del Mezzogiorno, Bd. IV, Halbb. II, Rom 1986, S. 577–639, S. 605ff., S. 615.

[93] Brun, Sitten, S. 251. Brun behauptet, es gäbe genug brachliegendes Land, das man verteilen könne. Ob sie hier die ebenfalls zur Verteilung anstehenden Gemeindeländer meint, bleibt unklar.

wahres Revolutions-Tribunal"⁹⁵. Die wirtschaftliche Lage des Adels war in dieser Zeit wegen hoher Steuern und verringerter Einnahmen tatsächlich kritisch.⁹⁶ Bruns Darstellung, die die Reform in die Nähe des Terreurs der Französischen Revolution rückt, erweist sich jedoch als parteiisch. Das schon 1806 unter dem nur kurz regierenden Bruder Bonapartes, König Joseph, verabschiedete Reformgesetz beließ dem Adel den größeren Teil des Grundbesitzes. Das Sondergericht entschied nur über die zwischen Gemeinden und Adel strittigen Fälle, die während des Ancien Régime so lange die Gerichte beschäftigt hatten. Vor allem beschleunigte es die Entscheidung der Streitfälle und beseitigte damit einen zentralen Kritikpunkt der Reisenden: die Vorteile, die Justizapparat und Anwälte aus diesen Auseinandersetzungen bis dahin gezogen hatten.⁹⁷ Brun ergreift hier Partei in einer auch in Neapel geführten Auseinandersetzung zwischen Zurlo und liberalen Adeligen, die sich in ihren Besitzrechten bedroht sahen. Ihre Stellungnahme in dieser Sache ist typisch für eine ganze Reihe von deutschen wie auch italienischen Aufklärern, die zwar die alten Reformforderungen, z.B. nach gerechterer Verteilung des Eigentums an Land, nicht aufgaben, eine radikale Durchsetzung aber unter dem Eindruck der Französischen Revolution ablehnten.⁹⁸

Die Argumentation der Reisenden zwischen 1800 und 1811 ist gekennzeichnet von einer schleichenden Erosion der im 18. Jahrhundert entwickelten Sichtweise auf die neapolitanische Gesellschaft. Zwar werden die grundsätzliche Wahrnehmung der Stadt und wesentliche Positionsbestimmungen in Auseinandersetzung mit gesellschaftlichen Gruppen beibehalten oder sogar verschärft, wie im Fall der katholischen Kirche. Verloren geht aber das System der Kritik, das alle gesellschaftlichen Erscheinungen in einen Zusammenhang brachte und nach der Perspektive der Aufklärung ausrichtete. Die Interpretation der Geschichte als Kampf zwischen Fortschritt und Mächten des Verfalls verschwindet. Die Kritik an einem Staatsapparat, der sich durch die Vielzahl seiner historisch gewachsenen Mißstände aus-

---

[94] Brun, Sitten, S. 18.

[95] Ebd., S. 252.

[96] Anna Maria Rao: La prima Restaurazione borbonica, in: Storia del Mezzogiorno, Bd. IV, Halbb. II, Rom 1986, S. 541–574, S. 555.

[97] Villani, Decennio, S. 605f. Diese Kritik wurde auch von den neapolitanischen Aufklärern Galanti und Cuoco geteilt. Vgl. Pasquale Villani: Introduzione, in: V.Cuoco, Saggio storico sulla rivoluzione di Napoli, 2.Aufl. Bari 1980, S. V-LIII, S. XIII.

[98] Brun selbst fordert Landeigentum für die Pächter in beiden Reiseberichten (Fortsezzung, S. 178; Sitten, S. 251). Vgl. Fritz Valjavec: Die Entstehung der politischen Strömungen in Deutschland 1770–1815, München 1951, S. 177; Visceglia, Genesi, S. 187f.

zeichnet, bleibt ebenfalls aus.[99] Überhaupt nimmt die Genauigkeit der sozialen Analyse in traditionellen Bereichen der Reiseliteratur ab, obwohl neue Bereiche der sozialen Realität beschrieben werden.

Schon vor 1799 erwähnten die Reiseberichte viele aktuelle politische Ereignisse nicht, wohl weil sie als bekannt vorausgesetzt wurden. Die großen Umwälzungen im Königreich seit 1799: die Vertreibung des Königs und seine Rückkehr mithilfe eines von Kardinal Ruffo geführten Volksheeres, die kirchenfreundliche Politik Ferdinands mit der Rückkehr der Jesuiten und das erneute Scheitern einer Finanz- und Justizreform werden gar nicht oder nur am Rande erwähnt.[100] Von der vollkommenen Auflösung staatlicher Ordnung in den Provinzen berichtet nur Seume. Dies ist wohl darauf zurückzuführen, daß es aktuelle Veröffentlichungen über die militärischen und politischen Ereignisse gab oder die Autoren nicht genau genug über die Vorgänge im Staatsapparat unterrichtet sein konnten.[101]

Die Abfolge der von Napoleon eingesetzten Könige, Joseph von 1806 bis 1809, Murat von 1809 bis 1815, wird als bekannt vorausgesetzt. Erst nach 1806 werden politische Einzelheiten wieder stärker erwähnt. Vor allem bei Friederike Brun scheint die schlechte Wirtschaftslage infolge der englischen Handelssperre und die prekäre Lage der Monarchie auf, die zeitweise kaum mehr als Neapel und seine Umgebung beherrschte. In der Provinz brach seit 1806 eine erneute Welle von Aufständen los, die von französischen Truppen nur mit äußerster Brutalität niedergeworfen werden konnte.[102] In diesem regelrechten Krieg gegen die Briganten ergreifen die Autoren eindeutig Partei gegen die Franzosen, können ihn aber nur vom Hörensagen schildern.[103] Unerwähnt bleiben viele der innenpolitischen Refor-

---

[99] Ausnahme ist hier allein Recke, Bd. 3, S. 34.

[100] Benkowitz erwähnt die Wiederzulassung des Jesuitenordens (Neapel, S. 394). Die Polizeiminister Medici und Ascoli werden wegen ihres Einsatzes für die öffentliche Sicherheit gelobt (Kotzebue, Bd. 2, S. 189; Rehfues, Miscellen, Bd. 3, S. 12) Der Minister Zurlo, dessen Finanzreform scheitert, wird von Benkowitz gelobt. Der Zusammenhang zwischen seinem Rücktritt und dem Beharrungswillen des hauptstädtischen Machtblocks wird aber nicht benannt. Vgl. Rao, Restaurazione, S. 548–565.

[101] Seume, S. 343ff., S. 284. Er erwähnt auch die Eingliederung einiger Brigantenführer in das königliche Heer, die damit für die Beteiligung an der Volksbewegung gegen die Franzosen und die neapolitanische Republik belohnt wurden. Wiederholt wird die Unsicherheit der Straßen hervorgehoben. Vgl. Keller, S. 77; Rehfues, Miscellen, Bd. 3, S. 12. Zu den Veröffentlichungen nach 1799 vgl. Kap. V.1., Anm.1.

[102] Vgl. Villani, Decennio, S. 617ff., S. 623ff. Brun zur Wirtschaftslage: Sitten, S. 23f., S. 209, S. 253f.; zur prekären militärischen Lage: Brun, Sitten, S. 8, S. 194; Uklanski, S. 446.

[103] Uklanski, Bd. 2, S. 441, S. 470; Brun, Sitten, S. 18, S. 95; Pückler, S. 245; Morgenstern, S. 47. Vgl. Gaetano Cingari: Brigantaggio, proprietari e contadini nel sud (1799–1900), Reggio Calabria 1976, S. 50, S. 70. Hatten die Reisenden vor 1806 die 'Polizeiminister' gelobt, so

men, die die 'französischen' Könige nun mit einer unerhörten Konsequenz und Schnelligkeit vornahmen, obwohl sie genau in den Bereichen ansetzten, deren Zustand die Reiseberichte kritisiert hatten. So wurden die Gerichte dezentralisiert und die Konzentration der Entscheidungsbefugnisse in der Hauptstadt abgeschafft. Die Steuerlast wurde gleich verteilt, die Exemtionen für den Adel und Klerus aufgehoben. Der Binnenhandel, einschließlich der Versorgung Neapels mit Weizen, erfolgte nun nach den Kriterien des Freihandels.[104] Der hauptstädtische Machtblock verlor seine institutionelle Grundlage, und vor allem die Umverteilung des Grundbesitzes stärkte das besitzende Bürgertum. Viele dieser Maßnahmen wurden erst nach 1810 wirksam, so daß sie von den Reisenden nicht mehr wahrgenommen werden können. Wo die ersten Auswirkungen spürbar sind, reagieren sie jedoch alles andere als zustimmend darauf.

Zunächst setzen die Reisenden auch ihre Polemik gegen Mönche und Nonnen fort. Seume sieht in ihnen die Instrumente der 'Despotie', „die permanente Guillotine der Vernunft".[105] Diese Polemik bricht nach 1806 ab. Der Wechsel erfolgt kurz vor der Enteignung der neapolitanischen Klöster durch Murat 1809. Die Gründe, die sein Minister für diesen Schritt angibt, sind die gleichen, die die Reisenden noch bis 1806 genannt hatten.[106] Nach der Enteignung äußert Brun ihr Mitleid mit den Mönchen, die von der neuen Regierung aus ihren Klöstern vertrieben werden und heimatlos umherirren. Zwar hält sie die Aufhebung der reichen Klöster zugunsten gemeinnütziger Aufgaben für sinnvoll,

„[…] allein wie ungerecht, die Unglücklichen darben zu lassen! Wie vielen bleichen, zitternden Greisen begegnet man nicht, aus deren zerlumpten Kutten […] Noth und Mangel reden!"[107]

---

nimmt Neapel in den Beschreibungen nun den Charakter eines Polizeistaates an. Vgl. Uklanski, S. 467; Brun, Sitten, S. 216f., S. 250.

[104] Villani, Decennio, S. 593f., S. 629. Uklanski nennt die Namen der neapolitanischen Minister und berichtet auf drei Seiten von der großen Finanznot, neuen Steuern und der bevorstehenden Einführung des Code Napoleon.

[105] Seume, S. 319. Vgl. Eichholz, Bd. 3, S. 78, S. 125; Rehfues, Gemähtde, Bd. 1, S. 28, S. 219, Bd. 2, S. 46; Kotzebue, Bd. 1, S. 279, Bd. 2, S. 43, S. 82; Recke, Bd. 3, S. 214, S. 259; Benkowitz, Glogau, Bd. 3, S. 220; Ders., Neapel, S. 104, S. 163; Seume, S. 153, S. 278. In den Beschreibungen der Reisenden tauchen wiederholt Mönche oder Klöster auf, die als Symbol des gesellschaftlichen Verfalles figurieren. Vgl. z.B. Seume, S. 280.

[106] Villani, Decennio, S. 612f.

[107] Brun, Sitten, S. 75f. Vgl. auch Uxkull, Bd. 1, S. 57.

Das isolierte Leben im Kloster, bisher Zeichen des 'Müßigganges' und der Nutzlosigkeit für die Gesellschaft, erscheint ihr nun als notwendig, in einer Zeit

> „[...] wo Rückkehr in sich selbst, Absonderung vom immer trüberen Weltgewühle, Hinblick aufs einzig Feste und Unvergängliche, das tiefe Bedürfniß so mancher edlen Seele sein muß! Machet die armen Menschen erst glücklich, o ihr Weltregierer, dann reißt die Klöster nieder!"[108]

Brun vollzieht hier, wie schon bei der Reform des 'Feudalsystems', eine Kehrtwende, die die bisher erbittert bekämpften Gegner gegen die Verwirklichung der eigenen politischen Hoffnungen in Schutz nimmt. Dabei distanziert sie sich nicht generell von ihrer früheren Kritik, doch fallen ihr die Reformen zu radikal aus. Dies ist zunächst Ausdruck ihrer persönlichen politischen Haltung. Es gibt aber auch bei anderen Autoren Anhaltspunkte für eine veränderte Einstellung, die nur weniger deutlich ausfallen. Zum Beispiel die fehlende Kritik am Feudalsystem bei einem Teil der Reisenden. Die Tendenz zu einer veränderten Einstellung gegenüber der katholischen Religiosität macht sich bei verschiedenen Autoren schon vor 1806 bemerkbar. Anläßlich der Hinrichtungen wird die Brüderschaft der 'Bianchi' für ihre Unterstützung des Verurteilten und die Sorge um seine Familie gelobt.[109] Während Benkowitz die 'Ceremonien' des Katholizismus weiter ablehnt, entdecken andere die Faszination gerade dieser Rituale. Rehfues bewundert anläßlich einer Prozession Dauerhaftigkeit und Tradition der katholischen Kirche:

> „Die Triumphzeichen des Pfaffenthums haben überhaupt etwas Imposantes, wenn man denkt, daß sie den Erschütterungen so vieler Jahrhunderte getrotzt haben. [...] Aber wäre die Musik nur etwas besser, das Gedränge nicht gar so groß!"[110]

Fromme Pilger beneidet Eichholz darum, daß sie noch an etwas glauben können, und er bricht in den Ruf aus: „Wie beseeligend ist nicht ein frommer Wahn!"[111]

---

[108] Brun, Sitten, S. 35f. Vgl. auch Uxkull, Bd. 1, S. 54.

[109] Recke, Bd. 3, S. 273; Kotzebue, Bd. 2, S. 196; Rehfues, Gemählde, Bd. 2, S. 51; Kiesewetter, S. 309.

[110] Rehfues, Miscellen, Bd. 2, S. 14f. Vgl. Kotzebue, Bd. 1, S. 278. Recke (Bd. 3, S. 114) macht die fehlende 'Andacht', die die 'Vorfahren' angeblich noch hatten, für die Wirren der Zeit verantwortlich.

[111] Eichholz, Bd. 2, S. 62.

Abb. 4: Bewaffnung der Lazzaroni zu Neapel

Die Distanzierung vom katholischen Dogma und den Praktiken der Institution erhalten alle Autoren aufrecht. Dahinter jedoch kommt ein große Sehnsucht nach festen, christlichen Werten zum Ausdruck. Angesichts des politischen Umbruchs um 1800, angesichts des Scheiterns aufgeklärter Konzepte in der Französischen und der gerade erst niedergeschlagenen neapolitanischen Revolution erhalten die christlichen Werte neuen Glanz. Explizit bringt dies vor 1806 nur Recke zum Ausdruck, die die Religion, egal welcher Konfession, zum unerläßlichen Bestandteil menschlichen Daseins erklärt.[112] Aber auch der politisch radikalere Rehfues meint, eine Beeinflussung der Massen durch aufgeklärte katholische Geistliche hätte die Greuel der neapolitanischen Volksbewegung verhindern können.[113]

4. Die Lazzaroni. Höhepunkt und Verarmung eines Mythos

4.1. Die Lazzaroni 1799: Wilde und Kannibalismus

Einen unerhörten Aufschwung nimmt in den Reiseberichten der Lazzaroni-Mythos. Der Grund hierfür liegt in deren spektakulärer Beteiligung an der Revolution in Neapel. Einhundertfünfzig Jahre nach dem Masaniello-Aufstand und nur wenige Jahre nach der Französischen Revolution greift der 'Pöbel' erneut in die politischen Auseinandersetzungen ein. Der Hang der Unterschichten zu Aufruhr und barbarischer Grausamkeit scheint sich zu bestätigen.

Schrecklich ist, was die Reisenden von der Rückeroberung Neapels durch die Volksarmee Kardinal Ruffos berichten. Sie berufen sich dabei auf die Erzählungen einheimischer Gewährsleute. Rehfues hält die „Gegenrevoluzion von Neapel"[114] für ein so blutiges Ereignis, daß „der Freund der Menschheit" voller Ekel davor zurückschrecken muß.[115] Seume hält den Terror der Französischen Revolution im Vergleich mit den neapolitanischen Ereignissen noch für menschlich:

„Was die Demokraten in Paris einfach thaten, haben die royalistischen Lazaronen und Kalabresen in Neapel zehnfach abscheulich sublimirt. Man hat im ei-

---

[112] Recke, Bd. 3, S. 151.

[113] Rehfues, Miscellen, Bd. 1, S. 80.

[114] Rehfues, Gemählde, Bd. 1, S. 99.

[115] Rehfues, Miscellen, Bd. 2, S. 34ff. Der Artikel ist identisch mit dem 27. Kapitel aus Bd. 1, S. 99–103 des 'Gemählde'. Rehfues veröffentlichte mehrere seiner Artikel aus den 'Miscellen' auch in seinen einige Jahre später erschienenen Büchern. Rehfues berichtet davon, daß ein Republikaner vom 'Volk' im siedenden Öl eines Garkoches ertränkt worden sei, aus dem danach wieder gegessen wurde.

gentlichen Sinne die Menschen lebendig gebraten, Stücken abgeschnitten und ihre Freunde gezwungen, davon zu essen; [...]."[116]

„Die Lazzaroni b r a t e t e n Menschen auf den Straßen, [...]. Viele trugen abgeschnittene Finger, Ohren und dergleichen in der Tasche [...]. Einen Mann trieben sie ganz nackend durch die Straßen, und zwangen ihn stets gebückt mit eingezogenem Leibe zu gehen, denn ein Satan der neben ihm ging, versuchte beständig mit seinem Säbel ihm die Schaamtheile glatt am Leibe weg zu schneiden. [...] Die Weiber trieben es am Ärgsten [...]."[117] (Kotzebue)

Diese Berichte von Verstümmelungen und Kannibalismus könnte man für Erfindungen der Autoren oder der verängstigten neapolitanischen Gewährsleute halten. Die Berichte über ähnliche Ereignisse sind jedoch auch bei italienischen Beobachtern so zahlreich, daß man sie ernst nehmen muß.[118] Die Zeitgenossen erzählen davon, daß besonders Nasen und Ohren, aber auch Köpfe oder Geschlechtsteile abgetrennt wurden. Sie berichten außerdem vom Herausreißen von Herz oder Leber, dem Verscharren der Leichen neben Hundekadavern oder der Verweigerung des Begräbnisses überhaupt. Auch scheint es zuzutreffen, daß sich Frauen an solchen Aktionen beteiligten, wenn auch nicht im von Kotzebue bezeugten Sinn.[119]

Guido Panico hat darauf hingewiesen, daß es sich bei allen diesen Gewalttaten nicht um die 'blinde Gewalt' des Volkes handelt, wie es die Geschichtsschreibung des 19. und teilweise auch des 20. Jahrhunderts wollte. Vielmehr handelt es sich um rituelle Formen der Gewalt, die den Formen offizieller Herrschaft, z.B. in der Strafpraxis, gleichen. Wie diese gehen sie auf ältere, teilweise vorchristliche Muster

---

[116] Seume, S. 343.

[117] Kotzebue, Bd. 2, S. 256. Vgl. Uklanski, Bd. 2, S. 469; Benkowitz, Neapel, S. 389; Ders., Glogau, Bd. 3, S. 161; Recke, Bd. 3, S. 65; Brun, Sitten, S. 314.

[118] Z.B. Anna Maria Rao: La Repubblica Napoletana del 1799, in: Storia del Mezzogiorno, Bd. IV, Halbb. II, Rom 1986, S. 469–539, S. 502; Panico, S. 112. Vgl. auch Dante, S. 91; Raffaele Colapietra: Per una rilettura socio-antropologica dell'Abruzzo giacobino e sanfedista: La festa come „al di là della ragione", in: Ricerche di storia sociale e religiosa, hrsg. von G.de Rosa, 20.Jgg., Nr.40, N.S., Luglio-Dicembre 1991, Rom, S. 113–124, S. 116; Ders.: Per una rilettura socio-antropologica dell'Abruzzo giacobino e sanfedista: L'Anarchia come „mostro della ragione", in: Archivio storico per le province napoletane, Bd. 106, Neapel 1988, S. 387–407, S. 389f., 394f; Mozzillo, Sirena, S. 128; Valenzi, Lazzari, S. 119f.. Burke, Virgin, S. 15, berichtet von ähnlichen Formen der Gewalt auch für das 17. Jahrhundert. Eine genaue Untersuchung des Verhaltens der Unterschicht in den Auseinandersetzungen vor und während der Neapolitanischen Republik liegt nicht vor.

[119] Dante, S. 95. Von besonders grausamen Frauen berichtet auch Nardini, S. 32.

der Wirklichkeitsaneignung und der sozialen Auseinandersetzung zurück.[120] Der Glaube an die heilende Kraft von Arzneien aus menschlichen Körperteilen war in Europa bis in die frühe Neuzeit verbreitet. Der Körper des christlichen Heiligen und sein Blut wurden auch im 18. Jahrhundert für besonders Wunderwirkend gehalten. Bestimmte menschliche Organe wie Herz oder Leber galten als Sitz von Leidenschaften oder Lebenskraft, die man sich durch den Verzehr aneignen konnte.[121] Die staatliche Strafpraxis in Deutschland vollzog noch im 16. Jahrhundert symbolische Strafen an den Körpern der Verurteilten. Eingeweide wurden bei der Vierteilung bei lebendigem Leibe herausgerissen, Verurteilte zusammen mit Hunden oder Katzen in einem Sack ertränkt. Bestrafung und Entehrung durch die Verweigerung eines christlichen Begräbnisses, durch die die Auferstehung verhindert werden sollte, waren ebenfalls bekannte Formen staatlicher Bestrafung.[122] Rituelle Formen innerhalb der sozialen Auseinandersetzung, begleitet von einem symbolischen Umgang mit dem menschlichen Körper, sind in der frühen Neuzeit für ganz Europa bezeugt.[123]

Gleichzeitig diente der Vorwurf des Kannibalismus seit der Antike der Ausgrenzung aus der menschlichen Gesellschaft. Wer Menschen aß, stellte sich außerhalb der Gesellschaft, die ihn nun nicht mehr als ihresgleichen behandeln mußte. Schon Griechen und Römer schrieben den Kannibalismus den am Rande der ihnen bekannten Welt lebenden 'Barbaren' zu. Hugenotten und Katholiken beschuldigten sich im 16. Jahrhundert gegenseitig des Kannibalismus, und auch aus der Französischen Revolution wird davon berichtet.[124]

Schließlich galt Kannibalismus seit dem 17. Jahrhundert als Kennzeichen des Naturzustandes, also einer niedrigeren Kulturstufe.[125] In diesem Sinne denkt Benkowitz an „Karaiben"[126], die einen Menschen braten wollen, als er Angehörige des neapolitanischen 'Pöbels' um eine brennende Pechtonne herumstehen sieht.

---

[120] Panico, S. 112–145. Vgl. Dante, S. 83; Rao, Repubblica, S. 502.

[121] Piero Camporesi: Geheimnisse der Venus. Aphrodisiaka vergangener Zeiten, Frankfurt/M. 1991, S. 1ff.; Dülmen, Theater, S. 95, S. 163; Panico, S. 128; Anthony Pagden: Cannibalismo e contagio: sull'importanza dell'antropofagia nell'Europa preindustriale, in: Quaderni storici, Nr.50, 17.Jgg., Nr.2, August 1982, Bologna, S. 533–550, S. 545; Sodano, S. 355f.

[122] Dülmen, Theater, S. 123, S. 127 und S. 137; Panico, S. 125; Pagden, S. 539.

[123] Hier kann nur summarisch auf die Arbeiten E.P. Thompsons zur 'moral economy' oder N.Z. Davis' Artikel zu den 'Riten der Gewalt' verwiesen werden. Eine ganze Reihe von Beispielen nennt Panico für Neapel, S. 120–132.

[124] Pagden, S. 533f., S. 538, S. 544.

[125] Pagden, S. 543, S. 547.

[126] Benkowitz, Helios, Bd. 2, S. 320.

So eigneten sich die Formen der populären Gewalt in Neapel 1799 vorzüglich dazu, den 'Pöbel' in den Augen der Reisenden vollkommen zu diskreditieren. Da sie die eigene europäische Tradition nicht mehr kannten oder ablehnten, mußte sie ihnen als höchste Form der Wildheit erscheinen. Einen sozialen Sinn der Volksbewegung leugnen sie. Die Benennung des Volksheeres nach dem 'Santa Fede' werde, so Benkowitz, nur vorgeschützt und sei in Wirklichkeit gleichbedeutend mit Mord und Plünderung.[127]

Kennzeichnend für die Wahrnehmung der Autoren ist die Tatsache, daß sie die 'Anarchie' nach dem Einzug der Truppen Kardinals Ruffos schildern, den militärischen Widerstand der Unterschichten gegen den Einzug der Franzosen ein halbes Jahr zuvor jedoch nicht erwähnen. Die spektakuläre Parteinahme der Unterschichten für die Monarchie, gegen die Revolution und die aufklärerische Oberschicht im Neapel des Jahres 1799 hat zuerst die liberalen, dann die marxistischen Intellektuellen in Italien immer wieder über den politischen und kulturellen Bruch zwischen fortschrittlicher Politik und bäuerlicher Unterschicht nachdenken lassen.[128] Die deutschen Reisenden beachten diese im Vergleich zur Französischen Revolution entscheidende Differenz im Unterschichtverhalten nicht. Beide Ereignisse erscheinen aus ihrer Perspektive als gleicher Ausdruck der Grausamkeit des Pöbels.

4.2. Die 'guten' Aufklärer der Neapolitanischen Republik und das 'aufrührerische' Volk

Gegen das 'wütende' Volk setzen die Reisenden als positive Identifikationsfiguren die Mitglieder der Neapolitanischen Republik, denen nach ihrer Gefangennahme zunächst die Freilassung versprochen wurde, die dann jedoch auf Weisung des Königs hingerichtet wurden. Einige Autoren bewerten dieses Verhalten Ferdinands als Verrat. Alle mißbilligen die zahllosen Hinrichtungen – etwa 120 – und die 2000 Verbannungen.[129] Obwohl die Stellungnahme der Autoren sich hier differen-

---

[127] Benkowitz, Neapel, S. 389.

[128] Der erste war Vincenzo Cuoco, der 1805 die These von den durch zwei verschiedene Kulturen und Jahrhunderte der Geschichte getrennten 'Rassen', Unterschicht und Bürgertum, aufstellte, an der sich italienische Intellektuelle bis heute abarbeiten. Gramsci und Pasolini haben sich aus entgegengesetzten Positionen heraus mit dem Problem eines zwischen Moderne und bäuerlichen Traditionen zerrissenen Italien auseinandergesetzt. Vgl. z.B. Rao, Repubblica, S. 497, S. 501ff.; Aurelio Lepre: Storia del Mezzogiorno d'Italia, 2 Bde., Bd. 2, Dall'Antico Regime alla società borghese, 1657–1860, Neapel 1986, (Collana di storia moderna e contemporanea; Bd. 12 und 14), S. 185.

[129] Brun, Sitten, S. 17; Eichholz, Bd. 3, S. 226f.; Recke, Bd. 3, S. 36; Seume, S. 149, S. 344; Rao, Restaurazione, S. 544.

ziert, halten doch die meisten die Republikaner für 'rechtliche Leute'.[130] Brun und Eichholz steigern sich zu einer wahren Apologie auf die Hingerichteten. In den Toten sehen sie „die Blüthe der edelsten Menschen", hingerafft durch die „Doppelgestalt des Revolutionsscheusals und der treulosen Tyrannei zugleich"[131] (Brun).

Wer aber sind nun diese Männer? Es sind vor allem die Wissenschaftler und Aufklärer, die sich an dem Experiment der nur ein halbes Jahr währenden Republik beteiligt hatten: der Marineoffizier Herzog Caracciolo, der Naturwissenschaftler und Arzt Cirillo, Pagano, Anwalt und Mitglied der provisorischen Regierung, Dragonetti, Autor einer Schrift zur Rechtsreform und Mitglied des Kassationsgerichts der Republik.[132] Wie schon vor 1799 sind es wieder die Vertreter aufgeklärter Ideen, in Neapel aus den Reihen des Adels und der bürgerlichen Beamten, Anwälte und Gelehrten, die als Identifikationsgruppe für die Reisenden dienen. Dabei ist der Bezug auf die Aufklärer sehr generell und kann keineswegs als Parteinahme für die eine oder andere Fraktion der in sich sehr heterogenen Gruppe von Republikanern gesehen werden. Erwähnenswert ist immerhin, daß die Vertreter einer radikalen Politik, z.B. bei der Abschaffung des 'Feudalsystems', nicht genannt werden.[133]

Die Hinrichtungen der Republikaner auf dem Mercato wecken erneut die Erinnerungen an Konradin und Masaniello.[134] Der Platz, der einerseits mit dem volkstümlichen Neapel, andererseits mit den seit dem Mittelalter dort getöteten hervorragenden Männern assoziiert wurde, wird nun auch zum Ort, an dem sich die historisch unwandelbare politische Unzuverlässigkeit des Volkes erneut offenbart.

„Hierher muß der Volksredner kommen, der Neapel aus seinen Angeln heben will. [...] Hier wurde der Funke des Aufruhrs immer zuerst ausgeworfen [...]. Leicht bewegst du sie hier zum Guten und zum Bösen; am leichtesten, wenn du ihnen von Haß gegen die Reichen, von Raub und Plünderung sprichst. [...] Auf diesem Plaze war das Theater der kurzen Größe des Fischers Masaniello. Hier versammelte er die hundert und fünfzigtausend Menschen um sich, [...] mit denen er seinen Mitbürgern ein besseres Loos errungen hätte, wären sie dessen würdig gewesen.[...] hier trugen sie ihn her auf ihren Schultern, und riefen

---

[130] Seume, S. 346; Recke, Bd. 3, S. 35. Nur Kotzebue geht einer Stellungnahme aus dem Weg, indem er schreibt, bei so widersprüchlichen Augenzeugenberichten sei ein Urteil nicht möglich.

[131] Brun, Sitten, S. 215f. Vgl. Eichholz, Bd. 3, S. 221.

[132] Eichholz, Bd. 3, S. 226ff.; Claudia Petraccone: Napoli nel 1799: rivoluzione e proprietà, Neapel 1989, S. 38, S. 88, S. 103, S. 281; Rao, Repubblica, S. 473, S. 516.

[133] Vgl. Rao, Repubblica, S. 498; Petraccone, Rivoluzione, S. 103.

[134] Benkowitz, Neapel, S. 165; Recke, Bd. 3, S. 65.

ihm den Nahmen Vaterlandsbefreier zu; und hier lag er nur wenige Tage nachher [...] und sie weinten nicht [...]. Das ist Volkskarakter!"[135]

Wie im 17. Jahrhundert Masaniello, so war es – nach Rehfues' Darstellung – vierhundert Jahre vorher schon Konradin ergangen. Auch ihn verteidigten die Neapolitaner angeblich nicht gegen seine Mörder. Daher kommentiert Rehfues:

„Da laß uns niedersizen an den Stufen des Altars, in welchem Konradin von Schwaben ruht, und nachdenken: warum noch nie ein Volk glücklich geworden ist?"[136]

Rehfues faßt hier in literarisch wirksamer Form das traditionelle Urteil der Reiseberichte über den politischen Charakter des Volkes zusammen. Gleichzeitig enthält dieser Abschnitt aber auch seine Stellungnahme zu den Bedingungen politischer Veränderung überhaupt. Die neapolitanische Geschichte und die Französische Revolution, die von den Reisenden beim Thema Volksaufruhr immer mitgedacht wird, haben bewiesen, daß eine sinnvolle Reform der Gesellschaft, wie die Autoren sie immer noch fordern, mit Beteiligung des Volkes nicht möglich ist. Alle seine 'aufgeklärten' Herrscher oder Führer hat das neapolitanische Volk im Stich gelassen. Aufgrund seines zu Aufruhr neigenden, unsteten Charakters wandte es sich oft sogar gegen sie.

Wie die Formulierung Bruns von der 'Doppelgestalt' Revolution/Tyrannei zeigt, bewegen sich die Autoren in ihrer Stellungnahme zu den revolutionären Ereignissen zwischen einer eindeutigen Verurteilung des Regimes unter Ferdinand und einer mehr oder weniger großen Distanz zur Republik. Denn das Lob für die toten Republikaner ist bei keinem der Reisenden begleitet vom Lob für die Revolution. Sie geben sich vielmehr als neutrale Beobachter der augenblicklichen Kräfteverhältnisse in Neapel, die vom Streit der Parteien, Verfolgung und Verbitterung beherrscht seien. Die Aussichten auf eine Besserung beurteilen sie eher negativ.[137]

Das Verhältnis zwischen König, Adel und Volk ist nach Meinung der meisten Autoren endgültig zerrüttet. Ferdinand sei, so Benkowitz, verbittert darüber, daß ihm während der Republik niemand die Treue halte; die 'Vornehmen' würfen ihm das unerbittliche Vorgehen gegen die Sympathisanten der Republik vor, die in ihrer

---

[135] Rehfues, Gemählde, Bd. 1, S. 58f.

[136] Rehfues, Gemählde, Bd. 1, S. 60.

[137] Seume, S. 346; Recke, Bd. 3, S. 257; Brun, Sitten, S. 218; Benkowitz, Glogau, Bd. 3, S. 227f. Dieses Urteil bleibt vor und nach 1806 gleich, wobei die Autoren nach 1806 in ihrer Beurteilung der innenpolitischen Verhältnisse deutlich von ihrer Ablehnung Frankreichs geleitet werden.

Mehrzahl keine Jakobiner waren. Das Volk in Neapel und in der Provinz fühle sich von Ferdinand verraten, da er beim Anmarsch der Franzosen nach Sizilien floh, obwohl es bereit gewesen wäre, ihn zu verteidigen.[138] Das vielbeschworene Bündnis zwischen König und Lazzaroni existiere nicht mehr.[139] Rehfues bezeichnet die Rücksichtnahme der Monarchie auf das Volk aus Angst vor Revolten als historisch begründet. Nunmehr behindere diese aber notwendige Reformen.

„Der Pöbel wird immer schreien, so oft man ihn aus seiner gewohnten Lage bewegt; und wie er undankbar ist gegen das Gute, so höre man auch nicht auf seine Vorwürfe, schreite still aber mutig vorwärts und lasse sich's am Bewußtsein genügen, das N ü z l i c h e auch ohne Hoffnung auf Erkenntlichkeit gethan zu haben!"[140]

Rehfues vertritt hier das Konzept einer Reformpolitik von oben. Diese stellt er den wechselnden Bündnissen zwischen Monarch, Adel und Volk gegenüber, die für ihn ein Merkmal des Ancien Régime sind.[141] Einzige gesellschaftliche Kraft dieser Reform könne nur der Monarch sein, unterstützt von reformfreudigen Ministern und Beamten. Dieses Konzept schwebt allen Autoren vor, die einhellig und unabhängig von sonstigen Differenzen die 'Regierung' für die große Armut, den Zustand des Staatsapparates, der Ökonomie und der Moral des Volkes verantwortlich machen.[142] Vom Staat und nicht zuletzt vom Monarchen hängt der Zustand der Gesellschaft ab. Daher die zahlreichen Parallelen, die zwischen dem unsittlichen Le-

---

[138] Recke, Bd. 3, S. 261; Benkowitz, Glogau, Bd. 3, S. 227f.; Seume, S. 343; Eichholz, Bd. 3, S. 72. Die historische Forschung bestätigt den Bruch zwischen aufgeklärter Oberschicht und Monarchie. Die Monarchie interpretierte die Revolution als Revolte des Adels und schaffte daher die politische Repräsentation des Adels ab. Dante meint in den Aktionen des Volkes nach 1799 die Enttäuschung über den König und eine Aufkündigung des Vertrauensverhältnisses zu ihm entdecken zu können. Vgl. Rao, Restaurazione, S. 553; Dante, S. 123, S. 132f.

[139] Trotzdem berichten verschiedene Autoren von der Rücksichtnahme des Königs oder seiner Einflußnahme durch Prediger auf den Pöbel. Vgl. Kotzebue, Bd. 1, S. 263; Benkowitz, Helios, Bd. 2, S. 322; Eichholz, Bd. 3, S. 70; Rehfues, Gemählde, Bd. 2, S. 124.

[140] Rehfues, Gemählde, Bd. 2, S. 4. Vgl. Ders., Briefe, Bd. 1, S. 173.

[141] Vgl. Rehfues, Gemählde, Bd. 1, S. 20; Ders, Briefe, Bd. 1, S. 173.

[142] Verantwortung für die Armut: Benkowitz, Helios, Bd. 2, S. 307; Recke, Bd. 3, S. 22. Für die öffentliche Ordnung: Seume, S. 154, S. 165; Rehfues, Gemählde, Bd. 1, S. 179; Ders., Briefe, Bd. 1, S. 181; Benkowitz, Helios, Bd. 1, S. 53; Recke, Bd. 3, S. 259. Für die Ökonomie: Seume, S. 345; Rehfues, Miscellen, Bd. 1, S. 147. Für Moral des Volkes: Eichholz, Bd. 4, S. 47; Rehfues, Gemählde, Bd. 1, S. 70; Benkowitz, Glogau, Bd. 3, S. 168; Recke, Bd. 1, S. 103. Für den Staatsapparat: Eichholz, Bd. 3, S. 221; Recke, Bd. 3, S. 29; Rehfues, Miscellen, Bd. 4, S. 12 und S. 120. Generell: Brun, Sitten, S. 314; Kotzebue, Bd. 2, S. 176; Uxkull, Bd. 2, S. 30.

benswandel Ferdinands, der den schlechten Eigenschaften des Volkes so nahe ist, und dem Zustand der verschiedenen Stände gezogen werden. Ein Souverän, der sich nur für die Jagd interessiert und Reformvorschläge aufklärerischer Gelehrter nicht beachtet, gibt der Gesellschaft ein schlechtes Beispiel.[143] Daher ist das Urteil der Autoren über den Zustand des Königreiches auch vernichtend. Benkowitz schlägt nach einer Aufzählung aller Mißstände vor:

„Könnte man nicht jährlich hundert der gescheitesten Neapolitaner auf Reisen schicken, gleichsam auf Wanderjahre, um zu sehen, wie es in andern Ländern hergeht, und sodann in dem ihrigen etwas davon allmählich einführen lassen?"[144]

Zumindest Rehfues und Recke heben den Reformwillen Ferdinands hervor, der jedoch trotz guten Willens zu inkonsequent und schwach war, als daß er Erfolg hätte haben können. Denn „die Säuberung eines Augiasstalles, forderte die Hände eines Herkules"[145]. Im Vergleich zu seinem Vorgänger und Vater Karl III. verblassen seine Anstrengungen, die zumindest von einem Teil der Reisenden vor 1799 noch gelobt oder sogar verherrlicht wurden. Die Reformanstrengungen aus eigener Kraft, so wird hier deutlich, sind in Neapel gescheitert. Nur Hilfe von außen kann nach Meinung der Reisenden noch Veränderung bringen.[146]

4.3. 'Ganz normaler Pöbel'

Während sich die Urteile über das politische Verhalten des neapolitanischen Volkes bestätigen, ja in dem Bild des Kannibalen sogar noch radikalisieren, spinnen die Autoren den alten Mythos von den Lazzaroni noch bis 1806 fort. Allerdings setzt sich nun endgültig die Ansicht durch, daß es sich bei ihnen – trotz des Kannibalismus – nicht um eine Art Eingeborenenstamm handelt, sondern lediglich um ganz normalen Großstadtpöbel, wie er auch in Berlin, Paris und London zu finden sei.

„Die Lazzaroni [...] sind nichts anders, als ein roher, unwissender, wild aufgewachsener Volkshaufe, der sich auf irgend eine Art zu nähren sucht: durch Verkaufen, durch Lasttragen, durch Betrügen, durch Botenlaufen, durch ir-

---

[143] Seume, S. 344; Rehfues, Miscellen, Bd. 1, S. 43, S. 48; Bd. 2, S. 85, Bd. 5, S. 81.

[144] Benkowitz, Neapel, S. 191. Vgl. auch Seume, S. 342ff.

[145] Recke, Bd. 3, S. 34. Vgl. Rehfues, Gemählde, Bd. 2, S. 27, S. 140f.

[146] Benkowitz, Neapel, S. 394.

gendeinen Dienst, den sie jemanden erweisen. In Deutschland hat man in mehreren Rücksichten einen ganz falschen Begriff von ihnen, und vorzüglich, wenn man glaubt, daß es Müßiggänger sind, die an den Straßen herumliegen, und sich mit nichts beschäftigen."¹⁴⁷

Alle wirklich kritischen Deutschen und Italiener „betrachten die Sache als eine Fabel, und lachen darüber."¹⁴⁸ Da die Wahrnehmung der Unterschichtarbeit möglich geworden ist, wächst auch die Differenzierung in der Darstellung ihrer verschiedenen Tätigkeiten. An erster Stelle stehen natürlich weiterhin die von Goethe entdeckten „Mondezzare, welche davon leben, den Dünger und Kehricht in den Straßen auf Esel zu laden, und an die Gärtner zu verkaufen".¹⁴⁹ Sie brächten auf dem Rückweg Gemüse in die Stadt, wie überhaupt viele Lazzaroni Lebensmittel verkauften.¹⁵⁰ Manche bebauten auch kleine Grundstücke, hielten wenige Kühe oder Ziegen, arbeiteten als Schuhflicker oder Lumpensammler. Rehfues bezieht sich sogar auf den Urheber des Mythos vom 'dolce far niente', Montesquieu. Dessen Behauptung, in Neapel ernährten sich 40.000 Lazzaroni von angeschwemmtem Fisch, sei falsch. Die Fischer müßten hier so schwer arbeiten wie anderswo auch.¹⁵¹ Übertrieben worden sei von den Reisebeschreibern auch die Zahl der Lazzaroni, die höchstens 30.000 betrage. Rehfues stellt sogar fest:

> „Uebrigens ist es zuverläßig, daß sich ihre Anzahl in neuern Zeiten immer mehr vermindert hat. Das Aufstreben des Kunstfleisses, die Ausdehnung des Handels und der Schiffahrt, hat wohlthätig auch auf sie gewirkt. Möge es die Zukunft noch kräftiger thun!"¹⁵²

---

¹⁴⁷ Benkowitz, Helios, Bd. 2, S. 33, S. 38. Vgl. auch Rehfues, Gemählde, Bd. 2, S. 123; Eichholz, Bd. 3, S. 64.

¹⁴⁸ Ebd., S. 40.

¹⁴⁹ Benkowitz, Neapel, S. 111f. Die Bezeichnung erscheint schon 1778 bei Volkmann, Bd. 3, S. 157.

¹⁵⁰ Vgl. Kotzebue, Bd. 1, S. 252; Keller, S. 104; Eichholz, Bd. 3, S. 61ff.; Benkowitz, Helios, Bd. 1, S. 150f., Bd. 2, S. 36f.

¹⁵¹ Rehfues, Gemählde, Bd. 1, S. 33.

¹⁵² Rehfues, Gemählde, Bd. 2, S. 127. Zur Anzahl vgl. Eichholz, Bd. 3, S. 364; Rehfues, Gemählde, Bd. 2, S. 123; Benkowitz, Helios, Bd. 2, S. 39; Ders., Glogau, Bd. 3, S. 254; Kotzebue, Bd. 1, S. 378. Zwangsarbeit als Matrosen oder bei den Ausgrabungen in Pompeji schlagen Rehfues und Kotzebue für die verbliebenen Lazzaroni vor, obwohl sich ihre sonstigen politischen Vorstellungen deutlich unterscheiden; vgl. Rehfues, Gemählde, Bd. 2, S. 127; Kotzebue, Bd. 1, S. 378.

Ein weiterer Topos scheint zu fallen, wenn Benkowitz feststellt, daß die Lazzaroni auch Wohnungen haben.[153] Trotz des so vielbeschriebenen milden Klimas sei es im Winter viel zu kalt, um draußen zu schlafen. Eichholz wirft auch gleich einen Blick in diese Behausungen, die 'bassi', die von der Straße aus leicht einzusehen sind.

> „Diejenigen Wohnungen, die ich sah, sind kleine schmutzige Kammern, meist Parterre, mit ein Paar Stühlen und einem Tische, und wenn sie sehr elegant eingerichtet waren – mit einem Bette, worin die ganze Familie gewöhnlich nackt zusammen schläft.(!)"[154]

Allerdings hält die Mehrzahl der Reisenden an der herkömmlichen Darstellungsweise fest: Die Lazzaroni lebten draußen und seien eigentumslos. Immerhin gerät der Mythos vom ewig sonnigen Süden ein wenig ins Wanken, denn Eichholz entdeckt elternlose Kinder und Jugendliche, die auf der Straße leben und am Morgen „vor Frost schnattern".[155]

Obwohl nun die Tätigkeiten der Lazzaroni differenzierter dargestellt werden und sie allgemein als die 'gemeinste' oder auch 'niedrigste Volksklasse'[156] bezeichnet werden, wird der Begriff doch weiterhin fast inflationär auf alle Berufszweige und auf fast jedes Mitglied des 'popolo minuto' angewandt. Oft gehen im Wortgebrauch der Reisenden der 'Pöbel' und seine neapolitanische Abart, die Lazzaroni, im 'Volk' auf.[157]

So widersprüchlich wie die Bezeichnung bleiben auch die weiteren Charakterisierungen. Das Bild vom 'dolce far niente' erscheint weiter in den Berichten, wenn auch deutlich reduziert und durch den Schrecken des Kannibalismus verdunkelt.[158]

---

[153] Benkowitz, Helios, Bd. 2, S. 38.

[154] Eichholz, Bd. 3, S. 67.

[155] Eichholz, Bd. 3, S. 68. Vgl. auch eBd., S. 66; Recke, Bd. 3, S. 25; Keller, S. 104; Brun, Sitten, S. 14; Rehfues, Briefe, Bd. 1, S. 175f.. Der englische reisende Sharp macht diese Beobachtung schon 1766 (Valenzi, Lazzari, S. 122).

[156] Brun, Sitten, S. 249f., S. 313; Eichholz, Bd. 3, S. 64; Rehfues, Gemählde, S. 223.

[157] Seume, S. 269; Kotzebue, Bd. 1, S. 250, S. 259, S. 273, Bd. 2, S. 186; Benkowitz, Glogau, Bd. 3, S. 254; Ders., Helios, Bd. 1, S. 140, S. 182, Bd. 2, S. 41; Eichholz, Bd. 3, S. 66; Brun, Sitten, S. 276.

[158] Eichholz, Bd. 3, S. 70, berichtet von einem Anführer, der vom König besoldet werde und direkten Zugang zu ihm habe. Benkowitz, Helios, Bd. 2, S. 42, leugnet die Existenz eines Anführers und einer Lazzaroni-Organisation, referiert aber ein Gerücht, nach dem der 'capo' den König in Palermo aufgesucht und ihn um eine Verminderung des Getreidepreises gebeten habe. Rehfues, Gemählde, Bd. 2, S. 123, meint, der Vertreter des 'Volkes' im Stadtrat (eletto del popolo) sei von Reisenden irrtümlicherweise für den Lazzaronichef gehalten worden. Zum 'dolce far

Rehfues, der eben noch Montesquieu der Lüge bezichtigte, spinnt nun selbst den Mythos fort, indem er die Lazzaroni mit Diogenes in der Tonne vergleicht:

> „Sind sie eben von dem Maccaronikessel an der Straßeneke zurückgekommen, so könnte ein Alexander sie versuchen, sie würden ihn blos bitten, ihnen aus der Sonne zu gehen."[159]

Nach 1806 bricht die Tradition des Lazzaroni-Mythos ab. Keiner der Reisenden zwischen 1806 und 1815 erwähnt noch die zahlreichen Topoi, die davor Grundlage jeder Neapeldarstellung waren.[160] Der Grund hierfür liegt sicher nicht in der plötzlichen Abnahme des sozialen Elends nach Ankunft der Franzosen.[161] Die Bevölkerungszahl sank ab 1809, doch die Lebensbedingungen auf dem Lande wurden nicht besser, riefen also wohl kaum eine massive Abwanderung aus der Stadt hervor. So dürften die Gründe für das Verschwinden der Lazzaroni aus den Reiseberichten nicht im von Rehfues postulierten Aufschwung der Wirtschaft zu suchen sein, sondern eher in Veränderungen bei den Autoren und beim Genre.

Fortan nimmt die unspezifische Verwendung des Begriffes 'Lazzaroni' in Reiseberichten und Romanen zu. Erst ab 1815 tauchen Versatzstücke des Lazzaroni-Mythos wieder auf, jedoch nur noch als Überreste, während die Lazzaroni endgültig als 'normaler Pöbel' angesehen werden.[162]

5. Das neue Interesse am Volk: Szenen aus dem 'Volksleben'

Während sich die Autoren nach 1800 seltener mit Ökonomie und Politik beschäftigen und andere traditionelle Themen fortschreiben oder variieren, weitet sich

---

niente' vgl. Keller, S. 104. Zum Hang zu Aufruhr und Bedürfnislosigkeit: Benkowitz, Helios, Bd. 2, S. 46; Brun, Sitten, S. 216 und S. 278; Rehfues, Miscellen, Bd. 5, S. 82. Zum Verhältnis zwischen König und Lazzaroni für die Zeit von 1800-06 vgl. Benkowitz, Glogau, Bd. 2, S. 261; Recke, Bd. 3, S. 260; Rehfues, Bd. 1, S. 30.

[159] Rehfues, Gemählde, Bd. 2, S. 126.

[160] Bei Uklanski fehlen sie, bei Morgenstern und Uxkull wird der Begriff Lazzarone nur noch sehr unspezifisch verwandt. Brun berichtet nur noch von der Begleitung Murats bei dessen Einmarsch.

[161] Zwar erhöhte sich die Zahl der Insassen des Armenhauses unter ihrer Herrschaft, und bei öffentlichen Bauten mußten hunderte Arme Zwangsarbeit leisten; daß die Zahl der sichtbaren Armen dadurch entschieden abnahm, ist aber kaum anzunehmen. Vgl. Valenzi, Lazzari, S. 101f., S. 111; Dies., Povertà, S. 64ff.; Pilati, Popolazione, S. 16, S. 40.

[162] Valenzi, Lazzari, S. 100, erwähnt für die zwanziger und dreißiger Jahre des 19. Jahrhunderts Italiener und einen Rumänen, die von den Lazzari berichten. Es bleibt aber unklar, wie genau und umfassend der Mythos noch reproduziert wird.

ihr Interesse für das 'Volk' aus. Dabei entwickeln die Reisenden, besonders Benkowitz und Rehfues, die sich länger in Neapel aufhalten, ein fast ethnographisches Interesse an Alltagspraktiken und 'typisch Neapolitanischem'. Von der Wasserversorgung in den Häusern über in Deutschland unbekannte Lebensmittel bis hin zu den Verzierungen der Straßenstände wird alles beschrieben. Doch bleibt der Blick hinter die Mauern die absolute Ausnahme, allenfalls ein kurzer Blick in die 'bassi' ist möglich. Die Reisenden beschreiben fast nur, was sie auf der Straße sehen. Ihr Blick bleibt der distanzierte Blick des Theaterbesuchers, vor dem sich das Schauspiel des Volkslebens abwickelt und der es für die Leser daheim auch wie ein buntes Schauspiel schildert. Die Konzentration auf Alltägliches, auf die Straßen und öffentlichen Plätze ist dabei Programm, denn „auf den Straßen einer Stadt (offenbart) sich der Geist der Einwohner".[163] Gerade in den alltäglichen 'Kleinigkeiten' kommen die 'Sitten' und das „Nationalcostüm"[164] eines Volkes zum Ausdruck. Mit größerer Anstrengung als vor 1799 sind die Autoren weiter auf der Suche nach dem 'Volkscharakter', wobei die widersprüchlichen Urteile darüber beibehalten werden.[165]

5.1. Der Molo, Straßenleben, das Lotto

Die Topographie der Stadt erweitert sich in der Wahrnehmung der Reisenden um einige Orte. Neben Toledo und Mercato treten nun weitere Plätze, einige Adelspaläste, der Dom, die Katakomben und als wichtigster Ort die 'Studien'.[166] Das

---

[163] Kotzebue, Bd. 1, S. 284.

[164] Ebd., S. 271; vgl. Rehfues, Gemählde, Bd. 1, S. 58f.; Ders., Miscellen, Bd. 2, S. 48; Eichholz, Bd. 3, S. 113.

[165] Die Zuschreibung der schon vor 1800 konstatierten Eigenschaften setzt sich, bei unterschiedlicher Schwerpunktsetzung der Autoren, kaum verändert fort. Hauptmerkmale des Volkscharakters bleiben Müßiggang, Aberglaube, Hang zu Betrug, Habgier, Sittenlosigkeit, Grausamkeit, Sinnlichkeit, Schmutz, Prachtliebe wie auch Fröhlichkeit, Witz, Phantasie und gute natürliche Anlagen. Vgl Benkowitz, Helios, Bd. 1, S. 314, Bd. 2, S. 43; Seume, S. 291; Recke, Bd. 3, S. 171, S. 219, S. 241, S. 290, Bd. 4, S. 141; Kotzebue, Bd. 1, S. 230, S. 232, S. 272ff.; Bd. 2, S. 182, S. 194, S. 206ff; Eichholz, Bd. 3, S. 62, S. 68, S. 89, S. 99f., S. 114f.; Rehfues, Gemählde, Bd. 1, S. 20, S. 30, S. 68f., S. 77f., S. 89, S. 101, S. 127, S. 159, Bd. 2, S. 166ff.; Brun, Sitten, S. 15, S. 54, S. 61, S. 180. Zwischen 1806 und 1815 setzt die ausführliche Zuschreibung der Eigenschaften des Volkscharakters, Brun ausgenommen, aus.

[166] Rehfues, Gemählde, Bd. 1, S. 56ff., S. 62; Recke, Bd. 3, S. 40, S. 45ff., S. 65; Kotzebue, Bd. 2, S. 147ff.; Eichholz, Bd. 3, S. 83; Keller, S. 84, S. 100; Benkowitz, Neapel, S. 165, S. 379; Ders., Glogau, Bd. 3, S. 321. Vgl. Di Stefano, S. 699.

Abb. 5: Seeleute auf dem Molo in Neapel

zentral gelegene Gebäude, ehemals Universität, wurde seit 1801 umgebaut und beherbergte neben einer Bibliothek die Sammlung antiker Skulpturen, die vorher in Portici ausgestellt wurden. Eine Erweiterung der sozialen Wahrnehmung oder eine neue Zuordnung der Orte zu sozialen Gruppen ergab sich dadurch aber nicht. Einzige Ausnahme ist hier der Molo am Hafen, der nun für einige der Reisenden zum neuen Beobachtungsplatz des Volkes auf der Straße wird.

Die Straßenprediger, die die Passanten mit drastischen Worten und Gesten zur Buße aufrufen, Quacksalber, die ihre Waren anpreisen, oder die bunte Vielfalt der Essensstände werden plastisch beschrieben.[167] Besonders ausführlich weiß der Theaterschriftsteller Kotzebue alle möglichen Tätigkeiten der Neapolitaner zu beschreiben: Sie lassen Drachen steigen oder spielen mit Kreiseln, lassen sich in aller Öffentlichkeit Briefe vorlesen oder schreiben, sie verschlingen die so sehr geliebten Maccaroni unzerteilt und essen mit den Händen. Natürlich dienen alle diese Beschreibungen zur Untermauerung der längst kanonisch gewordenen Urteile über die Neapolitaner und sind literarische Mittel, die den Leser unterhalten sollen.

Ebenso tritt in den Beschreibungen ein ausgeprägtes Interesse an unbekannten Alltagspraktiken zutage, z.B. wenn Rehfues einen Leichenzug beschreibt und anmerkt, die früher praktizierte Totenklage sei zumindest in Neapel nicht mehr üblich.[168] Die Schlüsse, die die Beobachter aus all dem ziehen, bewegen sich jedoch fast immer im Rahmen der traditionellen Urteile.

Dies trifft auch auf ein neues Ereignis zu, das nun in vielen Berichten auftaucht: das Zahlenlotto.

„Ich habe einer Ziehung des Lotto mit beigewohnt; es ist ein Volks-Spektakel, das ein Fremder zu genießen nicht versäumen sollte. In einem sehr großen Saal des Gerichtshofes [...] versammeln sich eine Menge schwarzgekleideter Männer in Allongen-Perücken, welche sehr reichlich dafür bezahlt werden, daß sie sich alle vierzehn Tage Einmal hier gemächlich niederlassen und ein Viertelstündchen verweilen. Der Waisenknabe, der, wie auch in andern Ländern üblich, die Nummern zieht, ist über und über mit heiligen Bilderchen behangen, und wird, ehe er sein vermaledeites Amt verwaltet, von einem Pfaffen eingesegnet und mit Weihwasser besprützt. Gegen zweitausend Menschen haben sich in den Saal gestopft, und obgleich alle Fenster und Thüren offen stehen, so ist dennoch die Luft dermaßen mit mephitischen Dünsten geschwängert, daß ich

---

[167] Rehfues, Gemählde, Bd. 1, S. 50ff., S. 180ff.; Benkowitz, Helios, Bd. 1, S. 188, Bd. 2, S. 19ff., S. 119ff., S. 300ff.; Kotzebue, Bd. 1, S. 230ff.; S. 258ff.; Bd. 2, S. 31ff.

[168] Rehfues, Gemählde, Bd. 2, S. 81ff.; auf S. 59ff. beschreibt Rehfues die Heiratsbräuche in Neapel. Benkowitz, Helios, Bd. 2, S. 283ff. und S. 85ff. beschreibt die Tarantella und magische Gebräuche.

fast vermute, ein angezündetes Licht würde hier verlöschen. Wo möglich noch ärger ist das Geschrei und Pfeifen dieses rasenden Pöbels. Oft muß man sich fragen: bin ich in einem Tollhause? – [...] Die erste herausgezogene Nummer (welche der vorsitzende Minister von dem Kinde empfängt, und dann einem hinter ihm stehenden Lazzaroni mittheilt) fand großen Beifall, und ein jauchzendes Geschrei erschütterte abermals das Gewölbe. [...] Jetzt eilte ich hinaus, um nicht nachher erdrückt zu werden. [...] Uebrigens saß die Treppe voll bettelnder Krüppel, und damit man die Hauptzüge des Neapolitanischen Volks (Aberglauben, Spielwuth, Armuth und Unsauberkeit) hier alle beisammen finden möchte, so war gleich neben der Treppe, im zweiten Stock, ein Kl – angelegt, das heißt, es war erlaubt, hier auf offener Galerie ─────, und es geschah sehr häufig. [...] Die Lottowuth greift auch wohl deshalb hier noch weiter um sich, als sonst irgendwo, weil der Aberglaube zugleich ein weites Feld findet, welches er redlich anbaut. [...] Leider hat die Raserei dieses in der Hölle erfundenen Spiels auch die untersten Klassen ergriffen, und jeder Lump trägt seinen erbettelten Groschen in die Lotterie."[169]

Dieses Zitat aus Kotzebues Reisebeschreibung vermittelt sowohl das außerordentliche Interesse am 'Volkstümlichen' als auch das moralisch-gesellschaftliche Konzept und die soziale Abgrenzung, wie sie in allen Berichten zum Ausdruck kommen. Einerseits begibt sich der Autor mitten hinein in die 'Masse', scheut sich nicht, zumindest für kurze Zeit die Distanz des Beobachters aufzugeben und sich dem widerwärtigen Geruch und Geräusch des 'rasenden Pöbels' auszusetzen. Ja, er bezeichnet das Ganze sogar als touristischen Genuß. Andererseits wird alles Beobachtete sofort bewertet und in das Kategoriensystem, das den neapolitanischen Volkscharakter beschreibt, eingeordnet. Das Urteil über müßige Anwälte, hier übertragen auf die Lotto-Beamten, die Verurteilung der katholischen Kirche und der Bettelei werden ebenso wiederholt wie der, hier vollkommen unspezifisch benutzte, Lazzaroni-Begriff. Selbst das Eintauchen in die Masse – falls es wirklich stattgefunden hat und nicht nur literarisches Mittel ist – führt also nicht dazu, daß sich Kotzebue dem Fremden wirklich aussetzt oder sich auch nur einen Moment verunsichern läßt. Vielmehr gelingt es ihm, durch die anscheinend so lebensnahe Schilderung der Lottoziehung das bekannte Bild Neapels und seines Volkes zu reproduzieren. Die Behauptung, die alltäglichen 'Kleinigkeiten' brächten den Charakter eines Volkes zum Ausdruck, bestätigt sich, weil der Autor es – bewußt oder unbewußt – so konstruiert. Wie schon bei Benkowitz ist es auch hier die physische, akustische und olfaktorische Nähe des 'Pöbels', die Kotzebue besonders abstößt.

Auch in der Beurteilung des Zahlenlottos folgen die Reiseberichtsautoren einer aufklärerischen Diskussion, die in Deutschland, aber nicht nur dort, besonders

---

[169] Kotzebue, Bd. 2, S. 184ff.

zwischen 1780 und 1800 geführt wurde. Ursprünglich nur in Genua und Venedig praktiziert, führten die deutschen Staaten es im 18. Jahrhundert ein, um ihre Finanzen aufzubessern.[170] Den finanziellen Bedürfnissen standen allerdings Bedenken ordnungspolitischer und moralischer Art gegenüber. Von Beginn an befürchteten Kirche und Staat die Ausbreitung von Aberglauben und anderen 'Lastern' als Folge des Zahlenlottos. Denn schon bald versuchte man mit magischen Praktiken die Gewinnzahlen herauszufinden oder sie aus Ereignissen herauszulesen.[171] Die Diskussion im ausgehenden 18. Jahrhundert konzentrierte sich in zahlreichen Streitschriften auf die Zerstörung moralischer Werte durch das Spiel. Die Hoffnung auf plötzlichen Reichtum, so fürchtete man, mußte den Müßiggang fördern und Sparsamkeit verhindern. Besonders die Unterschichten würden Lose des Zahlenlottos statt Lebensmittel kaufen und gerieten dadurch mit ihren Familien ins Elend. Endpunkte der Spielsucht konnten schließlich nur noch Kriminalität und Wahnsinn sein, denn das Spiel förderte durch das Auf und Ab von Hoffnung und Enttäuschung die Leidenschaften und zerrüttete die Seele. Die finanziellen Bedürfnisse des Staates wurden von den Autoren der Streitschriften meist anerkannt. Deshalb schlugen sie vor, das Lotto bis zur Behebung finanzieller Engpässe aufrechtzuerhalten bzw. den Einsatz so hoch anzusetzen, daß Arme nicht mehr mitspielen konnten.[172]

Die Reiseberichte folgen dieser Diskussion, indem auch sie besonders die moralischen Folgen betonen: Die 'Lottowut' wird als Krankheit bezeichnet, die jeden moralischen Halt zerstöre und die Spieler ins Elend treibe.[173] Der Wahnsinn scheint Kotzebues 'rasenden Pöbel' schon ergriffen zu haben. Der nicht mehr kontrollierbare Wunsch nach Reichtum führt angeblich sogar so weit, daß der Brotabsatz in Neapel

---

[170] Wolfgang Weber: Zwischen gesellschaftlichem Ideal und politischem Interesse. Das Zahlenlotto in der Einschätzung des deutschen Bürgertums im späten 18. und 19. Jahrhundert, in: Archiv für Kulturgeschichte, hrsg. von Egon Boshof, Bd. 69, Köln/Wien 1987, S. 116–149, S. 118, S. 120f., S. 129.

[171] Franco Strazullo: I giochi d'azzardo e il lotto a Napoli. Divagazioni storiche, Neapel 1987, S. 62, S. 75, S. 109 und S. 114; Weber, S. 119. Es gab Almanache, in denen realen oder im Traum gesehenen Ereignissen Zahlen zugeordnet waren, auf die man setzen konnte. In Neapel wurden immer wieder Verbote bestimmter Würfel- oder Kartenspiele erlassen, da sie angeblich Schlägereien und Müßiggang förderten.

[172] Weber, S. 128ff., S. 143; Strazullo, S. 119ff.; Edith Saurer: Zur Disziplinierung der Sehnsüchte. Das Zahlenlotto in Lombardo-Venetien, in: Quellen und Forschungen aus italienischen Archiven und Bibliotheken, Bd. 63, 1983, S. 143–168, S. 151ff.

[173] Benkowitz, Helios, Bd. 1, S. 323; Rehfues, Briefe, Bd. 1, S. 180. Vgl. Eichholz, Bd. 3, S. 109 und S. 117.

immer dann sinkt, wenn eine Lottoziehung bevorsteht.[174] Das Zahlenlotto zerstört in den Augen der Autoren also gerade die Werte, die sie am meisten schätzen. Obwohl die Autoren die 'Spielwut' nicht nur als für die Unterschichten typisch beschreiben, fördert das Lotto doch die Eigenschaften, die diese vermeintlich besonders auszeichnen: Leidenschaften, Müßiggang und Aberglauben. Die Propaganda gegen das Glücksspiel ist also nur ein Aspekt im gesellschaftlichen Gesamtkonzept der aufklärerischen Reisenden.

5.2. Das San Gennaro-Wunder

Gegenüber der Zeit vor 1800 beschäftigen sich die Autoren nun nicht mehr so sehr mit dem Vorwurf des Heidentums, obwohl sie wiederholt die Heiligenverehrung mit der von 'Götzen' vergleichen.[175] Erneut betonen sie aber die Verbreitung des 'Aberglaubens' in Neapel.[176]

Ausführlicher als zuvor widmen sich viele Autoren dem Stadtpatron Gennaro. Sie schildern die Geschichte seines Märtyrertums[177] und den genauen Hergang des Wunders. Andere meinen, dies alles sei zu bekannt, als daß sie es noch darstellen wollten.[178] Rehfues beschreibt die Prozession mit der Reliquie des Heiligen und den silbernen Büsten der übrigen Stadtpatrone[179] sowie die Verehrungsformen, die sie begleiten, sehr genau.[180] In seiner Beschreibung vermischen sich die Schilderung der Heiligenverehrung und ihre Interpretation zu einem schwer entwirrbaren Knäuel. Er erwähnt die Zahl der Stadtheiligen und ihre hierarchische Unterordnung unter den Haupt-

---

[174] Rehfues, Briefe, Bd. 1, S. 178ff. Saurer hat in der Lombardei des Vormärz für Zeiten hoher Brotpreise einen Rückgang des Gesamteinsatzes bei höheren Einzeleinsätzen festgestellt (Edith Saurer: Straße, Schmuggel, Lottospiel: materielle Kultur und Staat in Niederösterreich, Böhmen und Lombardo-Venetien im frühen 19. Jahrhundert, Göttingen 1989, S. 321).

[175] Brun, Sitten, S. 277; Benkowitz, Glogau, Bd. 3, S. 300; Kotzebue, Bd. 1, S. 319.

[176] Recke, Bd. 3, S. 260; Kotzebue, Bd. 1, S. 319f.; Benkowitz, Glogau, Bd. 3, S. 319; Rehfues, Gemählde, Bd. 1, S. 72ff.

[177] Brun, Sitten, S. 282; Rehfues, Gemählde, Bd. 1, S. 65; Benkowitz, Umgebung, S. 107.

[178] Kotzebue, Bd. 2, S. 180. Seume, S. 291, der sich verschiedentlich der Tradition des Genres verweigert, behauptet, er sei absichtlich nicht hingegangen, da es ihn nicht interessiere.

[179] Bei den 'Büsten' handelt es sich um die 'imbusto' genannten Kopf- und Bruststatuen der Heiligen, in denen in einigen Fällen die Reliquien verwahrt wurden. Der 'imbusto' ist die im Mezzogiorno typische Darstellungsweise des Heiligen. Vgl. Galasso, Santi, S. 102.

[180] Vgl. Rehfues, Gemählde, Bd. 1, S. 133ff. Das Kapitel ist identisch mit: Ders., Miscellen, Bd. 1, S. 132–140.

heiligen sowie die Gruppe der sogenannten 'parenti', der 'Verwandten'[181] des Heiligen, die bei seiner Verehrung eine spezielle Aufgabe übernahmen. Aber auch alle gängigen Negativurteile über süditalienische Frömmigkeit wiederholt er. Zu großer Lärm, Äußerlichkeit und Sinnlichkeit statt innerlicher Frömmigkeit, belegen die mangelnde Ernsthaftigkeit. Die Kritik am 'unlogischen' Wunder und der Verdacht seiner politischen Manipulation fließen in die Darstellung ein.[182] Schließlich dämonisiert Rehfues die 'parenti' durch den Vergleich mit den Hexen in Shakespeares 'Macbeth' und stempelt die Prozession durch Vergleiche mit chinesischen Kultformen zum Fremden. Das große Interesse und die große Aufmerksamkeit für die Formen der Volksreligiosität enden wieder in Verurteilung und Ablehnung. Die Formen der eigenen europäischen Kultur nimmt Rehfues als das ganz Andere, vollkommen Exotische wahr.

Das Wunder selbst wird von Brun genau beschreiben, die sich extra einen Platz neben dem Altar reservieren läßt. Genau beschreibt sie die Umstände, unter denen es sich vollzieht: Der 'imbusto' des Heiligen muß neben den zwei Phiolen mit Blut stehen; die Frauengruppe, wahrscheinlich der 'parenti', steht neben dem Altar, betet laut und begrüßt die Büsten der Heiligen, wenn sie in die Kirche getragen werden. Diese verneigen sich vor der Büste San Gennaros, und das Wunder kann beginnen.[183] Je länger dieses auf sich warten läßt, desto lauter beten, flehen und schimpfen schließlich die Gläubigen. Der Heilige wird als 'Zuhälter' beschimpft, und die Spannung löst sich erst, wenn sich das Wunder vollzogen hat. Nun wird den Anwesenden die Phiole zum Kuß entgegengehalten[184], und die Gläubigen können außerhalb der Absperrung private Zwiesprache mit der Heiligenbüste halten. Während die anderen Reisenden das Wunder leugnen oder es durch chemische oder physikalische Vorgänge meinen erklären zu können,[185] hält Brun es für wirklich:

---

[181] Die Existenz einer für den Kult in besonderer Weise zuständigen Gruppe ist auch für einen anderen italienischen Heiligen, San Paolo in Cocullo, bekannt. Diese Gruppe hat bestimmte Aufgaben beim Kult, die vererbt werden, und ihnen wird nachgesagt, sie seien Nachkommen des Apostels. Auch in Neapel finden sich in verschiedenen Jahrhunderten angeblich 'letzte' Nachfahren aus der Familie Gennaros. Deren genaue Aufgabe ist allerdings nicht bekannt. Vgl. Rivera, S. 232f.; Straniero, S. 20.

[182] Diese Urteile finden sich auch bei: Benkowitz, Helios, Bd. 2, S. 321; Recke, Bd. 3, S. 129f. und S. 250.

[183] Brun beobachtet das Wunder zweimal, wobei die Priester es beim ersten Mal ihrer Meinung nach nur vortäuschen, um die Menge zu beruhigen. Brun, Sitten, S. 28–31 und S. 275–285.

[184] Das Küssen der Reliquie ist eine übliche Praxis der Heiligenverehrung. Vgl. Russo, Religiosità, S. 153.

[185] Rehfues, Miscellen, Bd. 1, S. 190ff.; Kotzebue, Bd. 1, S. 181, S. 386; Eichholz, Bd. 2, S. 58; Recke, Bd. 3, S. 129f. Auch hier heben die Autoren die 'unlogischen' Aspekte des Wunders und der

„Es ist gewiß, daß das Blut nicht immer fließen will, daß kein Betrug hier vorgeht, und daß die Priester selbst in höchster Spannung und Erwartung sind, ob es auch geschehn werde? Dergleichen verkennt sich nicht."[186]

Wie das Wunder sich allerdings vollzieht, kann auch sie nicht erklären. Eichholz und andere behaupten, das Wunder sei Ergebnis politischer Manipulation durch die Herrschenden, die ihre Politik dadurch absegnen ließen.[187] Natürlich wurde die Verehrung des Stadtpatrons als Mittel symbolischer Politik benutzt. Vor allem kommt hier jedoch die Meinung der Reisenden zum Ausdruck, daß Religion in den Händen der Kirche und der Herrscher nur zur Gängelung des Volks diene.[188] Ein weiterer Anhaltspunkt für die verderblichen Folgen religiöser Manipulation ist die Gefahr, in die Fremde angeblich geraten, wenn sich das Wunder nicht vollzieht. Dann müßten Nichtkatholiken fürchten, so Recke, von der wütenden, tobenden Menge dafür verantwortlich gemacht und angegriffen zu werden.[189] Von einem Angriff berichten kann allerdings keiner der Autoren.

Am meisten Aufsehen erregt im Zusammenhang mit dem Wunder die angebliche Ersetzung San Gennaros durch den heiligen Antonius im Jahr 1799. Schon kurz nach Eroberung der Stadt hatte der französische Oberbefehlshaber dem Stadtpatron seine Reverenz erwiesen. Daß sich das Wunder auch während der Neapolitanischen Republik vollzogen hatte, galt als Unterstützung für die Franzosen. Während die Reisenden die Absetzung San Gennaros als Tatsache behandeln, gibt es keine anderen Quellen für diesen Vorgang. Schon im September vollzog sich das Wunder wieder,

---

Heiligenlegende hervor, und Rehfues berichtet, daß eine Epidemie in Livorno durch staatliche „Verordnungen" und nicht, wie die Bevölkerung glaubte, durch ein Wunder gestoppt worden sei.

[186] Brun, Sitten, S. 280.

[187] Kotzebue, Bd. 2, S. 181; Eichholz, Bd. 3, S. 109f.

[188] Seume, S. 291, betont angesichts der „Januariusfarce", so könne man nur ein Volk hinhalten, dem man seine unveräußerlichen Rechte genommen habe. Damit bezieht er sich explizit auf die Theorie vom Gesellschaftsvertrag innerhalb des neueren Naturrechts nach 1750, demzufolge das Volk zwar den Untertanenstatus gegenüber dem Herrscher akzeptieren, seine natürlichen 'Menschen'rechte jedoch nicht veräußern kann. Der Herrscher muß sie daher achten. Diese Interpretation des Gesellschaftsvertrages war die theoretische Grundlage der aufgeklärten, physiokratischen Kritik an der Herrschaftspraxis nichtaufgeklärter absolutistischer Herrscher. Vgl. Diethelm Klippel: Der Einfluß der Physiokraten auf die Entwicklung der liberalen politischen Theorien in Deutschland, in: Der Staat. Zeitschrift für Staatslehre, Öffentliches Recht und Verfassungsgeschichte, hrsg. von E.W.Böckenförde, R.Grawert, F.Ossenbühl u.a., Bd. 23, Berlin 1984, S. 205–226, S. 215ff.

[189] Recke, Bd. 3, S. 280; Rehfues, Gemählde, Bd. 1, S. 86; Brun, Sitten, S. 278. Von der Gefahr für Nicht-Katholiken berichtet 1778 auch schon Volkmann, Bd. 3, S. 123, der sich wiederum auf den französischen Reisenden Lalande beruft.

Abb. 6: Blutwunder des heiligen Gennaro im Dom von Neapel

nachdem Neapel von den königlichen Truppen erst im Juni erobert worden war. Die Absetzung Gennaros kann also, wenn sie überhaupt stattfand, nur von kurzer Dauer gewesen sein.[190]

Rehfues erkennt als einziger der Reisenden, worin ein wesentlicher Unterschied zwischen der aufklärerischen und der in Neapel vorgefundenen Konzeption des Heiligen besteht. Die Grenze zwischen Heiligem und Profanem verläuft für die Reisenden an einer anderen Stelle und ist weniger durchlässig als innerhalb der süditalienischen Volksreligiosität. In der Tat vermischen sich in der Heiligenverehrung alltägliche Bedürfnisse nach Sicherheit mit sozialen Interessen und Konzeptionen vom Göttlichen. Diese Art von Religiosität entspricht gesellschaftlichen Verhältnissen, in denen die Trennung zwischen Bereichen, die wir heute mit den Begriffen Ökonomie, Politik, Religion oder Kultur bezeichnen, nicht vorgenommen wurde. Im Sinne Polanyis[191] kann man von einer 'embedded religion' sprechen, die sich eben durch die Vermischung der von den aufklärerischen Reisenden voneinander getrennten Sphären auszeichnet.

Wenn die Reisenden, wie Elisa von der Recke, die schnelle Folge des Karnevals auf eine Hinrichtung kritisieren oder tanzende Priester auf Ischia mißbilligen, so kritisieren sie eine Vermischung von Festlichem und 'Ernsthaftem', die noch in der frühen Neuzeit im ganzen katholischen Europa verbreitet war.[192] Wenn sie die Kleidung der Brüderschaften als 'Maskerade' bezeichnen, wie Kotzebue, oder die drastischen, auf die Emotionen der Zuhörer ausgerichteten Predigten kritisieren, wie Benkowitz, so beziehen sie sich auf von der Gegenreformation geförderte religiöse Prak-

---

[190] Vgl. Paliotti, S. 147. In diesem Zusammenhang erwähnen die Autoren, daß die Neapolitaner ihren Heiligen beschimpfen oder sogar schlagen würden. Diese Beschimpfungen und Bestrafungen, die von den Reisenden als Zeichen fehlender Frömmigkeit oder als typisch neapolitanische Vermischung von Heiligem und Profanem interpretiert werden, sind in der frühen Neuzeit für verschiedene Heilige in Italien nachgewiesen. Die historische Forschung hat für dieses Phänomen bisher keine befriedigende Erklärung gefunden. Man hat darin den Beleg für das äußerst personalisierte und fast vertragliche Verhältnis zwischen Heiligem und Gläubigem, ähnlich dem in Italien auch in anderen gesellschaftlichen Bereichen auftretenden Patron/Klient-Verhältnis, sehen wollen. Außerdem seien darin das starke Bedürfnis nach einem konkreten, alltäglichen Nutzen durch die Religion enthalten wie auch der Glaube, der Heilige könne kraft seines außeralltäglichen Charakters alles bewirken, wenn er nur wolle. Am überzeugendsten erscheint mir Lopez' Erklärungsversuch, demzufolge innerhalb eines magischen Weltverständnisses die Manipulation auch des Heiligen möglich ist, um konkrete Ergebnisse zu erhalten. Vgl. Kotzebue, Bd. 1, S. 327f.; Rehfues, Gemählde, Bd. 1, S. 87f.; Seume, S. 290f.; Eichholz, Bd. 1, S. 310; Rehfues, Gemählde, Bd. 1, S. 172; Galasso, Santi, S. 68ff.; Sodano, S. 304, S. 359; Lopez, S. 199ff.

[191] Karl Polanyi: The Great Transformation. Politische und ökonomische Ursprünge von Gesellschaften und Wirtschaftssystemen, Frankfurt/M. 1978, S. 75f. Vgl. Marcel Mauss: Die Gabe. Form und Funktion des Austauschs in archaischen Gesellschaften, Frankfurt/M. 1968, S. 176.

[192] Recke, Bd. 2, S. 366, Bd. 3, S. 240; Russo, Religiosità, S. 173.

tiken.[193] In allen Fällen handelt es sich um Elemente älterer Glaubens- oder Kulturströmungen, die sich anders entwickelt oder länger erhalten haben als in Deutschland. Die aufgeklärten Reisenden sehen dagegen Religiosität und ihre Formen nicht als wechselndes und schwankendes Ergebnis eines nie beendeten Akkulturationsprozesses, in dem ältere Inhalte teilweise erhalten bleiben oder auf die kirchlich vorgeschriebenen Formen einwirken, sondern als eine unveränderbare konstante Form. Diese 'wahre' Religiosität ist zudem durch explizit protestantische Inhalte gekennzeichnet: die Betonung von emotionaler Zurückhaltung, moralischer Verinnerlichung und geringer Expressivität. Die Autoren befürworten die Trennung der Religion und ihrer Institutionen von anderen gesellschaftlichen Bereichen. Sie wollen deren Wirkung auf das Individuum beschränken und gestehen ihr einen Einfluß auf Politik und Gesellschaft nur vermittels der individuellen Moral zu.[194] Eine auf alltäglichen Nutzen und aktive Einflußnahme auf das Heilige abgestellte Religiosität ist ihnen fremd. Statt auf magische Praktiken, verlassen sie sich bei der Regelung alltäglicher oder gesellschaftlicher Probleme auf den Staat und die instrumentelle Vernunft.

5.3. Vergil als Zauberer. Das Interesse an der Volkspoesie

Die Suche nach dem Volkstümlichen erstreckt sich auch auf die in der Öffentlichkeit wahrnehmbaren Formen neapolitanischer Volkspoesie und -kultur. So beschreiben die Autoren den neapolitanischen Dialekt, die expressive Gestik, Schwerttänze während des Karnevals oder die Tarantella.[195] Während diese Formen des Volkstümlichen schon im 18. Jahrhundert das Interesse der Reisenden fanden, widmen sich ihre Nachfolger jetzt auch der Volkspoesie: Geschichten, Märchen und Liedern, die mündlich tradiert werden. Rehfues sammelt in den Weinschenken Roms und Neapels Lieder und Märchen der Improvisatoren. Während des Karnevals gesungene Lieder bewundert er dafür, daß sie „sehr alt, und äusserst ausdruksvoll"[196] sind. Die Schiffsausrufe im Hafen faszinieren ihn, da sie fast Dichtung seien.[197] Allerdings konstatiert er die mindere Qualität auf der Straße feil gebotener

---

[193] Benkowitz, Helios, Bd. 2, S. 10f.; Kotzebue, Bd. 2, S. 197; Russo, Religiosità, S. 172ff.; Rienzo, S. 442, S. 464f.

[194] Vgl. Russo, Storia, S. CXLVI. Michel de Certeau hat diesen Wandel zwischen dem 17. und 18. Jahrhundert beschrieben, den er als den Wandel vom Primat des Religiösen hin zum Primat des Ethischen bezeichnet.

[195] Rehfues, Gemählde, Bd. 2, S. 107ff.; Benkowitz, Helios, Bd. 2, S. 85ff., S. 283f.; Eichholz, Bd. 3, S. 112f.; Brun, Sitten, S. 237, S. 241, S. 246.

[196] Rehfues, Gemälde, Bd. 2, S. 107f.

[197] Ebd., Bd. 1, S. 130.

Liedtexte und stellt in Anspielung auf die Volksliedsammlung Achim von Arnims fest:

„Ein neapolitanischer Knabe könnte lang in sein Wunderhorn blasen, ehe etwas Erträgliches heraus käme."[198]

Die Beurteilung dieser Art Volkspoesie bleibt aber bei allen Autoren ambivalent. Einerseits geht von dem, was die Reisenden für Volkspoesie halten, eine große Faszination aus. Andererseits wird sie als erneuter Beweis für die übermäßige Sinnlichkeit der Neapolitaner betrachtet. Wieder ist es das Klima, der Gegensatz zwischen Nord und Süd, der als Grund für die Inferiorität auch der neapolitanischen Volkspoesie dient.[199]

Große Aufmerksamkeit erregen die Geschichten, die in Neapel über Vergil im Umlauf sind. Zu ihm haben die Autoren eine eigene Beziehung, denn unter anderem auf seine 'Aeneis' geht ihr Interesse für die antiken Ruinen in der Umgebung Neapels zurück. Er hatte lange in Neapel gelebt, und sein vorgebliches Grab am Posilipp-Tunnel war ein verbindliches Ziel für alle Touristen.[200] Die Neapolitaner, so berichten die Reisenden, glaubten noch immer, daß Vergil ein Zauberer gewesen sei. Ein von ihm geschaffenes Pferdestandbild soll alle Pferde Neapels vor Krankheit beschützt, eine bronzene Fliege alle Insekten von der Stadt ferngehalten haben. Er habe angeblich Stürme beruhigen können, und Geister hätten auf seinen Befehl den Tunnel durch den Posilipp, den Berg, der die Stadt von ihrer westlichen Umgebung trennt, in einer Nacht gebaut.[201] Ausführlicher gehen sie auf die Grotte im

---

[198] Ebd., Bd. 1, S. 129. Kotzebue, Bd. 2, S. 251, meint unter Berufung auf die Autorität Winckelmanns, sowohl die russischen als auch neapolitanische Volkslieder auf einen gemeinsamen Ursprung im altgriechischen Lied zurückführen zu können.

[199] Rehfues, Gemählde, Bd. 2, S. 97f., S. 128; Eichholz, Bd. 4, S. 18; Recke, Bd. 3, S. 236, Bd. 4, S. 141.

[200] Vgl. Stärk, S. 43.

[201] Eine Zusammenfassung der Fähigkeiten und Taten, die man Vergil zuschrieb, bei Domenico Comparetti: Vergil in the middle ages, Reprint London 1966, (ital. 1875), S. 259, S. 343. Schon Volkmann, Bd. 3, S. 57, S. 235, berichtet in seinem Reiseführer 1778 vom Pferdekopf und dem Bau des Posilipp-Tunnels durch den 'Zauberer' Vergil. Recke, Bd. 3, S. 46, findet bei ihrem Besuch noch den Kopf der Pferdestatue vor und Rehfues, Miscellen, Bd. 3, S. 150, berichtet von einer nun goldenen Fliege und dem Tunnelbau.

Abb. 7: Das Grab des Vergil

Abb. 8: Schule des Vergil

Posilipp ein, die sogenannte 'Schule des Vergil'. Rehfues läßt sich zu der Grotte rudern und trifft dort – literarisches Mittel oder nicht –, einen alten Fischer, der ihm vom Magier Vergil erzählt.

Diese orale Tradition, die der Logik der Reisenden so gar nicht gehorchen will, unterziehen sie einer philologischen Kritik. Eine Schule könne die Grotte nicht gewesen sein. Vielmehr sei die Bezeichnung 'Schule', 'scuola' eine Korruption von 'scoglio', Klippe. Der Ursprung für die Geschichten vom 'mago' Vergil sei in der sprachlichen Verdrehung seines Beinamens 'maro' zu suchen.[202] Wenn die Autoren auch hier ganz selbstverständlich nach einer natürlichen Erklärung suchen, die sie hinter dieser Art Überlieferung vermuten,[203] so bleibt doch auch Bewunderung für solche Art von Einbildungskraft:

„Aber lachen konnte ich nicht über den frommen Glauben, der den höheren Verstand und das mächtigere Wissen nur durch Wunder begreiflich finden kann. [...] Virgil war in der Meinung des Neapolitaners ein großer Zauberer, und gilt auch noch heutzutag bei dem gemeinen Mann für solchen. Ich meine es auch; aber ich verstehe mich anders, [...]."[204] (Rehfues)

Die orale Tradition, auf die sich die Reisenden hier mit sehr viel größerer Toleranz für den Wunderglauben als bei der Volksfrömmigkeit beziehen, bestand schon seit mehreren Jahrhunderten. Sie speiste sich aus lokalen Überlieferungen, die auf Vergils langem Aufenthalt in Neapel basierten. Ab dem 12. Jahrhundert wurde diese Überlieferung von Fremden aufgenommen und fand ihre erste schriftliche Bearbeitung in der deutschen und französischen Literatur.[205] Diese literarische Tradition wirkte wiederum auf die schriftliche und mündliche Tradition in Italien zurück, so daß sich ein in seinen Anteilen kaum noch zu differenzierender Austausch zwischen literarischer und mündlicher Tradition entwickelte.[206] Soweit es sich nachvollziehen läßt, stammt aber gerade die Beurteilung Vergils als eines eher negativen Magiers aus deutschsprachigen Erzählungen, von wo sie ihren Weg zurück nach Italien nahm. Ab dem 15. Jahrhundert verblaßte die schriftliche Tradition in- und

---

[202] Recke, Bd. 3, S. 172; Seume, S. 164; Uklanski, Bd. 2, S. 582.

[203] Brun, Sitten, S. 155; Recke, Bd. 3, S. 46.

[204] Rehfues, Miscellen, Bd. 3, S. 152ff. Vgl. Seume, S. 164.

[205] Comparetti, S. 253, S. 258ff., S. 291ff.

[206] Ebd., S. 255.

außerhalb Italiens zusehends und brach im 16. Jahrhundert ab.[207] Die orale Tradition blieb aber bis ins 19. Jahrhundert hinein erhalten.

Die aufklärerischen Reisenden bemühen sich darum, die Erzeugnisse der 'Volkspoesie' zu rekonstruieren. Ihre Beschäftigung mit den Erzählungen stellt ein neues historisches Stadium der Wechselwirkung zwischen mündlicher Legende und schriftlich-gebildeter Behandlung des Themas dar. Seit den sechziger Jahren des 18. Jahrhunderts bildete sich ein Interesse an 'Volkspoesie' heraus, das diese als natürliche Zeugnisse noch wenig zivilisierter Völker interpretierte. Von Beginn an handelte es sich bei der 'Volkspoesie' um eine Konstruktion der Gebildeten, die sie aus Zeugnissen der mündlichen Tradition und eigenen Interpretationen bildeten.[208] Herder als einer der Begründer der Beschäftigung mit 'Volkspoesie' sah diese als Ausdruck 'wilder', aber moralisch höherwertiger Gesellschaftsformen an. Die speziellen Eigenarten der Volkspoesie ließen seiner Auffassung nach einen Zugang zum Charakter eines Volkes, unabhängig von späteren 'Verbildungen' zu. Dessen Rekonstruktion sollte zur Bildung eines bewußten Nationalgefühls bei den einzelnen Nationen beitragen.[209] Während spätere Interpreten der Volkspoesie auch die Volksfrömmigkeit positiv werteten und sich gegen die Aufklärung wandten, gehören die Reisenden zwischen 1800 und 1808 noch einer Richtung an, die versuchte, den Nationalgeist zu definieren, sich aber von der 'Unvernunft' und dem 'Aberglauben' des Volkes distanzierte. Während sie im Sinne der Aufklärung eine Vergeistigung der Religion forderten, bewunderten sie die Vermischung von Geschichte und Dichtung als Ausdruck einer 'natürlichen' Poesie.[210]

---

[207] Danach wurde sie nur noch vereinzelt in wissenschaftlichen Werken erwähnt. Vgl. Ebd., S. 317, S. 348ff., S. 369f.

[208] Peter Burke: Helden. Schurken und Narren. Europäische Volkskultur in der frühen Neuzeit, München 1985, (engl. 1978), S. 20ff.; Herrmann Bausinger: Formen der „Volkspoesie" , 2. Aufl. Berlin 1980, (Grundlagen der Germanistik; 6), S. 12, S. 16.

[209] Burke, Helden, S. 17, S. 22, S. 25.

[210] Burke, Helden, S. 24, S. 28f.; Bausinger, Formen, S. 29; Historisches Wörterbuch der Philosophie, hrsg. von J.Ritter/ K. Gründer, bisher 9 Bde., Basel/Stuttgart 1971–95, Bd. 6, 1984, Artikel 'Mythos, Mythologie', Sp.281–317, Sp.289. Nur Seume befürwortet bei den Erzählungen um das Grab Vergils explizit die Vermischung von Geschichte und „Einbildungskraft", macht aber gleichzeitig deutlich, daß er die historische 'Wahrheit' sehr wohl kennt. In der Tat hatte schon Clüver im 17. Jahrhundert die Authentizität des Grabes am Posilipp-Tunnel in Frage gestellt (Vgl. Seume, S. 162ff.; Stärk, S. 43). Das 'Volk', das die Interpreten der Volkspoesie meinten, war nicht mit dem Pöbel identisch, sondern meinte die 'unteren Schichten', im Besonderen die Bauern. In den Reiseberichten wird auch hier keine genauere Differenzierung vorgenommen. Die Lazzaroni, als ganz normaler Pöbel, scheinen nicht weniger Träger der Volkspoesie zu sein als das übrige städtische Volk. Vgl. Bausinger, Formen, S. 15; Burke, Helden, S. 35.

Doch auch bei ihnen gibt es schon Anzeichen für die Befürwortung des neuen Nationalgefühls. So schreibt Brun allen Neapolitanern ein Nationalgefühl zu, dessen Durchsetzung noch Jahrzehnte in Anspruch nehmen sollte:

„Die Neapolitaner wollen endlich I t a l i e n e r werden: dahin strebt überall der Geist in ganz Italien, sich zu einen zu einem Volke! – ach, möge es gelingen, denn gerechter ist kein Streben auf Erden."[211]

Bei näherer Betrachtung fallen einige Übereinstimmungen zwischen dem Volksglauben an die Heiligen und an den Zauberer Vergil ins Auge. Beide können Wunder vollbringen, beiden wird die Macht zugeschrieben, Stürme beruhigen und Insektenplagen beenden zu können.[212] Wie beim Heiligen richtet sich die Wunderkraft Vergils auf das Alltägliche, und die Grenze zwischen Heiligem und Profanem bleibt sehr unbestimmt. Beide Personen sind historisch nicht zu verorten, wie auch die Ordnungskategorien 'real' und 'imaginär' auf sie nicht anwendbar sind.[213] Auch der Glaube an den Zauberer Vergil ist Ausdruck der magischen Weltsicht, der im Unterschied zum Glauben an die Heiligen nicht durch das kirchliche Verständnis von Religiosität beschränkt wird.

Das Ende der schriftlichen Legenden um Vergil ist der Veränderung in der Wissenschaftstradition im 16. Jahrhundert zuzuschreiben. Die Renaissance und eine intensive Beschäftigung mit der Antike lösten die legendenhafte Tradition ab. Die Reisenden sind Nachfolger und Träger dieser humanistischen Tradition und stehen der mittelalterlichen Tradition unvermittelt und zunächst ablehnend gegenüber. Sie grenzen sich gegen das in ihren Augen 'Unvernünftige' ab. Andererseits beginnt mit ihrem Interesse für das Volk eine neue Wechselwirkung zwischen der Legendentradition, die selbst schon Ergebnis der Vermischung älterer schriftlicher und mündlicher Traditionen ist, und der neuen schriftlichen Tradition. Allerdings wird diese Mischung nun als natürliche und unverfälschte Tradition konstituiert, die im Rahmen der rationalen, vernünftigen Auffassung der Welt einer neuen Verwendung zugeführt werden soll. Wie schon im Falle der Darstellung König Ferdinands als Philosophenkönig greifen die Autoren auch bei der Darstellung der Volkspoesie in die sozialen Auseinandersetzungen ein. Mit ihrem Diskurs über Volkspoesie beteiligen sie sich im Sinne einer diskursiven Praxis an der Auseinandersetzung über die Wahrheit miraku-

---

[211] Brun, Sitten, S. 218. Diese Feststellung steht in erstaunlichem Gegensatz zu den immer wieder erhobenen Klagen der Reisenden über die fehlende Vaterlandsliebe und moralische Dekadenz der Neapolitaner; vgl. Rehfues, Gemählde, Bd. 1, S. 69; Benkowitz, Helios, Bd. 1, S. 167. Zum Prozeß der Etablierung eines Nationalgefühls in Italien, der vor allem von Intellektuellen vorangetrieben wurde, vgl. Giulio Bollati: L'Italiano, in: Storia d'Italia, Bd. 1, S. 951–1022.

[212] Sallmann, Santo, S. 593; Rivera, S. 229, S. 283.

[213] Sallmann, Santo, S. 589, S. 593; Ders., Patrono, S. 198.

löser Ereignisse, die auch innerhalb der neapolitanischen Gesellschaft betrieben wurde. Während sie dem König im Falle des San Gennaro-Wunders politische Manipulation vorwarfen, nutzten sie selbst die Abgrenzung vom magischen Weltverständnis zur Formulierung und Durchsetzung ihrer Wahrheit eines rational-instrumentellen Weltbildes.

Dabei fällt auf, daß die angeblich rationale, neue Tradition selbst sofort mythische Aspekte erhält, noch während sie sich konstituiert. Während sich in der oralen Überlieferung Monumente und Orte mit dem Namen des bekannten, aber enthistorisierten Vergil verbanden,[214] verknüpfen die Reisenden mit seinem Namen z.B. sein Grab oder die Grotte der Sibylle. Mythisch ist diese Verbindung, im Sinne von nicht rational, weil die Stätte, die als Grab Vergils bezeichnet wurde, wahrscheinlich nicht das Grab des Dichters war.[215] Mythisch, im Sinne von Bedeutung und Rechtfertigung für eine soziale Praxis schaffend, ist die Verbindung, weil sie, wie andere antike Stätten in der Umgebung Neapels, innerhalb des Genres neue Bedeutungen für die Autoren und ihre Leserschaft bildet. Neapel wird zum Ort der Antike, an dem diejenigen Reisenden, die der humanistischen Bildungstradition angehören, von ihnen geschätzte Werte erleben können.[216] Italien, das mit vielen solcher Orte besetzt ist, wird deshalb im 19. Jahrhundert schließlich zum obligatorischen Reiseziel eben dieser Bildungsschicht. Die diskursive Praxis der Reiseberichtsschreiber hat schon im ausgehenden 18. Jahrhundert eine soziale Praxis zur Folge, der auch die Autoren selbst gehorchen: die Italienreise als Ausweis einer sozialen und emotionalen Zugehörigkeit und Distinktion.

Aufgeklärter wie populärer Mythos verbinden Orte und Erzählungen zu jeweils eigenen Vergil-Legenden, zu zwei Traditionen, die von den Reisenden als miteinander konkurrierende entworfen werden. Für sie verfügt Vergil nicht mehr über magische Fähigkeiten, sondern ist als historische Person der Zeit und den natürlichen, kausalen Gesetzen unterworfen. Aber er beflügelt die Phantasie der Autoren in anderer Weise

---

[214] Comparetti, S. 252.

[215] Ebd., S. 277. Sueton, Statius und andere Autoren des ersten bis fünften Jahrhunderts sprechen von Vergils Grab in Neapel. Eine Heiligenvita des 10. und ein Troubadour des 12. Jahrhunderts erwähnen es ebenfalls. Die Fraglichkeit der Lokalisierung war den Reisenden durchaus bekannt, wobei sie sich nach Darlegung des Für und Wider teils für, teils gegen seine Echtheit entschieden.

Die Trennung zwischen Mythos und Logos im Sinne der Unterscheidung zwischen wissenschaftlich und nichtwissenschaftlich traf schon die griechische Antike (Historisches Wörterbuch, Bd. 6, Sp.281).

[216] Nicht umsonst erwähnen viele Reisende ihren Wunsch oder die Praxis, die antiken Klassiker am Ort der Handlung oder in der Umgebung antiker Ruinen lesen zu wollen oder zu lesen. Vgl. Seume, S. 207, S. 281f.; Recke, Bd. 3, S. 61, S. 138, S. 151; Eichholz, Bd. 4, S. 237. Auch die moderne Ethnologie hat als eine der Funktionen der Mythologie die Beglaubigung und Stärkung der Tradition der Gemeinschaft hervorgehoben (Historisches Wörterbuch, Bd. 6, Sp.302).

und beeinflußt über ihre Einbildungskraft die soziale Praxis ebenso wie die populäre Vorstellung, jeweils innerhalb der verschiedenen Sichtweisen auf die Welt.[217] So gesehen ist Vergil tatsächlich für beide Weltanschauungen ein Zauberer.

6. Herrschermythen: König Ferdinand und Königin Maria Karolina

Mit den Ereignissen von 1799 verschwindet das Bild von König Ferdinand als Philosophenkönig aus den Reiseberichten. Die Hinrichtung der Republikaner läßt den von Ferdinand und einigen Reiseberichtsschreibern aufgebauten Topos vom aufgeklärten Herrscher zusammenbrechen. Das Bild vom dummen, vulgären König wird von den meisten Autoren nun akzeptiert und sogar noch um weitere, weit abscheulichere Charakterzüge bereichert. Ferdinand wird als sittenloser Tyrann geschildert, der an Bildung nicht interessiert sei – er beitzt angeblich keine Bücher – und auf die Ratschläge der Aufklärer nicht höre. Die weniger feindlichen Autoren bescheinigen ihm zwar Herzensgüte, aber auch eine schlechte Erziehung. Diese Eigenschaften disqualifizieren ihn vielleicht nicht als Menschen, sicher jedoch als Herrscher. Nur Brun und Benkowitz schwanken in ihrem Urteil zwischen entschuldigendem Verständnis und Kritik am Verhalten des Königs.[218] Bezeichnend ist die vollkommen gegensätzliche Schilderung, die Kotzebue und Benkowitz von Begegnungen mit Ferdinand geben. Während der erste Ferdinands Luxusaufwand und zu große Dienerzahl kritisiert, berichtet letzterer von einer Ausfahrt des Königs zur Jagd in unprätentiöser Jagdkleidung, bei der er sich nur von einem Diener begleiten läßt.[219] Vorbild für beide Autoren ist der Idealkönig des ausgehenden 18. Jahrhunderts, Friedrich II. von Preußen. Die Reisenden vertreten hier das Ideal des verbürgerlichten Königs. Dieser verschafft sich nicht durch typisch adeligen Aufwand und Diener Respekt, sondern durch bürgerliches Auftreten und eine Politik, die ihm die Zuneigung der Untertanen sichert.[220] Diesem Bild eines Königs mit

---

[217] Hier muß hervorgehoben werden, daß sich die positive Einstellung mancher Autoren zu 'Fabeln' auf das Gebiet der Kunst beschränkte. Für alle anderen Bereiche galt das Bemühen um eine natürliche Erklärung.

[218] Seume, S. 284, S. 345; Eichholz, Bd. 3, S. 133; Rehfues, Miscellen, Bd. 1, S. 48; Bd. 2, S. 85; Ders., Gemählde, Bd. 2, S. 140; Kotzebue, Bd. 1, S. 332, S. 347; Recke, Bd. 3, S. 34, S. 173; Brun, Sitten, S. 215, S. 315; Benkowitz, Glogau, Bd. 3, S. 228; Ders., Helios, Bd. 2, S. 75, S. 155ff., S. 310, S. 319; Ders., Neapel, S. 17, S. 62, S. 120.

[219] Kotzebue, Bd. 2, S. 96; Benkowitz, Neapel, S. 129.

[220] Vgl. Kotzebue, Bd. 2, S. 96; Benkowitz, Neapel, S. 311. Zum Konzept des verbürgerlichten Königs und den sich wandelnden Königsbildern vgl. Wienfort, S. 127.

bürgerlichen Eigenschaften entspricht Ferdinand nicht, zumindest wenn man den Zuschreibungen der Reisenden glaubt. Ein guter Herrscher sei sittlich, Ferdinand dagegen sei sexuell ausschweifend. Ein guter Herrscher sei milde und helfe den Bedrängten, Ferdinand bricht sein Versprechen an die Republikaner und baut Schlösser, statt den Armen zu helfen. Ein guter König sei zur Führung der Staatsgeschäfte erzogen und gebildet, Ferdinands Hauptbeschäftigung sei die – typisch adeligem Lebenswandel zuzurechnende – Jagd. Im Gegensatz zu dem Preußenkönig müsse Ferdinand sich von ausländischen Soldaten bewachen lassen, denn er könne sich auf die Zuneigung seiner Untertanen nicht verlassen.[221] So führen die Eigenschaften, mit denen alle Autoren Ferdinand charakterisieren, gleichzeitig zu seiner Verurteilung. Daß die gleiche Person noch vor 1799 ganz entgegengesetzt charakterisiert worden war, erwähnt niemand. Nur Recke wundert sich, wie solch ein Regent die vielgerühmte Verfassung für S. Leucio entwerfen konnte.[222]

Die Beurteilung der Herrscher nach Tugenden, die man ihnen nicht nur summarisch zuschrieb, sondern von ihnen persönlich forderte, wurde im 18. Jahrhundert in Deutschland auch auf die einheimischen Fürsten angewandt. Dabei waren es auch hier die aufklärerischen Tugenden und die Verdienste um die Staatsführung, auf die besonderer Wert gelegt wurde. Milde, Weisheit, Verstand, Verdienst, Sittlichkeit und Herzensgüte waren gefordert. Dabei wurde nur unvollkommen zwischen der Amtsführung und dem persönlichen Verhalten getrennt.[223] Die Beurteilung Ferdinands erfolgt auf Grundlage dieser Anforderungen und verweist darauf, daß er nur e i n Beispiel in einem übergeordneten Diskurs um den idealen Herrscher ist.

Der Wechsel in der Wahrnehmung Ferdinands geht nicht mit der zunehmend reformfeindlichen und antifranzösischen neapolitanischen Politik einher, denn diese begann schon 1790. Die Person des Königs hingegen war dieselbe geblieben. Der Grund für die Verkehrung der Darstellungsweise ist die Revolution von 1799. Hatten die Reisenden vor 1799 ihre Hoffnungen auf eine gesellschaftliche Reform gegen alle

---

[221] Zu den Tugenden, die am Ende des 18. Jahrhunderts vom idealen Herrscher in Deutschland gefordert wurden und der Verschiebung seiner Legitimation vom Naturrecht hin zur Betonung seiner Verdienste vgl. Wienfort, S. 128.

[222] Recke, Bd. 3, S. 34. Die Mustermanufaktur wird nur noch von Benkowitz, Neapel, S. 120f. und Nemnich, Bd. 7, S. 172, am Rande erwähnt und ihr Verfall konstatiert. Nachdem sich die Bewohner der Kolonie 1798 gegen den König erhoben und ihre Webstühle zerstört hatten, wurde die Manufaktur seit 1802 an Privatunternehmer verpachtet. Allerdings geriet sie immer wieder in ökonomische Schwierigkeiten. Im selben Jahr wurde die Kolonie auf Wunsch ihrer Bewohner in die Nachbargemeinde eingegliedert, was den Wegfall der Sonderregelungen mit sich brachte. Die nach den Forderungen der Aufklärung modellierte Kolonieverfassung wurde von den Kolonisten offensichtlich als zu drückend angesehen. Vgl. Battaglini, S. 12ff.

[223] Vgl. Wienfort, S. 100ff.; S. 114f.; S. 123; S. 145.

gegenläufigen Anzeichen auf die Person des Königs projiziert,[224] so wurde er danach für sie zum Inbegriff des Tyrannen. Der Toposwechsel vom Philosophenkönig zum Tyrannen spiegelt den Bruch der aufgeklärten Autoren und auch vieler neapolitanischer Aufklärer mit der neapolitanischen Dynastie. Während ein großer Teil der neapolitanischen Aufklärer sich in der Folge den Napoleoniden als Beamte zur Verfügung stellten, verharren die deutschen Reisenden bei ihrer Hoffnung in den aufgeklärten Herrscher, der Reformen aus eigener Einsicht durchführt.[225]

Die Aufmerksamkeit für die Herrscherfamilie verschiebt sich nach 1799 hin zur Königin Maria Karolina, der schon lange nachgesagt wurde, sie sei die eigentliche Herrscherin Neapels.[226] Ein wesentlicher Grund für diesen Wechsel ist das Buch Giuseppe Goranis über die Herrscherhöfe Italiens, das 1793 auf Französisch erschien und ein Jahr später ins Deutsche übersetzt wurde.[227] Besonderes Aufsehen hatte Goranis Behauptung erregt, Maria Karolina habe als Schwester des österreichischen Kaisers den Tod des eigenen Sohnes und Thronfolgers bewirkt, um das

---

[224] Die Prozesse gegen angebliche Jakobiner 1794 in Neapel führten, mit Ausnahme der frankreichfreundlichen Autoren, nicht zu einer veränderten Einschätzung der Person des Königs.

[225] Gerade bei der Einschätzung der Ereignisse von 1799 beziehen sich die Reisenden explizit auf Informationen, die sie von Einheimischen erhalten. Während der neapolitanische Aufklärer Galanti, wie die Reisenden, bei seiner auch vor 1799 geäußerten Hoffnung auf einen aufgeklärten Monarchen bleibt, unterstützen viele andere Adelige und Bürgerliche, auch Teilnehmer der Republik, die Reformmaßnahmen der Franzosen. Vgl. Acton, S. 223; Galanti, Bd. 1, S. XIX; Viscegla, S. 171, S. 187f.; Villani, Decennio, S. 586ff. Verfolgt man andere zeitgenössische Berichte über den König, so ist das Urteil über ihn auch dort deutlich politisch motiviert und ähnelt dem der deutschen Reisenden. Vgl. Acton, S. 116ff., S. 138ff., S. 223, S. 353.

[226] Acton, S. 128, S. 135.

[227] Bei dem verarmten Mailänder Adeligen Gorani (1744–1819) handelt es sich um eine äußerst schillernde Person. Statt, wie vorgesehen, die Klerikerlaufbahn einzuschlagen, geht er zum Militär. Im Siebenjährigen Krieg von den Preußen gefangen genommen, wird er zum Anhänger des aufgeklärten Absolutismus. In den sechziger Jahren gehört er zum Mailänder Aufklärerkreis, bereist ganz Europa und übernimmt in Portugal und Wien politische Aufgaben. Beide Male muß er nach Verdächtigungen das Land verlassen. In den siebziger Jahren lebt er auf seinem Landgut in der Lombardei als politischer Schriftsteller. Seine Beschreibung des Königreichs Neapel geht auf einen Aufenthalt 1788 zurück. 1790 geht er nach Paris, wird 1793 französischer Bürger und übernimmt die Aufgabe, die Schweiz zum Anschluß an Frankreich zu bewegen. Kaum in der Schweiz angekommen, rät er dort aber zum Gegenteil, was ihm zusammen mit dem Buch über den Hof in Neapel die Verfolgung durch Frankreich und Neapel einträgt. Durch eine entschuldigende Schrift gelingt es ihm, Maria Karolina zu versöhnen. Er stirbt 1819 vergessen in Genf. Vgl. Dizionario enciclopedico della letteratura italiana, hrsg. von Giuseppe Petronio, 6 Bde., Rom/Bari 1966–70, Bd. 3 (1967), S. 166ff.; Letteratura Italiana, hrsg. von Alberto Asor Rosa, bisher 15 Bde., Turin 1982–92, Bd. 10 (1990), Gli Autori, Bd. 1, S. 933; Gabriella Fabbricino Trivellini: Interpreti francesi del Settecento napoletano, Neapel 1988, S. 51f.

Königreich Neapel nach dem Tode Ferdinands an Österreich fallen zu lassen.[228] Angesichts eines so schwerwiegenden Vorwurfes fühlen sich die Reisenden verpflichtet, die Wahrhaftigkeit dieser Anschuldigung persönlich zu überprüfen.

Obwohl die Autoren bei dieser Überprüfung unterschiedlich weit vordringen – Brun erhält eine Audienz, Benkowitz gelingt es immerhin, Karolinas Köchin zu befragen –, ist das Urteil einhellig. Die Vorwürfe seien „eine abscheuliche Verleumdung"[229], ausgestreut von den Franzosen und von Gorani und Stegmann wiederholt, um der Königin zu schaden. Die Argumentation der Autoren konzentriert sich auf die 'Mutterliebe', die sie nicht müde werden, der Königin zu bescheinigen:

„Ist aber eine Königin keine Mutter? Hat sie nicht auch diesen Trieb, der beinahe Instinct ist?"[230]

Darüber hinaus schreiben sie ihr Mut, Charakter, Konsequenz, Verstand, Liebe zur Natur und ein gutes Herz zu. Angesichts der unwiderlegbaren Teilnahme an den Hinrichtungen der Republikaner suchen einige Autoren nach Entschuldigungen. Sie habe „immer das Beste gewollt"[231], aufgrund persönlicher Verbitterung aber Fehler gemacht; sie sei von den Engländern benutzt worden und den Ereignissen nicht gewachsen gewesen.[232] Elisa von der Recke bezeichnet die Hinrichtungen als „Mißgriffe", die als Ergebnis der „ungeheuren Verwirrung"[233] zu betrachten seien. Diese Entschuldigungen stellen allerdings die Eignung Karolinas, einer Tochter Maria Theresias, für das Königsamt in Frage. Im Gegensatz zu Ferdinand, bei dem die Autoren kaum zwischen Amt und Person unterscheiden, wird bei Karolina deutlich differenziert. Obwohl ihr Herrschereigenschaften bescheinigt werden,

---

[228] Gorani, Bd. 1, S. 247ff.; Benkowitz, Glogau, Bd. 3, S. 286. Gorani konzentriert sich darauf, Maria Karolina negativ darzustellen, während Ferdinand bei ihm als von Natur aus gut, aber durch die Einflüsterungen seiner Gattin oder seiner 'Leidenschaften' verführt erscheint. Dieselbe Haltung bei Schiede, S. 278, S. 291ff. Stegmann, Bd. 2, S. 2ff., nennt die Geschichte vom Tod des Thronfolgers ein Gerücht, dem er aber durch seine Diktion hohe Wahrscheinlichkeit zuschreibt.

[229] Benkowitz, Glogau, Bd. 3, S. 287. Vgl. eBd., Bd. 3, S. 284; Eichholz, Bd. 3, S. 134ff.; Rehfues, Briefe, Bd. 1, S. 300ff.; Kotzebue, Bd. 1, S. 335; Recke, Bd. 3, S. 85ff.

[230] Benkowitz, Glogau, Bd. 3, S. 287.

[231] Kotzebue, Bd. 2, S. 243. Vgl. Rehfues, Briefe, Bd. 1, S. 304; Kotzebue, Bd. 1, S. 333, Bd. 2, S. 245; Recke, Bd. 3, S. 89; Eichholz, Bd. 3, S. 134f.

[232] Eichholz, Bd. 3, S. 134ff.; Benkowitz, Glogau, Bd. 3, S. 227; Recke, Bd. 3, S. 285. Nur bei Brun, Sitten, S. 17 und S. 71, überwiegt die Kritik. Rehfues, Briefe, S. 301, hält ein abschließendes Urteil über sie noch nicht für möglich.

[233] Recke, Bd. 3, S. 286. Im Vorwort des Herausgebers zu ihrem Buch spricht dieser Ferdinand alle Verantwortung für die Hinrichtungen zu und entschuldigt so die Königin (Bd. 3, S. VIff.).

lassen sie die persönlichen Fehler und die 'Mutterliebe' mehr für das Privatleben geeignet erscheinen. Es ist der Geschlechtscharakter einer häuslichen, zuwendenden Mutter, der ihr zugeschrieben wird. Für die Rolle der Herrscherin scheint sie nicht wirklich geeignet. Der Ehrenrettung als Frau und Mutter steht so die Disqualifizierung als Herrscherin gegenüber. Vielleicht aus antifranzösischem Ressentiment und wegen ihrer 'deutschen' Herkunft[234] wird hier die Person gerettet und von der Herrscherin, die für die Niederschlagung der Republik mitverantwortlich ist, getrennt. Derart erfüllt die Darstellung der Königin die widersprüchlichen Erfordernisse, die die Reisenden aufgrund ihrer Interessen an sie stellen.

Paradoxerweise erleidet das Herrscherideal der Reisenden durch das negative Beispiel Neapels keinen Schaden. Die Menschen haben sich angesichts der hohen Anforderungen als unzulänglich erwiesen; das Herrscherideal und damit das Reformprojekt der Reisenden bleiben unangetastet.[235]

Aus den Bemerkungen zu Karolinas Mutterliebe und einigen weiteren Äußerungen ergibt sich auch eine Vorstellung vom idealen Geschlechterverhältnis, wie es den Reisenden vorschwebt. So wird den Frauen generell das Haus und die Innerlichkeit als sozialer und emotionaler Raum zugeschrieben. Lob erhalten Karolinas Leben „in einem sehr häuslichen Zirkel"[236], die „weiblichen Handarbeiten"[237] einer adeligen Botschaftergattin oder die Frauen der Antike, die in einem „engen bescheidnen Kreise still hinwirken"[238]. Die Isolation von der Außenwelt fördere die „Tiefe des Gemüths, des innern Sinns"[239] und Zärtlichkeit und Pflichterfüllung dem Ehemann und den Kindern gegenüber. Die auf das Haus beschränkte Existenz der Frauen wird sehr positiv bewertet, und Eichholz entwirft den Plan, sich mit einer Ehefrau in ein Heim fern vom rein äußerlichen „Weltleben"[240] zurückzuziehen. In Analogie zur idealen Ordnung der Gesellschaft beschreiben die Reisenden auch die Familie in den zeitgenössischen gesellschaftspolitischen Begriffen eines Herrschaftsverbandes. Kotzebue sieht das Ziel der Familie in der „häuslichen Glückselig-

---

[234] Kotzebue, Bd. 2, S. 245, betont, sie sei eine gute Deutsche.

[235] Wienfort, S. 113, hat auf die kritische Dimension verwiesen, die im idealisierten Bild Friedrich II. für die nach ihm beurteilten Herrscher enthalten sei. Allerdings führten die hohen Anforderungen, zumindest in diesem Fall, nicht zu einer Kritik am aufgeklärten Absolutismus oder einer Veränderung der politischen Vorstellungen über Herrschaft, z.B. in Richtung Republikanismus.

[236] Benkowitz, Glogau, Bd. 3, S. 287.

[237] Recke, Bd. 3, S. 265.

[238] Eichholz, Bd. 3, S. 188.

[239] Ebd.

[240] Ebd., S. 189; Kotzebue, Bd. 2, S. 147.

keit"²⁴¹. Der rohe Gebirgsbauer, so findet Eichholz, behandele seine Frau wie ein ‚Despot', denn er bediene sich ihrer nur, um „der ehelichen Pflicht fleissig beizuwohnen"²⁴². Wie sehr hebe sich davon die familiäre Praxis der Botschaftergattin ab, die mit den Kindern zu ihren Füßen und einem Blick auf die Tätigkeit der Dienerinnen das Bild einer „milden Herrschaft"²⁴³ biete. Das Ideal, das die Autoren hier entwerfen, ist die Familie mit der Frau im Hause und dem Mann in der Öffentlichkeit. Dieses Bild betont die Familie als Ort der bürgerlichen Tugenden und Gegenpart zum männlich-öffentlichen Bereich und stimmt weitgehend mit dem Geschlechterverhältnis, wie es die Aufklärung definiert, überein.²⁴⁴ Auch auf dem Gebiet des Privaten sind die Gebildeten die Vorbilder der idealen Ordnung, und um diese Ordnung steht es in Neapel ebenso schlecht wie um die öffentliche.

7. Aufklärungsmythen: Der Erzbischof von Tarent als bürgerliches Ideal

Der einzige neapolitanische Aufklärer, den die Reisenden nach 1800 ausführlich schildern, ist der Erzbischof von Tarent, Giuseppe Capecelatro. Er stand schon seit den achtziger Jahren des 18. Jahrhunderts im Kontakt mit zahlreichen aufgeklärten Herrschern und Reisenden, so z.B. mit Katharina II. und Herder. Der Lebenslauf Capecelatros ist, ebenso wie seine politische Haltung, durchaus typisch für eine ganze Reihe neapolitanischer Aufklärer.²⁴⁵ Capecelatro war Schüler Genovesis und tritt vor 1799 als Regalist auf, d.h. er stützt den neapolitanischen Staat gegen die Einflußnahme der katholischen Kirche, tritt für religiöse Toleranz ein und spricht sich gegen Zensur und Inquisition aus. Während der Neapolitanischen Republik ist er als Vertreter des moderaten Flügels Mitglied der Legislative der Republik.²⁴⁶ 1799 wird er deswegen verhaftet, nach einigen Monaten Haft aber ohne Prozeß

---

²⁴¹ Kotzebue, Bd. 2, S. 196.

²⁴² Eichholz, Bd. 2, S. 87.

²⁴³ Recke, Bd. 3, S. 265.

²⁴⁴ Frevert, Tatenarm, S. 277; Dies., Bürgerliche Meisterdenker und das Geschlechterverhältnis. Konzepte, Erfahrungen, Visionen an der Wende vom 18. zum 19. Jahrhundert, in: Dies. (Hrsg.), Bürgerinnen und Bürger: Geschlechterverhältnisse im 19. Jahrhundert, Göttingen 1988, S. 17–48, S. 28, S. 30ff.

²⁴⁵ Vgl. Benedetto Croce: La vita religiosa a Napoli nel Settecento, in: Ders., Uomini e cose della vecchia Italia, in: Ders., Scritti di storia letteraria e politica, Bd. XXI, 2.Aufl. Bari 1943, S. 158–181, S. 171ff.; S. 179f.

²⁴⁶ Rao, Repubblica, S. 489.

freigelassen. Nach 1806 erhält er unter Joseph Bonaparte wiederum ein Amt und fordert u.a. eine Stärkung der Bischöfe gegenüber dem Papst. Die vollkommene Aufhebung der Klöster lehnt er ab, weil er eine Beeinträchtigung des Schulsystems fürchtet. Unter Murat wird er 1808 auf den Posten eines Kurators der Museen und Ausgrabungen abgeschoben. In seiner Diözese fördert er die Priesterausbildung in aufklärerischem Sinne. Wie einige andere Aufklärer, die ihre Hoffnung in den aufgeklärten Absolutismus verloren hatten, dient Capecelatro sowohl dem Bourbonenkönig als auch der Republik und den Napoleoniden. Im Gegensatz zu diesen radikalisieren sich seine politischen Positionen anscheinend aber nicht.[247] Es ist diese moderate Haltung, die ihn nach 1800 für einige deutsche Reisende zum Typ des idealen Aufklärers werden läßt.

Brun, Kotzebue und Recke schildern ihn sehr positiv. Seine Teilnahme an der Neapolitanischen Republik entschuldigen sie, denn er habe sich gesellschaftliche Reformen durch sie erhofft. Nun kritisiere er sowohl die Republik als auch die jetzige Regierung, und „seine milden Gesinnungen"[248] seien allgemein bekannt. Sie heben seine unverschuldete, ungesetzliche Haft sowie seine aufrechte Haltung gegenüber seinen Richtern hervor. Der Palast Capecelatros hat sich offenbar zum Treffpunkt fremder und einheimischer Gebildeter entwickelt:

> „Wenige Reisende kommen von Neapel zurük, die sich nicht der freundlichen Aufnahme in seinem Hause, schöner Erinnerungen an vorzügliche Männer, die sie bei ihm kennengelernt, an belehrende Gespräche, denen sie angewohnt, an Vergnügen bei Betrachtung seiner vorzüglichen Sammlung für alte und neue Kunst, und für Naturgeschichte zu rühmen haben. Zwo kleine Schriften von ihm [...] fallen in unsere Periode, in welchen sich der reine, apostolische Sinn erkennt, der in Herdern so schnell den gleich gestimmten Freund erkannt hat."[249]

Für Recke wird dieser Palast und besonders sein Garten zum eigentlichen neapolitanischen Paradies. Endlich einmal bleibt nichts zu bemängeln, wie sonst so oft in Neapel, und sie betont, unter den Gästen herrsche die „gleiche Gemüthsstimmung"[250]:

---

[247] So zumindest Croce, Vita religiosa, S. 175f. Seine Stellung während der Republik bleibt unklar, da er zu einigen radikal republikanischen Stellungnahmen angeblich gezwungen wurde. Rao, Repubblica, S. 517, betont, daß viele aufklärerische Kleriker die Republik nur stützten, um die öffentliche Ordnung aufrechtzuerhalten, und nicht, weil sie Republikaner waren.

[248] Recke, Bd. 3, S. 56. Vgl. Rehfues, Briefe, Bd. 1, S. 311; Brun, Sitten, S. 223; Kotzebue, Bd. 2, S. 108ff.

[249] Rehfues, Miscellen, Bd. 5, S. 74.

[250] Recke, Bd. 3, S. 73. Vgl. eBd., S. 78.

> „Man sprach über Landeserzeugnisse, Landessitten, Nationaleigenthümlichkeiten, mit Scharfsinn ohne Vorurteil und Anmaßung, so daß wir Fremden die fruchtbarsten Ideen einsammelten."[251]

Es ist das Modell idealer Geselligkeit, das Recke hier genießt: ein gepflegtes, aber nicht 'schwelgerisches' Essen im überschaubaren Kreis. Angenehme Unterhaltung zu aufklärerischen Themen im Beisein einheimischer Gleichgesinnter. Dazu ein englischer Garten und Sammlungen, die Bildung signalisieren. Wie sehr stechen davon die immer wieder kritisierten Gesellschaften adeligen Charakters ab, auf denen man kein geistreiches Gespräch führen könne und statt dessen nur Karten spiele.[252] Nichts von alledem hier. Der Palast des Erzbischofs ist tatsächlich eine Insel im Meer des Ancien Régime, in dem die Werte der Aufklärer: Bildung, aufgeklärtes Räsonnement, bürgerliche Mäßigkeit, Naturgenuß und Gleichklang der Seelen, Wirklichkeit geworden sind. Unausweichlich jedoch das Resümee, das Recke am Schluß zieht:

> „Leider ist der Erzbischof der einzige Mann von Geist und thätiger Kraft in der Gegend."[253]

Von seinem Lebenswandel her entspricht Capecelatro dem Repräsentationsverhalten anderer adeliger Neapolitaner, die interessierten Fremden einen Palast mit Kunstschätzen zeigen und sich selbst als Gelehrte geben. Das ist keine ausschließlich aufgeklärte Praxis, sondern leitet sich aus dem Humanismus der italienischen Renaissance her. Auch seine Schriften sind eher von dem dilettantischen und auf Regionales beschränkten Charakter, der an anderer Stelle von den Reisenden an den italienischen Wissenschaftlern kritisiert wird. Mit den in ganz Europa bekannten aufgeklärten Schriftstellern Neapels, wie z.B. Galanti oder Filangieri, ist er nicht zu vergleichen. Trotzdem wird er nach 1800 zur zentralen Figur in den Reiseberichten. Durch seine ungerechtfertigte Verhaftung, die politisch gemäßigte Position und die Führung eines mustergültigen Salons bietet seine Person die ideale Identifikationsmöglichkeit für die Autoren. In seinen politischen Stellungnahmen vor und nach 1799 geht Capecelatro nie über die aufgeklärte Politik des Ancien Régime hinaus. Die Reisenden finden in ihm eine Person, die ihre eigenen Positionen schon vor 1789 vertrat und die sich während der Republik nicht als Radikaler exponiert hat. Trotzdem kann man ihn als Opfer der Reaktion von 1799 und der allgemeinen politischen Entwicklung sehen, als deren Opfer sich auch die Reisen-

---

[251] Recke, Bd. 3, S. 75.

[252] Zu den Gesellschaften in Neapel vgl. Eichholz, Bd. 3, S. 150f.; Benkowitz, Helios, Bd. 2, S. 18; Kotzebue, Bd. 2, S. 158ff.; nur Rehfues, Briefe, Bd. 1, S. 188 lobt die Gesellschaften ausdrücklich.

[253] Ebd., S. 77.

den in ihren enttäuschten Hoffnungen fühlen können. Wie der Erzbischof halten sie sich in der Mitte zwischen den Extremen der Revolution und des Despotismus und bleiben den Werten der Aufklärung zugewandt. Eine Reflexion über die politische Entwicklung der Zeit, über die Gründe für das Scheitern aufgeklärter Projekte, wie sie der neapolitanische Schriftsteller Cuoco anstellte, findet man bei ihnen nicht. Sie halten weiter am Modell des aufgeklärten Absolutismus fest.[254] Daß die Mitglieder der Neapolitanischen Republik vor 1799 zu vielen Themen die gleichen politischen Positionen vertraten wie die deutschen Reisenden seit dem Ende des 18. Jahrhunderts, nehmen sie nicht wahr.[255] Die Republikaner werden zwar als Opfer betrauert, ihr Zusammengehen mit den Franzosen aber implizit als zu radikal empfunden. Statt dessen idealisieren die Autoren weiterhin den aufgeklärten Herrscher und die Existenz des politisch gemäßigten 'Philosophen', des durch Bildung und Moral idealen Menschen, wie sie ihn im Erzbischof von Tarent sehen wollen.

---

[254] Diese unveränderte Haltung dem aufgeklärten Königtum gegenüber verzeichnet Wienfort, S. 147, auch für Deutschland.

[255] Das wichtigste Werk zur Reflexion der Neapolitanischen Republik, Vincenzo Cuocos 'Saggio storico', beschäftigt sich mit den Fragen der Volksrepräsentation, dem Problem einer von außen oktroyierten, 'passiven' Revolution und dem Verhältnis von Aufklärern und Volk. Cuocos Buch wurde zu einem wesentlichen Werk des italienischen Liberalismus. Kotzebue beurteilt das 1805 ins Deutsche übersetzte Werk als zu radikal. Rehfues, Übersetzer eines anderen Buches Cuocos, lobt den anonymen Autor, ohne auf die Inhalte genauer einzugehen. Vgl. Visceglia, S. 171f., S. 176f., S. 180ff.; S. 187; Venturi, Settecento, S. 288, S. 298f.; Ders., Napoli, S. 38ff.; Kotzebue, Bd. 2, S. 294ff.; Rehfues, Miscellen, Bd. 1, S. 61f.

VI. Strukturen der Neapel-Wahrnehmung zwischen 1789 und 1806

In den folgenden drei Kapiteln gehe ich auf die Strukturen und die Leitbegriffe ein, die die Wahrnehmung und Darstellung der Reisenden organisieren.[1] Zunächst beschreibe ich die räumlichen und begrifflichen Gegensätze, in denen Neapel und seine Umgebung kategorisiert werden. Danach erörtere ich die Volksdarstellung, die ebenfalls in Gegensatzpaaren erfolgt. Im achten Kapitel schildere ich das Verständnis von Wirklichkeit, nach dem die Autoren die ihnen fremde Gesellschaft ordnen. In der Strukturierung der Texte kommen die wesentlichen inhaltlichen Wertungen zum Ausdruck, die den Reiseberichten zugrunde liegen.

1. Die Stadt als negativer Ort und Neapel als Schwelle zur Wildnis

Die Wahrnehmung Neapels in den Reiseberichten zeigt sich durchgehend von einer Zweiteilung in das Gegensatzpaar 'herrliche Natur/schlechte Gesellschaft' bestimmt. Unter dem Eindruck südlicher Sonne und Vegetation erscheint den Autoren die Stadt und ihre Lage als eine der schönsten der Welt.[2] Für Kampanien, das die Stadt umgibt und dessen Glanz sich auf Neapel überträgt, fehlt es den Autoren nicht an Bezeichnungen wie „Paradies"[3], „Elysium von Fruchtgefilden"[4] und Vergleichen mit „Armidens Zaubergarten"[5], dem „Garten der Hesperiden"[6] oder dem „goldenen Zeitalter".[7] Teil dieser Wahrnehmung Neapels als Paradies sind die

---

[1] Wenn ich hier von Strukturen spreche, so meine ich thematische Gewichtungen innerhalb des Textes, inhaltliche Schwerpunkte und Begriffe, die den Text organisieren, und Vergleiche bzw. Ausschlüsse über die die Reisenden versuchen, das Fremde einzuordnen.

[2] Gerning, Bd. 1, S. 183; vgl. eBd., S. 169. Stolberg, Bd. 2, S. 301f.; Lehne, S. 104; Küttner, Bd. 2, S. 138f.; Rehfues, Gemählde, Bd. 1, S. 12; Seume, S. 168; Benkowitz, Neapel, S. 47; Ders., Helios, Bd. 1, S. 126; Eichholz, Bd. 3, S. 74.

[3] Tagebuch, S. 156. Vgl. Stolberg, Bd. 2, S. 272.

[4] Gerning, Bd. 1, S. 182.

[5] Rehfues, Briefe, Bd. 1, S. 197f. Vgl. Jacobi, Bd. 1, S. 273.

[6] Benkowitz, Glogau, Bd. 3, S. 167.

[7] Stegmann, Bd. 1, S. 30. Weitere Äußerungen in diesem Sinn vgl. Eichholz, Bd. 3, S. 78; Benkowitz, Helios, Bd. 1, S. 158; Seume, S. 275; Keller, S. 107; Brun, Sitten, S. 4ff.

Inseln Ischia und Capri, das auf dem Weg nach Pästum gelegene Tal 'La cava', der Vesuv und vor allem die zahlreichen antiken Stätten in der Umgebung der Stadt. Ruinen und Orte in der Umgebung, die Vergil in der 'Aeneis' beschrieb, gehören für die Reisenden sowohl der Natur als auch dem in ihren Augen 'goldenen Zeitalter' der Antike an.[8] Der Vesuv fasziniert sie als unerforschte, bedrohliche Naturgewalt. Die erst 1738 bzw.1748 wiederentdeckten Städte Herculaneum und Pompeji stellen eine weitere wichtige Sehenswürdigkeit dar. Die Umgebung der Stadt mit der Bucht von Pozzuoli als Herzstück des 'glücklichen Kampaniens' war seit dem 16. Jahrhundert das traditionell wichtigste Ziel aller Reisenden.[9] Seit Mitte des 18. Jahrhunderts erhielt die Beschreibung der südöstlichen Umgebung, mit dem Vesuv und den Ausgrabungen der antiken Städte, zunehmend mehr Gewicht, ohne die westliche Umgebung vollkommen abzulösen.[10]

Der überschwenglich positiven Wertung der Natur und der „classischen Scenen"[11] in der Umgebung steht eine fast durchgängig negative Wahrnehmung der eigentlichen Stadt Neapel gegenüber. Die Autoren der Berichte dringen zwar nach 1800 an einige neue Orte in der Stadt vor, bewerten sie jedoch negativ, soweit sie nicht als Teil der Ansicht von Vesuv, Küste und Meer gesehen werden.

Während diese dichotomische Sichtweise vor 1800 nur bei der Gegenüberstellung von neapolitanischer Architektur und umgebender Natur ausdrücklich formuliert wird,[12] dominiert danach immer häufiger der Gegensatz von Natur und Antike einerseits und der neapolitanischen Gesellschaft andererseits. Benkowitz vermerkt:

---

[8] Zur Wahrnehmung der Ruine als Versöhnung zwischen Kultur und Natur, die die Vollendung des menschlichen Lebenskreislaufs symbolisiert, siehe: Oswald, S. 38–43.

[9] Vgl. Horn-Oncken, S. 9f., S. 14; Mozzillo, L'immagine, S. 62f.

[10] Von den Neapel-Reisenden bricht nur Kotzebue offen mit der Tradition, indem er den Vesuv und Pompeji der Bucht von Pozzuoli vorzieht (Bd. 1, S. 284, S. 357). Die Bevorzugung der Umgebung Neapels kommt vor 1799 auch im Umfang, den die Reisenden ihrer Beschreibung widmen, zum Ausdruck. Nur bei Gerning und Stegmann macht dieser Teil nicht die Mehrzahl der Seiten aus. Ab 1800 fällt die Verteilung dann ausgeglichen aus, wobei die Darstellung der neapolitanischen Gesellschaft in den Zeitschriften Benkowitz' und Rehfues' und in deren Büchern nun stark überwiegt. Bei den Autoren, die nur einen Reisebericht schreiben, überwiegt die Darstellung der Umgebung, mit Kotzebue (Stadt stark überwiegend) und Eichholz (ausgeglichen) als Ausnahmen.

[11] Küttner, Bd. 2, S. 140. Vgl. Benkowitz, Glogau, S. 233.

[12] „ Keine herrlichen Denkmale der Baukunst besitzt diese gewühlvolle Stadt, aber für alle Mängel derselben entschädigt die schöne Natur umher." Gerning, Bd. 1, S. 181. Vgl. Küttner, Bd. 2, S. 136f.

„Alles Neuere, das man um sich sieht, widerspricht dem klassischen Boden
[...]."[13]

Die Spannung zwischen Natur, klassischer Vergangenheit einerseits und der
schlechten Gegenwart andererseits ist eines der organisierenden Prinzipien der
Texte über Neapel und ganz Italien.[14]

Bleibt die Topographie der Stadt weitgehend unbeachtet, so sind die gesellschaftlichen Verhältnisse Thema sachkundiger Diskussionen. Die wenigen ausgesprochen positiven Gefühle, die gegenüber der gesellschaftlichen Realität geäußert werden, betreffen die örtlichen Aufklärer, vor 1799 den König und danach die Königin. Die Mehrzahl der Autoren ist von Neapel als Großstadt fasziniert. Die positiven Gefühle gegenüber gesellschaftlichen Erscheinungen kommen aber an Intensität selten den Gefühlen gleich, die die Autoren an Vergils Grab befallen, oder dem Schauer, den sie am Vesuv angesichts der „Schrecken der Natur" empfinden.[15]

---

[13] Benkowitz, Neapel, S. 10. Den Gegensatz Natur/Gesellschaft formuliert Benkowitz in einem Gedicht in Helios, Bd. 2, S. 57ff. Vgl. auch Brun, Sitten, S. 6; Recke, Bd. 3, S. VII, S. 169; Eichholz, Bd. 3, S. 169; Kotzebue, Bd. 3, S. 448.

[14] Vgl. Jürgen Osterhammel: Distanzerfahrung. Darstellungsweisen des Fremden im 18. Jahrhundert, in: H.-J.König/ W.Reinhard/ R.Wendt (Hrsg.), Der europäische Betrachter außereuropäischer Kulturen. Zur Problematik der Wirklichkeitswahrnehmung, Berlin 1989, (Zeitschrift für historische Forschung, Beiheft 7), S. 9–42, S. 13. Für Neapel und den Süden insgesamt hat dies schon Mozzillo, Viaggiatori, S. 27, festgestellt.
Die polarisierte Darstellung von Stadt und Umgebung kommt nach 1799 auch im Bezug der Reisenden auf das italienische Sprichwort zum Ausdruck, das Neapel als ein „Paradies, bewohnt von Teufeln" charakterisiert. Viele der Autoren bedienen sich dieses Ausspruchs, um die Gegensätzlichkeit der Stadt und die negative Seite der sozialen Verhältnisse prägnant zu fassen. Vgl. Seume, S. 279, S. 297; Benkowitz, Neapel, S. 51; Ders., Glogau, Bd. 3, S. 191; Ders., Helios, Bd. 2, S. 52; Kotzebue, Bd. 1, S. 283; Eichholz, Bd. 3, S. 78; Benedetto Croce: Il 'paradiso abitato da diavoli', in: Ders., Uomini e cose della vecchia Italia, 2 Bde., 2.Aufl. Bari 1943, Bd. 1, S. 69–86, S. 69ff.; Giuseppe Galasso: Lo stereotipo del napoletano e le sue variazioni regionali, in: L'altra Europa, S. 143–190, S. 162ff. In der Zeit vor 1799 zitieren die Autoren hingegen nur das Sprichwort des Renaissancedichters Sannazar, der Neapel als „Ein Stück des Himmels, das auf die Erde gefallen ist" bezeichnet hatte, und sein Wort „Neapel sehen und sterben!". Vgl. Tagebuch, S. 163; Gerning, Bd. 1, S. 170, S. 254.

[15] Vgl. Jacobi, Bd. 1, S. 340; Gerning, Bd. 1, S. 199f., Bd. 2, S. 157, S. 206; Stegmann, Bd. 1, S. 82; Hager, S. 156ff. Ein Sonderfall, was die Behandlung des Gesellschaftlichen und seine Gefühlsbesetzung betrifft, ist der Bericht Lehnes. Auf die Schilderung der sozialen Realität Neapels verzichtet er fast ganz. Daher verlagert sich bei ihm der Gegensatz zwischen 'herrlicher Natur' und 'schlechter Gesellschaft' in den Bereich 'Natur/Antike'. Die besondere Darstellungsweise bei Lehne ergibt sich aus seinen ausgeprägt aufklärerisch-republikanischen Ansichten und der

Der Begeisterung über Neapel als Großstadt steht eine ebenso große Ablehnung gegenüber. Jacobi ist am entschiedensten, wenn er meint, eine große Hauptstadt sei

„[…] immer nur ein nothwendiges Uebel, der kranke Theil des Staates, […] Hier ist der Schlupfwinkel des Lasters und der Abgrund der Sitten. Hier ist des Menschen selbstgeschaffene Welt! Es flieht die Natur, und mit ihr jener liberale edlere Theil des menschlichen Wesens, der nur unter Gottes offenem blauen Himmel gedeiht".[16]

Nicht nur für ihn ist die Großstadt der Inbegriff negativer menschlicher Gesellschaft, der er die positive Natur gegenüberstellt.

Die bisher geschilderte Struktur der Neapel-Wahrnehmung drückt sich auch in den Vergleichen mit anderen Städten aus, die die Reisenden anstellen. In Hinblick auf die Bevölkerungszahl wird Neapel mit London und Paris verglichen, in Hinblick auf die Lage mit Genua und Konstantinopel. Am häufigsten ist jedoch der Vergleich Neapels mit Rom.[17] Rom wird hierbei als Ort der Kunst, aber auch der Langeweile beschrieben. Neapel erscheint als lebendige Großstadt und Ort der Natur. Während fast alle Autoren vor 1799 Neapel den Vorzug geben, gewinnen danach die Stimmen die Oberhand, die sich angesichts der zahlreichen Mißstände in Neapel nach Rom zurücksehnen.[18]

Das für Neapel geltende Gegensatzpaar 'herrliche Natur/schlechte Gesellschaft' verkehrt sich, sobald man betrachtet, wie die Reisenden das Verhältnis zwischen Neapel und dem Rest des Königreichs beschreiben.

Neapel war im 18. Jahrhundert für gewöhnlich der südlichste Punkt der Italienreise. Erst in der zweiten Jahrhunderthälfte stießen einzelne Reisende weiter nach Süden vor. Einer der ersten war Johann Hermann Riedesel im Jahr 1767, der auch

---

späten Veröffentlichung seines Berichts im Jahre 1825. Während er die politischen Wertungen des ausgehenden 18. Jahrhunderts beibehält, übernimmt er die Form des beginnenden 19. Jahrhunderts, in der die enzyklopädisch-historische Darstellung der sozialen Verhältnisse aus den Reiseberichten verschwindet.

[16] Jacobi, Bd. 1, S. 295f. Vgl. Benkowitz, Neapel, S. 345; Eichholz, Bd. 4, S. 62; Rehfues, Gemählde, Bd. 1, S. 26.

[17] Vgl. Richter, Neapolitaner, S. 121; Küttner, Bd. 2, S. 145f.; Stolberg, Bd. 2, S. 381; Benkowitz, Helios, Bd. 1, S. 126; Ders., Neapel, S. 223; Kotzebue, Bd. 3, S. 248; Keller, S. 107; Recke, Bd. 3, S. 23, S. 262; Eichholz, Bd. 4, S. 51.

[18] Buch, Bd. 2, S. 389f.; Gerning, Bd. 2, S. 233f.; Küttner, Bd. 2, S. 155; Stegmann, Bd. 1, S. 139; Stolberg, Bd. 2, S. 301; Kotzebue, Bd. 2, S. 255. Nach Garms (S. 633f.) kehrt der Vergleich Rom – Neapel auch in den Beschreibungen Roms ständig wieder.

Sizilien bereiste.[19] Noch in den neunziger Jahren war dies die Ausnahme. Nur Hager, Stolberg und Jacobi hielten sich länger im Süden auf und fuhren auch nach Sizilien. Diese Situation verstärkte sich nach 1799 noch, da sich aufgrund der Auflösung der staatlichen Ordnung in Süditalien kaum einer der Reisenden noch über Pästum hinaus wagte. Lediglich Seume und Rehfues besuchten Sizilien.

Jacobi vergleicht den Aufbruch von Neapel bewußt mit der Überschreitung der „Säulen des Herkules"[20]. Das Land, das jenseits dieser Säulen liegt, ist unbekannt und zeichnet sich für die Reisenden durch schlechte oder fehlende Straßen und Wirtshäuser und mangelhafte Lebensmittelversorung aus.[21] Dementsprechend sind die Fahrten vieler Autoren in die Provinz nur kurz. Küttner betont, hundert Meilen landeinwärts zu fahren, sei im Königreich Neapel schwieriger, als ganz England zu bereisen. Das Landesinnere werde „wie eine Wildniß betrachtet".[22] Der unzivilisierte Zustand Süditaliens komme auch im Verhalten seiner Bewohner zum Ausdruck. Sie lebten wie die „afrikanischen Wilden"[23], seien naiv, neugierig und von altgriechischer Gastlichkeit.[24] Küttner fühlt sich angesichts des unwissenden Volks in Salerno wie „ein Seefahrer [...] wenn er auf einer entfernten Insel unter einem Unbekannten, Unzivilisierten Volke landet."[25] Dieses Volk ist zwar harmlos, aber auch unmoralisch – wie Jacobi zu berichten weiß.[26] Das Bild von der unentdeckten, unkultivierten Wildnis mit ihren rohen, aber harmlosen Bewohnern wird dadurch komplettiert, daß die Natur Süditaliens als „herrliche Gefilde" und „Paradiese" fern

---

[19] Schudt, S. 151; Venturi, L'Italia, S. 1104.

[20] Jacobi, Bd. 2, S. 2. Die Belegstellen aus Berichten nach 1799 werden hier aufgrund des Reiseverhaltens selten. Die Beurteilung ändert sich, wie das folgende Kapitel zeigen wird, nicht.

[21] Gerning, Bd. 2, S. 235; Tagebuch, S. 181; Hager, S. 178; Jacobi, Bd. 2, S. 203; Küttner, Bd. 2, S. 217; Seume, S. 279.

[22] Küttner, Bd. 2, S. 217; vgl. Hager, S. 179.

[23] Küttner, Bd. 2, S. 125; vgl. Recke, Bd. 3, S. 16; Seume, S. 280, S. 343. Die Identifikation Süditaliens mit Afrika, der unbekannten Wildnis in den Reiseberichten der Engländer, Franzosen und Deutschen hat schon Mozzillo, Viaggiatori, S. 9f., dargestellt.

[24] Gerning, Bd. 2, S. 235; Stolberg, Bd. 3, S. 162, S. 190f.; Jacobi, Bd. 2, S. 54.

[25] Küttner, Bd. 2, S. 204. Vgl. Benkowitz, Glogau, Bd. 3, S. 188.

[26] Jacobi, Bd. 1, S. 304; vgl. Seume, S. 265; Eichholz, Bd. 3, S. 102; Recke, Bd. 3, S. 16. Rehfues, Miscellen, Bd. 1, S. 41 und S. 166, bestätigt oder bestreitet das Urteil über die Unmoral der Süditaliener je nach Region. Die negative Charakterisierung der Kampanier an der Grenze zum Kirchenstaat und der Kalabresen hat Mozzillo, L'immagine, S. 104ff., beschrieben.

der Großstadt beschrieben wird.²⁷ Die 'schlechte Gesellschaft' Neapels wird im Vergleich mit dem Rest des Königreichs zum letzten Punkt der Zivilisation vor der Wildnis. Zwar erhält diese Wildnis überwiegend positive Züge, aber ihre Unkultiviertheit läßt sie nicht nur eindeutig gut erscheinen wie noch die Natur in der unmittelbaren Umgebung Neapels. Die Rohheit der 'Naturkinder' gilt als Ergebnis fehlender gesellschaftlicher und moralischer Erziehung. Paradoxerweise, aber in Übereinstimmung mit der ambivalenten Haltung der Aufklärer zur Natur, hebt gerade Jacobi die mangelnde Sittlichkeit der 'Eingeborenen' hervor. Er hatte kurz zuvor noch die Kultur für die Unmoral der Städter verantwortlich gemacht.²⁸

Süditalien ist für die Reisenden aber nicht nur Wildnis, sondern auch Ort der von ihnen als ideale Gesellschaften verehrten antiken griechischen Städte.²⁹ Der Aufbruch nach Süden gilt dem „zweyten Hellas"³⁰ und ist somit eine Reise in die Vergangenheit.

Das Gegensatzpaar der Neapel-Wahrnehmung 'herrliche Natur/schlechte Gesellschaft' erweitert sich so zu dem Gegensatz 'herrliche Natur und ideale griechische Vergangenheit/schlechte Gesellschaft der Gegenwart'. Gleichzeitig verkehrt sich dieser Gegensatz in den von 'Kultur/Natur', wobei die 'schlechte Gesellschaft' zur 'guten Kultur' wird, die der 'rohen Natur' gegenüber steht. Neapel erscheint in dieser Wahrnehmung als Schwelle zwischen Natur und Kultur, da es beiden angehört. Diese Verkehrung des Gegensatzes 'herrliche Natur/schlechte Gesellschaft' bleibt in der Wahrnehmung der Reisenden aber zweitrangig gegenüber ihrer ursprünglichen Form.

2. Asymmetrische und negierende Gegenbegriffe als Organisatoren der Darstellung

Schon in den Vorworten der Reiseberichte verwenden die Autoren den Begriff der Menschheit als einen „negierenden Gegenbegriff", durch den sich ihre aufklärerische Orientierung ausdrückt. Es gibt in den Berichten jedoch noch weitere aufklärungstypische Begriffe, die positiv aufgeladen sind und deren Zuschreibung die 'italienischen Verhältnisse' strukturiert und beurteilt. Es handelt sich um ein Begriffsfeld von asymmetrischen Gegenbegriffen wie Vernunft/Fanatismus, Toleranz/Fanatismus, Vernunft/Aberglauben, Mitleid/Gefühllosigkeit, Grausamkeit oder aber um

---

²⁷ Stolberg, Bd. 3, S. 141; vgl. Jacobi, Bd. 2, S. 49; Küttner, Bd. 2, S. 203; Benkowitz, Glogau, Bd. 3, S. 167.

²⁸ Jacobi, Bd. 1, S. 295f.

²⁹ Richter, Neapolitaner, S. 129; Mozzillo, Le ragioni, S. 29. Vgl. Seume, S. 207.

³⁰ Jacobi, Bd. 2, S. 2; Seume, S. 281.

negierende Gegenbegriffe wie Natur, Humanität, Sittlichkeit, Müßiggang, an denen die verschiedenen gesellschaftlichen Gruppen gemessen werden.[31]

So setzt Seume die Herrschaft der Vernunft gegen die der katholischen Kirche, stellen Recke und Benkowitz Mitleid und Menschlichkeit gegen neapolitanische Tierquälerei.[32] Immer wieder wird der Begriff der Humanität benutzt, die 'dem Neapolitaner' abgesprochen wird. Die Bettler und Lazzaroni wüßten nicht um die Unsittlichkeit ihres Müßgganges.[33] Ebensowenig wie die Bettler verfüge der neapolitanische Hochadel über „gesunde Begriffe und Kenntnisse"[34]. Andere Adelige und die Gelehrten dagegen dächten „frey und vernünftig"[35]. Es sind die Begriffe der eigenen Weltsicht, die die Reisenden als vernünftig und gesund bezeichnen und die sie einzelnen sozialen Gruppen zuordnen. Durch die Einordnung der neapolitanischen sozialen Verhältnisse in das eigene Begriffssystem wird das Fremde vertraut und ein wertender Umgang damit möglich.[36]

Ein weiterer grundlegender Begriff in den Berichten ist der Begriff der 'Natur'. Immer wieder stellen die Autoren die paradiesische Natur Neapels gegen den schlechten Charakter seiner Bewohner. Eines ihrer Hauptmerkmale sei, daß sie die Schönheit ihrer eigenen Umgebung nicht zu schätzen wüßten. Ob Mönche, Lazzaroni oder Adelige: Sie alle würdigten herrliche Aussichten keines Blickes, und Spaziergänge kennten sie nicht. Hier handelt es sich nicht nur um die Kritik an einer

---

[31] Vgl. Koselleck, Semantik, S. 212f.; Osterhammel, S. 35, S. 41. Grosser, Reiseziel, S. 90, bezeichnet diese Begriffe (Vernunft, Leistung, Humanität, Bildung, Toleranz, Tugend) als aufklärerische Integrationsbegriffe.
Zu Toleranz: Stolberg, Bd. 1, S. 34; Hager, S. 111; Gerning, Bd. 1, S. 61, S. 108; Keller, S. 71. Zu Müßiggang: Eichholz, Bd. 4, S. 62; Stolberg, Bd. 2, S. 296; Stegmann, Bd. 1, S. 95; Küttner, Bd. 2, S. 64; Gerning, Bd. 1, S. 130. Zu Natur: Brun, Neapel, S. 676; Stolberg, Bd. 2, S. 12, S. 71; Küttner, Bd. 1, S. 57; Jacobi, Bd. 1, S. 124; Gerning, Bd. 2, S. 101, S. 140. Zu Mitleid: Jacobi, Bd. 2, S. 201; Gerning, Bd. 2, S. 123; Rehfues, Gemählde, Bd. 1, S. 103. Zu Aberglauben: Brun, Ischia, S. 85; Stolberg, Bd. 2, S. 11; Stegmann, Bd. 1, S. 12; Küttner, Bd. 1, S. 130; Hager, S. 50; Jacobi, Bd. 1, S. 22; Gerning, Bd. 2, S. 61. Zu Fanatismus: Lehne, S. 190f.; Stegmann, Bd. 1, S. 10; Eichholz, Bd. 3, S. 102; Brun, Sitten, S. 218.

[32] Benkowitz, Helios, Bd. 2, S. 57, S. 62; Recke, Bd. 3, S. 263; Seume, S. 291.

[33] Kotzebue, Bd. 2, S. 108ff; Eichholz, Bd. 3, S. 57, S. 220, Bd. 4, S. 62; Recke, Bd. 1, S. 29, Bd. 3, S. 263, S. 273; Seume, S. 291; Benkowitz, Neapel, S. 17; Brun, Ischia, S. 74; Gerning, Bd. 1, S. 7, S. 32; Jacobi, Bd. 2, S. 72; Küttner, Bd. 1, S. 98; Stegmann, Bd. 1, S. 82; Stolberg, Bd. 1, S. 96; Rehfues, Briefe, Bd. 1, S. 174.

[34] Rehfues, Gemählde, Bd. 2, S. 130.

[35] Eichholz, Bd. 3, S. 103.

[36] Zu dieser Art des Fremdverstehens vgl. Osterhammel, S. 33ff.

unwichtigen nationalen Differenz. Die Naturverehrung der Aufklärer hat philosophische Hintergründe:

„[...] wenn die Natur rein an ein Herz spricht, das des Eindrucks jedes Guten und edeln fähig ist, so fühlen wir, daß wir nicht blos ein Thier sind [...], wir fühlen [...] etwas Bessers und Höhers in uns erwachen [...] – es ist der innere Mensch, der Geist der eigentlich e r s e l b s t ist, und den keine [...] äussern Verhältnisse [...] je zu beherrschen oder ganz zu unterdrücken vermögen."[37] (Eichholz)

Offenheit für die Schönheit der Natur ist in den Augen der Autoren Ausweis eines empfindungsfähigen individuellen Charakters, der nicht nur von den 'tierischen' Gefühlen, den 'Leidenschaften' unabhängig ist, sondern auch von den Zwängen, die eine ständische Außenwelt auf ihn ausübt. Das fühlende 'Innen' wird mit Menschlichkeit gleich- und gegen äußere Zwänge gesetzt.[38] Es ist das Individuum, das seine nicht-sexuellen Gefühle entwickelt, aber auch den „moralischen Zaun" verinnerlicht hat, von dem Benkowitz spricht. Dieses Individuum denkt und fühlt in den vernünftigen Begriffen, die die Autoren gutheißen. Es ist daher auf dem Weg der vollen Entwicklung seiner natürlichen Anlagen, wie der Menschheitsbegriff ihn beinhaltet. Nicht zufällig sind die Reisenden Prototypen dieses Individuums, die sich, z.B. durch ihre Naturliebe, deutlich von den sozialen Gruppen in Neapel abheben.

In der gleichen Weise ausschließend und identifizierend werden auch die Begriffe des Müßigganges und der Sittenlosigkeit benutzt. So gehen Anwälte, katholische Geistliche und Lazzaroni in den Augen der Reisenden müßig, wodurch sie sich in Gegensatz zur aufklärerischen Maxime der Arbeitsamkeit und Nützlichkeit stellen. Adel, Pöbel und Priester in Neapel zeichnen sich durch ihre Sittenlosigkeit aus. Strafpraxis des Ancien Régime und Revolten des Pöbels gleichen sich in ihren 'kannibalischen' Formen.[39]

Schon bei der Darstellung der neapolitanischen Geschichte bedienten sich die Autoren der Praxis, bestimmten Ereignissen eine besondere Bedeutung für den

---

[37] Eichholz, Bd. 2, S. 129f. Vgl. G. Tonelli: Artikel 'Naturschönheit/Kunstschönheit', in: Historisches Wörterbuch der Philosophie, Bd. 6, Basel 1984, Sp.623–626.

[38] Vgl. Lothar Pikulik: Leistungsethik und Gefühlskult. Über das Verhältnis von Bürgerlichkeit und Empfindsamkeit in Deutschland, Göttingen 1984, S. 261f.; H.B. Nisbet: Herders anthropologische Anschauungen in den 'Ideen zur Philosophie der Geschichte der Menschheit', in: J.Barkhoff/ E.Sagarra (Hrsg.), Anthropologie um 1800, München 1992, (Publications of the Institute of germanistic studies; Bd. 54), S. 1–23, S. 22.

[39] Rehfues, Miscellen, Bd. 5, S. 169.

Gesamtverlauf zuzuschreiben. Dabei verwenden sie tradierte literarische Topoi, wie z.B. den Horaz'schen Topos vom verweichlichenden Luxus. Diese Technik der Intensitätsproduktion benutzen die Reisenden auch bei der geographischen Beschreibung Neapels. Andreas Bürgi hat die Verbindung von Orten mit literarischen Zitaten, die diese Orte erst bedeutsam und als solche erfahrbar macht, u.a. für die Sybillengrotte bei Neapel beschrieben.[40] Ergänzend ist hinzuzufügen, daß die Bedeutung nicht nur durch wörtliches Zitieren antiker oder jüngerer Texte evoziert wird, sondern auch durch die Verbindung literarischer Topoi mit Orten. Von der Bedeutung des Vergilgrabes für die Reisenden als solch einem Ort war schon die Rede. Auch der Vesuv wird mit feststehenden, durch literarische Tradition entwickelten Topoi beschrieben. In der Stadt sind es der Mercato und der Molo, die in dieser Weise Bedeutung erhalten. So gliedern die Topoi und Zitate die Wahrnehmung der Stadt, ihrer Umgebung und der Stadtgeschichte, und sie gliedern auch den Text, der diese Orte beschreibt und evoziert.

Neben den asymmetrischen und negierenden Gegenbegriffen bedienen sich die Autoren weiterer Strategien, um das Fremde zu verstehen. Wie Osterhammel betont, besteht Fremdheit aus der kulturellen Distanz, die die Imagination des Reisenden mittels verschiedener Wahrnehmungs- und Darstellungsmuster zu überwinden trachtet.[41]

Im Fall Neapels besteht die Tendenz, die Stadt am Rand der europäischen Kultur zu situieren, um bestimmte Erscheinungen der neapolitanischen Gesellschaft in die eigene Weltsicht einordnen zu können. Die sozialen Verhältnisse dort werden mit denen der europäischen Antike oder Afrikas verglichen.[42] Durch diese Vergleiche wird eine Rückführung der fremden Kultur auf die eigene oder doch auf bekannte außereuropäische Kulturen vorgenommen.

Darüber hinaus erscheint die Wahrnehmung Neapels als etwas dem eigenen Verständnis gänzlich Fremdes in den Beschreibungen des Alltagslebens und volkstümlicher Bräuche.[43] Dabei wird 'das ganz Andere', z.B. die Tarantella, oft als das gerade für Neapel Typische bezeichnet. Benkowitz schließt die ausführliche Beschreibung der Tarantella, die er auf der Straße beobachtet, mit dem Kommentar:

---

[40] Bürgi, S. 95ff.

[41] Osterhammel, S. 10.

[42] Seume, S. 344; Rehfues, Gemählde, Bd. 1, S. 129, S. 137, Bd. 2, S. 59ff.; Kotzebue, Bd. 1, S. 230.

[43] Benkowitz, Helios, Bd. 2, S. 85f.; Rehfues, Gemählde, Bd. 2, S. 59f.

„Eine solche Szene würde unter den Linden in Berlin, oder im Augarten in Wien, ohnstreitig große Aufmerksamkeit erregen, hier sah kaum jemand darnach hin."[44]

In diesem Fall und bei den Vergleichen mit außereuropäischen Kulturen erscheint das Unbekannte noch als verständlich, da es die Andersartigkeit der fremden Verhältnisse ausmacht. Zwar bleibt das Fremde seltsam und vereinzelt, in die eigene Kultur nicht einzuordnen. Es erscheint aber nicht als widersinnig, denn es wird zum Komplementären des Eigenen, zum notwendigen Gegensatz. Als vollkommen, also systematisch fremd, wird die neapolitanische Gesellschaft nie beschrieben. Die generelle Vergleichbarkeit Neapels mit der eigenen deutschen Gesellschaft wird nicht in Frage gestellt.[45]

3. Neapel-Wahrnehmung und gesellschaftliche Utopie

Bei der Wahrnehmung Neapels und seiner engeren Umgebung überwiegen für die Reisenden die Natur und die lebendige Erinnerung an die Antike. Die Stadt erscheint ihnen als paradiesisch, insoweit sie nicht gesellschaftlich ist. Die idealen gesellschaftlichen Verhältnisse finden sich überall, nur nicht in Neapel. Die Orte, an die die Autoren die ideale Gesellschaft statt dessen verlegen, verweisen erneut auf ihre gesellschaftspolitische Orientierung.

Vor allem vor 1799 erscheinen die griechische Antike und teilweise auch die römische Republik vor ihren Eroberungszügen als das Gesellschaftsideal der Reisenden.[46] Bei näherem Hinsehen zeigt sich allerdings, daß die Antike für die Reisenden kein explizit gesellschaftliches Ideal darstellt. Vielmehr erinnern die Verhältnisse, die sie mit diesen Vorbildern assoziieren, an eine Art Naturzustand. Dies fällt besonders bei der Charakterisierung der Bewohner Süditaliens auf. Nach 1799 nehmen die Bezüge auf das antike Griechenland zunehmend archaisch-idyllische Züge an.

Die vorbildlichen Gesellschaften der Gegenwart liegen für die Reisenden vor allem außerhalb Italiens. Da ist zunächst England, das Küttner für in Handel und

---

[44] Benkowitz, Helios, Bd. 2, S. 283f., S. 314.

[45] Zur Geschichte der Fremdwahrnehmung in Europa und den verwendeten Wahrnehmungsmustern vgl. Brenner, Erfahrung, S. 15, S. 19, S. 30; Osterhammel, S. 33ff.

[46] Stolberg, Bd. 1, S. 248, Bd. 3, S. 190; Lehne, S. 2, S. 96; Gerning, Bd. 3, S. 210; Eichholz, Bd. 3, S. 189.

Wirtschaft am fortgeschrittensten hält. Einige Autoren verherrlichen die aristokratischen Verfassungen der Schweizer Kantone.[47]

Neben die Orientierung an Ländern oder Städten tritt der Bezug auf zeitgenössische Herrscher. So loben Küttner, Stegmann, Gerning, Rehfues und Benkowitz Joseph II. für seine Reformen. Fast ausnahmslos wird Friedrich II. von Preußen zum idealen Herrscher verklärt.[48]

In Italien heben Gerning, Seume, Rehfues und Hager die physiokratischen Reformen des toskanischen Erzherzogs und späteren österreichischen Kaisers Leopold hervor.[49] Dieses Lob gilt jedoch nicht dem zeitgenössischen Italien. Gerning betont bei seiner Schilderung der Toskana, man könne fast vergessen, „daß man noch unter Italiens Himmel ist".[50] Zustimmung findet hier also gerade ein Staat, der nicht 'typisch italienisch' ist, und ein Herrscher, der nicht Italiener ist.

Bei vielen Autoren aus der Zeit vor 1799 findet sich die Tendenz, den von ihnen geschätzten Gesellschaften auch eine paradiesische Natur zur Seite zu stellen und ihnen so die Züge des Naturzustandes zu geben. Gerning bezeichnet die Toskana als „das Attica von Italien"[51], die Toskaner als „Wesen höherer Art"[52] und griechischer Abstammung. Am deutlichsten tritt diese Tendenz aber im Falle der Schweiz hervor. Für Küttner, Jacobi und Stolberg ist die Schweizer Natur herrlich, und das „freie Hirtenvölkchen"[53] lebt scheinbar in einem zweiten Arkadien. Diese Tendenz wird nach 1799 vorherrschend, wobei die geographische Situierung dieser Idyllen nicht mehr deutlich erkennbar ist.

Auf dem Gebiet der Herrscherideale entspricht dieser Entwicklung eine Tendenz, die gesellschaftlich zu verwirklichenden Tugenden von konkreten Personen

---

[47] Stolberg, Bd. 1, S. 80; siehe auch: eBd., S. 81–84, S. 187–192, S. 223; Hager, S. 9ff.; Jacobi, Bd. 1, S. 25; Küttner, Bd. 1, S. 36, S. 100, S. 123, S. 325f.; Recke, Bd. 1, S. 103 lobt die bäuerliche Verfassung Tirols. Benkowitz, Glogau, Bd. 2, S. 179, lobt die Strafpraxis in Amerika. Auf die Vorbildfunktion von England und der Schweiz hat schon Mozzillo in seiner Arbeit zu Sizilien hingewiesen (Le ragioni, S. 66).

[48] Rehfues, Gemählde, Bd. 2, S. 4; Benkowitz, Neapel, S. 311; Kotzebue, Bd. 2, S. 217; Recke, Bd. 1, S. 6; Stegmann, Bd. 1, S. 347f. Seume (S. 389) äußert sich als einziger negativ zu Preußen und lobt Friedrich nicht. Vgl. Wienfort, S. 113ff., zur zentralen Rolle Friedrichs als Ideal des aufgeklärten Herrschers im ausgehenden 18. Jahrhundert.

[49] Hager, S. 107; Gerning, Bd. 3, S. 194f.; Rehfues, Miscellen, Bd. 5, S. 84f.; Seume, S. 312. Vgl. Küttner, Bd. 1, S. 325f. und Mozzillo, La frontiera, S. 61. Zur Idealisierung gerade der physiokratisch eingestellten Monarchen vgl. Birtsch, S. 9–47.

[50] Gerning, Bd. 3, S. 221.

[51] Gerning, Bd. 3, S. 210.

[52] Ebd., S. 202; vgl. Küttner, Bd. 2, S. 288.

[53] Stolberg, Bd. 1, S. 116; vgl. eBd., S. 89; Küttner, Bd. 1, S. 256; Jacobi, Bd. 1, S. 62.

zu lösen. Glück, Toleranz, Gerechtigkeit, Religion, Menschenliebe und milde Herrschaft werden als positive gesellschaftliche Ziele genannt.[54]

Die Mehrzahl der Reisenden vor 1799 hält die ideale Gesellschaft also für verwirklicht, und einige von ihnen sind bestrebt, ihr den Anstrich eines irdischen Paradieses zu geben.[55] Diese Absicht stimmt mit dem gesellschaftlichen Erlösungsanspruch der Aufklärung überein, denn die von den Reisenden bevorzugten Länder und Herrscher zeichnen sich sämtlich durch eine aufgeklärte Politik oder wirtschaftlichen Wohlstand und nichtabsolute Herrschaftsformen aus. Nach 1799 wird die aktuelle Möglichkeit, die aufgeklärten Ideale zu verwirklichen, offensichtlich zunehmend geringer eingeschätzt. Infolgedessen nimmt die Utopie unkonkretere Züge an, und nur der 1786 verstorbene Friedrich bleibt ein konkretes, aber stark idealisiertes Vorbild.[56]

In den utopischen Vorstellungen der Autoren kommen zwei Tendenzen zum Ausdruck: Italien ist für sie nur ausnahmsweise Ort guter gesellschaftlicher Verhältnisse, und Neapel zeichnet sich gerade durch deren Abwesenheit aus. Das Bestreben, den paradiesischen Naturzustand in der Realität wiederzufinden, macht Neapel zum Natur- und Antiken-Paradies und daher zum idealen Feld für Reisende, die sich fern gesellschaftlicher Verhältnisse ihren utopischen Phantasien hingeben wollen.

---

[54] Benkowitz, Helios, Bd. 1, S. 164ff., nennt Glück, Religion, Menschenliebe, Mitleid, milde Herrschaft als Ziele. Freiheit, assoziiert mit der Französischen Republik, lehnt er ab. Diese Tugenden könnten auch in einer Oligarchie oder Republik verwirklicht werden. Nur die Volksherrschaft sei schlimmer als jede Tyrannei eines Einzelnen. Kotzebue, Bd. 2, S. 176ff., hält die Regierungsform ebenfalls für unwichtig, nur fähige Männer müßten herrschen, nicht Dummköpfe wie in Frankreich oder in Rom. Stegmann verteidigt vor 1799 noch, wenn auch mit Einschränkungen, die von Napoleon gegründeten norditalienischen Republiken. Vgl. Stegmann, Bd. 2, S. 263, S. 338f. Seume, S. 295, nennt Gerechtigkeit als einzige fehlende Tugend. Die Französische Revolution habe sie nur versprochen. Recke, Bd. 1, S. 6, S. 29 und S. 185 fordert Toleranz, eine weise Regierung und die gerechtere Verteilung des Besitzes.

[55] Die vereinzelt von den Reisenden wahrgenommenen Mißstände auch dieser 'idealen Gesellschaften' ändern nichts an dem überwiegenden Bemühen, ihnen unwirklich-perfekte Züge zu geben.

[56] Zur Differenz zwischen der Politik Friedrichs und dem Idealbild seiner Person vgl. Birtsch, S. 14, S. 28; Wienfort, S. 115.

VII. Das Volk als 'guter' und 'böser Wilder'

Die Struktur der Volksbeschreibung zwischen 1789 und 1806

Die Eigenschaften, die die Reisenden dem neapolitanischen Volkscharakter, aber auch dem Volk in der Umgebung Neapels zuschrieben, waren extrem widersprüchlich. Die ambivalente Wahrnehmung des Volkes wird – bei unterschiedlicher Schwerpunktsetzung der einzelnen Autoren – durch das Gegensatzpaar 'guter Wilder/böser Wilder' bestimmt. Dieser asymmetrische Gegenbegriff ist in den Berichten über Neapel der bedeutendste.

1. Der 'gute Wilde' und der 'böse Wilde'

Nach Ansicht der Reisenden werden nicht nur die Menschen in der Provinz, sondern auch das Volk in und um Neapel von der Natur positiv beeinflußt. Zur Beschreibung der Neapolitaner und Kampanier bedienen sich die Reisenden dreier sich ergänzender Darstellungsmuster.

Das erste betrifft die Bewohner des landwirtschaftlich intensiv genutzten Kampaniens. In die überschwenglichen Schilderungen dieses 'Paradieses' mischen sich Bemerkungen über den „fleißigen Landmann"[1] oder die „frohen Schiffer"[2]. Die Bauern werden als „gute Leutlein" bezeichnet, und die Autoren heben ihre Fröhlichkeit und ihren Fleiß hervor.[3] Oft handelt es sich bei diesen Charakterisierungen nur um beiläufige Bemerkungen innerhalb der Naturschilderungen. Vor allem die Bauern, aber auch Schiffer und Hirten werden so zu Statisten in der Szenerie der Natur, deren positive Bewertung auf sie abfärbt. Obwohl gerade die Bauern eine kulturelle Tätigkeit ausüben, erscheint ihre Existenz den Reisenden durch die sie umgebende Natur bestimmt. Benkowitz geht sogar soweit, die Bewohner von Fondi mit denen von Tahiti zu vergleichen:

> „Es schien mir, als sei ich in Otaheiti, wo noch alles im ersten Stande der Simplicität wäre."[4]

---

[1] Stegmann, Bd. 1, S. 34; vgl. Stolberg, Bd. 3, S. 94; Jacobi, Bd. 1, S. 284.

[2] Stolberg, Bd. 2, S. 276.

[3] Ebd., Bd. 3, S. 98. Vgl. eBd. , Bd. 2, S. 295, Bd. 3, S. 94; Stegmann, Bd. 1, S. 41f. und S. 94; Lehne, S. 158.

[4] Benkowitz, Glogau, Bd. 3, S. 179.

Abb. 9: Capri

Die Charakterisierung der bäuerlichen Bevölkerung als fleißig ändert nichts an dieser Wahrnehmung, obwohl sie der sonst üblichen Behauptung widerspricht, die fruchtbare Natur fördere den Müßiggang.[5] Die Betonung der Fröhlichkeit und die Verwendung des Diminutivs machen aus den Bewohnern Kampaniens Wesen, die scheinbar sorgenfrei dahinleben.

Vollends entwickeln die Reisenden diese Sichtweise im zweiten Darstellungsmuster, das sie bei ihren Besuchen auf Ischia und Capri verwenden. Auch hier werden die Bewohner als „fröhliches Völkchen"[6] bezeichnet, das eine herrliche Natur bewohnt. Vom „paradiesischen Ischia"[7] gehe „Ambrosienduft"[8] aus, an seinem „Strande wimmele es von regem Schiffsvolk"[9], und bei der Arbeit der Insulaner wetteifere „das flinke Züngleich mit dem hin und her geworfenen Weberschiffchen".[10] Zwischen den gutmütigen, neugierigen Menschen herrsche ein „herzlicher und naiver Ton"[11], und ihr Treiben bezeichnet Lehne als „Kinderspiel".[12] Doch geht die Charakterisierung der Inselbewohner über die der Kampanier hinaus:

> „Auch hier, wie fast überall sind die Berg- und InselBewohner, welche von Eigennutz und Stolze frey, in patriarchalischer Unschuld harmlos dahin leben, die besseren Menschen."[13]

Die Einwohner der Inseln verwandeln sich, losgelöst von ihren konkreten Lebensbedingungen, zu ausschließlich guten Menschen. Die bösen Einflüsse der Zivilisation erreichen sie nicht. Da sie Naturwesen seien, seien auch ihre Körper „wohlgebildet",[14] und sie bewegten sich in den Bergen wie die Gemsen. Sie gehörten noch

---

[5] An ihr hält hier allein Küttner, Bd. 2, S. 134, fest.

[6] Stegmann, Bd. 2, S. 157; vgl. Stolberg, Bd. 2, S. 122; Lehne, S. 95; Stegmann, Bd. 2, S. 133, S. 157.

[7] Stolberg, Bd. 3, S. 117. Vgl. Rehfues, Briefe, Bd. 1, S. 204; Stegmann, Bd. 2, S. 136, S. 164.

[8] Lehne, S. 94.

[9] Stolberg, Bd. 3, S. 136.

[10] Ebd., S. 138. Vgl. Brun, Sitten, S. 196.

[11] Stegmann, Bd. 2, S. 133. Vgl. Recke, Bd. 3, S. 173, S. 242; Gerning, Bd. 2, S. 174, S. 210.

[12] Lehne, S. 96.

[13] Ebd., S. 256; vgl. Stolberg, Bd. 4, S. 228f.

[14] Stolberg, Bd. 3, S. 122. Vgl. Recke, Bd. 3, S. 16, die den ansonsten negativ beurteilten Menschen bei Fondi ebenfalls guten Wuchs attestiert.

ganz dem paradiesischen Naturzustand der griechischen Antike an.[15] Auf den Inseln finden die Reisenden ihre Vorstellungen vom vorgesellschaftlichen Paradies, bewohnt von 'guten Wilden', scheinbar verwirklicht.[16]

Zu dieser Wahrnehmungsweise der Inseln im Golf von Neapel paßt auch die generelle Tendenz der Reiseberichtsautoren, die Stadt und ihre Umgebung als eine außereuropäische „neue Welt"[17] zu bezeichnen. Was Stolberg für die Süditalien-Wahrnehmung der antiken Griechen schildert, trifft auch auf die Sichtweise der Reisenden zu. Durch „natürliche [...] Reize und trunkene Poesie" erscheint ihnen das Land wie „ein Peru [...], wie es sich das sechzehnte Jahrhundert dachte, ein bezaubertes Schlaraffenland."[18]

Nach 1799 nimmt die Schilderung des 'guten Wilden' in Kampanien und auf den Inseln ab, während die Natur beider Orte weiter als paradiesisch dargestellt wird. Aufgrund der kriegerischen Auseinandersetzungen gehen die Inselbesuche zurück.[19] Dies hat bei einigen Autoren eine Ausweitung der paradiesischen Attribute auf die direkte Umgebung Neapels und ihre Bewohner zur Folge. Sorrent und Castellamare werden zu angeblich isolierten Orten idyllischer, aber durch Arbeitsamkeit geprägter Gesellschaftsverhältnisse. Auch die Stadt selbst ist nun für einige ein Arkadien.[20]

Vor allem aber konzentrieren sich die Projektionen der idealen Sozialverhältnisse nun auf meist nicht genau lokalisierte Bergtäler, irgendwo in Italien. Das einzige präzise benannte Tal ist das auf dem Weg von Neapel nach Pästum gelegene 'La cava'. Allerdings überwiegt auch hier die begeisterte Naturschilderung diejenige idealer Gesellschaft. Schon 1796 hatte sich Friederike Brun aus Gesundheitsgründen länger in La cava aufgehalten. Sie ist fasziniert vom „Zauberthal",[21] dessen Natur schroffe

---

[15] Nur Stolberg und Stegmann beschreiben die wirtschaftlichen Verhältnisse der Inseln, ohne daß dies jedoch ihre Paradies-Vorstellungen mindert.

[16] Die Behauptung von Mascoli/Vallet, S. 47, S. 54, daß das Interesse der Mehrheit der Reisenden für die Inseln im Golf und deren Schilderung als paradiesisch erst etwa 1810 einsetze, trifft auf die deutschsprachigen Berichte nicht zu.

[17] Benkowitz, Helios, Bd. 1, S. III. Vgl. Stegmann, Bd. 2, S. 172.

[18] Stolberg, Bd. 2, S. 305. Die Assoziation tahitianischer Verhältnisse, wenn auch bei der Beschreibung der Inseln nicht ausgesprochen, durchzieht alle Natur- und Volksbeschreibungen. Vgl. Recke, Bd. 3, S. 38; Benkowitz, Glogau, Bd. 3, S. 179; Rehfues, Gemählde, Bd. 1, S. 77.

[19] Capri wurde zeitweise von den Engländern besetzt. Die Franzosen konnten die Sicherheit vor englischen Übergriffen selbst in der Bucht von Neapel nicht gewährleisten. Nur Recke, Brun und Benkowitz fahren nach Ischia; Capri wird nur noch von Rehfues besucht.

[20] Brun, Sitten, S. 59f., S. 208; Rehfues, Gemählde, Bd. 1, S. 45; Benkowitz, Helios, Bd. 1, S. 41, S. 133.

[21] Brun, La cava, S. 65ff.; vgl. Brun, Fortsezzung, S. 161ff. Auch Goethe verglich das Tal mit der Schweiz (Mozzillo, La frontiera, S. 166).

Gebirge, Grotten, Bäche mit Mühlen an den Ufern und Kastanienwälder bereithält. Während sie dies alles an die Schweiz erinnert, bietet sich nur wenig entfernt in Vietri der Ausblick über das Meer mit mediterraner Vegetation. Immer wieder betont sie den Frieden und die Ruhe des von der Umgebung scheinbar abgeschirmten Tales. Beides, Ruhe vor den Wirren der Zeit und Heilung für ihre Krankheit, möchte sie hier finden, wobei das laute und viel zu staubige Neapel eben diese Wirren und die Krankheit symbolisiert.[22] In 'magischer' Natur herrschen natürlich auch ideale Sozialverhältnisse. Brun findet ein „fleissiges Völkchen"[23] mit 'griechischen Profilen' und sanften Sitten vor, das Landwirtschaft und Heimgewerbe betreibt. Cava war um 1800 ein Ort mit protoindustriellem Textilgewerbe, das im Verlagssystem heimische Baumwolle verarbeitete. Brun idealisiert hier 'moderne' Produktionsverhältnisse, die für Süditalien wenig typisch waren. Die Tatsache, daß Bauern und Gewerbetreibende, ebenfalls im Gegensatz zu den typischen Lebensverhältnissen, verstreut auf dem Lande wohnten, förderte die idyllisierende Wahrnehmung noch.[24] Die negativen gesellschaftlichen Einflüsse scheinen Brun, trotz der Nachrichten vom Krieg in Oberitalien, unendlich fern, und das Tal

> „[...] ist und bleibt [...] der *Ankerplaz* meiner Seele in Italien, es stimmt so ganz in die Töne meines Wesens, ich habe mich hier ganz empfunden, in leisem Schmerz und seelerhebender Ahndung."[25]

In ähnlich hohen Tönen schildern auch einige Autoren der Zeit nach 1799 das Tal und seine Natur.[26] Häufiger noch erscheint aber die Ausweitung der Paradies-Attribute auf verschiedenste Orte, solange sie nur ein wenig Anknüpfungsmöglichkeit für eine 'paradiesische' Wahrnehmung bieten. Verschiedene Täler im Appenin nehmen die Autoren zum Anlaß, über das „romantische Gemisch von Wildheit und Kultur"[27], „jene Zeiten von Einfalt und Größe [...] wo hier die Hirten ihre

---

[22] Brun, La cava, S. 73, S. 79; Brun, Fondi, S. 64f.

[23] Brun, Fortsezzung, S. 169. Vgl. Brun, La cava, S. 80, S. 86f.

[24] Rita Taglé: Popolazione e 'mestieri' a Cava alla metà del settecento, in: G.Civile (u.a.), Studi sulla società meridionale, Neapel 1978, S. 221–232, S. 223, S. 227; Silvio De Majo: Il sistema protoindustriale di Cava dei Tirreni nell'Ottocento, in: P.Macry/ A.Massafra, Fra storia e storiografia, S. 775–788, S. 776f., S. 780.

[25] Brun, La cava, S. 174.

[26] Vgl. Rehfues, Miscellen, Bd. 3, S. 68f.; Seume, S. 275; Keller, S. 77. Nur Rehfues konstruiert für das Tal auch ideale Sozialverhältnisse.

[27] Seume, S. 144.

Rinder weideten und Virgil seine Georgica schrieb"[28], zu räsonnieren. Das Bild des 'guten Wilden' als Bewohner dieser Paradiese ähnelt nun wieder mehr dem kampanischer Bauern als dem tahitianischer Inselbewohner. Die Vorstellung vom Gebirgstal als idealer Kopie der Schweiz herrscht vor.

Erinnert man sich an die Beschreibung des neapolitanischen Volkscharakters und insbesondere an die Charakterisierung der Lazzaroni, so fällt die Übereinstimmung zwischen dem 'guten Wilden' und den positiven Eigenschaften der Lazzaroni auf. Beide werden in ihrem Charakter von der Natur bestimmt. Das Leben in der Natur oder im Falle der Lazzaroni die Nähe zu ihr machen die Menschen fröhlich und sorgenlos. Die Ferne von jeder Gesellschaft bzw. deren fehlender Einfluß belassen das Volk kindlich und naiv, seinen guten natürlichen Anlagen entsprechend. Das süditalienische Volk gehört durch diese positiven Eigenschaften noch dem Naturzustand der griechischen Antike an. Es bewegt sich in Lebensverhältnissen, die nur noch außerhalb des zeitgenössischen Europa vorstellbar sind, sei es nun zeitlich oder geographisch.

Der 'gute Wilde' unterliegt in den Augen der Reisenden dem Einfluß der Natur. Der 'böse Wilde' wird für sie dagegen sowohl von natürlichen als auch von sozialen Faktoren bestimmt.

Jacobi und Eichholz beschreiben die Menschen außerhalb Neapels generell als unmoralisch.[29] Dabei trifft das negative Urteil besonders Kalabresen und Sizilianer, aber auch die Bewohner der Grenzorte zum Kirchenstaat.[30] Der 'böse Wilde' findet sich auf dem Lande also vor allem in größerer Entfernung von Neapel. In seiner näheren Umgebung und sogar auf den Inseln schildern ihn vor und nach 1799 nur wenige Reisende.[31] Die negativen Charakterzüge der Einwohner Ischias und Capris werden meist auf den unheilvollen Einfluß Neapels zurückgeführt. Nach der Jahrhundertwende verstärkt sich aber die Kritik an den sozialen Verhältnissen auf den Inseln selbst.[32] Die Inseln unterliegen nun plötzlich doch gesellschaftlichen Einflüssen. Es scheint, als

---

[28] Eichholz, Bd. 2, S. 81. Vgl. eBd., S. 72f.; Rehfues, Miscellen, Bd. 1, S. 155; Jacobi, Bd. 2, S. 369.

[29] Jacobi, Bd. 1, S. 304. Vgl. Rehfues, Miscellen, Bd. 1, S. 41; Recke, Bd. 3, S. 16; Eichholz, Bd. 3, S. 102; Seume, S. 280.

[30] Vgl. Mozzillo, L'immagine, S. 104ff. Vgl. Recke, Bd. 3, S. 15; Benkowitz, Glogau, Bd. 3, S. 184ff.; Jacobi, Bd. 2, S. 95; Gerning, Bd. 1, S. 208, Bd. 2, S. 13; Stolberg, Bd. 4, S. 256; Stegmann, Bd. 1, S. 94; Seume, S. 343.

[31] Brun, Sitten, S. 119f. Auf den Inseln: Stegmann, Bd. 2, S. 165, S. 176; Recke, Bd. 3, S. 173.

[32] Benkowitz, Helios, Bd. 2, S. 108, S. 113; Rehfues, Briefe, Bd. 1, S. 221f.; Recke, Bd. 3, S. 234.

ob der Rückgang der Tahitiromantik seit 1790[33] den Blick auf die sozialen Verhältnisse freigibt. Die ungebrochene Idylle verlagert sich von den Inseln in die Bergtäler.

Hauptort des 'bösen Wilden' ist für die Reisenden die Stadt Neapel selbst.[34] Wie schon die positiven, sind auch die negativen Eigenschaften des Volkscharakters der Neapolitaner und Lazzaroni in ihren Augen in erster Linie Ergebnis der natürlichen Anlagen und des Klimas. Genuß- und Rachsucht, Grausamkeit, Unsittlichkeit und Habgier entstehen nach Meinung der Autoren aus der unkontrollierten Hingabe an die Leidenschaften. Es fehle vor allem an moralischer Erziehung, die der „brausenden Sinnlichkeit"[35] gegensteuern könnte.

Im Falle des 'bösen Wilden' gilt die Natur allerdings nicht als die einzige Ursache. Hinzu kommen der Einfluß der Kirche, der die Leidenschaften fördere, der 'Bedientenluxus' des Adels, der den Müßiggang unterstütze, und die Versäumnisse der Regierung bei Erziehung und 'Policey', die nach Meinung der Reisenden zum negativen Volkscharakter beitragen. Außerdem werden als gesellschaftliche Faktoren die spanische Besatzungszeit und der korrumpierende Einfluß großer Städte genannt. Nach 1799 kommt dann, zumindest bei einigen Autoren, die Sittenlosigkeit des Monarchen hinzu, die die Moral der Untertanen verderbe bzw. Mord und Kannibalismus zulasse. Immer wieder werden die städtischen Unterschichten nun explizit als Wilde bezeichnet, die sich noch im Naturzustand befänden.[36]

Auch in der Begründung für die schlechten Aspekte des Volkscharakters kehrt also die Paradoxie wieder, nach der sowohl die Zivilisation selbst als auch der Mangel an Zivilisation schreckliche Folgen nach sich zögen. In diesem Widerspruch kommt zunächst die Diskussion um Vor- und Nachteile der Zivilisierung zum Ausdruck. Er verweist aber auch auf den Gegensatz der aufgeklärten Reisenden zum Ancien Régime. Es sind die Institutionen der ständischen Gesellschaft, die die negativen Anlagen

---

[33] Bitterli, Wilden, S. 390; Thomas Lange: Idyllische und exotische Sehnsucht. Formen bürgerlicher Nostalgie in der deutschen Literatur des 18. Jahrhunderts, Kronberg/Ts. 1976, S. 206.

[34] Vgl. für die Zeit nach 1799: Benkowitz, Helios, Bd. 1, S. 96, Bd. 2, S. 65; Ders., Glogau, Bd. 3, S. 240; Recke, Bd. 3, S. 262; Eichholz, Bd. 3, S. 125; Brun, Sitten, S. 313.

[35] Brun, Sitten, S. 313.

[36] Rehfues, Gemählde, Bd. 2, S. 119; Brun, Sitten, S. 313; Benkowitz, Helios, Bd. 2, S. 320; Eichholz, Bd. 3, S. 126. Die Beschreibung europäischer Unterschichten in Reiseberichten, aber auch in anderen Genres des 18. Jahrhunderts orientiert sich in ihren Mustern oft an der Beschreibung außereuropäischer 'Wilder'. Hottentotten und Kaffern wurden in der ethnologischen Diskussion besonders negativ bewertet. Vgl. Justin Stagl: Der wohl unterwiesene Passagier. Reisekunst und Gesellschaftsbeschreibung vom 16.–18. Jahrhundert als Quellen der Kulturbeziehungsforschung, in: B.I.Krasnobaev (Hrsg.), Reisen und Reisebeschreibungen im 18. und 19. Jahrhundert als Quellen der Kulturbeziehungsforschung, Berlin 1980, S. 353–384, S. 376; Kohl, S. 166.

fördern, während nur das aufgeklärte, 'moderne' Erziehungskonzept sie zu kontrollieren verspricht.

2. Die glücklichen Inseln, das goldene Zeitalter und die 'Mitte' als konkrete Utopie

Die Darstellungsmuster zu Natur und idealer Gesellschaft, die in den Reiseberichten immer wieder reproduziert werden, sind allesamt bekannte Topoi einer europaweiten Diskussion im 18. Jahrhundert. In dieser Diskussion flossen Begriffe aus der Ethnologie, der Philosophie, der politischen Theorie und der Literaturproduktion zusammen. Sie alle verdichteten sich zu den Bildern vom utopischen Naturparadies und vom 'Wilden', die zu zentralen Punkten sowohl der wissenschaftlichen Diskussion als auch der Alltagsvorstellungen wurden. Diese Bilder finden sich nicht nur in Reiseberichten, sondern auch in anderen Genres. Die gesamte Aufklärungsliteratur verwandte ganz selbstverständlich Fakten aus Reiseberichten oder Elemente exotischer Kulturformen als Material ihrer Darstellungen.[37] Reiseberichte waren aber nicht nur Materiallieferant für Wissenschaft und Literatur, sie sind gleichzeitig Zeugnisse einer Beobachtung, die durch und durch von idyllischer Wahrnehmung präformiert ist.

2.1. Neapeldarstellung und zeitgenössische Ethnologie

Den größten Teil ihres Materials bezog die erwähnte Auseinandersetzung aus der zeitgenössischen Ethnologie. Diese war bis zur Jahrhundertmitte und, belebt durch die Fahrten Cooks und Bougainvilles, noch einmal in den siebziger und achtziger Jahren vom Leitbegriff des 'guten Wilden' geprägt. Dieser Begriff bildete den Knotenpunkt der geographischen und gattungsbezogenen Utopie einer idealen, weil natürlichen Gesellschaft.[38]

Das Interesse für die Entwicklungsgeschichte fremder Völker kennzeichnete alle ethnologischen Theorien des 18. Jahrhunderts. Charakter und Sitten sollten erforscht und die Gründe ihrer Entwicklung ausfindig gemacht werden. Selbstverständlich beinhaltete dies auch die Beurteilung des jeweiligen Entwicklungszustandes. Die Gegenüberstellung positiver und negativer Eigenschaften, wie sie im Falle Neapels betrieben wird, war gängiger Bestandteil der wissenschaftlichen Diskussion. Dabei ging man generell von aufeinanderfolgenden Entwicklungsstufen der

---

[37] Bitterli, Wilden, S. 304; Kohl, S. 173.

[38] Kohl, S. 10; Bitterli, Wilden, S. 390.

Zivilisation und der Perfektibilität aus, d.h. der Tendenz der menschlichen Natur zu einer vollkommenen Entwicklung.

In der ethnologischen Terminologie galten die 'Leidenschaften' oder 'Begierden' und die 'Vernunft' als grundlegende, aber entgegengesetzte Triebkräfte der menschlichen Entwicklung.[39] Schon im 17. Jahrhundert hatten Geographen Kategorien zur Beobachtung überseeischer Völker aufgestellt. Danach sollten die äußere Erscheinung eines Volkes, seine Tugenden und Laster, Bräuche, Sprache, Regierungssystem, Wirtschaft, Religion, Hauptstadt, Geschichte und wichtige Persönlichkeiten beschrieben werden.[40] Diesem Themenkatalog folgten auch die Reiseberichte über europäische Länder. Neben den Begriffen der Leidenschaften und der Vernunft waren die 'Bedürfnisse', verstanden als materielle Triebkräfte der Kulturentwicklung, das 'Mitleid' – vor allem bei Rousseau – als Ausdruck natürlicher menschlicher Güte und der übergeordnete Begriff der 'Sitten' eines Volkes gängige Begriffe der ethnologischen Diskussion.[41]

Die Kategorien und die Begriffe, mit denen in Reiseberichten die Neapolitaner beschrieben werden, stimmen also mit denen überein, die zur Charakterisierung außereuropäischer Völker verwandt wurden. Schon die Reiseberichte und die Philosophen des 17. und frühen 18. Jahrhunderts finden bei außereuropäischen Völkern alle positiven und negativen Eigenschaften, die angeblich auch die Bewohner Süditaliens auszeichnen.[42]

Ethnologie und europäische Reisebeschreibung stimmen auch darin überein, daß sie dem Klima in der biologischen und kulturellen Entwicklung der Menschheit eine entscheidende Rolle zuschreiben. Montesquieu sah eine gemäßigte, mittlere Entwicklung des individuellen Körperbaues, aber auch der kulturellen Entwicklung eines Volkes und der Menschheit, als Ideal an. Seine Theorie fand in der zweiten Jahrhunderthälfte weite Verbreitung unter Wissenschaftlern und Schriftstellern.[43] Das mitteleuropäische Klima galt als die beste Voraussetzung für eine

---

[39] Bitterli, Wilden, S. 230; Kohl, S. 156.

[40] Bitterli, Wilden, S. 316. Dieses Schema wurde erst gegen Ende des 18. Jahrhunderts durch eine andere Art der Faktenaufnahme ersetzt.

[41] Vgl. Kohl, S. 122, S. 128, S. 146, S. 156, S. 188.

[42] Kohl, S. 133, S. 193ff.; Bitterli, Wilden, S. 252, S. 356ff., S. 373, S. 386. Ein schöner Körperbau, verbunden mit einer maßvollen Motorik, wurde den Neapolitanern nicht zugeschrieben. Diese Eigenschaften fand man nur bei den Südseeinsulanern. Sie wurden, so Bitterli, auch deshalb zum Inbegriff des guten Menschen, weil ihre Körperbildung dem europäischen Ideal, dem 'Körper' griechischer Skulpturen, am nächsten kamen.

[43] Vgl. Bitterli, Wilden, S. 352; Kohl, S. 113, S. 143; Herdmann, S. 68, S. 74; Mozzillo, Sirena, S. 85. Der Schweizer Aufklärer C. Viktor von Bonstetten, Verfasser eines Rom-Reiseberichts, vertrat diese These noch einmal im spät erschienenen 'Der Mensch im Süden und

ausgeglichene Menschheitsentwicklung. Nur dort werde die Einbildungskraft der Menschen durch die Schönheiten der Natur in ausgeglichener Weise entwickelt, was wiederum zu Tugend, Weisheit sowie maßvollen Gemütsbewegungen und Begierden führe. Das Ideal ausgeglichener Gemütsstimmung, der Abwesenheit von Leidenschaften und körperlicher Häßlichkeit findet sich auch in der ästhetischen Theorie Winckelmanns. Für ihn stellte allerdings das antike Griechenland den geographischen Mittelpunkt ausgeglichener Klimaverhältnisse dar.[44]

Der Vergleich der 'Wilden' mit den Griechen der Antike, wie er in den Neapelberichten immer wieder auftaucht, war ebenfalls gängiger Bestandteil der ethnologischen Literatur. In beiden Kulturen sah man niedrigere, vorausgehende Stufen der Menschheitsentwicklung hin zum zeitgenössischen Europäer.[45]

Das Bild vom 'guten Wilden' als Gegenbild zur europäischen Gesellschaft war schon seit dem 17. Jahrhundert verbreitet. Durch die Entdeckung Tahitis in der zweiten Hälfte des 18. Jahrhunderts wurde es wiederbelebt. Erneut entspann sich eine Diskussion um die Bedingungen idealer menschlicher Existenz.[46] Obwohl ihre Lage geographisch zu den Klimatheorien im Widerspruch stand, bot die Südseeinsel starke Bezüge zur europäischen utopischen Tradition. Seit Hesiod, der den Begriff des goldenen Zeitalters prägte, wurde der 'locus amoenus' an einen entfernten Ort verlegt. Inseln, als nur ungenau zu lokalisierende oder als erklärtermaßen fiktive Orte, eigneten sich sehr für die Ansiedelung idealer Gesellschaften.[47]

---

im Norden oder über den Einfluß des Clima's, Leipzig 1825'. Eichholz, Bd. 4, S. 18, bezieht sich explizit auf Montesquieu und stimmt der Klimatheorie zu. Auch bei Recke, Bd. 4, S. 141, finden sich Spuren der Klimatheorie. Ein langsamer Übergang von der Anwendung der Klimatheorie zur Betonung der Rolle gesellschaftlicher Faktoren als entscheidendem Grund für die Volkscharakterbildung, wie Maurer sie in den Reiseberichten über England findet, ist in den Berichten über Neapel nicht wahrzunehmen. Vgl. Michael Maurer: Nationalcharakter und Nationalbewußtsein. England und Deutschland im Vergleich, in: U.Herrmann (Hrsg.), Volk-Nation-Vaterland, (Studien zum 18. Jahrhundert; Bd. 18), S. 89–100, S. 94f.

[44] Fritz Kramer: Verkehrte Welten. Zur imaginären Ethnographie des 19. Jahrhunderts, 2.Aufl. Frankfurt/M. 1981, S. 16. Die Theorien stimmen jedoch nicht vollkommen überein. Winckelmanns ästhetisches Ideal der Abwesenheit von Gefühlsausdruck, der 'ataraxia', das er in der griechischen Skulptur zu finden meinte, entsprach nicht dem Menschenideal der Aufklärung. Die ebenfalls in der zweiten Jahrhunderthälfte vieldiskutierte Physiognomik Lavaters behauptete zwar keinen Zusammenhang zwischen Klima und Körperbau, sah aber in Körper- und Gesichtsbildung den direkten Ausdruck des menschlichen Charakters. Vgl. Bitterli, Wilden, S. 356.

[45] Kohl, S. 121ff., S. 164.

[46] Bitterli, S. 390f.; Lange, S. 206.

[47] Urs Bitterli: Die exotische Insel, in: H.J.König/ W.Reinhard/ R.Wendt (Hrsg.), Der europäische Beobachter außereuropäischer Kulturen. Zur Problematik der Wirklichkeitswahrnehmung, Berlin 1989, (Zeitschrift für historische Forschung, Beiheft 7), S. 65–79, S. 67f. Diese Tradition setzt sich im 18. Jahrhundert u.a. in dem erfolgreichen utopischen Roman von der

Etwa um 1750 vollzog sich in der europäischen Literatur ein einschneidender Wandel. Utopische Orte wurden verstärkt auf dem Lande angesiedelt, und Teilelemente utopischer Darstellung flossen in verschiedenste nicht-utopische Textgattungen ein. Utopische Motive wurden nun Teil 'realistischer' Darstellungen.[48] Tahiti entwickelte sich zwischen 1770 und 1790 zum Prototyp der idealen Insel und zum 'wirklich vorhandenen' Paradies. Alle europäischen Topoi vom paradiesischen Leben verwendete man, unabhängig von den realen Verhältnissen, zu seiner Beschreibung: den Topos von den glücklichen Inseln, vom Schlaraffenland[49], von Arkadien und den elysischen Gefilden. Überwiegend wurden die Insel und ihre Bewohner idealisiert und ihre Existenz mit der von Rousseau postulierten Vorphase menschlicher Gesellschaft identifiziert, obwohl man auch von kannibalischen Praktiken auf Tahiti wußte.[50] Die Beschreibungen, die Forster und Bougainville von Tahiti geben, sind denen der deutschen Reisenden von der Bucht von Neapel und von La cava verblüffend ähnlich. Schönheit und Fruchtbarkeit, landwirtschaftlich genutzte Täler, Vulkanberge und eine Bucht in Form eines Amphitheaters werden von den Entdeckern beschrieben.[51] Offensichtlich zogen Neapel wie Tahiti die Paradies-Assoziationen der verschiedenen europäischen Darstellungstraditionen auf sich, weil ihre Natur dazu Anlaß gab.

'Insel Felsenburg' fort, an den sich Rehfues bei seiner Schilderung Capris erinnert. Vgl. Rehfues, Briefe, Bd. 1, S. 205; Bitterli, Insel, S. 69ff.

[48] Jörn Garber: Utopiekritik und Utopieadaption im Einflußfeld der „anthropologischen Wende" der europäischen Spätaufklärung, in: M.Neugebauer-Wölk/ R.Saage, Die Politisierung des Utopischen im 18. Jahrhundert. Vom utopischen Systementwurf zum Zeitalter der Revolution, Tübingen 1996, (Hallesche Beiträge zur europäischen Aufklärung; Bd. 4), S. 87–114, S. 98ff., S. 103.

[49] Für die Identifikation des Schlaraffenlandes, wie es traditionell beschrieben wird, mit Neapel gibt es einige Assoziationsmöglichkeiten. Z.B. den Zugang durch einen Berg, in Neapel der Posilipp-Tunnel, oder die Schilderung der Neapolitaner als Müßiggänger, die für ihren Lebensunterhalt nicht sorgen müssen. Hinzu kommen die Darstellung des Königs als vertrottelt, die Nähe des Berges, auf dem in italienischen Schlaraffenlanddarstellungen des 18. Jahrhunderts ein Topf köchelt, und schließlich die Cuccagna (ital.= Schlaraffenland) am Karnevalsdonnerstag. Trotz dieser Anknüpfungsmöglichkeiten wird der Vergleich nirgendwo gezogen oder auch nur angedeutet (Vgl. Martin Müller: Das Schlaraffenland: der Traum von Faulheit und Müßiggang, Wien 1984, S. 15, S. 24). Vielmehr dominieren ausschließlich idyllische oder auf den Mythos des edlen Wilden bezogene Bilder, die in der durch die Renaissance wiederbelebten antiken Tradition stehen. Kohl, S. 212, sieht in den unterschiedlichen Assoziationen Cooks (Schlaraffenland) und Bougainvilles (Antike) auf Tahiti jeweils eine „klassenspezifische kulturelle Reaktionsweise" . Vgl. Bitterli, Wilden, S. 383.

[50] Bitterli, Wilden, S. 384ff.; Ders., Insel, S. 77; Kohl, S. 208ff., S. 223; Lange, S. 222ff.

[51] Kohl, S. 208; Bitterli, Wilden, S. 383.

2.2. Die 'Mitte' als gesellschaftliches Ideal

Die ideale gesellschaftliche Entwicklung, wie sie die ethnologische Theorie beschrieb, war geographisch in Europa angesiedelt und bestand moralisch in einem gemäßigten, 'natürlichen' Verhalten. In beiden Fällen handelte es sich also um eine von der 'rechten Mitte' beherrschte Lage bzw. Haltung. In der Theorie Rousseaus war diese 'Mitte' nicht mit einem geographischen Ort, sondern mit einem historischen Entwicklungsstadium der Menschheitsgeschichte verbunden. Das von ihm theoretisch festgelegte Übergangsstadium der Menschheit vom Naturzustand des 'homme naturel' zur vollen Vergesellschaftung setzte er mit dem Zustand des vollkommenen gesellschaftlichen Gleichgewichts, dem 'goldenen Zeitalter' gleich. Obwohl es sich hier um ein theoretisches Konstrukt handelte, suchte man diese ideale Gesellschaftsform vielfach in der Gegenwart wiederzufinden. Rousseau selbst trug zur Verwirrung bei, da er nicht nur die griechische Antike, sondern auch die zeitgenössische Schweiz in die Nähe idealer, weil 'rustikaler' Völker rückte.[52] Auch der Idyllendichter Geßner und der Kunsttheoretiker Winckelmann identifizierten bestimmte Stadien der griechischen Antike mit idealen gesellschaftlichen Verhältnissen. Die griechische Zivilisation wurde in ihrer Interpretation zur „utopischen Vergangenheit"[53], in der Geschichte und Natur noch nicht auseinandergetreten waren und die daher der zeitgenössischen Gesellschaft des 18. Jahrhunderts als Modell dienen sollte.

Die Idee der Mitte als idealem materiellen, moralischen und gesellschaftlichen Zustand geht auf Aristoteles zurück. Die Theoretiker des 18. Jahrhunderts nutzten die positive Tradition, die zunächst mit keiner genau definierten sozialen Gruppe verbunden war, um das 'neue Bürgertum' als 'Mittelstand' zu definieren. Der Begriff verbreitete sich in Deutschland in der zweiten Jahrhunderthälfte, und zum Ende das Jahrhunderts hatte er sich als soziale Gruppenbezeichnung durchgesetzt. Er bezeichnete nun den angeblich besten Teil der Nation, der sich durch die Tugenden der Arbeitsamkeit, der Ordnung, der Reinlich- und Sittlichkeit auszeichnete. Adelige und Bürgerliche nutzten diesen Begriff, um ihr eigenes Selbstverständnis zu definieren und sich von den anderen gesellschaftlichen Gruppen des Ancien Régime abzugrenzen, das einen 'mittleren' Stand nicht kannte. Gleichzeitig wurde der Mittelstand nun zum Schöpfer und Garanten der gesellschaftlichen 'Glückseligkeit' erhoben. Er stand als soziale Gruppe angeblich auf einer höheren Stufe menschlicher Entwicklung und war dazu bestimmt, die Menschheit zu erzie-

---

52 Bitterli, Wilden, S. 286; Kohl, S. 191.

53 Eva Maek-Gérard: Die Antike in der Kunsttheorie des 18. Jahrhunderts, in: H.Beck/ P.C.Bol (Hrsg.), Forschungen zur Villa Albani. Antike Kunst und die Epoche der Aufklärung, Berlin 1982, (Frankfurter Forschungen zur Kunst; Bd. 10), S. 1–58, S. 22, S. 32.

hen.⁵⁴ Dieses Konzept ist in der Betonung von Erziehung und Moral durch die Reisenden, in ihrem exklusiven Anspruch auf Vernunft und gesellschaftliche Reform, in ihrer Verherrlichung der bürgerlichen Mitte zwischen Despotismus und Volksanarchie deutlich zu erkennen.

Ungeklärt blieb in der zeitgenössischen Definition des Mittelstandes, wie auch in den Reiseberichten, wer genau dazu gehörte. Hauptsächlich zählte man Staatsbedienstete, Kaufleute, Manufakturbesitzer und überhaupt Gebildete zu ihm. Reiche Bauern oder Handwerker wurden, wie bei Stegmann, nur vereinzelt mit einbezogen.⁵⁵

Ebenso wie der Begriff des Mittelstandes diente auch der des 'Pöbels' zur Definition einer sozialen Gruppe. Während sich der 'Mittelstand' nach oben gegen den Adel abgrenzen ließ, wurde der Pöbel als Gruppe unterhalb der Mitte definiert. Alle seine Eigenschaften standen denen des Mittelstandes angeblich diametral entgegen. Der Begriff des 'Pöbels', in Deutschland seit dem 13. Jahrhundert verbreitet, diente zur Bezeichnung der materiell ungesicherten Unterschicht, die an der Subsistenzgrenze lebte. Schon im 16. Jahrhundert wurde der Pöbel als aufrührerisch, verführbar und dumm beschrieben, als tierisch, wild und unmoralisch.⁵⁶ Weitere Akzidenzien waren der vollkommene Mangel an bürgerlichen Tugenden und die Gefahr, die für den Staat von seiner Armut ausging. Angeblich verband lediglich die Religiosität den Pöbel noch mit der Gesellschaft. Seine Herrschaft war mit Anarchie gleichzusetzen.⁵⁷

Die Darstellung der Lazzaroni in den Reiseberichten entspricht in ihren negativen Punkten vollkommen dem Vorurteil der begüterten Bürger über den Pöbel. In dem Mythos, sie seien ein abgesonderter Stand ohne jedes Eigentum, kommt die These von ihrer Nichtzugehörigkeit zur Gesellschaft zum Ausdruck.⁵⁸ Wie das Volk durch seine Leidenschaftlichkeit im vollkommenen Gegensatz zur Vernunft steht, so bleibt es durch Armut und Hang zur Revolte auch aus dem Konzept des idealen Staates ausgeschlossen. Um den Pöbel doch noch in die Gesellschaft zu integrieren, entwerfen die Reisenden ein Programm der Volkserziehung, das ihm bürgerliche

---

⁵⁴ Conze, Mittelstand, S. 49, S. 61.

⁵⁵ Conze, Mittelstand, S. 56ff.; vgl. Stegmann, Bd. 1, S. 151.

⁵⁶ Werner Conze: Artikel 'Proletariat, Pöbel, Pauperismus', in: Geschichtliche Grundbegriffe, Bd. 5, Stuttgart 1984, S. 27–68, S. 27, S. 30f.

⁵⁷ Ebd., S. 32f.

⁵⁸ Zur Eigentumslosigkeit vgl. Buch, Bd. 2, S. 389; Stegmann, Bd. 1, S. 153; Gerning, Bd. 1, S. 211; Jacobi, Bd. 1, S. 305; Küttner, Bd. 2, S. 161; Lehne, S. 191; Stolberg, Bd. 2, S. 299; Eichholz, Bd. 3, S. 66. In dem Maße, in dem die Arbeit der Lazzaroni wahrgenommen wird, nimmt offenbar die Zuschreibung völliger Eigentumslosigkeit ab.

Tugenden vermitteln und ihn zu einem Teil der Nation machen soll.[59] Den Anspruch der Aufklärung, Religion durch moralische Erziehung zu ersetzen, spricht Stegmann noch in den neunziger Jahren deutlich aus.[60] Nach 1800 geht das Vertrauen der Reisenden in die Volkserziehung dann offensichtlich zurück, und sie wenden sich erneut der Betonung der Religion als moralischem 'Hebel' zu.

Indem die gesamten Unterschichten, das in sich stark differenzierte 'popolo minuto', mit dem Begriff des Pöbels belegt werden, werden sie zum verachtenswerten Abschaum erklärt. In der Ungenauigkeit des Lazzaroni-Begriffs der Reiseberichte zeigt sich, neben der generellen Ungenauigkeit sozialer Begriffe in den Berichten,[61] vor allem die Differenz zwischen vielschichtigem 'popolo minuto' und der einseitig negativen Tendenz des Pöbel-Begriffs. Die moralische Kritik an den Lazzaroni ist Ausdruck des bürgerlichen Mittelstands- und Pöbel-Begriffs. Zusammen mit der Kritik am sittenlosen und unnützen Adel sowie der Abgrenzung vom müßigen Klerus ergibt sich auch auf politischer Ebene ein Ideal der Mitte, das in den Augen der Reisenden vom Mittelstand verkörpert wird. Dieses Gesellschaftsideal der geographischen, sozialen, moralischen und emotionalen Mitte wird von Ethnologen und Philosophen geteilt.

2.3. Neapeldarstellung und Idyllendichtung

Zur Schilderung Neapels ziehen die Reisenden nicht nur ethnologische oder politische Topoi und Begriffe heran, sondern beziehen sich auch auf literarische Traditionen. Das wesentliche literarische Genre, mit dem Paradiesassoziationen im 18. Jahrhundert verbunden sind, ist die Idyllendichtung. Deren Thema ist seit Theokrit, den Seume gern in Syrakus lesen möchte, das Glück einfacher, authentischer Existenz. Vergil, Dichter und Führer der Neapel-Reisenden, prophezeite in seinen

---

[59] Die Vorstellung, nur die tugendhafte Mittelklasse mache die 'eigentliche Nation' aus, war im 18. Jahrhundert verbreitet und zeugt vom Ausschluß der Bevölkerungsmehrheit durch die neue Elite, die doch als Vertreter des allgemeinen Glücks auftrat. Vgl. Conze, Mittelstand, S. 55. Im Gegensatz zu diesem Verständnis steht die Aufwertung des 'Volks'-Begriffes durch die Französische Revolution, in der die Jakobiner 'Volk' und 'Nation' gleichsetzten. Vgl. Francois, Etienne: „Peuple" als politische Kategorie, in: Herrmann, Volk-Nation-Vaterland, S. 35–45, S. 39ff.

[60] Stegmann, Bd. 2, S. 345. Unter dem Einfluß der Französischen Revolution tritt er dafür ein, „durch zwekmässige Volkserziehung und Beförderung der Aufklärung, dem [...] aufgegebenen mächtigen Staatshebel der Religion, beim Volke ein Aequivalent, Moral und Tugend unterzuschieben."

[61] Nicht nur der Pöbelbegriff, sondern auch der Begriff 'Volk' wurde von der deutschen Oberschicht im späten 18. Jahrhundert meist sehr ungenau verwandt. Vgl. Conze, Proletariat, S. 33; Arno Herzig: Unterschichtenprotest in Deutschland 1790–1870, Göttingen 1988, S. 78ff.; Francois, S. 35f.

das Hirten- und das Bauernleben verherrlichenden 'Bucolica' und 'Georgica' das goldene Zeitalter. Strukturelle Hauptmerkmale der Idylle sind insulare Abgeschlossenheit und die Abwesenheit von Geschichte und Leidenschaften. Außerdem sind es die Phasen der Kindheit beim Individuum, sowie die Phase zwischen Natur und Kultur in der Menschheitsgeschichte, die 'idyllische' Existenz repräsentieren. Die positiven Charakterzüge der Lazzaroni: Frohsinn, Kindlichkeit, Sorglosigkeit, das Fehlen von Ehrgeiz und Mühe, sind typisch idyllische Seinsweisen.[62]

Die Italiener Tasso, in Sorrent geboren, und Sannazar, in Neapel begraben, knüpften im 16. Jahrhundert mit Schäferdichtungen an die antike Tradition an. Im 18. Jahrhundert erlebte die Idyllendichtung eine schrittweise Politisierung, indem die Tugend der Arbeitsamkeit in das Bild harmonischer menschlicher Existenz einbezogen und die Forderung nach mehr Realismus in der Gattung erhoben wurde.[63] In Deutschland gab es schon in den sechziger Jahren des 18. Jahrhunderts Idyllen, die in wirklich existierenden Landschaften, z.B. in der Schweiz, angesiedelt

---

[62] Klaus Bernhard: Idylle: Theorie, Geschichte, Darstellung in der Malerei, 1750–1850. Zur Anthropologie deutscher Seeligkeitsvorstellungen, Köln/Wien 1977, (Dissertationen zur Kunstgeschichte; Bd. 4), S. 18f., S. 97; Garber, Utopiekritik, S. 106ff.

[63] Lange, S. 53, S. 144ff.; Diekkämper, S. 34ff. Vgl. Helmut De Boor/ Richard Newald (Hrsg.): Geschichte der deutschen Literatur, Bd. 5, 2.verb. Aufl. München 1957, S. 165. Gerhard Hämmerling: Die Idylle von Geßner bis Voß. Theorie, Kritik und allgemeine Bedeutung, Frankfurt/M. 1981, (Europäische Hochschulschriften; Reihe 1; Bd. 398), S. 116ff.

Besonders Mozzillo (L'immagine, S. 79, S. 86; La frontiera, S. 353ff.) hat darauf hingewiesen, daß die Naturbeschreibung in Reiseberichten oft den in Malerei und Dichtung verbreiteten ästhetischen Idealen des 'Pittoresken' und 'Erhabenen' verbunden sei. Die Naturbeschreibungen der deutschsprachigen Autoren in der Umgebung Neapels verweisen jedoch eindeutig auf eine 'lieblichere', von vorausgehenden Darstellungsweisen beeinflußte Naturwahrnehmung. Hinweise auf eine 'pittoreske' oder 'erhabene' Wahrnehmung (wilde, unharmonische Natur; schroffe Gebirge; plötzliche, erregende Wechsel der Ausblicke; menschenleere, dunkle Landschaften; Ruinen) finden sich bei der Beschreibung der Inseln nicht, bei der La cavas nur vereinzelt. Lediglich die Beschreibung des Vesuv, mit den Attributen Todesgefahr, 'höllische' Geräusche, Kontrast von unwirtlichem Berg und schönem Panorama, entspricht den Anforderungen des 'Erhabenen'. Nur hier wird der Schauder in der Natur gesucht. Hingegen trifft auch auf die Reiseberichte zu, was für die gesamte Naturwahrnehmung seit dem frühen 18. Jahrhundert gilt: Sie war vollkommen durch Stiche und Gemälde präformiert und nur noch als Rahmenschau, als Blick auf ein Gemälde vorstellbar. Vgl. Helmut J. Schneider: Naturerfahrung und Idylle in der deutschen Aufklärung, in: P.Pütz (Hrsg.), Erforschung der deutschen Aufklärung, Königstein/Ts. 1980, (Neue wissenschaftliche Bibliothek, Literaturwissenschaft, 94), S. 289–315, S. 299; Christopher Hussey: Artikel 'Pittoresco', in: Enciclopedia universale dell'arte, hrsg. von Fondazione Cini, Bd. X, Venedig/Rom 1963, Sp.616–621; Rosario Assunto: Artikel 'Tragedy and the Sublime', in: Encyclopedia of World Art, hrsg. vom Istituto per la collaborazione culturale, Bd. 14, New York/London 1967, Sp.264–276; Karl Eibl: Abgrund mit Geländer. Bemerkungen zur Soziologie der Melancholie und des 'angenehmen Grauens' im 18. Jahrhundert, in: Ders., Die Kehrseite des Schönen, in: Aufklärung, 8.Jgg., Heft 1, 1994, S. 3–14, S. 9.

waren. Die Beschreibung der bäuerlichen Bevölkerung war seit den achtziger Jahren verbreitet. Die Darstellung 'fleißiger Landleute' und der Frauen am Webstuhl auf Ischia und in La cava durch die Reisenden sind Folge der Forderung nach mehr Realismus im Genre. Bei Brun verbindet sich die realistischere Wahrnehmung mit der aufklärerischen Kritik an den technisch rückständigen Dreschmethoden des Getreides und mit dem auch von anderen Autoren erhobenen Wunsch nach Landeigentum für die Bauern.[64]

Bestandteil der Idyllendichtung sind die Schilderung tiefer Täler, freundlicher Bäche und rauschender Quellen, in deren Mitte sich das Individuum als Teil des Naturganzen und als ganzheitliche Person erleben kann.[65]

So sind auch die Naturschilderungen der Reiseberichte während des gesamten Zeitraums von einer Darstellungsform begleitet, die man den Topos der Authentizität nennen könnte.[66] Wie schon Brun sich in La cava 'ganz empfand', so äußern auch die meisten anderen Autoren das Gefühl oder zumindest den Wunsch, in Italien in Übereinstimmung mit sich selbst und der Außenwelt zu leben. In eine paradiesische Natur versetzt, müssen auch sie sich als Teil dieser Vollkommenheit fühlen. Stolberg gelangt angesichts italienischer Natur zu dem Schluß:

„Hier ist das Jahr wirklich rund, hier tanzen die Horen mit verschlungenen Händen zur Melodie der Freude!"[67]

Der zyklische Verlauf der Jahreszeiten, auch dies ein Thema der Idyllendichtung, umschließt den Reisenden. Die äußere Natur entspricht seiner eigenen inneren Natur, die nur durch Zivilisierung verschüttet war und nun wieder zum Vorschein kommt. Jacobi stellt diese Verbindung her, indem er sich, ebenfalls eine typisch idyllische Darstellungsform, an die eigene Kindheit erinnert:

„Nichts kann mich so innig froh machen, als wenn ich in der Natur eine Gegend finde, die mit meinen kindischen Idealen eine ferne Aehnlichkeit hat. Ach, sie waren so selig die Stunden, wo ich mich in einem wüsten Erker des

---

[64] Brun, La cava, S. 80; Dies., Fortsezzung, S. 171, S. 178. Die explizite Parteinahme gegen die Leibeigenschaft findet sich in der Idyllendichtung z.B. bei Johann Heinrich Voß. Im Vergleich dazu sind die Äußerungen der Reisenden zur 'Hebung des Bauernstandes' recht moderat. Vgl. Hämmerling, S. 166.

[65] Siegmar Gerndt: Idealisierte Natur. Die literarische Kontroverse um den Landschaftsgarten des 18. und frühen 19. Jahrhunderts in Deutschland, Stuttgart 1981, S. 118. Gerndt kennzeichnet diese Darstellungsweise als die der anakreontischen Dichtung. Vgl. De Boor/ Newald, Bd. 5, S. 468ff.; Hansers Sozialgeschichte, Bd. 3, S. 580.

[66] Nach 1800 geht die Verwendung dieser Topoi allerdings etwas zurück.

[67] Stolberg, Bd. 2, S. 304. Vgl. Brun, La cava, S. 174; Recke, Bd. 3, S. 219.

Hauses oder in einem einsamen Winkel des Gartens verbarg, um nur ganz in meiner Zauberwelt leben zu können! [...] diese Reinheit, diese Zuversicht, wohin sind sie entflohen? Vergraben in dem Gewühl der Wirklichkeit, [...] in dem unseligen Wissen dessen, was gut und böse ist."[68]

Die Natur stellt den Zustand der Unschuld und damit der Authentizität des Reisenden scheinbar wieder her. Sie verhilft den Autoren zu neuem „Lebensglück"[69] und läßt sie sich frei und verjüngt fühlen.

Schauplatz der Idylle ist in der zweiten Hälfte des 18. Jahrhunderts das Land.[70] Das Motiv des Rückzugs aufs Land findet sich schon bei Horaz und wird in Rousseaus erfolgreichem Roman 'Nouvelle Heloise' erneut aufgenommen. Das Landleben, verklärt zum Leben in der Natur, ist für Rousseau die dem Menschen eigentlich natürliche Lebensweise. Die Spuren dieser Theorie finden sich in den Berichten sowohl in der Stadtdiskussion als auch in Eichholz' Plänen, sich mit einer Ehefrau aufs Land zurückzuziehen.[71] Auf Rousseaus Roman geht es schließlich auch zurück, daß sich am Ende des Jahrhunderts die Schweizer Berge als Naturideal durchsetzen. An die Schweiz fühlt sich Rehfues auf Capri erinnert. Fern von den Leidenschaften und „vom Treiben und Jagen der übrigen Welt"[72], imaginiert er ein beschauliches Leben, begleitet vom morgendlichen Trunk 'guter Milch'.

So wie Berge, Täler und Bäche in der Schweiz zu finden waren, so ähnelte auch das Gartenideal des ausgehenden 18. Jahrhunderts der Landschaft der Schweizer Vorberge. Der englische Garten, als 'natürliche' Gestaltungsweise der Natur angesehen, war ein Paradies im Kleinen.[73] Er symbolisierte, im Gegensatz zum französi-

---

[68] Jacobi, Bd. 1, S. 297f. Vgl. Lehne, S. 1; Brun, Ischia, S. 88; Benkowitz, Helios, Bd. 1, S. 211. Die Projektion von Authentizität und kindlicher Unschuld auf die Natur war schon vor Rousseau Bestandteil des Genres 'Idylle'. Vgl. Lange, S. 58; Gerndt, S. 118.

[69] Gerning, Bd. 1, S. 12. Vgl. Stolberg, Bd. 2, S. 304; Jacobi, Bd. 1, S. 72; Tagebuch, S. 163; Lehne, S. 97ff.

[70] Im 19. Jahrhundert werden auch städtische und alltägliche Idyllen möglich.

[71] Bernhard, S. 107, Gerndt, S. 101; Lange, S. 48. Die Bezüge auf Rousseau, bzw. typisch rousseauistische Stellungnahmen finden sich besonders bei Jacobi und Eichholz. Vgl. Eichholz, Bd. 2, S. 129f., Bd. 3, S. 188.

[72] Rehfues, Briefe, Bd. 1, S. 214. Vgl. eBd., S. 204ff.

[73] Gerndt, S. 15, S. 69.

schen Garten, der mit adeliger Lebensweise und ständischen Zwängen gleichgesetzt wurde, eine an der Natur orientierte Lebensweise.[74]

2.4. Traditionen der Neapeldarstellung und Entwicklung der Paradies-Topoi

Italien und speziell Neapel boten den Paradiestopoi aus Ethnologie und Idyllenliteratur verschiedenste Anknüpfungspunkte. So vermutete man die Vorbilder für die Orte der Handlung in Vergils 'Aeneis' in der Umgebung Neapels. Einer dieser Orte waren die Gefilde der Seligen in der Unterwelt, das Elysium. Sannazars Grab wurde von vielen Reisenden besucht, und der oft zum Vergleich für die herrliche Natur herangezogene Begriff von 'Armidens Zaubergarten' entstammt Tassos bekanntestem Werk 'Gerusalemme liberata'. In Vergils 'Georgica' wird Italien als Land des Frühlings, der schwellenden Fruchtbarkeit und der Mitte verherrlicht.[75] Die Wahrnehmung Italiens oder der antiken griechischen Kolonien in Süditalien und Sizilien als fruchtbarer Garten findet sich seit der Antike bei vielen Schriftstellern. Die früheste Äußerung zum fruchtbaren Kampanien in einem Reisebericht stammt aus dem späten 16. Jahrhundert. Doch schon Plinius prägte den Ausdruck 'Campania felix'.[76] Schließlich war die Umgebung Neapels in der römischen Kaiserzeit Erholungsort vieler Herrscher, und berühmte Römer hatten hier ihre Landhäuser. Das führte zum von Horaz begründeten und von Addison in seinem Reisebericht am Beginn des 18. Jahrhunderts wiederaufgenommenen Topos von Genuß und müßigem Leben.[77] Die Formen der Landschaft und das Klima boten an der Küste Ähnlichkeiten zur Südsee, in den Bergen zur Schweiz.

---

[74] Wolfgang Kehn: 'Die Schönheiten der Natur gemeinschaftlich betrachten'. Zum Zusammenhang von Freundschaft, ästhetischer Naturerfahrung und 'Gartenrevolution' in der Spätaufklärung, in: W.Mauser/B.Becker-Cantarino, Frauenfreundschaft–Männerfreundschaft. Literarische Diskurse im 18. Jahrhundert, Tübingen 1991, S. 167–193, S. 173; Bitterli, Wilden, S. 287f.

[75] Paulys Realencyclopädie der classischen Altertumswissenschaften. Neue Bearbeitung begonnen von Georg Wissowa, fortgeführt von Wilhelm Kroll und Karl Mittelhaus, 25 Bde., 1893–1978, Bd. VIII, A,2, Sp.1283f., Sp.1388; De Boor/Newald, Bd. 5, S. 474; Diekkämper, S. 13, S. 27; Stärk, S. 9f., S. 12ff., S. 38ff. Die Rezeption Horaz' und Vergils wurde in der zweiten Hälfte des 18. Jahrhunderts durch Übersetzungen der Anakreontiker bzw. Heynes und Voßens erneuert und gefördert. Die Beschäftigung mit ihrer Dichtung war aber schon seit dem 16. Jahrhundert fester Bestandteil der topographischen und apodemischen Literatur zu Kampanien.

[76] Die Tradition des Topos von der ungeheuren Fruchtbarkeit der 'Magna Graecia' von den antiken Schriftstellern über seine Wiederbelebung im 16. Jahrhundert bis zu den Reisenden des 18. Jahrhunderts beschreibt Mozzillo, Le ragioni, S. 55f. Zum fruchtbaren Kampanien vgl. Schudt, S. 174; Mozzillo, L'immagine, S. 99ff.

[77] Mozzillo, L'Immagine, S. 75.

Die Paradies-Metaphorik der Reiseberichte nimmt nach 1799 zu und wird immer unspezifischer und wirklichkeitsferner. Friedliche Täler und Schäferidyllen finden sich überall in Italien. Das wichtige Akzidenz der Abgeschlossenheit von Einflüssen der Zivilisation finden die Reisenden in Orten vor, die nur wenige Kilometer von der Weltstadt Neapel entfernt liegen. Schweizer Natur und Frugalität entdecken sie in La cava und auf Capri. Tätowierte Tahitianer und kannibalische Karibikindianer bewohnen in ihren Augen sogar Neapel selbst.[78] Das beinahe beliebige Spiel mit Bezügen und Identifikationen tritt nicht nur in den Reiseberichten, sondern auch in anderen Genres im ausgehenden 18. und frühen 19. Jahrhundert auf. So wurde der Begriff der elysischen Felder von Zeitgenossen nicht nur auf die Umgebung Neapels, sondern auch auf Gärten in Deutschland angewandt.[79] Die beliebige Verwendung der Paradies-Topoi, mit denen auch Neapel beschrieben wird, sind Ausdruck der aufklärerischen Diskussion um die Zivilisation. Diese Diskussion und der Wunsch, der Zivilisation zu entfliehen, beschäftigt im letzten Drittel des 18. Jahrhunderts die Autoren aller Genres.[80]

Die Diskussion über Vor- oder Nachteile der Zivilisation erschöpfte sich nun aber keineswegs in bloßer Projektion eigener Wünsche auf fremde Kultur und Natur. Den Wunschcharakter vieler Beschreibungen legten schon zeitgenössische Philosophen und Reisende bloß. Der Idealisierung des 'guten Wilden' und der sozialen Verhältnisse, in denen er lebte, stand die Position Montesquieus, Turgots und am Jahrhundertende auch Kants gegenüber, die Gesellschaft durch Zivilisierung zu vervollkommnen.[81] Das hinderte aber auch die Vertreter der Fortschrittsthese nicht, sich der Idealisierung zu bedienen, um die europäischen Gesellschaftsverhältnisse direkt oder indirekt zu kritisieren. Georg Forster fügt diesen Bruch zwischen Illusion und wirklichen sozialen Verhältnissen in seine Beschreibung Tahitis ein. Er charakterisiert Tahiti zunächst in gewohnt idealisierender Weise, bis die Wahrnehmung ausbeuterischer Herrschaftsverhältnisse auf der Insel

---

[78] Rehfues, Miscellen, Bd. 1, S. 155, Bd. 3, S. 69; Ders., Briefe, Bd. 1, S. 222; Ders., Gemählde, Bd. 1, S. 45; Recke, Bd. 3, S. 38, S. 219; Eichholz, Bd. 2, S. 72, S. 81, Bd. 3, S. 242; Seume, S. 144, S. 157; Benkowitz, Glogau, Bd. 2, S. 123; Brun, Sitten, S. 196, S. 208; Dies., Neapel, S. 693. Auf die Beliebigkeit des arkadischen Ortes verweist auch Mozzillo, La frontiera, S. 407.

[79] Gerndt, S. 75, S. 99f., S. 129, S. 170. S. 99f.; vgl. Benkowitz, Glogau, Bd. 3, S. 298ff.

[80] Lange, S. 209ff., S. 273ff.; Bitterli, Wilden, S. 383ff.

[81] Kohl, S. 122, S. 151; Bitterli, Wilden, S. 232, S. 376; Garber, Utopiekritik, S. 108ff.; Lange, S. 222. Die Diskussion führte die schon 1688 von Fontenelle aufgeworfene 'Querelle des anciens et des modernes' fort, in der erörtert wurde, ob die antike oder die gegenwärtige Zivilisation die überlegenere sei. Vgl. Schneider, Idylle, S. 309.

ihm „die schöne Einbildung"[82] nimmt. Noch einmal scheint Forster hier als Vorlage gedient zu haben, denn Stegmann gibt – bei direktem Bezug auf Forster – eine Beschreibung seines Besuches auf Capri, die dem gleichen Prinzip der Desillusionierung folgt. Sein Paradies findet Stegmann in Anacapri, einem nur schwer zugänglichen Hochplateau der Insel. Hier scheinen ihm Natur und Gesellschaft in Einklang zu stehen. Angeblich gibt es keine Diebstähle, keine unehelichen Geburten, keine Gewalt und kaum Prozesse:

> „Wie lebhaft erinnerte mich das an die Freundschaftsinseln, und an die Abbildungen [...] in den Cookschen Reisen; – nur leider riß mich immer wieder der Anblick der Pfarrkirche und eines benachbarten Klosters aus dem angenehmen Traume."[83]

Die Desillusionierung des Reisenden, die scheinbar erst während des Aufenthaltes eintritt, erweist sich als geschickt eingesetzter Topos. Einer idealen Natur hält sie die negativen Aspekte einer Zivilisation entgegen, die nicht durch Aufklärung verändert worden ist. Diese demonstrative Desillusionierung findet sich auch nach 1799,[84] obwohl die Mehrzahl der Autoren sich gleichzeitig in langen, idyllisierenden Schilderungen ergehen. Rehfues, der den Desillusionierungs-Topos verwendet, kennt Stegmanns Bericht. In seiner Beschreibung La cavas übernimmt er Stegmanns Topos, verändert ihn jedoch:

> „Das schöne, reiche Benediktiner kloster von la Cava stört den Wandrer nicht, wie es sonst die Wohnungen der Müssiggänger thun; denn der Arbeit und den Wissenschaften denkt man sich so gern das Leben der Mönche [...] geweiht, selbst die vielen Kirchen machen keinen unangenehmen Eindruk [...]."[85]

Rehfues benutzt hier die Topoi von den müßigen Mönchen und der demonstrativen Desillusionierung und gibt ihnen in voller Kenntnis der Tradition einen neuen Inhalt. Zwar läßt er noch offen, ob die Benediktiner sich wirklich den 'nützlichen' Wissenschaften widmen, aber die Anwesenheit des bisherigen Haupt-

---

[82] Zitiert nach Lange, S. 211. Zur Diskussion des Vorbildcharakters Tahitis in Deutschland vgl. eBd., S. 222ff.

[83] Stegmann, S. 172f. Der junge Forster ist Verfasser des Berichtes über die Cook'sche Reise in die Südsee. Vgl. dasselbe Darstellungsmuster bei Brun, La cava, S. 112.

[84] Recke, Bd. 3, S. 207; Rehfues, Briefe, Bd. 1, S. 151, S. 221. Vor 1799 bezweifelt neben Stegmann nur Küttner, Bd. 1, S. 202, daß die soziale Gleichheit des „Schäfer- und Patriarchenleben(s) zu realisieren" sei. Vgl. eBd., S. 134.

[85] Rehfues, Miscellen, Bd. 3, S. 69. Vgl. Brun, La cava, S. 112, die sich 1796 am selben Kloster durch die Anwesenheit der Mönche aus ihren Natur-Träumen aufgeschreckt fühlt.

konkurrenten der Aufklärer im Kampf um Erziehung und Moral wirkt auf ihn nicht mehr störend. Die Wahrnehmung von Kirchen und Kloster führt auch nicht mehr zum Bruch mit der Illusion, sondern verstärkt vielmehr die Idylle.

Die gleichzeitige Idealisierung und Kritik sozialer Verhältnisse in paradiesischer Natur tritt nicht nur bei den Reisenden auf. Schon Voltaire benutzte sie, und Gottsched wie Herder diskutierten den Illusionscharakter jeder idyllischen Darstellung. Die Verwendung dieses Musters allein ist kein Zeichen für eine vermindert kritische Haltung gegenüber inner- oder außereuropäischen Herrschaftsverhältnissen.[86] Auf eine veränderte inhaltliche Vorstellung von den sozialen Verhältnissen verweist allerdings Rehfues' nachsichtiger Umgang mit den Mönchen. Die zunehmende 'Utopisierung' der idyllischen Täler und die positive Bewertung der vormals negativen Mönche in den Idyllen lassen Abstriche an der Reformabsicht, aber auch der Reformhoffnung der Reisenden erkennen.

3. Die Entwicklung des Lazzaroni-Mythos im 18. Jahrhundert

Verfolgt man die Geschichte des Lazzaroni-Mythos in der Reiseliteratur des 18. Jahrhunderts, so ist die Polarisierung zwischen 'gutem' und 'bösem Wilden' sowie zwischen Kultur und Natur von Beginn an Teil des Mythos. Schon Montesquieu sieht die Lazzaroni zu Beginn des Jahrhunderts in erster Linie als Produkt negativer gesellschaftlicher Einflüsse. Ihren Müßiggang hält er hingegen für das Ergebnis des südlichen Klimas.[87] Die große Hitze lasse die Nerven erschlaffen und verführe zum 'dolce far niente', weil sie Nahrungsmittel ohne Arbeit hervorbringe. Die Widerstandskraft gegen Sinnlichkeit oder fürstlichen Despotismus erlahme. Der Süden lag daher für Montesquieu geographisch, moralisch und sozial nicht in der 'idealen Mitte'.

Chevallier und Mozzillo haben beschrieben, wie sich dieses Bild im weiteren Verlauf des Jahrhunderts veränderte: Der Lazzaroni-Begriff wandelte sich von einem sozial definierten zu einem moralisch bestimmten Begriff. Der Natur wurde ein immer größerer Anteil an der Bildung des Lazzaroni-Charakters zugeschrieben. Das Klima hatte nun angeblich eine positive Wirkung auf den Volkscharakter. Den Höhepunkt dieser Wahrnehmungsweise stellte der Bericht des Franzosen Dupaty

---

[86] Sabine Schütz: Idyllische Utopien. Bemerkungen zur Verwandtschaft idyllischen und utopischen Denkens, in: R.Wedewer/ J.C.Jensen (Hrsg.), Die Idylle. Eine Bildform im Wandel. Zwischen Hoffnung und Wirklichkeit. 1750–1930, Köln 1986, S. 98–109, S. 103; Kohl, S. 153, S. 167. Garber, Utopiekritik, S. 102, sieht – im Widerspruch zu der hier verfolgten Argumentation – in der bewußten Desillusionierung im Text ein Mittel zur Aufklärung des Lesers.

[87] Mozzillo, Sirena, S. 10ff. Montesquieu zählte Italien zwar noch zur gemäßigten Klimazone, Süditalien scheint er darunter aber nicht verstanden zu haben. Vgl. Kohl, S. 144, S. 150.

aus dem Jahre 1785 dar. Bei ihm wurde Neapel zu einem ausschließlich vom Klima beherrschten Ort außerhalb der gesellschaftlichen Entwicklung. Die positive Wahrnehmung der Lazzaroni währte aber nur bis zu den Ereignissen von 1799. Danach verkehrte sie sich in ihr Gegenteil, wobei neben dem 'bösen Wilden' nun auch der sozial bestimmte 'Pöbel' wieder stärker hervortrat.[88]

Der wesentliche Grund für die überwiegend positive Darstellung des Lazzarone und seine Wahrnehmung als 'gutem Wilden' dürfte die zeitgleich wiederaufflammende Tahiti-Diskussion seit den siebziger Jahren sein. Darauf lassen die Idealisierung des neapolitanischen 'dolce far niente' und vor allem die positive Charakterisierung der Menschen im Süden schließen, die zur Klimatheorie im Widerspruch stehen. Der Lazzarone wird vorübergehend zum 'homme naturel', wie Rousseau ihn beschrieben hatte.[89] Aufgrund der Widersprüchlichkeit der Rousseau'schen Theorie in dieser Frage konnten oberflächliche Interpreten diese Identifikation vornehmen.

Die Wende zum 'bösen Wilden' und zum Pöbel als negativem Kulturprodukt nach 1799 war eindeutig auf die Revolution zurückzuführen. Lehne spricht von den Lazzaroni nun als quasi-natürlichen Barbaren:

„Diese Lazzeroni, die nur der Fanatism aus ihrer Trägheit reißt, welche von seiner Wuth allein begeistert werden, sind ein weit schrecklicher Vulkan, als dein Vesuv. Der unwissende Halbbarbar, dessen Empfindung nur zur Raserei erwacht, ist der brauchbarste Hebel der Anarchie. Da er nichts zu verlieren hat, da er nicht einmal das Bedürfnis zu denken fühlt, so liegt seine Besorgnis ausser dem Bereich des Despotismus; Keine Willkür drückt ihn und dieses ungestörte Brüten nennt seine Trägheit das Glück, das er ihm zu verdanken glaubt. Darum ist er das brauchbarste Instrument für alle Feinde des Friedens und des Bürgerglücks."[90]

---

[88] Mozzillo, Sirena, S. 22, 65ff.; Chevallier, Lazzarone, S. 22ff. Montesquieu war der erste Reisende, der sich ausführlich mit den Lazzaroni beschäftigte. Im ersten Jahrhundertdrittel wurden sie nicht beschrieben.

[89] Kohl, S. 211. Vgl. eBd., S. 182. Im reinen Naturzustand entwickelt der Mensch, so Rousseau, nur Sinne und Körperkraft. Potentiell vorhandene geistige und moralische Fähigkeiten bleiben unentwickelt. Er lebt im Zustand reflexionslosen Glücks, da alle Bedürfnisse erfüllt sind. Nur unerfüllte Bedürfnisse wecken die Leidenschaften und die Vernunft. Die Charakterzüge der Gedanken- und Sorgenlosigkeit, der Genügsamkeit, die den Lazzaroni zugeschrieben werden, entsprechen den Eigenschaften des 'homme naturel'. Laster und Leidenschaften, ebenfalls Eigenschaften der Lazzaroni, sind für Rousseau hingegen Kennzeichen des gesellschaftlichen Zustandes.

[90] Lehne, S. 190f.; vgl. Buch, Bd. 2, S. 387. Die eigentlich positiven Eigenschaften der Abwesenheit von Leidenschaften und Begierden des 'homme naturel' werden hier in träge Fühllosigkeit und 'dumpfes Brüten' uminterpretiert. Obwohl Lehne seine Reise 1797 unternahm, liegt die

In diesem Kommentar läßt sich erneut der Einfluß der aristotelischen Theorie erkennen, die Montesquieu weiterentwickelt hatte. Von den drei verschiedenen Herrschaftsformen, die Aristoteles für möglich hielt: Monarchie, Aristokratie und Demokratie, erklärte Montesquieu die ständisch kontrollierte Monarchie zur Besten. Diese verstand er als mittlere Form zwischen der absoluten Monarchie, die zur Degeneration in eine despotische Herrschaft neige, und der Demokratie, deren Entwicklung zur Anarchie des Pöbels als sicher galt.[91] Lehne wendet diese Theorien auf den städtischen Pöbel Neapels und seinen König an. Volksanarchie und -raserei setzt er mit dem Terror der 'Sanfedisten' von 1799 gleich, und Ferdinands Verhalten gegen die Mitglieder der Republik macht diesen zum Despoten und 'Feind des Friedens'. Das 'Bürgerglück' einer kontrollierten Monarchie gibt es in Neapel nicht. Vielmehr wird die ideale Mitte zwischen den Extremen von Anarchie und Despotie zerrieben.

Die Wendung hin zum 'bösen Wilden' und zum aus gesellschaftlichen Gründen bösen Pöbel setzt sich in den deutschen Reiseberichten aber nur zeitweise durch. Zwar werden die Lazzaroni nun als „Abschaum der Menschheit"[92] bezeichnet, aber diese Verurteilung löscht das Bild vom 'guten Wilden' nicht aus. Schon kurze Zeit später ist das Urteil wieder überwiegend positiv. Dabei spielt es keine Rolle, ob es sich bei den Autoren um Anhänger oder Gegner der neapolitanischen

---

Abfassung seines 1825 veröffentlichten Berichtes nach den Ereignissen von 1799 und auch nach der Veröffentlichung von Rehfues' Berichten. Er gibt daher in vielen Bereichen die Haltung des 19. Jahrhunderts wieder.

[91] Kohl, S. 114; Rudolf Vierhaus: Montesquieu in Deutschland. Zur Geschichte seiner Wirkung als politischer Schriftsteller im 18. Jahrhundert, in: Collegium philosophicum. Studien Joachim Ritter zum 60. Geburtstag, Basel/Stuttgart 1965, S. 403–437, S. 424ff.; Herdmann, S. 41f., S. 56ff.; Jörn Garber: Spätaufklärerischer Konstitutionalismus und ökonomischer Frühliberalismus. Das Staats- und Industriebürgerkonzept der postabsolutistischen Staats-, Kameral- und Polizeiwissenschaft (Chr.D.Voss), in: J.H.Schoeps/ I.Geiss (Hrsg.), Revolution und Demokratie in Geschichte und Literatur. Zum 60. Geburtstag von Walter Grab, Duisburg 1979, S. 61–94, S. 75, S. 79ff.; Ders.: Politisch-soziale Partizipationstheorien im Übergang vom Ancien régime zur bürgerlichen Gesellschaft (1750–1800), in: P.Steinbach (Hrsg.), Probleme politischer Partizipation im Modernisierungsprozeß, Stuttgart 1982, (Geschichte und Theorie der Politik; Bd. 5), S. 23–56, S. 25, S. 30ff.; Zwi Batscha/ Jörn Garber (Hrsg.): Von der ständischen zur bürgerlichen Gesellschaft. Politisch-soziale Theorien im Deutschland der zweiten Hälfte des 18. Jahrhunderts, Frankfurt/M. 1981, S. 22ff., S. 29.
Im Bild idealer Herrschaft gab es Unterschiede zwischen Montesquieu und der Haltung der deutschen Spätaufklärung. Während der Franzose Gewaltenteilung und eine ständische Kontrolle des Herrschers befürwortete, lehnten die Deutschen die Gewaltenteilung ab und traten für eine gesetzmäßige Beschränkung des Monarchen ein.

[92] Benkowitz, Glogau, Bd. 3, S. 325.

Monarchie handelt. Zu Beginn des 19. Jahrhunderts kehren auch die französischen und englischen Reisenden zum Bild des 'guten Wilden' zurück.[93]

Die Darstellung der Lazzaroni in den Reiseberichten zwischen 1789 und 1806 enthält alle die Elemente, die für die Gesamtentwicklung des Mythos im 18. Jahrhundert genannt werden.[94] Allerdings handelt es sich immer nur um ein momentanes Vorherrschen bestimmter Aspekte, die nie zu einer Verdrängung der übrigen Elemente führen. Die Bilder vom 'bösen Pöbel' und vom 'guten Wilden' treten immer gleichzeitig auf, wenn sie auch im Wechsel vorherrschen. Eine lineare Entwicklungsrichtung ist nicht auszumachen. Vielmehr handelt es sich um eine Schwerpunktverschiebung innerhalb gleichbleibender Topoi.[95]

Die Wahrnehmungsweise und die Bewertung der Lazzaroni durch die Reisenden stimmen weitgehend mit der Charakterisierung Neapels überein. Beide erscheinen als einem guten natürlichen und einem schlechten gesellschaftlichen Pol zugehörig.[96] Sowohl die Lazzaroni als auch die Stadt sehen die Autoren mehr von der

---

[93] Mozzillo, Sirena, S. 134ff.

[94] Die überwiegend positive Darstellung, gebrochen durch den Wechsel zum Negativen nach 1799, stimmt mit dem Gesamtverlauf, wie ihn Mozzillo, Chevallier und Richter schildern, überein. Vgl. Richter, Neapolitaner, S. 124.

[95] Auch Garms beschreiben für die Rom-Wahrnehmung solch eine Schwerpunktverschiebung (S. 565). Die Gesamtentwicklung wie Chevallier, Mozzillo und Richter sie entworfen haben, verstanden als Beschreibung des jeweils vorherrschenden Topos, soll nicht in Frage gestellt werden. Es geht mir vielmehr darum, den zwar anpassungsfähigen, aber gleichbleibenden Fundus von Topoi zu betonen, die den jeweils vorherrschenden Topos 'begleiten' und unter veränderten Bedingungen ihrerseits in den Vordergrund treten können. In diesem Sinne ist eine positive 'Rehabilitierung' der Neapolitaner, wie Richter sie bei Rehfues zu entdecken meint, nicht Zeichen einer wirklich anderen Sichtweise, sondern lediglich einer Auseinandersetzung mit den Topoi, die sich innerhalb der Tradition der polarisierten Wahrnehmung bewegt. Vgl. Richter, Neapolitaner, S. 128.

[96] Neben dem grundlegenden Gegensatzpaar 'herrliche Natur/schlechte Gesellschaft' gilt für die Lazzaroni auch der Gegensatz zwischen Kultur und Natur. Als Bewohner einer Großstadt sind sie sowohl negatives Produkt der Kultur als auch böse Naturkinder, denen die moralische Erziehung fehlt. Dem auf die griechische Antike projizierten Naturzustand gehören die Lazzaroni an, weil sie müßig und sorgenfrei in den Tag leben. Der schlechten Gesellschaft der Gegenwart sind sie als Produkte der neapolitanischen Gesellschaft und ihrer von Dekadenz gezeichneten Geschichte zuzuordnen. Die schlechte Gesellschaft und die gute Kultur der Gegenwart assoziieren die Reisenden mit der Stadt Neapel, die gute Natur und Antike mit der Umgebung der Stadt. Die rohe Natur verbinden sie mit der Provinz, den Naturzustand der griechischen Antike mit den Inseln und der Provinz.

Natur als von der Gesellschaft geprägt.[97] Vor 1799 geht die negative Seite des neapolitanischen Volkes in der schönen Natur unter. Nach den Ereignissen der neapolitanischen Republik tritt die negative 'Natur' der Lazzaroni stärker hervor. Die negativen Seiten der Gesellschaft und der Lazzaroni wirken nun so stark auf das Gesamtbild Neapels, daß die paradiesische Natur die Mehrzahl der Autoren nicht mehr von einer Verurteilung der Stadt als Ganzer abhält. Die Lazzaroni und ihr Mythos symbolisieren in der Wahrnehmung der Reisenden nicht nur Neapel, sondern das ganze Königreich.[98]

4. Die 'Leidenschaften' des Volkes und die Gefühle der Reisenden

Die deutschen Reisenden glauben, daß das Volk vor allem von seinen 'Leidenschaften' beherrscht wird.[99] Sie stimmen darin mit den zeitgenössischen Theoretikern überein, die darüber diskutierten, ob 'Affecte' und Gefühle gut oder böse seien, ob ihr Sitz in der Seele des Menschen oder in seinem Körper zu suchen sei. Die Mehrzahl der Wissenschaftler tendierte dazu, Gefühle und Vernunft als Gegensatz anzusehen, und man hielt die strenge Kontrolle der Gefühle für notwendig. Die negativen Gefühle, die man meist mit den Leidenschaften gleichsetzte, lokalisierte man im ganzen Körper. Dort vermutete man auch die Sinnlichkeit, die als der unvernünftige Teil der Seele angesehen wurde.[100] Leidenschaftlichkeit wurde so zum asymmetrischen Gegenbegriff der 'Vernunft'. Dieser Tendenz folgen auch die Reisenden, wenn sie mit dem Begriff der Leidenschaften fast ausschließlich negativ bewertete Verhaltensweisen wie Rach- und Genußsucht sowie eine in ihren Augen 'unsittliche' Sexualität belegen. Daß unkontrollierte Leidenschaften bis zum Wahnsinn führten, meinen sie exemplarisch an der 'Lottosucht' beobachten zu können. Für sie ist es die unkontrollierte, unberechenbare Natur des Volkes, der 'böse Wil-

---

[97] Vgl. Gerning, Bd. 1, S. 9; S. 171. Die Identifikation von Volk und Natur hebt auch Richter, Neapolitaner, S. 129, hervor.

[98] Kotzebue, Bd. 2, S. 255; Seume, S. 342; Benkowitz, Glogau, Bd. 3, S. 296ff; Recke, Bd. 3, S. 262, S. 290. Rehfues, Eichholz und Brun verurteilen Neapel als Ganzes nicht, fällen aber auch kein abschließendes Gesamturteil. Vgl. Dumontet, S. 15.

[99] Z.B. Stegmann, Bd. 1, S. 70f.

[100] Johann Georg Walch: Philosophisches Lexicon. Mit einer kurzen kritischen Geschichte der Philosophie von Justus Christian Hennings, 2 Bde., 4.Aufl. Leipzig 1775, Nachdruck Hildesheim 1968, Artikel Affect', Bd. 1, Sp.85–98, Sp.87ff., Sp.94; Wilhelm Traugott Krug: Allgemeines Handwörterbuch der philosophischen Wissenschaften nebst ihrer Literatur und Geschichte, 5 Bde., 2.Aufl. Leipzig 1832–38, Nachdruck Stuttgart/ Bad Canstatt 1969, Artikel 'Gefühl', Bd. 2, 1832, S. 139–143, Artikel 'Leidenschaften', Bd. 2, S. 715f.

de', der für die Leidenschaften verantwortlich ist. Sie gilt es durch moralische Erziehung zu „bändigen".[101]

Durch die einseitige Betonung der Rolle der Vernunft vor allem in der frühen Aufklärung entstand ein starker Gegensatz zu den als 'unvernünftig' empfundenen Gefühlen. Die überwiegend negative Definition eigener wie fremder Gefühle führte dazu, sie als unsozial und tierisch anzusehen. Folge dieser Ablehnung war eine fortdauernde Auseinandersetzung der Aufklärer mit der inneren und äußeren Natur, die im Sinne einer vernünftigen Gesellschaft zugerichtet werden sollte. Soweit es die innere Natur betraf, sollte eine neu definierte Moral zur verstärkten Selbstkontrolle führen.[102] Im letzten Drittel des 18. Jahrhunderts entwickelte die Aufklärung Konzepte, die darauf abzielten, Vernunft und Gefühl zu versöhnen. Sinnlichkeit und Gefühl wurden nun positiv bewertet, soweit sie der Moral dienten. Man unterschied moralische und unmoralische Gefühle oder lehnte jede Gefühlsregulierung überhaupt ab. Rousseau verstand das Gefühl als positives seelisches Vermögen, dem er ein instinktives, also natürliches Wissen um das Richtige zuschrieb. Angesichts der Entfremdung in der zeitgenössischen Gesellschaft konnte die ideale Gesellschaft der Vergangenheit nur mittels des Gefühls imaginiert werden. Der Zugang zu natürlichem Leben und Verhalten war in der Gegenwart nur über das Gefühl möglich.[103]

Ausdruck der Bemühungen um Wiederaneignung der eigenen Gefühle ist ein 1777 geschriebener Artikel Stolbergs, in dem er die Sehnsucht nach „leidenschaftliche[r] Spontaneität"[104] äußerte. Allerdings bezog sich die Forderung nach einem Gefühl, das nicht von Nutzendenken und ständischem Verhalten beschränkt wurde, allein auf das bürgerliche Subjekt und betraf niemals die Sexualität. Diese Konzepte einer Versöhnung von Vernunft und Gefühl blieben innerhalb der Aufklärung jedoch umstritten. Aus dem zwiespältigen Verhältnis der Aufklärer zu ihrer eigenen Triebnatur entstand ein ambivalenter Naturbegriff. Die Ambivalenz dieses Naturbegriffes kennzeichnete ihrer Meinung nach auch den Charakter des Volkes.[105]

---

[101] Stolberg, Bd. 1, S. 86f.; Jacobi, Bd. 2, S. 59f.; Lehne, S. 17.

[102] Grimminger, Aufklärung, S. 18, S. 22f. Vgl. Benkowitz, Glogau, Bd. 1, S. 178; Krug, Bd. 2, S. 716.

[103] Krug, Bd. 2, S. 140f.; Bitterli, Wilden, S. 287f.; Garber, Utopiekritik, S. 89; Eibl, S. 9, S. 11; Maurer, Biographie, S. 268.

[104] Grimminger, Aufklärung, S. 66f. Vgl. S. 50, S. 54 und S. 65f.

[105] Ebd., S. 62f.; S. 68.

Die Charakterisierung der Neapolitaner und der Lazzaroni durch die Reisenden basiert also auf dem Verhältnis zu ihren eigenen Leidenschaften, zu ihrer eigenen Natur. Die Projektion der eigenen Gefühlswelt auf das Volk ermöglicht den Autoren, das Volk als reine Natur, d.h. als reines Gefühl, darzustellen. Sich selbst verstehen sie als Instanz der reinen Vernunft, denen die vernünftige Organisation der Gesellschaft überlassen bleibt. Darüber hinaus trennen sie die an sich selbst als negativ, weil unvernünftig empfundenen Gefühle von sich ab. Das führt einerseits dazu, daß die am Volk wahrgenommenen Gefühle für das bürgerliche Subjekt bedrohlich erscheinen. Andererseits bewirkt es die fortwährende Sehnsucht der Reisenden nach den verlorenen Gefühlen, nach einem Leben im Einklang mit der eigenen Natur, wie es ebenfalls dem Volk zugeschrieben wird. Der 'böse Wilde' ist das verkörperte Begehren: Er ist körperlich stark, lüstern und kennt kein Sündenbewußtsein. Selbst der so sehr verabscheute Kannibale steht für die unbeschränkte orale Befriedigung.[106] In den Reiseberichten kommt diese Auseinandersetzung mit der eigenen Gefühlswelt besonders deutlich in der Ambivalenz der Wahrnehmung des Volkes zum Ausdruck. Aber auch die Ablehnung der neapolitanischen Religiosität, die als gefühlsbeherrscht und irrational dargestellt wird, oder die Verurteilung des sexuellen Verhaltens aller Neapolitaner spiegelt diesen aufklärerischen Konflikt wider. Der ausschließliche Anspruch auf Vernunft und Moral soll allerdings nicht nur dem Volk, sondern ebenso dem Ancien Régime gegenüber dokumentiert werden.

Die Behauptung, die unkontrollierte Natur sei Ursache der Leidenschaften, findet sich bei allen Reisenden. Wechselweise liegt der Akzent mehr auf ihren natürlichen Ursachen[107] oder den Versäumnissen der Regierung bei ihrer Kontrolle.[108] Gerning erhofft sich von einer Übertragung der Gesetze der Mustermanufaktur S. Leucio auf die ganze Gesellschaft eine Bezähmung der „Thierheit der Menschen" und ihre Erhebung „zu Gefühlen der Menschheit".[109] Der Mensch wird also erst durch die Kontrolle der Leidenschaften von einem Wilden zu einem sozialen Wesen. Humanität, so auch hier wieder der bekannte Topos, muß von positivem

---

[106] Vgl. Hayden White: Auch Klio dichtet oder die Fiktion des Faktischen. Studien zur Tropologie des historischen Diskurses, Stuttgart 1986, (Sprache und Geschichte; Bd. 10), S. 198, S. 223. Vgl. Eichholz, Bd. 3, S. 126ff., der die 'unbändigen Leidenschaften' und den 'Schlamm der Lüste' in Neapel erwähnt, und Maurer, Biographie, S. 251.

[107] Tagebuch, S. 200; Buch, Bd. 2, S. 387; Eichholz, Bd. 3, S. 125; Rehfues, Gemählde, Bd. 1, S. 196; Benkowitz, Helios, Bd. 2, S. 65.

[108] Küttner, Bd. 1, S. 64f.; Hager, S. 52; Rehfues, Miscellen, Bd. 2, S. 133ff.; Recke, Bd. 3, S. 262; Kotzebue, Bd. 2, S. 185; Benkowitz, Glogau, Bd. 2, S. 178, Bd. 3, S. 325; Seume, S. 297.

[109] Gerning, Bd. 2, S. 304. Vgl. Jacobi, Bd. 2, S. 59f.

'Gefühl' begleitet sein. Die ideale Gesellschaft hat die Kontrolle der Leidenschaften zur Voraussetzung. Lehne kommentiert die 'neapolitanischen Verhältnisse' so:

„Vergebens kämpft der Despotismus mit der Anarchie, vergebens wechseln sie, wie Ebbe und Fluth. Sie sind beide Geburthen der Leidenschaft, beide Feinde des Bürgerglücks und gesetzlicher Freiheit. Sie können einander zerstören, aber vernünftige Wesen beglücken können sie nicht."[110]

Es sind der Despotismus des nicht durch Gesetze beschränkten absoluten Königtums und die regellose Anarchie des Volkes, die die ideale gesellschaftliche Ordnung verhindern. Der von 'Leidenschaften' beherrschte Mensch wird zum Tyrannen oder zum Sklaven. Allein der „Mittelweg"[111] garantiert nach dieser Auffassung eine ruhige und glückliche Existenz des Staates und der Bürger. So erheben die aufgeklärten Reisenden die Bändigung der Triebnatur, die sie an sich vollziehen, im persönlichen wie im gesellschaftlichen Leben zum alleinigen Maßstab guter Verhältnisse. Durch ihre Abgrenzung gegen den König, den Adel und das Volk, die sich dieser Zähmung in Politik und Sitten angeblich nicht unterwerfen, wird diese Lebensweise zudem zu einer speziell bürgerlichen. Den Unterschichten ist die glückliche gesellschaftliche Existenz durch ihren Charakter von Natur aus verwehrt.

Nur bei wenigen Reisenden taucht in der überschwenglich positiven Wertung des 'guten Wilden' auch Bewunderung für die Leidenschaftlichkeit des Süditalieners auf. Stolberg sieht in Neapel eine Frau tanzen, die dadurch ihre Wut gegen eine andere zum Ausdruck bringt. Er interpretiert diesen Tanz als Ausdruck ihrer Leidenschaft, sieht in ihm aber gleichzeitig ein Mittel, diese in moralische Bahnen zu lenken. Er fährt fort:

„Unter nordischem rauhen Himmel sind unsere Glieder minder geschmeidig, unser Blut ist nicht so heiß, unsere Leidenschaften nicht so entflammt. Das minder lebhafte Kind wird in unsern gebildeten Ständen schon früh einen hemmendem Zwang unterworfen. Die geringe Volksklasse wird oft mürbe durch Arbeit, mürbe durch den Kampf mit zürnenden Elementen, desto mürber, da eben dieser rauhe Himmel die Zahl der Bedürfnisse vermehrt, [...]. Unser Körper, minder geschmeidig, von kälterem Blute belebt, füget sich dem Willen als Knecht, harmonirt nicht theilnehmend wie beim Südländer als ein Gespiele, mit der feurigen Seele wechselnden Empfindungen. Unsre Geberden und Mie-

---

[110] Lehne, S. 119. Vgl. Stolberg, Bd. 1, S. 86.

[111] Ebd., S. 80.

nen lallen in Vergleichung mit der Geberde= und Mienensprache des Italiäners."[112]

Stolberg erhält die Behauptung von den durch südliches Klima geförderten Leidenschaften aufrecht. Aber diese erscheinen nicht mehr als wild und gefährlich, sondern als Ausdruck der Harmonie von Körper und Geist. Die Zähmung der Leidenschaften, eben noch Voraussetzung glücklicher Existenz, erscheint jetzt als Knechtung durch die Vernunft. Stolberg durchbricht die These von den 'natürlichen' Leidenschaften dort, wo es ihn selbst als Kind der gebildeten Stände betrifft. Zumindest hier erkennt er den gesellschaftlichen Charakter der Erziehung, der zur Abspaltung der eigenen Leidenschaften führt. Zwar betont Stolberg in der Folge die Notwendigkeit, auch den Tanz moralischen Zwecken zu unterwerfen, aber seine Begeisterung für den vermeintlich mit seinen Leidenschaften in Harmonie lebenden Italiener bleibt deutlich erkennbar. Der Widerspruch der deutschen Aufklärung zwischen Vernunft und Gefühl bildet sich so auch in den Berichten der Reisenden ab.[113]

Die Berichte schildern aber nicht nur die Gefühle des Volkes aus der Sicht der Reisenden, sie enthalten auch Hinweise auf die Gefühle der Reisenden selbst. Diese Gefühle äußern sie vor allem angesichts des Gedränges auf den Straßen und gegenüber dem Geruch des Volkes. Die Autoren reagieren auf die Berührung und die Nähe fremder Körper mit neuen Hygieneansprüchen und dem Wunsch nach sozialer Abgrenzung.

Wiederholt thematisieren sie ihren Ekel vor dem Gestoßenwerden und dem Gedränge der Passanten auf der Straße. Oft nennen sie die Gefahr für Leib und Leben als Grund ihrer Abneigung, doch Benkowitz' Äußerungen zur zu großen Nähe der Bettler lassen noch einen anderen Grund vermuten. Das gebildete Indi-

---

[112] Stolberg, Bd. 3, S. 128f.; vgl. Gerning, Bd. 1, S. 29, der die Körperlichkeit der Wiener bewundert, die für ihn schon halbe Italiener sind. Rehfues, Miscellen, Bd. 3, S. 156, stellt die angebliche italienische Freiheit, in der Berufswahl der eigenen Neigung nachzugehen, gegen die Zwänge, die Bildung und Nutzendenken dem Körper und dem Geist auferlegen.

[113] Der Vulkan als Symbol menschlicher Leidenschaften ist ein schon vor 1799 üblicher Topos. Der Vesuv erscheint den Reisenden als ebenso bewundernswertes wie bedrohliches Naturphänomen. Als Reaktion auf die Ereignisse von 1799 identifizieren die Reisenden die unerforschten, unberechenbaren Naturkräfte des Vulkans nun häufiger mit den Leidenschaften des Volkes. Die unberechenbare Gefährlichkeit der Lazzaroni findet ihr Bild in der Identifikation mit dem Vesuv (Vgl. Buch, Bd. 2, S. 387; Lehne S. 190f.; Rehfues, Gemählde, Bd. 1, S. 103; Brun, Sitten, S. 22, S. 44). Bei Recke, Benkowitz und Madame de Stael ist der Vesuv nicht nur Symbol der Lazzaroni, sondern ganz Neapels und des in ihm herrschenden Gegensatzes zwischen schöner Natur und gesellschaftlichem Verfall (Recke, Bd. 3, S. 262, S. 290; Mozzillo, Sirena, S. 136; Benkowitz, Neapel, S. 394). Rehfues wählt ihn zusätzlich zum Symbol für die Umwälzungen, die ganz Europa noch zu erwarten habe (Miscellen, Bd. 1, S. 11f.).

viduum besteht auf einer größeren räumlichen Distanz, die Ergebnis eben dieser Individualisierung und eines anderen Körperempfindens ist. Ein neues Hygieneverständnis verlangte im 18. Jahrhundert nach der Desodorisierung[114] der Menschenkörper und der sozialen Einrichtungen, nach der Entfernung der üblen Gerüche. Dies brachte eine größere Sensibilität für die Nähe des Anderen hervor, die vor allem über den Geruch vermittelt wurde. Besonders die Unterschichten wurden nun wegen der fehlenden Körperhygiene und geringeren individuellen Distanz verabscheut. Darüber hinaus wollten die Reisenden, so sehr sie auf der Aufhebung der sozialen Distanz zum Adel beharrten, die soziale Distanz zu den Unterschichten erhalten sehen. Nicht alle Autoren beschweren sich über die zu große Nähe der Menge. Häufig genug aber empfinden sie nicht nur ihre Nähe, sondern auch Lärm als störend und ekelhaft.[115] Angewidert beobachten die Autoren Familien, die sich auf offener Straße gegenseitig nach Flöhen absuchen.[116] Immer wieder werden Unreinlichkeit und Gestank beklagt, die vor allem durch Kot entstehen, der auf Straßen und in Häusern herumliegt.[117] Eichholz beobachtet, daß Eltern und Kinder der Unterschichten zusammen in einem Bett schlafen, worin er einen Grund für die sexuelle Libertinage in Neapel sieht.[118] Diese Belege für ein anderes Körperempfinden der Unterschichten werden sofort mit einem moralischen Stigma verbunden. Wer nicht Distanz und Hygiene pflegt, ist auch moralisch schmutzig.[119] Die Identifikation von Körperhygiene mit moralischer Sauberkeit findet sich nicht nur in Reiseberichten. Ulrike Döcker hat eine solche Einstellung auch in den Manierenbüchern um 1800 gefunden. Der Begriff der 'Sauberkeit' sei, ebenso wie der

---

[114] Der Begriff bei Alain Corbin: Pesthauch und Blütenduft. Eine Geschichte des Geruchs, Berlin 1982, S. 83, S. 87. Vgl. Frey, S. 126ff.

[115] Vgl. Benkowitz' Empfindungen angesichts der Bettler und Küttner, Bd. 2, S. 67. Zu Gedränge: Kotzebue, Bd. 2, S. 185f., S. 249f; Jacobi, Bd. 1, S. 280. Stolberg, Bd. 2, S. 299, S. 311 und Brun, Neapel, S. 679 betonen dagegen, daß man in Neapel weniger gestoßen werde als in anderen Städten. Auch damit bestätigen sie aber die Abneigung gegen zu große Nähe der Masse. Eichholz, Bd. 3, S. 61, beschreibt das Gedränge ohne negative Wertung. Vgl. Corbin, S. 192. Zu Lärm: Brun, Fortsezzung, S. 179; Gerning, Bd. 1, S. 236; Hager, S. 146; Jacobi, Bd. 1, S. 354; Stegmann, Bd. 1, S. 140.

[116] Tagebuch, S. 184, S. 200; vgl. Kotzebue, Bd. 1, S. 249.

[117] Gerning, Bd. 1, S. 233; Kotzebue, Bd. 1, S. 232, S. 250f.; Benkowitz, Neapel, S. 112; Eichholz, Bd. 3, S. 99f.; Jacobi, Bd. 1, S. 287. Vgl. Frey, S. 190ff.

[118] Eichholz, Bd. 3, S. 126ff. Corbin, S. 137, sieht in der größeren Empfindlichkeit gegenüber dem Geruch des Anderen den Grund für die größere Körperdistanz, die in der Gewöhnung an das Einzelbett zum Ausdruck kommt.

[119] Kotzebue, Bd. 2, S. 182. Vgl. Eichholz, Bd. 4, S. 62, der Großstadt mit Menschenmenge und diese mit Laster gleichsetzt. Vgl. Corbin, S. 147.

der Vernunft, ein Kampfbegriff des Mittelstandes. Die vom Mittelstand propagierte Körperhygiene gelte als Beweis für seine „leibhaftige Vernunftbegabtheit."[120]

Die Vorstellungen von Hygiene, das Körperempfinden und die Emotionalität der neapolitanischen Unterschichten sind von denen der reisenden Individuen offenbar deutlich verschieden und werden von ihnen als bedrängend empfunden. Denkt man an die Einstellung der Aufklärung zu den Leidenschaften, kann man noch einen weiteren Grund für den Ekel der Autoren vermuten: Unreinlichkeit, Lärm und körperliche Berührung von seiten des Volkes wirken auf sie bedrohlich, weil es sich um ein Verhältnis zum eigenen Körper und Gefühl handelt, das sie bei sich selbst nicht zulassen. Der durch Erziehung, Bildung und moralische Maximen geformte Körper würde Gefahr laufen, zu 'zerfallen'. In der körperlichen und emotionalen Distanz zu den Unterschichten drückt sich die neue innerliche Prägung des eigenen Körpers der Reisenden aus. Nicht nur ihre Argumentation und ihr Staatsbild, sondern auch ihr Menschenbild ist durchzogen von der neuen Mikrophysik der Macht, die auf eine veränderte Beherrschung des Staatskörpers und der Menschenkörper abzielt. Die Reisenden sind in gleichem Maße Objekte und Agenten dieser Mikrophysik, wenn sie auch vereinzelt nach einer Befreiung von dieser Prägung verlangen.

Ganz andere Gefühle als angesichts der Körperlichkeit und Leidenschaftlichkeit des Volkes empfinden die Autoren, wenn sie Natur und Antike beschreiben. Hier stellen sie 'Gefühl' zur Schau, das aus der 'Seele' und dem 'Herzen' kommt, nicht aus dem sinnlichen Körper. Schöne Natur weckt in ihnen generell positive Gefühle, während wilde Natur und das Gefühl von Vergänglichkeit angesichts antiker Ruinen 'Schauder' oder 'Wehmut' hervorrufen. Erinnerung an ferne Freunde ist ebenfalls Anlaß für Melancholie oder Freude.[121] Den gesellschaftlichen Gegnern wird jedes positive Gefühl ab-, geschätzten Personen oder Gruppen Empfindsamkeit zugesprochen. Die eigenen positiven Gefühle, Rousseau'sches Mitleid mit Bettlern oder gequälten Tieren, hebt man hervor. Auch die Leser werden in dieses positive Bild einbezogen, wenn Rehfues sie als „gute gefühlvolle Seelen eines rauhern Himmels"[122] anspricht.

---

[120] Döcker, S. 104. Vgl. eBd., S. 110 und Frey, S. 123f., S. 139f.

[121] Gefühle zur Antike: Gerning, Bd. 2, S. 162, Bd. 2, S. 224; Jacobi, Bd. 1, S. 164; S. 258; Kotzebue, Bd. 1, S. 359, S. 377; Jacobi, Bd. 2, S. 14; Küttner, Bd. 2, S. 19, S. 210; Stolberg, Bd. 2, S. 75. Gefühle zur Natur: Stolberg, Bd. 2, S. 12, S. 304; Jacobi, Bd. 1, S. 296; Küttner, Bd. 1, S. 57; Lehne, Bd. 1, S. 6, S. 29; Stegmann, Bd. 1, S. 30; Benkowitz, Neapel, S. 174. Gefühle für Freunde: Benkowitz, Helios, Bd. 1, S. 243, Lehne, S. 2f.; Keller, S. 120.

[122] Rehfues, Gemählde, Bd. 1, S. 99. Vgl. Stegmann, Bd. 1, S. 79; Stolberg, Bd. 1, S. 20, S. 115; Küttner, Bd. 1, S. 100; Eichholz, Bd. 3, S. 229; Benkowitz, Helios, Bd. 1, S. 120; Ders., Neapel, S. 68, S. 90.

Das Gefühl, das beim Anblick der Natur entsteht, 'belebt', 'entflammt' oder 'veredelt' nach Ansicht der Reisenden das Herz.[123] Es ermöglicht dem Einzelnen, trotz korrumpierender Zivilisierung und individuellem Alterungsprozeß authentisch zu bleiben. In der Auseinandersetzung um gesellschaftliche Themen dient das Gefühl nach Ansicht der Reisenden ebenfalls der authentischen und instinktiv richtigen Wahrnehmung.[124]

In der 'Empfindsamkeit' und in der Aufklärung überhaupt kam dem Gefühl zur Natur besondere Bedeutung zu. Die zeitgenössische Moralphilosophie vertrat die Auffassung, daß der Anblick der von Gott geschaffenen Natur im Menschen positive moralische Gefühle wecke. Die Liebe zur Natur stimuliere die Seele generell zu natürlicher Empfindung, die sich gegen eine Welt des Scheins und der Entfremdung richte. Wie die Rousseau'sche Stadtkritik wandte sich auch die Empfindsamkeit von Stadt und ständischen Zwängen ab und der Natur und der stillen Empfindung bei ihrer Betrachtung zu. Der Genuß freier Natur mache den Betrachter zu einem besseren, weil natürlichen Maximen folgenden Menschen. Nur die Natur könne das Gefühl wirklicher Authentizität und der Übereinstimmung mit der göttlichen Ordnung wecken.[125]

Natürlichkeit wurde so zum objektiven Kriterium, an dem Menschen, aber auch gesellschaftliche Zustände gemessen wurden. Die Gefühlsausbrüche der Reisenden angesichts der süditalienischen Natur und die überschwenglich positive Beschreibung scheinbar idyllischer Orte sind die Folge dieser Wertung. Allerdings

---

[123] Stolberg, Bd. 2, S. 12, S. 304, S. 395; Jacobi, Bd. 1, S. 296; Küttner, Bd. 1, S. 57. Vgl. Rolf Wedewer: Landschaftsmalerei zwischen Traum und Wirklichkeit. Idylle und Konflikt, Köln 1978, S. 21f.

[124] Kotzebue, Bd. 1, S. X. Vgl. Recke, Bd. 3, S. 90; Lehne, Bd. 1, S. 97.

[125] Vgl. Bitterli, Wilden, S. 287f.; Kehn, S. 175ff.; Eibl, S. 8; Pikulik, Gefühlskult, S. 251ff. Pikulik betont immer wieder den starken, meist ausschließenden Gegensatz von bürgerlichem Lebens- und Denkstil einerseits, empfindsamem Verhalten und Fühlen andererseits. Die Träger von Bürgerlichkeit differenziert er viel zu wenig. Oft scheint es, als ob er die altbürgerlichen Verhaltensweisen als typisch bürgerliche charakterisiert und die Haltung des 'neuen Bürgertums' in ihrer Abgrenzung davon nicht zur Kenntnis nimmt. Auch die Entwicklung von Bürgerlichkeit im 18. Jahrhundert, d.h. vor allem die Integration des Gefühls in den bürgerlichen Habitus, fällt bei ihm nicht ins Gewicht. Empfindsames Fühlen ist ein neues Verhalten innerhalb von Bürgerlichkeit, das sich im Gegensatz zum rein ständischen Bild der Bürgerlichkeit entwickelt und diese verändert. Pikulik überbetont die empfindsamkeitskritischen Stimmen innerhalb des 'neuen Bürgertums'. Empfindsamkeit steht keineswegs in so diametralem Gegensatz zu Bildungsbegriff und gesellschaftspolitischem Anspruch von Bürgertum und Aufklärung, wie Pikulik will. Dabei ist das in den Reiseberichten auftretende Gefühl, das er als Sentimentalismus, als konventionalisierte Empfindsamkeit definieren würde, kaum von echter Empfindsamkeit, wie er sie zu erkennen meint, zu unterscheiden. Es ist vielmehr Konvention, die auch empfunden wurde.

gerinnen Begeisterung wie Melancholie in den Berichten zu Topoi.[126] In immergleichen, stilisierten Ausdrücken werden diese Gefühle beschrieben. Demonstrativ fließen Tränen angesichts von Bettlern, Sonnenuntergängen und Ruinen.[127] Mögen die Gefühle auch wirklich empfunden worden sein, so dient ihre Schilderung nun vorwiegend dazu, sich als jemand darzustellen, der sowohl zu Vernunft, als auch zu Gefühl fähig ist. Den Kampf gegen Entfremdung vermitteln sie nur noch bedingt.

---

[126] Vgl. Jacobi, Bd. 1, S. 248. Benkowitz entschuldigt sich im 'Helios' (Bd. 1, S. 252) dafür, daß er der Empfindung seines Herzens Ausdruck gibt. Vgl. Pikulik, Gefühlskult, S. 306.

[127] Lehne, Bd. 1, S. 109; Kotzebue, Bd. 1, S. 39; Benkowitz, Neapel, S. 90; Gerning, Bd. 1, S. 255.

VIII. Natur, Vernunft und rationale Erklärung als Strukturprinzipien der Neapelbeschreibung zwischen 1789 und 1806

1. Die praktische Vernunft als Organisator der Wahrnehmung

Vernunft gehört für die Reisenden zu den positiven Gegenbegriffen. Sie ist das Prinzip, nach denen Mensch und Gesellschaft geordnet werden sollen. In den Berichten geht es, ohne daß dies ausdrücklich definiert würde, meist um die praktische, handlungsleitende Vernunft. Wie die positiven Gefühle, hat auch die Vernunft ihren Sitz in der Seele. Vernünftig handeln heißt, die Wahrheit in den Dingen und ihren Beziehungen zueinander zu erkennen. Vernünftig handeln heißt auch, moralisch zu handeln. Denn Moral und Vernunft sind, nach Wolff und Kant, nicht an Traditionen oder gesellschaftliche Übereinkunft, sondern an objektive Wahrheit gebunden.[1] Vernunft gilt zudem als die vornehmste Anlage, die der Mensch zu entwickeln in der Lage sei. Allein durch die Vernunft sei Fortschritt der Menschheit möglich. Jeder Mensch, aber auch die Gattung insgesamt müsse daher den Gebrauch der Vernunft einüben.[2] Vernünftig zu denken gilt als eine erlernbare Methode. Kritik und Räsonnement sind Ausdruck und Zeichen vernünftigen Denkens.

In ihren Berichten verwenden die Autoren das Wort Vernunft nicht allzu häufig. Viel öfter erwähnen sie andere Tugenden und vor allem beschäftigen sie sich immer wieder mit den Lastern der Italiener. Implizit aber taucht dieses Konzept praktischer Vernunft in dem ständigen Bemühen auf, die wahren Verhältnisse der Dinge in Geschichte, Gesellschaft und Natur herauszufinden. Ausdruck dieses Konzeptes ist ebenso die ständige Selbstbefragung des Genres, die Kritik vorausgehender Autoren und Meinungen.

Bevorzugtes Feld solcher Kritik ist der Aberglauben, der – nach zeitgenössischer Definition – in der Vermischung von Natürlichem und Übernatürlichem besteht. Er führe zu einer Auffassung von der Natur, die deren wahrem Wesen nicht entspreche, und habe falsche Begriffe, Urteile und Handlungen zur Folge. Aberglaube erscheint als ein Produkt der 'Phantasie' oder 'Einbildungskraft', die eine realistische Wahrnehmung verhindern. Folge solchen Glaubens an die eigenen Wunschbilder seien Intoleranz gegenüber anderen Meinungen und sogar Grausamkeit gegen Kritiker, die man durch Argumente nicht zum Schweigen bringen könne.

---

[1] Krug, Bd. 4, 1834, Artikel 'Vernunft', S. 380f., Artikel 'Vernunft-Bildung', S. 382f.; Walch, Bd. 2, Artikel 'Vernunft', Sp.1276–1278, Sp.1276, Artikel 'vernünftig', Sp.1278f.

[2] Walch, Bd. 2, Sp.1277. Vgl. Krug, Bd. 4, S. 380ff.

Der Abergläubische rechtfertige lieber seine Begierden und Laster als sie an der Wahrheit zu messen. Da der Aberglaube schädlich sei, müsse er ausgerottet werden. Diese Aufgabe komme vor allem den 'Gelehrten' zu.³

In dieser Definition des Aberglaubens, die zeitgenössischen Lexika entnommen ist, läßt sich mühelos der Grund für den Kampf der Reiseberichtsautoren gegen die Mönche und die 'Irrationalität' und 'Unmoral' des katholischen Glaubens entdecken. Die zahlreichen Versuche, das San Gennaro-Wunder zu erklären, haben ihre Grundlage in einer 'vernünftigen' Konzeption von Natur und Gesellschaft.⁴ Die Herstellung vernünftiger, natürlicher oder historisch wahrscheinlicher Zusammenhänge beschränkt sich in den Berichten aber nicht nur auf religiöse Themen. Die Autoren bemühen sich, antike Überlieferungen auf ihren Wahrheitsgehalt zu überprüfen und zu korrigieren. Sie erwägen naturwissenschaftliche Theorien zum Klima und vor allem zum Vulkanismus.⁵ Rehfues erklärt es als „ganz natürlich [...], wenn der kindische Verstand einer noch unmannbaren Nation"⁶ aus Naturerscheinungen auf die Existenz von 'höhern Wesen' schließt. Nicht kindisch erscheint Recke hingegen die Behauptung, die hohe Zahl von Blinden in Neapel werde durch die Reflexion der weiß getünchten Häuser verursacht. Benkowitz beendet seinen Bericht über eine Diskussion mit einem Fremdenführer, der keine Gründe für seine Behauptungen nennen kann, mit dem Satz:

„Ich glaubte, meinen Mann hinreichend widerlegt zu haben, [...]."⁷

Die angeführten Gründe und Erklärungen werden von den Reisenden als 'natürlich' oder 'motiviert' bezeichnet.⁸ Dieses Muster der 'natürlichen Erklärung' ist Teil einer historischen Entwicklung, die Peter Burke als Entwicklung zum buchstabengetreuen Denken bezeichnet hat. So benennt er eine mit dem Spätmittelalter einsetzende Bewegung, durch die das symbolische Denken bei der Deutung von Texten und Ritualen abgewertet wurde. Die Welt als ein von Gott geschaffenes

---

³ Krug, Bd. 1, 1832, S. 12–14; Dr. Johann Georg Krünitz: Oekonomische Encyklopädie, oder allgemeines System der Staats= Stadt= Haus u. Landwirthschaft, in alphabetischer Ordnung, 212 Bde., Berlin 1782–1852, Bd. 1, 2.Aufl. Berlin 1782, Artikel 'Aberglaube', S. 42.

⁴ Vgl. Eichholz, Bd. 2, S. 58; Recke, Bd. 3, S. 130.

⁵ Eichholz, Bd. 3, S. 75, S. 192, S. 258; Recke, Bd. 3, S. 60, S. 130, S. 255; Seume, S. 142, S. 274; Benkowitz, Neapel, S. 78, S. 82f., S. 183ff.; Ders., Glogau, Bd. 1, S. 190; Rehfues, Miscellen, Bd. 1, S. 4; Kotzebue, Bd. 1, S. 321, S. 350, Bd. 2, S. 66; Brun, Sitten, S. 21, S. 145; Dies., Neapel, S. 696; Dies., Ischia, S. 40; Buch, Bd. 2, S. 405; Stolberg, Bd. 3, S. 30, S. 72ff.

⁶ Rehfues, Miscellen, Bd. 1, S. 167. Vgl. Eicholz, Bd. 3, S. 258.

⁷ Benkowitz, Neapel, S. 99.

⁸ Benkowitz, Glogau, Bd. 1, S. 190; Ders., Neapel, S. 183.

'System von Korrespondenzen'⁹ zwischen menschlichem Körper und gesellschaftlichem Körper, zwischen Gesellschaft und Natur verlor nach und nach ihren Wirklichkeitsanspruch. Der logische Status solcher Erklärungen sei im Laufe der Jahrhunderte langsam unterminiert worden. Vor allem die Reformation hält Burke für einen wichtigen Schritt innerhalb dieser Entwicklung, die aber auch im Katholizismus zu finden war. Die Aufklärung bezeichnete eine weitere Station in der Abwertung symbolischen Denkens. Schon zu Beginn des 18. Jahrhunderts suchte man nach 'wahrscheinlichen', 'natürlichen' und 'historischen' Gründen, im Gegensatz zu 'symbolischen', 'allegorischen' oder 'mystischen' Bedeutungen. Burke definiert diese neue Denkweise als „gelehrtes (oder angelerntes) Unvermögen zu symbolischem Verstehen"[10].

Die Suche nach natürlichen Erklärungen stellt sich in den Reiseberichten aber nicht nur als Abwertung eines symbolischen, d.h. auch des magischen Denkens dar, sondern ebenso als Aufbau neuer Beziehungen und Erklärungen, die ein anderes Verhältnis zwischen Mensch und Kosmos ermöglichen. So vertrauen die Reisenden auf praktischem Gebiet beinahe unbegrenzt darein, Natur und Gesellschaft nach vernünftigem Vorbild verändern zu können. Sind die 'wahren' Beziehungen in der Natur einmal entdeckt, so wird sie in vielfältiger Weise nutz- und beeinflußbar. Rationalität ist für die Reiseberichte logische Kohärenz, z.B. der Gesetze, oder effektive Organisation des gesamten Staates. Unter Rationalität verstehen sie aber vor allem Zweckrationalität als den effektiven Einsatz von Mitteln zur Erreichung eines Zieles.[11] Ihr Glaube an die Beherrschung der Natur durch Technik ist ungebrochen. Gewitter sollen durch Blitzableiter, die Lava des Vesuvs durch Erdaufwürfe unschädlich gemacht werden. Die Erdwärme könnte zum Betrieb einer Dampfmaschine verwendet werden.[12] Angesichts von Klimaveränderungen in Europa schlägt Benkowitz Anpflanzungen vor, um das Klima zu mildern:

---

[9] Peter Burke: Der Aufstieg des buchstabengetreuen Denkens, in: Freibeuter. Vierteljahreszeitschrift für Kultur und Politik,, Nr.57, Oktober 1993, Berlin, S. 19–36; S. 19ff.

[10] Burke, Aufstieg, S. 21. Vgl. eBd. , S. 22ff., S. 30. Lepenies stellt für die Zeit um 1800 einen Wandel in den Naturwissenschaften fest, der die Empirie gegen die 'Fabel', d.h. als ungesichert empfundenes Wissen, stellt. Der Wahrheitsanspruch der Reiseberichte war Teil dieser Entwicklung in den Wissenschaften. Vgl. Wolf Lepenies: Das Ende der Naturgeschichte. Wandel kultureller Selbstverständlichkeiten in den Wissenschaften des 18. und 19. Jahrhunderts, München/Wien 1976, S. 16ff., S. 115.

[11] Vgl. Historisches Wörterbuch, Bd. 8, Artikel 'Rationalität, Rationalisierung', Sp.54ff. Unterschieden wird hier zwischen Zweckrationalität, Werterationalität und formaler Rationalität.

[12] Zur Technikanwendung: Benkowitz, Neapel, S. 149, S. 171; Kotzebue, Bd. 1, S. 322, Bd. 2, S. 253f. Zur Planbarkeit der Gesellschaft: Kotzebue, Bd. 1, S. 283; Seume, S. 275; Benkowitz, Neapel, S. 154.

„Die Ursachen dieser ungünstigen Veränderung sind bis jetzt noch nicht erforscht, obwohl unsere ersten Astronomen darüber nachdachten; aber sollten wir nicht entgegen wirken können? [...] Wäre das ganze Ufer der Ostsee ein Wald, so würden wir unstreitig dadurch sehr gewinnen; [...]."[13]

Das buchstabengetreue Denken führt zwar nicht unmittelbar zu diesem großen Vertrauen in die Technik, es entbindet Natur und Gesellschaft aber von symbolischen Bedeutungen und befreit sie so von Beschränkungen der technischen Verwendung. Die instrumentelle Vernunft, die in den technischen Projekten zum Ausdruck kommt, ist vor allem auf Fortschritt und Nutzen orientiert. Dabei glauben die Reisenden an die Wirksamkeit von Technik fast eben so stark wie die Neapolitaner an die Wirkung von Magie oder Religion. Beide Gruppen denken zweckrational und bewegen sich in einem jeweils eigenen Wertesystem, auf das sich ihr Handeln bezieht.[14] Nur werden die 'wahren' Beziehungen zwischen Natur und Gesellschaft von den Teilnehmern der Bittprozessionen in anderer Weise interpretiert als von den Reisenden.

2. Die Reflexion der Reisenden über die eigene Wahrnehmung

Das vernünftige Räsonnement kommt in den Reiseberichten außer bei historischen und naturwissenschaftlichen Erklärungen auch in der Auseinandersetzung um die gängigen Topoi des Genres zur Geltung. Der Anspruch, vorausgegangene Reiseberichte zu korrigieren, gängige Darstellungsweisen auf ihren Wahrheitswert zu überprüfen und die eigenen Gewohnheiten in der Konfrontation mit der fremden Gesellschaft zu reflektieren, wird von fast allen Autoren erhoben. Schon Herder hatte betont, Reisen solle der „Entgrenzung des Denkens"[15] dienen. Auch diese Diskussion verfährt nach dem Prinzip sich ständig korrigierenden Wissens und ist ebenso eine Übung in 'richtigem' Denken.

Die ständige Korrektur falscher oder überholter Mitteilungen in Berichten und Zeitschriften begleitet daher bei fast allen Reisenden die Darstellung.[16] Die gängi-

---

[13] Benkowitz, Neapel, S. 184f.

[14] Sowohl das aufklärerische als auch das magische Denken geht zweckrational vor und bezieht sich dabei auf Werte, ist also auch wertrational. Lediglich an formaler Rationalität scheint das aufklärerische Denken dem magischen Denken überlegen zu sein.

[15] Zitiert nach Grosser, Reiseziel, S. 125. Vgl. Nisbet, S. 14.

[16] Stolberg, Bd. 2, S. 10, Bd. 3, S. 77; Jacobi, Bd. 2, S. 20, S. 384; Gerning, Bd. 1, S. 10; Küttner, Bd. 1, S. IV; Stegmann, Bd. 1, S. IV; Kotzebue, Bd. 1, S. 350; Eichholz, Bd. 3, S. 192; Recke, Bd. 3, S. 60f.; Seume, S. 274. Die Berufung auf den aufklärerischen Grundkonsens der

gen Topoi deutschsprachiger Reiseberichte und das negative Bild der italienischen Gesellschaft, das vor allem von Archenholtz' Bericht der achtziger Jahre repräsentiert wird, sind ihnen bekannt.[17] Der Umgang mit diesem Vorwissen und die Reflexion über die eigene Wahrnehmung fällt dabei jedoch deutlich verschieden aus.

Keinerlei kritische Reflexion weisen nur einige wenige Berichte aus der Zeit vor 1799 auf. Hagers Reisebericht gehört dadurch, daß er sich auf die Reproduktion der gängigen Vorurteile beschränkt und vor allem neue Fakten sammelt, eher einem Typ des Genres an, wie er vor 1770 üblich war.[18] Der Autor des 'Tagebuchs' geht ähnlich vor. Am Schluß seines Buches meint er, an den fiktiven Adressaten seiner Briefe gerichtet: „Sie sollen über meine gemachte Progressen staunen."[19] Die 'Progressen' erschöpfen sich dann allerdings in der Aufzählung 'wichtiger' Personen und 'feuerspeiender Berge'.[20] Schon-Gewußtes präsentiert er als eigene Erfahrung, dabei handelt es sich lediglich um die Reproduktion gängiger Italien-Topoi.

Nur scheinbar kritischer beschäftigt sich die Mehrheit der Autoren mit der eigenen Wahrnehmung und dem deutschen Italienbild. Bei ihnen tritt ein Phänomen auf, das nach 1799 häufiger zu verzeichnen ist und das man 'die kritische Einstellung als Topos' nennen könnte. Allgemein bedauern sie die Vorurteile anderer Reisender über Italien und weisen wiederholt auf den Einfluß hin, den eigene Erwartungen auf die Wahrnehmung haben.[21] Sie kritisieren die Reisenden, deren typisch deutsche Ansprüche dem andersartigen italienischen Nationalcharakter nicht gerecht würden:

„Man sollte immer, wenn man in ein fremdes Land reißt, auf der Gränze etwas von seinen strengen Anforderungen, von seinem individuellen Menschen zurück lassen, und gleichsam abstreifen, wie die Schlange zu gewissen Zeiten ihre Haut abstreift."[22] (Eichholz)

Als Ursachen verfälschender Wahrnehmung nennen sie die unzureichende soziale Differenzierung und die Beurteilung des ganzen Volkes nach einer Gruppe. Wenn

---

Informationsvermittlung ist typisch für die Reiseberichte der zweiten Hälfte des 18. Jahrhunderts; vgl. Griep, Reiseliteratur, S. 755.

[17] Vgl. Oswald, S. 11ff.; Venturi, L'Italia, S. 1107f.; Maurer, Genese, S. 311ff.; Altgeld, S. 21f. Zum Bezug auf andere Reiseberichte vgl. Kap.X.3.1. und Kap.XI.1.

[18] Vgl. Griep, Reiseliteratur, S. 744f.

[19] Tagebuch, S. 294. Vgl. eBd. , S. 196f., S. 123, S. 153, S. 201.

[20] Ebd., S. 294, S. 203.

[21] Brun, Sitten, S. 53f., S. 258; Benkowitz, Neapel, S. 386; Ders., Helios, Bd. 1, S. 254; Kotzebue, Bd. 1, S. IV, S. 350, Bd. 2, S. 3; Recke, Bd. 3, S. 169, S. 207.

[22] Eichholz, Bd. 4, S. 74f.

man nach Deutschland reise, so Eichholz, werde man es ja auch nicht nach preußischen Postmeistern, österreichischen Kanzleibeamten und schwäbischen Gastwirten beurteilen.[23] Einige Autoren weisen darauf hin, daß fremde Reisende die Menschen der bereisten Gegenden positiv oder negativ beeinflussen könnten. Ein längerer Aufenthalt und umfangreiche Vorkenntnisse sind ihrer Ansicht nach unabdingbare Voraussetzungen für ein fundiertes Urteil über ein Land.[24] Gegen alle diese Faktoren, die auf die Wahrnehmung wirken könnten, setzen viele Reiseberichtsschreiber die unbefangene Beobachtung der Wirklichkeit. Was Benkowitz über den Geologen schreibt, gilt auch für den nicht spezialisierten Reisenden:

„[...] der Geogenist muß reisen, wenn er seine Wissenschaft gründlich studieren will; aber er muß mit keinem System ausreisen, sondern sich allen Eindrücken unbefangen überlassen, alle Beobachtungen ohne Vorliebe machen, und durch das Resultat erst sein System bilden."[25]

Die Reisenden bezweifeln nicht, daß es eine von der Wahrnehmung unabhängige Realität gibt. Man müsse nur wirklich unvoreingenommen sein, um sich von allen beeinflussenden Faktoren lösen zu können. Diese Einstellung entspricht einer üblichen Haltung bei Wissenschaftlern der Zeit, die in die Übereinstimmung von Vernunft und Struktur der materiellen Umwelt vertrauten. Der Vorsatz, von Vorurteilen frei zu sein, genügte in ihren Augen, um hinreichende Objektivität zu erreichen. Die Sinneseindrücke mußten nur auf 'natürliche', vernünftige Weise miteinander verknüpft werden. Allerdings tritt am Jahrhundertende gleichzeitig ein zunehmendes Mißtrauen gegenüber dieser Herangehensweise, gerade in bezug auf die Wahrnehmung in Reiseberichten, auf. Diese Strömung kommt in den Berichten über Neapel aber nur in dem Bestreben zum Ausdruck, immer genauer zu differenzieren.[26]

In der Auseinandersetzung mit den Stereotypen der Reiseberichte bemühen sich die Autoren vor allem darum, die Urteile zum italienischen Volkscharakter zu kor-

---

[23] Ebd., S. 75. Vgl. Stolberg, Bd. 4, S. 259; Küttner, Bd. 1, S. 116ff., S. 150, Bd. 2, S. 313.

[24] Stolberg, Bd. 1, S. 311, Bd. 4, S. 256; Gerning, Bd. 1, S. 7; Jacobi, Bd. 2, S. 162; Lehne, S. 119; Eichholz, Bd. 4, S. 206f.; Benkowitz, Glogau, Bd. 1, S. 106. Einfluß fremder Reisender: Recke, Bd. 3, S. 242; Eichholz, Bd. 3, S. 102; Küttner, Bd. 2, S. 273.

[25] Benkowitz, Glogau, Bd. 2, S. 6, vgl. Bd. 3, S. 195. Vgl. Kotzebue, Bd. 1, S. IV; Eichholz, Bd. 1, S. VI.

[26] Bitterli, Wilden, S. 229; Garber, Utopiekritik, S. 93f.; Michael Harbsmeier: Die Rückwirkungen des europäischen Ausgreifens nach Übersee auf den deutschen anthropologischen Diskurs um 1800, in: R.Vierhaus (Hrsg.), Frühe Neuzeit-Frühe Moderne? Forschungen zur Vielschichtigkeit von Übergangsprozessen, Göttingen 1992, (Veröffentlichungen des Max-Planck-Instituts für Geschichte; Bd. 104), S. 422–442, S. 428, S. 439.

rigieren. Sie heben die positiven Eigenschaften der Italiener hervor und schwächen die negativen Urteile ab oder leugnen sie.[27] Manchmal scheinen die Reisenden auch ihre eigenen negativen Urteile revidieren zu wollen: Eichholz überlegt, ob das Wissen neapolitanischer Unterschichtskinder über Sexualität vielleicht doch nicht schädlich sei, und Brun bemerkt auf Ischia, das Nichtstun beginne ihr zu gefallen. Doch solche Äußerungen sind nie wirklich ernst gemeint. Sie bleiben literarisches Mittel, das dazu dient, den hohen Grad an Selbstreflexion des jeweiligen Autors zu beweisen. So verurteilt Benkowitz zunächst die Moral der in Neapel ansässigen Deutschen. Am Ende gelangt er jedoch zu dem Schluß, daß selbst die unmoralischsten Deutschen doch noch besser seien als der moralischste Neapolitaner.[28]

In Einzelfällen gelingt eine Lösung von den negativen Topoi und der 'Kritik als Topos'. So betont Brun, daß die Fruchtbarkeit der 'Campania felix' auf menschlicher Arbeit beruhe.[29] Ganz überwiegend aber bewegen sich die Reisenden mit der Abschwächung der negativen Topoi, aber auch mit der Selbstdarstellung als ausgewogene Kritiker[30] im Rahmen der herkömmlichen Topoi, innerhalb derer sie lediglich den Schwerpunkt verlagern.

Nur wenige Reisende gehen über dieses von der zeitgenössischen Theorie begrenzte Maß der Reflexionsfähigkeit hinaus. Im Gegensatz zur Mehrzahl der Autoren spiegeln ihre Berichte auf unterschiedliche Weise eine überdurchschnittliche Fähigkeit, kritisch mit der Genre-Tradition und der eigenen Wahrnehmung umzugehen.

Seumes Bericht unterscheidet sich von anderen vor allem dadurch, daß er Themen und Topoi konsequent ignoriert, die bis dahin für das Genre typisch waren. Zwar will auch er die realen Verhältnisse darstellen und sie einer vorbehaltlosen Kritik unterziehen; noch stärker aber lehnt er den 'Reisenden von Profession', den 'ordentlichen, systematischen Reisenden' ab. Er beansprucht, einen individuellen,

---

[27] Brun, Sitten, S. 53f., S. 258; Eichholz, Bd. 4, S. 74; Stolberg, Bd. 1, S. 323, Bd. 2, S. 11, S. 32, S. 126f.; Jacobi, Bd. 2, S. 161f., S. 172.

[28] Benkowitz, Glogau, Bd. 3, S. 274. Vgl. Eichholz, Bd. 4, S. 35. Brun, Ischia, S. 82, meint, bei längerem Aufenthalt „[...] würde ich anfangen, das Glück der Lazaroni zu begreifen."

[29] Brun, Fondi, S. 68. Vielleicht geht diese Beobachtung aber auch auf den neapolitanischen Aufklärer Galanti zurück, in dessen 'Beschreibung' sie schon 1791 erscheint (Joseph Maria Galanti: Neue historische und geographische Beschreibung beider Sicilien, aus dem Italienischen übersetzt von C.J.Jagemann, 5 Bde., Leipzig 1790/90/91/93/95, Bd. 3, S. 310). Küttner verweigert eine Beschreibung der 'Campania felice' mit der Begründung, sie sei schon so oft beschrieben worden. Auch er ist in einigen Fragen kritischer, als die Mehrheit der Reisenden. Da sein gesellschaftliches Vorbild England ist, beurteilt er Deutschland negativer und Italien positiver, als die übrigen Autoren. Vgl. Küttner, Bd. 1, S. 100, S. 116ff., S. 315, S. 322, S. 326, Bd. 2, S. 316.

[30] Eichholz, Bd. 4, S. 74; Gerning, Bd. 1, S. 8.

unsystematischen und unterhaltsamen Bericht zu schreiben, wie es seit der Veröffentlichung von Laurence Sternes 'Reisen nach Frankreich und Italien' für das Genre die Regel war. Dieser methodische Anspruch führt ihn dazu, sich immer wieder demonstrativ von Kunstbeschreibungen oder der Schilderung des San Gennaro-Wunders zu distanzieren.[31] Seine schriftstellerische Entscheidung für einen Reisebericht 'nach Yoriks Art' und seine Reflexion über die Genregewohnheiten führen dazu, daß er Wiederholungen und typische Topoi vermeidet. Stattdessen stellt Seume seine persönliche Geschichte und die politische Stellungnahme gegen alle Despoten, mögen sie nun Ferdinand oder Napoleon heißen, in den Mittelpunkt seines Berichtes. Allerdings löst er sich von den üblichen Topoi nur dort, wo er Themen vermeidet. Wenn er die italienische Gesellschaft beschreibt, bleibt er mit seinen Wertungen im Rahmen des Genres.

Deutlich differenzierter sind die Berichte von Stegmann und Rehfues, die sich beide längere Zeit in Italien und Neapel aufhalten. Stegmann widmet der Diskussion des Genres und der Wahrnehmungstheorie fast achtzig, Rehfues gute fünfzig Seiten. Beide diskutieren alle gängigen Faktoren, die die Wahrnehmung beeinflussen können.[32] Besonderen Wert legen sie darauf, daß der Reisende sich längere Zeit am Ort aufhält, persönliche Bekanntschaft mit Einheimischen schließt und Italienisch spricht.[33] Rehfues fügt dem noch weitere Differenzierungen hinzu: Neue Regionen Italiens müßten untersucht werden, nur die Berichte vieler verschiedener Autoren könnten ein ganzes Bild der Nation ergeben, die politische Entwicklung der letzten Jahre habe Veränderungen im Nationalcharakter der Italiener bewirkt. Beide Autoren betonen, daß man den eigenen Vorstellungen oder dem Wunsch nach einfachen Begriffen als Reisender nicht nachgeben dürfe.[34] Vielmehr müsse die 'Wirklichkeit' Leitfaden der Wahrnehmung sein. In ihrem Realitätsverständnis unterscheiden sich Stegmann und Rehfues also nicht von den übrigen Autoren. Beide sind der Meinung, daß der Charakter eines Volkes feststellbar und kein „Hirngespinst"[35] sei. Jedoch ist ihre Methode differenzierter: Skeptizismus, Selbstreflexion, ausführliche Beobachtung und sorgfältiger Vergleich differierender Meinungen sind das Erkenntnis-Programm, von dem sie sich gültige Urteile erwartet. Rehfues tendiert am Ende seiner Ausführungen allerdings dazu, die endgül-

---

[31] Seume, S. 7ff., S. 93, S. 112, S. 140, S. 158.

[32] Rehfues, Italien, Bd. 1, S. 1–53; Stegmann, Bd. 1, S. 36–110. Vgl. besonders Rehfues, Italien, Bd. 1, S. 15, S. 26ff., S. 32, S. 37; Stegmann, Bd. 2, S. 43.

[33] Selbstverständlich erfüllen beide Autoren diese Anforderungen. Vgl. Rehfues, Italien, Bd. 1, S. 16, S. 23; Stegmann, Bd. 1, S. 38, S. 66, S. 106, S. 156f.

[34] Rehfues, Italien, Bd. 1, S. 31, S. 41; Stegmann, Bd. 1, S. 60.

[35] Rehfues, Italien, Bd. 1, S. 30.

tige Beurteilung des italienischen Volkscharakters in eine unbestimmte Zukunft zu vertagen.[36]

Der konkrete Umgang mit den Topoi weist Rehfues und Stegmann als überdurchschnittliche Beobachter aus. Stegmann leitet seine Diskussion der Klischees der deutschsprachigen Reiseberichterstattung über Italien mit einem demonstrativen Gestus der Unparteilichkeit ein:

> „Seit des hypochondrischen Smollets Zeiten scheinen sich mehrere Deutsche Schriftsteller von Ansehn das Wort gegeben zu haben, den Italiänern alles erdenklich Böse nachzusagen. Ich fühle keinen Beruf zum Apologen, an Baretti oder Jagemann möchte ich mich nicht anschliessen, und noch weniger maasse ich mir selbst an, eine bessere allgemeine Charakteristik zu geben. Aber ganz kann ich unmöglich schweigen, wenn man [...] einer Nation Unrecht thut, die ich herzlich liebgewonnen habe. [...] Ich betrat Italien voller Vorurtheile gegen die Einwohner – sehr bekannte Männer hatten sie mich gelehrt – und fand mich getäuscht."[37]

Diese Haltung bleibt aber nicht nur Geste. In ihren Berichten entdecken beide Autoren, wie einseitige Interessen, festverankerte Vorstellungen und auch exotische Wahrnehmung des Volkes zu falschen Charakterisierungen führen.[38] Stegmann weist darauf hin, daß die Art des Reisens die Wahrnehmung entscheidend beeinflusse. Die Reise in der Extrapost lehnt er ab, da sie nur dem – ständischen – Zweck diene, „auch auf Reisen eine Art von Rolle spielen oder Aufsehn erregen zu wollen".[39] Das im Vergleich zur offiziellen Religion andere Verhältnis von Heiligem und Profanem in der Volksreligiosität beschreibt Rehfues genauer als das Gros der Reisenden. Beide heben hervor, daß man die negativen Eigenschaften, die man den Italienern nachsage, auch bei Deutschen finden könne.[40]

---

[36] Ebd., S. 44f.

[37] Stegmann, Bd. 1, S. 38f. T. Smollet, englischer Arzt und Schriftsteller veröffentlichte seinen Reisebericht 1766. G. Baretti gab 1769 eine Schrift heraus, die sich gegen den negativen Italienreisebericht S. Sharps von 1765/66 wandte. C. J. Jagemann schrieb 1786 einen Artikel gegen den negativen Bericht Archenholtz' vom gleichen Jahr. Vgl. Schudt, S. 93ff.; Venturi, L'Italia, S. 1070f., S. 1082; Mozzillo, Sirena, S. 80, Anm.68, S. 82, Anm.98.

[38] Rehfues, Italien, Bd. 1, S. 30; Stegmann, Bd. 1, S. 59f, S. 105f.

[39] Stegmann, Bd. 1, S. 230f. In der eigenen Kutsche oder der Extrapost zu reisen war teurer, schneller und man setzte sich keinen unbekannten Mitreisenden aus. Die eigene Kutsche war aber natürlich auch Zeichen sozialen Status' und sozialer Abgrenzung, die beim Adel kritisiert wurden.

[40] Rehfues, Italien, Bd. 1, S. 34; Ders., Miscellen, Bd. 5, S. 29f.; Stegmann, Bd. 1, S. 56, S. 63, S. 73.

Andere Einsichten haben die beiden Autoren sehr wahrscheinlich der 'Beschreibung beider Sicilien' des neapolitanischen Aufklärers Galanti entnommen. Stegmann schreibt, daß die neapolitanischen Bedienten es als ihr Recht ansähen, ihre Herren zu betrügen. Ihr Lohn sei zu niedrig, um davon leben zu können. Rehfues schildert die Funktionsweise des Justizapparates und seine Konzentration auf die Hauptstadt.[41]

Alle diese Beobachtungen weisen beide als gute oder zumindest informierte Beobachter aus. Das unterscheidet sie jedoch noch nicht grundsätzlich von den anderen Reisenden. Das ist erst in den gesellschaftlichen Bereichen der Fall, bei deren Analyse sie ganz anderes entdecken, als es die üblichen zeitgenössischen Urteile zulassen. Stegmann bemerkt, der Reisende werde in Italien beim Bezahlen dann nicht betrogen, wenn er die Sprache und die beim Handel üblichen Regeln kenne.[42] Während er auf Regeln und Wertvorstellungen verweist, die für die deutschen Reisenden ungewöhnlich sind, analysiert Rehfues das Repräsentationsverhalten des italienischen Adels. Im Aufwand für Kunstsammlungen, prächtige Palazzi und Abendgesellschaften entdeckt er die Logik, die auf den Erwerb sozialen Status' durch demonstrativen Konsum und Bildungsattribute abzielt.[43] Beide erkennen hier gesellschaftliche Logiken des Ancien Régime, die in der vorherrschenden Meinung der Aufklärung und der Reiseberichterstattung nur als unverständliche, moralisch und gesellschaftlich schädliche Praktiken galten. Obwohl sie in den meisten Urteilen den Kategorien aufklärerischen Räsonnements verbunden bleiben, gelingt ihnen ein Blick auf das Fremde als Anderes mit eigener Logik und Berechtigung.

Dies bleibt jedoch die Ausnahme. Für die Mehrzahl der Reisenden ist Wahrnehmung, Bewertung und kritische Erfahrung nur in den Grenzen der aufklärerischen Wahrnehmungs- und Denkstrukturen möglich. Die bindende Wirkung sozialer Räume, deren Auflösung doch das Ziel der Reisenden im 18. Jahrhundert war, bleibt auch außerhalb des eigenen Landes und Milieus wirksam.[44]

Am Konzept der sich ständig reflektierenden, auf objektive Wahrheit hin orientierten Vernunft zweifeln die Reisenden nicht. Gegenläufige Bewegungen zum Prozeß des buchstabengetreuen Denkens, wie Burke sie immer wieder ausmacht,[45] finden sich in den Reiseberichten kaum. Lediglich 'Phantasie' und 'Einbildungs-

---

[41] Galanti, Bd. 1, S. 266, S. 285, S. 445; Stegmann, Bd. 1, S. 95, S. 142; Rehfues, Gemählde, Bd. 1, S. 28, S. 201ff.

[42] Stegmann, Bd. 1, S. 96, S. 99f., S. 102.

[43] Rehfues, Italien, Bd. 1, S. 473–492, Bd. 2, S. 190. Hier geht er in seinen Einsichten über die Beobachtungen Galantis hinaus.

[44] Laermann, S. 83ff.

[45] Burke, Aufstieg, S. 22.

kraft', eigentlich als vernunft- und wahrheitswidrig bezeichnet, werden in der Volkspoesie zu positiven Eigenschaften. Besonders Seume ist empfänglich für diese Art der mythischen Wahrnehmung. Am Grab Vergils tritt er ausdrücklich dafür ein, neue Lorbeerbüsche anzupflanzen, um den Glauben an den Mythos um das Grab und den Dichter fortzuspinnen:

„Ich will nun auch einmahl glauben; man hat für manchen Glauben weit schlechtere Gründe: und also glaube ich, daß dieses Maros Grab sey. [...] Vielleicht schlägt er [der Lorbeer, K.K.] für die Gläubigen am Grab des Mantuaners wieder aus. Man sollte wenigstens zur Fortsetzung der schönen Fabel das seinige beytragen; ich gab dem Gärtner geradezu den Rat."[46]

Doch dient Seume dieses vernunftwidrige Verhalten nur zur Steigerung des Genusses beim Besuch der Orte, die durch ihre Verbindung zur Antike mit Bedeutung aufgeladen sind.[47] Seine und die Sympathie der Zeitgenossen für 'Fabeln' betraf allein die Dichtung. Das große Interesse der anderen Autoren an Volksliedern und -erzählungen zeugt davon. Als wahre Erzählung über reale Begebenheiten jedoch wurden sie keinesfalls akzeptiert, und Seume zweifelt in gesellschaftlichen Fragen nicht einen Augenblick an der Alleinherrschaft der Vernunft. Vergil ist ein Zauberer in der Poesie, niemals im wirklichen Leben.[48]

Mögliche negative Folgen ihres Fortschrittsverständnisses oder der Technikanwendung bedenken die Reisenden nicht. Zwar notieren sie, daß die aktuelle politische Entwicklung der steten Vervollkommnung durch Vernunft – wie sie sie verstehen – zuwiderläuft, sie beantworten diese Entwicklung aber nur mit einer Verlagerung der Fortschrittshoffnungen in die Zukunft. Die Idylle wird an einen nicht mehr genau definierten Ort, in eine unbestimmte Zeit projiziert, in der sich schließlich doch noch alles zum Guten wenden wird. Sie registrieren nicht, daß negative Folgen unabdingbarer Teil des von ihnen vertretenen Vernunftkonzepts sind. Allein Eichholz stellt sich die Frage, ob die weltweite Verbreitung der Aufklärung, die er sich wünscht, wirklich segensreich sein würde:

---

[46] Seume, S. 161f.

[47] Seume kommentiert: „Man kann nichts romaneskeres haben, als den kleinen Gang von dem Averner See bis zum Eintritt in die Grotte [der Sybille, K. K.], zumal wenn man den Kopf voll Fabel hat." Ebd., S. 271. Vgl. Gerning, Bd. 2, S. 224; Küttner, Bd. 2, S. 190; Stärk, S. 9, S. 43.

[48] Die unterschiedliche Bewertung der 'Imagination' findet sich auch im zeitgenössischen Philosophielexikon, wo sie als poetische Kraft akzeptiert und ihr eine Wirkung auf Menschen zugestanden wird. Als Glaube an die Wirkung von Magie wird sie jedoch abgelehnt. Vgl. Walch, Bd. 1, Artikel 'Einbildungskraft', Sp. 941–951, Sp.944f.

„Es scheint das Schicksal der Vernunft zu seyn, (sagt irgendwo ein Schriftsteller), dass, je mehr der Mensch sie entwickelt, er sie desto mehr zur Unterdrückung aller ihn umgebenden Wesen [...] anwendet."[49]

---

[49] Eichholz, Bd. 1, S. 116f. Keller, S. IV, kommentiert den französischen Kunstraub in Italien mit dem Satz, „daß unser besserdenkendes Zeitalter doch nicht aufgeklärt genug war" , bleibt damit aber innerhalb der Perspektive einer sich stetig vervollkommenden Vernunft.

IX. Verfall und Neubeginn in der Neapelbeschreibung nach 1806 bis zum Jahr 1821

Dem Höhepunkt der Neapelbeschreibung zwischen 1800 und 1806 folgt ein deutlicher Bruch in der Gattungstradition, der Inhalte und Form entscheidend verändert. In einer Übergangsphase, die bis 1815 reicht, laufen die Darstellungstraditionen des 18. Jahrhunderts aus oder wandeln sich. Vereinzelt treten Topoi auf, die das 19. Jahrhundert ankündigen. Vor allem nimmt die Zahl der Berichte ab. Das steht in Übereinstimmung mit dem Rückgang der gesamten Buchproduktion in Deutschland als Auswirkung des Krieges, der nun auch Norddeutschland erreicht. Die Niederlage Preußens gegen Frankreich und der Rußlandfeldzug Napoleons läßt die Reiselust, im Vergleich mit der Zeit davor und unmittelbar danach, zurückgehen.[1] Nach einer Lücke in den Jahren 1806/07 folgen zwischen 1809 und 1812 nur wenige Berichte, die von sehr unterschiedlichem Umfang und Charakter sind. 1813/14 erscheint kein einziger Bericht über Neapel. Der Übergang zu einer neuen Darstellungsweise erfolgt schrittweise. Alte und neue Topoi sind bei jedem Autoren dieses Übergangsstadiums in unterschiedlichen Anteilen zu finden. Nach 1815 ist die Anzahl der Berichte wieder fast ebenso dicht wie vor 1806, ihr Inhalt aber hat sich entschieden gewandelt.

1. Die Übergangszeit zwischen 1806 und 1815

Die Berichte Uklanskis und Bruns ähneln in ihrem Inhalt zum großen Teil den Berichten aus dem Zeitraum vor 1806. Vor allem Brun, die schon in den neunziger Jahren in Neapel gewesen war, führt ihre stark aufklärerisch beeinflußte Darstellung fort.[2] Uklanski benutzt viele der Topoi des 18. Jahrhunderts, führt jedoch auch die seit 1800 zu verzeichnende Tendenz der Reiseberichte zu Ende, die auf

---

[1] Heinrich Lutz: Zwischen Habsburg und Preußen. Deutschland 1815–1866, Berlin 1985, S. 158. Während der Rückgang der Buchproduktion verbürgt ist, kann der Rückgang der Reisen nicht unmittelbar aus der rückläufigen Zahl der Veröffentlichungen erschlossen werden. Carl Julius Weber und Herrmann Ludwig Heinrich Pückler-Muskau reisten in den Jahren 1807/08 und 1808/09, veröffentlicht wurden ihre Berichte aber erst deutlich später (Pückler-Muskau, 1835; Weber 1844). Für einen Rückgang der Reisen in dieser Zeit spricht allerdings eine Tatsache: Alle Reisen, über die Berichte veröffentlicht werden, beginnen in den kurzen Friedenszeiten in Deutschland zwischen viertem Koalitionskrieg (1806/07), Krieg gegen Österreich (1809) und Rußlandfeldzug (1812/13).

[2] Soweit beide sich zu Lazzaroni, Volkscharakter und politischen Verhältnissen äußern, habe ich ihre Stellungnahmen deshalb schon in Kapitel V. behandelt.

Gesellschaftskritik zunehmend verzichtete.³ Bei Morgenstern treten dagegen Veränderungen auf, die auf die Zeit nach 1815 voraus weisen.⁴ Er lobt Florenz als Ort der Wissenschaft, der Kunst und idealer Bürgerherrschaft. Herrscherideal und Mittelstandsapologie finden ihren Ort nun verstärkt in der Toskana.⁵

Den Berichten von Uxkull, aber auch von Brun kommt im Übergang vom 18. zum 19. Jahrhundert eine Sattelfunktion zu. Beide vollziehen bei den explizit politischen

---

³ Äußerungen zu den Reformaufgaben der Regierung fehlen bei Uklanski ganz, wenn er auch die weltliche Herrschaft der Kirche in Rom in herkömmlich aufklärerischer Weise kritisiert. Idyllische Motive finden sich bei ihm nur noch in Andeutungen. Trotz Kritik an Frankreich scheint Uklanski den Napoleoniden Joseph dem Bourbonen Ferdinand als König in Neapel vorzuziehen (Bd. 2, S. 469f., S. 622). Zu den übrigen Wertungen vgl.: Rom: Bd. 1, S. 129ff., S. 215, S. 317–342; Herrscherbild: Bd. 1, S. 95, S. 151, S. 222; Vergleich Rom/Neapel: Bd. 2, S. 423; Großstadt: Bd. 2, S. 423, S. 462; Fruchtbarkeit: Bd. 2, S. 447; Stadt/Umgebung: Bd. 2, S. 443, S. 473, S. 559; Idylle: Bd. 2, S. 554. Katholizismus, Wunderglaube: Bd. 2, S. 236; S. 627, S. 614f.; Revolution 1799/Kannibalismus: Bd. 2, S. 469; Natürliche Erklärung: Bd. 2, S. 582; Mercato/Konradin/Masaniello: Bd. 2, S. 626; Bildung: Bd. 2, S. 628; Armut: Bd. 2, S. 576.
Uklanski ist preußischer Regierungsrat in Warschau. Nach der Niederlage Preußens muß er 1807 fliehen und verliert seinen Grundbesitz, den er – zumindest bis zum Zeitpunkt der Veröffentlichung seines Reiseberichtes – trotz zahlreicher Versuche nicht wiedererlangte. Sein Bericht ist nicht sehr ausführlich, und sein Aufenthalt in Neapel kann nur kurz gewesen sein. Anfang November 1807 ist Uklanski auf der Hinfahrt noch in Rom, im Februar 1808 verläßt er Italien schon wieder. Vgl. Uklanski, Bd. 1, S. 2, S. 52, S. 104, S. 278, S. 290, Bd. 2, S. 338, S. 639, Titelblatt; DBA, Microfiche 1293.

⁴ Morgenstern war ebenfalls nur kurz in Neapel (17.11.1809–3.12.1809). Sein Bericht umfaßt lediglich fünfzig Seiten zur Stadt und 150 zu ihrer Umgebung. Vgl. Morgenstern, S. VI. Seine Darstellung erschöpft sich in zahllosen Bezügen auf vorhergehende Berichte und deren Korrektur. Die Erwähnung bekannter Reisender und Maler, die er auf seiner Reise trifft, und die Bezüge auf das Genre dienen vor allem der Selbstdarstellung. Morgenstern benutzt die Topoi zu Toledo, 'Villa reale', Mercato und Bettelei. Die Leidenschaftlichkeit und Naturnähe der Neapolitaner und der Name San Gennaros erscheinen in Nebensätzen. Den Lazzaroni-Begriff verwendet er nur noch unspezifisch, idyllische Beschreibungen fehlen ganz. Kritik an den gesellschaftlichen Gruppen und Verhältnissen taucht auch bei ihm nicht mehr auf. Vgl.: Toledo: S. 8; Mercato/Konradin: S. 66f.; Chiaia: S. 11; Unspezifischer Lazzaroni-Begriff: S. 11; San Gennaro: S. 67; Revolution 1799: S. 76; Bettelei: S. 14; Betrug: S. 7; Leidenschaften: S. 7; Trinkgeld für Bediente: S. 31; Besuch bei Capecelatro: S. 26f.; Besuch bei Berio: S. 32. Wegen Zeitmangels und der Räuber in der Umgebung reist er weder nach Pozzuoli oder Pästum, noch besucht er die Inseln. Uklanski besucht nur Pästum und Pozzuoli. Vgl. Morgenstern, S. 39, S. 47; Uklanski, Bd. 2, S. 477ff., S. .499, S. 542ff., S. 583ff.

⁵ Vgl. Morgenstern, S. 44, S. 206f., S. 232, S. 420, S. 477, S. 490.

Topoi eine Wende, die für die Reaktion der Reisenden und viele 'Gebildete' auf die Zeitereignisse typisch ist.[6]

Bruns Stellungnahme zwischen aufklärerischem Reformanspruch und Kritik an den ihrer Meinung nach zu radikalen Reformen Murats wurde schon erwähnt. Uxkull Gyllenband schildert Neapel nur auf wenigen Seiten. Sein Text ist jedoch bedeutsam, weil er weit mehr als Brun Inhalte der Aufklärung aufgibt, ohne doch vom generellen Reformanspruch abzulassen. Anhand wesentlicher Themen der aufgeklärten Gesellschaftskritik entwickelt Uxkull seine politische Haltung, die sich im Vergleich zum 'mainstream' des Genres im 18. Jahrhundert deutlich verändert hat.

Uxkulls Reisebericht beschäftigt sich noch einmal mit der politischen Situation in Rom, das in den Berichten des ausgehenden 18. Jahrhunderts der Prototyp schlechter Herrschaftsverhältnisse war. Zunächst erwähnt er noch den bekannt schlechten Zustand von Landwirtschaft und Industrie im Kirchenstaat, äußert die üblichen negativen Einschätzungen zum italienischen Volkscharakter und kennzeichnet das Lottospiel als Attribut jeden müßiggängerischen Volkes.[7] Papst Pius VII. aber ist in seinen Augen ein hervorragender Mann. Offen äußert Uxkull Mitleid mit den Mönchen. Deren angebliche Ausrottung hält er für schädlicher als ihre frühere Überzahl, da es jetzt keine Armenversorgung mehr gebe. Die staatliche Regelung des Getreidehandels und der Preise habe den Menschen früher einen erschwinglichen Preis gesichert, den die nun eingeführte Handelsfreiheit nicht mehr gewährleiste.[8] Zu den Folgen einer „elenden Staatsverfassung"[9], dem traditionellen Gegenstand aufgeklärter Gesellschaftskritik, zählt er Aristokratie, Luxus und Sittenlosigkeit, aber auch Bürgerkriege und Revolutionen. So ist die schlechte Staatsverfassung des vorrevolutionären, päpstlichen Rom in Uxkulls Augen Ursache für die von den Franzosen durchgeführte, noch verheerendere Revolution. Die Reformen dieser Revolution, ehemals Teil des aufgeklärten Reformprogrammes, werden von ihm mißbilligt. Die Herrschaft der katholischen Kirche erscheint im Vergleich mit dem „Gorgonenhaupt der neuen Ordnung der Dinge"[10] unter den Franzosen als gemäßigt.

---

[6] Bei Brun ist im Vergleich mit den Artikeln aus den neunziger Jahren eine Veränderung des Standpunktes feststellbar. Ob Uxkull seine Position geändert hat oder schon immer eine eher konservative Haltung einnahm, läßt sich aufgrund seines Lebenslaufes nicht ausmachen. Vgl. ADB, Bd. 39, S. 440f. Die Belegstellen für das Folgende finden sich in Kap.V.3.

[7] Uxkull, Bd. 1, S. 26, S. 29, S. 30, S. 41, S. 53.

[8] Ebd., S. 54, S. 57f.

[9] Uxkull, Bd. 2, S. 30.

[10] Uxkull, Bd. 1, S. 74.

Uxkull wie Brun gehen in ihren politischen Stellungnahmen von den Begriffen der Aufklärung aus. Sie erwecken den Eindruck, sie beharrten unverändert auf ihren alten politischen Positionen. Dadurch verdecken sie jedoch, daß sich ihre Stellungnahme zu den Fragen 'Feudalsystem', Religion und Freihandel sehr wohl verändert hat. Im Gegensatz zu ihren Vorgängern, die das Ende der aufgeklärten Reformen unter Ferdinand nicht wahrnehmen wollten, vertrauen sie nicht länger in das Programm des aufgeklärten Absolutismus.[11] Hinter der Fassade der 'Mittel'-Position zwischen Despotie und Revolution, die es Brun und Uxkull ermöglicht, weiterhin als überparteiliche Sachwalter der Vernunft und des gesellschaftlichen Fortschritts aufzutreten, verändern sich die Positionen im neuen Bürgertum und differenzieren sich zunehmend.[12] Die Revision wesentlicher aufklärerischer Inhalte der Italienreiseberichte des 18. Jahrhunderts bei Brun und Uxkull bezeichnet gleichzeitig auch das Ende der Gesellschaftskritik in den Berichten über Italien. Das Genre übernimmt im 19. Jahrhundert zwar nicht vollkommen neue, aber deutlich veränderte Aufgaben.

2. Das Ende der Aufklärung: Die Reduktion der Topoi und des Genres nach 1815

Nach der zweijährigen Unterbrechung der Neapelbeschreibung, die durch Napoleons Rußlandfeldzug und die Befreiungskriege verursacht wird, beginnen die Neapelreisen mit dem Wiener Kongreß von Neuem. Dabei ist die neue Phase des Genres dadurch gekennzeichnet, daß fast alle obligatorischen aufklärerischen Topoi des 18. Jahrhunderts wegfallen. Auf die Beschreibung sozialer Verhältnisse, darauf hat schon Altgeld hingewiesen, verzichten die Reisenden fast ganz.[13] Die Diskussion des Volkscharakters, der als einer der Topoi überlebt, löst sich aus jedem sozialen

---

[11] Die Überwindung der aufgeklärt-absolutistischen Position, an der z.B. der neapolitanische Aufklärer Galanti festhielt, haben Brun und Uxkull auch mit dem neapolitanischen Reformer Cuoco gemein. Villani, Introduzione, S. IX, S. XXX, beschreibt dessen Haltung als charakteristisch für eine ganze Generation italienischer Liberaler des 19. Jahrhunderts.

[12] Eine klare Differenzierung der politischen Positionen im Sinne von Parteien ist in Deutschland vor 1815 noch nicht zu erkennen. Auch die Positionen, die Brun und Uxkull einnehmen sind in dieser Hinsicht nicht eindeutig. Der Freihandel wurde z.B. sowohl von radikalen als auch von eher konservativen Aufklärern abgelehnt, während die Liberalen an ihm festhielten. Die Abgrenzung von den Folgen jeder Revolution und die Betonung der mäßigenden Rolle von Religion war fast allen Strömungen eigen. Aufgrund Uxkulls Lob des Ancien Régime im Kirchenstaat kann man ihn eher bei den künftigen Konservativen, Brun aufgrund ihrer Sympathie für die neapolitanischen Patrioten und Murat-Funktionäre bei den Liberalen vermuten. Vgl. Valjavec, S. 177f., S. 216, S. 303, S. 396, S. 404f., S. 412.

[13] Altgeld, S. 57ff.

Zusammenhang.[14] Den Anspruch auf möglichst vollständige Darstellung der fremden Wirklichkeit, wie er als Wirkung der kameralistischen und apodemischen Literatur auch in den Reiseberichten des späten 18. Jahrhunderts noch wirksam war, lassen die Autoren endgültig fallen. Ebenfalls nicht mehr vorhanden ist der missionarische und die gesamte gesellschaftliche Wirklichkeit normierende Charakter der Berichte.[15] Die Diskussion um die großen Städte fällt ebenso weg wie die Kritik an Staats- und Justizapparat. Reform und Dezentralisierung der Rechtsprechung durch die Franzosen im Jahre 1808 werden nicht erwähnt. Industrie, Handwerk und Handel sind aus den Berichten verschwunden.[16] Die Schilderung sozialer Gruppen, mit Ausnahme der Lazzaroni, hört ebenfalls auf. Die Abgrenzung gegen die repräsentative Lebenspraxis des Adels wird deutlich gemildert, obwohl sie im Deutschland des frühen 19. Jahrhunderts weiter Bestandteil bürgerlichen Selbstverständnisses blieb.[17] Die Polemik gegen den Klerus verliert an Schärfe oder verschwindet vollkommen. Anwälte und Bediente, die schädlichen Folgen des 'Feudalsystems' werden nicht mehr erwähnt. Lotto oder Hinrichtungen scheinen nicht mehr der Rede wert.[18] Dementsprechend läßt auch die Kritik an der gesellschaftlichen Moral deutlich nach. Die Apologie auf den Mittelstand endet[19], und der Erzbischof Capecelatro als Identifikationsfigur am Ort findet keinen Nachfolger. Empörung über Armut und Bettelei in Neapel gibt es nicht mehr.

---

[14] Sautermeister, Epochenschwelle, S. 278, hat dies als ein Kennzeichen der Reiseberichte des frühen 19. Jahrhunderts benannt.

[15] Für die von ihr untersuchten Manierenbücher konstatiert Döcker am Ende der Aufklärung ebenfalls ein Verschwinden des kämpferischen Tones. Vgl. Döcker, S. 282.

[16] Ausnahmen sind kurze Bemerkungen bei Charpentier, Bd. 2, S. 186; Hagen, Bd. 3, S. 69 und Johann Gottlob von Quandt: Streifereien im Gebiete der Kunst auf einer Reise von Leipzig nach Italien im Jahr 1813, 3 Bde., Leipzig 1819, Bd. 1, S. 30. Vgl. Giuseppe Talamo: Napoli da Giuseppe Bonaparte a Ferdinando II, in: Storia di Napoli, hrsg. von G.Galasso, Bd. 9, Neapel 1972, S. 31–130, S. 49ff.

[17] Thomas Nipperdey: Deutsche Geschichte 1800–1866. Bürgerwelt und starker Staat, München 1983, S. 264.

[18] Nur Friedländer, Bd. 2, S. 271, erwähnt das Lotto noch kurz. Müller, S. 922, und Kephalides, Bd. 2, S. 185, treten in Nebensätzen für die 'Milderung' des Feudalsystems ein.

[19] Ausnahme ist Müller, S. 886, S. 893, der das Mittelstandslob aufrechterhält. Die 'bürgerliche' Praxis der Zeitungslektüre im Café erwähnen zwei Autoren. Wehrhan, S. 218, S. 292, beurteilt an verschiedenen Orten die Qualität der in den Cafés ausliegenden Zeitungen nach den politischen Nachrichten, die sie enthalten. Friedländer, Bd. 1, S. 271, besucht in Florenz das Lesekabinett und das Café, wo er Zeitungen liest und mit anderen Gästen diskutiert.

Der Reduktion der Topoi entspricht ein verringerter Umfang der Berichte zu Neapel, die gleichzeitig individueller werden.[20] Mit dem Ende der Aufklärungskritik verliert das Genre an Einheitlichkeit. Persönliche Interessen und praktische Zwecke der Reisen treten deutlicher hervor, und die Autoren betonen verstärkt einzelne Topoi der Genretradition. Generell entsteht der Eindruck, daß sich das Genre erschöpft hat. Allerdings bleiben viele Wertungen der Zeit vor 1806 erhalten. Nur werden sie nun eher wie selbstverständlich in den Text eingestreut.

Schließlich verschieben sich die regionalen Schwerpunkte der Italienreisenden, obwohl dies zunächst in den Beschreibungen Neapels kaum zu bemerken ist.[21] Florenz und die Renaissancekunst erhalten einen größeren Anteil in den Schilderungen. Zwar behält die Antike ihren großen Stellenwert, doch wird das Interesse an der Malerei des 16. und 17. Jahrhunderts größer. Neapel beherbergt hier deutlich weniger Gemälde, die als sehenswert beurteilt werden, als Rom oder Florenz.

Obwohl die Topoi zu gesellschaftlichen Themen und die Darstellung von Gesellschaft überhaupt abnehmen, prägt der soziale und politische Umbruch das Genre auch nach 1800. Allerdings wird auf das gesellschaftliche Geschehen weniger konkret Bezug genommen.

Wie schon in den vorangehenden Zeitabschnitten bleiben die Äußerungen zu aktuellen politischen Ereignissen selten. Die einschneidenden Reformen, die den Staatsapparat und die sozialen Verhältnisse in Deutschland zwischen 1807 und 1819 veränderten, werden ebensowenig erwähnt wie die Reformen in Neapel unter dem noch bis 1815 regierenden Schwager Napoleons, Murat.[22] König Ferdinand kehrte 1815 mit Hilfe der Koalition ein zweites Mal zurück. Diesmal blieben die Reformen der Napoleoniden und auch die Beamten, die ihnen gedient hatten, nahezu unangetastet. Die von Joseph und Murat durchgeführte Reform der feudalen Grundbesitzverhältnisse akzeptierte Ferdinand 1816. Die Freihandelspolitik, die Murat seit 1810 verfolgt hatte, behielt das neue Regime bei.[23] Ein Teil der aufklärerischen Forderungen des ausgehenden 18. Jahrhunderts wurde verwirklicht. Von all dem erfährt man in den Reiseberichten nichts. Das Ancien Régime und seine 'Mißbräuche' gehören für die Reisenden ab 1815 offensichtlich genauso der Vergangenheit an wie die ausführliche Kritik an ihnen, die in der zweiten Hälfte

---

[20] Mit Ausnahme Hagens erreichen die längsten Berichte zwischen 1815 und 1821 nicht den Umfang der kürzesten aus der Zeit zwischen 1800 und 1806.

[21] Vgl. auch Oswald, S. 80.

[22] Hier ist zu berücksichtigen, daß aktuelle politische Nachrichten, z.B. von der Verjagung Murats oder über die Carbonari, durch Zeitungen abgedeckt wurden. Vgl. Altgeld, S. 28.

[23] Alfonso Scirocco: Dalla seconda Restaurazione alla fine del Regno, in: Storia del Mezzogiorno, Bd. IV, Halbb.II, Rom 1986, S. 641–789, S. 645ff.; Talamo, S. 61.

des vorangegangenen Jahrhunderts einen wesentlichen Teil der Reisebeschreibungen ausgemacht hatte.

3. Konstante und veränderte Topoi: Katholizismus, Religiosität und Stadttopographie

Unverändert bleiben die Topoi über die schöne Lage Neapels und die häßliche Architektur der Stadt.[24] Die sichtbaren Zeichen der Großstadt, Geräusche und Menschengewühl, werden weiterhin beschrieben.[25] Auch die Fruchtbarkeit der südlichen Landschaft bleibt obligatorisches Thema der Berichte. Allerdings verschmilzt dieser Topos mit dem vom ewigen Frühling und paradiesischen Süden. Auf menschliche Arbeit oder Müßiggang verweist die Mehrzahl der Autoren in diesem Zusammenhang nicht mehr.[26]

Das Urteil über die Praktiken der katholischen Kirche und ihren verderblichen Einfluß auf die Volkserziehung bleibt erhalten.[27] Die Volksfrömmigkeit erscheint den Reisenden weiterhin als lächerlich, aber nur noch die Hälfte von ihnen be-

---

[24] Lage: Hagen, Bd. 3, S. 70; Wehrhan, S. 191; Charpentier, Bd. 2, S. 178, S. 245; Odeleben, Bd. 2, S. 215ff.; Friedländer, Bd. 2, S. 194f.; Ife, S. 139; Kephalides, Bd. 2, S. 127. Architektur: Hagen, Bd. 3, S. 72; Wehrhan, S. 206; Charpentier, Bd. 2, S. 183; Odeleben, Bd. 2, S. 218, S. 231; Friedländer, Bd. 2, S. 197; Ife, S. 151; Kephalides, Bd. 2, S. 185. Müller, S. 805f., kritisiert die barocke Architektur, lobt aber gegen die bisherige Gewohnheit die gotische.

[25] Kephalides, Bd. 2, S. 130, S. 191; Friedländer, Bd. 2, S. 193ff.; Ife, S. 139, S. 155; Hagen, Bd. 3, S. 69; Odeleben, Bd. 2, S. 223, S. 251; Charpentier, Bd. 2, S. 174ff.; Quandt, Bd. 1, S. 13; Wehrhan, S. 190, S. 206, S. 217; Müller, S. 791. Vergleiche mit Rom nimmt noch die Hälfte der Autoren vor. Die Charakterisierung der beiden Städte bleibt dieselbe. Vgl. Hagen, Bd. 3, S. 68, S. 280; Wehrhan, S. 190; Charpentier, Bd. 2, S. 60; Friedländer, Bd. 2, S. 194; Kephalides, Bd. 2, S. 183ff.

[26] Friedländer, Bd. 2, S. 191ff.; Ife, S. 163; Hagen, Bd. 3, S. 66, S. 70; Charpentier, Bd. 2, S. 179; Wehrhan, S. 152; Müller, S. 766, sprechen von Fruchtbarkeit und 'Campania felix'. Müller verweist noch auf die Armut der Pächter, was auf seine, aufgrund seines Alters, stark aufklärerisch beeinflußte Haltung zurückzuführen ist. Charpentier zeigt sich vom Fleiß beim Ackerbau überrascht (Bd. 2, S. 171). Fast generell ist die Verwendung des Adjektivs 'paradiesisch' für die Natur in der Umgebung der Stadt. Vgl. Hagen, Bd. 3, S. 166; Friedländer, Bd. 2, S. 186ff.; Charpentier, Bd. 2, S. 171ff.; Kephalides, Bd. 2, S. 147; Quandt, Bd. 3, S. 231; Ignaz Heinrich Freiherr von Wessenberg: Blüthen aus Italien, zweite, sehr vermehrte Ausgabe Zürich 1820, S. 100; Müller, S. 774f.

[27] Friedländer, Bd. 2, S. 250f.; Charpentier, Bd. 1, S. 298f., Bd. 2, S. 111; Kephalides, Bd. 1, S. 145; Hagen, Bd. 3, S. 264; Quandt, Bd. 3, S. 229; Odeleben, Bd. 1, S. 178, S. 244; Bd. 2, S. 243; Wehrhan, S. 214; Müller, S. 794f., S. 810f.

schreibt sie.[28] Das San Gennaro-Wunder erwähnen lediglich drei Autoren.[29] Immer deutlicher werden dagegen die Zeichen eigener Religiosität. Wie schon unmittelbar nach 1800 bedauern die Autoren das Schicksal vertriebener Mönche,[30] und für Friedländer ist es jetzt nicht mehr die Vernunft, sondern das Christentum, das mit irrationalen Erzählungen über die Weissagungen der Sibylle Schluß machte und das antike Heidentum entlarvte.[31] Müller verherrlicht Luther und den Protestantismus. Statt „unseeliger Vernünftelei" eines Voltaire bevorzugt er die Grundsätze einer „vernünftigen Religion".[32] Nur Wehrhan verspottet weiter die Mönche. Die Klage über die zu große Zahl der Mönche ist bei ihm jedoch nicht mehr Teil eines gesellschaftskritischen Konzepts. Von den Veränderungen durch die Reformen Murats erfährt der Leser nichts. Im Gegensatz zu seinen Vorgängern nennt Wehrhan nicht einmal mehr konkrete Zahlen.[33]

Bei der Beschreibung der Stadttopographie werden von den Reisenden einige neue Orte erwähnt. Toledo, Mercato und die Studien sind weiter obligatorische Orte jedes Berichtes. Zusätzlich nennen die Reisenden nun auch die Kirchen San Martino und San Gennaro und die Gemäldesammlung in Capodimonte.[34] Der

---

[28] Ife, S. 137; Kephalides, Bd. 2, S. 307ff.; Friedländer, Bd. 2, S. 250ff.; Müller, S. 805, S. 811.

[29] Müller, S. 813ff., versucht als Einziger, das Wunder zu erklären. Odeleben, Bd. 2, S. 219, referiert den Hergang, wie ihn der einheimische Führer darstellt. Hagen, Bd. 3, S. 145, erwähnt das Wunder ohne weiteren Kommentar. Friedländer, Bd. 2, S. 208, erwähnt nur, daß San Gennaro der Schutzheilige Neapels ist.

[30] Quandt, Bd. 2, S. 48; Kephalides, Bd. 2, S. 186. Schon vor 1800 gab es im Königreich eine große Zahl unbeschäftigter Kleriker. Kein Reisender des 18. Jahrhunderts bemitleidet diesen Klerus.

[31] Friedländer, Bd. 2, S. 221. Vgl. eBd., S. 231; Wessenberg, S. 100; Hagen, Bd. 2, S. 225, Bd. 3, S. 166; Kephalides, Bd. 2, S. 182, S. 199.

[32] Müller, S. 601. Vgl. S. 806, S. 1041. Luther entwickelte sich in der nationalen Mythologie des 19. Jahrhunderts zum Heroen, der für protestantische Unabhängigkeit von 'Rom' und bürgerliche Tugenden stand. Vgl. Monika Flacke, Deutschland. Die Begründung der Nation aus der Krise, in: Dies. (Hrsg.), Mythen der Nationen. Ein europäisches Panorama, Berlin 1998, S. 101–128, S. 111f.

[33] Wehrhan, S. 100, S. 214. Müller, auch hier aufklärerisch orientiert, nennt als einziger die Zahl von 20.000 unterbeschäftigten Klerikern. Ob es tatsächlich weniger oder mehr Mönche auf den Straßen Neapels gab, ist kaum auszumachen.

[34] Außer der Hauptverkehrsader und den Studien wird aber keiner der Orte mehr als dreimal genannt. Mercato: Hagen, Bd. 3, S. 264f.; Friedländer, Bd. 2, S. 198; Müller, S. 802; Wehrhan, S. 206. San Gennaro: Hagen, Bd. 3, S. 149ff.; Odeleben, Bd. 2, S. 227; Quandt, Bd. 1, S. 50ff. Studien: Kephalides, Bd. 2, S. 136ff.; Hagen, Bd. 3, S. 170ff.; Quandt, Bd. 1, S. 19; Charpentier, Bd. 2, S. 188; Müller, S. 788ff.; Wehrhan, S. 207. San Martino: Charpentier, Bd. 2, S. 197;

Grund für die Beschreibung neuer Orte ist der veränderte Kunstgeschmack der Reisenden. Manche von ihnen empfinden nun die klassizistische, an die Renaissance anschließende Richtung barocker Malerei eines Luca Giordano oder Guido Reni als schön, während sie die barocke Architektur Neapels weiter ablehnen. Auch die caravaggieske Malerei Ribeiras, Vertreter der naturalistischen Barockmalerei, findet Erwähnung. Sie wird jedoch als zu düster beurteilt. Das veränderte ästhetische Empfinden führt zur schleichenden Entwertung des Reiseziels Neapel. Hier ist vor allem antike Kunst zu sehen. Die Reisenden interessieren sich nun aber zunehmend für italienisches Mittelalter und Renaissance, deren Zeugnisse sich vor allem in Florenz und Rom befinden.[35]

4. Lazzaroni, Volkscharakter, Idylle und Nationalismus

Der Kern der Neapeldarstellung im 18. Jahrhundert, die Beschäftigung mit dem Volk, bleibt auch nach 1815 erhalten. Allerdings nimmt die Bedeutung des Lazzaroni-Mythos ab, und er vermischt sich zusehends mit einer undifferenzierten Beschreibung des Volkes. Gleichbleibend ist die Gewißheit, daß es sich bei den Lazzaroni um den Pöbel oder vierten Stand handelt, wie man ihn in jeder Großstadt finden könne. Von fast allen Reisenden werden Bettelei, Kleinhandel, Lastträgerei und Tagelöhnerarbeiten als deren Beschäftigung bezeichnet.[36] Für gesichert halten die Reisenden hingegen die Neigung mal der Lazzaroni, mal des ganzen Volkes zu Revolte und Plünderung. Die Ereignisse beim Sturz Murats 1815 und

---

Müller, S. 786. Capodimonte: Quandt, Bd. 1, S. 28f. Hagen, Bd. 3, S. 159ff., schildert auch Kunst und Architektur einiger weiterer Kirchen.

[35] Giuliano Briganti/ Raffaello Causa: Artikel 'Barocco', in: Enciclopedia universale dell'Arte, Bd. 2, Venedig/Rom 1958, Sp.345–468, Sp.345, Sp.416ff. Drei Autoren heben hervor, daß die Sammlungen in Rom und Florenz bessere Gemälde aufzuweisen hätten, als die in Neapel. Vgl. Müller, S. 788ff.; Hagen, Bd. 3, S. 112; Wehrhan, S. 207.

[36] Müller, S. 809, S. 869; Odeleben, Bd. 1, S. 68, Bd. 2, S. 233f.; Kephalides, Bd. 2, S. 130ff.; Charpentier, Bd. 2, S. 180; Friedländer, Bd. 2, S. 247; Hagen, Bd. 3, S. 124; Wehrhan, S. 157f. Goethes Beweis für die Arbeitsamkeit der Lazzaroni, das Einsammeln der Straßenabfälle, schreiben einige Autoren nun den Bauern zu. Vgl. Charpentier, Bd. 2, S. 182; Odeleben, Bd. 2, S. 232. Nur bei Friedländer, Bd. 2, S. 217 und Wehrhan, S. 224f., S. 230 klingt im Widerspruch dazu noch der Topos vom Müßiggang und von Neapel als Schlaraffenland an. Bei Kephalides und Odeleben findet sich die Erinnerung an den Topos von der organisierten Gruppe. Kephalides, Bd. 2, S. 130ff., spricht vom eigenen Gepräge der Unterschicht, Odeleben, Bd. 1, S. 68, Bd. 2, S. 234, von einer „Korporazion" der Unterschicht und der Organisationsform der „Kaste", in der alle Lastträger Italiens organisiert seien. Ife und Wessenberg erwähnen die Lazzaroni überhaupt nicht, Quandt nur noch unspezifisch (Bd. 1, S. 48).

auch die liberale Revolution 1820 hätten dies erneut gezeigt.[37] Vor allem in diesem Zusammenhang benutzen die Autoren dann auch wieder den Begriff 'Pöbel', um die Aktionen der Unterschichten zu denunzieren.[38] Die vollkommen andere Dimension der Aktionen gegenüber 1799 reflektieren die Reisenden nicht: Weder 1815 noch 1820 hatten die städtischen oder ländlichen Unterschichten zugunsten der Monarchie, der Napoleoniden oder der liberalen Verfassung eingegriffen. Die Volksaktionen, die die Autoren beschreiben, sind entweder begrenzt oder – wie im Falle der Verfassungsunruhen 1820 – sicher nicht reine Unterschichtenaktionen.[39] Die Geschichten von den Anführern der Lazzaroni und ihrem besonderen Verhältnis zum König sind fast ganz verschwunden.[40]

Die Definition des neapolitanischen Volkscharakters findet sich in den Berichten auch nach 1815. Das überwiegend negative Urteil dazu bleibt konstante Grundlage des Bildes von Neapel.[41] Unverändert nennen die Autoren die schon bekannten

---

[37] Friedländer, Bd. 2, S. 256; Kephalides, Bd. 2, S. 132ff.; Müller, S. 902ff.; Wehrhan, S. 225.

[38] Daß der Pöbel in seiner Haltung wetterwendisch sei, lebt bei Müller, S. 803, wieder auf. Vgl. Wehrhan, S. 220; Kephalides, Bd. 2, S. 135.

[39] Die von Kephalides angeführten Ereignisse sind wahrscheinlich rituelle Plünderungen, wie Carlo Ginzburg sie beschrieben hat (Saccheggi rituali. Premesse a una ricerca in corso, in: Quaderni storici, Nr.65, August 1987, S. 615–636). Die von Müller angeführten Demonstrationen für die Verfassung 1820, seiner Meinung nach eine Instrumentalisierung des Pöbels durch radikale Republikaner, ist kein Beleg für eine nennenswerte Mobilisierung der Unterschichten für liberale Prinzipien. Während der gesamten Revolution und deren Niederschlagung 1820/21 gab es keinen 'Sanfedismo' oder Brigantentum. Beim zweiten Einmarsch der Franzosen 1806 gab es vereinzelte Revolten am Mercato und in der Provinz. Während der Hungersnot 1816/17 zeigte die Bevölkerung dem in der Kutsche vorüberfahrenden Kronprinzen, von wie schlechter Qualität das Brot war (Müller, S. 803, S. 908; Talamo, S. 39, S. 78 und S. 82).

[40] Wehrhan, S. 224f. erwähnt eine Geschichte, die auffällig einer von Kephalides, Bd. 2, S. 133, fünf Jahre früher angeführten ähnelt. Zur Frage der Verringerung der Anzahl der Lazzaroni äußern sich nur zwei Autoren in widersprüchlicher Weise. Charpentier stellt fest, die Lage der Lazzaroni habe sich durch Murats Maßnahmen verbessert, sie hätten nun alle zumindest eine Wohnung und ein besseres Auskommen. Müller behauptet drei Jahre später, die ganze Stadt sei wieder voll von ihnen (Müller, S. 875f.; Charpentier, Bd. 2, S. 180). Angesichts der unklaren Lazzaroni-Definition ist dieser Widerspruch kaum aufzuklären. Immerhin ist aufgrund der ab 1816 wieder zunehmenden Bevölkerung, einer Hungersnot 1816/17 und veränderter Fürsorgepolitik eine Zunahme der sichtbaren Armut möglich. Vgl. Pilati, Popolazione, S. 40; Talamo, S. 77. Die Anzahl der Lazzaroni benennen nur noch Odeleben, Bd. 2, S. 233, mit 30.000 bis 40.000 und Friedländer, Bd. 2, S. 247, mit 40.000.

[41] Altgeld, S. 7, hat dies schon in bezug auf das politische Italienurteil in Deutschland bis 1848 festgestellt. Gegenüber der Zeit vor 1806 nehmen nur die Charakterisierungen der Neapolitaner als abergläubisch und als prachtliebend etwas ab.

Charakterzüge, wobei nun jeder von ihnen verstärkt individuelle Schwerpunkte setzt. Da auch dieses Thema nicht mehr so ausführlich behandelt wird, mehren sich die Charakterisierungen, die auf alle Italiener bezogen sind. Ausnahme bleibt die Haltung Friedländers, der die im 18. Jahrhundert stets bemängelte Unbildung des Volkes als Vorteil bezeichnet und sich gegen „falsche Aufklärung" abgrenzt.[42]

Obwohl sich das Elend in der Stadt kaum wesentlich vermindert haben dürfte, werden Bettelei und Armut kaum noch erwähnt.[43] Fast verschwunden ist bis 1820 das Interesse an den Bräuchen und Alltagspraktiken der Neapolitaner. Die Genreszenen vom Volk auf der Straße werden auf wenige Zeilen verkürzt.[44] Im Gegensatz dazu referiert Hagen so ausführlich wie kein Reisender zuvor die Volkssagen zu Vergil und zieht Vergleiche zu deutschen Sagen. Der Grund hierfür ist seine Tätigkeit als Literaturprofessor in Verbindung mit der Tatsache, daß die preußische Regierung seine Reise finanziert, damit er in italienischen Bibliotheken nach deut-

---

Aberglauben: Hagen, Bd. 3, S. 189; Friedländer, Bd. 2, S. 248. Heidnisch: Hagen, Bd. 3, S. 264; Quandt, Bd. 2, S. 149. Müßiggängerisch: Hagen, Bd. 3, S. 139; Quandt, Bd. 2, S. 2; Friedländer, Bd. 2, S. 240. Genießerisch: Quandt, Bd. 2, S. 149; Friedländer, Bd. 2, S. 245; Müller, S. 795. Nur für die Gegenwart lebend: Quandt, Bd. 2, S. 149; Kephalides, Bd. 2, S. 184; Charpentier, Bd. 2, S. 179; Müller, S. 877. Lebendig: Charpentier, Bd. 2, S. 178; Kephalides, Bd. 2, S. 153; Wehrhan, S. 333; Müller, S. 795. Witz: Kephalides, Bd. 2, S. 184f.; Müller, S. 795. Mitleid: Quandt, Bd. 1, S. 88. Verstand: Müller, S. 795. Bedürfnislos: Müller, S. 907; Friedländer, Bd. 2, S. 247. Feigheit: Kephalides, Bd. 2, S. 190f.; Wehrhan, S. 324ff. Tapferkeit: Kephalides, Bd. 2, S. 225. Freundlich: Kephalides, Bd. 2, S. 153; Wehrhan, S. 333. Gewälttätigkeit, Jähzorn: Ife, S. 166; Wehrhan, S. 324ff.; Müller, S. 876. Ausländerfeindlich: Ife, S. 140. Unbeständig: Hagen, Bd. 3, S. 139; Kephalides, Bd. 2, S. 133. Sinnlichkeit: Quandt, Bd. 2, S. 149; Müller, S. 795. Dem Naturzustand noch nahe: Quandt, Bd. 1, S. 88; Friedländer, Bd. 2, S. 245f.; Müller, S. 877. Griechisch: Quandt, Bd. 2, S. 149; Kephalides, Bd. 2, S. 225; Wehrhan, S. 216. Betrug, Habgier: Odeleben, Bd. 1, S. 96; Quandt, Bd. 1, S. 88; Wehrhan, S. 157, S. 221; Müller, S. 764. Fleiß: Odeleben, Bd. 2, S. 207; Wehrhan, S. 222ff. Schmutz: Odeleben, Bd. 2, S. 233; Friedländer, Bd. 2, S. 253. Sauberkeit: Charpentier, Bd. 2, S. 182. Sittenlos: Hagen, Bd. 3, S. 139; Odeleben, Bd. 2, S. 234; Friedländer, Bd. 2, S. 252. Ungebildet: Hagen, Bd. 3, S. 139; Odeleben, Bd. 2, S. 246; Friedländer, Bd. 2, S. 248; Müller, S. 922. Äußerlichkeit: Kephalides, Bd. 2, S. 184; Friedländer, Bd. 2, S. 250. Bestechlichkeit: Kephalides, Bd. 2, S. 128; Charpentier, Bd. 2, S. 171.

[42] Friedländer, Bd. 2, S. 249. Laut Conze, Mittelstand, S. 68, befürworten die Liberalen im Vormärz weiterhin die Volksbildung und kritisieren die 'rohe Unwissenheit' der Unterschichten.

[43] Odeleben, Bd. 2, S. 239; Charpentier, Bd. 2, S. 216; Müller, S. 875. Nach 1816 stieg die Bevölkerungszahl bis 1820 wieder an. Wahrscheinlich ist auch eine erneut einsetzende Armutsmigration aus der Umgebung nach Neapel nach der Zeit der Napoleoniden. Vgl. Pilati, Popolazione, S. 16, S. 24, S. 38ff.

[44] Hagen, Bd. 3, S. 73f.; Kephalides, Bd. 2, S. 189; Ife, S. 155f.; Charpentier, Bd. 2, S. 180f.; Friedländer, Bd. 2, S. 255f.; Quandt, Bd. 1, S. 45. Nur Odeleben, Bd. 2, S. 238ff. ist hier ausführlicher.

schen Urkunden sucht.⁴⁵ Die ausführliche Schilderung von Weihnachtsbräuchen, Märchen, Kleidung, Arbeit und Ernährung des Volkes beginnt erst wieder bei Wehrhan.⁴⁶ Müller erforscht die Wohnverhältnisse und die soziale Differenzierung in den neapolitanischen Palazzi: Die Keller werden an die Unterschichten vermietet, während die Wohlhabenden in den oberen Stockwerken wohnen. Er beobachtet die Einrichtung der 'bassi' und die Lebensweise ihrer Bewohner. Sogar das durchschnittliche Einkommen der Lazzaroni-Familie nennt er.⁴⁷ Nur bei Wehrhan finden sich jetzt auch wieder 'Genrebilder' wie das des Lazzarone, der mit bloßer Hand Maccaroni ißt. Die Motive dieser Beschreibungen ähneln denen von Stichen, wie sie wenige Jahre später bei Gail (1829), aber auch bei Frommel (1840) als typische Bilder vom Süden auftauchen. Quandt empfiehlt jedem Reisenden, solche Stiche zu kaufen.⁴⁸

Während die Autoren die Neapolitaner kaum noch mit Menschen im Naturzustand vergleichen, benutzt etwa die Hälfte von ihnen nun den Gegensatz zwischen dem Charakter des Menschen im Norden und im Süden. Diese Theorie, von Montesquieu entliehen und vom Schweizer Reisenden Bonstetten kurz darauf (1825) noch einmal zusammengefaßt, dient Quandt und vor allem Kephalides als Schema, um Deutschland und Italien als vollkommenen, aber komplementären Gegensatz zu entwerfen. Äußerlichkeit der Italiener steht für letzteren gegen deutsche Innerlichkeit, Öffentlichkeit gegen Geselligkeit, Individualität und Regellosigkeit gegen Methode, Poesie gegen Tatkraft und Egoismus gegen Freundschaft. Deutschland und Italien sind seiner Meinung nach die entgegengesetzten „Pole der westeuropäischen Menschheit".⁴⁹

---

⁴⁵ Hagen, Bd. 3, S. 106, S. 184ff.; NDB, Bd. 7 (1966), S. 476ff.; DLL, Bd. 7 (1979), Sp.17f.

⁴⁶ Wehrhan, S. 160, S. 200, S. 216ff., S. 220ff.; S. 230ff.

⁴⁷ Müller, S. 777f., S. 788, S. 874f.

⁴⁸ Wilhelm Gail: Erinnerungen an Florenz, Rom und Neapel, München 1829; Carl Frommel's pittoreskes Italien. Nach dessen Original-Gemälden und Zeichnungen. Die Scenen aus dem Volksleben nach Zeichnungen von Catel, Gail, Gotzloff, Moosbrugger, Weller, Pinelli etc. In Stahl gestochen in dem Atelier von G.Rommel und H.Winkles. Text für Oberitalien von W.von Lüdemann. Unter-Italien von C.Witte. Mit 103 Stahlstichen, Leipzig 1840; Quandt, Bd. 2, S. 146. Vor Wehrhan schildert nur Odeleben einen Kutscher in typischer Kleidung, wie er auch auf Stichen zu sehen war (Bd. 2, S. 237). Ab den zwanziger Jahren des 19. Jahrhunderts wurden die Genreszenen zur häufigsten Darstellungsform Neapels und der Napoletanità. Vgl. Diekkämper, S. 252; Maria Antonella Fusco: Il 'luogo commune' paesaggistico nelle immagini di massa, in: Storia d'Italia, Annali 5, Turin 1982, S. 751–801, S. 771.

⁴⁹ Kephalides, Bd. 2, S. 227, S. 299ff. Anwendungen des Nord/Süd-Schemas bei Müller, S. 881; Charpentier, Bd. 2, S. 178; Quandt, Bd. 2, S. 149. Erwähnung bei Friedländer, Bd. 2, S. 252. Altgeld, S. 335, betont, daß sich aus dem nicht spezifisch deutschen Urteil über den

In Alltagsfragen erscheint Italien im Vergleich mit deutschen Verhältnissen fast ebensooft als Vorbild wie als Schreckbild.[50] Negativ ist jedoch das Urteil über die politisch-moralischen Eigenschaften der Neapolitaner: Es fehlen der 'patriotische Gemeingeist' und andere Attribute, die den Staatsbürger und eine „gesittete Nation"[51] ausmachen. Auf den wichtigen Gebieten der Nationalcharakterdefinition und der staatsbürgerlichen Moral fällt der Vergleich eindeutig zum Nachteil Neapels aus.[52]

Die Darstellung der Lazzaroni als 'gute Wilde' ist aus den Berichten fast ganz verschwunden. Die Bevölkerung der Inseln oder La cavas wird nicht mehr beschrieben.[53] Dafür schildern einzelne Reisende die Nachbarorte Pozzuoli und Sorrent als ideale Gesellschaften.[54] Im offenen Widerspruch zur Tradition der Reiseberichte

---

italienischen Volkscharakter nach 1815 mit wachsendem Nationalbewußtsein in Deutschland die Definition eines speziell deutsch-italienischen Gegensatzes entwickelte.

[50] Vgl. Wehrhan, S. 232, S. 239; Odeleben, Bd. 2, S. 221; Charpentier, Bd. 1, S. 111ff.; Bd. 2, S. 182.

[51] Odeleben, Bd. 2, S. 234, S. 246. Vgl. Kephalides, Bd. 2, S. 227, S. 298; Müller, S. 893; Wehrhan, S. 324ff.; Hildegard Eilert: Wilhelm Müllers 'Rom, Römer und Römerinnen' und das deutsche Italienbild, in: F.R.Hausmann (Hrsg.), „Italien in Germanien". Deutsche Italienrezeption von 1750–1850. Akten des Symposiums der Stiftung Weimarer Klassik, Herzogin Anna Amalia Bibliothek, Schiller-Museum, 24.–26- März 1994, Tübingen 1996, S. 64–83, S. 71. Die Kritik am angeblichen Mangel der Neapolitaner an bürgerlichen und nationalen Eigenschaften verweist auf die Wirksamkeit der Kategorie 'Nation' in den Berichten. Dagegen fehlt in den Berichten sowohl die positive Bewertung der Nationsbildung, wie sie noch bei Sophie Brun zu finden war, als auch die verstärkte Forderung nach Nationalerziehung, die sogar weniger betont wird als vor 1806.

[52] Odeleben, Bd. 1, S. 5, Bd. 2, S. 225; Ife, S. 186; Charpentier, Bd. 1, S. 93; Quandt, Bd. 1, S. 15; Friedländer, Bd. 1, S. 57ff. Explizit deutscher Nationalismus kommt sonst nur im negativen Urteil über Frankreich oder Napoleon zum Ausdruck. Nur Hagen macht hier eine Ausnahme. Er hält den „Weltbürgersinn" einiger Deutscher für unangebracht, da sie sich doch gerade „wieder ein Vaterland errungen" hätten. Vgl. Hagen, Bd. 2, S. 321. Vgl. eBd., Bd. 3, S. 79, S. 113.

[53] Die Inseln werden nur noch von Hagen beschrieben, obwohl sie spätestens seit 1815 wieder zugänglich gewesen sein müssen. La cava wird erwähnt, jedoch nur als idyllische Landschaft bzw. 'Gemälde' ohne Menschen. Allein bei Müller finden sich noch alle aufklärerischen Topoi über Fruchtbarkeit, Ähnlichkeit zur Schweiz und Wohlstand (Charpentier, Bd. 2, S. 231; Quandt, Bd. 1, S. 36; Müller, S. 817f.).

[54] Müller, S. 836; Quandt, Bd. 1, S. 47f., S. 82. Diekkämper, S. VII, bezeichnet das 19. Jahrhundert als die Zeit „inselhaften Fortlebens der idyllischen Idee innerhalb größerer Erzählzusammenhänge". In den Reiseberichten zu Neapel, in denen der Idyllenanteil auch im 18. Jahrhundert nur e i n Element ausmacht, wird er nach 1815 deutlich geringer.

wird mehrheitlich sogar der Kalabrese, der im 18. Jahrhundert Inbegriff für Heimtücke und Mordlust war, zum freundlich-charakteristischen Landbewohner mit spitzem Hut und Flinte. Der 'böse Wilde' ist nur noch im Grenzland zum Kirchenstaat zu finden, das durch zahlreiche Überfälle von Briganten bekannt geworden war.[55] Der städtische Pöbel erscheint nun wieder in einem freundlicheren Licht, und selbst die Revolution von 1820 bringt hier keine entscheidende Änderung. Das Gegensatzpaar vom Wilden und die explizit ländliche Idylle mit arbeitenden Menschen weicht vollkommen der auch vorher schon gepflegten Idylle vom Süden, südlicher Landschaft vor allem, die wie ein Gemälde von Poussin wahrgenommen wird. Die Identifikation von typisch idyllischer und italienischer Landschaft hatte sich in der Malerei schon mit Tizian und Giorgione, in der Dichtung mit Goethe durchgesetzt.[56] Menschen kommen in den Idyllen der Reiseberichte zwar noch vor, jedoch nur als dem Genuß hingegeben, der nicht mehr als Müßiggang dargestellt wird. Die vor 1806 stark herausgearbeitete Opposition von moralisch verderbter Stadt und idyllischem Land wird gemildert. Die Betonung der Arbeit innerhalb der Idylle, wie sie sich seit der Kritik an Geßner im letzten Drittel des 18. Jahrhunderts entwickelt hatte, fällt ganz weg. In dieser Frage kehren die Autoren zur antiken Idyllentradition zurück.[57] Dadurch, daß der 'böse Wilde' aus Neapel verschwindet, wirkt das Gesamtbild der Stadt wieder überwiegend positiv.[58] Die kritische Brechung idyllischer Darstellung, und sei es auch nur als Topos,

---

[55] Kalabrese: Kephalides, Bd. 2, S. 147; Quandt, Bd. 1, S. 6ff.; Charpentier, Bd. 2, S. 233; Müller, Bd. 2, S. 818; Wehrhan, S. 216f. Itri: Hagen, Bd. 3, S. 277; Wehrhan, S. 153; Friedländer, Bd. 2, S. 187; Ife, S. 133; Charpentier, Bd. 2, S. 171; Müller, S. 767f. Vgl. Cingari, S. 74.

[56] Vgl. Kephalides, Bd. 2, S. 150. Charpentier, Bd. 2, S. 231, findet in La cava die Essenz all dessen, was ein Landschaftsgemälde ausmacht. Zur Wechselwirkung zwischen Landschaftsmalerei, Italienreisen und Idyllenliteratur vgl. Diekkämper, S. XIV, S. 32, S. 59. Zum positiven Einfluß des von Winckelmann entworfenen klassizistischen Kunstideals auf die Wahrnehmung italienischer Landschaft vgl. Jens Christian Jensen: Die italienische Landschaft als idealer Ort der klassizistischen Idylle, in: R.Wedewer/ J.C.Jensen (Hrsg.): Die Idylle. Eine Bildform im Wandel. Zwischen Hoffnung und Wirklichkeit. 1750–1930, Köln 1986, S. 137–141, S. 138.

[57] Diekkämper, S. 28, S. 35.

[58] Öfter tritt nun das Bild vom Reisenden in den Vordergrund, der das bunte Leben der Stadt und die herrliche Natur als Betrachter genießt. Einer der Orte, von dem aus man seinen Blick schweifen läßt und an dem man schöne Stunden unter freiem Himmel verbringt, ist die Ruine des Palastes der neapolitanischen Königin aus dem 14. Jahrhundert, Johanna von Anjou. Vgl. Friedländer, Bd. 2, S. 205; Wehrhan, S. 241; Quandt, Bd. 1, S. 47f.

entfällt mit der Idealisierung von Südsee und Schweiz, gegen die sie gerichtet war.[59] Die Idealisierung der Natur in der Umgebung Neapels dagegen bleibt erhalten.[60]

5. Zurückgenommene Topoi. Begriffe des 19. Jahrhunderts kündigen sich an

Viele Wertungen, die im letzten Drittel des 18. Jahrhunderts grundlegender Bestandteil der Reiseberichte waren, bleiben auch am Beginn des 19. Jahrhunderts erhalten. Diese Wertungen strukturieren die Texte aber nicht mehr und werden nur noch nebenbei geäußert. Dieses Phänomen dokumentiert die Auflösung des einheitlich aufklärerischen Anspruchs und den veränderten, individuelleren Charakter des Genres.

Die Adelskritik wird, mit wenigen Ausnahmen, durch die positive Schilderung des Parks der 'Villa reale' und der vorbildlichen Geselligkeit dort ersetzt oder zumindest ergänzt.[61] Charpentier billigt die soziale Ausgrenzung von Unterschichtsangehörigen aus der 'Villa', die seine Vorgänger, als sie die Bürgerlichen betraf, noch kritisiert hatten.[62] Müller dokumentiert das gewachsene Selbstbewußtsein seiner sozialen Schicht, indem er in seiner eigenen Kutsche am adeligen Corso vorbeifährt und das dadurch erregte Aufsehen genießt.[63]

---

[59] Drei Ausnahmen: Quandt, Bd. 2, S. 46, idealisiert das Leben der italienischen Bauern als patriarchalisch. Friedländer, Bd. 2, S. 2, meint, die Lazzaroni seien eben kein patriarchalisch lebendes Volk, während Hagen, Bd. 1, S. 202, die Idealisierung der Schweizer ablehnt.

[60] Die Orte paradiesischer Natur sind weiterhin Pästum, Sorrent, Pozzuoli und die Aussichtspunkte auf Meer und Inseln am Rande der Stadt: San Martino, Posilipp und verstärkt die 'Villa reale'. Friedländer, Bd. 2, S. 186, S. 199, S. 209; Charpentier, Bd. 2, 171ff., S. 185; Ife, S. 163ff.; Kephalides, Bd. 2, S. 147, S. 183ff; Quandt, Bd. 1, S. 1, S. 15, Bd. 2, S. 1, Bd. 3, S. 231; Wessenberg, S. 100; Hagen, Bd. 3, S. 70, S. 113; Wehrhan, S. 246; Müller, S. 774f.; S. 797, S. 815. Auch die Gefühle von Schauder, Wehmut, Überwältigtsein und Erstaunen werden bei der Naturwahrnehmung weiterhin hervorgehoben; vgl. Charpentier, Bd. 2, S. 175; S. 242; Friedländer, Bd. 2, S. 224; Hagen, Bd. 3, S. 113; Quandt, Bd. 1, S. 16f.; Bd. 2, S. 48; Kephalides, Bd. 2, S. 183, S. 149; Wehrhan, S. 246f.; Müller, S. 775.

[61] Adelskritik: Charpentier, Bd. 1, S. 122; Müller, S. 808, S. 870. Kritiklose Erwähnung des Corso: Friedländer, Bd. 2, S. 199; Kephalides, Bd. 2, S. 191. Lob der Villa reale: Charpentier, Bd. 2, S. 184f.; Odeleben, Bd. 2, S. 224; Hagen, Bd. 3, S. 76; Quandt, Bd. 1, S. 15; Ife, S. 165; Kephalides, Bd. 2, S. 189; Wehrhan, S. 219; Müller, S. 782f. Die Attraktivität der 'Villa' besteht für die Reisenden in der Aussicht auf das Meer, der englischen und französischen Parkanlage, in einem Café und der Möglichkeit, dort andere Reisende zu treffen.

[62] Charpentier, Bd. 1, S. 114. Vgl. Odeleben, Bd. 2, S. 246.

[63] Müller, S. 784.

Die rationale Planung der Gesellschaft durch die Regierung bzw. den Staat und eine gute Polizei werden weiterhin für nötig gehalten.[64] Die Haltung gegenüber Bettelei, Armenfürsorge und damit auch zu 'Müßiggang' und Arbeit bleiben unverändert.[65] Auch intellektuelle Bildung schätzen die Reisenden weiterhin und verurteilen die neapolitanische Unbildung.[66]

Die Eigenschaften, die die Reisenden vom idealen Herrscher erwarten, sind noch die gleichen. Ferdinand entspricht diesen Erwartungen jedoch nicht mehr, da er seit seiner zweiten Rückkehr nicht viel mehr war als eine Marionette Englands und Österreichs. Kaum einer der Autoren erwähnt ihn noch in besonders positiver oder negativer Weise.[67]

Bei der Kennzeichnung des Volkes findet sich nun der neue Begriff der 'arbeitenden Klasse'. Dieser Begriff verweist auf das im frühen 19. Jahrhundert aufkommende Bedürfnis nach genauerer Differenzierung der Unterschichten und das seit 1789 entstandene Bewußtsein von ihren politischen Ansprüchen.[68] Zur Beur-

---

[64] Bei sonst negativem Urteil über Frankreich ist die Hochschätzung der polizeilichen Maßnahmen Murats und der Franzosen in Rom bei vielen Reisenden und in der deutschen Öffentlichkeit generell zu finden. Vgl. Altgeld, S. 48; Friedländer, Bd. 2, S. 321; Charpentier, Bd. 2, S. 172, S. 182; Quandt, Bd. 1, S. 15, S. 30ff.; Odeleben, Bd. 1, S. 117, Bd. 2, S. 233; Ife, S. 110; Kephalides, Bd. 2, S. 290; Müller, S. 886, S. 909.

[65] Sie wird nur nicht mehr in den Abschnitten zu Neapel geäußert. Vgl. Kephalides, Bd. 2, S. 303; Ife, S. 188; Quandt, Bd. 2, S. 2; Charpentier, Bd. 2, S. 180; Odeleben, Bd. 1, S. 117; Müller, S. 603.

[66] Müller, S. 794ff.; Odeleben, Bd. 2, S. 256; Ife, S. 181; Wessenberg, S. 4; Hagen, Bd. 3, S. 113; Wehrhan, Vorrede und S. 215. Einzige Ausnahme ist hier Friedländer, Bd. 2, S. 249, bei dem die Stellungnahme gegen die 'falsche Aufklärung' der Unterschichten und die angeblich oberflächliche Bildung der Oberschicht als politische Argumente benutzt werden. Es bleibt unklar, ob es sich beim Urteil über die Oberschicht um die Fortdauer aufklärerischer Haltung gegenüber adelig geprägten Oberschichten oder um eine Kritik an zu geringer Nationalcharakteristik handelt.

[67] Zum Herrscherbild: Odeleben, Bd. 1, S. 139, S. 166ff.; Quandt, Bd. 1, S. 30; Müller, S. 656, S. 1034. Ferdinand: Wehrhan, S. 225; Hagen, Bd. 3, S. 139; Charpentier, Bd. 2, S. 240; Quandt, Bd. 1, S. 31; Kephalides, Bd. 2, S. 128. Die Ausnahme macht auch hier nur Müller, S. 786f., S. 804, der den Einzug Ferdinands in die Stadt und den dazu bestellten Jubel schildert. Er stellt ihn als guten Ehe- und Privatmann dar, der aber das Königsamt nicht ausfüllen könne. Die Forderung Kephalides' nach einer 'bürgerlichen Verfassung' und die Äußerungen Müllers zur fehlenden Reife des neapolitanischen Volkes für eine Verfassung verweisen auf die Wirkung frühliberaler Ideen. Vgl. Garber, Konstitutionalismus, S. 71, S. 79, S. 91.

[68] Friedländer, Bd. 2, S. 246f. spricht von 'Arbeitern', die Lazzaroni sind für ihn der unterste Teil „der arbeitenden Klasse" . Ife verwendet den Begriff der 'arbeitenden Volksklasse'. Vgl. Werner Conze: Artikel 'Arbeiter', in: Geschichtliche Grundbegriffe, Bd. 1, Stuttgart 1972, S. 216–242, S. 218f.

teilung päpstlicher Politik verwendet Müller den Begriff 'liberal', der von den politischen Differenzierungen zeugt, die seit der Durchsetzung einer Verfassung in Spanien auf dem politischen Feld Europas Einzug halten.[69] Kephalides fordert für Italien nicht mehr nur – im physiokratischen Sinne – die gesetzliche Garantie bürgerlicher Rechte, sondern 'lebendige, nationale Verfassungen' – Ausdruck für die Wirkung eines veränderten Verfassungsbegriffs und des Frühliberalismus.[70]

So verweist die veränderte Begrifflichkeit der Reiseberichte auf neue Theorien und Ereignisse der Zeit und ihre Bewertung. Von einer liberalen Offensive, wie Lutz sie für andere Medien in Deutschland in der gleichen Zeit ausmacht, ist in den Reiseberichten allerdings nichts zu bemerken.[71]

6. Ekel, Sinnlichkeit, instrumentelle Vernunft und Reflexion

Ihren Widerwillen gegen den Schmutz, den Lärm und das Gewühl in Neapel bringen die Autoren weiter zum Ausdruck. Die 'unwillkürliche' Abgrenzung über das Gehör und den Geruch verstärkt sich bei einem Teil der Reisenden sogar noch. Odeleben wird nicht müde, seinem Ekel angesichts schmutziger Lebensmittelhändler und Schuhputzer Ausdruck zu geben. Im Gewühl laufe man Gefahr, beschmutzt zu werden. Friedländer meint, die Hände des Unterschicht-Neapolitaners würden nur sauber, wenn er seine Maccaroni mit bloßen Händen esse.[72] Sinnlichkeit, Körperlichkeit und Leidenschaftlichkeit werden allen Neapolitanern weiterhin zugeschrieben,[73] nur daß kein einziger der Autoren mehr diese Sinnlichkeit

---

[69] Odeleben, Bd. 1, S. 159, hält den freien Zugang zu den Florentiner Museen für ein Zeichen von 'Liberalität'. Charpentier, Bd. 1, S. 266f., lobt allgemein die „große Liberalität" in Florenz. Müller, S. 668, S. 787, bezeichnet den Aufklärer Filangieri und die protestantischen Reformatoren des 16. Jahrhunderts als liberal. Die Politik des Papstes erscheint ihm dagegen gar nicht so 'illiberal', wie man erwarten könne (S. 656). Der Begriff wird hier jedoch noch nicht als Bezeichnung für eine politische Richtung verwendet, sondern gleichbedeutend mit reformerisch, vernünftig. Vgl. Rudolf Vierhaus: Artikel 'Liberalismus', in: Geschichtliche Grundbegriffe, Bd. 3, Stuttgart 1982, S. 741–785, S. 756ff.

[70] Kephalides, Bd. 2, S. 227.

[71] Lutz, S. 40.

[72] Friedländer, Bd. 2, S. 253f. Vgl. Charpentier, Bd. 2, S. 175, S. 181; Odeleben, Bd. 2, S. 223, S. 233ff., S. 238f., S. 247; Wehrhan, S. 214, S. 220, S. 234f.; Müller, S. 802, S. 806, S. 878.

[73] Kephalides, Bd. 2, S. 185; Quandt, Bd. 1, S. 13f., S. 89, S. 149; Friedländer, Bd. 2, S. 245; Wehrhan, S. 335; Müller, S. 795.

bewundert. Neapel ist die große „Sinnenstadt"[74], in der man die 'schöne', äußere Natur genießt, nicht aber die 'böse', innere Natur des Körpers.

Auch dem Geschäft der natürlichen Erklärung widmen sich die Reisenden weiter unermüdlich. Nur für wenige Themen finden sich nach 1815, wie in diesem Fall, bei wirklich allen Autoren Belege.[75] Zwar entwerfen sie keine technischen Projekte mehr, aber bei Charpentier tauchen unversehens und selbstverständlich moderne technische Instrumente und Maschinen auf: die Telegrafenantenne auf dem Castel dell'Ovo, eine dampfgetriebene Mühle oder das neapolitanische Dampfschiff 'Ferdinand I.', das er mehreren Damen in seiner Gesellschaft fachmännisch erklärt.[76] Vom Vesuv spricht der Bergbauexperte und Geologe Charpentier als „der großen Schmelz-Anstalt bei Neapel".[77] Sogar im sonst nicht mit der Moderne und dem Fortschritt assoziierten Italien kündigen sich so die Umwälzungen an, die sich im 19. Jahrhundert als Folge der instrumentellen Vernunft vollziehen werden.

Bei der Reflexion der eigenen Wahrnehmung durch die Reisenden treten keine wesentlichen Veränderungen ein. Die schon genannten Argumente und Ansprüche werden aufrechterhalten.[78] Die meisten Autoren bewegen sich in ihren Äußerungen auf der Ebene der 'Kritik als Topos'.[79]

---

[74] Müller, S. 837.

[75] Hagen, Bd. 3, S. 89, S. 107; Ife, S. 160, S. 164; Wehrhan, S. 200, S. 214; Charpentier, Bd. 2, S. 56ff., S. 203; Odeleben, Bd. 2, S. 214, S. 267, S. 342f.; Friedländer, Bd. 2, S. 188, S. 206; Quandt, Bd. 1, S. 42, S. 86; Müller, S. 516, S. 600, S. 826; Kephalides, Bd. 2, S. 145, S. 195.

[76] Charpentier, Bd. 2, S. 12ff., S. 176, S. 211. Vgl. Wehrhan, S. 205.

[77] Charpentier, Bd. 1, S. 7. Charpentiers Reise dient explizit geologischen Forschungen. Auf seiner Fahrt besucht er Bergwerke, Salinen und Fabriken.

[78] Anspruch auf Korrektur älterer Berichte: Charpentier, Bd. 2, S. 234; Odeleben, Bd. 1, S. 61; Kephalides, Bd. 2, S. 194; Friedländer, Bd. 2, S. 248. Einfluß von Erwartungen auf die Wahrnehmung: Charpentier, Bd. 2, S. 171ff.; Quandt, Bd. 1, S. 64; Müller, S. 870; Wehrhan, S. 96; Friedländer, Bd. 1, S. 70ff. Einfluß Reisender auf die Einheimischen: Hagen, Bd. 1, S. 202; Kephalides, Bd. 2, S. 289; Quandt, Bd. 2, S. 45f.; Müller, S. 922. Wahrheitsanspruch: Odeleben, Bd. 2, S. 251; Müller, S. VII. Charpentier, Bd. 1, S. 30, stellt die Beschreibung mit 'gesunder Vernunft' in Gegensatz zum 'Geschreibsel', das 'Romanschreiber' über venezianische Gondolieri und italienische Räuber in Umlauf gebracht hätten. Urteil nicht nach Äußerlichkeiten: Friedländer, Bd. 2, S. 253. Eigene Maßstäbe ablegen: Müller, S. VII; Odeleben, Bd. 2, S. 223; Quandt, Bd. 1, S. 90; Kephalides, Bd. 2, S. 287; Friedländer, Bd. 2, S. 321. Anspruch, alle Klassen zu beachten: Hagen, Bd. 1, S. 202; Müller, S. 835; Quandt, Bd. 1, S. 90.

[79] Die Relativierung der Urteile über den Volkscharakter erscheint ebenso noch in wenigen Fällen wie die Bemerkung, man könne sich an die ansonsten heftig kritisierte neapolitanische Lebensweise durchaus gewöhnen, wenn die Stadt etwas sauberer wäre. Vgl. Wehrhan, S. 60,

In Einzelfällen gelingt auch hier der Ausbruch aus den traditionellen Topoi, aber keiner der Autoren erkennt in fremden Gebräuchen noch eine eigene soziale Logik oder löst sich in wesentlichen Fragen von den Topoi des Genres.[80] Niemand erwähnt noch die Notwendigkeit eines längeren Aufenthalts, persönlicher Bekanntschaften, italienischer Sprachkenntnisse oder den Einfluß der Reiseart auf die Wahrnehmung.[81] Insgesamt stagniert oder verfällt das Reflexionsniveau, und die Diskussion um die Wahrnehmung auf Reisen geht zurück.

7. 'Sehnsucht' und 'Erinnerung'

Nur der Begriff der 'Sehnsucht' kommt in den Reiseberichten nach 1815 ähnlich häufig vor wie der Topos der 'natürlichen Erklärung'. Die inflationäre Äußerung der Italiensehnsucht bei den Gebildeten in Deutschland hatte Uxkull schon 1806 konstatiert und kritisiert.[82] Nun beteuern die Autoren fast ausnahmslos ihre seit Kindheit und Jugend gehegte Sehnsucht nach Italien. Für sie ist es das Land der Kultur, des Christentums und vor allem paradiesischer Natur, assoziiert mit paradiesischer Existenz. Im Gegensatz zur eigenen Kindheit, so Quandt, sei Italien das „unverlohrne Paradies".[83] So verwundert es nicht, daß sich Müller und Quandt dort deutlich verjüngt fühlen.[84] Während die Kombination der Topoi von Kindheit, paradiesischer südlicher Natur und Authentizität auch Teil der Idyllendarstellung war, tritt mit der Sehnsucht nach Italien, die schon in den Vorworten der

---

S. 214; Friedländer, Bd. 2, S. 252; Charpentier, Bd. 2, S. 204f.; Müller, S. 871, S. 922; Kephalides, Bd. 2, S. 288.

[80] Charpentier, Bd. 2, S. 179; Friedländer, Bd. 2, S. 246; Kephalides, Bd. 2, S. 176; Charpentier, Bd. 2, S. 171; Müller, S. 503.

[81] Nur Müller betont ausdrücklich die Verbesserungen, die sich in den vierzig Jahren seit der Reise Meyers ergeben hätten. Vgl. eBd. , S. 555.

[82] Außer bei Uxkull findet sich der Sehnsucht-Topos auch schon 1802 bei Benkowitz, Helios, Bd. 1, S. 7. 'Sehnsucht nach Italien' lautet eine Kapitelüberschrift in den 1797 erschienenen 'Herzensergießungen eines kunstliebenden Klosterbruders' Wackenroders. Vgl. Jensen, Landschaft, S. 137.

[83] Quandt, Bd. 2, S. 1. Vgl. eBd. , S. 48; Kephalides, Bd. 1, S. VIII; Charpentier, Bd. 1, S. 5; Bd. 2, S. 230; Friedländer, Bd. 1, S. 46; Ife, S. IX; S. 51; Wehrhan, Vorrede; Müller, S. V. Der Sehnsucht nach Italien steht bei Friedländer, Bd. 2, S. 263, die Sehnsucht nach Deutschland gegenüber. Wie schon bei Benkowitz, Glogau, Bd. 3, S. 313, ist dies Ausdruck des schlechten Gesamturteils über Italien. Hagen, Bd. 4, S. 3, beteuert als einziger seine Sehnsucht nach der Heimat, ohne sie in bezug auf Italien zu erwähnen.

[84] Müller, S. 643; Quandt, Bd. 3, S. 32.

Berichte als Reisegrund genannt wird, ein zentraler Begriff der Romantik hinzu.[85] Die Sehnsucht, so hat Lothar Pikulik analysiert, ist in der romantischen Literatur des frühen 19. Jahrhunderts der Ausdruck für das „Ungenügen an der Normalität"[86], für die Unzufriedenheit mit der alltäglichen bürgerlichen Existenz. Romantische Sehnsucht richtet sich sowohl auf die Vergangenheit, die Kindheit oder vorausgegangene Gesellschaftsformen als Inbegriff verlorener authentischer Existenz als auch auf die Zukunft oder die geographisch und sozial unbestimmte 'Ferne'.[87] Der Aufbruch, die Reise in diese 'Ferne', ist ein wiederkehrendes Motiv romantischer Literatur. Dabei erhält die Ferne oft und nicht zufällig die Attribute mediterraner Landschaft oder wird explizit mit einem – wenn auch sehr allgemein charakterisierten – Italien assoziiert.[88] Zum 'setting' der typischen Sehnsuchtssituation gehört das sehnsuchterweckende Lied, das von fremden Ländern erzählt.[89] In den mit 'realistischem' Anspruch auftretenden Reiseberichten finden sich diese Motive in veränderter Form wieder. Die Ferne ist das konkrete Italien, dessen paradiesische Attribute durch die Naturbeschreibungen aller Autoren belegt sind. Hier weckt nicht das Lied von Spielleuten oder Wanderern die Sehnsucht nach Italien, sondern die klassischen antiken Texte, Reiseberichte und Piranesis Stiche, die die Autoren in ihrer Jugend lasen und sahen.[90] Aber auch Goethes 'Lied der Mignon' hat offensichtlich zur Italiensehnsucht beigetragen. Neben die bis dahin zitierten Sprichworte tritt nun das aus der Ferne auf das ersehnte Objekt gerichtete „Kennst du das Land, wo die Zitronen blühn?".[91]

Zum Topos der 'Sehnsucht' tritt in einigen der Reiseberichte ergänzend der der 'Erinnerung' hinzu. Im Gegensatz zur Idylle ist es aber nicht nur die Erinnerung an die Kindheit, die evoziert wird, sondern auch die im Text vorweggenommene Erin-

---

[85] Nipperdey, S. 503; Diekkämper, S. 59; Günther Busse: Romantik. Personen, Motive, Werke, Freiburg/Basel/ Wien 1982, S. 75.

[86] Lothar Pikulik: Romantik als Ungenügen an der Normalität. Am Beispiel Tiecks, Hoffmanns, Eichendorffs, Frankfurt/M. 1979, S. 263, S. 368.

[87] Ebd., S. 186, S. 236, S. 363.

[88] Ebd., S. 365.

[89] Ebd., S. 186f.

[90] Friedländer, Bd. 1, S. 4; Charpentier, Bd. 2, S. 230; Müller, S. V. Die Fülle der vorhandenen Berichte und Abbildungen von Italien ist durch die Diskussion in den Vorworten, die Verweise auf Lektüre im jugendlichen Alter und den häufigen Bezug der Autoren auf vorausgegangene Berichte deutlich dokumentiert.

[91] Friedländer, Bd. 2, S. 195; Müller, S. 325, S. 784, S. 923; Kephalides, Bd. 2, S. 129, S. 187; Ife, S. 51, S. 168.

nerung an die Italienreise. Schon während die Autoren Höhepunkte ihrer Reise schildern: die Audienz beim Papst, den Besuch in den Uffizien, den Aufstieg zum Vesuv, nehmen sie sich vor, diesen Tag in Erinnerung zu behalten. Dabei handelt es sich um eine nachträgliche Konstruktion, da die Autoren im Augenblick des Schreibens ja schon wieder nach Deutschland zurückgekehrt sind. Friedländer spricht vom 'Bildersaal der Erinnerung' und meint:

> „Wenn einst am heimathlichen Heerde in stillen Abendstunden die hesperische Welt in allem Glanz [...] vor meinem Seelenauge emportaucht, [...] dann wird auch dein Bild, Vesuv, und das Andenken dieses Tages glänzend, doch gewiß auch Sehnsucht erregend vor mir stehen."[92]

Der in der romantischen und idyllischen Literatur verwendete Topos der Erinnerung an die Kindheit, die als unwiederbringlich verlorene authentische Existenz dargestellt wird und die in den Erinnerungen an die jugendliche Lektüre über Italien aufscheint, wandelt sich im Fall der Reiseberichte zur Erinnerung an eine einmal wirklich erlebte paradiesische Existenz.[93] Diese Erinnerung läßt sich am heimatlichen Ofen, der Symbol nordischer Behaglichkeit, zugleich aber auch nordischkalten Klimas ist, ungetrübt genießen. Sie drückt daher nicht die Trauer darüber aus, daß das Paradies schon verloren ist. Sie steht auch nicht für das Bewußtsein, daß man nur in einer nicht-paradiesischen Welt leben kann.[94] Vielmehr dient die Erinnerung hier dem 'Genügen an der Normalität'. Sie ist – so wie sie in den Texten geäußert wird – prospektive Sehnsucht, Projektion der künftig zu genießenden Sehnsucht nach dem Paradies, die den deutschen Alltag angenehm macht. Das Ziel dieser Sehnsucht sind nicht die erfüllten Wünsche, die an Zauber verlieren, wie Wehrhan in Rom feststellt.[95] Es ist vielmehr die unerfüllte Sehnsucht, die dem Sehnenden das Gefühl gelebten Lebens vermittelt. Nur sie bewirkt die Kompensation der romantischen 'Lebenslangeweile' (Pikulik). Sehnsucht und Erinnerung

---

[92] Friedländer, Bd. 2, S. 225. Vgl. eBd. , Bd. 1, S. 234; Charpentier, Bd. 2, S. 55, S. 238; Ife, S. 160; aber auch Benkowitz, Neapel, S. 110, der Friedländers Situation der Erinnerung im heimischen, winterlichen Zimmer übernimmt, aber vorher für den Leser erkennbar aus der Reiseebene auf die des Verfassers in der Schreibsituation wechselt.

[93] Daneben gibt es auch weiterhin vereinzelt Authentizitätstopoi in der Form, wie sie für die Zeit vor 1815 beschrieben wurden. Vgl. Kephalides, Bd. 1, S. VIII; Quandt, Bd. 2, S. 1, Bd. 3, S. 231.

[94] Pikulik, Ungenügen, S. 187ff.

[95] Wehrhan, S. 96.

werden so zum romantischen Muster, das den Italientourismus ab 1840 bis zur Gegenwart motiviert und in Gang hält.[96]

Erinnerung und Sehnsucht richten sich auf die italienische Natur, die Gefühlserlebnisse bei ihrer Betrachtung und auf die Kultur, die zur Bildung des Reisenden beiträgt. Die Erlebnisse der Reise müssen bewahrt werden, da der Reisende durch Kunstbildung und Gefühlsbildung bereichert werden soll. Im Gegensatz zum ausgehenden 18. Jahrhundert orientiert sich die Kunstbildung nun aber nicht mehr ausschließlich an dem von Winckelmann seit Mitte des Jahrhunderts propagierten klassizistischen Ideal, sondern bezieht neue Kunstepochen ein. Generell tritt am Beginn des 19. Jahrhunderts der Aspekt der Kunstbildung gegenüber dem der Gefühlsbildung etwas zurück. Das durch die Natur angeregte Gefühl richtet sich nun weniger auf die Wiedergewinnung authentischen Lebens für die Dauer der Reise als auf die Kompensation ungelebten Lebens auch über die Reise hinaus. Beide Gefühlsrichtungen zeugen aber von dem offensichtlich gleichbleibenden Bedürfnis nach einem 'irdischen Paradies'. Indem sich idyllische Landschaftsdarstellung, das romantische Begriffspaar Sehnsucht/Erinnerung und – wenn auch deutlich zurückgenommen – klassizistisch inspirierter Bildungswille mischen, entsteht das zum ewigen Sehnsuchtsland versteinerte Italien.[97]

Während die Autoren des 18. Jahrhunderts die Gesamtbildung des reisenden Individuums als Ziel und faktisches Ergebnis ihrer Reise benennen, ist das Ergebnis der Reise im 19. Jahrhundert deutlich in eine nunmehr festverankerte Tradition eingebettet. In dieser Tradition, die die Ergebnisse der Reise kanonisch festschreibt, bewegen sich die Reisenden. Von der jugendlichen Lektüre bis zur Erinnerung des Erwachsenen am Kamin umfaßt die Tradition jeden Schritt und jede Gefühlsregung, die zu ihr gehört.

Das obligatorische Ziel dieser kulturellen Praxis formuliert Friedländer. Dabei dokumentiert er gleichzeitig den Verlust des gesellschaftskritischen Anspruches, den das 18. Jahrhundert noch erhob. Den Reisenden, die Rom wegen seines Schmutzes und seiner Unbequemlichkeit in der Vergangenheit immer wieder kritisiert hätten, solle die Fahrt nach Italien verboten

„[...] und gleich an der Gränze eröffnet werden, daß von Rumfordschen Suppenanstalten, künstlichen Spinnmaschinen, guter Straßen- und Armenpolizey [...] hier wenig oder nichts zu haben sey [...]."[98]

---

[96] Lothar Pikulik: Frühromantik. Epoche – Werke – Wirkung, München 1992, S. 54f.; Ders., Ungenügen, S. 368f., S. 391.

[97] Diekkämper, S. 59. Vgl. Altgeld, S. 15f.

[98] Friedländer, Bd. 2, S. 321ff. Interessanterweise verschweigt Friedländer hier den wesentlichen Grund für die Kritik der Aufklärer an Rom: Die Tatsache, daß es sich um einen von der

Nur wer sich seit langem nach Italien sehne und von Rom geträumt habe, fährt Friedländer fort, dem solle die Reise erlaubt werden. Dort werde er „eine Weihe für sein ganzes Leben empfangen."[99] Denn schon seit der Völkerwanderung würden die Deutschen in Italien neue Einsichten über das Leben gewinnen und mit seinen „Unbilden versöhnt" werden. Nur dort werde

> „[...] Licht und Heiterkeit über Vergangenheit und Zukunft verbreitet, sowohl des eignen Lebens wie der Geschichte überhaupt."[100]

Friedländer erhebt den Verlust der Kritik an gesellschaftlichen Verhältnissen, der auch bei den anderen Autoren zu verzeichnen ist, zum Programm. Die missionarische Gewißheit einer politischen Reformvorstellung, die wesentlicher Bestandteil der Italienreisen zwischen 1760 und 1810 war, lehnt er ab. Statt dessen tritt das nunmehr überwiegende Bedürfnis nach Versöhnung mit der entfremdeten Existenz in den Vordergrund der Italienreise. Diesem Bedürfnis nach Versöhnung steht der ungebrochene Glaube an die instrumentelle Vernunft mit allen ihren Folgen – die in Italien allerdings noch kaum zu finden sind – unvermittelt gegenüber.[101]

8. Utopien und Politik

Nachdem die Idealisierung des 'homme naturel' und das ethnologische Interesse mit dem Bruch von 1806 aus den Reiseberichten verschwunden waren, werden auch die aristokratischen Verfassungen der Schweiz als politisches Ideal nicht mehr erwähnt. Sowohl der preußische König Friedrich II. als auch Joseph II. waren mehrere Jahrzehnte tot und werden nicht mehr genannt.[102] Die Toskana, die mit der Stadt Florenz gleichgesetzt wird, ist nun die einzig 'reale' Utopie der Reiseberichte.[103] Dabei zeigt sich die anhaltende Wertschätzung von Volkscharakter, Sauberkeit, Bildung und Armenwesen in Florenz zunehmend beeinflußt durch die äußerst

---

Kirche beherrschten Staat handelte, der in ihren Augen notwendigerweise in schlechtester 'Verfassung' sein mußte.

[99] Ebd., S. 322.

[100] Ebd., S. 323.

[101] Nipperdey, S. 574, stellt diese widersprüchliche Koexistenz von Fortschrittsglaube und Leiden am Fortschritt als Charakteristikum der Romantik heraus.

[102] Nur Müller, S. 656, erwähnt noch Joseph II. In Deutschland und Österreich spann sich der Mythos der beiden Herrscher jeweils fort.

[103] Florenz: Hagen, Bd. 2, S. 235, S. 248; Charpentier, Bd. 1, S. 266f.; Ife, S. 186; Wehrhan, S. 62; Odeleben, Bd. 1, S. 138f., S. 166ff.; Müller, S. 893, S. 963, S. 1034. Vgl. Altgeld, S. 65.

positive Beurteilung der mittelalterlichen und der Renaissancekunst. Der frühere, physiokratisch inspirierte Großherzog Leopold wird von Müller und Odeleben verherrlicht. Den aktuellen Herrscher Ferdinand III., wie Leopold ein Bruder des österreichischen Kaisers, stellt Odeleben in eine Reihe mit den Renaissancefürsten der Medici, deren Politik angeblich Frieden und Bildung förderte.[104] Dieses Lob für Leopold und Ferdinand ist gleichzeitig eine verdeckte Kritik an der Metternichschen Restaurationspolitik. Denn Odeleben fügt hinzu, er wünsche sich alle durch den Wiener Kongreß zurückgekehrten Fürsten als so milde Herrscher.[105]

Die gesellschaftlichen Zustände Roms symbolisieren weiterhin die negative Utopie. Der antifranzösische und antinapoleonische Affekt bleibt erhalten, ohne jedoch erkennbar stärker zu werden.[106]

Mit der liberalen Revolution der 'Carbonari' 1820/21 tritt bei Wehrhan und Müller die aktuelle Politik in Neapel noch einmal in den Vordergrund. Wehrhan reist vor Beginn der Revolution aus Neapel ab und kann daher nichts Wesentliches berichten.[107] Müller schildert sachkundig die Entwicklung der Geheimorganisation der Carbonari seit Murats Zeiten. Ihre Mitglieder seien arme Adelige, Offiziere, gebildete bürgerliche Grundbesitzer, Anwälte, Kaufleute, eine kleine aber aufgeklärte Gruppe.[108] Als Ziele der Gemäßigten nennt er Volksbildung, bürgerliche Rechte und religiöse Toleranz. Er nimmt für die gemäßigten Liberalen Partei, grenzt sich aber von den angeblich unverantwortlichen Elementen und dem radi-

---

[104] Müller, S. 1034, Odeleben, Bd. 1, S. 139. Florentiner Kunst: Hagen, Bd. 2, S. 243; Friedländer, Bd. 1, S. VII; Kephalides, Bd. 2, S. 229. Einzig Hagen, Bd. 2, S. 235, S. 248, lobt zwar die positiven sozialen Verhältnisse, hält die Medici aber für 'Zwingherren'.

[105] Ebd., S. 166f. In der Toskana wurden 1815 die leopoldinischen und auch ein Teil der napoleonischen Reformen beibehalten. Ferdinand III. förderte den Freihandel, und die Zensur war weniger streng als in den übrigen Staaten. Diese Politik ging jedoch nicht wesentlich über die aufgeklärt absolutistische Haltung hinaus. Vgl. Stuart J. Woolf: Il Risorgimento italiano, Bd. 2, Turin 1981, S. 337.

[106] Rom: Odeleben, Bd. 1, S. 170ff.; Wessenberg, S. 92; Wehrhan, S. 127; Ife, S. 110; Müller, S. 514. Frankreich: Odeleben, Bd. 1, S. 5, Bd. 2, S. 225; Ife, S. 186; Charpentier, Bd. 1, S. 93; Quandt, Bd. 1, S. 15; Friedländer, Bd. 1, S. 57ff.

[107] Wehrhan veröffentlicht seinen Bericht direkt nach dem Ende der Revolution, die durch den neapolitanischen König und österreichische Truppen im März 1821 niedergeschlagen wurde. Seinen Bericht reichert er mit Geschichten darüber an, daß angebliche Carbonari Kontakt zu ihm suchten. Er wird von der neapolitanischen Polizei vorgeladen und befragt, bei wem er in Berlin studiert und ob er den Kotzebue-Attentäter Sand gekannt habe. Schließlich wird ihm ein nur vierzehntägiger Aufenthalt gestattet. Seine politische Stellungnahme zu den Ereignissen bleibt verschwommen. Vgl. Wehrhan, S. 163ff., S. 171f., S. 188f.

[108] Müller, S. 795. Vgl. ebd., S. 881ff.; Scirocco, S. 655ff.

kalen Teil der Bewegung, den „ultra-Carbonari"[109] ab. Diese hätten nach dem Zugeständnis einer Verfassung im Sommer 1820 die Oberhand gewonnen, während sich die „Vernünftigen" und „die Masse der erwerbenden Bürger und der Bauern"[110] danach nicht mehr an der Revolution beteiligten. Diese Darstellung entspricht zwar dem Topos der nicht mehr kontrollierbaren, anarchischen Volksaktion und soll wohl an die Entwicklung der Französischen Revolution erinnern. Sie paßt aber nicht zu den Ergebnissen der historischen Forschung. Unter den Abgeordneten des noch 1820 gewählten Parlaments waren nur zwei Adelige und keine radikalen Carbonari. Die Mehrheit der Abgeordneten bestand aus bekannten Funktionären der Zeit vor 1820, auch solchen, die schon unter Murat gedient hatten. Vor allem das Provinzbürgertum erhielt stärkeren politischen Einfluß.[111]

Zusammen mit ehemaligen französischen Republikanern, die von den Neapolitanern enttäuscht sind und nun lieber den Freiheitskampf der Griechen unterstützen wollen, kommt Müller zu dem Schluß:

> „Beim jetzigen Zustande des Volks muß man sich freuen, daß die fremde Macht der scheußlichen Verwirrung ein Ende gemacht hat; da das ganze Volk bewies, d a ß e s n i c h t r e i f z u e i n e r f r e i e n V e r f a s s u n g, also auch nicht würdig ist der Vortheile einer konstitutionellen Regierung."[112]

Es sind erneut der neapolitanische Volkscharakter und die in Reiseberichten schon so oft konstatierte fehlende staatsbürgerliche Reife, die den gesellschaftlichen Fortschritt in Neapel verhindern. Mit dieser Meinung steht Müller nicht allein. Auch neapolitanische Reformer teilten sie, und Metternich war, was ganz Italien betraf, derselben Meinung.[113] Der von mehreren Reisendengenerationen fortgeschriebene Topos vom Volkscharakter und die Nord-Süd-Theorie rechtfertigen hier die Unterdrückung politischer Veränderung. Erneut erweisen sich die Reiseberichte als Medien diskursiver Praxis, wobei die konservativen Autoren mit den gemäßigt libe-

---

[109] Müller, S. 886, verwendet hier eine Abwandlung des Begriffes 'Ultra-Liberalismus', mit dem sich gemäßigte Reformer in Deutschland nach 1815 von radikaleren Positionen abgrenzten. Vgl. Vierhaus, Liberalismus, S. 756.

[110] Müller, S. 886ff.

[111] Vgl. Scirocco, S. 662.

[112] Ebd., S. 881.

[113] Daß das neapolitanische Volk für Veränderungen nicht reif sei, behaupteten der neapolitanische Revolutionsteilnehmer Colletta sowie die einheimischen Reformer, die unter Murat Funktionen innegehabt hatten. Es wurde auch generelle Meinung der deutschen Öffentlichkeit. Vgl. Talamo, S. 55, S. 85; Scirocco, S. 657; Battafarano, S. 76f.; Altgeld, S. 32.

ralen übereinstimmen.[114] Das „Elysium", das die Reisenden in ihren idyllischen Darstellungen so oft beschworen hatten, wird von Müller nun als Traum des neapolitanischen Volkes bezeichnet, das aber nicht über die Kraft verfüge, „um hineinzuschreiten in das Paradies, und die Hindernisse mit Anstrengung und Ausdauer auf die Seite zu drängen."[115]

9. Veränderte Strukturen

Während sich die Zahl der Topoi reduziert und der missionarisch-politische Anspruch der Reiseberichte wegfällt, löst sich gleichzeitig ihre bisherige Strukturierung auf oder vereinfacht sich. Zwar werden fast alle vor 1806 dominierenden Hauptgegensätze und Gegenbegriffe noch genannt, aber jeweils nur von einer Minderheit der Autoren. Vor allem der Gegensatz zwischen Stadt und Umgebung, definiert als der zwischen herrlicher Natur und schlechter Gesellschaft oder zwischen positiver Antike und negativer Gegenwart, taucht kaum noch auf. Mit dieser Entwicklung stimmt auch der Rückgang der Idyllenbeschreibungen überein, deren grundlegendes Prinzip unter anderem der Gegensatz zwischen Stadt und Land war.[116] Allerdings kennzeichnet allein die Beschreibung der antiken Stätten in der Umgebung

---

[114] Die politischen Stellungnahmen der Autoren fallen unterschiedlich und sehr ungenau aus (wofür u.a. die heimische Zensur ein Grund gewesen sein dürfte): Friedländer urteilt in Hinsicht auf den Zustand Neapels besonders negativ und wendet sich gegen 'falsche Aufklärung'. Kephalides tritt für 'lebendige, nationale Verfassungen' ein, Odeleben und Charpentier loben die 'Liberalität' der Toskana. Müller verbindet aufklärerische Reformvorstellungen mit der Befürwortung einer 'freien Verfassung'. Der Gebrauch des Adjektives 'liberal' verweist in dieser Zeit nicht auf eine eindeutige politische Stellungnahme. Auch die restaurativen Gruppen hatten noch keine Selbstbezeichnung entwickelt und waren in ihren Positionen sehr heterogen. Eine 'freie Verfassung' oder 'konstitutionelle Regierung' mußten im Verständnis der Zeit nicht mit einer konstitutionellen Monarchie gleichbedeutend sein. Der Begriff verweist aber auf eine Vorstellung von gesetzlicher Sicherung der Bürgerrechte, die über das Vertrauen der Aufklärer in den aufgeklärtabsolutistischen Herrscher hinausgehen. So läßt sich die Position vieler Autoren wohl als meist anti-restaurativ und gemäßigt reformerisch bezeichnen. Vgl. Vierhaus, Liberalismus, S. 753; Ders., Artikel 'Konservativ', 'Konservatismus', in: Geschichtliche Grundbegriffe, Bd. 3, Stuttgart 1982, S. 531–565, S. 536ff.; Dieter Grimm, Artikel 'Verfassung', in: Geschichtliche Grundbegriffe, Bd. 5, Stuttgart 1990, S. 863–899, S. 872ff.

[115] Müller, S. 880.

[116] Diekkämper, S. 61. Gegensatz Stadt/Umgebung (Natur): Hagen, Bd. 3, S. 113; Friedländer, Bd. 2, S. 198. Gegensatz Antike/Gegenwart: Hagen, Bd. 3, S. 113; Kephalides, Bd. 2, S. 297 (für ganz Italien); Quandt, Bd. 1, S. 39. Gegensatz Paradies/Hölle: Hagen, Bd. 3, S. 84; Müller, S. 775; Ife, S. 168. Die Aufweichung des Stadt/Umgebung-Gegensatzes in Hinsicht auf die Kunst ist der Verlagerung vor allem der antiken Kunst vom vor der Stadt gelegenen Portici in die Stadt und dem neuen Interesse an Malerei in den Kirchen geschuldet.

und die Begeisterung über die Natur, die von der verminderten Beschreibung des Sozialen begleitet wird, Neapel weiterhin als Stadt der positiven Vergangenheit und Natur.[117]

Auch die positive Bewertung Neapels im Vergleich mit der 'wilden' Provinz und deren Identifikation mit außereuropäischen Gegenden fällt nun weg.[118] Keiner der Autoren reist mehr über Pästum hinaus nach Süden, und nur Hagen besucht Ischia und Capri.[119] Der Gegensatz von Zivilisation und Natur, die ethnologische Diskussion und ihre Projektion auf Neapel verlieren an Bedeutung. Von den asymmetrischen und negierenden Gegenbegriffen werden noch die 'Humanität', der 'Müßiggang', auch das 'Mitleid' und der 'Fanatismus' genannt.[120] Doch keiner dieser Begriffe wirkt noch als grundlegender Strukturierungsbegriff. Grundlegend bleibt allein das unverändert fortgeschriebene Verständnis von instrumenteller Vernunft und rationaler Erklärung. Die Fremdheit Italiens wird von der Mehrzahl der Autoren einfach hingenommen, ohne weiter darüber nachzudenken.[121]

Während die Aneignung des Fremden über wissenschaftliche und kameralistische Begriffe endet, bilden sich neue, vereinfachte und nicht mehr so eindeutige Strukturen der Darstellung heraus. Der Aspekt paradiesischer Natur erhält durch den Wegfall des Sozialen größeres Gewicht. Der soziale Bereich reduziert sich auf das Volk und einen sozial noch weniger differenzierten Volkscharakter. Obwohl die

---

[117] Das stark zurückgegangene Interesse am Sozialen führt dazu, daß in den Neapelbeschreibungen die Schilderung der Umgebung die der Stadt bis 1819 nun wieder bei allen Autoren überwiegt, vor allem bei den geologisch Interessierten Charpentier und Odeleben und beim kunstinteressierten Quandt. Danach kehren sich die Verhältnisse um. Nun gibt es einen sehr deutlichen Überhang der Stadtbeschreibung, der mit der Wiederaufnahme der Volksbeschreibung bei den gleichen Autoren einhergeht. Die Vermutung, daß um 1820 eine neue Reiseberichtsepoche einsetzt, wäre nur durch Analyse der nachfolgenden Zeit zu überprüfen. Die Zeit von 1806–1819 könnte sich dann insgesamt als eine Übergangsphase erweisen.

[118] Nur für Wehrhan, S. 190, ist Neapel noch eine 'neue Welt'.

[119] Seine Beschreibungen der Inseln sind jedoch kurz und idyllische Charakterisierungen der Inselbewohner fehlen. Vgl. Hagen, Bd. 3, S. 116ff., S. 212ff.

[120] Humanität: Müller, S. 415, S. 877, S. 1034; Odeleben, Bd. 1, S. 4, Bd. 2, S. 212; Charpentier, Bd. 2, S. 93. Müßiggang: Müller, S. 870; Quandt, Bd. 2, S. 2; Odeleben, Bd. 1, S. 69; Charpentier, Bd. 2, S. 180. Mitleid: Quandt, Bd. 1, S. 8; Kephalides, Bd. 2, S. 299. Fanatismus: Charpentier, Bd. 2, S. 94. Bei Müller finden sich aufgrund seiner aufklärerischen Orientierung noch alle Begriffe der vorhergehenden Zeit: Toleranz, S. 603; Urbanität S. 417; Aberglaube, Unsittlichkeit, Bildung, bürgerliche Rechte, S. 848.

[121] Fremdheit: Wehrhan, S. 63; Quandt, Bd. 2, S. 1; Charpentier, Bd. 1, S. 94. Bei Ife, S. 133, und Odeleben, Bd. 2, S. 240, finden sich Beschreibungen 'exotischer' Früchte: des Tomatenstrauchs und der indischen Feige. Nur bei Wehrhan, S. 160, S. 200, S. 230, führt der Vergleich neapolitanischer und schlesischer Volksbräuche dazu, die fremden Alltagspraktiken als komplementär zur eigenen Welt einzuordnen.

Charaktereigenschaften unverändert bleiben, ergibt sich gegenüber der vorhergehenden Zeit ein wieder positiveres Bild vom Volk und von Neapel generell. Die moralischen und historischen Gründe für die Charakterzüge der Neapolitaner verschwinden hinter den klimatischen. Die stärkere Betonung des Nord/Süd-Gegensatzes und der sich daraus angeblich ergebenden Komplementarität verstärkt wiederum das Bild vom paradiesischen Süden und ungehindertem Lebensgenuß. Das neue Gegensatzpaar von Sehnsucht und Erinnerung schließlich fördert die romantische, vor allem idealisierende Italienwahrnehmung. Als Untertext bleibt das Bild vom gesellschaftlichen Chaos allerdings erhalten, dessen deutliche Manifestationen die Fortschreibung der schlechten Volkscharakterzüge und die fortgesetzte Schmutz- und Lärmkritik darstellen. Wie im Falle der Revolution von 1820 bleibt dieser Untertext 'bei Bedarf' mobilisierbar. Auch hier handelt es sich, wie schon bei dem kurzfristigen Bewertungswandel der Lazzaroni nach 1799, um die Schwerpunktverlagerung innerhalb bekannter Polaritäten.

Insgesamt ergibt sich das gegenüber der Darstellung des 18. Jahrhunderts vereinfachte und vergröberte Bild einer von Natur und Antike positiv, von Volkscharakter, Staat und Kirche negativ bestimmten Stadt. Den 'neapolitanischen Verhältnissen' treten die Autoren einerseits als genießende Touristen, andererseits als Vernunftmenschen mit dem Wissen um das überlegene Gesellschafts- und Kulturmodell entgegen.

X. Die soziale Position der Reisenden in ihrer Wirkung auf die Wahrnehmung und Darstellung Neapels zwischen 1789 und 1821

Die Gründe für die Art und Weise, in der Neapel in den Reiseberichten beschrieben wird, sind vielfältig und von unterschiedlichem Gewicht. Ganz wesentlichen Einfluß auf die Darstellung hat die soziale Stellung der Reisenden in Deutschland. Die Veröffentlichung von Reiseberichten stellt eine gesellschaftliche, symbolische Praxis dar, die – mit den Worten Bourdieus – dem Erwerb kultureller Kompetenz und symbolischen Kapitals innerhalb der Gesellschaft dient. Diese Praxis ist ein Zeichen von Bürgerlichkeit und definiert gleichzeitig die Position der Autoren im sozialen Raum und als Angehörige der 'gebildeten Stände'.[1] Welche soziale Position die Reisenden einnahmen und wie dies die Repräsentationen und die Darstellung der eigenen Person in den Reiseberichten beeinflußte, soll nun gezeigt werden.

1. Reiseberichtsautoren als Angehörige der 'gebildeten Stände'

Eine detaillierte Analyse des sozialen Kontextes, in dem die Autoren von Reiseberichten stehen, bedürfte genauerer Informationen zur Biographie der Autoren, den persönlichen Beziehungen der Gebildeten untereinander und vor allem zum sozialen Milieu, dem sie in Universität, Beruf und Familie angehörten. Eine solche Untersuchung würde den Rahmen dieser Arbeit sprengen. Anhand biographischer Informationen läßt sich jedoch ein soziales Profil der Autoren entwerfen, das sie als verhältnismäßig einheitliche Gruppe erscheinen läßt.

Die Geburtsorte der Autoren liegen vor allem in Sachsen und Preußen, in zweiter Linie in Südhessen und um Stuttgart herum. Mehrheitlich entstammen sie protestantischem Milieu und sind lutherischer Konfession.[2] Etwa ein Drittel der Väter

---

[1] Vgl. Kaschuba, S. 10; Döcker, S. 15, S. 18.

[2] 18 Autoren sind sicher bzw. aufgrund der Herkunft sehr wahrscheinlich lutherischer, 3 katholischer Konfession. Mit 11 Personen ist die Zahl derer recht hoch, bei denen die Konfessionszugehörigkeit nicht zu ermitteln war.

10 Reisende sind in Sachsen geboren (1 Glaucha, 1 Weimar, 1 Meiningen, 1 Freiberg, 2 Leipzig, 1 Dresden), 7 in Preußen (1 Magdeburg, 1 Königsberg, 1 Berlin, 2 Schlesien, 2 Uckermark), 3 im südlichen Hessen (1 Frankfurt/M.) und 3 in Württemberg (Marbach, Tübingen, Stuttgart). Je einer stammt aus Mailand, Uelzen, Kurland, Holstein und dem Rheinland (Düsseldorf). Die Herkunft dreier Autoren ist nicht bekannt.

Die biographischen Angaben für das gesamte folgende Kapitel entstammen den Nachschlagewerken ADB, NDB, DLL, LL, DBA (einschließlich des DBA-Neue Folge) und den Reisebe-

der Autoren sind Adelige mit Hof- und Staatsämtern, führende Kirchen- und Staatsbeamte, reiche Kaufleute und kommunale Amtsträger, gehören also der gesellschaftlichen Elite an.³ Die restlichen zwei Drittel sind überwiegend Pastoren, mittlere und niedere Kirchenbedienstete oder Justizamtmänner, Professoren und Ärzte. Die Nähe zum Studium ist daher für die Autoren durch Studium des Vaters oder dessen Nähe zu Studierten vorgegeben. Etwa die Hälfte der Väter hatte staatliche, kirchliche oder kommunale Ämter inne. Die Nähe zum kaufmännischen Milieu ist darüber hinaus bei etwa 20% der Reisenden gegeben oder zu vermuten, weil Mutter oder Vater einer Kaufmannsfamilie entstammen.⁴

Die Orientierung der Elterngeneration auf Studium und Amt setzt sich bei den Autoren selbst verstärkt fort. Über 80% aller Autoren haben studiert.⁵ Bei knapp 80% der Studierten ist auch ihr Studienort bekannt. An der Spitze der besuchten Universitäten stehen Halle, Göttingen und Leipzig, die von fast zwei Dritteln aller

---

richten. Darüber hinaus habe ich benutzt: Ilse Eva Heilig: Philipp Joseph Rehfues. Ein Beitrag zur deutschen Romangeschichte und zur Entwicklung der geistigen Beziehungen Deutschlands zu Italien Ende des 18. und Anfang des 19. Jahrhunderts, Breslau 1941; Heinrich Scheel (Hrsg.): Die Mainzer Republik. Protokolle des Jakobinerklubs, 2 Bde., Berlin 1975, Bd. 1; Leopold von Buch: Gesammelte Schriften, hrsg. von J.Ewald, J.Roth und H.Eck, 3 Bde., Berlin 1867–1877, Bd. 1 (1867). Die Nachschlagewerke, in denen sich die Angaben zu den jeweiligen Autoren unter deren Namen finden, nenne ich hier summarisch für alle folgenden Anmerkungen: Benkowitz: DBA, DLL, LL; Brun: NDB, ADB, DBA, LL; Buch: ADB, NDB, DBA, DBA-NF; Charpentier: ADB, NDB, DBA; Eichholz: DBA, DLL; Friedländer: ADB, DBA, DBA-NF; Gerning: DBA; Hagen: ADB, NDB, DBA-NF, DLL, LL; Hager: DBA; Ife: DBA; Jacobi: ADB, DBA, DLL; Keller: DBA, DBA-NF; Kephalides: DBA; Kiesewetter: ADB, NDB, DBA, LL; Kotzebue: ADB, NDB, DBA, DBA-NF, LL; Küttner: ADB, DBA, DLL, LL; Lehne: DBA, DLL; Morgenstern: ADB, DBA, LL; Müller: DBA, DBA-NF; Nemnich: ADB, DBA; Odeleben: DBA, DBA-NF; Quandt: ADB, DBA; Recke: ADB, DBA, DBA-NF; Rehfues: ADB, DBA; Seume: DBA, LL; Stegmann: ADB, DBA; Stolberg: ADB, LL; Uklanski: DBA; Uxkull: ADB; Wehrhan: DBA; Wessenberg: DBA, DBA-NF.

³ Das gilt für den gesamten Untersuchungszeitraum. Über die Herkunft der Mütter ist zu wenig bekannt, um Aussagen darüber machen zu können.

⁴ Zu den Elite-Elternhäusern zählen 12 von 32. In den 13 Nicht-Elite Elternhäusern sind 3 Väter Pfarrer, 1 Hilfsprediger, 2 Küster, 3 staatliche Beamte, 2 Justizamtmänner, 1 Arzt und 1 Bauer und Gastwirt. Einer Kaufmannsfamilie entstammen sicher oder wahrscheinlich die Mütter, Väter oder Großväter von 6 Autoren. Da bei 8 Elternhäusern Beruf und Herkunft der Eltern nicht bekannt sind, müssen die Angaben zur Verteilung als Tendenzen angesehen werden.

⁵ Von 32 Autoren haben 26 studiert. Bei 2 Autoren (Tagebuch, Uklanski) ist nicht bekannt, ob sie studiert haben. Die zwei Frauen konnten nicht studieren, bei zwei Männern aus der Zeit nach 1815 sah der Berufsweg als Kaufmann bzw. Offizier ein Studium nicht vor. Nur zwei der studierten Reisenden haben ihr Studium wahrscheinlich nicht abgeschlossen.

Studierten besucht werden.[6] Bei Halle und Göttingen handelt es sich um die großen protestantischen Universitäten, die zugleich die Reformuniversitäten des 18. Jahrhunderts waren.[7] Wie alle adeligen Studenten der Zeit bevorzugen auch die Adeligen unter den Reisenden Halle und Göttingen als Studienort, während mehr Bürgerliche Leipzig wählen. Mehr als einen Studenten verzeichnen außerdem nur Jena, wo vor 1805 zwei der Reisenden studieren, und Königsberg mit ebenfalls zwei Studenten im Zeitraum nach 1815. Zwei Autoren besuchen Universitäten im süddeutschen Raum, da sie katholisch sind.[8] Unter den Studienfächern dominieren Theologie und Jura, gefolgt von klassischer und moderner Philologie sowie den Fächern Philosophie und Geschichte.[9]

Wichtiger als ihre Herkunftsorte sind für Einstellung und Lebensweise der Autoren die Städte, in denen sie nach dem Studium leben. Es sind vor allem Universitätsstädte und in noch größerem Umfang Residenzen und Hauptstädte, meist im deutschen Sprachraum.[10] Zwar gibt es viele Autoren, die als Amtleute oder Pastoren in Kleinstädten wohnen, der größere Teil jedoch hält sich als Beamter in den Resi-

---

[6] Von 6 Autoren ist nicht bekannt, an welcher Universität sie studiert haben. Die Studienorte und die Verteilung der Autoren, die dort studiert haben, auf die Reisezeiträume sind:
Halle: 6 Personen, 2 (1789–99), 2 (1801–06), 1 (1806–11), 1 (1815–21); Göttingen: 5 Personen, 2, 1, 1, 1; Leipzig: 5 Personen, 2, 1, 0, 2; Jena: 2 Personen, 1 (89–99), 1 (01–06); Mainz: 1 (89–99); Freiberg: 1 (89–99); Tübingen: 1 (01–06); Duisburg: 1 (01–06); Königsberg: 2 (15–21); Wien: 1 (89–99), 1 (15–21); Würzburg, Dillenburg: 1 (15–21); Rom: 1 (89–99). Bödeker, Gebildete Stände, S. 28, nennt einen Anteil von einem Drittel aller Studenten für Halle und Göttingen, was in etwa mit dem Anteil unter den reisenden Autoren übereinstimmt. Jedoch nimmt Jena bei Bödeker die dritte Position ein.

[7] Schindling, S. 13, S. 15.

[8] Die übrigen von Protestanten besuchten Universitäten sind Mainz, Duisburg, Tübingen und die Bergakademie in Freiberg. Die beiden Katholiken studieren in Wien, Würzburg, Dillenburg und Rom.

[9] Bei 5 von 26 studierten Autoren ist kein Studienfach bekannt. Die verbleibenden 21 Männer studierten, verteilt auf die Reiseberichtszeiträume: 1789–99: 1 Theologie, 1 Jura, 1 klass. Literatur, 2 Geschichte, 1 schöne Wissenschaften, 1 Philosophie, 1 Staatswissenschaft, 1 Bergmannswesen; 1801-06: 3 Theologie, 2 Jura, 1 klass. Literatur, 1 Philologie, 1 Philosophie, 1 Mathematik; 1806-11: 2 Jura, 1 Philologie, 1 Philosophie; 1815–21: 4 Theologie, 3 Jura, 1 Medizin, 1 Musik.

[10] Universitätsstädte: Halle, 2x Breslau, 3x Leipzig, Oxford, Pavia, Tübingen, Mainz, Bonn, Köln, Kiel. Residenzen und Hauptstädte: 3x Dessau, 5x Berlin, Stuttgart, 2x Dresden, Eutin, Weimar, Mannheim, Wien, Kopenhagen, St. Petersburg, Paris, London, Zürich. Regionale Zentren: Mailand, Warschau, Frankfurt/M., Hamburg, Düsseldorf. Andere Städte: Danzig, Dorpat, Münster, Glogau, Augsburg, Elberfeld, Reval, Altona, Bremen.

denzen, als Wissenschaftler in europäischen Metropolen oder als Professor, Lehrer, Übersetzer oder Schriftsteller in den bedeutenden Universitätsstädten auf.

Der Aufenthalt der Autoren in den Herrschafts- und Wissenschaftszentren erklärt sich durch ihre Ausbildung. Diese führt wiederum dazu, daß zwei Drittel aller männlichen Reisenden ihren Lebensunterhalt vorübergehend oder dauerhaft durch ein staatliches Amt erwerben.[11] Die Nähe zum Staatsapparat, die sich im Herkunftsmilieu, im politischen Denken und im Beruf der Reisenden dokumentiert, führt auch zu einer großen Nähe zum Adel. Etwa 40% der Autoren sind selbst adelig, ein Drittel von diesen geadelte Bürgerliche.[12] Neben dem Adelstitel, dessen Verleihung sich meist aus der Berufslaufbahn ergibt, ist die Beziehung zu Adeligen, sei es durch Anstellung, persönliche Bekanntschaft oder Verwandtschaft für viele weitere Bürgerliche von entscheidender Bedeutung. Insgesamt haben zwei Drittel der Reisenden familiäre oder persönliche und damit oft beruflich entscheidende Beziehungen zum Adel.

Schließlich zeichnen sich die Autoren auch dadurch aus, daß eine Mehrheit von ihnen nicht nur Reiseberichte verfaßt hat. Einige sind wahre Vielschreiber. Die Reisenden äußern sich nicht nur zu ihrem jeweiligen Fachgebiet, sondern auch zu den Themen Literatur, Politik und Kunst. Der Umgang mit Schrift oder öffentlicher Rede war den Söhnen und Töchtern von Regierungs- und Justizbeamten, Pastoren und Predigern seit der Kindheit vertraut. Schriftlichkeit und Autorenschaft waren für viele selbstverständlich, weil schon die Eltern Autoren waren. Wehrhans Vater veröffentlichte Predigten, und Morgensterns Mutter verfaßte Manierenbücher. Ein Drittel der Reisenden schreibt mehrere Reiseberichte, die Hälfte verfaßt Artikel und Rezensionen für Zeitschriften, zwei Drittel Bücher zu Sachthemen. Immerhin etwa 30% der Autoren betätigt sich auch als Übersetzer.[13]

Innerhalb der Gruppe der Autoren muß man jedoch noch einmal nach Alter und Herkunft differenzieren. Es gibt offensichtlich zwei Lebensalter, in denen eine Reise nach Italien unternommen wurde: nach Abschluß des Studiums mit vier-

---

[11] 20 von 30 Männern sind staatliche Titelträger, Lehrer oder Pastoren. Bei den Titelträgern ist allerdings nicht immer klar erkennbar, ob es sich um einen Ehrentitel oder eine Anstellung handelt. 4 Autoren sind Hofmeister, Privatsekretär, Zeitungsredakteur, Übersetzer und Sprachlehrer. 2 Autoren sind Anwälte, je einer Kaufmann und Offizier. Bei 2 Autoren ist der Beruf unbekannt.

[12] 14 Autoren sind Adelige, davon 5 sicher oder wahrscheinlich geadelte Bürgerliche. 6 weitere Bürgerliche sind entweder Kinder eines adeligen Elternteils, bei Adeligen angestellt oder werden von ihnen in ihrer Karriere entscheidend gefördert.

[13] 10 Reisende veröffentlichen mehr als einen Reisebericht, 17 Artikel oder Rezensionen. 22 schreiben Bücher zu Sachthemen, 8 geben Gedichte heraus, 9 übersetzen Bücher, 6 treten als Zeitschriftenherausgeber auf. Jeweils 2 Autoren veröffentlichen einen Roman oder schreiben Lexikonbeiträge. Nur bei 3 Reisenden sind keine weiteren Veröffentlichungen bekannt.

undzwanzig bis dreißig Jahren und nach der beruflichen Etablierung im Alter zwischen Ende dreißig und Ende vierzig.[14]

Neben der Trennung in Studenten- und Etabliertengeneration verläuft quer dazu eine soziale Trennungslinie innerhalb der Autorengruppe. Diese könnte man als Trennungslinie zwischen Angehörigen der Elite und denen des mittleren Bürgertums bezeichnen. Zur ersten Gruppe sind Adelige mit Vermögen zu zählen, reiche Kaufleute und deren Angehörige, Beamte aus Familien, die zur kommunalen Führungsschicht gehörten, und Autoren, die über namhafte soziale Beziehungen verfügen.[15] Mit Ausnahme von Brun sind alle diese Eliteangehörigen von Geburt adelig oder werden geadelt.

Zur zweiten Gruppe gehört die größere Zahl derjenigen, die, adelig oder nicht, zwei Drittel der Autoren ausmachen und meist als Amtsträger in den Bereichen Wissenschaft, Verwaltung und Justiz oder als Pastoren, Lehrer, Anwälte und Publizisten tätig waren.

Die erste Gruppe zeichnet sich durch einen großen Besitz an ökonomischem Kapital, kulturellem Kapital – in der Familie erworbenen Umgangsformen und universitärer Bildung – und sozialem Kapital – familiärer und persönlicher Beziehungen zu einflußreichen Personen – aus.[16] Der Vergleich der beiden Gruppen zeigt, daß vor allem soziales Kapital über Familie und Herkunft vermittelt wird. Die Autoren, die der Elite angehören, kennen Fürsten und Könige, diskutieren mit Herder und Goethe, Lavater und Geßner.[17] Die Angehörigen der zweiten Gruppe

---

[14] Die Verteilung der Reisenden auf die Generationen ist größtenteils regelmäßig. 'Ausreißer', wie z.B. Müller, der erst mit 69 Jahren reist, sind deutlich an ihren 'zurückgebliebenen' Einstellungen zu erkennen. Die Autoren der verschiedenen Reisezeiträume gehören folgenden Jahrgängen der Studenten- und der Etabliertengeneration an: 1789–1799: Jgg. 1750–57 und 1764–74; 1801–1806: Jgg. 1756–66 und 1772–79; 1808–1811: Jgg. 1755, 1764–70; 1815–21: Jgg. 1773–80, 1789–95, Müller= Jgg. 1755.

Die Studentengeneration der Zeit vor 1800 ist die Etabliertengeneration der Zeit 1808 bis 1811, während die Etabliertengeneration der Zeit 1801–06 nicht als Studentengeneration auftaucht. Die Studentengeneration der Zeit 1801–06 stellt wiederum die Etabliertengeneration von 1815–21.

Die beiden Frauen reisen erst in fortgeschrittenem Alter, nachdem sie geheiratet haben bzw. als geschiedene Schriftstellerin etabliert sind, im Alter von 30/43 und 48 Jahren. Sie fallen auch deshalb aus dieser Kategorisierung heraus, weil der Reisegrund beider Frauen eine Krankheit ist.

[15] Adelige mit Vermögen: Stolberg, Recke, Buch, Uxkull, Wessenberg. Kaufleute und Angehörige: Quandt, Brun. Autoren aus der kommunalen Führungsschicht: Kotzebue, Gerning, Rehfues. Autoren mit sozialen Beziehungen: Stolberg, Wessenberg, Gerning, Rehfues, Brun, Recke.

[16] Vgl. Bourdieu, Unterschiede, S. 47, S. 127ff., S. 139, S. 203.

[17] Gerning lernt das neapolitanische Königspaar kennen, als es anläßlich der Kaiserkrönung im Hause Gerning wohnt. Brun kennt Herder, Klopstock und die Brüder Stolberg über ihren Vater. Reckes Verwandte gehören zum Hochadel Kurlands. Kotzebue, als Sohn eines Legationsrates aus

müssen sich, da ihnen vornehme Herkunft und Vermögen fehlen, auf ihr Bildungskapital – die schulische und universitäre Ausbildung – und die Beziehungen, die sie darüber knüpfen können, stützen.

Uneinheitlich, aber insgesamt sehr beschränkt ist innerhalb des gesamten Untersuchungszeitraumes der Anteil der Reisenden, die aus kleinbürgerlichem oder gar unterbürgerlichem Milieu stammen.[18] Obwohl sich die Herkunft der Reisenden mehrheitlich auf Adel, gehobenes und mittleres Bürgertum beschränkt, sind die Unterschiede in Vermögen und sozialem Status innerhalb der Autorengruppe erstaunlich hoch. Neben Hochadeligen und reichen Kaufleuten stehen Patriziersöhne, aber auch ein Bauernsohn und ein Buchdrucker mit abgebrochenem Studium.

Im gesamten Zeitraum verändert sich der Charakter der Autorengruppe. Der Anteil der Autoren, die der gesellschaftlichen Elite entstammen, nimmt ab. Ebenso läßt die soziale Mobilität der Autoren nach und ihre soziale Lage verfestigt sich.

Vor 1815 beträgt das zahlenmäßige Verhältnis von Elite und mittlerem Bürgertum zueinander 40% zu 60% Nach 1815 verringert sich der Anteil der Eliteangehörigen deutlich, und das Verhältnis beträgt nur noch 20% zu 80%. Das mittlere Bürgertum erhält innerhalb der Autorengruppe größeres Gewicht. Gleichzeitig vermindert sich die Zahl derjenigen Autoren entscheidend, die, verglichen mit ihrem Herkunftsmilieu, als Aufsteiger zu bezeichnen sind. Waren etwa die Hälfte der Reisenden bis 1806 soziale Aufsteiger, so nimmt deren Zahl danach deutlich ab und macht nach 1815 nur noch etwa ein Viertel aus.[19] Die Hälfte der Autoren erhält nun im Vergleich zum Elternhaus ihre soziale Lage, und gleichzeitig nimmt die Bedeutung adeliger Förderer für die Berufskarriere ab.

Eine weitere, bedeutende Veränderung ist, daß nur zwei der zehn nach 1815 Reisenden noch einen zweiten Reisebericht verfassen. Vor 1811 liegt der Anteil der Autoren, die mehrere Reiseberichte schreiben dagegen bei etwa 40–50%. Auch die

---

einer Weimarer Ratsfamilie, kennt Herder und Goethe wahrscheinlich schon seit seiner Jugend. Wessenbergs Vater ist Oberhofmeister der sächsischen Kurfürstin und kennt Lavater und Geßner. Buchs Vater war Gesandter am sächsischen Hof, Stolbergs Vater Hofmarschall in Kopenhagen.

[18] Vor 1800 und zwischen 1806 und 1815 gibt es keinen Autor dieser Herkunft. Zwischen 1800 und 1806 gehören immerhin drei von acht Autoren, in der Zeit von 1815 bis 1821 höchstens zwei von zehn Autoren zu dieser Gruppe. Seumes Vater ist Bauer und Gastwirt, Benkowitz' und Kiesewetters Väter sind Küster. Wahrscheinlich aus kleinbürgerlichem Umfeld stammt Ife, der Buchdrucker und -händler ist, bevor er für kurze Zeit studiert. Hagen ist unehelicher Sohn eines Adeligen und einer Magd. Von ihm ist nicht bekannt, wo er aufwächst und wer sein Studium finanziert.

[19] Im Reisezeitraum 1789–99 sind 4 Autoren soziale Aufsteiger, 3 erhalten ihre Lage, 1 steigt im Vergleich mit dem Vater ab (2 unbekannt). 1801–1806: 5, 1, 0, 2; 1808–11: 2, 2, 1, 0. 1815–21: 2, 5, 1, 2. Die Beurteilung muß hier notwendigerweise etwas willkürlich erscheinen. Als Kriterien für sozialen Auf- oder Abstieg habe ich den Erwerb oder Verlust von Adelstitel, Studium, Amt, Vermögen, Reputation auf dem literarischen oder wissenschaftlichen Feld im Verhältnis zum Elternhaus in Rechnung gestellt.

Anzahl der Reisenden, die Zeitschriftenartikel verfassen, nimmt nach 1815 ab. Dagegen gibt es nun mehr Autoren, die Bücher zu Sachthemen veröffentlichen.

Die Analyse des Sozialprofils der Reiseberichtsautoren bestätigt die Ergebnisse der Bürgertumsforschung. Nicht die einheitliche regionale oder soziale Herkunft der Autoren prägt ihre Wahrnehmung in den Berichten. Auch die konfessionelle Zugehörigkeit ist nicht entscheidend, denn zwischen dem Urteil katholischer und protestantischer Autoren findet sich kaum ein Unterschied.[20] Vielmehr scheinen es die Ausbildung in wenigen, aufklärerisch ausgerichteten Universitäten protestantischer Territorien und das Berufsleben in den Kultur- und Herrschaftszentren zu sein, die zu einer übereinstimmenden Wertung in gesellschaftlichen und moralischen Fragen führen. Allerdings bewirkt die soziale Herkunft, daß die Autoren ein Studium, ein Staats- oder Hofamt und die literarische Tätigkeit als erstrebenswert oder zumindest normal ansehen. Schon hier, so kann man aufgrund von Indizien[21] vermuten, prägen sich bei einem Teil der Reisenden Werthaltungen, Lebensstil und Körperlichkeit, eben der 'bürgerliche' Habitus aus, der dann – wie Hardtwig für die Studentenschaft um 1800 gezeigt hat – spätestens während des Studiums planmäßig von allen erworben wird.[22] Die charakterlichen, intellektuellen und gefühlsmäßigen Eigenschaften, die seit etwa 1780 innerhalb der Studentenschaft als Teile eines neuen Lebenskonzeptes angestrebt wurden, gleichen den Anforderungen aufs Haar, die die Reisenden an die neapolitanische Gesellschaft stellen. Intellektuelle Bildung war in diesem neuen Lebenskonzept Ergebnis des Anspruchs auf einen sittlichen Lebenswandel. Zum Programm der neuen Lebensführung gehörte es auch, sich dieses sittlichen Lebenswandels schreibend zu versichern.[23]

Die Autoren sind 'bürgerlich', weil sie Wertungen und Lebensstil teilen, die sie anscheinend vor allem im Studium erworben und in Verbeamtung und literarischer Tätigkeit fortgeführt und gefestigt haben. Die Bedeutung der Ausbildung ist im Verhältnis zur sozialen Herkunft wichtiger, weil die dort erlernten Fähigkeiten zu

---

20 Vgl. Maurer, Biographie, S. 231; Ders., Genese, S. 330f.

21 Als Indizien für den Erwerb eines 'bürgerlichen' Habitus schon im Elternhaus, zumindest bei einigen Autoren, können gelten: Die Bewunderung des Vaters von Wessenberg für Joseph II. und seine Bekanntschaft mit Lavater und Geßner; die Bekanntschaft von Bruns Vater mit bekannten Aufklärern; der Status von Jacobis Vater als bekannter Philosoph und Präsident der bayerischen Akademie der Wissenschaften. Bei Autoren wie Seume, der ein Bauernsohn war, ist ein Erwerb des Habitus in der Familie unwahrscheinlich.

22 Hardtwig, S. 21ff.; S. 39ff. Dies nimmt auch Thomas Würtenberger: Verfassungsentwicklung in Frankreich und Deutschland in der zweiten Hälfte des 18. Jahrhunderts, in: G. Birtsch (Hrsg.), Reformabsolutismus im Vergleich. Staatswirklichkeit – Modernisierungsaspekte – Verfassungsstaatliche Positionen, in: Aufklärung, 9.Jgg, Heft 1, 1996, S. 75–99, S. 89 an.

23 Ebd., S. 23ff.

einem erhöhten Status in der Gesellschaft führen und diese Fähigkeiten den Charakter der Gruppe konstituieren.[24] Die Träger von 'Bürgerlichkeit' sind, soweit es die soziale Herkunft betrifft, adelige und bürgerliche Menschen. Zu 'Bürgerlichkeit' im Sinne gemeinsamen Lebensstiles gehört auch die enge soziale und habituelle Verbindung zum Adel als Gruppe. Nicht umsonst kennzeichnet Hardtwig das studentische Lebenskonzept als eine Mischung, die aus bürgerlichem und adeligem Lebenskreis entstand.[25] Dieses Lebenskonzept bezieht wesentliche adelige Wertvorstellungen und Verhaltensweisen jedoch nicht mit ein. Die Verbindung zum Stadtbürgertum ist bei einigen Autoren über die Familie gegeben. Die enge Verbindung zu Staatsamt und Studium überwiegt diese in ihrer Bedeutung jedoch bei weitem. Das Stadtbürgertum spielt in dieser Teilgruppe der Gebildeten keine wesentliche Rolle.

Diese Charakterisierung der Reisenden stimmt weitgehend mit der der 'Gebildeten Stände' durch Bödeker überein.[26] Es ergeben sich jedoch einige wenige Unterschiede zwischen Bödekers Charakterisierung und den Autoren der Reiseberichte. Zunächst einmal ist der Anteil der Schriftsteller und Redakteure, die ihren Lebensunterhalt allein aus dieser Tätigkeit bestreiten, wirklich sehr gering. Erheblich ist hingegen die Anzahl der Reisenden (ca. 30%), die ihren Lebensunterhalt zwar durch eine Anstellung bestreiten, einen wesentlichen Lebensinhalt jedoch in der Schriftstellerei sehen.[27] Bezeichnend ist hier, daß keiner der Autoren nach 1815 zu dieser Gruppe zählt. Diejenigen von ihnen, die nach 1815 viel schreiben, tun dies im Rahmen ihrer beruflichen Tätigkeit.

---

[24] Bourdieu, Unterschiede, S. 18, hält daher die Ausbildung in modernen Gesellschaften für wichtiger bei der Bestimmung von 'Klasse' als die soziale Herkunft.

[25] Hardtwig, S. 39, S. 41.

[26] Bödeker nennt als typische Kennzeichen der Gruppe der Gebildeten den Universitätsabschluß und einen hohen Anteil an Beamten. Die Inhaber freier Berufe, Schriftsteller und Journalisten zählt er ebenfalls zu den Gebildeten. Innerhalb der Gruppe dominieren die Beamten- und Pfarrerssöhne. Ab 1780 besteht ein starker Selbstrekrutierungsanteil. Bildung und Ausbildung sieht Bödeker als Homogenisatoren an, die die neuen Wertungen prägen. Vgl. Bödeker, Gebildete Stände, S. 25f., S. 29f., S. 32f.

[27] Rehfues lebt u.a. vom Ertrag seiner Zeitschriften über Italien, bis er ein Amt in Deutschland erhält. Stegmann wird ab 1804 Chefredakteur der 'Allgemeinen Zeitung', Eichholz arbeitet als Zeitungsredakteur, Seume läßt sich zumindest seine Italienreise vom Verleger vorfinanzieren. Die 6 weiteren Reisenden, die sich schriftstellerisch betätigen, sind der Theaterautor Kotzebue, der Hainbunddichter Stolberg, der erfolgreiche Reiseschriftsteller Küttner, der Herausgeber zahlreicher Lexika Nemnich, der Autor diverser Tagesschriften Benkowitz und die bekannte Schriftstellerin Recke.

Verglichen mit Bödekers und Lundgreens Angaben über die soziale Herkunft von Studenten preußischer Universitäten um 1800 ergibt sich darüber hinaus, daß in der Autorengruppe Personen kleinbürgerlicher, aber auch kaufmännischer und bäuerlicher Herkunft stark unterrepräsentiert sind. Dagegen sind die Adeligen stark überrepräsentiert, deren Anteil an den Studenten in Preußen in den neunziger Jahren nur 10–15% betrug.[28] Der im Vergleich mit der Studentenschaft doppelt bis dreimal so hohe Anteil Adeliger[29] könnte auf die adelige Tradition der Kavalierstour zurückzuführen sein. Die große Nähe der Autoren zur Schriftstellerei verwundert ebensowenig wie der unterdurchschnittliche Anteil von Angehörigen des Klein- und des wirtschaftlich tätigen Bürgertums. Autorenschaft wird offensichtlich durch möglichst frühe Nähe zu Schriftlichkeit gefördert.

Zum „literarischen Pöbel"[30] ohne gesellschaftliche Aufstiegschancen, den Darnton im vorrevolutionären Frankreich als Tagesschriftsteller ausmacht, gehören die deutschen Reiseberichtsautoren nicht. Auch um frustrierte Intellektuelle im Sinne Chartiers, die ihren erhofften sozialen Status nicht erreichen können, handelt es sich nicht.[31] Ebensowenig greift Pikuliks Unterscheidung zwischen „wissenschaftlich-administrativer", d.h. beamteter, und anstellungsloser „kritisch-literarischer Intelligenz"[32], denn die Autorengruppe vereint die wesentlichen Aspekte beider Gruppen. Am ehesten läßt sich das Sozialprofil der Autoren von Reiseberichten, soweit es Wohnorte und Berufe betrifft, mit dem der Rezensenten der 'Allgemeinen Deutschen Bibliothek' vergleichen. Allerdings finden sich unter den Rezensenten der 'ADB' deutlich mehr Gelehrte und Angehöriger 'freier Berufe'.[33]

---

[28] Lundgreen, S. 96, S. 103; Bödeker, S. 29f. Nach 1800 betrug der Anteil der preußischen Studenten, deren Eltern kleine Beamte und Bauern waren 30%, deren Eltern aus dem Kleinbürgertum stammten etwa 20%.

[29] Bezogen auf die Reisenden, die dem Adel von Geburt angehörten.

[30] Robert Darnton: Die Hochaufklärung und die Niederungen des literarischen Lebens, in: Ders., Literaten im Untergrund. Lesen, Schreiben und Publizieren im vorrevolutionären Frankreich, Frankfurt/Main 1988, S. 11–43, S. 24, S. 29f. Zum literarischen Pöbel zählt Darnton auch Mercier und Restif de la Bretonne. In einer ähnlichen Position befindet sich unter den Reisenden allein Ife, der als Buchdrucker und Sprachlehrer mit wahrscheinlich nicht abgeschlossenem Studium arbeitete.

[31] Chartier, Vergangenheit, S. 123ff.

[32] Pikulik, Empfindsamkeit, S. 302f. Mit Ausnahme eines malenden Anwalts findet sich unter den Autoren auch kein einziger Künstler.

[33] Vgl. Ute Schneider: Friedrich Nicolais Allgemeine Deutsche Bibliothek als Integrationsmedium der Gelehrtenrepublik, Wiesbaden 1995, S. 154ff., S. 261, S. 265.

2. Autorenschaft als kulturelles Kapital innerhalb der deutschen Gesellschaft

Um beurteilen zu können, was das Verfassen von Reiseberichten in Deutschland um 1800 für die soziale Situation der Autoren bedeutet, bedarf es eines Blickes auf deren sonstige Tätigkeiten und Verhaltensweisen. Über welches ökonomische, kulturelle und soziale Kapital verfügten sie – abgesehen vom universitären Bildungskapital, das in den Reiseberichten ausgebreitet wird? Welche Bedingungen und Strategien ergaben sich daraus für die einzelnen Autoren, für ihre berufliche Karriere, ihren sozialen Status und ihr Selbstgefühl? Besitz, Akkumulation und Verteilung von Kapital ermöglichten es ihnen, eine bestimmte Position innerhalb der Gesamtgesellschaft und unter den Gebildeten einzunehmen.[34]

Die soziale Position der Autoren in der Gesellschaft des ausgehenden Ancien Régime und der Restauration, die Richtung ihrer Laufbahn im Vergleich mit dem Elternhaus wurde schon beschrieben. Vor allem die Laufbahn des Staatsbeamten ist es, von der sich die Reisenden Lebensunterhalt, soziales Ansehen und Machtteilhabe versprechen. Eine kaufmännische Tätigkeit oder die freien Berufe stehen erst an zweiter oder dritter Stelle. Die gesellschaftlichen Bedingungen für eine Laufbahn im Staatsdienst verschlechterten sich am Ende des 18. Jahrhunderts. Der erhöhte Andrang, vor allem auch Adeliger, auf Studienplätze und Stellen hatte eine Verknappung der Berufschancen zur Folge, obwohl sich der Bedarf der Staaten an qualifizierten Fachkräften langfristig gesehen erhöhte.[35] Trotz solcher Konjunkturen im Bereich von Studium und staatlichen Ämtern wählen die Autoren diese Laufbahn. Die Auswirkungen der Stellenlage machen sich nur bei wenigen von ihnen bemerkbar.[36] Die weitaus größere Zahl der Reisenden findet eine Anstellung, vorausgesetzt, sie schließen das Studium rechtzeitig ab oder wählen nicht selbst eine neue Laufbahn.

Die überwiegende Mehrheit der Reisenden verfügt in hohem Grade über kulturelles Kapital: über Titel, Ausbildung, Buch- und Zeitschriftenveröffentlichungen, Umgangsformen und inkorporierte Moral.[37] Bei etwa 80% der Autoren ist das kulturelle Kapital auch der wichtigste Besitz. Bei ausnahmslos allen sozialen Auf-

---

[34] Bourdieu, Unterschiede, S. 164, S. 195, S. 206.

[35] Hardtwig, S. 38.

[36] So erhält Benkowitz erst mit 43 Jahren ein Amt und arbeitet vorher als Hauslehrer. Wehrhan muß bis zum 29. Lebensjahr warten, ehe er eine Pfarrersstelle erhält.

[37] Nur 6 Autoren leben von eigenem Vermögen (Buch, Recke, Wessenberg, Quandt) oder dem des Ehegatten (Brun, Stolberg). Uxkull und Kotzebue scheinen immerhin über so viel Vermögen zu verfügen, daß sie zeitweise ohne berufliches Einkommen leben können.

steigern, aber auch bei den meisten, die ihre Lage erhalten, gibt das kulturelle Kapital hierfür den Ausschlag. Meist sind es Studium und Universitätsabschluß, die zu einer Anstellung führen.

Die Adeligen und Bürgersöhne, die nicht von ihrem Vermögen leben können, erwerben das Bildungswissen, das in Beamtenstellen als Herrschaftswissen verwertbar ist und ein hohes soziales Ansehen verschafft. Doch auch diejenigen Reisenden, die über so viel finanzielle Mittel verfügen, daß sie davon leben können, ohne arbeiten zu müssen, investieren zusätzlich im kulturellen Bereich. Sie erwerben dadurch ein noch größeres soziales Ansehen. Die Frauen, obwohl durch Ehe und soziale Herkunft ökonomisch und sozial abgesichert, gewinnen ein größeres Maß an Selbstgefühl und Selbständigkeit, vermittelt über die Teilhabe an der bürgerlichen Öffentlichkeit. Schließlich können Adelige wie Nicht-Adelige durch die Investition in kulturelles Kapital den Verlust von Vermögen oder sozialer Beziehungen, die negativen Folgen einer nicht 'vorschriftsmäßig' verlaufenen Karriere in gewissem Maße ausgleichen. Recke wertet ihre Position als geschiedene Ehefrau durch ihren literarischen Erfolg auf, Stegmann ersetzt das in einem Bankrott verlorengegangene Vermögen des Vaters durch die Laufbahn als Publizist.

Verspäteter, nicht abgeschlossener oder ungenügender Erwerb kulturellen Kapitals führt bei allen betroffenen Autoren dazu, daß sich die Aufstiegserwartungen nicht erfüllen, zumal keiner von ihnen auf ökonomisches Kapital zurückgreifen kann. Ife und Seume müssen als Sprachlehrer arbeiten, was dem Status eines Studierten nicht entspricht. Seume und Odeleben befinden sich am Ende ihres Lebens in finanziellen Schwierigkeiten, da sie niemals eine dauerhafte Anstellung erreichen können. Seume stirbt auf einer Erholungsreise, die ihm Freunde finanzieren müssen, und Odeleben lebt mehr schlecht als recht vom Verkauf vulkanischen Gesteins, das er auf seiner Neapelreise gesammelt hat.

Die Investition in kulturelles Kapital kann aber auch Erfolge und sozialen Aufstieg über das zu erwartende Maß hinaus mit sich bringen. So gelingt es Hagen, die drohende Deklassierung als unehelicher Sohn eines Adeligen abzuwenden. Er bricht die Juristenkarriere ab und wird durch die überaus erfolgreiche Übersetzung des Nibelungenliedes zu einem der Gründerväter der Germanistik. Quandt finanziert seine Kunstsammlung durch kaufmännisch erworbenes Kapital und steigt zum Mitglied der Akademie und der Kommission der Dresdener Gemäldegalerie auf. Zu sozialem Erfolg führen kulturelle Investitionen bei den Reisenden vor 1806 in der Schriftstellerei, als Politiker und als Wissenschaftler. Nach 1808 führen sie nur noch in der Wissenschaft und im Bereich der Kunst zu besonderem Statusgewinn.[38]

Der Erwerb kulturellen Kapitals beschert den Autoren aber auch Vorteile innerhalb der eigenen Gruppe. Ein Mehr an Bildungskapital konnte bei der Konkurrenz um eine Anstellung zum Erfolg führen. Universitäre Bildung und Titel be-

---

[38] Erfolg als Schriftsteller: Küttner, Stolberg, Recke, Kotzebue. Erfolg als Politiker: Gerning, Rehfues. Erfolg als Wissenschaftler: Buch. Nach 1808: Morgenstern, Hagen, Quandt.

stimmten in der bürgerlichen Öffentlichkeit und dem Staat gegenüber den Status der gebildeten Stände und deren Zugang zu Beamtenstellen. Den gleichen Effekt hatten möglicherweise Erfolge im Bereich der literarischen Produktion, die zu erhöhtem sozialen Status und zu wichtigen sozialen Beziehungen führen konnten.

Innerhalb dieses generellen Rahmens gehört die Praxis des 'Reiseberichtschreibens' – zumindest für die meisten Reisenden, bei denen es keine unmittelbare ökonomische Notwendigkeit hat – zum Gesamtbild des Gebildeten.[39] Gebildet-Sein bedeutet, auch über das für den Beruf notwendige Maß hinaus im kulturellen Feld zu investieren, um symbolisches Kapital zu erwerben. Zu Investitionen solcher Art kann es gehören, Kunst- und Gemäldesammlungen anzulegen, wie Quandt, Keller, Morgenstern, Wessenberg oder Uxkull es tun.[40] Charpentier, Wessenberg und Morgenstern erwerben symbolisches Kapital, indem sie eine Bibliothek besitzen.[41] Friederike Brun läßt sich nach eigenen Vorgaben eine Villa im italienischen Stil bauen. Ein Viertel der Autoren ist Mitglied verschiedener literarischer oder kultureller Vereine und in- oder ausländischer Akademien.[42] Zu den Investitionen in kulturelles Kapital können auch Reisen sowie die Herausgabe von Zeitschriften gerechnet werden. Eine häufig geübte Praxis ist die Veröffentlichung von Artikeln, Rezensionen oder Gedichten, die nicht fachwissenschaftlicher Art sind, sondern von allgemeiner Bildung zeugen. Eine speziell weibliche Form kultureller Praxis, die zumindest Recke betreibt, ist die Führung eines Salons.[43]

Autor eines Reiseberichtes zu sein, ist im Leben des schreibenden Gebildeten um 1800 also eher Teil der 'normalen' Praxis. Selten sind es die Reiseberichte allein, die entscheidend zu Statusgewinn und sozialem Aufstieg beitragen. Nur Küttner erwirbt durch seine Berichte über England ein Ansehen, das über seinen Status eines einfachen Hofmeisters hinausgeht. Der Statusgewinn durch Schriftstellerei,

---

[39] Bourdieu, Unterschiede, S. 194f. Seume, Rehfues, Stegmann, wohl auch Ife, Uklanski und Odeleben schreiben, um Geld damit zu verdienen. Das trifft auch auf Benkowitz und Nemnich zu, obwohl sie ihren Lebensunterhalt aus anderen Quellen bestreiten. Seume und Benkowitz finanzieren zumindest die Reise durch Vorschüsse ihrer Verleger. Vgl. Benkowitz, Glogau, Bd. 1, S. 3.

[40] ADB, Bd. 39, S. 440f.

[41] Nur bei ihnen wird es ausdrücklich erwähnt. Morgensterns Bibliothek umfaßt 12.000 Bände.

[42] 8 von 32 Autoren sind Mitglieder in- oder ausländischer Akademien (Preußen, Sachsen; Rußland, Rom, London, Paris), wissenschaftlicher Gesellschaften (Manchester, Göttingen, Trier, Frankfurt/M., Mainz) und Kunstvereine (Stuttgart, Sachsen).

[43] Die Angaben zu Brun sind hier ungenau. Vgl. DBA, Microfiche 152 und 1005; DBA-NF, Microfiche 1046.

wissenschaftliche und politische Tätigkeit oder Kunstkenntnis ist dabei um so höher, je mehr soziales und ökonomisches Kapital vorhanden ist. Gerade die Autoren, die dem Adel entstammen, durch Vermögen abgesichert sind oder städtischen Führungsschichten entstammen, können auch ihre kulturellen Investitionen am besten nutzen.[44]

Die Bedeutung ökonomischen Kapitals wird allein schon durch das Beispiel der Autoren deutlich, die bei Studienabbruch oder Arbeitslosigkeit nicht auf Vermögen zurückgreifen können. Die Rolle familiär oder selbst erworbenen sozialen Kapitals[45] erscheint zunächst weniger bedeutsam. Oft ermöglichen persönliche Beziehungen zu Adeligen dem Bürgerlichen jedoch die berufliche Etablierung oder zumindest finanzielle Förderung. Gerning beginnt seine Karriere, die ihn als Unterhändler Neapels zu den Rastätter Friedensverhandlungen und als hessen-homburgischen Gesandten nach London führt, im Elternhaus mit der persönlichen Bekanntschaft des neapolitanischen Königspaares. Staatskanzler Hardenberg finanziert Hagens Italienreise, und Seume kann nur dank eines adeligen Gönners studieren.

Rehfues, der nach abgeschlossenem Theologiestudium als Hauslehrer bei einem deutschen Kaufmann in Livorno arbeitet, ist der einzige unter den Autoren, der soziales und kulturelles Kapital schließlich in ökonomisches Kapital umwandeln kann und so einen ungeahnten sozialen Aufstieg erreicht. Er knüpft Beziehungen zur Königin von Neapel, die ihm die Heiratsanbahnung für einen ihrer Söhne anvertraut. Sicher nicht zuletzt wegen seines beachtlichen Wissens über Italien, das durch seine Zeitschriften öffentlich geworden war, führt er den Kronprinzen von Württemberg bei einem Besuch durch Neapel. Er erhält eine Anstellung als Bibliothekar beim Kronprinzen und wird schließlich durch Fürsprache eines preußischen Ministers Kreisdirektor in Bonn und Kurator der Bonner Universität. Ein erblicher Adelstitel und der Erwerb mehrerer Landgüter runden seine Erfolgsgeschichte ab.[46]

Das 'Reiseberichtschreiben' führt aber nicht nur zu Gewinn von gesellschaftlichem Status, wie er aufgrund der Herkunft der Autoren zu erwarten ist. Vielmehr kann das Schreiben auch die Folge einer subjektiven Entscheidung sein, durch die der Autor aus den bisherigen sozialen Beziehungen heraustritt und seinem Leben eine neue Richtung gibt. Dies trifft auf Rehfues zu, der als Hauslehrer und Publizist arbeitet, weil er nicht Pastor werden will, oder auf Hagen, der die Juristenkarriere

---

[44] Herkunft aus Adel: Recke, Stolberg, Buch. Kaufmännisches Vermögen: Brun, Quandt. Städtische Führungsschichten: Rehfues, Kotzebue, Gerning. Der Besitz nennenswerten ökonomischen Kapitals ist bei diesen drei Autoren nicht nachgewiesen, aufgrund ihrer Herkunft und Lebensführung aber zumindest bei Gerning und Kotzebue zu vermuten.

[45] Familiär erworben: Stolberg, Brun, Gerning, Kotzebue, Wessenberg. Selbst erworben: Recke, Rehfues, Kotzebue, Kiesewetter, Hagen.

[46] Vgl. ADB, Bd. 27, S. 590ff.; DBA, Microfiche 1008; Heilig, S. 13, S. 21f.

mit der eines Literaturprofessors vertauscht. Unabhängig davon, ob die Autorenschaft unmittelbare Folge einer subjektiven Entscheidung ist oder nicht, ist der Anteil der Reisenden, deren Laufbahn einen gewollten oder erlittenen Bruch aufweist, mit mehr als einem Viertel erstaunlich hoch.[47]

3. Selbstdarstellung und Ich-Konstituierung in den Reiseberichten

Das Verfassen von Reiseberichten wurde bisher als diskursive und symbolische Praxis charakterisiert, die sich an die Außenwelt und die soziale Gruppe der Reisenden selbst richtet. Die Berichte wenden sich aber auch an jeden einzelnen Leser. Sie wirken sogar auf ihre eigenen Autoren, deren mentale und habituelle Prägung sie gleichzeitig ausdrückt und festschreibt.[48] Die Berichte enthalten eine meist implizite Selbstdarstellung der Autoren, die auf zwei verschiedenen Ebenen verläuft. Über Repräsentationen wird das Selbstbild z.B. eines vorurteilslosen Beobachters, einer mit der Materie vertrauten Person hergestellt. Die Schilderung von Gefühlen drückt aus, was Bourdieu als inkorporiertes Kapital, Michel de Certeau als Inkarnation von Vorstellungen bezeichnet hat.[49] Der Habitus – mentale und körperliche Disposition –, der Gefühl und alltägliches Handeln des Subjektes steuert, erscheint in den Texten in der Beschreibung von Körperempfindungen. Ebenso wie die bewußten Repräsentationen sind auch diese 'instinktiven' Gefühle Teil von 'Bürgerlichkeit'. Die Empfindungen, die die Autoren äußern, zeugen davon, daß die in den Texten propagierten Vorstellungen und Handlungsmuster durch Inkorporation 'real' werden können.

Über diese beiden Formen der Selbstdarstellung in ihren Texten hinaus, treten die Reisenden in ihrem Leben als Verfasser von Reiseberichten und anderen Texten oder als Kunstsammler und Akademiemitglieder auf. Alle diese Praktiken zusam-

---

[47] 9 von 32 Autoren verzeichnen einen solchen Bruch in ihrem Leben. Wie schon erwähnt, versuchen Stegmann, Recke, Odeleben und Uklanski einen sozialen Abstieg mithilfe des Schreibens zu kompensieren oder abzuwenden. Hagen und Charpentier ergreifen nach abgeschlossener Ausbildung einen anderen Beruf. Buch gibt die Bergassessorsstelle auf, um Wissenschaftler zu werden. Seume beschließt, Offizier zu werden, obwohl ihm dieser Beruf in Deutschland als Bürgerlichem versperrt ist. Lehne zieht das Engagement für die Mainzer Republik einer sicheren Archivarsstelle in Wien vor.

[48] Vgl. Bourdieu, Unterschiede, S. 25; Maurer, Biographie, S. 24. In der Forschungsliteratur wird wiederholt hervorgehoben, daß das Schreiben von Reiseberichten der Ich-Konstituierung der Autoren diene. Vgl. Griep, Reiseliteratur, S. 746; Grosser, Reiseziel, S. 125ff., S. 143f.

[49] Bourdieu, Unterschiede, S. 127ff., S. 281; Michel de Certeau: Kunst des Handelns, Berlin 1988, S. 254.

men machen das Ich der Reisenden als Mitglied einer sozialen Gruppe aus. Die symbolische Praxis des Verfassens von Reiseberichten wird materiell wirksam, indem sie auf die Leser wirkt und gleichzeitig die soziale Stellung der Autoren festigt.

3.1. Selbstdarstellung durch Repräsentationen

Selbstdarstellung und Ich-Konstituierung in den Reiseberichten erfolgt vor allem durch Distinktion. Die Reisenden grenzen sich von bestimmten sozialen Verhältnissen, Klassen, Handlungs- und Empfindungsweisen ab und identifizieren sich mit anderen. Der Gebrauch symbolischer Güter: wissenschaftlicher Theorien und Repräsentationen, literarischer und historischer Kenntnisse, positiver moralischer Eigenschaften, dient dazu, die eigene Person herauszuheben und ihre kulturelle Kompetenz zu beweisen.[50] Die Autoren der Reiseberichte akkumulieren kulturelles Kapital, indem sie die gesellschaftlich positiv bewertete Bildung und die Kompetenz vorzuweisen suchen, die ihrem Status als Studierte und Beamte entspricht. Für die Reisenden ist es besonders wichtig, sich auf diese Weise individuell und sozial abzugrenzen, da sie mehrheitlich allein auf ihr kulturelles Kapital angewiesen sind. Individualität gehört zu den unverzichtbaren Distinktionsmitteln des Gebildeten.[51]

Auf der Ebene der Repräsentationen vertreten die Reisenden aufklärerische Inhalte. Sie betonen die Mängel der Gesellschaft des Ancien Régime, beklagen die schädlichen Praktiken von Adel, Kirche und Staat und messen den Grad an Kultur, den das neapolitanische Volk aufzuweisen hat. Dem stellen sie Arbeitsamkeit, den Freihandel, staatliche Planung in allen gesellschaftlichen Bereichen und Volkserziehung als positive Alternativen gegenüber. Neapolitanische Wissenschaftler und der 'Mittelstand' werden als Träger dieser positiven Werte dargestellt und gelobt.

Die Autoren zeigen, daß sie 'bürgerliche' Verhaltensweisen inkorporiert haben. Sie weisen sich als Personen aus, die rational denken und die fremde Umgebung nach historischen und logischen Kriterien beurteilen können. Sie kennzeichnen sich als tugendhafte, 'moralisch' denkende Menschen, die natürlich, arbeitsam, innerlich-religiös und sexuell zurückhaltend sind. Leidenschaften und Begierden sind ihnen fremd. Alle diese Werte definieren sie durch Auseinandersetzung mit der Gesellschaft des Ancien Régime, zu deren Beschreibung sie sich asymmetrischer und negierender Gegenbegriffe bedienen. Die Reisenden qualifizieren sich als Fachleute der Staatsverwaltung, indem sie zeigen, daß sie gesellschaftliche Verhältnisse beurteilen können und an deren Veränderung durch staatlichen Eingriff glauben. Die richtige Auslegung kultureller Zeichen und Zustände und die Identifikation mit Tugend und Vernunft beweisen, daß sie Vertreter 'objektiv gültiger' Maßstäbe

---

50 Bourdieu, Unterschiede, S. 120.
51 Bourdieu, Unterschiede, S. 517, S. 527, S. 639, S. 649.

sind. Sie weisen damit die Fachkompetenz aus, die man von ihnen als Staatsbeamten erwartet.

Zusätzlich zu dieser vor allem berufsgebundenen Selbstdefinition stellen sie sich auch als allgemein Gebildete dar, indem sie sich Eigenschaften zuschreiben und symbolische Praktiken ausüben, die für Gebildete typisch sind. Schon die Veröffentlichung eines Reiseberichtes dient der Selbstdarstellung und ist symbolische Praxis, denn das Reisen beinhaltete – wie die Vorworte zeigen – einen kanonisch festgelegten Anspruch:

> „Reisen wird als Erfahrungsmodell und Modellerfahrung regelrecht inszeniert, es ist demonstrativ Nachweis der Bereitschaft zu praktischer Welt-Anschauung und tätiger Selbst-Bildung."[52] (Kaschuba)

Darüber hinaus verstand man sich als Reisender als Vertreter der 'Menschlichkeit', als Teil der kontrollierenden Öffentlichkeit.[53] Schreiben sollte – zumindest bis etwa 1810 – zu Bewußtseinsveränderung und Bildung beitragen und der politischen Praxis eine Orientierung geben.[54] Aber auch danach war der Zweck einer Italienreise die Bildung im neuhumanistischen Sinne, und der Bericht bewies, daß man sie erworben hatte. Wer reiste, mußte sich, wie die Vorworte zeigen, an diesem Anspruch messen und messen lassen.

Obwohl der ideale Reisende seit Sternes 'Sentimental Journey' nicht mehr der Gelehrte war, der alle nützlichen Informationen sammelte, stellen sich die Neapelreisenden als wissenschaftlich interessierte Menschen dar. Sie beschreiben ihre Besuche in Bibliotheken, naturwissenschaftlichen Sammlungen und botanischen Gärten. Viele heben ihre geologischen Interessen hervor.[55] Als weiterer Beweis gelehrter Bildung nennen viele Reisende zeitgenössische, aber auch antike griechische und vor allem römische Autoren, die sie als Beleg für Diskussionen um antike

---

[52] Kaschuba, S. 41.

[53] Rudolf Vierhaus: Der aufgeklärte Schriftsteller. Zur sozialen Charakteristik einer selbsternannten Elite, in: Bödeker/ Herrmann, Prozeß, S. 53–65, S. 53; S. 56f.

[54] Vierhaus, Schriftsteller, S. 58; Certeau, Kunst, S. 295.

[55] Quandt, Bd. 2, S. 19; Odeleben, Bd. 1, S. 159; Friedländer, Bd. 1, S. 147, S. 202; Kephalides, Bd. 2, S. 140; Morgenstern, S. 119ff., S. 412ff.; Uklanski, Bd. 2, S. 526; Kotzebue, Bd. 2, S. 251ff.; Rehfues, Gemähler, Bd. 2, S. 34; Seume, S. 102; Brun, Neapel, S. 696; Jacobi, Bd. 1, S. 138; Hager, S. 35, S. 182; Gerning, Bd. 1, S. 46, S. 65ff., Bd. 3, S. 239; Hagen, Bd. 3, S. 68; Müller, S. 516; Charpentier, Bd. 2, S. 256ff.; Brun, Sitten, S. 21f., S. 145ff.; Recke, Bd. 3, S. 92f.

Stätten heranziehen. Oft zitieren sie aus fremdsprachigen, vorwiegend lateinischen Werken, manchmal ohne die Zitate zu übersetzen.[56]

Zum Beweis ihrer allgemeinen Bildung beziehen sich alle Autoren auf wenige italienische Dichter: Tasso, Ariost, Dante und in Neapel auf Sannazar.[57] Immer wieder nennen sie Werke zeitgenössischer Philosophen und bekannte Titel vor allem der deutschsprachigen Gegenwartsliteratur des 18. Jahrhunderts. Allgemein ist auch der häufige Bezug auf Wissenschaftler und Dichter. Rousseau und Winckelmann führen die Liste an, gefolgt von Goethe, Montesquieu und Voltaire.[58] Unter den Malern, deren Werke gelobt werden, führt Raffael unangefochten.

---

[56] *Verweise auf gelehrte Texte:* Quandt, Bd. 2, S. 17, S. 86; Charpentier, Bd. 2, S. 204; Ife, S. 147; Friedländer, Bd. 2, S. 191f.; Kephalides, Bd. 2, S. 160; Brun, Sitten, S. 51, S. 291; Morgenstern, S. 11, S. 56; Rehfues, Miscellen, Bd. 1, S. 10; Recke, Bd. 3, S. 61; Eichholz, Bd. 2, S. 86, Bd. 3, S. 87, S. 247, S. 254; Seume, S. 167; Stegmann, Bd. 1, S. 346; Brun, Fondi, S. 63; Küttner, Bd. 2, S. 161; Stolberg, Bd. 1, S. 309, Bd. 2, S. 41; Gerning, Bd. 2, S. 202, S. 208. *Fremdsprachige Zitate:* Charpentier, Bd. 2, S. 213; Morgenstern, S. 93; Uklanski, Bd. 2, S. 575; Kotzebue, Bd. 2, S. 232; Rehfues, Gemählde, Bd. 2, S. 194; Eichholz, Bd. 2, S. 26; Keller, S. 121; Küttner, Bd. 1, S. 424, Bd. 2, S. 22, S. 173; Stolberg, Bd. 2, S. 318, S. 325. *Zitate auf Deutsch:* Friedländer, Bd. 2, S. 191; Brun, Sitten, S. 74; Morgenstern, S. 56; Uklanski, Bd. 2, S. 451; Kotzebue, Bd. 1, S. 369; Küttner, Bd. 2, S. 205; Jacobi, Bd. 2, S. 391; Gerning, Bd. 1, S. 127, S. 165. *Verweis auf Inschriften:* Morgenstern, S. 93; Uklanski, Bd. 2, S. 537; Kotzebue, Bd. 2, S. 232; Stolberg, Bd. 3, S. 67.

Die These Albert Meiers (Land, S. 31, S. 33), nach Winckelmann hätten sich die Italienreisenden vor allem auf antike griechische Texte bezogen, bestätigt sich für die Berichte zu Neapel nicht. Hier beziehen sich die Autoren im Zusammenhang mit Baiae, den Campi phlegrei und Pompeji vor allem auf römische Autoren, allen voran die beiden Plinius', Horaz und Vergil, die die Umgebung Neapels bzw. den Ausbruch des Vesuv beschrieben hatten.

[57] Müller, S. 864; Quandt, Bd. 2, S. 46; Charpentier, Bd. 2, S. 229; Friedländer, Bd. 1, S. 145, Bd. 2, S. 223; Brun, Sitten, S. 120, S. 167; Dies., Ischia, S. 48; Dies., La cava, S. 97; Morgenstern, S. 542; Uklanski, Bd. 1, S. 89, Bd. 2, S. 572, S. 638; Kotzebue, Bd. 3, S. 172; Rehfues, Miscellen, Bd. 1, S. 91; Eichholz, Bd. 3, S. 80; Keller, S. 31; Benkowitz, Glogau, Bd. 2, S. 85, Bd. 3, S. 277; Seume, S. 102; Stolberg, Bd. 2, S. 25; Gerning, Bd. 2, S. 143; Brun, Sitten, S. 45; Friedländer, Bd. 2, S. 208; Morgenstern, S. 209; Rehfues, Miscellen, Bd. 1, S. 42. *Weitere Erwähnungen:* Alfieri: Friedländer, Bd. 1, S. 198; Morgenstern, S. 233.

[58] *Bezüge auf Literatur und Personen: Winckelmann:* Hager, S. 131; Küttner, Bd. 2, S. 61; Seume, S. 79; Morgenstern, S. 39; Wehrhan, S. 333; Hagen, Bd. 3, S. 91. *Kant:* Brun, Sitten, S. 222. *Vico:* Gerning, Bd. 2, S. 27. *Hume, Locke:* Stegmann, Bd. 1, S. 338. *Rousseau:* Stolberg, Bd. 1, S. 199; Jacobi, Bd. 1, S. 28; Stegmann, Bd. 2, S. 273; Benkowitz, Glogau, Bd. 3, S. 296; Eichholz, Bd. 1, S. 192; Recke, Bd. 4, S. 323; Müller, S. 843; Tagebuch, S. 297. *Voltaire:* Gerning, Bd. 2, S. 18; Benkowitz, Helios, Bd. 1, S. 230; Recke, Bd. 4, S. 30; Müller, S. 601. *Montesquieu:* Gerning, Bd. 2, S. 37; Stegmann, Bd. 2, S. 273; Eichholz, Bd. 4, S. 18; Rehfues, Gemählde, Bd. 1, S. 33. *Burke:* Stolberg, Bd. 1, S. 82. *Sismondi:* Recke, Bd. 4, S. 340. *Buffon:* Eichholz, Bd. 2, S. 230; Odeleben, Bd. 2, S. 279. *Newton:* Kotzebue, Bd. 2, S. 23. *Shakespeare:* Rehfues, Gemählde, Bd. 1, S. VIII; Brun, Sitten, S. 113; Quandt, Bd. 2, S. 13. *Cervantes:* Brun, Fondi,

Aber auch Claude Lorrain und Guido Reni werden erwähnt.[59] Häufig nehmen die Autoren Bezug auf die antike Geschichte, die sie am Ort des Geschehens assoziieren.[60]

Ihre spezielle Kompetenz als Reisende und Italienkenner dokumentieren die Reiseberichtsschreiber durch den ständigen Verweis auf andere Texte des Genres und auf Werke und Namen italienischer Wissenschaftler und Literaten. Nur wenige Autoren nennen die Vorbilder für die eigenen Berichte: vor allem Sterne, aber auch Thümmel, Moritz und Mercier. Durch Korrektur oder Bestätigung früherer Berichte, die nach 1800 durch Verweise auf schon Dargestelltes ergänzt wird, beweisen sie ihre Vertrautheit mit dem Genre.[61]

S. 64; Benkowitz, Helios, Bd. 2, S. 30. *Schiller:* Lehne, S. 14. *Goethe:* Morgenstern, S. 103; Kephalides, Bd. 1, S. 44; Friedländer, Bd. 2, S. 169; Hagen, Bd. 1, S. 195; Wehrhan, S. 29; Müller, S. 870. *Herder:* Brun, Fortsezzung, S. 161. *Klopstock:* Stolberg, Bd. 3, S. 7; Benkowitz, Glogau, Bd. 1, S. 152; Ife, S. 160. *Milton:* Friedländer, Bd. 2, S. 208. *Thomson:* Brun, Sitten, S. 221. *Verri:* Rehfues, Miscellen, Bd. 5, S. 83. *Iffland:* Ife, S. 179. *Lessing:* Müller, S. 918. *Hagedorn:* Benkowitz, Helios, Bd. 1, S. 205. *Matthisson:* Tagebuch, S. 302; Brun, Ischia, S. 48. *Wieland:* Seume, S. 330; Brun, Sitten, S. 222. *Bodmer:* Stolberg, Bd. 1, S. 104. *Geßner:* Brun, La cava, S. 101. *Bonstetten:* Brun, Ischia, S. 48. *Swift:* Rehfues, Gemählde, Bd. 1, S. 186; Uklanski, Bd. 1, S. 262. *Sterne, Tristram Shandy:* Rehfues, Gemählde, Bd. 2, S. 60. *Hirt:* Eichholz, Bd. 3, S. 192. *Heyne:* Benkowitz, Helios, Bd. 1, S. 230. *Jean Paul, Titan:* Hagen, Bd. 3, S. 71; *Novalis:* Hagen, Bd. 2, S. 225; *Tieck:* Hagen, Bd. 3, S. 111.

59   *Raffael:* Müller, S. 863; Odeleben, Bd. 2, S. 72; Kephalides, Bd. 2, S. 188; Uxkull, S. 18; Rehfues, Gemählde, Bd. 2, S. 63f.; Jacobi, Bd. 1, S. 346; Tagebuch, S. 93; Stolberg, Bd. 2, S. 221; Gerning, Bd. 3, S. 106. *Lorrain:* Friedländer, Bd. 2, S. 26; Brun, Sitten, S. 206; Stolberg, Bd. 1, S. 278. *Reni:* Brun, Sitten, S. 167; Kotzebue, Bd. 2, S. 46. *Weitere Maler und Architekten:* Quandt, Bd. 1, S. 31, S. 50, S. 57, S. 62; Charpentier, Bd. 2, S. 193; Hagen, Bd. 2, S. 201; Friedländer, Bd. 2, S. 26; Kephalides, Bd. 2, S. 230; Rehfues, Gemählde, Bd. 2, S. 63f.; Jacobi, Bd. 1, S. 346; Gerning, Bd. 1, S. 21.

60   Stolberg, Bd. 3, S. 132; Gerning, Bd. 1, S. 150; Küttner, Bd. 1, S. 280; Lehne, S. 62; Eichholz, Bd. 3, S. 94ff.; Recke, Bd. 3, S. 102; Rehfues, Gemählde, Bd. 2, S. 126, S. 157; Kotzebue, Bd. 1, S. 229; Uklanski, Bd. 2, S. 444; Friedländer, Bd. 2, S. 212; Ife, S. 134ff.; Charpentier, Bd. 2, S. 213; Müller, S. 923.

61   Für den Bezug auf neapolitanische Wissenschaftler vgl. die Kap. IV.7., V.4.2.; V.7. Bezüge auf Reiseberichte: *Archenholtz:* Gerning, Bd. 3, S. 297. *Ayrenhoff:* Hager, S. 30. *Büsching:* Jacobi, Bd. 1, S. 221f. *Riesbeck:* Küttner, Bd. 1, S. 19. *F.J.L.Meyer:* Gerning, Bd. 3, S. 297; Eichholz, Bd. 3, S. 259; Recke, Bd. 3, S. 60; Morgenstern, S. 122; Müller, S. 786. *Bartels:* Gerning, Bd. 3, S. 297; Rehfues, Miscellen, Bd. 2, S. 57. *Riedesel:* Gerning, Bd. 2, S. 297; Rehfues, Miscellen, Bd. 2, S. 67. *Kotzebue:* Eichholz, Bd. 3, S. 13; Recke, Bd. 3, S. 263; Morgenstern, S. 10. *K.P.Moritz:* Gerning, Bd. 3, S. 297; Stegmann, Bd. 1, S. 105; Keller, S. VIII; Morgenstern, S. 97; Uxkull, S. 67; Müller, S. 899. *E.M.Arndt:* Müller, S. 494. *Matthisson:* Keller, S. VIII. *Heinse:* Uxkull, S. 67. *Bonstetten:* Uxkull, S. 36. *Thümmel:* Odeleben, Bd. 1, S. 108. *Goethe:* Wehrhan, S. 29; Kephalides, Bd. 1, S. 44. *A.v.Humboldt:* Uklanski, Bd. 2, S. 308. *W.Müller, Rom, Römer und Römerinnnen,1820:* Müller, S. 477. *Stegmann:* Eichholz, Bd. 3, S. 140; Rehfues,

Schließlich führen viele der Reisenden dem Leser ihre gesellschaftliche Stellung vor Augen, indem sie erwähnen, wen sie auf Reisen alles kennengelernt oder besucht haben. Sie nennen Freunde und Bekannte, um das Feld ihrer sozialen Beziehungen abzustecken.[62] Entweder sie sprechen mit Wissenschaftlern, anderen Reisenden und Künstlern und beweisen dadurch, daß sie in ein Netz wissenschaftlicher und gebildeter Kontakte eingebunden sind, oder sie heben die Einladungen zu Gesandten und Fürsten, z.B. zu einem Diner mit dem neapolitanischen König, hervor.[63]

Briefe, Bd. 2, S. 215. *Benkowitz:* Seume, S. 165. *Eichholz:* Morgenstern, S. 39f. *Rehfues:* Kotzebue, Bd. 2, S. 5. *Morgenstern:* Recke, Bd. 3, S. 60. *Kephalides:* Odeleben, Bd. 2, S. 80; Müller, S. 830. *Friedländer:* Müller, S. 500. *Stolberg:* Gerning, Bd. 3, S. 297; Recke, Bd. 3, S. 60; Kotzebue, Bd. 1, S. II; Morgenstern, S. XX; Brun, Sitten, S. 132; Müller, S. 503. *Seume:* Keller, S. VIII; Odeleben, Bd. 1, S. 317; Ife, S. IX; Müller, S. 510. *Charpentier:* Müller, S. 687. *Wehrhan:* Müller, S. 510. *Gorani:* Eichholz, Bd. 3, S. 135; Recke, Bd. 3, S. 286. *Addisson:* Recke, Bd. 3, S. 60; Morgenstern, S. 56. *Misson:* Uxkull, S. 58. *Burney:* Müller, S. 555. *Lady Morgan:* Müller, S. 876. *Lalande:* Eichholz, Bd. 3, S. 19; Morgenstern, S. XX. *Saint-Non:* Benkowitz, Helios, Bd. 1, S. 10; Eichholz, Bd. 3, S. 128; Rehfues, Miscellen, Bd. 2, S. 75; Morgenstern, S. 12. *Bernoulli:* Rehfues, Miscellen, Bd. 1, S. 147; Morgenstern, S. XX. *Dupaty:* Stolberg, Bd. 1, S. 323; Eichholz, Bd. 3, S. 172; Rehfues, Italien, Bd. 1, S. 37; Morgenstern, S. 7; Uxkull, S. 8. *Mdme. de Stael:* Morgenstern, S. 67; Quandt, Bd. 2, S. 83. *Vorbildliche Reiseberichte oder Literaten: Sterne:* Benkowitz, Glogau, Bd. 2, S. V; Uxkull, S. 23; Charpentier, Bd. 1, S. 5. *Moritz:* Benkowitz, Helios, Bd. 1, S. 12. *Thümmel:* Benkowitz, Glogau, Bd. 2, S. V. *Mercier:* Rehfues, Italien, Bd. 1, S. 53. *Bezüge auf Reiseführer: Volkmann:* Hager, S. 30; Eichholz, Bd. 3, S. 19; Kotzebue, Bd. 1, S. II; Morgenstern, S. XX; Uxkull, S. 33; Friedländer, Bd. 1, S. 81. *Reichard:* Morgenstern, S. 9; Kephalides, Bd. 2, S. 296; Müller, S. 555. *Clüver:* Recke, Bd. 3, S. 60; Morgenstern, S. 113; Kephalides, Bd. 2, S. 194. *Celano:* Morgenstern, S. 10. *Allgemeiner Bezug auf Reiseberichte:* Kotzebue, Bd. 1, S. 350; Friedländer, Bd. 1, S. VI; Charpentier, Bd. 2, S. 234; Quandt, Bd. 2, S. 72.

Verweis auf Stiche: Quandt, Bd. 2, S. 79. *Bezug auf zeitgenössische Schriften: Nardini, Begebenheiten:* Recke, Bd. 3, S. 36; Kotzebue, Bd. 2, S. 310. *Williams:* Eichholz, Bd. 3, S. 228; Recke, Bd. 3, S. 36. *Cuoco:* Kotzebue, Bd. 2, S. 294f.; Brun, Sitten, S. 219; Recke, Bd. 3, S. 286. *Anspruch ältere Reiseberichte zu korrigieren:* Eichholz, Bd. 4, S. XIIIf.; Rehfues, Gemählde, Bd. 1, S. 46; Kotzebue, Bd. 1, S. II.

[62] Vgl. Friedrich H. Tenbruck: Freundschaft. Ein Beitrag zu einer Soziologie der persönlichen Beziehungen, in: Kölner Zeitschrift für Soziologie und Sozialpsychologie, 16.Jgg., Köln/Opladen 1964; S. 431–456, S. 443.

[63] *Kontakte zu Gebildeten, Adeligen, Künstlern und Wissenschaftlern:* Stolberg, Bd. 1, S. 4, S. 9, S. 333, Bd. 2, S. 78; Hager, S. 79, S. 164; Küttner, Bd. 1, S. 105; Tagebuch, S. 112; Seume, S. 158; Recke, Bd. 3, S. 84, S. 90, S. 272, S. 276; Uklanski, Bd. 1, S. 147; Morgenstern, S. IVf., S. 22; Hagen, Bd. 3, S. 337; Odeleben, Bd. 1, S. 68, S. 77; Charpentier, Bd. 2, S. 177; Quandt, Bd. 2, S. 1; Müller, S. 944. *Einladungen in Neapel:* Stegmann, Bd. 1, S. 117; Lehne, S. 123; Keller, S. 107; Uklanski, Bd. 2, S. 607; Morgenstern, S. 16ff., S. 24; Brun, Sitten, S. 8, S. 219ff.; Dies., Ischia, S. 65; Dies., Fortsezzung, S. 169; Charpentier, Bd. 2, S. 240; Friedländer, Bd. 2, S. 259; Hagen, Bd. 3, S. 75f., S. 130; Müller, S. 520.

Personen, Verhaltensweisen, Diskursformen und Themen, die für den Kreis der Gebildeten wichtig sind, sind den Autoren bekannt. Die eigenen Fähigkeiten und Verhaltensweisen sollen sie in den Augen der Leser als kompetente Mitglieder dieser Gruppe qualifizieren. Dabei sind es vor allem die Themen Gesellschaft, Literatur, Kunst und Antike, zu denen die Reisenden ihre Kompetenz beweisen.[64]

3.2.   Selbstdarstellung durch inkorporiertes Kapital

Die Autoren demonstrieren aber auch emotionale, körperliche Dispositionen, die Ausweis von Status und 'Bürgerlichkeit' sind. So werden die Natur- und Idyllendarstellungen sehr bewußt genutzt, um 'natürliches' Gefühl und Sehnsucht nach individuellem Selbstgefühl, nach Authentizität auszudrücken. Dieses Darstellungsmuster folgt der zeitgenössischen Theorie, derzufolge man beides besonders in der Natur entwickelte.[65] Der emphatisch geäußerte Wunsch nach Ganzheitlichkeit, die Begeisterung angesichts von Ausblicken auf Landschaft und Meer beweisen den Lesern, daß die Autoren im Gegensatz zur entfremdeten neapolitanischen Gesellschaft

---

Auf diesem Gebiet können Ife und Wehrhan nicht mithalten, die vor allem Kontakt zu Handwerkern und anderen einfachen Leuten haben (Wehrhan, S. 34, S. 132; Ife, S. 141). Allerdings beteiligen sich viele der Reisenden auch nicht an der Praxis des 'name-dropping', so z.B. Gerning, Rehfues, Kotzebue, Benkowitz und Uxkull.

[64]   Vgl. Bourdieu, Unterschiede, S. 623, S. 639. Die Gründe, die die Autoren für ihre Reise nennen oder die man aufgrund ihrer biographischen Daten erschließen kann, sind oft weniger vorzeigbar oder einfach trivialer, als es die Selbstdarstellung der Autoren vermuten läßt. Oft führen mehrere Gründe gleichzeitig zur Entscheidung für eine Italienreise. Die Absichten sind, innerhalb des gesamten Zeitraums, zunächst Antiken- und Kunstbegeisterung. Berufliche Gründe, wie die Inspektion von Militärschulen, die Begleitung von Schülern als Hofmeister oder die politische Karriere zählen ebenfalls dazu. Weiter werden wissenschaftliche Vorhaben, wie die Suche nach Handschriften und im Falle Neapels geologische Interessen genannt. Ein weiterer Grund, gerade Neapel aufzusuchen, sind Atemwegs- und Nervenerkrankungen, wegen derer Benkowitz, Brun und Recke reisen. Die Notwendigkeit, Geld mit dem Schreiben zu verdienen, der Wunsch, sich zu vergnügen und dem Bildungsauftrag nachzukommen, den viele Autoren seit ihrer Jugend verspüren, sind ebenfalls Gründe der Reise. Die klassische Kavalierstour am Ende des Studiums aus gesicherter Position heraus führen im 18. Jahrhundert erstaunlich wenige Autoren durch. Erst nach 1815 fahren wieder vier von zehn Autoren direkt nach ihrem Studium, oder doch nicht lange danach, nach Italien.

Die Reisegründe folgen also deutlich mehr praktischen Lebensnotwendigkeiten, als die Selbstdarstellung im Text es erwarten läßt. Vor allem die finanziellen Gründe für eine Reise werden so gut wie nie erwähnt. Brüche im Leben der Autoren werden, mit Ausnahme Uklanskis und Seumes, nie offen thematisiert. Die Selbstdarstellung im Text neigt fast immer zur Zuschreibung 'anerkannter' Reisegründe. Uxkull hatte also wohl nicht Unrecht, wenn er die kanonisierte Italiensehnsucht und ihre materiellen Gründe hervorhob.

[65]   Diese Theorie stand wiederum in antiker Tradition. Vgl. Kehn, S. 175, S. 185.

'natürlich' fühlen. Wer durch die Natur gerührt wird und Mitleid mit Bettlern empfindet, der beweist wahre Moral, Menschenliebe und Humanität. Er ist an der Entwicklung der Menschheit zur Vollkommenheit beteiligt, die die Theorie der Perfektibilität postuliert.[66] Naturgenuß, aber auch Begeisterung angesichts klassischer und neuerer Kunst dienen der Bildung von Humanität.

Der demonstrative Naturgenuß verweist nicht nur darauf, daß sein Konsument an der Vollkommenheit göttlicher Natur teilhat, sondern auch auf dessen 'richtigen' Geschmack. Die Fähigkeit, zwischen sublimiertem Gefühl und barbarischen Leidenschaften unterscheiden, Vernunft und positive Sinnlichkeit vereinen und religiöse Innerlichkeit und Schönheit der Kunst empfinden zu können, trennt ihn von Adeligen, Mönchen oder dem Pöbel. Die anderen Gruppen beherrschen diese Gebrauchsweisen nicht, was ihnen wiederum als Kulturlosigkeit ausgelegt wird.[67] 'Richtigen', am Lebenskonzept der Gebildeten ausgerichteten Geschmack und 'richtiges' Gefühl beweisen die Reisenden auch angesichts blutiger Hinrichtungen und schmutzig-lauten Pöbels. Ihr instinktiver Ekel gegenüber Blut, Fäkalien und Lärm dokumentiert ein anderes Empfinden im Verhältnis zu alltäglichen Erscheinungen des Ancien Régime. Dieser Ekel ist Beweis für die sozial vermittelte Inkorporation einer bestimmten moralischen Haltung.[68] Die Reisenden aber, die diesen Ekel empfinden, halten ihn nicht für erlernt, sondern für 'natürlich'.

Der Geschmack verweist, genauso wie die Fähigkeit zu Naturgenuß, Mitleid, Vernunft, Kunstliebe und Ekel einerseits, die Unfähigkeit zu Leidenschaft, Sinnlichkeit und Grausamkeit andererseits, auf die Persönlichkeit des Autors, auf seine Individualität.[69] Jeder der Reisenden beweist vermittels dieser Fähigkeiten, daß er eine bestimmte Form der Individualität bewußt beherrscht. Gleichzeitig zeigt er jedoch, daß diese Individualität ihn unbewußt ebenso beherrscht. Gerade diese Formen der Individualität sind Beleg für die 'Bürgerlichkeit' der reisenden Autoren. Ihre soziale Position bringt diese Formen und die Suche nach Authentizität in einer Welt, die als entfremdet wahrgenommen wird, hervor.[70]

3.3. Freundschaft und Brief als Ausdruck inkorporierter Werte

Zu dem Begriffskomplex, in dem sich Humanität mit Natur, Gefühl, Moral und Individualität verbinden, gehören auch die Freundschaft und der Brief. Alle Eigen-

---

[66] Kehn, S. 176, S. 181; Pikulik, Empfindsamkeit, S. 261f.

[67] Bourdieu, Unterschiede, S. 31, S. 36, S. 68, S. 105, S. 307, S. 439, S. 739; Kehn, S. 170.

[68] Bourdieu, Unterschiede, S. 310.

[69] Bourdieu, Unterschiede, S. 440.

[70] Bourdieu, Entwurf, S. 448. Vgl. Kehn, S. 181.

schaften dieses Komplexes bedingen und verstärken sich gegenseitig und kommen im Brief zum Ausdruck.[71] Folgerichtig sind idyllische Wahrnehmung oder Gefühlsausbrüche in schöner Natur in den Reiseberichten immer wieder von Appellen und Adressen an Freunde begleitet. Wie die Naturbegeisterung macht auch die Freundschaft die Humanität, die 'Menschen'liebe konkret erfahrbar. In der Freundschaft bildet und verstärkt sich aber auch die Individualität. Die Beteiligten, in den Reiseberichten oft Jugendfreunde,[72] teilen dem Freund ihre Selbstwahrnehmung, ihre innere Verfassung und äußerliche Wahrnehmung mit. Dadurch erlernen sie diese Art des Selbst, das der Freund ihnen in seinen Reaktionen als 'zweites Ich'[73] widerspiegelt. In der Freundschaft verwirklicht sich auf individueller Ebene das Tugendideal, das auf gesellschaftlicher Ebene durch die 'Humanität' repräsentiert wird.[74]

Eine wesentliche Ausdrucksform der Freundschaft ist in der zweiten Hälfte des 18. Jahrhunderts der Brief. Dieser Form bedienen sich auch die Reisenden, die die Kapitel ihrer Berichte in Briefform fassen. Durch den gesamten Untersuchungszeitraum hindurch betonen die Autoren, sie hätten ihren Bericht zunächst oder überhaupt nur für Freunde oder Familienangehörige geschrieben. Obwohl die volle Briefform mit Angabe von Ort, Datum und Adressaten meist nicht eingehalten wird, ist die Mehrheit der Autoren bemüht, die Brieffiktion aufrechtzuerhalten. Immer wieder sprechen sie den Adressaten direkt an oder antworten auf briefliche Beschwerden des Freundes.[75] Einige Autoren bekennen nach 1800 zwar, daß die

---

[71] Kehn, S. 173, S. 175f.; Eckardt Meyer-Krentler: Freundschaft im 18. Jahrhundert. Zur Einführung in die Forschungsdiskussion, in: W. Mauser/B. Becker-Cantarino, S. 1–22, S. 3; Wilfried Barner: Gelehrte Freundschaft im 18. Jahrhundert. Zu ihren traditionalen Voraussetzungen, in: Mauser/ Becker-Cantarino, S. 23–45, S. 33, S. 35, S. 37.

[72] Lehne, S. IIIf.; Benkowitz, Helios, Bd. 1, S. 200ff.; Eichholz, Bd. 4, Deckblatt; Friedländer, Bd. 2, S. 262; Quandt, Bd. 1, S. 12. Vgl. Pikulik, Empfindsamkeit, S. 298. Barbara Becker-Cantarino: Zur Theorie der literarischen Freundschaft im 18. Jahrhundert am Beispiel der Sophie La Roche, in: Mauser/Becker-Cantarino, S. 47–74, S. 56, betont, daß Frauen aus den in der Literatur dargestellten Freundschaften ausgeschlossen waren. Für die Reiseberichte trifft das nicht zu, denn Brun und Recke wenden sich in ihren 'Kapitel-Briefen' nicht nur an Frauen und verwandte Männer, sondern auch an männliche Freunde.

[73] Vgl. Tenbruck, Freundschaft, S. 440; Meyer-Krentler, S. 14; Becker-Cantarino, S. 59; Kehn, S. 176f.

[74] Meyer-Krentler, S. 5; Becker-Cantarino, S. 55; Barner, S. 37f.

[75] *Schreiben für Familienangehörige:* Jacobi, Bd. 1, Vorrede; Brun, Sitten, S. 46. *Freunde:* Lehne, S. IIIf., S. 2f.; Rehfues, Italien, Bd. 1, S. 8; Uklanski, Bd. 2, S. 566; Morgenstern, S. IX; Eichholz, Bd. 4, S. III; Gerning, Bd. 1, S. 5; Hagen, Bd. 1, S. III; Wehrhan, S. IIf.; Quandt, Bd. 2, S. 78. *Adresse an Freunde, direkte Ansprache:* Lehne, S. 3, S. 6, S. 83, S. 119; Seume, S. 281; Brun, Fondi, S. 86; Benkowitz, Glogau, Bd. 2, S. 271; Eichholz, Bd. 1, S. 3, S. 18, Bd. 2, S. 163; Rehfues, Miscellen, Bd. 2, S. 153; Uklanski, Bd. 2, S. 566; Brun, Sitten, S. 14; Friedlän-

Briefform eine Fiktion sei, wollen nun aber den Lesern so berichten, als wenn sie einem Freund schreiben würden. Häufiger noch erscheint das Motiv des entfernten Freundes, dem man mit einem Brief die eigenen Empfindungen mitteilen möchte.[76] Mit dem Freund assoziieren die Autoren in ihren Texten die Erinnerungen an die eigene Jugend. Sie beschwören verlorene Hoffnungen, die man einst mit ihm teilte, und öfter noch die Sehnsucht nach der Heimat.[77] Das innige Verhältnis zum Freund als vertrautem Gegenüber, das in seiner Zweisamkeit gegen eine feindliche oder doch dem Inneren fremde Welt steht, betont Quandt. Er bezeichnet die Jugendfreundschaft als „eine Welt für uns zum Schutz und Trutz gegen die beengenden Verhältnisse".[78] Wie sehr der Freund als zweites Ich betrachtet wird, als Partner oder Ersatz einsamer Selbstreflexion, zeigt eine Äußerung Friedländers, der schreibt, daß er „allein mit seinen Gedanken, oder einem Buche, oder einem Freunde die Villa [Borghese, K.K.] durchstreicht".[79] Weitere Aspekte dieses Freundschaftskonzeptes kommen in zahlreichen kleinen Nebenbemerkungen der Reisenden zum Ausdruck. Ein Freund ist empfänglich für Natur und Empfindung. Ein Lorbeerblatt vom Grab Vergils oder eine Rose aus Pästum pflückt man dem Freund als Zeichen der Verbundenheit.[80] Das Gefühl, das geselliges Beisammensein mit Freunden bewirkt, ist für viele Reisende 'beseeligend'. Gemeinsam liest man in Klopstocks 'Messias' und nimmt man voneinander Abschied, so schenkt man sich Gedichte.[81]

---

der, Bd. 2, S. 262; Quandt, Bd. 2, S. 1, S. 79. Zwei der Reisenden erwähnen, sie seien mit einem Freund gereist. Vgl. Kephalides, Bd. 1, S. VIII; Charpentier, Bd. 1, S. 6.

[76] Dies ist die typische Konstellation des 'freundschaftlichen' Briefkontaktes. Vgl. Barner, S. 35.

[77] *Leser als Freund:* Benkowitz, Glogau, Bd. 1, S. V; Müller, Bd. 1, S. VIII; Rehfues, Miscellen, Bd. 2, S. 153; Charpentier, Bd. 1, S. 3. *Verlorene Hoffnungen:* Lehne, S. IV; Quandt, Bd. 1, S. 12. *Einsamkeit, Sehnsucht nach der Heimat:* Gerning, Bd. 2, S. 258; Lehne, S. 109; Seume, S. 150; Ife, S. 48; Wehrhan, S. 68. *Verbindung von Freund/Brief und Gefühl:* Jacobi, Bd. 1, S. 167; Lehne, S. IV, S. 57; Keller, S. 120.

[78] Quandt, Bd. 1, S. 12. Vgl. Brun, Sitten, S. 46.

[79] Friedländer, Bd. 2, S. 76.

[80] Charpentier, Bd. 2, S. 205. Vgl. Lehne, S. 37, S. 186; Seume, S. 158, S. 281; Hagen, Bd. 3, S. 79. Morgenstern, S. 3, spricht von Matthisson als einem Freund „fürs Leben".

[81] Morgenstern, S. 48. Vgl. Benkowitz, Helios, Bd. 1, S. 200ff.; Brun, Sitten, S. 120, S. 219; Hagen, Bd. 2, S. 78; Recke, Bd. 3, S. 78. Die Erinnerung an die Reise und an Freunde nennen einige der Autoren als Zweck ihres Berichtes: Lehne, S. IV; Benkowitz, Helios, Bd. 1, S. 200ff.; Kiesewetter, S. VII; Morgenstern, S. X; Friedländer, Bd. 2, S. 262. Vgl. Pikulik, Empfindsamkeit, S. 277; Meyer-Krentler, S. 9, beschreibt den bei Recke, aber auch schon bei Herder betonten 'Gleichklang der Seelen' als unerläßliches Merkmal von Freundschaft. „Welches Wonnegefühl, im Zirkel wahrer und edel denkender Freunde zu seyn!" 'ruft' Keller, S. 120, aus.

Alle diese Praktiken der Freundschaft bringen den Habitus, die moralische und gefühlsmäßige Disposition und Haltung zum Ausdruck, die im Kontakt von Freund zu Freund geformt und gefestigt wird. Sie prägt jeden Einzelnen und ist doch zugleich konkreter Vollzug symbolischer Praktiken, die für die gesamte Gruppe typisch sind. Wie in den Vorstellungen über die soziale Welt kommen in der Abgrenzung der Freunde gegen die Außenwelt, der Suche nach Idealismus und Geborgenheit und in der Assoziation von 'Seeligkeit' und Geselligkeit die paradiesisch-messianischen Vorstellungen zum Ausdruck, die sowohl die individuellen als auch die sozialen Projekte der aufklärerischen Reisenden enthalten.[82]

Das abrupte Ende der sozialen Reformvorstellungen in den Berichten nach 1810 wird von einem nur langsamen Rückgang der Freundschaftsbeteuerungen und einer schleichenden Auflösung der Briefform begleitet. Das Freundschaftskonzept und seine Vermittlungsformen erhalten sich offensichtlich länger als die politischen Reformvorstellungen.[83]

---

[82] Auf formaler Ebene weisen Brief und Reisebericht viele Gemeinsamkeiten auf. In beiden vermischen sich „Alltagskommunikation und Literarizität". Beide sollten nach zeitgenössischem Verständnis kein theoretisches System vertreten, sondern freier Reflexion dienen. Dadurch, und durch die besondere Nähe zum fiktiven Adressaten, sollten sie möglichst vielen Lesern zugänglich sein. Die Wahl der Briefform für die Reiseberichte bedeutet darüber hinaus schon die Entscheidung für eben die Inhalte, die in den Reiseberichten dann auch vertreten werden. Die Form ist Teil ihrer diskursiven Praxis. Denn nach den zeitgenössischen Vorstellungen sollten sich im Brief Natürlichkeit, Geschmack, Individualität und Empfindung ausdrücken. Der Brief diente der Erziehung, indem er moralische Inhalte und formale Schreibfähigkeiten einübte. Dies sind aber genau die Inhalte, deren Vermittlung auch die Reiseberichte anstrebten. Vgl. Nörtemann, S. 212f., S. 217f., S. 220f.; Herta Schwarz: 'Brieftheorie' in der Romantik, in: Ebrecht/ Nörtemann/ Schwarz, S. 225–238, S. 225ff.

[83] Meyer-Krentler, S. 18, datiert das Ende der 'Freundschafts'epoche auf die Befreiungskriege.

XI. Die Gründe für die Wahrnehmung und Darstellung Neapels durch die Reisenden zwischen 1789 und 1821

Neben der sozialen Lage der Reisenden in Deutschland sind es vor allem zeitgenössische Theorien, literarische Traditionen und die Entwicklung der Gattung, die die Themen und Topoi in den Berichten beeinflussen. Welchen Einfluß die einzelnen Traditionsstränge auf die Schilderung Neapels hatten und unter welchen Bedingungen sich Traditionen verändern, soll jetzt dargestellt werden. Generell kann man sagen, daß der Einfluß anderer Gattungen auf die Reiseberichte, aber auch persönlicher Vorlieben der Autoren oder ihrer Kontakte zu Einheimischen eher gering ist. Lediglich begrenzte Wirkung auf die Topoi hat die soziale und natürliche Lage der Stadt Neapel und ihrer Bewohner. Die Verhältnisse in Neapel selbst liefern die Rahmenbedingungen der Darstellung, führen aber nicht notwendigerweise zu genau den Topoi, die die Berichte enthalten.

Die Topoi, die Reisende um 1800 über Neapel benutzen oder entwerfen konnten, haben jeweils eine eigene Geschichte. Die Wurzeln dieser Topoi und ihrer Variationen reichen unterschiedlich weit zurück, und ihre Wirkung ist ebenfalls von sehr unterschiedlicher Dauer. Die Prägung einer bestimmten Repräsentation und ihre Anreicherung, eventuell über Jahrhunderte, führten zu einer großen Kontinuität. Repräsentationen können sich im Verlaufe dieses Prozesses weitgehend aus ihrem ursprünglichen sozialen Zusammenhang und von der Praxis, aus der sie entstanden sind, lösen. Ihre aktuelle Funktion und damit eine veränderte Bedeutung erhalten sie durch die Interpretation innerhalb der zeitgenössischen Zusammenhänge, in denen sie verwendet werden. Eine vollkommene Willkür bei der Zuordnung kultureller Repräsentationen zu sozialen Verhältnissen gibt es in den Reiseberichten nicht.[1] Topoi und gesellschaftliche Zustände, die durch Topoi beschrieben werden, stehen in einem – wenn auch oft nur vor dem Hintergrund vieler Zusatzinformationen verständlichen – Zusammenhang.

Die Geschichte einzelner Topoi und Themen der Reiseberichte reicht bis in die Antike zurück. Die Erwähnung pästischer Rosen findet sich bei griechischen und römischen Schriftstellern. Auf diese beziehen sich in der Folge erst Winckelmann und dann die Reisenden, die seine ästhetische Theorie schätzen.[2] Plinius' des Älteren Ausspruch von der 'Campania felix' tradiert sich im gelehrten Diskurs bis ins

---

[1] Bourdieu, Entwurf, S. 324, S. 478; Ders., Unterschiede, S. 334; Chartier, Vergangenheit, S. 84, S. 89. Vgl. Bürgi, S. 96. Vollkommene Willkür in der Zuordnung von Topoi und sozialen Verhältnissen gibt es nach Ansicht Bourdieus lediglich in den grundlegenden Gegensätzen, durch die Gruppen sich und die Gesellschaft definieren.

[2] Ottani Cavina, S. 601f.

18. Jahrhundert und wird zu einem festen Bestandteil der wissenschaftlichen Diskussion. Vor allem die Wahrnehmung der antiken Überreste in der westlichen Umgebung Neapels ist seit dem 16. Jahrhundert durch eine dichte „Denk- und Schreibtradition"[3] festgelegt. Neben solchen sehr alten Topoi gibt es jedoch auch jüngere, wie den von den müßigen Lazzaroni. Wahrscheinlich wurde er am Beginn des Jahrhunderts von Montesquieu aufgebracht oder aus der mündlichen Tradition übernommen. Jüngeren Datums ist auch die Diskussion um das Verhältnis von Kultur und Natur, die erst in der zweiten Hälfte des 18. Jahrhunderts virulent wurde. Unabhängig von ihrem Alter vermischen sich einzelne Topoi miteinander, reichern sich mit zeitgenössischen Theorien an oder werden durch deren Einfluß variiert. Neben den in ganz Europa diskutierten Topoi gibt es jeweils auch nationale Topoi über fremde Länder und Völker, die sich ebenfalls gegenseitig beeinflussen. Ebenso ist ein Austausch zwischen oraler und schriftlicher Tradition möglich, wie er bei den Vergilsagen zu beobachten ist.

Weitere Faktoren, die die Tradition der Topoi und ihre Veränderung oder Variation bewirken können, sind literarische Darstellungstraditionen und Brüche in deren Entwicklung. Kunst- oder gesellschaftstheoretische Diskurse als Ausdruck einer bestimmten Epoche,[4] Reaktionen auf politische Ereignisse, subjektive Entscheidungen von Autoren[5], die zufällige Übersetzung eines Textes können ebenfalls zu Veränderungen führen. Außerdem haben nationale oder regionale Zugehörigkeiten der Tradierenden, ihre sozial bedingten Sichtweisen und psychischen Konstellationen eine deutliche Wirkung.[6] Eben aufgrund der Vielzahl der bedingenden Faktoren kann der Versuch ihrer Analyse notwendig immer nur Annäherungswert besitzen.

---

[3] Stärk, S. 12, eBd. S. 13ff. Vgl. Ottani Cavina, S. 606; Palermo-Concolato, S. 111f. Zur prägenden Wirkung der Lektüre antiker Schriftsteller auf die Italienreisenden vgl. auch Meier, Land, S. 26f.

[4] Vgl. Horn-Oncken, S. 43.

[5] Dies stellen auch fest: Comparato, Viaggiatori, S. 868; Mozzillo, L'immagine, S. 75, S. 82; Battafarano, S. 51.

[6] Vgl. Arnaldo Momigliano: The Rediscovery of Greek History in the Eighteenth Century: The Case of Sicily, in: R.Runte (Hrsg.), Studies in Eighteenth Century Culture, Bd. 9, Madison 1979, S. 167–187, S. 179; Horn-Oncken, S. 43.

1. Der Einfluß von Reiseführern, Reiseberichten und anderen Gattungen auf Erwartung und Wahrnehmung der Reisenden

Auf die Übereinstimmungen formaler und inhaltlicher Art zwischen Reiseberichten und anderen Genres habe ich schon hingewiesen. In den Textsorten, die sich mit Italien befassen, gibt es viele Themen, die sowohl in den Berichten als auch in benachbarten Genres auftauchen. Apodemiken, geographische und landeskundliche Werke oder politische Tagesschriften, aber auch Romane und Theaterstücke weisen inhaltliche Übereinstimmungen mit Reiseberichten auf. Dieser Gleichklang wird durch die generelle Tradition der Italientopoi hervorgerufen. Alle Autoren kannten eine große Anzahl deutsch- und fremdsprachiger Berichte, bevor sie sich nur einen Schritt von zu Hause entfernten. In fast jedem Bereich wußten sie, was sie zu erwarten hatten. Über diese allgemeine Tradition hinaus kann man in den Berichten aber auch deutliche Einflüsse einzelner Reiseberichte und Werke aus anderen Gattungen ausmachen.[7]

Für das Verhältnis zwischen den verschiedenen Genres läßt sich eine Tendenz feststellen: Inhaltliche Übereinstimmungen sind zwar deutlich erkennbar, je nach Gattung aber von sehr unterschiedlichem Umfang. Es sind nicht so sehr Gattungen als ganze, sondern einzelne Werke, die mit den Reiseberichten übereinstimmen oder deren Darstellung beeinflussen.

---

[7] Die thematischen Übereinstimmungen, die hier angeführt werden, stellen selbstverständlich nur eine Auswahl dar, da ich nur eine verhältnismäßig begrenzte Zahl an Quellen analysiert habe. Die Untersuchung der Wechselwirkung zwischen deutsch- und fremdsprachigen Berichten oder zwischen Berichten und Artikeln über Reisen, die in großer Menge in Zeitschriften erschienen, könnte zu weiteren Ergebnissen führen. Bei den Zeitschriftenartikeln handelt es sich oft um Auszüge aus deutsch- und fremdsprachigen Reiseberichten. Ihre Veröffentlichung dürfte zu einer weiten Verbreitung der Reiseberichtsinhalte entscheidend beigetragen haben. Häufig herausgegeben wurden auch mehrbändige Zusammenstellungen aus verschiedenen Reiseberichten. Vgl. z.B. die von Friedrich Schulz herausgegebene 'Neue Quartalschrift zum Unterricht und zur Unterhaltung, aus den neuesten und besten Reisebeschreibungen gezogen', in denen Auszüge aus Jacobis 'Briefen' erschienen (vgl. eBd., Bd. 10, Berlin 1795, S. 48–77; Bd. 12, Berlin 1797, S. 58–76). Die Kenntnis vieler fremdsprachiger Berichte belegen die Nennungen in den Reiseberichten selbst (vgl. Kap.X.3.1.). Zu den verschiedenen Genres, über die Informationen zu Italien in der zweiten Hälfte des 18. Jahrhunderts nach Deutschland gelangten, vgl. Christof Dipper: Das politische Italienbild der deutschen Spätaufklärung, in: K.Heitmann/ T.Scamardi (Hrsg.), Deutsches Italienbild und italienisches Deutschlandbild im 18. Jahrhundert, Tübingen 1993, (Reihe der Villa Vigoni; Bd. 9), S. 7–25.
Auf die Übereinstimmung zwischen textuellen und bildlichen Darstellungstraditione, z.B. im Falle der Maccaroni essenden Neapolitaner und idyllischer Landschaften, habe ich schon hingewiesen.

Reiseromane Tiecks oder Vulpius' enthalten kaum Topoi zu Neapel. Ein Banditenroman, der sich dokumentarisch gibt, bezieht einige der gängigen Topoi mit ein.[8]

Deutlich mehr Übereinstimmungen mit den Reiseberichten weisen Johann Friedrich Ernst Albrechts Trauerspiel 'Masaniello von Neapel' und August Klingemanns Theaterstück 'Der Lazaroni oder Der Bettler von Neapel' auf. Die Beschreibung des Masaniello-Aufstandes bei Recke gleicht in vielen Zügen den Ereignissen, wie sie Albrecht wiedergibt.[9] Er schreibt den Helden seines Trauerspiels alle die positiven Eigenschaften zu, die die Autoren der Reiseberichte für sich und die aufklärerische Elite in Neapel in Anspruch nehmen. Die Lazzaroni charakterisiert Klingemann in Übereinstimmung mit der Reiseberichtstradition.[10]

Die staats- und länderkundlichen Werke, die sich mit Italien beschäftigen, referieren die gleichen politischen und wirtschaftlichen Maximen, die die Reiseberichte vor 1810 enthalten.[11] Bei Theophil Friedrich Ehrmann findet man darüber hinaus von Konradins Tod bis zum Bezug auf ethnologische Theorien alle Themen und Wertungen, die das Genre Reisebericht bis dahin entwickelt hatte. Als seine Quellen nennt Ehrmann über fünfzig Titel, vor allem Reiseberichte aus dem gesamten Jahrhundert. Darüber hinaus erwähnt er Reiseführer, Zeitschriften und tagespolitische Schriften.[12] In dem wenig später erschienenen Werk Johann Andreas Christian

---

[8] Ludwig Tieck: Geschichte des Herrn William Lovell, 3 Bde., Berlin/Leipzig 1795/96; Christian August Vulpius: Harlekins Reisen und Abentheuer. Nebst Beilagen, Berlin 1798, S. 121ff.; Gottlob Heinrich Heinse: Fiormona oder Briefe aus Italien. Ein Gemälde schöner Herzen. Neue wohlfeile Ausgabe. Mit dem Bildnisse der Fiormona, Reutlingen 1804; Schilderungen der so seltsamen als entsetzlichen Ränke der Banditen in Italien, nach gemachter Erfahrung der Unternehmungen derselben, besonders des Battista Torrani, eines Erzmeuchelmörders aus Genua, Frankfurt/Leipzig 1777, S. 11, S. 15, S. 24, S. 125.

Madame de Staëls Roman 'Corinne' entspricht in allen Urteilen über Neapel denen eines Reiseberichts und wird von der zeitgenössischen Literaturkritik und den Reisenden nach Neapel wie ein 'faktischer' Bericht behandelt. Vgl. Anne Louise Germaine Baronesse de Stael-Holstein: Corinna oder Italien, München 1979 (1.Aufl. Berlin 1807/08), S. 240ff., S. 554; Morgenstern, S. 67; Quandt, Bd. 2, S. 83.

[9] Johann Friedrich Ernst Albrecht: Masaniello von Neapel. Original-Trauerspiel in fünf Aufzügen, Berlin 1789, S. 22f., S. 27. Recke, Bd. 3, S. 29ff.

[10] Albrecht, S. 43, S. 66, S. 71, S. 76, S. 118, S. 121; Klingemann, S. 6ff., S. 22, S. 57, S. 67ff.

[11] Vgl. z.B. Carlo Denina: Staatsveränderungen von Italien, in vier und zwanzig Büchern entworfen von Carl Denina. Aus dem Italienischen übersetzt von D.J.J.Volkmann, 3 Bde., Leipzig 1771/72/73, S. 471ff.; S. 567–589.

[12] Theophil Friedrich Ehrmann: Neueste Kunde der Schweiz und Italiens, nach ihrem jetzigen Zustande aus den besten Quellen dargestellt von Th.Fr.Ehrmann, in: Neueste Länder und Völkerkunde, ein geographisches Lesebuch für alle Stände, Bd. 5, Prag 1809, S. 418–468. Von den

Löhrs, 'Länder und Völker der Erde', schrumpft der Themenkanon deutlich zusammen.[13]

Der direkte Bezug von Reiseberichten auf ein landeskundliches Werk ist für Galantis 'Neue Beschreibung beider Sicilien' nachweisbar. Mehrere Reiseberichtsautoren, aber auch Ehrmann nennen ihn als Informanten.[14] Galantis 'Beschreibung' war die umfassendste zeitgenössische Darstellung der politischen und sozialen Verhältnisse des Königreiches. Sie ist vollkommener Ausdruck der politischen und ökonomischen Ideen der europäischen Aufklärung, wie sie in den Reiseberichten vor allem bei Stegmann und Rehfues erscheinen. Äußerungen Stegmanns zur gesellschaftlichen Rolle der Kirche und des Adels sind fast wörtliche Zitate aus Galantis Buch.[15] Die Kenntnisse über den Handel im Königreich, die detaillierten Informationen über staatliche Gremien lassen sich kaum anders als durch dessen Lektüre erklären. Einige der Einsichten in das Repräsentationsverhalten des neapolitanischen Adels hat Rehfues wahrscheinlich bei Galanti gefunden. Hager bezieht sich direkt auf Galantis 'Beschreibung', Gerning zitiert ihn mit Namensnennung.[16] Galanti ist wahrscheinlich nicht der einzige der zahlreichen neapolitanischen Aufklärer, den zumindest einige der Reisenden gelesen haben. Stegmann und Küttner erwähnen „statistische Werke"[17], vielleicht amtlicher Herkunft, derer sie sich bedient hätten. Die Schriften mehrerer neapolitanischer Aufklärer waren ins Deutsche übersetzt worden. Aus der Erwähnung vieler Aufklärer in den Reiseberichten geht jedoch nicht hervor, ob die Reisenden deren Werke wirklich kannten.[18]

---

hier untersuchten Reiseberichten führt Ehrmann Stolberg, Gerning, Eichholz, Rehfues' Zeitschriften, sein 'Gemählde' und Bruns Reisebericht an.

[13] Johann Andreas Christian Löhr: Die Länder und Völker der Erde, oder vollständige Beschreibung aller fünf Erdtheile und deren Bewohner. Dritte nach dem jetzigen politischen Stand der Dinge neu umgearbeitete Auflage, 4 Bde., Leipzig 1818/19, (1. Aufl. 1810), Bd. 1 (1818), S. 140ff., S. 167–198 schildert Staatsorganisation, Fruchtbarkeit, schlechten Volkscharakter und Cuccagna.

[14] Ehrmann, S. 437.

[15] Galanti, Bd. 1, S. 439, S. 459; Stegmann, Bd. 1, S. 145, Bd. 2, S. 125. Übereinstimmung zwischen Reiseberichten und Galanti besteht auch in der physiokratischen Einstellung, der Betonung der Sittlichkeit, der Ablehnung des 'Feudalsystems', der Polemik gegen Mönche und Bediente, der Klage über den sittenlosen Adel, die Anwälte und im Lob der neapolitanischen Aufklärer und König Ferdinands. Vgl. Galanti, Bd. 1, S. XVII, S. XIX, S. 54, S. 346, S. 391, S. 428, S. 435, Bd. 2, S. 445, Bd. 3, S. 128, S. 160.

[16] Hager, S. 147; Gerning, Bd. 2, S. 13; Galanti, Bd. 1, S. XVI, S. 441, S. 445; Rehfues, Italien, Bd. 1, S. 473–492, Bd. 2, S. 190.

[17] Küttner, Bd. 2, S. 146. Vgl. Stegmann, Bd. 2, S. 27.

[18] Dipper, Italienbild, S. 21f. Zu den italienischen Aufklärern, die in den Reiseberichten genannt werden vgl. Kap.IV.7.

Neben Galanti ist der zuerst in den siebziger Jahren erschienene Italienreiseführer Volkmanns besonders einflußreich. Morgenstern bezeichnet ihn noch 1809 als einen der besten Reiseführer, und spätere Autoren verweisen ebenfalls auf ihn.[19] Volkmanns Führer ist wiederum eine angereicherte Version des Reiseberichtes von Lalande aus dem Jahre 1769. Zusätzlich bezieht Volkmann seine Informationen aus eigenem Aufenthalt in Italien und fast zwanzig, vor allem fremdsprachigen Reiseberichten und bietet damit wiederum eine Synthese der Reiseberichttradition bis 1770. Schon bei ihm finden sich fast alle wesentlichen Topoi zu Neapel.[20]

Die Reisenden der Zeit um 1800 konnten also auf einen Fundus an Informationen zurückgreifen. Aus diesem mußten sie, schon wegen des Umfanges aber auch aufgrund ihrer inhaltlich anderen Einstellung, auswählen. Galantis und Volkmanns Werke verkörpern beide die enzyklopädisch-aufgeklärte Tradition der Jahrhundertmitte, die Empirie und Nutzen betonte. Vom Konzept des unterhaltend-kritischen Räsonnements, das seit Sterne Verbreitung fand, waren sie noch nicht beeinflußt. Subjektivität in der Darstellung lehnten sie ab, Objektivität war ihr Ziel.[21] Wichtiger noch als diese Unterschiede sind aber Themen und Differenzierungen, die die Reisenden nicht übernehmen bzw. die bei Galanti und Volkmann nicht vorkommen, wohl aber in den Berichten. So fehlt der Lazzaroni-Mythos bei Galanti vollkommen. Volkmann führt lediglich die vermutete Anzahl der Lazzaroni an und grenzt sie vom Pöbel ab.[22] Den Volkscharakter definiert Volkmann nicht, und die Polemik gegen die Königin fehlt bei ihm ebenso wie Südsee- oder Schweizer Idyllen. Dafür schildert er Staatsverwaltung, Ackerbau und Industrie ausführlich.

Zu Ökonomie und Handel weist Galanti weitaus detailliertere Kenntnisse auf als die Reiseberichte. Vor allem bei der Analyse der Justiz benennt er die soziologischen Ursachen ihrer Funktionsweise ausführlich und genau. Im Gegensatz zu den meisten Reisenden kennt Galanti den Grund dafür, daß die Bürgerlichen sich auf den Adelstitel als Ausweis sozialen Status' und Aufstiegs orientierten. Er weiß, daß man in Neapel den Adeligen vom Nichtadeligen dadurch unterscheidet, daß er einen Bedienten mit sich führt.[23] Die gesellschaftlichen Gründe, die seiner Meinung nach Volkscharakter und Wissenschaftsentwicklung beeinflussen, schildert er

---

[19] Morgenstern, S. XX. Weitere Bezüge auf Volkmann bei Hager, S. 30; Eichholz, Bd. 3, S. 19; Kotzebue, Bd. 1, S. II; Uxkull, S. 33; Friedländer, Bd. 1, S. 81.

[20] Volkmann, Bd. 1, S. XXIIIf., S. IV-XXIX, S. 5, S. 11f., S. 79ff., Bd. 2, S. 34–385. Lalandes umfangreicher Bericht verarbeitet wiederum ältere Literatur. Vgl. Schudt, S. 31; Dipper, Italienbild, S. 12.

[21] Galanti, Bd. 1, S. Xf., S. 204f.; Volkmann; Bd. 1, S. XXII, S. XXXII, S. 8f.

[22] Galanti, Bd. 2, S. 445; Volkmann, Bd. 3, S. 159ff.

[23] Galanti, Bd. 2, S. 441, S. 445.

deutlich positiver als die Reisenden.[24] Insgesamt sind die Reiseberichte in ihren Ausführungen zu Staatsorganisation und -verwaltung weniger genau als Galanti und Volkmann. Dadurch verstärken sie eine stereotype Darstellung.

Andere, später erschienene Reiseführer zu Italien und Neapel sind nicht mehr so ausführlich und präzise wie der Volkmanns. Sie beziehen sich auf Reiseberichte als Quellen oder empfehlen zu speziellen Themen deren Lektüre. Ihrem Genre gemäß enthalten sie, mehr als die Berichte, Aufzählungen der Sehenswürdigkeiten und der Agrar- oder Handwerksprodukte Neapels.[25]

Eine weitere Informationsquelle der Reisenden über Neapel waren die Augenzeugenberichte, z.B. Nardinis, Williams' und Pahls, über die Neapolitanische Revolution. Sie wurden schnell übersetzt und erhielten damit europaweite Verbreitung.[26] Obwohl alle drei Autoren in unterschiedlicher Weise Partei ergreifen, enthalten ihre Texte übereinstimmend den Topos von der Grausamkeit und den Leidenschaften des Pöbels.[27] In der Verwendung politischer Begriffe: Despotismus,

---

[24] Ebd., Bd. 1, S. 220ff., S. 395, S. 425, Bd. 2, S. 224–432.

[25] Deutliche Veränderungen im Genre sind kaum auszumachen, weil der letzte der von mir eingesehenen Reiseführer in erster Auflage 1810 erschienen ist. Die späteren Führer sind erneute Auflagen vor 1808 erschienener Werke. Vgl. Taschenbuch, S. 182ff.; Reichard, Handbuch, S. 240, S. 384–389; Gottlob Friedrich Krebel: Die vornehmsten europäischen Reisen, wie solche durch Deutschland, die Schweitz, die Niederlande, England, Portugall, Spanien, Frankreich, Italien, Dänemark, Schweden, Ungarn, Polen, Preußen und Rußland, auf eine nützliche und bequeme Weise anzustellen sind, 4 Bde., Hamburg 1783/86/89/91, Bd. 1, S. IIIf., Bd. 3, S. 312–327; August Gottlieb Preuschen: Geographisches Taschenbuch auf italienischen Reisen, mit einer Theorie von Erdbeben zu genauer Beobachtung vulkanischer Stellen und Phänomene, Heidelberg 1789, S. 30, S. 51ff., S. 63, S. 73ff., S. 90ff., S. 114, S. 131; Reisebuch für die ehrsamen wandernden Handwerksgesellen durch Deutschland, welches alles enthaelt, was jedem Gesellen zu wissen nöthig ist, um mit Sicherheit, Nutzen und Vergnügen zu reisen, Prag/Wien 1799, S. 110f.; Allgemeines Post- und Reisehandbuch für Deutschland, Frankreich, die Schweiz, Italien, Spanien, Gros-Britannien, die nordischen Reiche und einige andere Länder, 4.Aufl. Nürnberg 1827, (1.Aufl. 1805), S. 443f.; Heinrich August Otto Reichard: Guide des Voyageurs en Italie et en Suisse, Weimar 1810, S. 6f., S. 43–57.

[26] Genannt werden Nardini, Begebenheiten bei: Recke, Bd. 3, S. 36; Kotzebue, Bd. 2, S. 310. Williams: Eichholz, Bd. 3, S. 228; Recke, Bd. 3, S. 36. Pahl: Ehrmann, S. 466ff. Cuoco: Kotzebue, Bd. 2, S. 294f.; Brun, Sitten, S. 219; Recke, Bd. 3, S. 286.

[27] Williams ergreift Partei für die Franzosen und die Republik. Pahl verurteilt die französische Regierung und rechtfertigt die Hinrichtung der Republikaner. Nardini kritisiert sowohl das neapolitanische Königspaar als auch die radikalen Republikaner, die er als Jakobiner bezeichnet. Vgl. Williams, in: Minerva, Bd. 2, S. 387, S. 397f., Bd. 3, S. 116; Pahl, S. 121, S. 161, S. 187, S. 210, S. 220, S. 224ff.; Nardini, Begebenheiten, S. 5, S. 18, S. 50, S. 110, S. 142, S. 192ff. Zur Person Helen Maria Williams' vgl. Anna Maria Rao: Esuli. L'emigrazione politica italiana in Francia (1792–1802), Neapel 1992, (L'altra Europa; Bd. 9), S. 447ff.

Tyrannei, Anarchie gleichen sie sich ebenfalls. Allerdings werden diese Begriffe, je nach Stellungnahme des Autors, mal mit den Franzosen, mal mit Ferdinand assoziiert.[28] In den tagespolitischen Schriften wird, wie in den Reiseberichten, die Diskussion um die Charaktereigenschaften Ferdinands und Karolinas geführt.[29]

Eine Sonderstellung unter den tagespolitischen Schriften nimmt Vincenzo Cuocos 'Historischer Versuch über die Revolution in Neapel' ein. In den grundlegenden politischen Wertungen bezieht Cuoco die gleichen Positionen, wie die Reiseberichte sie nach 1799 einnehmen.[30] Im Gegensatz zu diesen entwirft er davon ausgehend aber ein Projekt für eine Neapolitanische Republik mit Zensuswahlrecht. Kotzebue und Recke verurteilen den 'Versuch', weil Cuoco die Revolution verteidigt und für Napoleon eintritt.[31] Seine differenzierte Analyse der gesellschaftlichen Verhältnisse Neapels und der Gründe für das Scheitern der Republik wird in den Reiseberichten nicht aufgenommen.

Aus dem Vergleich zwischen den Genres ergibt sich, daß es vor allem die landeskundlichen und geographischen Werke sind, die sich derselben politischen Theorien, Begriffe und gesellschaftlichen Ordnungsvorstellungen bedienen, die auch in den Reiseberichten auftauchen. Unter ihnen hat das Werk Galantis besonderen Einfluß auf die Neapelberichte. Bei Reiseführern beschränkt sich die Übereinstimmung meist auf die bloße Nennung von Topoi. Allerdings verfahren die Reiseberichte in Themenauswahl und Strukturierung der neapolitanischen Gesellschaft nach den allgemeinen Anweisungen, die die Führer hierfür geben. In Romanen und Theaterstücken gibt es geringe Ähnlichkeiten zu den Berichten, die wohl

---

[28] Nardini, Begebenheiten, S. 30; Pahl, S. 187, S. 225; Williams, in: Minerva, Bd. 2, S. 399, S. 410. Williams hält die Einsetzung der Neapolitanischen Republik durch Frankreich für einen Akt, in dem „Natur und Menschheit" zum Ausdruck kämen. Vgl. eBd. , Bd. 2, S. 397. Die negativen Charakterzüge des neapolitanischen Volkes und eine Zusammenfassung des Lazzaroni-Mythos tauchen bei Pahl auf. Das Lob der neapolitanischen Aufklärer Cirillo und Pagano erscheint bei Williams und Nardini. Vgl. Pahl, S. 49, S. 64, S. 85, S. 140; Nardini, Begebenheiten, S. 87, S. 183; Williams, in: Minerva, Bd. 2, S. 119ff, S. 133.

[29] Nardini, Begebenheiten, S. 5, S. 16, S. 18, S. 192; Pahl, S. 223ff.; Williams, in: Minerva, Bd. 2, S. 386f., S. 390, Bd. 3, S. 109, S. 132.

[30] Z.B. in der Bewertung der politischen Haltung des Volkes und der 'Anarchie' vor Einmarsch der Franzosen 1799, in der Beurteilung des Mittelstandes, in der Tugendpropaganda, in der Beurteilung des Königspaares, in der Beurteilung des Staates als Förderer der allgemeinen Glückseligkeit, in der positiven Haltung zu den neapolitanischen Aufklärern und Republikanern. Vgl. Cuoco, Bd. 1, S. 22ff., S. 39, S. 67, S. 81, S. 128, S. 133, S. 162, S. 169, S. 254, S. 316, Bd. 2, S. 77, S. 89ff., S. 120ff., S. 167, S. 208, S. 254ff.

[31] Kotzebue, Bd. 2, S. 294f.; Recke, Bd. 3, S. 286. Brun, Sitten, S. 219, lobt die Person Cuocos und ein anderes seiner Bücher, erwähnt den 'Versuch' aber nicht.

eher auf die zeittypischen Theorien hinweisen, als daß sie eine direkte Wechselwirkung belegen.

Der Einfluß Volkmanns zeigt, daß es vor allem das Genre selbst ist, das sich bei steter Selbstkritik fortschreibt. Beleg hierfür ist der ständige Verweis der Autoren auf Reiseberichte als Quellen. Texte von fast kanonischer Geltung sind die deutschsprachigen Berichte Meyers, Moritz' und Stolbergs.[32] Unter den fremdsprachigen Berichten werden Dupaty (1785) und Lalande (1769) am häufigsten, in zweiter Linie Misson (1691) und Saint-Non (1781/86) genannt. Neben den englischen Berichten, auf die sich Reisende bei der Diskussion um den Volkscharakter beziehen, dürfte in der Rezeption französischer Reiseberichte eine weitere wesentliche Quelle für die Darstellung in deutschsprachigen Berichten zu suchen sein. Die Reiseberichte und -führer, die im 16. und 17. Jahrhundert erschienen waren, werden hingegen kaum genannt, obwohl viele der gängigen Topoi schon in dieser Zeit geprägt und festgeschrieben wurden.[33]

Ein weiterer Beleg für den Selbstbezug des Genres ist die Polemik Goranis gegen Maria Karolina und Ferdinand. Die Reiseberichte reagieren auf die von Gorani ausgestreuten Gerüchte, die wiederum auf schon vorher vorhandene Charakterisierungen des Königspaares eingehen.[34]

Die weitgehende 'Immunisierung' der Neapelreiseberichte gegen die differenziertere Darstellung in den Schriften italienischer Aufklärer ist zum Teil sicher auf die nicht erfolgte Rezeption zurückzuführen. Darüber hinaus zeigt sich darin der selbstreferentielle Charakter des Genres Reisebericht. Ebenso bedeutend dürfte aber auch die Wirkung der Topoi über Italien sein, die eine von ihnen abweichende Wahrnehmung weitgehend ausschloß.[35] Ob Informationen und Darstellungsweisen innerhalb der Gattung Reisebericht tradiert werden und in welcher ihrer möglichen Variationen, hängt von vielen Faktoren ab. Diese Tradition verläuft nicht immer nach logischen Kriterien. Z.B. berichtet Volkmann von der Gefahr für Fremde beim San Gennaro-Wunder, wobei er sich auf Lalande beruft.[36] Während dieses

---

[32] Öfter genannt wird auch die aus dem 17. Jahrhundert stammende historische Topographie von Philipp Clüver, Italia antiqua, 2 Bde., Lyon 1624. Vgl. Schudt, S. 184; Stärk, S. 16.

[33] Vgl. Stärk, S. 12ff., S. 20ff., S. 236ff.

[34] Gorani folgt in Themen und Topoi meist denen anderer Reiseberichte, nur daß er sie mit einer großen Zahl negativer Anekdoten und Gerüchte über das Königspaar anreichert und die neapolitanischen Aufklärer ausführlicher schildert. Vgl. Gorani, Bd. 1, Bd. 2, S. 1–88 und Schiede, S. 5ff., S. 18ff., S. 35, S. 39, S. 116, S. 291ff.

[35] Vgl. Dipper, Italienbild, S. 22, der von einem vollkommenen Nebeneinander von deutschen Reisehandbüchern und Länderkunden einerseits, den Schriften italienischer Aufklärer andererseits ausgeht.

[36] Volkmann, Bd. 3, S. 123.

Detail bis ins frühe 19. Jahrhundert tradiert wird, finden Details über Tätigkeiten und Lebensweise der Lazzaroni, die in Berichten Sharps, Moores und Pilatis aus den 1760er, 1770er und 1780er Jahren auftauchen, in Deutschland vor Goethe keine Beachtung.[37]

Für die Frage danach, wie Topoi tradiert werden, ergeben sich aus der Untersuchung Volkmanns und der anderen Texte weitere Hinweise. Der Lazzaroni-Mythos ist offensichtlich vor allem eine Tradition der nicht-italienischen Reiseberichte. Die Idyllentradition und die Wiederaufnahme der Diskussion um den 'Wilden' wirkt bis 1770 noch nicht auf die Gattung. Auch die Diskussion um den Volkscharakter wird bis dahin noch nicht so ausführlich wie in späterer Zeit geführt. Die Volkssagen um Vergil als Zauberer werden erst nach 1800 wieder aufgenommen, obwohl sie schon bei Volkmann vorhanden sind.[38] Der Grund hierfür ist das erst jetzt verstärkt auftretende Interesse an Volkspoesie.

Von großem Einfluß auf die Reiseberichte sind gerade die zeittypischen Theorien und Wertungen, die in allen Gattungen auftauchen.[39] Dieser Interdiskurs, der inhaltlich wie strukturell in allen Gattungen wirkt, ist vielleicht mit den Begriffen Natur, Moral, Staatsreform und Definition des menschlichen Charakters zu umschreiben. Über diesen 'kleinsten gemeinsamen Nenner' des zeitgenössischen Diskurses hinaus läßt sich an direkten Einflüssen feststellen, daß die geographischen Werke und die Reiseführer ihre Informationen aus den Reiseberichten schöpfen. Die Reiseberichte erfüllen also zumindest bis 1810 eine Leitfunktion für einige andere Genres. Ihre Wirkung reicht in den geographischen Werken und Reiseführern über den Bruch in der Reiseberichtstradition um 1810 hinaus.[40]

2. Konstanten der Italienwahrnehmung, Theorien und ihre zeitgenössische Aktualisierung

Die bestuntersuchten Topoi zu Neapel sind die zu seinem Volk und dessen Charakter. Es sind diese Topoi, die die Wahrnehmung der Stadt wesentlich prägen. Der Begriff der Natürlichkeit als Leitbegriff und Ziel jeder menschlichen Entwicklung und der Gegensatz von Kultur und Natur finden sich in diesen und in allen

---

[37] Vgl. Kap.V.4.3.; Richter, Neapolitaner, S. 127.

[38] Volkmann, Bd. 3, S. 57, S. 109, S. 235.

[39] Vgl. Schöttler, Paradigma, S. 178.

[40] Eine Leitfunktion erfüllen die Reiseberichte auch für die wachsende Verbreitung der Italiensehnsucht. Mehrere der Autoren schreiben, daß die Lektüre von Reiseberichten der Anlaß für die eigene Reise gewesen sei. Vgl. Benkowitz, Helios, Bd. 1, S. 12; Ife, S. IX, und Kap.III.

anderen Topoi über Neapel wieder. Beide bestimmen die Neapelwahrnehmung zwischen etwa 1760 und 1810.[41]

Das gilt auch für die Topoi über Neapel, die nicht direkt auf die Natur orientiert sind. Die meist negativ bewerteten gesellschaftlichen Erscheinungen werden von der Vorstellung einer natürlichen und deshalb besseren Gesellschaft geprägt, wie sie die Idyllen schildern. Die Tugenden, die die Berichte propagieren, sind angeblich Ausdruck natürlichen Fühlens und Handelns. Die durch sie geformten Menschen verwirklichen ihre 'Menschen'natur. Selbst die ästhetischen Theorien des Klassizismus, die zum Besuch der antiken Stätten um Neapel führen, verbinden sich über das klassizistische Menschenideal und die Gleichsetzung von antiken Griechen und guten Wilden mit der Vorstellung von einem besseren, weil natürlichem Leben. Die Wiederaufnahme der antiken Tradition von der großen Fruchtbarkeit Süditaliens und Siziliens erfolgt als Begleiterscheinung des durch Winckelmann und Riedesel geförderten Interesses an den Überresten griechischer Kultur dort.

Die Dominanz des Gegensatzes Kultur/Natur dauert etwa 50 Jahre an. Manche der beschriebenen Topoi sind in ihrer Wirksamkeit auf diese Zeit oder doch auf das 18. Jahrhundert beschränkt. Die erneute Aufnahme des Bildes vom Wilden in der Tahitidiskussion seit 1770 endet mit dem Beginn des 19. Jahrhunderts. Die Idyllentradition, die seit der Mitte des 18. Jahrhunderts zunehmend an Einfluß gewinnt, verändert sich und überlebt das erste Drittel des 19. Jahrhunderts nicht. Der Lazzaroni-Mythos, der schon seit den zwanziger Jahren wirkt, erlischt ebenfalls mit dem Beginn des neuen Jahrhunderts. Nur der Begriff des Lazzarone lebt in seiner unspezifischen Verwendung fort.

Die Topoi der zweiten Hälfte des 18. Jahrhunderts sind zum Teil aber aktualisierte und variierte Formen älterer Topoi, die dem Einfluß zeitgenössischer Theorien unterliegen. Teilweise werden sie auch im 19. und 20. Jahrhundert fortbestehen. Dies gilt z.B. für den Topos der Fruchtbarkeit. Atanasio Mozzillo betont, daß Neapel in Reiseberichten schon seit dem Ende des 15. Jahrhunderts, in italienischen Stadtbeschreibungen seit dem 17. Jahrhundert als Garten bezeichnet wurde. Der Topos der Fruchtbarkeit war in dieser Zeit, als Fortführung antiker Urteile, nur bei einer Minderheit der Reiseberichtsautoren zu finden. Erst in den sechziger Jahren des 18. Jahrhunderts wurde dieser Topos wieder allgemeiner Bestandteil der Gattung, nachdem Riedesel, angeregt durch Winckelmann, Süditalien und Sizilien auf

---

[41] Die Wahrnehmung der Natur als idyllischem Paradies, die Topoi vom Wilden, von der Fruchtbarkeit des Südens und von der verderblichen Großstadt, die ethnologischen Topoi vom Volkscharakter und von der Mitte als idealem geographischen und moralischen Ort, der Topos vom Gegensatz zwischen Europa und der Wildnis, die südlich Neapels beginne, sowie die Klimatheorie sind durch den Begriff der Natürlichkeit geprägt.

der Suche nach 'Griechenland' durchfahren hatte.[42] Winckelmann wiederum bezog sich in der weiteren Entwicklung seiner ästhetischen Ansichten auf den Bericht Riedesels, ohne selbst in Sizilien gewesen zu sein. Die seit der Antike erfolgte Versumpfung und Abholzung weiter Teile Siziliens, die zu einem Verfall der Landwirtschaft führte, ignorierten beide.[43]

Auch die Urteile über den neapolitanischen Volkscharakter speisen sich sowohl aus italienischen als auch aus deutschen Urteilen über 'die Italiener' oder Neapolitaner. Giuseppe Galasso und Benedetto Croce führen die durchweg negative Beurteilung des Neapolitaners in Italien seit der Mitte des 16. Jahrhunderts auf das italienische Sprichwort von Neapel als 'Paradies, bewohnt von Teufeln', zurück. Urheber dieses Diktums ist der römische Autor Petronius.[44] Schon im 11. Jahrhundert waren in Italien negative Charakterisierungen der Neapolitaner zu finden. Sie wurden durch das Volkstheater und die Berichte der Botschafter italienischer Staaten in Neapel verbreitet und waren spätestens seit dem Beginn des 18. Jahrhunderts kanonisch geworden. In Reiseberichten haben die negativen Urteile über den neapolitanischen Volkscharakter zu Beginn des 17. Jahrhunderts bereits die Form angenommen, die sie auch am Ende des 18. Jahrhunderts noch aufweisen.[45]

Ein anderer Strang der Volkscharaktertradition ist im deutschen protestantischen Urteil des 16. Jahrhunderts über die Italiener zu finden. In ihm verbanden sich reformatorische Polemik gegen den Katholizismus und negative Urteile über das italienische Naturell. Die deutsche Frühaufklärung führte dieses Urteil weiter, das schon alle wesentlichen Charakterisierungen des Jahrhundertendes enthielt.[46] In Übereinstimmung mit der deutschen protestantischen Polemik begann im frühen 18. Jahrhundert mit Addisons Reisebericht die Kritik am San Gennaro-Wunder. Unter Berufung auf Horaz führte er die Heiligenverehrung auf heidnische Religiosität zurück. In englischen Berichten findet sich offenbar schon vor Lalande die Nachricht von der Gefahr für Protestanten, wenn sich das Blut des Heiligen nicht verflüssigt.[47]

---

[42] Mozzillo, L'immagine, S. 67ff.; Momigliano, S. 175ff., S. 182.

[43] Mozzillo, Le ragioni, S. 55ff.

[44] Benedetto Croce: Il 'paradiso abitato da diavoli', in: Ders., Uomini e cose della vecchia Italia, 2 Bde., Bd. 1, 2. Aufl. Bari 1943, S. 69–86, S. 69ff.; Giuseppe Galasso: Lo stereotipo del napoletano e le sue variazioni regionali, in: L'altra Europa, S. 143–190, S. 145. Vgl. Mozzillo, L'immagine, S. 73ff.

[45] Galasso, Stereotipo, S. 145ff.; Schudt, S. 295f.; Richter, Neapolitaner, S. 122.

[46] Battafarano, S. 35ff., S. 40ff.

[47] Palermo-Concolato, S. 102, S. 109.

Es sind vor allem diese beiden Traditionsstränge: die negative Darstellung des Neapolitaners und das protestantische Urteil über den Italiener, auf die sich die ethnologische, philosophische und literarische Diskussion der zweiten Jahrhunderthälfte bezieht. Die Frage nach den Faktoren, die die menschliche Entwicklung beeinflussen, und die Bewertung der verschiedenen Kultur'stufen' knüpft an die tradierten Topoi an. Die Selbstkritik vor dem Idealbild des 'homme naturel', der antiken Griechen und außereuropäischer Völker variiert diese Tradition gemäß den wissenschaftlichen Anforderungen der Zeit. Die Konstruktion von Nationalcharakteren mit Hilfe der Sammlung von Volkspoesie schließt sich am Jahrhundertende an diese Traditionen an. Einerseits werden die wesentlichen Charaktereigenschaften fortgeschrieben, andererseits erhält der Gesamtcharakter wesentlich positivere Züge. Hier wirken sicherlich Idyllendarstellung, Tahitimythos und vor allem das beginnende Interesse an Volkspoesie verstärkend. Die streng moralische Bewertung des Volkscharakters, z.B. die starke Betonung des Müßigganges, geht auf die grundlegenden Dogmata der Aufklärung zurück.

Eine speziell deutsche Tradition, die hier wirkt, ist der Winckelmann'sche Klassizismus. Im Gegensatz zu Engländern und Franzosen, die als klassische Vorbilder die römische Antike bevorzugten, bildete sich in Deutschland ein Bildungs- und Menschenideal heraus, das besonders das antike Griechenland zum Vorbild erkor. Winckelmann entwarf ein ideales Menschenbild, das sich durch moralische und emotionale Ausgeglichenheit, verkörpert in griechischer Skulptur und Malerei, auszeichnete. Wie die Aufklärung insgesamt war auch die Kunstauffassung Winckelmanns vom Wunsch nach der verstärkten Integration von Sinnlichkeit beeinflußt. Vor allem die Kunst des klassischen Griechenland galt ihm als Ausdruck von Natürlichkeit und Ganzheitlichkeit. Damit fand er in der Kunst, was die Idyllendichtung und die Gartentheorie in der Natur zu finden hofften. Mit seiner Interpretation des griechischen Menschen knüpfte er an das pietistische Ideal innerlicher Ausgeglichenheit an und verband so protestantische Ethik und griechische Ästhetik.[48] Die Neapolitaner wurden von den Reisenden als Nachfahren der antiken Griechen angesehen. Die Qualitäten, die Winckelmann auf ihre Vorfahren projizierte, konnten die Zeitgenossen jedoch nicht vorweisen. Griechisch im positiven Sinne erscheinen den Reisenden nur noch der „griechische Himmel"[49] über Neapel und die antiken Ruinen in seiner Umgebung.

Innerhalb der Gattung Reisebericht führten negative Urteile englischer Reisender seit etwa 1700 zu der Diskussion um den Volkscharakter. Die Autoren deutschsprachiger Reiseberichte reagieren vor allem auf Schriften Giuseppe Barettis, Tobias

---

[48] Mittner, S. 205f.; Maek-Gérard, S. 3, S. 12, S. 19, S. 21, S. 41; Johann Joachim Winckelmann: Geschichte der Kunst des Altertums, Wien 1934, S. 129ff.

[49] Brun, Fondi, S. 88. Vgl. den Bezug auf den 'Himmel' bei Winckelmann, S. 129.

Smolletts und Samuel Sharps aus den sechziger und Johann Wilhelm Archenholtz' und Christian Joseph Jagemanns aus den achtziger Jahren des 18. Jahrhunderts.[50]

Die Auseinandersetzung um den Volkscharakter wird so von italienischen, englischen und deutschen, gelehrten und oralen Traditionen beeinflußt, die im 18. Jahrhundert besonders durch Protestantismus, Aufklärung und Klassizismus aktualisiert und verstärkt werden. Nach dem Bruch um 1810 verlieren sich die literarischen Einflüsse von Idylle, Lazzaroni-Mythos und Aufklärung. Die zunehmende Skepsis gegenüber der Objektivität überseeischer Reiseberichte führt dazu, daß auch die Diskussion um die europäischen Volkscharaktere endet. Reiseberichte gelten nun immer weniger als verläßliche Quellen für die anthropologische Diskussion.[51] Romantisierende Volkswahrnehmung und grundlegende Geringschätzung 'der Neapolitaner' bleiben hingegen erhalten und werden in das ab 1820 wieder einsetzende romantische Interesse für das 'Volk' integriert.

Der dominante Gegensatz in der Neapelwahrnehmung zwischen 1760 und 1810: die Gegenüberstellung von Stadt und Umgebung, Natur und Gesellschaft, antiker Geschichte und Gegenwart hat ebenfalls seine Vorgänger. In Italien war seit dem 16. Jahrhundert das Sprichwort vom Paradies und den Teufeln verbreitet. In Reiseberichten und Reiseführern begann diese Zweiteilung etwa 1550. Der Grund für den Besuch Neapels waren bis um 1700 hauptsächlich die antiken Stätten bei Pozzuoli und der Vesuv. Die Stadt selbst wurde kaum ausführlich beschrieben.[52] Quelle des großen Interesses für die Umgebung Neapels war die schriftliche antike Tradition. Die Beschreibungen durch Plinius und Horaz, vor allem aber die Suche nach den Schauplätzen der 'Aeneis' Vergils führten zum Besuch der westlichen Umgebung. Seine Fortsetzung und Verlagerung auf die südöstliche Stadtseite erfuhr das Antikeninteresse durch die Entdeckung Pompejis und Herkulaneums sowie durch die 'Wiederentdeckung' Pästums seit den dreißiger Jahren des 18. Jahrhunderts.[53] Auch hier war es Winckelmann, der die Ausgrabungen und die Tempelruinen in Pästum zwischen 1758 und 1764 dreimal besuchte und durch mehrere Veröffentlichungen in den sechziger Jahren, u.a. durch die Beschreibung

---

[50] Battafarano, S. 50ff.; Altgeld, S. 21; Maurer, Genese, S. 321ff., S. 330. Battafarano verweist zu Recht auf die 'Engländer' als Anreger der Diskussion, unterbewertet aber meiner Meinung nach die Bedeutung der schon vorher virulenten deutschen Tradition. Maurer erkennt wesentliche Sichtweisen des 18. Jahrhunderts auf Italien schon in den Italienreiseberichten Burnets und Addissons vom Ende des 17. Jahrhunderts.

[51] Harbsmeier, Rückwirkungen, S. 425, S. 429, S. 437.

[52] Horn-Oncken, S. 9f.; Mozzillo, L'immagine, S. 62.

[53] Momigliano, S. 176; Horn-Oncken, S. 9, S. 11; Stärk, 8ff.; S. 20f., S. 26ff.

Abb. 10 und 11: Ruinen in Pompeji (oben), Neptuntempel in Pästum (unten)

der bei Grabungen gefundenen Fresken und Bronzen in seiner 'Geschichte der Kunst des Altertums' (1776), in Deutschland bekanntmachte.[54] Der wesentliche Grund für den Besuch der Umgebung war also deren Bedeutung für die Bildung. Für den Besucher vollzog sich dort die Materialisierung des kulturellen Kapitals, das für die eigene Existenz von so großer Bedeutung war.

Ein Grund für die Abwertung der Stadt war der Vorbildcharakter antiker Architektur seit der Renaissance.[55] Seit dem Ende des 16. Jahrhunderts bewerteten Reisende, seit dem Ende des 17. Jahrhunderts auch Autoren italienischer Stadtbeschreibungen die Architektur Neapels als häßlich. Diese Wertung änderte sich bis zum 18. Jahrhundert nicht, obwohl die Stadt seit 1750 etwas ausführlicher beschrieben wurde. In der Mitte des Jahrhunderts verstärkte die Rezeption des Klassizismus noch einmal das negative Urteil. Gleichzeitig setzte seit den sechziger Jahren – im Rahmen der Großstadtdiskussion – auch die Kritik italienischer und ausländischer Aufklärer an der städtischen Infrastruktur, an Elend und Müßiggang ein. Erst jetzt beginnt die Charakterisierung Neapels als Stadt der Gegensätze, wie sie sich auch in den Reiseberichten um 1800 findet.[56]

Die Ursache für die äußerst positive Sicht auf die griechische und römische Antike, die zu einer Geringschätzung der italienischen Gegenwart führte, ist die klassizistische Kunsttheorie Winckelmanns. Um das antike Beispiel hervorzuheben, bediente auch er sich des Topos vom angeblichen Verfall italienischer Gegenwartskultur. Dieses Ideal diente zudem der Abgrenzung der deutschen Kultur gegen die im 17. und 18. Jahrhundert dominierende französische Kultur. Die Ablehnung des 'Barocken' in Architektur und Gartenkunst bedeutete demnach auch eine Geringschätzung des mit dem höfischen Frankreich identifizierten Kulturmodells. Die Bevorzugung klassizistischer Architektur wurde zum Zeichen nicht-höfischer, 'wahrer' Bildung.[57]

Eingebunden waren alle diese Darstellungsweisen in die übergreifende Tradition, die vom Niedergang Italiens seit dem 16. Jahrhundert ausging. In der Geschichtsschreibung wird die Zeit bis zum frühen 19. Jahrhundert noch heute mit dem Begriff der 'Dekadenz' bezeichnet. Die Gründe für den Verlust der kulturellen Dominanz, die Italien bis zur Renaissance in Europa ausübte, waren die politische

---

[54] Seminar für Klassische Archäologie der Freien Universität Berlin/ Winckelmann-Gesellschaft Stendal (Hrsg.): „...die Augen ein wenig zu öffnen." Eine Anthologie mit Bildern aus Johann Joachim Winckelmanns Geschichte der Kunst des Altertums, Mainz 1993, S. VIII; Marianne Gross/ Max Kunze/ Axel Rügler: Herkulaneum und Pompeji in den Schriften Winckelmanns, in: J.J.Winckelmann, Schriften und Nachlaß, Bd. 2, Teil 1, Mainz 1997, S. 9–57, S. 11, S. 25, S. 28f.

[55] Mozzillo, L'immagine, S. 62.

[56] Battafarano, S. 54, S. 58f.; Venturi, Napoli, S. 14ff., S. 37.

[57] Battafarano, S. 57ff.

Vorherrschaft Spaniens über die Halbinsel und die Verlagerung des Welthandels auf den Atlantik. Diese Ereignisse waren mit ökonomischer Krise und Bevölkerungsrückgang verbunden.[58] Englischsprachige Reiseberichte aus dem 17. Jahrhundert beschrieben den Niedergang und deuteten ihn vor dem Hintergrund neuer ökonomischer und politischer Theorien, teilweise aber auch aufgrund ihrer antikatholischen Haltung gleichzeitig zum Bild totalen Verfalls um.[59] Die Reiseberichte um 1800 interpretieren die Geschichte Italiens, ebenso wie Winckelmann, als stetige Verfallsgeschichte. Der Grund hierfür ist nun die Ablehnung jeglicher 'feudaler' Herrschaft und die überwiegende Orientierung am antiken Kultur- und Staatsmodell.

Das Bildungsideal des Klassizismus und der Aufklärung, beide in der zweiten Hälfte des 18. Jahrhunderts wirksam, veränderten auch Schwerpunkte und Inhalte dessen, was als moderne Bildung angesehen wurde. Nachdem der Topos von der italienischen Dekadenz sich etabliert hatte, verlor Italien in der Folge auch den Ruf des kulturell führenden Landes. Im 17. Jahrhundert studierten noch 40.000 deutsche Studenten in Italien, und die Akademien galten als vorbildliche gelehrte Assoziationen. Noch im frühen 17. Jahrhundert wurde jungen Adeligen der Aufenthalt in Italien zur Abrundung höfischer und humanistischer Bildung empfohlen. Im 18. Jahrhundert gewann jedoch das aufklärerische Bildungsideal mit seiner Konzentration auf praktische Bildung und der Orientierung auf die modernen Sprachen an Einfluß. England bzw. Frankreich übernahmen nun die kulturelle Führungsrolle.[60] Die im Vergleich zu Deutschland verspätete Entwicklung, als deren Zeichen die nicht übersetzte fremdsprachige Literatur, der fehlende Büchermarkt und die wenigen Zeitungen gelten, gerät nun zum weiteren Merkmal des Verfalls.

Während kaum ein Deutscher die schulische und universitäre Ausbildung in Italien noch schätzte, entwickelte sich in der zweiten Hälfte des 18. Jahrhunderts das Konzept von der Bildung zur Humanität. Die volle Ausbildung des Menschen – im neuhumanistischen, auf das Individuum abzielenden Sinn – wurde vor allem durch Winckelmanns Einfluß mit Italien verbunden. Nicht nur die antike Kunst, sondern auch die eigene Gelehrtenexistenz in Rom hatte Winckelmann, der seine Ankunft in Italien mit einer Wiedergeburt verglich, in Briefen nach Deutschland idealisiert. Goethe verstärkte diese Sichtweise auf Winckelmanns Italienaufenthalt und stilisierte seine eigene Fahrt in der 1817 erschienenen 'Italienischen Reise' zum

---

[58] Ebd., S. 47.

[59] Vgl. Comparato, Viaggiatori, S. 855ff., S. 859, S. 866f., S. 870, S. 878; Battafarano, S. 46, S. 49f.; Maurer, Genese, S. 326ff.; Dipper, Italienbild, S. 24.

[60] Battafarano, S. 29ff., S. 42ff.

Prozeß der Selbstfindung in Auseinandersetzung mit Kunst und Natur.[61] Das durch die Antikeninterpretation geschaffene Menschenbild und das aufklärerische Humanitätsideal verschmolzen zum Vorbild für den Gebildeten. Die von Winckelmann und Goethe praktizierte Anschauung am Ort bzw. Bildung am Objekt wurde zur 'Pflicht' für jeden deutschen Italienreisenden. Obwohl für beide Reisende vor allem Rom der Ort war, an dem sich die vorbildlichen antiken Kunstwerke fanden, erlebte auch Neapel durch dieses Bildungskonzept eine Aufwertung.[62] In den Neapelreiseberichten um 1800 zeigt sich der Einfluß dieses Konzeptes deutlich. Die Autoren erörtern, wie Winckelmann in seinen Schriften, die Funktion ausgegrabener Gebäude und schildern die Sammlungen antiker Fresken, Geräte und Skulpturen in den Museen in Portici und Neapel.[63] Die demonstrative Bildung der eigenen 'Humanität' an der Antike erfolgt in den Berichten vor allem darüber, daß die antiken Orte aufgesucht und sachkundig diskutiert werden. Natürlichkeit und Ganzheitlichkeit finden und empfinden die meisten Reisenden in idyllischen Tälern, auf einsamen Inseln und an den Orten in freier Natur, die von Schriftstellern der Antike oder von Winckelmann beschrieben wurden. Die Empfindung von

---

[61] Oswald, S. 89, S. 94, S. 98; Ernst Osterkamp: Winckelmann in Rom. Aspekte Adressatenbezogener Selbstdarstellung, in: Wiedemann, Rom-Paris-London, S. 203–230, S. 203, S. 214, S. 226; Ernst Osterkamp: Goethes Kunsterlebnis in Italien und das klassizistische Kunstprogramm, in: K.Scheurmann/ U.Bongaerts-Schomer (Hrsg.), „...endlich in dieser Hauptstadt der Welt angelangt!" Goethe in Rom. Publikation zur Eröffnung der Casa di Goethe in Rom, 2 Bde., Bd. 1, Mainz 1997, S. 140–147, S. 141, S. 145f. Die Autoren der Neapelreiseberichte beziehen sich – direkt oder indirekt – nicht wesentlich öfter auf Goethe als auf Winckelmann, weswegen kaum auszumachen ist, wessen Wirkung auf das Genre in dieser Zeit größer war. Eine explizite Erwähnung der 'Italienischen Reise' gibt es nicht, wohl aber den Bezug auf Goethes Artikel über den römischen Karneval und nach 1815 vor allem auf sein 'Lied der Mignon'. Vgl. Rehfues, Miscellen, Bd. 2, S. 63ff.; Hagen, Bd. 1, S. 195; Bd. 4, S. 3; Ife, S. 51; Odeleben, Bd. 1, III; Müller, Bd. 2, S. 870; Morgenstern, S. 67.

[62] Positiv bewertet und in seinen Schriften erwähnt wurden von Winckelmann vor allem der Herkules und der Stier aus der Sammlung Farnese, die sich beide in Neapel befanden, Fresken und Bronzen aus den Vesuvstädten im Museum in Portici, griechische Vasen aus Herkulaneum und die Tempel von Pästum. Vgl. Seminar, S. 8f., S. 26, S. 38f., S. 74f.; Gross/ Kunze/ Rügler, S. 25f., S. 41.; Eichholz, Bd. 3, S. 87.

[63] Gerning, Bd. 2, S. 211ff.; Küttner, Bd. 2, S. 148f., S. 193ff., S. 201; Hager, S. 151ff.; Lehne, S. 120, S. 127ff.; Tagebuch, S. 182ff.; Stolberg, Bd. 3, S. 56ff., S. 146; Seume, S. 280ff.; Brun, Sitten, S. 66ff.; Rehfues, Miscellen, Bd. 2, S. 58ff., Bd. 3, S. 72f.; Charpentier, Bd. 2, S. 187ff., S. 215ff.; Recke, Bd. 3, S. 67ff.; Eichholz, Bd. 3, S. 173ff.; Uklanski, Bd. 2, S. 494ff., S. 528ff., S. 605ff., S. 617ff.; Friedländer, Bd. 2, S. 233ff.; Ife, S. 165; Kephalides, Bd. 2, S. 137ff., S. 156; Hagen, Bd. 3, S. 85ff., S. 170ff., S. 225ff.; Quandt, Bd. 3, S. 19ff., S. 33ff.; Wehrhan, S. 194ff., Morgenstern, S. 68ff., S. 90ff., S. 127ff.; Müller, S. 788, S. 823ff., S. 855ff. Mehrfach erwähnen die Neapelreisenden den 'Toro Farnese', der in einem öffentlichen Park aufgestellt war.

Natürlichkeit im Angesicht antiker Statuen, wie bei Winckelmann, findet man in den Neapelreiseberichten dagegen kaum.[64]

Neben dem aufklärerischen und klassizistischen Bildungskonzept sind es vor allem aufklärerische politische Theorien, die ältere Topoi überformen und im Sinne einer politischen Utopie instrumentalisiert werden. Auch hier sind einige Theorien und Begriffe antiker Herkunft. Aristoteles' Definition der Mitte als ideale Existenzweise des Bürgers und seine Theorie der Herrschaftsformen gelten modifiziert weiter. Die Darstellung des Pöbels bezieht sich, in der Verurteilung der 'Volksanarchie', ebenfalls auf Aristoteles' Modell der Herrschaftsformen. Hinzu kommen die negativen Assoziationen, die dem Begriff seit dem Mittelalter hinzugefügt wurden. Ferner ergänzen und vermischen sich Pöbelbegriff und außereuropäischen Völkern zugeschriebene Eigenschaften, bis hin zum Kannibalismus.

Die politische Haltung der Reiseberichtsautoren ist, wie die Positionen der staatstheoretischen Literatur zwischen 1785 und 1810 überhaupt, nicht eindeutig auf den Einfluß einer Theorie zurückzuführen. Den größten Einfluß auf die Äußerungen der Berichte zu Staat und Gesellschaft übten aber die Theorien Montesquieus und der Physiokratismus aus. Beide werden in Deutschland vor allem über den Kameralismus vermittelt. Der Physiokratismus wird in der Forschungsliteratur als Mischung aus absolutistisch-kameralistischen und liberalen Ideen definiert. Diese Ambivalenz des deutschen Physiokratismus findet sich auch in den Stellungnahmen der Reisenden zu Ökonomie und staatlicher Ordnung wieder. Der Kameralismus kommt zum Ausdruck, wenn in Fragen der Staatsordnung, der öffentlichen Moral und der Ökonomie der Eingriff der 'Polizei' gefordert wird. Ein Zeichen des Physiokratismus, aber auch der speziellen deutschen Montesquieu-Rezeption ist, daß die Staatsform eines durch Gesetze beschränkten Absolutismus befürwortet wird. Ständische Mitbestimmung oder Gewaltenteilung werden hingegen abgelehnt. Die eher 'liberale' Seite der physiokratischen Gesellschaftstheorie stellt die vehemente Forderung nach Freihandel dar. Sie ist als Vorbote Smith'scher Theorierezeption anzusehen, die in Deutschland erst kurz nach 1800 einsetzte.[65] Im Falle Neapels vermischt sich die ökonomische Theorie vom Freihandel mit der nur wenig älteren Klimatheorie, die das geringe Handelsvolumen erklären soll.

---

[64] Einzige Ausnahme ist der kunstinteressierte Quandt, der angesichts antiker Statuen empfindet, was „die Brust eines Hellenen erfüllte. Reales, Materie, transportiert Geist, eine Idee!". Vgl. Quandt, Bd. 3, S. 20. Auch Kephalides, Bd. 2, S. 139, lobt die Schönheit antiker Statuen.

[65] Klippel, S. 206, S. 208f., S. 218ff., S. 222; Garber, Konstitutionalismus, S. 71, S. 75; Gerteis, S. 79, S. 88; Garber, Partizipationstheorien, S. 25, S. 30; Vierhaus, Montesquieu, S. 424ff.; Dipper, Naturrecht, S. 165, S. 167; Herdmann, S. 14, S. 41ff., S. 58ff., S. 68. Würtenberger, S. 89, hält liberale Ideen schon vor 1800 für verbreitet. Vgl. Griep, Reiseliteratur, S. 757, S. 760.

Der Einfluß Montesquieus auf die Reiseberichte kommt vor allem in der Klimatheorie, der Kritik am Despotismus, an der ökonomischen Rolle der Kirche, an Aberglauben und an religiösen 'Zeremonien' zum Ausdruck. Auf Montesquieu zurück geht auch die große Bedeutung, die den Sitten in der gesellschaftlichen Entwicklung zugeschrieben wird. Die entscheidende gesellschaftliche Bedeutung der Tugenden unterstrich, durch Montesquieu beeinflußt, der deutsche Kameralist Justi, der die universitäre Lehre in Deutschland maßgeblich prägte.[66]

In den Reiseberichten findet sich auch der physiokratische Gedanke vom Grundeigentum als wesentlichem Faktor der gesellschaftlichen Ordnung. Vermehrten bäuerlichen Landbesitz befürworteten allerdings nicht nur die Physiokraten, sondern auch Montesquieu und weitere Aufklärer. Diese Forderung ist für die Reisenden jedoch nicht so zentral, wie sie es für viele aufklärerische Theoretiker war.[67] Eine wichtigere Rolle kommt hier der Kritik am Feudalsystem zu, das die produktive Mobilisierung des Bodens verhinderte. Besondere gesellschaftsverändernde Kraft schreiben die Berichte dem wirtschaftlich tätigen Bürger zu, der als Innovateur und Wohltäter der Menschheit dargestellt wird. Die Formung gesellschaftlicher Moral durch die Innovationskraft von Individuen, durch die Eingriffe des Staates, durch Volksbildung und den nationenüberspannenden Handel sind wesentliche Bestandteile der physiokratischen Theorie.[68]

Die antiken Topoi vom genießenden und luxuriösen Neapel und von der Faulheit seiner Bewohner, beide von Horaz aufgrund des Landlebens reicher Römer am Golf von Neapel begründet, hinterlassen ihre Spuren im Topos vom Genuß als einzigem Ziel aller Neapolitaner.[69] Für den Physiokratismus waren Luxusaufwendungen ökonomisch schädlich, da sie die Handelsbilanz durch Importe belasteten. Die Kritik an ihnen war Teil der aufgeklärten Diskussion um die nur konsumierenden, nicht produzierenden Großstädte.[70]

Ihre typisch zeitgenössische Ausprägung erhalten die antiken Topoi aber vor allem im Begriff des Müßigganges, der zu den Leitbegriffen der staatstheoretischen Diskussion und der Reiseberichte des 18. Jahrhunderts gehört.[71] Im Genre 'Reise-

---

[66] Herdmann, S. 174ff.

[67] Klippel, S. 211, S. 224.

[68] Garber, Konstitutionalismus, S. 85; Gerteis, S. 94; Kohl, S. 122, S. 126.

[69] Mozzillo, L'immagine, S. 63.

[70] Kritik an Müßiggang, Luxus, Bedienten und Lastern gehörten generell zur Stadtdiskussion; vgl. Venturi, Napoli, S. 26, S. 32; Ders., Settecento, S. 288, S. 295. Unter den neapolitanischen Aufklärern hielt allein Genovesi Luxuskonsum für positiv, da er Einkommen für die inländischen Gewerbe schaffe. Der deutsche Kameralist Justi hielt Luxus für akzeptabel, wenn er durch Handel erworben wurde. Vgl. Herdmann, S. 180.

[71] Garber, Konstitutionalismus, S. 93; Griep, Reiseliteratur, S. 760.

bericht' hatte Addison den ebenfalls von Horaz stammenden Topos wiederaufgenommen und neu interpretiert.[72] In ihm konzentriert sich die aufklärerische Wertschätzung von Arbeitsamkeit und Rationalität, die sich mit Kritik am konsumorientierten Lebensstil des Ancien Régime und dem Lazzaronimythos verbindet. Genuß war für die Aufklärung nur legitim, wenn man ihn sich durch Arbeit 'verdient' hatte. Die Polemik gegen den angeblich untätigen Adel und seine Bediensteten, gegen die Anwälte und den Klerus bringt diese Einstellung zum Ausdruck. Sie verweist aber auch auf die hohe Wertschätzung der Landwirtschaft durch die Physiokraten. Nur diese galt ihnen als produktiver gesellschaftlicher Sektor. Die Polemik läßt sich aber auch mit der Theorie Adam Smiths vereinbaren. Der hielt zwar handwerkliche und industrielle Tätigkeit für produktiv, definierte reine Geistesarbeit, Rentenkonsum und die Arbeit Hausbediensteter jedoch als steril, d.h. als unproduktiv.[73]

Die Physiokraten beanspruchten, mit ihren vor allem ökonomischen Reformen eine natürliche gesellschaftliche Ordnung verwirklichen zu können. Als idealen Agenten dieser Reform sahen sie den aufgeklärten Monarchen an.[74] In diesem Zusammenhang wird verständlich, warum Ferdinand gegen alle Wahrscheinlichkeit so lange und hartnäckig von den Reisenden verteidigt wird. Es erklärt auch, warum sie die Herrschaft Leopolds in der Toskana verherrlichen: Seine Reformen waren durch den Physiokratismus inspiriert.

Aufgeklärte Gesellschaftstheorie, ethnologische und Klimatheorien sowie das Gegensatzpaar von Natur und Gesellschaft treffen in den Reiseberichten dort wieder zusammen, wo es um die Definition von Menschheits- und Kulturentwicklung geht. Die Kulturentwicklung wird dort, wie in der zeitgenössischen Gesellschaftstheorie, als stetiger Fortschritt sowohl des Individuums als auch der Gattung entworfen. Völker und Regionen, die nach ihrem Entwicklungsstand eingestuft wurden, trugen zur Menschheitsgeschichte bei. Vernunft und Sinnlichkeit – so nahm man an – garantierten die Einheitlichkeit der menschlichen Entwicklung. Verschiedene Klimazonen, Bodenbeschaffenheit, Ökonomien, Herrschaftsformen und Sitten schufen die Differenzen.[75] Die Zeit um 1800 wurde innerhalb der zeitgenössischen Kulturgeschichte als Achsenzeit des Umschlags von 'Sinnlichkeit' zu 'Vernunft' angesehen. Die Möglichkeit zu 'vernünftiger' Staatsbildung hing nach

---

[72] Mozzillo, L'immagine, S. 75.

[73] Garber, Konstitutionalismus, S. 85f., S. 88; Gerteis, S. 77.

[74] Gerteis, S. 83, S. 87, S. 89.

[75] Verschiedene Positionen vertraten hier Montesquieu, der vor allem Klima und Boden für entscheidende Entwicklungsfaktoren hielt, und Turgot, der die moralischen Faktoren betonte. Vgl. Garber, Menschheitsgeschichte, S. 85, S. 83; Dipper, Naturrecht, S. 172.

Ansicht der Staatswissenschaftler entscheidend von der kulturellen Stufe ab, auf der sich eine Gesellschaft und ein Volk befanden. Vor dem Hintergrund dieser Theorie konstatieren die Reisenden, daß ein in ihrem Sinne idealer Staat mit dem Pöbel, besonders dem neapolitanischen, nicht zu machen sei.[76] Der Pöbel stehe auf einer kulturell niedrigeren Entwicklungsstufe der Menschheit. Dieses Urteil gilt aber auch für den Neapolitaner generell. Die neapolitanische Gesellschaft als ganze ist diesem Modell zufolge nicht reif für eine selbstbestimmte Ordnung. Lediglich die wenigen Aufklärer und Wissenschaftler, die über die moralischen und intellektuellen Qualitäten der entwickelten Menschengattung verfügen, seien hierzu in der Lage. Sie werden jedoch 1799 exiliert oder hingerichtet. Allein die Aufgeklärten und Gebildeten, der Mittelstand, erscheinen zur Teilnahme an der Staatsverwaltung geeignet. Nur sie erhalten in den frühliberalen Verfassungsmodellen der Zeit das Wahlrecht.[77]

Dieses Fazit, das in den Berichten implizit schon vorher zu erkennen war, wird explizit nach der Revolution von 1821 gezogen. Der Grund hierfür sind jedoch nicht nur die politischen Ereignisse in Neapel, sondern auch die gesamteuropäische Entwicklung. Die Hoffnung der Reisenden auf gesellschaftliche Reformen gerät nach 1793 in die Krise. Nach 1815 gerät selbst die im Vergleich zu Frankreich gemäßigtere liberale Revolution in Neapel in Verruf.

Bis 1810 projizieren die Reisenden immer wieder ihre utopischen Hoffnungen auf Neapel. Die antike Tradition vom fruchtbaren Naturparadies, die auch im Diktum des Renaissancedichters Sannazar von Neapel als 'Stück des Himmels auf Erden' zum Ausdruck kommt, findet ihre Fortsetzung in den Idyllen. Die Gartentheorie, die Wende zur 'realistischen' Utopie und die Wiederaufnahme der Tradition von Tahiti und den glücklichen Inseln in der zweiten Hälfte des 18. Jahrhunderts aktualisierten und verstärkten diese Tradition. Diese Topoi aus der deutschen und italienischen Literatur und der Ethnologie verbinden sich mit der aufgeklärten Utopie einer, physiokratisch gesprochen, natürlichen gesellschaftlichen Ordnung oder der, kameralistisch gesehen, durch staatlichen Eingriff bewirkten gesellschaftlichen 'Glückseligkeit'. Dabei wird in der Diskussion um die Gesellschaft Tahitis, in der Gartentheorie, im Begriff der Humanität sowie in der staatstheoretischen und philosophischen Diskussion um 1800 die Hinwendung zur Natur mit dem Anspruch auf paradiesische Existenz gleichgesetzt.[78] Einige Reisende halten die Verwirklichung dieser Utopie für möglich, andere verstehen sie nur als Arbeits-

---

[76] Garber, Konstitutionalismus, S. 77ff.

[77] Ebd., S. 80.

[78] Kehn, S. 180ff.; Schneider, Idylle, S. 290, S. 295, S. 310; Tonelli, S. 623ff. Die Verbindung von räumlicher Bewegung und Utopie ist in Reiseberichten des 18. Jahrhunderts keine Seltenheit; vgl. Griep, Reiseliteratur, S. 763.

begriff gesellschaftlicher Kritik.[79] In den Berichten dominiert, trotz wiederholter Kritik am Traum vom einfachen Leben, die diffuse Hoffnung auf paradiesische Existenz. Italien und Neapel sind für viele Reisende der Ort solcher Träume, deren Verwirklichung zumindest bis etwa 1810 immer wieder eingefordert wird.[80] Wie Tahiti in der zweiten Hälfte des 18. Jahrhunderts die reale außereuropäische Utopie, so stellt Neapel die reale europäische Utopie dar. Zumindest für einen Moment wollen die Autoren persönliche Krankheit und Enttäuschung oder die aktuellen politischen Ereignisse vergessen. Sie suchen das Land, in dem „der verlohrene Sommer von neuem gefunden werden könnte."[81] Äußerungen dieser Art treten in den Berichten vor wie nach 1815 auf. Sie sind auch von der jeweiligen politischen Haltung ihrer Autoren unabhängig.

Die Verbindung zwischen Natur und Gesellschaft findet sich in den Reiseberichten wie in der staatstheoretischen Literatur des gesamten 18. Jahrhunderts auch in der Formung von Habitus und Körperhaltung. Der natürliche Körper, die natürliche Moral sind unerläßlicher Bestandteil eines 'guten' Lebens sowohl des Subjektes als auch der ganzen Gesellschaft. Der Grad an Moralität, den eine Gesellschaftsform erreicht hat, zeigt – so die zeitgenössische Theorie – die Kulturstufe an, auf der sie steht. Der Aufenthalt in der Natur: der Idyllenlandschaft, dem paradiesischen Süden fördert – so meinte man – die Realisierung natürlicher Moral. Freundschaft ist e i n Ausdruck sozialer Assoziation, in dem alle positiv gewerteten moralischen Attribute und Gefühle zum Ausdruck und zur Anwendung kommen.

Die messianische Hoffnung auf Verwirklichung paradiesischer Verhältnisse wird nicht nur auf Neapel, sondern auch auf die reisenden Subjekte selbst projiziert. Im Gegensatz zu den Bewohnern der Stadt erweisen sich die Reisenden jedoch als reif für die Utopie. Ihr Räsonnement über die ideale gesellschaftliche Ordnung und vor allem ihr ständiges Bemühen um eine Trennung des 'Fabelhaften' vom rational Begründbaren bezeugen, daß sie aufgeklärte Vernunft und Moral verinnerlicht haben. Lob der Arbeitsamkeit und Ekel vor dem Pöbel sind weitere

---

[79] Garber, Menschheitsgeschichte, S. 84, unterscheidet drei verschiedene Theorien der Menschheitsentwicklung um 1800. Bei Kant ist der Naturzustand die Norm, an der die Gegenwart gemessen wird. Diese Norm bleibt aber Idee. Bei Rousseau dient der Naturzustand vor allem als Instrument der Gegenwartskritik. Für den aufklärerischen Frühliberalismus stellt die Gegenwart den bisher höchsten Stand der Entwicklung und die erstmalige Verwirklichung des Kulturzustandes dar. Im Frühliberalismus wirken die Theorien Rousseaus, Voltaires, Montesquieus und Turgots fort.

[80] Bitterli, Wilden, S. 391f., stellt für das Ende des 18. Jahrhunderts zunehmenden Eskapismus in der Idyllen- und Tahitidarstellung fest.

[81] Benkowitz, Helios, Bd. 1, S. 1ff. Vgl. Tagebuch, S. 201; Jacobi, Bd. 1, S. 258; Lehne, S. 23, S. 82; Seume, S. 167; Recke, Bd. 3, S. VII; Rehfues, Gemähldte, Bd. 2, S. 176; Brun, Sitten, S. 35, S. 57, S. 138; Friedländer, Bd. 2, S. 323; Wehrhan, S. 241. Nach 1810 nehmen solche Fluchttopoi allerdings ab.

Belege dieser Haltung. Dem stehen nur wenige Anhaltspunkte für die Sehnsucht nach Unvernunft und nach einer anderen Körperlichkeit gegenüber. Diese scheinen vor allem in der Darstellung des 'sinnlichen' Volkes auf. Auf theoretischer Ebene ist diese Ambivalenz gegenüber dem Volk Ergebnis der Diskussion um Vor- und Nachteile der Zivilisation. Die Suche nach dem Ursprünglichen in den Volksbräuchen, die aus den älteren Traditionen vom guten Wilden, den glücklichen Inseln und der Idylle hervorgeht, setzt diese Ambivalenz fort.[82]

Auf psychischer Ebene repräsentiert 'das Volk' für die Reisenden den lebendigen 'präindustrialen Sozialcharakter'[83] (Richter). Dieser stellt für die aufklärerische Moral der neuen Bürger nicht nur eine Bedrohung dar, sondern legt gleichzeitig ein 'Sich-gehen-lassen' in der Natur und dem 'nur-genießenden' Neapel nahe. Diese Attraktionen sind es, die neben der Materialisierung legitimer Bildungsinhalte, den Reiz der Stadt ausmachen.[84] Neapel ist der symbolische Ort des utopischen Anspruches der Aufklärung. Hier kann der aufgeklärte Mensch einmal vollkommen authentisch sein und für die Dauer des Aufenthaltes sogar die im Humanitätsbegriff nicht integrierten psychischen Anteile genießen.

Vor 1810 waren es vor allem bestimmte Autoren von Reiseberichten, Volkmanns Reiseführer und Galantis Beschreibung des Königreiches, die die Tradition des Genres entscheidend beeinflußten. Darüber hinaus wirken die Theorien zeitgenössischer Philosophen in erheblichem Maße auf die Gattung. An erster Stelle sind hier der als Reiseberichtsautor, Staatstheoretiker und Ethnologe überaus einflußreiche Montesquieu,[85] aber auch Rousseau und Turgot zu nennen. Gerade in den ethnologischen und ökonomischen Theorien und Begriffen sind weitere Einflüsse zu erkennen, die meist Teil des zeitgenössischen Interdiskurses waren.

Die große Wirkung antiker Traditionen und zeitgenössischer Philosophen zeigt, daß die Reiseberichte sich mit ihren Topoi innerhalb der gelehrten Schrifttradition seit der Renaissance bewegen. Orale Traditionen, die immer wieder aufgenommen werden, dienen lediglich der Anreicherung. Im Falle des Interesses an Volkssagen und -bräuchen werden sie sogar dazu herangezogen, die Schrifttradition neu zu definieren. Um einen Reisebericht schreiben zu können, mußten die Autoren über

---

[82] Diese Gründe nennen Mozzillo, L'immagine, S. 111ff., Garber, Zivilisationsmetropole, S. 421, und Richter, Neapolitaner, S. 128f. Nicht genannt wurde in der Forschungsliteratur bisher die Verbindung dieser Theorien mit den Traditionen des Pöbel- und des Mittelstandsbegriffs und mit der aufklärerischen Staatstheorie insgesamt.

[83] Richter, Neapolitaner, S. 123, vgl. S. 121. Die Furcht des modernen Subjektes vor der Auflösung des eigenen Ichs, den Richter hier konstatiert, bringt gleichzeitig den Genuß daran hervor.

[84] Kehn, S. 181.

[85] Vierhaus, Montesquieu, S. 408f., S. 437; Herdmann, S. 12, S. 83, S. 174ff.

die Bildung verfügen, die nur an Lateinschule und Universität erworben werden konnte.

3. Epochenbruch und Veränderungen im Genre

Der Bruch in der Genretradition um 1810, der durch die fünfjährige Publikationspause aufgrund der kriegerischen Ereignisse noch deutlicher markiert wird, ist inhaltlicher und struktureller Art. Zunächst sind deutliche Veränderungen oder doch Schwerpunktverschiebungen in den Themen und Wertungen zu erkennen. Es handelt sich hier offensichtlich um das Ende der aufklärerischen Einstellung. Gleichzeitig beginnt eine nicht in gleichem Maße genau zu definierende neue ideologische Orientierung.[86] Diese Neuorientierung, oder besser: dieser Interdiskurswechsel, führt zu einer neuen Art der Kategorisierung. Alte Topoi werden fallengelassen oder verändert fortgeführt und geraten so in neue Beziehungen zueinander. Die veränderte Wahrnehmung findet sich, wenn auch varriiert oder verzögert, bei allen Autoren. Sie ist also weitgehend unabhängig von individuellen Entscheidungen. Gleichzeitig, und dies ist von größerer Bedeutung, betrifft dieser Bruch aber auch die Funktion des Genres.

Der Bruch auf inhaltlicher Ebene zeigt sich vor allem in dem vollständigen Ende des Anspruchs auf gesellschaftliche Reform. Die Dominanz der Begriffe Natur, Moral und Humanität endet. Mit ihr geht die Klammer verloren, die bis etwa 1810 die große Einheitlichkeit der Gattung ausmachte. Diese Klammer wird nicht durch ein ebenso stringent wirkendes Theoriengebäude, wie es das der Aufklärung war, ersetzt. Vielmehr treten in einzelnen Bereichen neue Wertungen auf, die zusammengenommen ein neues, aber diffuseres Gesamtbild ergeben. Die entschiedene Rückkehr zur Religion als gesellschaftlichem Ordnungsfaktor ist von einer größeren Skepsis gegenüber politischer Veränderung begleitet. Die Ordnungsvorstellungen der Aufklärung und auch die psychische Konstellation, die sie geschaffen hat, bleiben zwar erhalten, werden aber nicht mehr so deutlich hervorgehoben. Insgesamt dominieren die individuellen Ansprüche an die Neapelreise: das Bedürfnis nach dem Genuß des sonnigen Südens und seiner Bildungsgüter.

Den deutlichsten Wahrnehmungsbruch innerhalb der europäischen Kultur um 1800 bewirkt die Romantik. In den Reiseberichten sind inhaltliche Veränderungen wahrnehmbar, die Auswirkung der romantischen Perspektive sind. Zu diesen Veränderungen gehört zunächst die Aufwertung der Religiosität, aber auch das erneute Interesse für das Volk.[87] Das aufklärerische Volksinteresse suchte noch die gleichwertige Verbindung von Vernunft und Gefühl. Demzufolge verherrlichte es zwar

---

[86] Certeau, Schreiben, S. 43.

[87] Vgl. Nipperdey, S. 504, S. 573.

die Volkspoesie, kritisierte aber den Aberglauben. Die Romantiker trugen Volksbräuche zusammen, die weitgehend aus den sozialen Zusammenhängen gelöst wurden.[88] Das erneuerte Interesse am Volk, wie es sich in den Neapelberichten nur ansatzweise zeigt, basiert auf der romantischen Vorstellung von der Volkskultur als Ausdruck des Geistes einer Nation. In der europäischen Volkskultur, nicht mehr in dem durch Vergleich mit außereuropäischen Völkern definierten Volkscharakter mußten nach Ansicht der Reisenden nun die nationalen Eigenarten gesucht werden.[89] Das 'Volk' wird von den Reisenden in neue theoretische Zusammenhänge gestellt, die vor wie nach 1810 jedoch den politisch-gesellschaftlichen Bedürfnissen der Gebildeten dienen.

Deutlichste Auswirkung romantischer Einstellung sind in den Reiseberichten die Begriffe von Sehnsucht und Erinnerung sowie der mit ihnen verbundene Gefühlskomplex. Entfremdungsgefühl und Heimweh zeigen den Einfluß romantischer Wahrnehmung und Selbststilisierung in den Reiseberichten. Die Verherrlichung des Mittelalters, weiteres Kennzeichen der Romantik, deutet sich nur in dem erhöhten Interesse an mittelalterlicher Kunst an.[90]

Oft vollzieht sich der Übergang sehr langsam, so daß er im hier beobachteten Zeitraum nicht deutlich wahrnehmbar ist. Dies betrifft die romantische Sehnsucht und die Naturwahrnehmung, die ihren Ursprung in der aufklärerischen Empfindsamkeit und Idyllentradition haben.[91] Wenn aufklärerische Arbeitsmoral und Tahitivorliebe in der idyllischen Darstellung wegfallen, treten ältere Aspekte der Idyllentradition wieder hervor, während die einmal etablierte Identifikation von idyllischer und italienischer Landschaft erhalten bleibt.

Ein nur gradueller Unterschied besteht auch zwischen dem aufklärerischen und dem neuhumanistischen Bildungsideal. Gemeinsam ist beiden der Gedanke der Vervollkommnung des Menschen durch Selbstbildung. Während die Spätaufklärung diese jedoch mit der gesellschaftlichen Vervollkommnung verbindet, strebt der Neuhumanismus vor allem die des einzelnen Subjektes durch theoretisches Wissen an.[92] Die messianische Hoffnung, die dieses Bildungsideal impliziert, ver-

---

[88] Herrmann Bausinger: Volkskunde. Von der Altertumsforschung zur Kulturanalyse, Berlin/Darmstadt/Wien 1971, S. 30ff.

[89] Die romantische Sicht auf das Volk kommt exemplarisch im Reisebericht W.Müllers 'Rom, Römer und Römerinnen' zum Ausdruck, der 1820 erscheint. Vgl. Eilert, S. 75, S. 77ff.

[90] Andere Positionen, die für die Romantik oder das frühe 19. Jahrhundert typisch sind, tauchen in den Berichten nicht auf. Die verstärkte Befürwortung von Nationalerziehung und Nationenbildung, das Lob der Tradition oder ein stärkerer Hang zum Irrationalen ist den Reiseberichten kaum zu entnehmen.

[91] Pikulik, Frühromantik, S. 27, S. 31, S. 60.

[92] Garber, Menschheitsgeschichte, S. 80; Nipperdey, S. 440.

lagert sich von der menschlichen Gattung auf das bildungsfähige Subjekt. Dies bedeutet zugleich eine Veränderung des gesellschaftspolitischen Anspruches.

Das Ende der gesellschaftlich-sozialen Orientierung der Aufklärung führt auch dazu, daß die Inhalte der Reiseberichte individueller werden und die Bildung an der Kunst an Bedeutung gewinnt.

Neben den Veränderungen inhaltlicher Art vollzieht sich ein deutlicher Funktionswandel des Genres. Diese neue Funktion ist, neben dem Ende der Aufklärung, der entscheidende Grund für das veränderte Gesicht der Gattung. Die bis dahin verbindliche enzyklopädische Historia-Tradition, die die Darstellung von Naturgeschichte und gesellschaftlichen Verhältnissen vereinte, bricht um 1810 herum ab. Sie wird durch die Spezialisierung in einzelne Wissenschaftsdisziplinen ersetzt.[93] Der Anspruch, nützliche Informationen und Leistungswissen zu vermitteln, den die Gattung seit der Übernahme der Kavalierstourtradition durch Bürgerliche erhob, gilt nicht mehr. Reiseberichte über Italien wollen offensichtlich kaum noch wissenschaftlichen Ansprüchen genügen.[94] Die Berichte, vor 1810 eine Mischung aus alltagsweltlicher und wissenschaftlicher Wahrnehmungsweise, werden nun Medium alltäglich-subjektiver Wahrnehmung und Darstellung. Vordergründig subjektive, als soziale Praxis der Gebildeten aber gesellschaftliche Bedürfnisse nach körperlich-geistiger Erholung und humanistischer Bildung durch Kunst und Naturgenuß treten als Zweck der Italienreise in den Vordergrund.[95]

Die Forschung hat den Bruch in der Gattung nach 1800 entweder durch den Übergang von Klassik zu Romantik zu erklären versucht oder als Aufspaltung des Genres in eine idealisierende und eine realistische Richtung beschrieben.[96] Zur Verwirrung trägt meiner Meinung nach aber die allzu strikte Trennung bei, die hier vorgenommen wird.[97] Die Untersuchung einer größeren Anzahl von Berichten

---

[93] Osterhammel, S. 26; Harbsmeier, Rückwirkungen, S. 425, S. 437; Bürgi, S. 151.

[94] Grosser, Reiseziel, S. 125; Harbsmeier, Rückwirkungen, S. 429. Dies trifft auch auf Berichte über außereuropäische Reisen zu.

[95] Vgl. Kehn, S. 181.

[96] Oswald, S. 30, sieht die Romantik als Grund des Bruches. Battafarano, S. 76ff., nimmt eine Trennung der Italiendarstellung in die in Romanen und in eine andere, die sich mit „Real-Italien" beschäftige, vor. Auf S. 83ff. verzeichnet er eine Teilung in idealisierende und realistisch-kritische Darstellung. Vgl. Gert Sautermeister: Reisen über die Epochenschwelle. Von der Spätaufklärung zum Biedermeier, in: W.Griep/H.-W.Jäger (Hrsg.), Reisen im 18. Jahrhundert, S. 271–293, S. 278. Sautermeister entdeckt drei Strömungen in der Italiendarstellung nach 1800. Auch er geht von einer Trennung in idealisierende und eher realistische Darstellung aus.

[97] Der Übergang von aufklärerisch-klassischer zu romantischer Darstellungsweise ist keineswegs abrupt, sondern vollzieht sich schrittweise. Wie fließend solche Übergänge sind und wie wenig man sie auf ein genaues Datum festlegen kann, zeigt Grossers Darstellung des Übergangs

zeigt, daß viele verschiedene Arten von Wahrnehmung zeitlich nebeneinander existieren – und dies nicht nur bei verschiedenen Autoren, sondern auch innerhalb eines Reiseberichts. Daher halte ich den Versuch, hier auf ein genaues Jahr hin zu differenzieren, für wenig sinnvoll.[98]

Ein fließender Übergang ist in den Reiseberichten auch für das Verhältnis von Belehrung und Unterhaltung, politischem Interesse und subjektivem Genuß festzustellen. Ein Entpolitisierungsprozeß findet in den Berichten über Neapel aber erst nach 1810 statt, und selbst dann bleibt ein geringes politisches Interesse erhalten.[99] Auch im 19. Jahrhundert bleiben Idealisierung und Beschreibung des 'wirklichen' Italien untrennbar miteinander verbunden. Das Interesse am Politischen wie der Traum vom Paradies bleiben auch nach 1810 Bestandteile der Berichte, allerdings in verwandelter und deutlich reduzierter Form.[100]

Der Bruch innerhalb der Gattung wird aber nicht nur der Wirkung der Romantik zugeschrieben, sondern auch einer Erschöpfung der gängigen Topoi und dem Schock, den die entsetzliche soziale Realität Italiens angeblich bei den Reisen-

---

von adeliger zu aufgeklärter Reisepraxis im Fall der Frankreichreisen. Vgl. Grosser, Reiseziel, S. 80ff. Für die Reiseberichte über Italien hat die Forschung diesen Übergang an ganz verschiedenen Autoren und Jahren um 1800 herum festmachen wollen. Den Epochenbruch soll einmal Goethes 'Italienische Reise' bezeichnen, ein andermal Ernst Moritz Arndts Bericht aus den neunziger Jahren, oder auch W. Müllers 'Rom, Römer und Römerinnen' von 1820. Das Bedürfnis der Forschung, Epochenschwellen festzulegen, ist gerade für das späte 18. Jahrhundert sehr groß. Vgl. Albert Meier: Als Moralist durch Italien. Johann Caspar Goethes 'Viaggio per l'Italia fatto nel anno MDCCXL', in: Jäger, Europäisches Reisen, S. 71–85; Brenner, Reisebericht, S. 232, S. 286, S. 307; Sautermeister, S. 286; Oswald, S. 30. Verwirrend ist auch die von De Seta vorgenommene Periodisierung, die alle Reisen zwischen etwa 1650 und 1813 unter dem Begriff der 'Grand Tour' zusammenfaßt. Diese Periodisierung verwischt den Unterschied zwischen adeligpatrizischer Kavalierstour und der seit Mitte des 18. Jahrhunderts beginnenden aufgeklärten Reise. Für den Beginn der bürgerlichen Reisepraxis ist die Wahl des Jahres 1813 als Einschnitt ebensowenig sinnvoll. Reisende bürgerlicher Herkunft stellen im deutschen Sprachbereich schon seit dem letzten Drittel des 18. Jahrhunderts die Autorenmehrheit. Vgl. De Seta, Specchio, S. 125ff., S. 260f.; Ders., Grand Tour, S. 15, S. 221f. Der Definition De Setas folgen fast alle italienischen Arbeiten. Vgl. Palermo-Concolato, S. 132f.; Mascoli/ Vallet, Viaggiatori, S. 49.

[98] So auch Hans-Wolf Jäger: Reisefacetten der Aufklärungszeit, in: Brenner, Entwicklung, S. 261–283, S. 274.

[99] Stewart, S. 263, S. 272, konstatiert, in den neunziger Jahren des 18. Jahrhunderts habe die Gattung am Ende eines langen Entpolitisierungsprozesses nurmehr eine „reine Unterhaltungsfunktion" erfüllt. Gerhard Sauder: Sternes 'Sentimental Journey' und die 'empfindsamen Reisen' in Deutschland, in: Griep/Jäger, Soziale Realität, S. 302–319, S. 319, verneint diese Entpolitisierung für die empfindsamen Reisen.

[100] Dementsprechend kann man das aufklärerische Italienbild auch nicht als „Sonderentwicklung" im Gegensatz zum auf antike Kunst orientierten Italienbild der Klassik ansehen, wie Maurer, Genese, S. 333, es tut.

den bewirkt.[101] Diese Argumente sind wenig überzeugend, denn schon vor 1810 stellen die Reisenden die Erschöpfung der Themen fest, ohne daß es sie jedoch von deren steter Wiederholung abhält. Das soziale Elend in Neapel wird vor 1810 sogar viel ausführlicher beschrieben als danach. Damit es zu einem Wechsel in der Wahrnehmung kommen kann, ist offensichtlich eine neuartige Disposition der Wahrnehmenden notwendig. Eine Erschöpfung bisheriger Sicht- und Darstellungsweisen tritt erst dann ein, wenn sich die Instrumentalisierung der Topoi vor dem Hintergrund der eigenen Bedürfnisse und Probleme erschöpft hat. Trotz unendlicher Redundanz der aufklärerischen Reiseberichte bringt nur das Ende der Aufklärung eine wesentliche Veränderung der Themen mit sich. Obwohl das Elend in Neapel vor 1810 sich kaum von dem nach 1810 unterschieden haben dürfte, führt erst das Ende der Hoffnung auf gesellschaftliche Reform dazu, Italien als unveränderlich zurückgeblieben anzusehen. Selbst der Lazzaroni-Mythos endet nur, weil sich aufgrund der nicht toposgemäßen Wahrnehmung Goethes[102] die Meinung durchsetzt, sie gehörten zum normalen Pöbel.

Andreas Bürgi hat innerhalb der Gattung Reisebericht im 18. Jahrhundert eine Spannung zwischen 'Nachricht' und 'Zitat' ausgemacht. Die in Italien wahrgenommenen 'Fakten', von Bürgi als 'Nachricht' bezeichnet, erhalten ihre Bedeutung durch die Anbindung an die Bilderwelt der Reisenden. Diese Bilderwelt, die Bürgi 'Zitat' nennt, bestimmt das leitende Interesse des Reisenden und organisiert dessen Darstellung. Erst die Verbindung der Nachricht mit dem Zitat erzeugt Bedeutung und Intensität für den reisenden Autoren und seine Leser. Der bereiste Raum ist gleichsam „von Literatur durchwirkt"[103], die besuchten Orte sind überzogen von einem dichten „Geflecht von Bildern"[104]. Nur wo die bereiste Gegend in einen Bezug zu den eigenen Bildern gestellt werden kann, wird sie für die Reisenden erfahrbar. Die Folge dieser Vermischung von Nachricht und Zitat sei aber, so Bürgi, daß das Zitat den Charakter einer Nachricht, die Autorität faktischer Verhältnisse erlange.[105] Obwohl den Lesern bewußt bleibe, daß utopische Orte nicht existieren, erwecke der Reisebericht doch den Eindruck, die Paradiese seien existent und für den Leser erreichbar. Dieser Mechanismus, den Bürgi für Italienreisen generell beschreibt, trifft erst recht auf die Berichte über Neapel zu. Die Aufladung bestimmter Orte in der Stadt oder in ihrer Umgebung ist Ergebnis dieser Verbin-

---

[101] Battafarano, S. 76ff., S. 93ff.; Osterhammel, S. 15.

[102] Ungeklärt bleibt, ob Goethe selbst hier Neues wahrnahm oder ob er die englischen Reiseberichte kannte, die die Tätigkeiten der Lazzaroni beschrieben hatten.

[103] Bürgi, S. 95.

[104] Ebd.Vgl. S. 41, S. 77, S. 95ff. Dies Phänomen beschreibt auch Osterhammel, S. 38.

[105] Bürgi, S. 113f., S. 119.

dung von Nachricht und Zitat. Die schwankende Haltung der Gattung zwischen Idyllenkritik und noch stärkerem Idyllenbedürfnis fußt auf dieser Vermischung. Unabhängig von der unterschiedlichen Ausprägung dieses Bedürfnisses in Aufklärung oder Romantik, bleibt die Sehnsucht nach dem erlebten Paradies wesentlicher Grund für den Besuch Neapels. Die Topoi von Fruchtbarkeit, idyllischen Tälern und glücklichen Inseln beschwören und bestätigen die Gegenwart der Utopie ebenso wie die Topoi vom komplementären Süden und Norden, von der Sehnsucht nach Italien und der Erinnerung daran.

Nach 1810 verschieben sich die Anteile von Nachricht und Zitat an der Darstellung. Die Bedeutung der Nachricht, die schon am Ende des 18. Jahrhunderts schwindet, geht weiter zurück. Das Zitat gewinnt an Bedeutung, obwohl sich auch sein Umfang reduziert. Nachricht wie Zitat bleiben jedoch Teil der Gattung.[106]

Veränderungen innerhalb der Autorengruppe haben – soweit es sich aus den Berichten und dem Sozialprofil herleiten läßt – keinen wesentlichen Einfluß auf das Genre. Vor wie nach 1810 gehören die Autoren derselben sozialen Gruppe an. Zwischen der verringerten sozialen Mobilität innerhalb der Autorengruppe, dem größeren Anteil von Angehörigen des mittleren Bürgertums und dem Genrebruch sind keine eindeutigen Beziehungen herzustellen. Allerdings gibt es Veränderungen, die mit der neuen inhaltlichen und strukturellen Ausrichtung der Gattung korrespondieren. Der Rückgang bei den Autoren, die mehrere Reiseberichte verfassen, und der Anstieg der fach- oder themengebundenen Schriften innerhalb der Gruppe verweisen auf die veränderte Funktion der Berichte. Wissenschaftliches Renommee wird nun in fachwissenschaftlichen Veröffentlichungen erworben, während der Reisebericht zu einem rein persönlichen Zeugnis subjektiver Reflexion und Bildung wird. Für die Konstituierung des eigenen Ich bleibt die Gattung auch nach 1810 von Bedeutung. Vernunft, Gefühl, Natur- und Kunstliebe bleiben unerläßliche Eigenschaften des Gebildeten. Der 'ganze Mensch' bildet sich intellektuell und emotional weiterhin in Italien. Allerdings gehört die demonstrative Orientierung auf das Wohl der Menschheit nicht mehr zur Ich-Modellierung. Die individuelle Vervollkommnung ist nun das Ziel. Der Aspekt der Bildung, schon immer wesentlicher Grund der Italienreise, erhält – im neuhumanistischen Gewand – die Priorität.[107] Während sich die intellektuellen Inhalte des Ichs partiell wandeln, bleibt die Formung der Nähe-Sinne und des 'moralischen Körpers' die gleiche.

---

[106] Vgl. Bürgi, S. 95, S. 112.

[107] Oswald, S. 162, meint, die Italienreise habe erst ab der zweiten Hälfte des 19. Jahrhunderts zum Standard bürgerlicher Bildung gehört. Uxkulls Bemerkungen und die Vorworte zeigen, daß schon kurz nach 1800 die Einstellung gang und gäbe war, eine Italienreise gehöre zur Bildung des bürgerlichen Individuums.

4. Die Wirkung von Reisegründen, Aufenthaltsdauer, Bekanntschaften in Neapel und Generationszugehörigkeit auf die Wahrnehmung der Reisenden

Die wichtigsten Gründe für eine Italienreise sind der Wunsch nach dem Genuß südlicher Natur und die Antiken-Begeisterung vieler Reisender. In beiden Fällen ist es die Verbindung von Nachricht und Zitat, die den übergroßen Reiz des Aufenthaltes ausmacht. Horaz am Ort seines Wirkens im Original lesen zu können[108] oder Lorbeer am Grab Vergils zu pflücken, ist für die Reisenden ebenso reizvoll, wie eine Landschaft zu erleben, die ihren paradiesisch-idyllischen Vorstellungen so sehr zu entsprechen scheint. Hier wie dort verbinden sich die subjektiven Bedürfnisse der einzelnen Menschen mit denen, die ihnen durch Bildungsinhalte auch sozial vorgegeben sind. Glaubt man den Autoren, so sind es diese beiden Aspekte, die sie schon seit der Kindheit mit Italien zu verbinden gelernt haben.[109] Die Bedürfnisse von Gruppenhabitus und individuellem Ich stimmen hier vollkommen überein. Erlösung in einem konkreteren Sinne erwarten sich die Reisenden, die wegen ihrer Nervenleiden nach Ischia oder Sorrent fahren.[110] Neapel ist für alle diese Bedürfnisse besonders geeignet, weil es in einer selbst für Italien einzigartigen Kombination antike Stätten und mediterrane Natur verbindet. Darüber hinaus beeinflussen persönliche Interessen oder Fähigkeiten die Darstellung und Wahrnehmung der Autoren. Das Interesse für geologische Phänomene oder Volkspoesie wirkt deutlich auf die inhaltlichen Schwerpunkte einzelner Berichte.

Wie die Analyse gezeigt hat, differiert auch die Fähigkeit der Autoren, die eigene Wahrnehmung kritisch zu reflektieren. Die Fähigkeit zu differenzierter Beobachtung und Beurteilung hängt auch von der Aufenthaltsdauer in Neapel und der Kenntnis der italienischen Sprache ab. Allerdings führt ein längerer Aufenthalt nicht automatisch zu einer größeren Kenntnis der italienischen Kultur und Gesellschaft oder zu einem differenzierteren Urteil. So halten sich Stegmann und Rehfues, die Justizapparat und Bildungswesen in ihrer Funktion genauer verstehen, beide über ein Jahr in Italien auf. Beide beherrschen die Sprache[111], und zumindest

---

[108] Vgl. Eichholz, Bd. 4, S. 237.

[109] Jacobi, Bd. 1, S. 72, beschreibt Italien als das Land, auf das man ihn seit seiner frühen Kindheit gelehrt habe, zu schauen. Zur fast schon institutionalisierten Italiensehnsucht vgl. Kap.III und Kap.IX.6.

[110] Benkowitz, Glogau, Bd. 1, S. 6; Ders., Helios, Bd. 2, S. 177ff.; Brun, Sitten, S. 3, S. 10, S. 57.

[111] Gesicherte Erkenntnisse über die Sprachfähigkeiten ergeben sich nur für einige der Autoren. Italienisch sprechen – wenn auch in unterschiedlicher Perfektion – : Gerning (Bd. 1, S. 238), Stolberg (Bd. 1, S. 309), Küttner (Bd. 2, S. 70), Hager (S. 199), Stegmann (Bd. 1, S. 151),

Rehfues kennt italienische Literatur und Wissenschaft genau. Das Gegenbeispiel hierzu ist Benkowitz, der trotz eineinhalbjährigen Aufenthaltes in Kenntnissen und Differenzierung nicht mithalten kann. Ife, obwohl acht Monate in Neapel im Büro eines österreichischen Regiments beschäftigt, vermag weniger von Neapel mitzuteilen als die meisten der Reisenden. Die durchschnittliche Aufenthaltsdauer der Reisenden lag zwischen drei Wochen und zweieinhalb Monaten.[112] Längerer Aufenthalt, Landeskenntnis und Sprachfähigkeit sind also Faktoren, die eine differenzierte Wahrnehmung Italiens fördern können. Sie führen aber keineswegs immer zu einer größeren Fähigkeit des Reisenden, sich von den gängigen Topoi zu lösen.

Der Einfluß, den Kontakte der Reisenden untereinander und zu Einheimischen auf die Darstellung in Reiseberichten haben, ist kaum auszumachen. Einige der Autoren kannten sich,[113] und Gesellschaften ausländischer und einheimischer Aufgeklärter, wie Recke sie beim Erzbischof Capecelatro beschreibt, dürfte es des öfteren gegeben haben. Wer hier aber wen beeinflußte, bleibt unklar. Neapolitaner und ausländische Besucher gehörten einem ähnlichen Milieu an und stimmten in ihren politischen und gesellschaftlichen Positionen wahrscheinlich im Sinne des europaweiten Interdiskurses überein.[114] Nur beim Bericht über die Revolution von 1799 beziehen sich die Reisenden explizit auf einheimische Quellen. Dies bleibt aber der einzige Fall, in dem das Verhältnis von Informant und Informiertem eindeutig feststellbar ist.

Von großem Einfluß auf die Wahrnehmung in den Reiseberichten ist die Generationszugehörigkeit. Das veränderte Verhalten einer Generation im Vergleich zur

---

Rehfues (Italien, Bd. 1, S. 16), Uxkull (S. 29). Nach 1815 spricht nur Odeleben (Bd. 1, S. 97) italienisch. Hagen (Bd. 3, S. 275) und der Autor des Tagebuch (S. 25) beherrschen die Sprache nicht.

[112] Ife entschuldigt sich damit, daß er viel habe arbeiten müssen und daher wenig von Neapel gesehen habe. Aber auch aus dem sozialen Zusammenhang, in dem er sich durch seine Arbeit als Drucker und Schreiber bewegt, erfährt der Leser kaum etwas. Vgl. Ife, S. XI, S. 150. Die Aufenthaltsdauer der Reisenden ist alles andere als einheitlich. Nemnich hält sich nur 10 Tage in Neapel auf. Deutlich über dem Durchschnitt liegen Gerning (3 Aufenthalte; der Letzte davon 5 Monate), Brun (2 Aufenthalte von zusammen ca. 1 Jahr), Stegmann (2 Jahre in Italien, davon mehr als die Hälfte in Neapel), Benkowitz (ca. 1 1/4 Jahre), Rehfues (3 3/4 Jahre in Italien, 10 Monate davon in Neapel), Recke (1 3/4 Jahre in Italien, davon 6 Monate in Neapel), Ife (3 Jahre Italien, 8 Monate davon in Neapel).

[113] Recke besteigt mit Buch den Vesuv, Rehfues lernt in Neapel Kotzebue kennen, Morgenstern trifft in Neapel auf Friederike Brun. Brun bezeichnet Stolberg als ihren Freund. Sie kennt die Witwe Filangieris, von der sie an andere Einheimische weiterempfohlen wird. Vgl. Recke, Bd. 3, S. 276; Morgenstern, S. V, S. VIII; Rehfues, Miscellen, Bd. 2, S. 104ff., S. 113ff.; Brun, Neapel, S. 677.

[114] Vgl. Placanica, S. 175, S. 177f. Zu weiteren Kontakten mit Einheimischen vgl. Stegmann, Bd. 1, S. 107; Seume, S. 188; Kephalides, Bd. 1, S. VIII; Wehrhan, S. 62, S. 178.

Vorgängergeneration erscheint zwar als individuell, ist aber vor allem durch die kollektive Geschichte der gesamten Generation, durch die einschneidenden Ereignisse der Französischen Revolution, der Unterwerfung Europas durch Napoleon und vom Wechsel von Aufklärung zu Romantik bestimmt.[115] Die Wahrnehmungen und Urteile der aufeinanderfolgenden Generationen gehen weitgehend mit der Toposentwicklung des Genres konform.

Die große Wirkung generationeller Prägung zeigt sich dort, wo Differenzen zu den Reiseberichten des gleichen Zeitabschnittes entstehen. Wilhelm Christian Müller reist im eher ungewöhnlichen Alter von 69 Jahren nach Neapel. Obwohl die Aufklärungsepoche, auch in ihrer Wirkung auf das Genre, vorbei ist, bleibt Müllers Urteil deutlich durch diese geprägt. Seine intellektuelle und habituelle Prägung erhielt er in denselben Jahren wie Stolberg, zu dessen Altersklasse er gehört. Allerdings hat Müller seine politischen Ansichten den neuen Begriffen angepaßt. Deutlich wahrnehmbar mischen sich bei ihm Positionen der Aufklärung mit denen eines gemäßigten Liberalismus. Die Prägung durch die Aufklärung bleibt jedoch dominant.

5. Der bewußte Umgang mit den Topoi und die Bedingungen toposunabhängiger Wahrnehmung

Bisher wurde stets davon ausgegangen, daß Anwendung und Reproduktion von Topoi und Repräsentationen unbewußt erfolgen. Die Analyse der Reiseberichte hat jedoch gezeigt, daß einzelne Autoren sich von einigen der Topoi lösen können. Die Reisenden passen die Topoi im Laufe der Jahre nicht nur neuen Erfahrungen an, sondern sie widersprechen den obligatorischen Darstellungstraditionen oder begründen sogar neue. Ein Mehr an Information, an Kritikfähigkeit oder eine soziale Außenseiterposition können zur Ablösung gängiger Wahrnehmungsweisen führen.

Bourdieu geht davon aus, daß der typische Habitus einer sozialen Gruppe zu ebenso typischen Klassifikationsschemata führt.[116] Persönliche Aufrichtigkeit und interessenbestimmte Wahrnehmung der Reisenden widersprechen sich nicht. Die Autoren strukturieren die italienische Umgebung lediglich nach den Maximen, die ihre eigene Wahrnehmung und die ihrer Gruppe beherrschen.[117] Diese Maximen bewirken, daß die Reisenden die Funktionsweisen des Ancien Régime und seiner sozialen Gruppen nicht verstehen und unfähig sind, die Grundlagen des eigenen

---

[115] Bourdieu, Unterschiede, S. 463; Ders., Entwurf, S. 168. Zu den Reisenden-Jahrgängen vgl. Kap.X.1.

[116] Vgl. Bourdieu, Unterschiede, S. 175, S. 281; Ders., Entwurf, S. 165, S. 178.

[117] Bourdieu, Unterschiede, S. 281, S. 372, S. 656.

Habitus und der aus ihm erwachsenden Wahrnehmung kritisch zu hinterfragen. Die soziale Abgrenzung erfolgt weitgehend automatisch, denn sie ist das Ergebnis der geistigen Disposition und sozialen Existenzweise der Gebildeten. Die bewußte Abgrenzung verstärkt diese Funktion lediglich.[118]

Die Repräsentationen von Gesellschaft, die die Reisenden konstruieren, beruhen darauf, daß ihre Entstehungsbedingungen nicht reflektiert werden. Während die Autoren den Willkürcharakter des Ancien Régime aufdecken, verschweigen sie das 'Selbstverständliche' des von ihnen selbst vertretenen Weltbildes: dessen Gebundenheit an die bürgerliche Existenz. Im Falle des Müßigganges, den die Autoren immer wieder beklagen, verdeckt der Begriff selbst die Bedingungen und Funktionen von Arbeit im Ancien Régime. Der – im Vergleich zum aufklärerischen Verständnis – geringere Stellenwert, der der Arbeit zugeschrieben wird, entspringt sozialen Verhältnissen, in denen man nicht in der Lage ist, viele Güter zu produzieren. Sozialer und moralischer Status wird in solchen Verhältnissen über andere Güter erworben. Erst die Neudefinition von Arbeit im Sinne ökonomischer Zweckgerichtetheit und moralischer Erziehung führt zur Intensivierung der Arbeit und zur Verurteilung des – nur im aufklärerischen Verständnis – 'nutzlosen' Verhaltens. Ein geringes Interesse an Gewinnmaximierung oder symbolische Tätigkeiten, wie die Heiligenverehrung und der adelige Luxuskonsum, werden erst in einer solchen Perspektive zu irrationalen Handlungen.[119] Diese Perspektive ist jedoch notwendiger Bestandteil bürgerlicher Wahrnehmung.

Es ist aber auch eine Wahrnehmung möglich, die sich vom Gruppeninteresse löst. In den Bereichen, in denen die Individuen ein bewußt und rational gebildetes Meinungssystem entwickeln, z.B. im Bereich der Politik, können sie abweichende Inhalte vertreten.[120]

Soziale Strukturen und von ihnen erzeugter Habitus verändern sich zudem auch durch Ereignisse. Im Fall der Reiseberichte sind es die Erfahrung der Französischen Revolution, der neuen Geistesströmungen, aber auch die Etablierung der Autoren innerhalb des Staatsapparates, die über veränderte Strukturen zu neuen Habitusformen führen.[121]

Soweit es die Reflexion der eigenen Wahrnehmung und der Topoi des Genres betrifft, bewegen sich die Autoren zum großen Teil in den Grenzen topischer

---

[118] Vgl. eBd., S. 382.

[119] Bourdieu, Entwurf, S. 343.

[120] Bourdieu, Unterschiede, S. 656; vgl. S. 682, S. 709ff. Ein Beispiel für eine Lösung vom Habitus der Gruppe, aus der die Autoren stammten, wäre die – von mir angenommene – primäre Vermittlung des 'bürgerlichen' Habitus durch Bildung während des Studiums bei den Reisenden, die nicht dem 'neuen Bürgertum' entstammen. Vgl. Kap.X.1.

[121] Bourdieu, Entwurf, S. 168.

Wahrnehmung. Innerhalb dieser Grenzen verändern sie die Akzentsetzung oder wechseln zwischen deren Polaritäten – wie im Falle der Lazzaroni vor und nach 1799. Selbst mit dem demonstrativen Zweifel an der eigenen Sichtweise oder der 'kritischen Einstellung als Topos' bewegen sie sich innerhalb der Möglichkeiten, die Genretradition und Gruppenhabitus zur Verfügung stellen. Die bewußte Aneignung des Meinungssystems Aufklärung, das Selbstreflexion und Räsonnement als verbindliche Aufgabe einschließt, führt meist ebenfalls nicht über die toposgebundene Darstellung hinaus. Die Reisenden versuchen, aus den vorhandenen 'Fabeln' und Topoi wissenschaftliche Repräsentationen im Rahmen des Meinungssystems herauszufiltern. Die Kritik speist sich dabei aus Widersprüchen, die sich für die Autoren zwischen Wahrgenommenem und tradiertem Topos, zwischen Nachricht und Zitat, ergeben. Bisher gängige Topoi über Neapel werden nicht mehr akzeptiert, da sich ihre Stellung innerhalb der Theorien und gesicherten Annahmen der Reisenden verändert hat. Die Widersprüche, die durch neue Konnotationen entstanden sind, können diskutiert werden, und führen zu einer Anpassung der Topoi.[122] Ein Beispiel ist der Lazzaroni-Mythos. Die durch Goethe angestoßene Diskussion und Revision des Mythos führt schließlich zur Einordnung des Lazzaroni-Begriffes in den des Pöbels. Der Mythos als wissenschaftlicher und als alltäglicher Topos verschwindet. Die Konstruktion der Topoi durch die Vermischung von Nachricht und Zitat wird den Reisenden jedoch nicht bewußt. Sie behalten den Topos vom Pöbel mit allen seinen Wertungen bei.

So wenig den Autoren auf der Begriffsebene die Vermischung von Nachricht und Zitat bewußt ist, so wenig erkennen sie auch, wie der bürgerliche Habitus ihre Wahrnehmung bestimmt. Die Vermischung der idyllischen Projektion mit der erlebten Natur, die aus dem Bedürfnis nach Authentizität entstanden ist, bleibt ihnen verborgen. Die Imprägnierung der Unterschichtwahrnehmung mit dem für die Gebildeten so wichtigen aufklärerischen Konzept vom Müßiggang nehmen sie nicht wahr.[123]

Selbst bei der Darstellung Capris und La cavas, die durch Forsters Tahitibeschreibung angeregt ist und in der die Reisenden den Topos als literarisches Mittel benutzen, fallen sie oft in idyllische Wahrnehmungsweisen zurück. Zu stark sind offensichtlich der Topos und der Wunsch nach der erlebten Idylle, deren Grundlage das bürgerliche Leben in Deutschland ist.[124]

Nur in Ausnahmefällen brechen Reisende mit den üblichen Topoi oder bewegen sich außerhalb des gültigen Meinungssystems. Goethe gelingt es, die Arbeit der Lazzaroni wahrzunehmen. Seume vermeidet viele der gängigen Topoi. Rehfues und Stegmann erkennen die Funktion des hauptstädtischen Machtblockes und des

---

[122] Bürgi, S. 41.

[123] Ebd., S. 119.

[124] Bourdieu, Entwurf, S. 178.

italienischen Wissenschafts- und Bildungssystems. Was sie zu diesen Erkenntnissen führt, kann nur teilweise erklärt werden. Im Falle Goethes mag es das Bestreben der Aufklärung, Irrtümer zu korrigieren, sein, der ihn zu einer genauen Beobachtung der Tätigkeiten der Lazzaroni veranlaßt.[125] Rehfues' Verständnis für die 'Mechanik' der neapolitanischen Gesellschaft ist sicher das Ergebnis seiner Galanti-Lektüre. Hinzu kommen sein Erkenntnisprogramm der Differenzierung und Relativierung sowie eine gute Kenntnis der italienischen Kultur. Zumindest in seinem Fall führt Information dazu, daß er sich von einigen Topoi lösen kann. Mit ihren Analysen bewegen sich Goethe wie Rehfues aber weiterhin im Rahmen der Anforderungen des Meinungssystems Aufklärung. Diese Anforderungen erfüllen sie allerdings überdurchschnittlich.

In direktem Widerspruch zu dem, was eigentlich für die Aufklärung denkbar ist, steht erst die Wahrnehmung adeliger Repräsentation als Erwerb sozialen Status' durch Rehfues. Reflexion, so scheint es, ist auch über das gültige Meinungssystem hinaus möglich.

Ein weiteres Beispiel für eine Wahrnehmung, die über gängige Topoi und aufklärerisches Meinungssystem hinausgeht, ist Rehfues' Reflexion darüber, wie Urteile innerhalb der Gattung Reisebericht tradiert werden. Anlaß für diese Reflexion ist ein antiker Sarkophag, den zuerst Riedesel und dann Winckelmann als vorbildlich beschrieben hatten. Rehfues, der selbst Großes erwartet, findet das Stück von mittelmäßiger Qualität und fragt sich, wie es zu dieser maßlosen Überschätzung kommen konnte.[126] Die Ursachen sieht er darin, daß der Sarkophag gut erhalten, die Erwartung Riedesels durch Erzählungen der Einheimischen gesteigert war. Gelehrte hätten wiederholt versucht, die dargestellte Szene zu erklären:

„[…] finden sie es nicht ganz menschlich, wenn er in dem, was gleichsam durch ihn erst seine Stelle im Reich des Bedeutungsvollen erhielt, erst durch ihn sich vornehmlich aussprach, eine Vollendung zu erblicken glaubte, welche nur in seiner Einbildungskraft dastand? Weniger begreiflich wäre es mir, wie alle Andern […], sich so sehr blenden liessen, wenn ich nicht wüßte, wie täuschend Kunsturtheile, wie verführerisch Autoritäten sind."[127]

Sorgfältig identifiziert Rehfues in diesem Beispiel alle möglichen Faktoren, die die Wahrnehmung der 'Autoritäten' und der nachfolgenden Reisenden beeinflußt haben könnten. Zustand des Objektes, Inhalt des Dargestellten und Erwartungen des Betrachters zieht er ins Kalkül. Sogar die Bedeutung des antiken Sarkophags für die deutschen Gebildeten: Konkurrenz um die 'richtige' Erklärung und den legiti-

---

[125] Vgl. Oswald, S. 89ff.

[126] Rehfues, Italien, Bd. 2, S. 67ff., S. 75.

[127] Ebd., S. 68f.

men Geschmack, persönliches Geltungsbedürfnis und Autoritätsgläubigkeit reflektiert er. Rehfues bewegt sich hier zunächst im Rahmen des aufklärerischen Räsonnements, das er souverän beherrscht. Damit beweist er seinen Lesern, daß er die Anforderungen an einen Reisenden: Augenzeugenschaft und vorurteilslose Kritik eigener Erwartungen und fremder Autorität, erfüllt. Er erkennt aber auch einige der Funktionen, die die klassizistische Kunsttheorie und das ästhetische Urteil für die Welt der deutschen Gebildeten haben. Damit gelingt es ihm erneut, Existenzweise und Habitus der eigenen Gruppe von außen zu sehen und eine der gesellschaftlichen Funktionen von Wissenschaft bloßzulegen.

Die Gründe für diese Fähigkeit liegen sicherlich in seiner genauen Kenntnis des Genres, der deutschen Gelehrtenwelt, der italienischen Kultur und der Funktionsweisen des Ancien Régime. Vielleicht muß man weitere Ursachen auch in der Distanz zur eigenen sozialen Herkunft und Kultur suchen, die Rehfues während seines Italienaufenthaltes entwickelte. Möglicherweise war es wirklich diese vorübergehende, von Rehfues selbstgewählte Existenz des Hauslehrers und Publizisten im fremden Land, von Gerth als 'soziale Obdachlosigkeit' bezeichnet, die ihn zu einer Wahrnehmung außerhalb der Topoi und der Aufklärungsmaximen befähigte.[128] Vielleicht war es auch das subjektive Geltungsbedürfnis eines Außenseiters, das ihn zu solchen Beweisen seiner intellektuellen Fähigkeiten antrieb.

Der vereinzelte Wahrnehmungswandel in Reiseberichten um 1800 ist sicher auf die Analysemöglichkeiten zurückzuführen, die das Meinungssystem Aufklärung als 'Instrumente' zur Verfügung stellte. Zu diesen Instrumenten zählen nicht nur genaue Informationen über gesellschaftliche Verhältnisse, sondern auch die 'rationale Erklärung' als wirksames Mittel der Analyse. Hinzu kommt die kollektive Aufmerksamkeit für bestimmte Themen, z.B. den Arbeitsbegriff. In ihrer Bedeutung für den Wahrnehmungswandel meist kaum zu entschlüsseln ist jedoch die ganz persönliche Entscheidung einer Person. Rehfues' Entscheidung, nach Italien zu gehen, bringt ihn in eine soziale und intellektuelle Situation, in der er fähig ist, in einzelnen Fragen aus den Wahrnehmungstraditionen der Gattung Reisebericht herauszutreten.

6. Die politische und soziale Entwicklung in Neapel um 1800 in ihrer Wirkung auf die Neapeldarstellung

Wie schon mehrfach hervorgehoben, ist eine genaue Trennung von 'realem' und toposhaftem Anteil der Neapelwahrnehmung nicht möglich. Der Vergleich zwischen den Ergebnissen der historischen Forschung und den Themen, über die die Reisenden berichten, zeigt aber deutlich, wie sehr die Topoi durch die Tradition der Gattung beeinflußt sind. Vor allem die Naturwahrnehmung schreibt vor-

---

[128] Gerth, S. 61f.; DBA, Microfiche 1008; Heilig, S. 6.

wiegend die Topoi von Fruchtbarkeit, Idylle, glücklicher Insel und ewigem Genuß fort. Meist bedarf es nur weniger Anhaltspunkte in der Natur, um idyllisierende Beschreibungen hervorzurufen. Geringe Ähnlichkeiten mit der Landschaft der Schweiz oder Tahitis, vage Bezüge auf die antike Tradition genügen, um das Bedürfnis der Reisenden nach Identifikation von Ort und Topos, von Nachricht und Zitat, zu befriedigen. Diese Topoi haben, bei geringer zeitgenössischer Aktualisierung, eine erstaunliche Konstanz. Das Genre setzt sich hier fast unverändert fort und wird von den Beobachtungen der Autoren kaum beeinflußt.

Das Interesse der Autoren an der Antike in Neapel wird zwar ebenfalls durch eine seit Jahrhunderten festgeschriebene literarische Tradition gelenkt, und die Beschreibungen der antiken Orte im Westen der Stadt folgen dieser Tradition. Deutlich davon unterschieden ist jedoch die Wahrnehmung Herkulaneums, Pompejis und Pästums. Hier ist es die spektakuläre Entdeckung ganzer antiker Städte, die durch Veröffentlichungen europaweite Resonanz fand und die die Reiseberichte deutlich beeinflußt.[129] Die Interpretation der Antike durch Winckelmann führt zu einer Abschwächung der rein literarisch orientierten Antike-Rezeption, die im 19. Jahrhundert weiter nachläßt und die durch das seit 1815 zunehmend dem Mittelalter zugewandte Kunstinteresse auch generell abnimmt. Auch im Bereich der Kunst wirken also Traditionen auf die Darstellung, die eine große Autonomie gegenüber den sozialen oder ökonomischen Bedingungen haben. Sie werden aber durch zeitgenössische Theorien und Veränderungen am Ort entscheidend variiert.

Bei den Topoi, die weder Kunst noch Natur betreffen, haben die Verhältnisse am Ort eine größere, jedoch unterschiedlich starke Wirkung auf die Wahrnehmung der Stadt durch die Reisenden. Die Topoi über die neapolitanische Gesellschaft beziehen sich zwar ebenfalls auf schon in vorhergehenden Jahrhunderten gepflegte Urteile, sie werden aber in größerem Maße als die Topoi zur Natur durch zeitgenössische Theorien und die Ereignisse um 1800 verändert. Die gesamteuropäisch diskutierten Konzepte vom Mittelstand, vom Volkscharakter, von der Rationalisierung von Staat, Religion, Wirtschaft, Gesellschaft und Mensch steuern die Themenauswahl und prägen das Bild der neapolitanischen Gesellschaft. Gerade die Orientierung an diesen Leitthemen führt aber auch zu einer genaueren Analyse z.B. der Situation im Handel oder im Justizsystem. Neben den Leitthemen der Aufklärung führen auch Veränderungen im Genre zu einem größeren Realitätsbezug bei der Beschreibung gesellschaftlicher Verhältnisse. Die Ansicht der Autoren, gerade in den alltäglichen Ereignissen kämen gesamtgesellschaftliche Verhältnisse zum Ausdruck, führt zu einer detaillierten Beschreibung neapolitanischer Realität. Die Tatsache, daß die Schriften Rehfues' und Benkowitz' als Zeitschriften angelegt

---

[129] Vgl. Gross/ Kunze/ Rügler, S. 39; Denise Kaspar: Felix Urbium Restitutio – „Le Antichità di Ercolano" zwischen Museum und Öffentlichkeit, in: H.Beck/ P.C.Bol/ W.Prinz/ H.v.Steuben (Hrsg.), Antikensammlungen im 18. Jahrhundert, Berlin 1981, (Frankfurter Forschungen zur Kunst; Bd. 9), S. 21–31, S. 22ff.

sind, bringt ebenfalls eine fast enzyklopädische Aufnahme aller möglichen Fakten mit sich.

Zur politischen und gesellschaftlichen Information bedienen sich die Reisenden staats- und tagespolitischer Schriften. Durch die Lektüre Galantis, Williams' oder durch Bruns Bekanntschaft mit der Witwe Filangieris fließen die Erfahrungen von Neapolitanern in die Darstellung der Reiseberichte ein.[130] Daher ist die Kenntnis zu einzelnen Aspekten der neapolitanischen Gesellschaft deutlich konkreter. Galanti liefert durch seine 'Beschreibung' wichtige Informationen, die einigen Reisenden die Korrektur gängiger Topoi ermöglichen.

Von deutlichem Einfluß auf die Berichte sind auch die revolutionären Ereignisse im Königreich in den Jahren 1799 und 1821. Hier reagieren die Reisenden direkt auf das Geschehen am Ort, über das sie ebenfalls unter Bezug auf einheimische Quellen berichten. Die Verarbeitung dieser Informationen ist bei den Reisenden und den in- und ausländischen Autoren, auf die sie sich beziehen, jedoch entscheidend durch den europäischen Interdiskurs geprägt. Bis 1810 ist es gerade dieser Interdiskurs, der eine – bei bestimmten Autoren – sehr genaue Beschreibung der sozialen Verhältnisse am Ort zur Folge hat.

Die Brüche in den Darstellungsweisen der drei hier skizzierten, gesellschaftlichen Traditionsstränge lassen sich vor allem durch die Entwicklung des Genres, den Wechsel des Interdiskurses auf europäischer Ebene und die veränderte Situation der Autoren in Deutschland erklären. Ursache der Sehnsucht nach paradiesischer Natur oder des veränderten Kunstinteresses ist ebenfalls das gleichbleibende oder gewandelte Bedürfnis der europäischen Gebildeten. Die Strukturen der Neapeldarstellungen werden durch die aktuellen Ereignisse, die Rezeption von Schriften und die teilweise sehr genaue Beschreibung alltäglicher Fakten zwar variiert, insgesamt aber nur wenig verändert. Das gilt auch für die Wirkung zeitgenössischer Theorien, die grundlegende Wahrnehmungsweisen der Stadt und ihrer Bewohner allerdings jeweils für längere Zeiträume dominieren. Die Stadt Neapel und die süditalienische Natur sind überwiegend aber bloße Anknüpfungspunkte der Darstellung. Für die reisenden Gebildeten stellt Neapel das empirische Material zur Überprüfung ihrer Theorien, das Objekt ihrer politischen Reformwünsche und ihrer persönlichen Idealisierungs- oder Rückzugsbedürfnisse dar. Die Stadt liefert Anknüpfungspunkte und Rahmenbedingungen, an denen die Reiseberichte ansetzen oder innerhalb derer sie sich mit ihren Darstellungen bewegen. Nur in wenigen Fällen aber liefert sie die Faktoren, die die Konstruktion der Topoi dominieren.

---

[130] Vgl. Galanti, Bd. 2, S. VII, S. 196. Helen Maria Williams hatte in Paris persönlichen Kontakt zu exilierten neapolitanischen Patrioten. Vgl. Rao, Esuli, S. 448f.

XII. Reiseberichte über Neapel als rationale Erklärung und mythische Erzählung der 'gebildeten Stände'

Reiseberichte über Neapel – und über Italien – aus der Zeit um 1800 beanspruchen, die Realität wiederzugeben. Sie sind Teil der europäischen Entwicklung hin zum buchstabengetreuen Denken. Im strikten Kampf gegen alles Fabelhafte bemühen sich die Reisenden, mythische Darstellungen zu erklären oder zu entkräften. Das Wunder des Blutes von S. Gennaro, den Lazzaroni-Mythos, die Entstehung von Höhlen und Bauten: Alles unterzieht dieses Denken seiner Kritik. Gleichzeitig jedoch schafft die Gattung neue Mythen, wenn sie z. B. von der Absetzung des neapolitanischen Stadtheiligen berichtet. Die Darstellung der Realität in den Berichten erfüllt aber eine mythische Funktion in umfassenderem Sinne. Ein Mythos liefert eine Darstellung der eigenen Vergangenheit und erklärt und rechtfertigt so die Gegenwart.[1] Darüber hinaus besteht ein Mythos in der „Projektion einer Vision von menschlicher Erfüllung und der Hindernisse, die dieser Erfüllung im Wege stehen"[2] (White). Außerdem verfährt die mythische Erzählung nicht nach d e n rationalen Kriterien, die die aufklärerischen Reisenden für sich beanspruchen und anwenden.

Trotzdem übernehmen Reiseberichte mythische Funktionen: Sie interpretieren Geschichte und Gegenwart neu, sprechen bestimmten geographischen Orten und Ereignissen im Geschichtsverlauf Bedeutung zu. Sie erfinden das Bild vom wirklichen Naturparadies, das sie entweder um das gesellschaftliche Paradies erweitern wollen, oder in das sie sich flüchten. Italien erscheint im gesamten Untersuchungszeitraum als das 'Mekka' der Bildung, in dem man sein Ich erlebt und formt. Das Erlebnis paradiesischer Natur und höchster eigener Authentizität werden mit der Reise nach Italien und Neapel verbunden. Schließlich übernehmen Reiseberichte mythische Funktionen, weil sie in Topoi 'denken' und Metaphern für die italienische Gesellschaft und Natur prägen. Soziale und historische Differenzierungen, die aufgrund einer weniger topischen Wahrnehmungsweise in anderen Gattungen durchaus vorhanden sind, gehen in den Berichten verloren.[3]

Was die Reisenden als Übergang von Fabeln zu Fakten ansehen, ist ein Neuarrangement älterer Topoi und zeitgenössischer politischer Theorien vor dem Hin-

---

[1] Certeau, Schreiben, S. 34.

[2] White, Klio, S. 208.

[3] Eine nicht-topische Wahrnehmung halte ich aufgrund des Habitus des Wahrnehmenden und sprachlicher Strukturen für unmöglich. Möglich ist nur eine mehr oder weniger topische Wahrnehmung. Vgl. James E. Young: Beschreiben des Holocaust. Darstellung und Folgen der Interpretation, Frankfurt/M. 1992, S. 113f. und Kap.II. zum Unterschied von Topoi und Begriffen.

tergrund des Habitus der Gebildeten. Die Autoren lösen diese Topoi und Mythen aus den historischen Zusammenhängen, in denen sie entstanden sind. Im Vergleich mit der Darstellung früherer und zeitgenössischer Reisender ergänzen und reinterpretieren sie diese Versatzstücke zu einem logischen System, das mit ihrer Wahrnehmung der Fremde und ihrem Verständnis von Realität übereinstimmt. Inhalte und Form älterer Topoi genügen nicht mehr den Ansprüchen an Wahrheit, wie sie in den Diskussionen um Zweck und Charakter von Reiseberichten formuliert werden. Was die Reisenden als wahr empfinden, ist vor allem eine Modifikation der Topoi und Mythen in Inhalt und Form. Veranlaßt wird diese Modifikation durch veränderte Anforderungen einer neuen sozialen Gruppe, die ihr Selbstverständnis in den Berichten und durch sie formt und definiert.[4] Erst diese diskursive Praxis der Autoren erklärt den neuen Zusammenhang, in den ältere Traditionen gestellt werden. Die Topoi, die Wertungen und die mythischen Aspekte der Reiseberichte erklären sich in erster Linie durch die Analyse der Funktion, die sie im gesellschaftlichen Konkurrenzverhältnis des 18. Jahrhunderts in Deutschland erhalten.[5]

Diese Funktion besteht in zwei einander ergänzenden Aspekten. Der eine ist, bis 1806, die Propagierung einer nach aufklärerischen Prinzipien geregelten Gesellschaft, die Definition eines 'neuen' Menschen und einer 'rationalen' Welt. Durch die beispielhaft vorgeführte intellektuelle und emotional-körperliche Bildung des Ich an Gesellschaft, Kunst und Natur vollzieht sich die rationale Prägung des Individuums und der Gruppe. Das Ancien Régime und besonders der neapolitanische 'Volkskörper' dienen den Gebildeten als Objekte, die ihnen Distinktion und Selbstdefinition ermöglichen.

Der andere Aspekt besteht in der im eigentlichen Sinne mythischen, versöhnenden Funktion der Reiseberichte. Der Mythos bestätigt für Neapel – und hier auch für ganz Italien und über das Jahr 1806 hinaus – die Möglichkeit paradiesischer Existenz auf Erden. Paradiesische Natur und antike Kunst, später dann auch die Kunst anderer Epochen, werden dem Gebildeten des 18. und dem Bürger des 19. Jahrhunderts Mittel zum Erlebnis eigener Authentizität. Ob im Gewande der Idylle oder der Sehnsucht nach dem Süden, ob in Form des klassizistischen oder des romantischen Kunstideals, ob als Ausdruck 'humaner' oder neuhumanistischer Bildung: Die Versöhnung mit den eigenen Lebensverhältnissen ist – zumindest für die Dauer der Reise – das Ziel der Reisenden.[6]

---

[4] Bourdieu, Entwurf, S. 316, S. 348.

[5] Bourdieu, Entwurf, S. 478.

[6] Rolf Wedewer: Einleitung, in: Ders./ Jensen, Idylle, S. 21–31, S. 24ff.

Mythos und Moderne, Einbildungskraft und Vernunft schließen sich, im Widerspruch zum Weltbild der Reisenden, nicht aus.[7] Vielmehr bedingen sie einander. Auf individueller und auf Gruppenebene versöhnt der Italienmythos die Reisenden mit ihrem rationalen Dasein, der Inkorporation aufklärerischer Gefühle, Moral und Körperhaltung. Die Begeisterung Seumes für den Vergilmythos, Eichholz' Sehnsucht danach, an etwas glauben zu können, und schließlich die 'Sehnsucht nach Italien' verweisen – in den Formen der Frühromantik und Romantik – auf ein Unbehagen der Autoren an der von ihnen doch so energisch vertretenen Rationalität. Diese produziert die Lust und Begeisterung für das angeblich unreflektierte Bewußtsein der naiven Existenz, wie die Reisenden sie zunächst im guten Wilden, dann in der Volkspoesie sehen. Die positive Wirkung des Italienmythos liegt für die reisenden Gebildeten in der unmittelbaren Erfahrung eines erlebten Mythos. Dieser gibt ihrem uneingestandenen Leiden an der Vernunft und ihrer Sehnsucht nach dem Paradies eine Sprache und ermöglicht es ihnen, die von der aufklärerischen Formung des Habitus nicht zugelassenen psychischen und emotionalen Bedürfnisse zumindest teilweise und vorübergehend auszuleben.[8] Neapel um 1800 wird so zum symbolischen Ort des utopischen Anspruches auf Authentizität, ohne daß die rationale Prägung des Habitus aufgegeben werden müßte.

Der Begeisterung für die 'wilden' Anteile des eigenen Ich steht aber in jedem Moment das inkorporierte kulturelle Ich im Wege. Der Widerwille gegen Schmutz, Lärm und Elend überwiegt letztlich doch; die inkorporierte Vernunft siegt.

Bestätigend und versöhnend wirken auch einige der Topoi aus dem gesellschaftlichen Bereich. Bis 1806 fördern selbst die negativen Topoi über Neapel den aufgeklärten Glauben an die Notwendigkeit und Möglichkeit einer vollkommenen Gesellschaftsreform. Dieser Glaube trägt deutlich messianische Züge. Das mythische Bild vom neapolitanischen König wie auch die Sicht auf das Herrscherhaus der Toskana ist von der Hoffnung auf die aufgeklärten Herrscher als Reformer bestimmt. Obwohl Ferdinands Reformpolitik 1789 endet, wird er bis 1799, und von einigen der Autoren sogar noch darüber hinaus, als Philosophenkönig dargestellt.

Dem positiven Mythos stehen auf gesellschaftlicher Ebene jedoch zunehmend die negativen Urteile gegenüber. Die Idealisierung, die sich in den Topoi von Natur, Kunst und Genuß über das Jahr 1806 hinaus hält, weicht im sozialen Bereich schließlich der völligen Verurteilung. Entdecken die aufklärerisch geprägten Reisenden in den Gesichtern der Lazzaroni noch entwicklungsfähige Anlagen, so wird die umfassende Dekadenz der Italiener den Reisenden des 19. Jahrhunderts zur

---

[7] Rolf Wedewer: Nachwort, in: Ders./ Jensen, Idylle, S. 216–221, S. 218.

[8] Ich beziehe mich bei dieser Argumentation auf Lévi-Strauss, der schamanisches Heilungsritual und psychotherapeutisches Vorgehen vergleicht. Vgl. Claude Lévi-Strauss: Strukturale Anthropologie, 2 Bde., Frankfurt/M. 1967/75, Bd. 1 (1967), S. 217, S. 222. Vgl. Eibl, S. 8, S. 11.

Gewißheit. Im Gegensatz zu den Deutschen erscheinen sie – und zumal die Neapolitaner – unfähig zur Moderne.

Wie schon im Urteil über die neapolitanische Religiosität wird auch bei der Beurteilung ganz Italiens das Mischungsverhältnis zwischen modernen und vormodernen gesellschaftlichen Formen als zurückgeblieben wahrgenommen. Angesichts der begrifflichen Festlegung auf das Gegensatzpaar Moderne/Dekadenz nehmen die Reisenden nicht wahr, daß sich in der deutschen wie in der italienischen Gesellschaft moderne und vormoderne Anteile jeweils nur in unterschiedlicher Weise mischen.

Sowohl der versöhnende Mythos als auch die inkorporierte Vernunft gehören zum Lebensstil, der Bürgerlichkeit und die Gebildeten als Gruppe ausmacht. Mythische Funktion u n d Rationalisierung dienen den Reisenden zur Selbstdefinition und Distinktion. Die Verzückung angesichts der Natur und die Verurteilung ihrer Bewohner gehören zu den Verhaltensmustern und beziehen sich auf die ideellen Werte, die bürgerlicher Lebensstil und bürgerliche Kultur beinhalten. Die Neapelreise selbst erfordert materielle Mittel, die für diesen Lebensstil ebenfalls unerlässlich sind. Kultur ist hier die Prägung von Repräsentationen und Begriffen, die Inkorporierung der Vernunft und die auf Reisen erworbene intellektuelle Bildung. Teil dieser Kultur sind jedoch auch Fortbewegungsart und Kontakte zu Einheimischen. Reisen bedeutet für die gebildeten Stände die Akkumulation kulturellen Kapitals. Sie nutzen dieses Kapital, um sich als 'Gebildete' darzustellen, und gewinnen an Status durch den Nachweis der Inkorporierung bürgerlicher Vernunft und Moral.

Einige der Werte und Verhaltensmuster, die dieses Kapital ausmachen, verändern sich nach 1810. Während Körperhaltung und Moral die gleichen bleiben, spielen die Reiseberichte in der kulturellen Produktion der Gebildeten keine vorrangige Rolle mehr. Die soziale Mobilität der Autorengruppe geht zurück. Die offene Situation in Hinblick auf sozialen Aufstieg und bürgerliche Identität endet. Bildung im neuhumanistischen Sinn hat sich als Norm, die Status verleiht, etabliert. Die Konstituierung einer bürgerlichen Identität und deren Einübung über Autorenschaft und Lektüre ist beendet. Die Prägung von Repräsentationen und Habitus, die demonstrative Aneignung bürgerlicher Lebensformen scheint zumindest in Reiseberichten nicht mehr notwendig. Wieweit dies auf eine Verschiebung dieser Funktionen in andere Bereiche oder auf die Etablierung der beamteten Bürger und Adeligen zurückzuführen ist, müßte eingehender untersucht werden.[9] Die Bildung einer sozialen Gruppe durch kulturelle Faktoren läßt sich in den Reisebe-

---

[9] Die Vermutung, daß die Veränderungen im Genre Ausdruck dafür seien, daß die Autoren sich etabliert haben, kann wohl höchstens als sekundäre Ursache für den Epochenbruch im Genre angesehen werden. Entscheidender sind die veränderte Wissenschaftstradition, das Ende der Aufklärung und die beginnende Romantik.

richten bis etwa 1810 deutlich nachweisen. Die Bedeutung der Berichte für den sozialen Status der Autoren konnte durch die biographische Analyse wahrscheinlich gemacht werden. Die veränderte Funktion des Genres verweist darauf, daß sich die Position der Gebildeten in der literarischen Öffentlichkeit gewandelt haben muß.[10] Man kann davon ausgehen, daß sich die bürgerliche Weltsicht unter den Gebildeten durchgesetzt und gegenüber konkurrierenden Deutungsmustern einen festen Platz erworben hat. Die Dominanz kultureller Faktoren bei der Durchsetzung eines neuen Weltbildes hält an, jedoch haben die neuen Bürger wichtige materielle Faktoren, sozialen Status und Institutionalisierung der eigenen Weltsicht in Universitäten und im Staatsapparat, hinzugewonnen. Während der Aufsteiger mangels anderer Werte nur über das Kapital der 'Tugend' verfügt, deutet der Rückgang der Abgrenzung auf die nunmehr errungene „Ungezwungenheit der Etablierten"[11] hin. Im kulturellen Bereich sind fachwissenschaftliche Publikationen nun für den Status des Autors wichtiger als die Veröffentlichung von Reiseberichten.

Neben der versöhnenden Funktion der Neapelwahrnehmung ist es vor allem die in Italien vervollkommnete Bildung, die als wesentlicher Inhalt einer Italienreise angesehen wird. Auch das Bildungskonzept trägt in seinem Glauben an die individuelle Vervollkommnung messianische Züge. Das Erlebnis der antiken Stätten in Neapels Umgebung bedeutet für die Reisenden die Materialisierung der Bildungsinhalte und bestätigt die eigene Identität. An die Mythen vom wirklichen Paradies und von der in Italien vollendeten Selbstbildung glauben sowohl die Autoren als auch ihre Leser. Beide Gruppen sind an der 'Sehnsuchtsproduktion' beteiligt, deren große Wirksamkeit im Bedürfnis aller Gebildeten gegründet ist. Mithilfe der Gattung Reisebericht verstärken sie diese Mythen, verbreiten sie und machen sie zu einem wesentlichen Bestandteil des Lebens der Gruppe, der sie selbst angehören. Die Bildung an und in Italien wird, wie der Lateinunterricht in deutschen Gymnasien, zum Teil umfassender Bildung im neuhumanistischen Sinne. Die Italienreise ist im 19. Jahrhundert Synonym für die Teilhabe an intellektueller und emotionaler Bildung. Diese Teilhabe wiederum beweist die Zugehörigkeit zum Bürgertum. Die in Italien erworbene Bildung und – da diese niemand überprüfen kann – die Reise dorthin werden Zeichen kultureller und materieller Hegemonie.

Die Verbreitung des Mythos durch eine große Zahl von Reiseberichten und die wichtige Rolle, die die Bildung für Definition und Distinktion der Gebildeten spielt, führen dazu, daß der Mythos Teil der gesellschaftlichen Konkurrenzverhältnisse wird. Dabei sollte er es doch gerade ermöglichen, aus diesen Konkurrenzverhältnissen zu fliehen. Uxkull beschreibt, wie der Traum vom Paradies durch inflationäre Verbreitung, konventionalisierte Sehnsucht und ökonomische Interessen – durch Einordnung in soziale Zusammenhänge eben – entwertet wird. Zu-

---

[10] Bourdieu, Unterschiede, S. 364f., S. 388.

[11] Ebd., S. 210, S. 527.

gleich ist Uxkull selbst in seiner indignierten Abgrenzung von denen, die nicht über die intellektuellen Mittel zur fachmännischen Aneignung der Schätze Italiens verfügen, der beste Beweis für diesen Vorgang.

Die Unfähigkeit der reisenden Autoren, den mythischen Aspekt ihrer eigenen Wahrnehmung zu reflektieren, ist Ausdruck ihres gruppentypischen Habitus. Ihr Mythos von Italien ist ein 'weißer Mythos', dessen kulturelle und soziale Konstruktion nicht mehr bewußt ist.[12] Die in ihm enthaltenen Repräsentationen werden daher als Natur, als Fakten angesehen und strukturieren und interpretieren als solche unsere vergangene und aktuelle Realität. Es ist diese „Fiktion eines 'Realismus'"[13] (Certeau), die von der diskursiven zu einer verwirklichten Praxis führt. Die 'Wirklichkeitsbilder', die in der Gattung Reisebericht bis 1810 propagiert wurden, erhalten spätestens im 19. Jahrhundert materielle Wirksamkeit. Sie bestimmen den Bildungskanon und das Selbstbild des Bürgertums. Sie beeinflussen aber auch dessen politische Haltung gegenüber Italien als Nation und gegenüber dem, was seitdem allein für 'Realität' gehalten wird.

---

[12] Young, S. 113ff. Vgl. Jacques Derrida: Die weiße Mythologie. Die Metapher im philosophischen Text, in: Ders., Randgänge der Philosophie, Wien 1988, S. 205–258, S. 209ff.

[13] Certeau, Schreiben, S. 61. Vgl. Young, S. 113ff. Young betont allerdings, daß die 'Fiktion eines Realismus' nicht nur Ausdruck der Interessen einer Gruppe oder Klasse, sondern Merkmal der Sprache selbst sei.

XIII. Literaturverzeichnis

Abkürzungen

ADB	Allgemeine Deutsche Biographie
NDB	Neue Deutsche Biographie
DBA	Deutsches Biographisches Archiv
DBA-NF	Deutsches Biographisches Archiv-Neue Folge
DLL	Deutsches Literatur-Lexikon
LL	Literatur Lexikon

1. Quellentexte

Allgemeines Post- und Reisehandbuch für Deutschland, Frankreich, die Schweiz, Italien, Spanien, Gros-Britannien, die nordischen Reiche und einige andere Länder, 4.Aufl. Nürnberg 1827, (1.Aufl. 1805)

Benkowitz, Karl Friedrich: Helios der Titan oder Rom und Neapel. Eine Zeitschrift aus Italien von dem Verfasser des Natalis, 2 Bde., Leipzig 1802/04

Benkowitz, Karl Friedrich: Reise von Glogau nach Sorrent, über Breslau, Wien, Triest, Venedig, Bologna, Florenz, Rom und Neapel, 3 Bde., Berlin 1803/04

Benkowitz, Karl Friedrich: Das italienische Kabinet, oder Merkwürdigkeiten aus Rom und Neapel, Leipzig 1804

Benkowitz, Karl Friedrich: Reisen von Neapel in die umliegenden Gegenden. Nebst Reminiscenzen von meiner Rückreise nach Deutschland und einigen Nachrichten über das letzte Erdbeben in Neapel, Berlin 1806

Bonstetten, C. Viktor von: Der Mensch im Süden und im Norden oder über den Einfluß des Clima's, Leipzig 1825

Buch, Leopold von: Geognostische Beobachtungen auf Reisen durch Deutschland und Italien, 2 Bde., Berlin 1802/09, in: Ders., Gesammelte Schriften, hrsg. von J. Ewald, J. Roth und H. Eck, 3 Bde., Berlin 1867–1877, Bd.1 (1867), S.143–532

Brun, Friederike Sophie Christine: Sitten- und Landschaftsstudien von Neapel und seinen Umgebungen in Briefen und Zuschriften entworfen in den Jahren 1809–10 nebst spätern Zusätzen von Friederike Brun, geborne Münter, Leipzig 1818

Carl Frommel's pittoreskes Italien. Nach dessen Original-Gemälden und Zeichnungen. Die Scenen aus dem Volksleben nach Zeichnungen von Catel, Gail, Gotzloff, Moosbrugger, Weller, Pinelli etc. In Stahl gestochen in dem Atelier von G.Rommel und H.Winkles. Text für Oberitalien von W.von Lüdemann. Unter-Italien von C.Witte. Mit 103 Stahlstichen, Leipzig 1840

Casanova, Giacomo: Geschichte meines Lebens, hrsg. von Erich Loos, 12 Bde., Berlin 1985

Charpentier, Toussaint von: Bemerkungen auf einer Reise von Breslau über Salzburg, durch Tyrol, die südliche Schweiz nach Rom, Neapel und Paestum im Jahre 1818, 2 Bde., Leipzig 1820

Colletta, Pietro: Storia del reame di Napoli, 4 Bde., Capolago 1844–45, (1.Aufl. 1834)

Cuoco, Vincenzo: Historischer Versuch über die Revolution in Neapel, aus dem Italienischen übersetzt von B.M., 2 Bde., Berlin 1805

De Bourcard, Francesco: Usi e costumi di Napoli e contorni, Mailand 1970, (1.Aufl. 1857–66)

De Nicola, Carlo (Hrsg.): Diario napoletano (1798–1825), 3 Bde., Neapel 1906

Denina, Carlo: Staatsveränderungen von Italien, in vier und zwanzig Büchern entworfen von Carl Denina. Aus dem Italienischen übersetzt von D.J.J.Volkmann, 3 Bde., Leipzig 1771/72/73

Der Seeräuber von Neapel. Frey nach dem Englischen. Eine abentheuerliche Geschichte, Leipzig 1803

Ehrmann, Theophil Friedrich: Neueste Kunde der Schweiz und Italiens, nach ihrem jetzigen Zustande aus den besten Quellen dargestellt von Th.Fr.Ehrmann, in: Neueste Länder und Völkerkunde, ein geographisches Lesebuch für alle Stände, Bd.5, Prag 1809

Eichholz, Johann Heinrich: Neue Briefe über Italien, 4 Bde., Zürich 1806/11

Engelmanns und Reichards Taschenbuch für Reisende durch Deutschland und die angrenzenden Länder, 4. Aufl. Frankfurt/M. 1835, (1. Aufl. 1807)

Fiordelisi, Alfonso (Hrsg.): I giornali di Diomede Marinelli, pubblicati parzialmente da A.Fiordelisi (1794–1800), Neapel 1901

Friedländer, Hermann: Ansichten von Italien, während einer Reise in den Jahren 1815 und 1816, 2 Bde., Leipzig 1819/20

Gail, Wilhelm: Erinnerungen an Florenz, Rom und Neapel, München 1829

Galanti, Joseph Maria: Neue historische und geographische Beschreibung beider Sicilien, 5 Bde., Leipzig 1790–95

Gerning, Johann Isaak Freiherr von: Reise durch Oesterreich und Italien, 3 Bde., Frankfurt/M. 1802

Goethe, Johann Wolfgang von: Italienische Reise, in: Werke (Hamburger Ausgabe), hrsg. von E.Trunz, Bd.11, 9.Aufl. München 1978

Gorani, Joseph: Geheime und kritische Nachrichten von Italien nebst einem Gemälde der Höfe, Regierungen und Sitten der vornehmsten Staaten dieses Landes. Aus dem Französischen übersetzt, 3 Theile, Frankfurt/Leipzig 1794, (frz. 1793)

Guden, Philipp Peter: Polizey der Industrie, oder Abhandlung von den Mitteln, den Fleiß der Einwohner zu ermuntern, welcher die Königl. Groß-Brittanische Societät der Wissenschaften zu Göttingen i. J. 1766 den Preis zuerkannt hat, Braunschweig 1768

Hagen, Friedrich Heinrich von der: Briefe in die Heimat aus Deutschland, der Schweiz und Italien, 4 Bde., Breslau 1818/18/19/21

Hager, Joseph: Reise von Warschau über Wien nach der Hauptstadt von Sizilien, Breslau/Leipzig 1795

Heinse, Gottlob Heinrich: Fiormona oder Briefe aus Italien. Ein Gemälde schöner Herzen. Neue wohlfeile Ausgabe. Mit dem Bildnisse der Fiormona, Reutlingen 1804

Ife, August: Fußreise vom Brocken auf den Vesuv und Rückkehr in die Heimath, Leipzig 1820

Jacobi, Georg Arnold: Briefe aus der Schweiz und Italien, in das väterliche Haus nach Düsseldorf geschrieben, 2 Bde., Lübeck und Leipzig 1796/97

Justi, Johann Heinrich Gottlob von: Gesammelte Politische und Finanzschriften. Über wichtige Gegenstände der Staatskunst, der Kriegswissenschaften und des Kameral- und Finanzwesens, 3 Bde., Kopenhagen/Leipzig 1761–64, Nachdruck Aalen 1970

Keller, Karl Urban: Schönheiten der Natur, gezeichnet auf einer Reise durch Italien in den Jahren 1802 und 1803, Stuttgart 1805

Kephalides, August Wilhelm: Reise durch Italien und Sicilien, 2 Bde., Leipzig 1818

Kiesewetter, Johann Gottfried Christian: Reise durch einen Theil Deutschlands, der Schweiz, Italiens und des südlichen Frankreichs nach Paris. Erinnerungen aus den denkwürdigen Jahren 1813, 1814 und 1815, 2 Bde., Berlin 1816

[Klingemann, August:] Der Lazaroni oder Der Bettler von Neapel. Ein romantisches Schauspiel in fünf Akten. Vom Verfasser der Maske, in: Neueste deutsche Schaubühne. Dritter Jahrgang, Fünfter Band, Augsburg 1805

Kotzebue, August Friedrich Ferdinand von: Erinnerungen von einer Reise aus Liefland nach Rom und Neapel, 3 Bde., Berlin 1805

Krebel, Gottlob Friedrich: Die vornehmsten europäischen Reisen, wie solche durch Deutschland, die Schweiz, die Niederlande, England, Portugall, Spanien, Frankreich, Italien, Dänemark, Schweden, Ungarn, Polen, Preußen und Rußland, auf eine nützliche und bequeme Weise anzustellen sind, 4 Bde., Hamburg 1783/86/89/91

Krug, Wilhelm Traugott: Allgemeines Handwörterbuch der philosophischen Wissenschaften nebst ihrer Literatur und Geschichte, 5 Bde., 2.Aufl. Leipzig 1832–38, Nachdruck Stuttgart/Bad Canstatt 1969

Krünitz, Dr. Johann Georg: Oekonomische Encyklopädie, oder allgemeines System der Staats= Stadt= Haus u. Landwirthschaft, in alphabetischer Ordnung, 212 Bde., Berlin 1782–1852

Küttner, Karl Gottlob: Wanderungen durch die Niederlande, Deutschland, die Schweiz und Italien in den Jahren 1793 und 1794, 2 Bde., Leipzig 1796

Lehne, Johann Friedrich Franz: Romantische Seereise von Genua nach Neapel, Mainz 1825

Löhr, Johann Andreas Christian: Die Länder und Völker der Erde, oder vollständige Beschreibung aller fünf Erdtheile und deren Bewohner. Dritte nach dem jetzigen politischen Stand der Dinge neu umgearbeitete Auflage, 4 Bde., Leipzig 1818/19, (1. Aufl. 1810)

Meyer, Friedrich Johann Lorenz: Darstellungen aus Italien, Berlin 1792

Morgenstern, Karl: Reise in Italien im Jahre 1809, 3 Hefte, Dorpat/Leipzig 1811/13

Moritz, Karl Philipp: Reisen eines Deutschen in Italien in den Jahren 1786–88, in: Werke, hrsg. von Horst Günther, 3 Bde., Frankfurt/M. 1981

Müller, Wilhelm: Rom, Römer und Römerinnen. Eine Sammlung vertrauter Briefe aus Rom und Albano mit einigen späteren Zusätzen und Belegen, 2 Bde., Berlin 1820

Müller, Wilhelm Christian: Briefe an deutsche Freunde von einer Reise durch Italien über Sachsen, Böhmen und Oestreich, 1820 und 1821 geschrieben und als Skizzen zum Gemälde unserer Zeit herausgegeben, 2 Bde., Altona 1824

[Nardini, Bartolomeo:] Leben und Heldenthaten des Antonio Gargiulo, genannt Fra Diavolo. Excapuziner, Räuberhauptmann und General bei der Armee des Cardinal Ruffo in Calabrien. Nach italienischen und französischen Quellen gezeichnet, Mannheim 1803

[Nardini, Bartolomeo:] Denkwürdige Begebenheiten der letzten Revolution zu Neapel oder Geschichtserzählung von dem, was sich vor dem Einzug der franz. Armee und nach dem Abmarsch derselben daselbst zugetragen hat. Von einem Augenzeugen. Aus dem Französischen, Berlin 1805, (frz. 1803)

Neapel und die Lazzaroni. Ein charakteristisches Gemälde für Liebhaber der Zeitgeschichte. Mit einem großen ausgemalten Carrikaturkupfer, die Bewaffnung der Lazzaroni's vorstellend, Frankfurt und Leipzig 1799

Nemnich, Philipp Andreas: Reise durch Italien. Vom December 1809, bis zum April 1810, Tübingen 1810, in: Ders., Tagebuch einer der Kultur und Industrie gewidmeten Reise, 8 Bde., Tübingen 1809–10, Bd.7

Odeleben, Ernst Gottfried Freiherr von: Beiträge zur Kenntniß von Italien vorzüglich in Hinsicht auf die mineralogischen Verhältnisse dieses Landes; gesammelt auf einer im Jahr 1817 unternommenen Reise nach Neapel und Sizilien, 2 Bde., Freiberg 1819/20

Pahl, J.[ohann]. G.[ottfried]: Geschichte der parthenopäischen Republik, Frankfurt/M. 1801

Penker, Ch.[ristian]: Skizzen von Italien ueber einige Theile dieses Landes, die es werth sind, sie näher kennen zu lernen, [ohne Ort] 1789

[Posselt, Franz:] Apodemik oder die Kunst zu reisen, Leipzig 1795

Preuschen, August Gottlieb: Geographisches Taschenbuch auf italienischen Reisen, mit einer Theorie von Erdbeben zu genauer Beobachtung vulkanischer Stellen und Phänomene, Heidelberg 1789

Pückler-Muskau, Herrmann Ludwig Heinrich Fürst von: Jugend-Wanderungen. Aus meinen Tagebüchern; für mich und Andere. Vom Verfasser der Briefe eines Verstorbenen, Stuttgart 1835

Quandt, Johann Gottlob von: Streifereien im Gebiete der Kunst auf einer Reise von Leipzig nach Italien im Jahr 1813, 3 Bde., Leipzig 1819

Recke, Charlotte Elisabeth von der: Tagebuch einer Reise durch einen Theil Deutschlands und durch Italien in den Jahren 1804 bis 1806, 4 Bde., Berlin 1815/17

Rehfues, Philipp Joseph von/ Tscharner, Johann Friedrich: Italien. Eine Zeitschrift von zwei reisenden Deutschen, 2 Bde.(Heft 1–8), Berlin 1803/04

Rehfues, Philipp Joseph von/ Tscharner, Johann Friedrich: Italienische Miscellen, 5 Bde., Tübingen 1804/05/06

Rehfues, Philipp Joseph: Gemählde von Neapel und seinen Umgebungen, 2 Bde., Zürich 1808

Rehfues, Philipp Joseph von: Briefe aus Italien während der Jahre 1801–1805, 2 Bde., Zürich 1809

Reichard, Heinrich August Ottokar: Handbuch für Reisende aus allen Ständen. Nebst einer neuen und möglichst vollständigen Post- und Reisekarte durch Deutschland nach Italien, England, Frankreich, der Schweiz, Holland, Pohlen, Ungarn und Rußland, 2. Aufl. Leipzig 1793, (1. Aufl. 1784)

Reichard, Heinrich August Ottokar: Guide des Voyageurs en Italie et en Suisse, Weimar 1810

Reisebuch für die ehrsamen wandernden Handwerksgesellen durch Deutschland, welches alles enthaelt, was jedem Gesellen zu wissen nöthig ist, um mit Sicherheit, Nutzen und Vergnügen zu reisen, Prag/Wien 1799

[Schiede, H.C.:] Der Gott der Lazzaroni, oder Nivolis Schutzgeist auf der Flucht. Ein Seitenstück zu Saul II. König von Kanonenland, Neapel [d.i. Erfurt] 1800

Schilderungen der so seltsamen als entsetzlichen Ränke der Banditen in Italien, nach gemachter Erfahrung der Unternehmungen derselben, besonders des Battista Torrani, eines Erzmeuchelmörders aus Genua, Frankfurt/Leipzig 1777

Schulz, Friedrich (Hrsg.): Neue Quartalschrift zum Unterricht und zur Unterhaltung, aus den neuesten und besten Reisebeschreibungen gezogen, 12 Bde., Berlin 1786–97

Seume, Johann Gottfried: Spaziergang nach Syrakus im Jahre 1802, Nördlingen 1985, (Neuauflage nach der 3. Aufl. Leipzig 1811)

Stael-Holstein, Anne Louise Germaine Baronesse de: Corinna oder Italien, München 1979, (1. Aufl. Berlin 1807/08)

[Stegmann, Karl Joseph:] Fragmente über Italien. Aus dem Tagebuch eines jungen Deutschen, 2 Bde., [ohne Ort] 1798

Stolberg, Friedrich Leopold Graf zu: Reise in Deutschland, der Schweiz, Italien und Sicilien, 4 Bde., Königsberg und Leipzig 1794

Tagebuch einer Reise nach Italien im Jahre 1794, gedruckt zum Besten der Armen, [ohne Ort] 1802

Tieck, Ludwig: Geschichte des Herrn William Lovell, 3 Bde., Berlin/ Leipzig 1795/96

Uklanski, E.T. Baron von: Briefe über Polen, Österreich, Sachsen, Bayern, Italien, Etrurien, den Kirchenstaat und Neapel, an die Comtesse Constance de S., geschrieben auf einer Reise von 1807–1808, 2 Bde., Nürnberg 1808

[Uxkull Gyllenband, Karl Friedrich Emich Freiherr von:] Fragmente über Italien, in Briefen an einen Freund, 2 Bde., [ohne Ort] 1811

Volkmann, Johann Jakob: Historisch-kritische Nachrichten von Italien, welche eine Beschreibung dieses Landes, der Sitten, Regierungsform, Handlung, des Zustandes der Wissenschaften und insonderheit der Werke der Kunst enthalten, 2. viel vermehrte und durchgehend verbesserte Auflage, 3 Bde., Leipzig 1777/78, (1. Aufl. 1770)

Vulpius, Christian August: Harlekins Reisen und Abentheuer. Nebst Beilagen A.B.C.D., Berlin 1798

[Vulpius, Christian August:] Die Russen und Engländer in Neapel, vom Verfasser des Rinaldo Rinaldini. Nebst einigen Nachrichten, Anekdoten und Charakterzügen von Nelson, Leipzig 1800

Walch, Johann Georg: Philosophisches Lexicon. Mit einer kurzen kritischen Geschichte der Philosophie von Justus Christian Hennings, 2 Bde., 4.Aufl. Leipzig 1775, Nachdruck Hildesheim 1968

Wehrhan, Otto Friedrich: Fußreise zweyer Schlesier durch Italien und ihre Begebenheiten in Neapel, Breslau 1821

Wessenberg, Ignaz Heinrich Freiherr von: Blüthen aus Italien, zweite, sehr vermehrte Ausgabe, Zürich 1820

Williams, Helen Maria: Zur Geschichte der Revolution des Königreichs Neapel im Jahre 1798, in: Minerva. Ein Journal historischen und politischen Inhalts, hrsg. von J.W. von Archenholtz, Bd.2 (1801), S.377–424, Bd.3, S.99–134

Winckelmann, Johann Joachim: Geschichte der Kunst des Altertums, Wien 1934

2. Sekundärliteratur

2.1. Biblio- und Biographische Literatur

Allgemeine Deutsche Biographie, hrsg. durch die historische Commission bei der königlichen Akademie der Wissenschaften, 56 Bde., 2. unveränderte Aufl. Berlin 1967–1971, (1. Aufl. 1875)

Buch, Leopold von: Gesammelte Schriften, hrsg. von J.Ewald, J.Roth und H.Eck, 3 Bde., Berlin 1867–1877, Bd.1 (1867)

Cusatelli, Giorgio (Hrsg.): Viaggi e viaggiatori del settecento in Emilia e in Romagna, 2 Bde., Bologna 1986

D'Ancona, Alessandro: L'Italia alla fine del secolo XVI. Giornale del viaggio di Michele Montaigne in Italia, Citta di Castello 1889, S.565–702

De Boor, Helmut/Newald, Richard (Hrsg.): Geschichte der deutschen Literatur von den Anfängen bis zur Gegenwart, bisher 8 Bde., München 1949–94

Deutsches Biographisches Archiv. Eine Kumulation aus 254 der wichtigsten biographischen Nachschlagewerke für den deutschen Bereich bis zum Ausgang des 19. Jahrhunderts, hrsg. von Bernhard Fabian, Bearbeitet von Willi Gorzny, Microfiche-Edition, München 1982

Deutsches Literatur-Lexikon, hrsg. von H.Rupp und C.L.Lang, 3. völlig neu bearbeitete Auflage, 17 Bde., Bern/München 1968–94

Dizionario enciclopedico della letteratura italiana, hrsg. von Giuseppe Petronio, 6 Bde., Rom/Bari 1966–70

Fazio, Enzo Giorgio: Viaggiatori tedeschi nell'Italia del Settecento, 4 Teile, in: Bollettino del C.I.R.V.I., Nr.9, Heft 1, 1984, S.149–189; Bollettino, Nr.10, Heft 2, 1984, S.341–368; Bollettino, Nr.11–12, Hefte 1–2, Moncalieri 1985, S.253–288; Bollettino, Nr.13, Heft 1, Moncalieri 1986, S.117–146

Griep, Wolfgang: Bibliographie der deutschsprachigen Reiseliteratur 1700–1810, unveröffentl. Manuskript, Eutin

Heilig, Ilse Eva: Philipp Joseph Rehfues. Ein Beitrag zur deutschen Romangeschichte und zur Entwicklung der geistigen Beziehungen Deutschlands zu Italien Ende des 18. und Anfang des 19. Jahrhunderts, Breslau 1941

Historisches Wörterbuch der Philosophie, hrsg. von J.Ritter/ K. Gründer, bisher 9 Bde., Basel/Stuttgart 1971–95

Letteratura Italiana, hrsg. von Alberto Asor Rosa, bisher 18 Bde., Turin 1982–96

Literatur Lexikon. Autoren und Werke deutscher Sprache, hrsg. von Walther Killy, 15 Bde., München/Gütersloh 1988–1993

Neue Deutsche Biographie, hrsg. von der historischen Kommission bei der bayrischen Akademie der Wissenschaften, bisher 18 Bde., Berlin 1953–1997

Paulys Realencyclopädie der classischen Altertumswissenschaften. Neue Bearbeitung begonnen von Georg Wissowa, fortgeführt von Wilhelm Kroll und Karl Mittelhaus, 25 Bde., 1893–1978

Pescarzoli, A. (Hrsg.): Catalogo dei libri di viaggio della raccolta Luigi Fossati-Bellani, 3 Bde., Rom 1957

Scheel, Heinrich (Hrsg.): Die Mainzer Republik. Protokolle des Jakobinerklubs, 2 Bde., Berlin 1975

Tresoldi, Lucia: Viaggiatori tedeschi in Italia 1452–1870, 2 Bde., Rom 1975/77

2.2. Forschungsliteratur

Acton, Harald: The Bourbons of Naples: 1734–1825, London 1956, Nachdruck London 1974

Ajello, Raffaele: La vita politica napoletana sotto Carlo di Borbone, in: Storia di Napoli, hrsg. von G.Galasso, 10 Bde., Neapel 1967–74, Bd.7 (1972), S.463–715

Ajello, Raffaele: La civiltà napoletana del Settecento, in: Civiltà del '700 a Napoli 1734–1799, 2 Bde., Bd. 1, Neapel 1979

Aliberti, Giovanni: Economia e Società da Carlo III ai Napoleonidi (1734–1806), in: Storia di Napoli, Bd.8, Neapel 1971, S.77–151

Allgaier, Karl: Toposbewußtsein als literaturwissenschaftliche Kategorie, in: D.Breuer/ H.Schanze (Hrsg.), Topik. Beiträge zur interdisziplinären Diskussion, München 1981, S.264–274

Altgeld, Wolfgang: Das politische Italienbild der Deutschen zwischen Aufklärung und europäischer Revolution von 1848, Tübingen 1984, (Bibliothek des deutschen historischen Instituts in Rom; Bd.59)

Assunto, Rosario: Artikel 'Tragedy and the Sublime', in: Encyclopedia of World Art, hrsg. vom Istituto per la collaborazione culturale, 15 Bde., New York/London 1958–68, Bd.14 (1967), Sp.264–276

Barletta, Laura: Il carnevale del 1764 a Napoli. Protesta e integrazione in uno spazio urbano, Neapel 1981

Barner, Wilfried: Gelehrte Freundschaft im 18. Jahrhundert. Zu ihren traditionalen Voraussetzungen, in: W.Mauser/ B.Becker-Cantarino, Frauenfreundschaft – Männerfreundschaft. Literarische Diskurse im 18. Jahrhundert, Tübingen 1991, S.23–45

Batscha, Zwi/ Garber, Jörn (Hrsg.): Von der ständischen zur bürgerlichen Gesellschaft. Politisch-soziale Theorien im Deutschland der zweiten Hälfte des 18. Jahrhunderts, Frankfurt/M. 1981

Battafarano, Italo M.: Genese und Metamorphosen des Italienbildes in der deutschen Literatur der Neuzeit, in: Ders. (Hrsg.), Reisen nach Italien, Gardolo di Trento 1988

Battaglini, Mario: La fabbrica del Re. La Manifattura reale di San Leucio tra Assolutismo e Illuminismo, Rom 1983

Bausinger, Herrmann: Volkskunde. Von der Altertumsforschung zur Kulturanalyse, Berlin/Darmstadt/Wien 1971

Bausinger, Herrmann: Formen der 'Volkspoesie', 2. Aufl. Berlin 1980, (Grundlagen der Germanistik; 6)

Bausinger, Herrmann: Bürgerlichkeit und Kultur, in: J.Kocka (Hrsg.), Bürger und Bürgerlichkeit im 19. Jahrhundert, Göttingen 1987, S.121–142

Beaujean, Marion: Frauen-, Familien-, Abenteuer- und Schauerromane, in: A.Glaser (Hrsg.), Deutsche Literatur. Eine Sozialgeschichte, 16 Bde., Reinbek 1978–91, Bd.5 (1980), Zwischen Revolution und Restauration: Klassik, Romantik 1786–1815, S.216–228

Becher, Ursula A.J.: Lektürepräferenzen und Lesepraktiken von Frauen im 18. Jahrhundert, in: H.E.Bödeker, Lesekulturen im 18. Jahrhundert, in: Aufklärung. Interdisziplinäre Halbjahresschrift zur Erforschung des 18. Jahrhunderts, 6.Jgg., Heft 1, 1991, S.27–42

Becker-Cantarino, Barbara: Zur Theorie der literarischen Freundschaft im 18. Jahrhundert am Beispiel der Sophie La Roche, in: W.Mauser/ B.Becker-Cantarino, S.47–74

Behrmann, Alfred: Das Tramontane oder die Reise nach dem gelobten Lande. Deutsche Schriftsteller in Italien 1755–1808, Heidelberg 1996, (Beiträge zur neueren Literaturgeschichte; Folge 3, Bd.145)

Berdahl, Robert/ Lüdtke, Alf/ Medick, Hans/ Sabean, David/ Sider, Gerald u.a.: Klassen und Kultur. Sozialanthropologische Perspektiven in der Geschichtsschreibung, Frankfurt/M. 1982

Bernhard, Klaus: Idylle: Theorie, Geschichte, Darstellung in der Malerei, 1750–1850. Zur Anthropologie deutscher Seeligkeitsvorstellungen, Köln/Wien 1977, (Dissertationen zur Kunstgeschichte; Bd.4)

Birtsch, Günter: Der Idealtyp des aufgeklärten Herrschers. Friedrich der Große, Karl Friedrich von Baden und Joseph II. im Vergleich, in: Ders. (Hrsg.), Der Idealtyp des aufgeklärten Herrschers, in: Aufklärung. 2.Jgg., Heft 1, 1987, S.9–47

Bitterli, Urs: Die 'Wilden' und die 'Zivilisierten'. Grundzüge einer Geistes- und Kulturgeschichte der europäisch-überseeischen Begegnung, München 1976

Bitterli, Urs: Die exotische Insel, in: H.J.König/ W.Reinhard/ R.Wendt (Hrsg.), Der europäische Beobachter außereuropäischer Kulturen. Zur Problematik der Wirklichkeitswahrnehmung, Berlin 1989, (Zeitschrift für historische Forschung; Beiheft 7), S.65–79

Bödeker, Hans Erich: Artikel 'Menschheit, Humanität, Humanismus', in: Geschichtliche Grundbegriffe. Historisches Lexikon zur politisch-sozialen Sprache in Deutschland, hrsg. von O.Brunner/ W.Conze/ R.Koselleck, 7 Bde., Stuttgart 1972–92, Bd.3, Stuttgart 1982, S.1063–1128

Bödeker, Hans Erich: Reisen: Bedeutung und Funktion für die deutsche Aufklärungsgesellschaft, in: W.Griep (Hrsg.), Reisen im 18. Jahrhundert. Neue Untersuchungen, Heidelberg 1986, S.91–110

Bödeker, Hans Erich: Reisebeschreibungen im historischen Diskurs der Aufklärung, in: H.E.Bödeker/ G.Iggers/ J.B.Knudsen/ P.H.Reill (Hrsg.), Aufklärung und Geschichte. Studien zur deutschen Geschichtswissenschaft im 18. Jahrhundert, Göttingen 1986, S.276–299

Bödeker, Hans Erich: Prozesse und Strukturen politischer Bewußtseinsbildung der deutschen Aufklärung, in: H.E.Bödeker/ U.Herrmann (Hrsg.), Aufklärung als Politisierung – Politisierung der Aufklärung, Hamburg 1987, (Studien zum 18. Jahrhundert; Bd.8), S.10–31

Bödeker, Hans Erich/ Herrmann, Ulrich: Über den Prozeß der Aufklärung in Deutschland im 18. Jahrhundert: Personen, Institutionen und Medien, in: Dies. (Hrsg.), Über den Prozeß der Aufklärung in Deutschland im 18. Jahrhundert: Personen, Institutionen und Medien, Göttingen 1987, S.9–13

Bödeker, Hans Erich: Die 'gebildeten Stände' im späten 18. und frühen 19. Jahrhundert: Zugehörigkeit und Abgrenzungen. Mentalitäten und Handlungspotentiale, in: J.Kocka/ R.Koselleck (Hrsg.), Bildungsbürgertum im 19. Jahrhundert, 4 Bde., Stuttgart 1985–92, Bd.IV (1989), S.21–52

Bödeker, Hans Erich: Einleitung. Lesekulturen. Anmerkungen zum Forschungsthema, in: Ders., Lesekulturen, S.3f.

Bödeker, Hans Erich: Die Bibliothek eines Aufklärers: Georg Forster, in: Ders., Lesekulturen, S.95–123

Bollati, Giulio: L'Italiano, in: Storia d'Italia, 15 Bde., Turin 1972–86, Bd.1 (1972), I caratteri originali, S.951–1022

Bonß, Wolfgang: Die Einübung des Tatsachenblicks. Zur Struktur und Veränderung empirischer Sozialforschung, Frankfurt/M. 1982

Bornscheuer, Lothar: Topik. Zur Struktur der gesellschaftlichen Einbildungskraft, Frankfurt/M. 1976

Bourdieu, Pierre: Entwurf einer Theorie der Praxis auf der ethnologischen Grundlage der kabylischen Gesellschaft, Frankfurt/M. 1979

Bourdieu, Pierre: Die feinen Unterschiede. Kritik der gesellschaftlichen Urteilskraft, Frankfurt/M. 1982

Brakensiek, Stefan: Adlige und bürgerliche Amtsträger in Staat und Gesellschaft. Das Beispiel Hessen-Kassel 1750–1866, in: K.Tenfelde/ H.-U.Wehler (Hrsg.), Wege zur Geschichte des Bürgertums. Vierzehn Beiträge, Göttingen 1994, S.15–35

Brenner, Peter J.: Die Erfahrung der Fremde. Zur Entwicklung einer Wahrnehmungsform in der Geschichte des Reiseberichts, in: Ders., Der Reisebericht. Die Entwicklung einer Gattung in der deutschen Literatur, Frankfurt/M. 1989, S.14–49

Brenner, Peter J.: Der Reisebericht in der deutschen Literatur, Ein Forschungsüberblick als Vorstudie zu einer Gattungsgeschichte, Tübingen 1990

Briganti, Giuliano/ Causa, Raffaello: Artikel 'Barocco', in: Enciclopedia universale dell'Arte, 15 Bde., Venedig/Rom 1958–68, Bd.2 (1958), Sp.345–468

Brilli, Attilio: Il Viaggio in Italia, Mailand 1987

Bürgi, Andreas: Weltvermesser. Die Wandlung des Reiseberichts in der Spätaufklärung, Bonn 1989

Burke, Peter: The virgin of the Carmine and the Revolt of Masaniello, in: Past and Present, Nr.99, Mai 1983, Oxford, S.3–21

Burke, Peter: Helden, Schurken und Narren. Europäische Volkskultur in der frühen Neuzeit, München 1985, (engl. 1978)

Burke, Peter: Stärken und Schwächen der Mentalitätengeschichte, in: U.Raulff (Hrsg.), Mentalitäten-Geschichte. Zur historischen Rekonstruktion geistiger Prozesse, Berlin 1987, S.127–145

Burke, Peter: Der Aufstieg des buchstabengetreuen Denkens, in: Freibeuter, Nr.57, Berlin 1993, S.19–36

Busse, Günther: Romantik. Personen, Motive, Werke, Freiburg/Basel/Wien 1982

Camporesi, Piero: Geheimnisse der Venus. Aphrodisiaka vergangener Zeiten, Frankfurt/M. 1991

Certeau, Michel de: Das Schreiben der Geschichte, Frankfurt/M./New York 1991, (frz. 1975)

Certeau, Michel de: Kunst des Handelns, Berlin 1988

Chartier, Roger: Intellektuelle Geschichte und Geschichte der Mentalitäten, in: Raulff, Mentalitäten-Geschichte, S.69–96

Chartier, Roger: Die unvollendete Vergangenheit. Geschichte und die Macht der Weltauslegung, Berlin 1989

Chartier, Roger: Quatre Questions à Hayden White, in: Storia della Storiografia, hrsg. von G.Iggers/ E.Tortarolo, Nr.24, Mailand 1993, S.133–142

Chartier, Roger: Zeit der Zweifel. Zum Verständnis gegenwärtiger Geschichtsschreibung, in: C.Conrad/ M.Kessel (Hrsg.), Geschichte schreiben in der Postmoderne. Beiträge zur aktuellen Diskussion, Stuttgart 1994, S.83–97

Chevallier, Elisabeth: Le 'Lazzarone' napolitain vu par les voyageurs étrangers du XVIIIe siècle: Est il bon; est il méchant?, in: Bulletin de l'Association Amicale des Anciennes Elèves de l'ecole normale superiéure de Fontenay-aux-roses, Nr.90, 1970, S.18–29

Chevallier, Elisabeth: F.J.L. Meyer et les voyageurs étrangers en Italie à la fin du XVIIIe siècle. Introduction a les tableaux d'Italie di Meyer, in: F.J.L.Meyer, Tableaux d'Italie, Neapel 1980, S.XI-XLII

Chevallier, Elisabeth: La finalité du Vesuve: Force du mal ou instrument de la Providence selon les étrangers venus á Naples au XVIIIe siècle, in: Colloque Histoire et Historiographie Clio, Paris, 1980, S.349–369

Chevallier, Elisabeth: La diffusion de l'information par la littérature de voyage au XVIIIe siècle: le Vésuve et les phénomènes volcaniques, in: Revue des litteratures comparées, 1 (1981), S.39–53

Chiosi, Elvira/ Mascoli, Laura/ Vallet, Georges: La scoperta di Paestum, in: La formazione di Paestum e la memoria moderna del dorico 1750–1830, Bd.1, Florenz 1986, S.17–37

Chiosi, Elvira: Lo spirito del secolo. Politica e religione a Napoli nell'età dell'illuminismo, Neapel 1992

Cingari, Gaetano: Brigantaggio, proprietari e contadini nel sud (1799–1900), Reggio Calabria 1976

Colapietra, Raffaele: Per una rilettura socio-antropologica dell'Abruzzo giacobino e sanfedista: La festa come 'al di la della ragione', in: Ricerche di storia sociale e religiosa, hrsg. von G.de Rosa, 20.Jgg., Nr.40, N.S., Rom 1991, S.113–124

Colapietra, Raffaele: Per una rilettura socio-antropologica dell'Abruzzo giacobino e sanfedista: L'Anarchia come 'mostro della ragione', in: Archivio storico per le province napoletane, hrsg. von der Società napoletana per la storia patria, Bd.106, Neapel 1988, S.387–407

Comparato, Vittor Ivo: Giornali di viaggio e modelli politici tra sei e settecento, in: Bollettino, Nr.3, Heft 1, 1981, S.79–85

Comparato, Vittor Ivo: Viaggiatori inglesi in Italia tra sei e settecento: la formazione di un modello interpretativo, in: Quaderni storici, 14.Jgg., Nr.42, Bologna 1979, S.850–886

Comparetti, Domenico: Vergil in the middle ages, Nachdruck London 1966, (ital. 1875)

Conze, Werner: Artikel 'Arbeiter', in: Geschichtliche Grundbegriffe, Bd.1, Stuttgart 1972, S.216–242

Conze, Werner: Artikel 'Mittelstand', in: Geschichtliche Grundbegriffe, Bd.4, Stuttgart 1978, S.49–92

Conze, Werner: Artikel 'Proletariat, Pöbel, Pauperismus', in: Geschichtliche Grundbegriffe, Bd.5, Stuttgart 1984, S.27–68

Corbin, Alain: Pesthauch und Blütenduft. Eine Geschichte des Geruchs, Berlin 1982

Croce, Benedetto: Storia del Regno di Napoli, in: Ders., Scritti di storia letteraria, 44 Bde., Bari 1921–54, Bd.19, 6.Aufl. Bari 1965, (1.Aufl.1925)

Croce, Benedetto: Il 'paradiso abitato da diavoli', in: Ders., Uomini e cose della vecchia Italia, 2 Bde., Bd.1, 2. Aufl. Bari 1943, S.69–86

Croce, Benedetto: La vita religiosa a Napoli nel Settecento, in: Ders., Uomini e cose della vecchia Italia, Bd.2, in: Ders., Scritti di storia letteraria e politica, Bd.21, 2.Aufl. Bari 1943, S.158–181

Croce, Benedetto: I „Lazzari" negli avvenimenti del 1799, in: Ders., Varieta di storia letteraria e civile, 2 Bde., 2.Aufl. Bari 1949, Bd.1, S.180–200

Croce, Benedetto: I „Lazzari", in: Ders., Aneddoti di varia letteratura, 4 Bde., 2.Aufl. Bari 1953–54, Bd.3 (1954), S.198–211

Daniel, Ute: 'Kultur' und 'Gesellschaft'. Überlegungen zum Gegenstandsbereich der Sozialgeschichte, in: Geschichte und Gesellschaft. Zeitschrift für historische Sozialwissenschaft, 19.Jgg., Göttingen 1993, S.69–99

Daniel, Ute: Clio unter Kulturschock. Zu den aktuellen Debatten der Geschichtswissenschaft, Teil 1, in: Geschichte in Wissenschaft und Unterricht. Zeitschrift des Verbandes der Geschichtslehrer Deutschlands, 48.Jgg., Heft 4, Stuttgart 1997, S.195–219

Daniel, Ute: Clio unter Kulturschock, Teil 2, in: Geschichte in Wissenschaft und Unterricht, 48.Jgg., Heft 5/6, 1997, S.259–278

Dann, Otto: Eine höfische Gesellschaft als Lesegesellschaft, in: Bödeker, Lesekulturen, S.43–57

Dante, Umberto: Insorgenza ed anarchia. Il regno di Napoli e l'invasione francese, Salerno 1980

Darnton, Robert: Die Hochaufklärung und die Niederungen des literarischen Lebens, in: Ders., Literaten im Untergrund. Lesen, Schreiben und Publizieren im vorrevolutionären Frankreich, Frankfurt/Main 1988, S.11–43

Davis, Natalie Zemon: Der Kopf in der Schlinge, Berlin 1988

Davis, Natalie Zemon: Die Riten der Gewalt, in: Dies., Humanismus, Narrenherrschaft und die Riten der Gewalt. Gesellschaft und Kultur im frühneuzeitlichen Frankreich, Frankfurt/M. 1987, S.171–209

De Fusco, Renato: L'architettura della seconda metà del Settecento, in: Storia di Napoli, Bd.8, Neapel 1972, S.367–449

De Majo, Silvio: Il sistema protoindustriale di Cava dei Tirreni nell'Ottocento, in: P.Macry/ A.Massafra (Hrsg.), Fra storia e storiografia. Scritti in onore di Pasquale Villani, Bologna 1995, S.775–788

De Marco, Domenico: Momenti della politica economica di Carlo e Ferdinando di Borbone, in: Civiltà del '700 a Napoli 1734–1799, Bd.1, Neapel 1979, S.23–28

De Martino, Ernesto: Katholizismus, Magie, Aufklärung. Religionswissenschaftliche Studie am Beispiel Süd-Italiens, München 1982, (ital.: Sud e magia, Mailand 1959)

De Rosa, Gabriele: Vescovi, popolo e magia nel sud, Neapel 1971

Derrida, Jacques: Die weiße Mythologie. Die Metapher im philosophischen Text, in: Ders., Randgänge der Philosophie, Wien 1988, S.205-258

De Seta, Cesare: L'Italia nello specchio del Grand Tour, in: Ders. (Hrsg.), Storia d'Italia, Annali 5, Il paesaggio, Turin 1982, S.127-263

De Seta, Cesare: L'Italia del Grand Tour. Da Montaigne a Goethe, Neapel 1992

Diekkämper, Birgit: Formtraditionen und Motive der Idylle in der deutschen Literatur des 19. Jahrhunderts, Frankfurt/M. 1990, (Bochumer Schriften zur deutschen Literatur; Bd.16)

Dipper, Christof: Das politische Italienbild der deutschen Spätaufklärung, in: K.Heitmann/ T.Scamardi (Hrsg.), Deutsches Italienbild und italienisches Deutschlandbild im 18.Jahrhundert, Tübingen 1993, (Reihe der Villa Vigoni; Bd.9), S.7-25

Dipper, Christof: Naturrecht und wirtschaftliche Reformen, in: O.Dann/ D.Klippel (Hrsg.), Naturrecht-Spätaufklärung-Revolution, Hamburg 1995, (Studien zum 18. Jahrhundert; Bd.16), S.164-181

Di Stefano, Roberto: Storia, Architettura e urbanistica, in: Storia di Napoli, Bd.9, Neapel 1972, S.645-743

Döcker, Ulrike: Die Ordnung der bürgerlichen Welt. Verhaltensideale und soziale Praktiken im 19. Jahrhundert, Frankfurt/M./New York 1994

Dülmen, Richard van: Das Schauspiel des Todes. Hinrichtungsrituale in der frühen Neuzeit, in: R.van Dülmen/ N.Schindler (Hrsg.), Volkskultur. Zur Wiederentdeckung des vergessenen Alltags (16.-20. Jahrhundert), Frankfurt/M. 1984, S.203-245

Dülmen, Richard van: Theater des Schreckens: Gerichtspraxis und Strafrituale in der frühen Neuzeit, München 1985

Dülmen, Richard van: Historische Kulturforschung zur Frühen Neuzeit. Entwicklung-Probleme-Aufgaben, in: Geschichte und Gesellschaft, 21.Jgg,1995, S.403-429

Dumontet, Teresa: La vita popolare a Napoli alla fine del '700, unveröffentlichte 'Tesi di laurea', Neapel 1984

Eibl, Karl: Abgrund mit Geländer. Bemerkungen zur Soziologie der Melancholie und des 'angenehmen Grauens' im 18. Jahrhundert, in: Ders., Die Kehrseite des Schönen, in: Aufklärung, 8.Jgg., Heft 1, 1994, S.3-14

Eilert, Hildegard: Wilhelm Müllers 'Rom, Römer und Römerinnen' und das deutsche Italienbild, in: F.-R.Hausmann (Hrsg.), „Italien in Germanien". Deutsche Italienrezeption von 1750-1850. Akten des Symposiums der Stiftung Weimarer Klassik, Herzogin Anna Amalia Bibliothek, Schiller-Museum, 24.-26- März 1994, Tübingen 1996, S.64-83

Elias, Norbert: Über den Prozeß der Zivilisation. Soziogenetische und psychogenetische Untersuchungen, 2 Bde., 11.Aufl. Frankfurt/M. 1986

Engelhardt, Ulrich: 'Bildungsbürgertum'. Begriffs- und Dogmengeschichte eines Etiketts, Stuttgart 1986

Engelsing, Rolf: Zur Sozialgeschichte deutscher Mittel- und Unterschichten, 2. erweiterte Aufl. Göttingen 1978, (Kritische Studien zur Geschichtswissenschaft; Bd.4)

Engelsing, Rolf: Der Bürger als Leser. Lesergeschichte in Deutschland 1500–1800, Stuttgart 1974

Fabbricino Trivellini, Gabriella: Interpreti francesi del Settecento napoletano, Neapel 1988

Flacke, Monika: Deutschland. Die Begründung der Nation aus der Krise, in: Dies. (Hrsg.), Mythen der Nationen. Ein europäisches Panorama, Berlin 1998, S.101–128

Fliri, A.: La sirena e il lazzarone: Viaggiatori tedeschi nella Napoli del Settecento, in: D.Mazzoleni (Hrsg.), La città e l'immaginario, Rom 1985, S.151–163

Foucault, Michel: Überwachen und Strafen. Die Geburt des Gefängnisses, 10. Aufl. Frankfurt/M. 1992

Francois, Etienne: „Peuple" als politische Kategorie, in: U.Herrmann (Hrsg.), Volk-Nation-Vaterland, (Studien zum 18. Jahrhundert; Bd.18), S.35–45

Frevert, Ute: 'Tatenarm und Gedankenvoll'? Bürgertum in Deutschland 1780–1820, in: H. Berding (Hrsg.), Deutschland und Frankreich im Zeitalter der Revolution, Frankfurt/M. 1989, S.263–292

Frevert, Ute: Bürgerliche Meisterdenker und das Geschlechterverhältnis. Konzepte, Erfahrungen, Visionen an der Wende vom 18. zum 19. Jahrhundert, in: Dies. (Hrsg.), Bürgerinnen und Bürger: Geschlechterverhältnisse im 19. Jahrhundert, Göttingen 1988, S.17–48

Frey, Manuel: Der reinliche Bürger. Entstehung und Verbreitung bürgerlicher Tugenden in Deutschland, 1760–1860, Göttingen 1997, (Kritische Studien zur Geschichtswissenschaft; Bd.119)

Fusco, Maria Antonella: Il 'luogo commune' paesaggistico nelle immagini di massa, in: Storia d'Italia, Annali 5, S.751–801

Galasso, Giuseppe: Professioni, Arti e mestieri della popolazione di Napoli nel sec.XIX, in: Annuario dell'istituto storico italiano per l'età moderna e contemporanea, Bd.XIII-XIV, 1961/62, S.109–179

Galasso, Giuseppe: Le magnifiche sorti e regressive di una grande capitale, in: A.Mozzillo (Hrsg.), La dorata menzogna. Società popolare a Napoli tra Settecento e Ottocento, Neapel 1975, S. IX-XXXVI

Galasso, Giuseppe: Intervista sulla storia di Napoli, hrsg.v. Percy Allum, Bari 1978

Galasso, Giuseppe: Santi e santità, in: L'altra Europa. Per un'antropologia storica del Mezzogiorno d'Italia, Mailand 1982, S.64–120

Galasso, Giuseppe: La storia socio-religiosa e i suoi problemi, in: Ders., L'altra Europa, S.414–430

Galasso, Giuseppe: Lo stereotipo del napoletano e le sue variazioni regionali, in: Ders., L'altra Europa, S.143–190

Gall, Lothar: Stadt und Bürgertum im Übergang von der traditionalen zur modernen Gesellschaft, in: Ders., Stadt und Bürgertum im Übergang von der traditionalen zur modernen Gesellschaft, München 1993, S.1–12

Gall, Lothar: Von der ständischen zur bürgerlichen Gesellschaft, München 1993, (Enzyklopädie Deutscher Geschichte; Bd.25)

Garber, Jörn: Spätaufklärerischer Konstitutionalismus und ökonomischer Frühliberalismus. Das Staats- und Industriebürgerkonzept der postabsolutistischen Staats-, Kameral- und Polizeiwissenschaft (Chr.D.Voss), in: J.H.Schoeps/ I.Geiss (Hrsg.), Revolution und Demokratie in Geschichte und Literatur. Zum 60.Geburtstag von Walter Grab, Duisburg 1979, S.61–94

Garber, Jörn: Politisch-soziale Partizipationstheorien im Übergang vom Ancien Régime zur bürgerlichen Gesellschaft (1750–1800), in: P.Steinbach (Hrsg.), Probleme politischer Partizipation im Modernisierungsprozeß, Stuttgart 1982, (Geschichte und Theorie der Politik; Bd.5), S.23–56

Garber, Jörn: Von der Menscheitsgeschichte zur Kulturgeschichte. Zum geschichtstheoretischen Kulturbegriff der deutschen Spätaufklärung, in: J. Held (Hrsg.), Kultur zwischen Bürgertum und Volk, Argument-Sonderband AS 103, Berlin 1983, S.76–97

Garber, Jörn: Die Zivilisationsmetropole im Naturzustand. Das revolutionäre Volk von Paris als Regenerations- und Korruptionsfaktor der 'Geschichte der Menschheit', in: C.Wiedemann (Hrsg.), Rom-Paris-London: Erfahrung und Selbsterfahrung deutscher Schriftsteller und Künstler in den fremden Metropolen; ein Symposion, Stuttgart 1988, (Germanistische Symposien-Berichtsbände; VIII), S.420–456

Garber, Jörn: Utopiekritik und Utopieadaption im Einflußfeld der „anthropologischen Wende" der europäischen Spätaufklärung, in: M.Neugebauer-Wölk/ R.Saage, Die Politisierung des Utopischen im 18.Jahrhundert. Vom utopischen Systementwurf zum Zeitalter der Revolution, Tübingen 1996, (Hallesche Beiträge zur europäischen Aufklärung; Bd.4), S.87–114

Garms-Cornides, Elisabeth/ Garms, Jörg: Mito e realtà di Roma nella cultura europea. Viaggio e idea, immagine e immaginazione, in: Storia d'Italia, Annali 5, S.561–662

Gerndt, Siegmar: Idealisierte Natur. Die literarische Kontroverse um den Landschaftsgarten des 18. und frühen 19. Jahrhunderts in Deutschland, Stuttgart 1981

Gerth, Hans H.: Bürgerliche Intelligenz um 1800. Zur Soziologie des deutschen Frühliberalismus, Göttingen 1976

Ginzburg, Carlo: Saccheggi rituali. Premesse a una ricerca in corso, in: Quaderni storici, 22.Jgg., Nr.65, Bologna 1987, S.615–636

Ginzburg, Carlo: Der Inquisitor als Anthropologe, in: Conrad, Geschichte schreiben, S.201–218

Goulemot, Jean Marie: Le pratiche letterarie, in: P.Ariés/ R.Chartier (Hrsg.), La vita privata dal rinascimento all'illuminismo, Rom/Bari 1987, S.288–319

Griep, Wolfgang: Reiseliteratur im späten 18. Jahrhundert, in: R.Grimminger (Hrsg.), Hansers Sozialgeschichte der deutschen Literatur vom 16.Jahrhundert bis zur Gegenwart, 4 Bde., München/Wien 1980–1987, Bd. 3 (1980), Deutsche Aufklärung bis zur französischen Revolution 1680–1789, S.739–764

Griep, Wolfgang/ Jäger, Hans-Wolf (Hrsg.): Reise und soziale Realität am Ende des 18. Jahrhunderts, Heidelberg 1983

Griep, Wolfgang (Hrsg.): Reisen im 18. Jahrhundert. Neue Untersuchungen, Heidelberg 1986

Grimm, Dieter: Artikel 'Verfassung', in: Geschichtliche Grundbegriffe, Bd.5, Stuttgart 1990, S.863–899

Grimminger, Rolf: Aufklärung, Absolutismus und bürgerliche Individuen. Über den notwendigen Zusammenhang von Literatur, Gesellschaft und Staat in der Geschichte des 18. Jahrhunderts, in: Ders. (Hrsg.), Hansers Sozialgeschichte, Bd.3, S.15–99

Grimminger, Rolf: Roman, in: Hansers Sozialgeschichte, Bd.3, S.635–715

Gross, Marianne/ Kunze, Max/ Rügler, Axel: Herkulaneum und Pompeji in den Schriften Winckelmanns, in: J.J.Winckelmann, Schriften und Nachlaß, Bd.2, Teil 1, Mainz 1997, S.9–57

Grosser, Thomas: Reiseziel Frankreich. Deutsche Reiseliteratur vom Barock bis zur Französischen Revolution, Opladen 1989

Grosser, Thomas: Der mediengeschichtliche Funktionswandel der Reiseliteratur in den Berichten deutscher Reisender aus dem Frankreich des 18. Jahrhunderts, in: H.-W.Jaeger (Hrsg.), Europäisches Reisen im Zeitalter der Aufklärung, Heidelberg 1992, S.275–310

Günther, Horst: Herr und Knecht, in: G.Frühsorge/ R.Gruenter/ B. Freifrau Wolff Metternich (Hrsg.), Gesinde im 18. Jahrhundert, Hamburg 1995, (Studien zum 18. Jahrhundert; Bd.12), S.1–12

Hämmerling, Gerhard: Die Idylle von Geßner bis Voß. Theorie, Kritik und allgemeine Bedeutung, Frankfurt/M. 1981, (Europäische Hochschulschriften; Reihe 1; Bd.398)

Haltern, Utz: Bürgerliche Gesellschaft. Sozialtheoretische und sozialhistorische Aspekte, Darmstadt 1985

Haltern, Utz: Literaturbericht. Die Gesellschaft der Bürger, in: Geschichte und Gesellschaft, 19.Jgg., 1993, S.100–134

Harbsmeier, Michael: Reisebeschreibungen als mentalitätsgeschichtliche Quellen: Überlegungen zu einer historisch-anthropologischen Untersuchung frühneuzeitlicher deutscher Reisebeschreibungen, in: A.Maczak (Hrsg.), Reiseberichte als Quellen europäischer Kulturgeschichte, Wolfenbüttel 1982, S.1–31

Harbsmeier, Michael: Die Rückwirkungen des europäischen Ausgreifens nach Übersee auf den deutschen anthropologischen Diskurs um 1800, in: R.Vierhaus (Hrsg.), Frühe Neuzeit-Frühe Moderne? Forschungen zur Vielschichtigkeit von Übergangsprozessen, Göttingen 1992, (Veröffentlichungen des Max-Planck-Instituts für Geschichte; Bd.104), S.422–442

Hardtwig, Wolfgang: Auf dem Weg zum Bildungsbürgertum: Die Lebensführungsart der jugendlichen Bildungsschicht 1750–1819, in: M.R.Lepsius (Hrsg.), Bildungsbürgertum im 19. Jahrhundert, Teil III, Stuttgart 1992, S.19–41

Herdmann, Frank: Montesquieurezeption in Deutschland im 18. und beginnenden 19. Jahrhundert, Hildesheim/Zürich/New York 1990, (Philosophische Texte und Studien; Bd.25)

Herzig, Arno: Unterschichtenprotest in Deutschland 1790–1870 Göttingen 1988

Hobsbawm, Eric J.: Sozialrebellen. Archaische Sozialbewegungen im 19. und 20. Jahrhundert, Gießen 1979

Horn-Oncken, Alste: Ausflug in elysische Gefilde. Das europäische Campanienbild des 16. und 17. Jahrhunderts und die Aufzeichnungen J.F.A von Uffenbachs, Göttingen 1978, (Abhandlungen der Akademie der Wissenschaften in Göttingen, Philologisch-Historische Klasse, Dritte Folge; Nr.111)

Hufton, Olwen H.: The poor of Eighteenth-Century France 1750–1789, Oxford 1974

Hunt, Lynn: Geschichte jenseits von Gesellschaftstheorie, in: Conrad, Geschichte schreiben, S.98–122

Hussey, Christopher: Artikel 'Pittoresco', in: Enciclopedia universale dell'Arte, Bd.X, Venedig/Rom 1963, Sp.616–621

Iggers, Georg G.: Zur „Linguistischen Wende" im Geschichtsdenken und in der Geschichtsschreibung, in: Geschichte und Gesellschaft, 21.Jgg., 1995, S.557–570

Illich, Ivan: Genus, Reinbek 1983

Jäger, Hans-Wolf: Reisefacetten der Aufklärungszeit, in: Brenner, Entwicklung, S.261–283

Jensen, Jens Christian: Die italienische Landschaft als idealer Ort der klassizistischen Idylle, in: R.Wedewer/ J.C.Jensen (Hrsg.): Die Idylle. Eine Bildform im Wandel. Zwischen Hoffnung und Wirklichkeit. 1750–1930, Köln 1986, S.137–141

Kaschuba, Wolfgang: Deutsche Bürgerlichkeit nach 1800. Kultur als symbolische Praxis, in: J.Kocka (Hrsg.), Bürgertum im 19. Jahrhundert, Deutschland im europäischen Vergleich, 3 Bde., Bd.3, S.9–44

Kaspar, Denise: Felix Urbium Restitutio – „Le Antichità di Ercolano" zwischen Museum und Öffentlichkeit, in: H.Beck/ P.C.Bol/ W.Prinz/ H.v.Steuben (Hrsg.), Antikensammlungen im 18. Jahrhundert, Berlin 1981, (Frankfurter Forschungen zur Kunst; Bd.9), S.21–31

Kehn, Wolfgang: 'Die Schönheiten der Natur gemeinschaftlich betrachten'. Zum Zusammenhang von Freundschaft, ästhetischer Naturerfahrung und 'Gartenrevolution' in der Spätaufklärung, in: Mauser/ Becker-Cantarino, S.167–193

Kleinschmidt, Erich: Die ungeliebte Stadt. Umrisse einer Verweigerung in der deutschen Literatur des 18. Jahrhunderts, in: Zeitschrift für Literaturwissenschaft und Linguistik, 12.Jgg., Heft 48, Göttingen 1982, S.29–49

Kleinschmidt, Erich: Die Ordnung des Begreifens. Zur Bewußtseinsgeschichte urbaner Erfahrung im 18. Jahrhundert, in: Wiedemann, Rom-Paris-London, S.48–63

Klippel, Diethelm: Der Einfluß der Physiokraten auf die Entwicklung der liberalen politischen Theorien in Deutschland, in: Der Staat. Zeitschrift für Staatslehre, Öffentliches Recht und Verfassungsgeschichte, hrsg. von E.W. Böckenförde, R. Grawert, F. Ossenbühl u.a., Bd.23, Berlin 1984, S.205-226

Kocka, Jürgen (Hrsg.): Bürger und Bürgerlichkeit im 19. Jahrhundert, Göttingen 1987

Kocka, Jürgen: Bürgertum und bürgerliche Gesellschaft im 19. Jahrhundert, in: Ders. (Hrsg.), Bürgertum im 19. Jahrhundert. Deutschland im europäischen Vergleich, Bd.1, München 1988, S.11-76

Kocka, Jürgen: Bildungsbürgertum – Gesellschaftliche Formation oder Historikerkonstrukt?, in: Ders. (Hrsg.) Bildungsbürgertum im 19. Jahrhundert, Bd.IV, S.9-20

Kohl, Karl-Heinz: Entzauberter Blick. Das Bild vom guten Wilden und die Erfahrung der Zivilisation, Frankfurt/M. 1986

Koselleck, Reinhart: Einleitung, in: Geschichtliche Grundbegriffe, Bd.1, Stuttgart 1972, S.XIII-XXVII

Koselleck, Reinhart: Begriffsgeschichte und Sozialgeschichte, in: Ders. (Hrsg.), Historische Semantik und Begriffsgeschichte, Stuttgart 1978, (Sprache und Geschichte; Bd.1), S.19-36

Koselleck, Reinhart: Zur historisch-politischen Semantik asymmetrischer Gegenbegriffe, in: Ders., Vergangene Zukunft. Zur Semantik geschichtlicher Zeiten, Frankfurt/M. 1979, S.211-259

Koselleck, Reinhart: Sozialgeschichte und Begriffsgeschichte, in: W.Schieder/ V.Sellin (Hrsg.), Sozialgeschichte in Deutschland, 4 Bde., Göttingen 1986/87, Bd.1 (1986), S.89-109

Koselleck, Reinhart: Einleitung – Zur anthropologischen und semantischen Struktur der Bildung, in: Ders. (Hrsg.), Bildungsbürgertum im 19. Jahrhundert, Bd.II, Stuttgart 1990, S.11-46

Kramer, Fritz: Verkehrte Welten. Zur imaginären Ethnographie des 19. Jahrhunderts, 2.Aufl. Frankfurt/M. 1981

Kufeke, Kay: Die Darstellung des „Volkes" in Reiseberichten des späten 18. und frühen 19. Jahrhunderts (1780-1810), in: A.Conrad/ A.Herzig/ F.Kopitzsch (Hrsg.), Das Volk im Visier der Aufklärung. Studien zur Popularisierung der Aufklärung im späten 18. Jahrhundert, Hamburg/Münster 1998, S.81-102

Laermann, Klaus: Raumerfahrung und Erfahrungsraum. Einige Überlegungen zu Reiseberichten aus Deutschland vom Ende des 18. Jahrhunderts, in: H.J.Piechotta (Hrsg.), Reise und Utopie, Frankfurt/M. 1976, S.57-97

Lange, Thomas: Idyllische und exotische Sehnsucht. Formen bürgerlicher Nostalgie in der deutschen Literatur des 18. Jahrhunderts, Kronberg/Ts. 1976

Langewiesche, Dieter: Kommentar, in: Gall, Stadt und Bürgertum, S.227-236

Le Goff, Jacques: Eine mehrdeutige Geschichte, in: Raulff, Mentalitäten-Geschichte, S.18-32

Le Goff, Jacques: Phantasie und Realität des Mittelalters, Stuttgart 1990

Lepenies, Wolf: Das Ende der Naturgeschichte. Wandel kultureller Selbstverständlichkeiten in den Wissenschaften des 18. und 19. Jahrhunderts, München/Wien 1976

Lepre, Aurelio/ Villani, Pasquale: Il mezzogiorno nell età moderna e contemporanea, 2 Bde., Neapel 1974

Lepre, Aurelio: Il mezzogiorno dal feudalesimo al capitalismo, Neapel 1979, (Collana di ricerche e analisi storiche; 2)

Lepre, Aurelio: Storia del Mezzogiorno d'Italia, 2 Bde., Bd.2, Dall'Antico Regime alla società borghese, 1657–1860, Neapel 1986, (Collana di storia moderna e contemporanea; Bd.12 und 14)

Lepsius, M. Rainer: Bürgertum als Gegenstand der Sozialgeschichte, in: W.Schieder/V.Sellin (Hrsg.), Sozialgeschichte in Deutschland, Bd.4, Göttingen 1987, S.61–80

Lepsius, M. Rainer: Das Bildungsbürgertum als ständische Vergesellschaftung, in: Ders. (Hrsg.), Bildungsbürgertum im 19. Jahrhundert, Teil III, Stuttgart 1992, S.9–18

Le Roy Ladurie, Emmanuel: Die klassische Monarchie in Frankreich, in: K.H.Bohrer (Hrsg.), Sonderheft Merkur, Deutsche Zeitschrift für europäisches Denken, Geschichte und Ethnologie, 41.Jgg., Heft 9/10, München 1987, S.772–789

Lévi-Strauss, Claude: Strukturale Anthropologie, 2 Bde., Frankfurt/M. 1967/75

Lopez, Pasquale: Clero, eresia e magia nella Napoli del Viceregno, Neapel 1984

Lundgreen, Peter: Zur Konstituierung des 'Bildungsbürgertums': Berufs- und Bildungsauslese der Akademiker in Preußen, in: W.Conze/J.Kocka (Hrsg.), Bildungsbürgertum im 19. Jahrhundert, Bd.I, Stuttgart 1985, S.79–108

Lutz, Heinrich: Zwischen Habsburg und Preußen. Deutschland 1815–1866, Berlin 1985

Macry, Paolo: Mercato e società nel regno di Napoli, Neapel 1974

Maek-Gérard, Eva: Die Antike in der Kunsttheorie des 18. Jahrhunderts, in: H.Beck/ P.C.Bol (Hrsg.), Forschungen zur Villa Albani. Antike Kunst und die Epoche der Aufklärung, Berlin 1982, (Frankfurter Forschungen zur Kunst; Bd.10), S.1–58

Marin, Brigitte: Les miroirs de la ville. Représentations textuelles e représentations figurées. Naples: 1550–1740, in: Bollettino, Nr.11–12, S.1–30

Marin, Brigitte: L'espace urbain dans les récits de voyage et l'iconographie de la ville. Naples (1550–1740), in: Bollettino, Nr. 14, Heft 2, 1986, S.217–254

Marin, Brigitte: La ville en miettes. L'image de Naples dans les récits de voyage et l'iconographie de la ville (1550–1740): élements et composition, in: Bollettino, Nr.17, Heft 1, 1988, S.1–28

Mascoli, Laura/ Vallet, Georges: I viaggiatori stranieri (1630–1830) e le isole del golfo di Napoli, in: Il mito e l'imagine. Capri, Ischia e Procida nella pittura dal '600 ai primi del '900, Turin 1988, S.37–56

Maurer, Michael: Aufklärung und Anglophilie in Deutschland, Göttingen/Zürich 1987, (Veröffentlichungen des Deutschen Historischen Instituts in London; Bd.19)

Maurer, Michael: Genese und Funktion des operativen Italienbildes der Aufklärung, in: I.M.Battafarano, Deutsche Aufklärung und Italien, Bern/Berlin/Frankfurt/M./New York/Paris/Wien 1992, (Ricerche di cultura europea; Bd.6), S.311–334

Maurer, Michael: Die Biographie des Bürgers. Lebensformen und Denkweisen in der formativen Phase des deutschen Bürgertums (1680–1815), Göttingen 1996, (Veröffentlichungen des Max-Planck-Instituts für Geschichte; Bd.127)

Maurer, Michael: Nationalcharakter und Nationalbewußtsein. England und Deutschland im Vergleich, in: Herrmann, Volk-Nation-Vaterland, S.89–100

Mauss, Marcel: Die Gabe. Form und Funktion des Austauschs in archaischen Gesellschaften, Frankfurt/M. 1968

Medick, Hans: Ein Volk 'mit' Büchern. Buchbesitz und Buchkultur auf dem Lande am Ende der frühen Neuzeit: Laichingen 1748–1820, in: Bödeker, Lesekulturen, S.59–94

Medick, Hans: Mikro-Historie, in: W.Schulze (Hrsg.), Sozialgeschichte, Alltagsgeschichte, Mikrohistorie: eine Diskussion, Göttingen 1994, S.40–53

Meier, Albert: Als Moralist durch Italien. Johann Caspar Goethes 'Viaggio per l'Italia fatto nel anno MDCCXL', in: Jäger, Europäisches Reisen, S.71–85

Meier, Albert: Das Land zum Buch. Klassische Literatur und Italienwahrnehmung im 18.Jahrhundert, in: Heitmann/ Scamardi, S.26–36

Mendella, Michelangelo: La prima restaurazione borbonica (1799–1806), in: Storia di Napoli, Bd.9, Neapel 1972, S.1–30

Meyer-Krentler, Eckardt: Freundschaft im 18. Jahrhundert. Zur Einführung in die Forschungsdiskussion, in: Mauser/ Becker-Cantarino, S.1–22

Mittner, Ladislao: L'Italia nelle letteratura tedesca dell'età classico-romantica, in: V.Branca (Hrsg.), Sensibilità e razionalità nel settecento, Florenz 1967, S.199–213

Möller, Horst: Aufklärung und Adel, in: E.Fehrenbach (Hrsg.), Adel und Bürgertum in Deutschland 1770–1848, München 1994, (Schriften des Historischen Kollegs: Kolloquien; Bd. 31), S.1–9

Momigliano, Arnaldo: The Rediscovery of Greek History in the Eighteenth Century: The Case of Sicily, in: R.Runte (Hrsg.), Studies in Eighteenth Century Culture, Bd.9, Madison 1979, S.167–187

Moscati, Ruggiero: Dalla reggenza alla Repubblica partenopea, in: Storia di Napoli, Bd.7, Neapel 1972, S.722–784

Mozzillo, Atanasio: Viaggiatori stranieri nel sud, 2.Aufl. Mailand 1982, (1.Aufl. 1964)

Mozzillo, Atanasio: La sirena inquietante. Immagine e mito di Napoli nell'europa del '700, Neapel 1983

Mozzillo, Atanasio: L'immagine del Mezzogiorno tra mito e realtà, in: F. Paloscia (Hrsg.), L'Italia dei grandi viaggiatori, Rom 1986, S.57–118

Mozzillo, Atanasio: Le ragioni dell'immaginario. Mito e percezione della realtà nei viaggiatori stranieri in Sicilia tra Cinquecento e Settecento, in: F. Paloscia (Hrsg.), La Sicilia dei grandi viaggiatori, Rom 1988

Mozzillo, Atanasio: La frontiera del Grand Tour. Viaggi e viaggiatori nel Mezzogiorno borbonico, Neapel 1992, (Collana di storia moderna e contemporanea; Bd.17)

Müller, Martin: Das Schlaraffenland: der Traum von Faulheit und Müßiggang, Wien 1984

Münch, Paul (Hrsg.): Ordnung, Fleiß und Sparsamkeit, Texte und Dokumente zur Entstehung der 'bürgerlichen Tugenden', München 1984

Neuber, Wolfgang: Zur Gattungspoetik des Reiseberichts, in: Brenner, Entwicklung, S.50–67

Nipperdey, Thomas: Deutsche Geschichte 1800–1866. Bürgerwelt und starker Staat, München 1983

Nisbet, H.B.: Herders anthropologische Anschauungen in den 'Ideen zur Philosophie der Geschichte der Menschheit', in: J.Barkhoff/ E.Sagarra (Hrsg.), Anthropologie um 1800, München 1992, (Publications of the Institute of germanistic studies; Bd.54), S.1–23

Nörtemann, Regina: Brieftheoretische Konzepte im 18. Jahrhundert und ihre Genese, in: A.Ebrecht/ R.Nörtemann/ H.Schwarz (Hrsg.): Brieftheorie des 18. Jahrhunderts. Texte, Kommentare, Essays, Stuttgart 1990, S.211–224

Osterhammel, Jürgen: Distanzerfahrung. Darstellungsweisen des Fremden im 18. Jahrhundert, in: H.-J.König/ W.Reinhard/ R.Wendt (Hrsg.), Der europäische Betrachter außereuropäischer Kulturen. Zur Problematik der Wirklichkeitswahrnehmung, Berlin 1989, (Zeitschrift für historische Forschung; Beiheft 7), S.9–42

Osterkamp, Ernst: Johann Herrmann von Riedesels Sizilienreise. Die Winckelmannsche Perspektive und ihre Folgen, in: Jäger, Europäisches Reisen, S.93–106

Osterkamp, Ernst: Winckelmann in Rom. Aspekte Adressatenbezogener Selbstdarstellung, in: Wiedemann, Rom-Paris-London, S.203–230

Osterkamp, Ernst: Goethes Kunsterlebnis in Italien und das klassizistische Kunstprogramm, in: K.Scheurmann/ U.Bongaerts-Schomer (Hrsg.), „...endlich in dieser Hauptstadt der Welt angelangt!" Goethe in Rom. Publikation zur Eröffnung der Casa di Goethe in Rom, 2 Bde., Bd.1, Mainz 1997, S.140–147

Oswald, Stephan: Italienbilder. Beiträge zur Wandlung der deutschen Italienauffassung 1770–1840, Heidelberg 1985, (Germanisch-Romanische Monatsschrift-Beiheft 6)

Ottani Cavina, Anna: Il Settecento e l'antico, in: Storia dell'arte italiana, 12 Bde., Turin 1979–83, Teil 2, Bd.2, 2.Halbb. (1982), Settecento e Ottocento, hrsg. von F.Zeri, S.597–660

Pagden, Anthony: Cannibalismo e contagio: sull'importanza dell'antropofagia nell'Europa preindustriale, in: Quaderni storici, 17.Jgg., Nr.50, Bologna 1982, S.533–550

Palermo Concolato, Maria: Tra i viaggiatori del 'Grand Tour': in Campania nel Cinque-Ottocento, in: Annali. Istituto Universitario Orientale, Napoli. Anglistica. 23, 1 (1980), S.99–137

Paliotti, Vittorio: San Gennaro. Storia di un culto, di un mito, dell'anima di un popolo, Mailand 1983

Panico, Guido: Il carnefice e la piazza. Crudeltà di stato e violenza popolare a Napoli in età moderna, Neapel 1985, (Pubblicazioni dell'Università degli studi di Salerno, Sezione di studi storici; 3)

Patlagean, Evelyn: Die Geschichte des Imaginären, in: J.Le Goff/ R.Chartier/ J.Revel (Hrsg.), Die Rückeroberung des historischen Denkens. Grundlagen der neuen Geschichtswissenschaft, Frankfurt/M. 1990, S.244–274

Petraccone, Claudia: Napoli dal Cinquecento all'Ottocento. Problemi di storia demografica e sociale, Neapel 1974, (Storia. Saggi e ricerche; 9)

Petraccone, Claudia: Napoli nel 1799: rivoluzione e proprietà, Neapel 1989

Pikulik, Lothar: Romantik als Ungenügen an der Normalität. Am Beispiel Tiecks, Hoffmanns, Eichendorffs, Frankfurt/M. 1979

Pikulik, Lothar: Leistungsethik und Gefühlskult. Über das Verhältnis von Bürgerlichkeit und Empfindsamkeit in Deutschland, Göttingen 1984

Pikulik, Lothar: Frühromantik. Epoche – Werke – Wirkung, München 1992

Pilati, Renata: La popolazione di Napoli dal 1790 al 1820, in: G.Civile (u.a.), Studi sulla società meridionale, Neapel 1978, S.1–45

Pilati, Renata: Delitti e ordine pubblico durante il decennio francese: gli atti della Gran Corte Criminale di Napoli, in: Archivio Storico per le province napoletane, Bd.102, Neapel 1984, S.389–419

Placanica, Augusto: La capitale, il passato, il paesaggio: i viaggiatori come 'fonte' della storia meridionale, in: Meridiana. Rivista di storia e scienze sociali, Nr.1 (September 1987), S.165–179

Polanyi, Karl: The Great Transformation. Politische und ökonomische Ursprünge von Gesellschaften und Wirtschaftsystemen, Frankfurt/M. 1978

Puhle, Hans-Jürgen: Einleitung, in: Ders. (Hrsg.), Bürger in der Gesellschaft der Neuzeit. Wirtschaft-Politik-Kultur, Göttingen 1991, (Bürgertum; Bd.1), S.7–13

Raabe, Mechthild: Wolfenbütteler Schulalltag und Schülerlektüre in der zweiten Hälfte des 18. Jahrhunderts, in: Bödeker, Lesekulturen, S.5–26

Rao, Anna Maria: La Repubblica Napoletana del 1799, in: Storia del Mezzogiorno, hrsg. von G.Galasso/R.Romeo, Bd.IV, Halbb.II, Il regno dagli Angoini ai Borboni, Rom 1986, S.469–539

Rao, Anna Maria: La prima Restaurazione borbonica, in: Storia del Mezzogiorno, Bd.IV, Halbb.II, S.541–574

Rao, Anna Maria: Guerra e politica nel „Giacobinismo" napoletano, in: Dies. (Hrsg.), Esercito e società nell'età rivoluzionaria e napoleonica, Neapel 1990, S.187–245

Rao, Anna Maria: Esuli. L'emigrazione politica italiana in Francia (1792–1802), Neapel 1992, (L'altra Europa; Bd.9)

Raulff, Ulrich: Mentalitätengeschichte, in: Ders., Mentalitäten-Geschichte, S.7–17

Richter, Dieter: Viaggiatori stranieri nel Sud, l'immagine della costa di Amalfi nella cultura europea tra mito e realtà, Amalfi 1985

Richter, Dieter: Der brennende Berg. Geschichten vom Vesuv, Köln 1986

Richter, Dieter: Das Bild der Neapolitaner in der Reiseliteratur des achtzehnten und neunzehnten Jahrhunderts, in: Jäger, Europäisches Reisen, S.118–130

Riedel, Manfred: Artikel 'Gesellschaft, bürgerliche', in: Geschichtliche Grundbegriffe, Bd. 2, Stuttgart 1975, S.719–800

Rienzo, Maria Gabriella: Il processo di christianizzazione e le missioni popolari nel Mezzogiorno. Aspetti istituzionali e socio-religiosi, in: G.Galasso/ C.Russo (Hrsg.), Per la storia sociale e religiosa del Mezzogiorno d'Italia, 2 Bde., Neapel 1980/82, Bd.1, S.439–481

Rivera, Annamaria: Il mago, il santo, la morte, la festa. Forme religiose nella cultura popolare, Bari 1988

Rudé, George: The crowd in history. A study of popular disturbances in France and England 1730–1848, New York 1964

Rudé, George: Die Massen in der französischen Revolution, München/Wien 1961

Ruppert, Wolfgang: Bürgerlicher Wandel. Die Geburt der modernen deutschen Gesellschaft im 18. Jahrhundert, Frankfurt/M. 1984

Ruppert, Wolfgang: Volksaufklärung im späten 18. Jahrhundert, in: Grimminger, Hansers Sozialgeschichte, Bd.3, S.341–360

Russo, Carla: La storia socio-religiosa e i suoi problemi, in: Dies. (Hrsg.), Società, chiesa e vita religiosa nell'Ancien Régime, Neapel 1976, S.XIII-CCXLIV

Russo, Carla: La religiosità popolare nell'età moderna. Problemi e prospettive, in: Problemi di storia della chiesa nei secoli XVII-XVIII. Atti del convegno di aggiornamento (Bologna 3–7 settembre 1979), hrsg. v. der Associazione italiana dei professori di storia della chiesa, Neapel 1982, S.137–190

Sadowsky, Thorsten: Reiseerfahrung und bürgerliche Mentalität. Das Bild vom josephinischen Wien in den Berichten deutscher Reisender in den Jahren 1780–1790, in: Jahrbuch des Vereins für Geschichte der Stadt Wien, Bd.47/48 (1991/1992), S.229–262

Sallmann, Jean-Michel: Il santo e le rappresentazioni della santità. Problemi di metodo, in: Quaderni storici, 14.Jgg., Nr.41, Bologna 1979, S.584–602

Sallmann, Jean-Michel: Il santo patrono cittadino nel '600 nel Regno di Napoli e in Sicilia, in: Galasso/ Russo, Per la storia sociale e religiosa, Bd.2, Neapel 1982, S.187–211

Sauder, Gerhard: Sternes 'Sentimental Journey' und die 'empfindsamen Reisen' in Deutschland, in: Griep/ Jäger, Reise und soziale Realität, S.302–319

Saurer, Edith: Zur Disziplinierung der Sehnsüchte. Das Zahlenlotto in Lombardo-Venetien, in: Quellen und Forschungen aus italienischen Archiven und Bibliotheken, hrsg. vom Deutschen Historischen Institut in Rom, Bd.63, Tübingen 1983, S.143–168

Saurer, Edith: Straße, Schmuggel, Lottospiel: materielle Kultur und Staat in Niederösterreich, Böhmen und Lombardo-Venetien im frühen 19. Jahrhundert, Göttingen 1989

Sautermeister, Gert: Reisen über die Epochenschwelle, in: Griep, Reisen im 18. Jahrhundert, S.271–293

Scafoglio, Domenico: La maschera della cuccagna. Spreco, rivolta e sacrificio nel Carnevale napoletano del 1764, Neapel 1994

Schiera, Pierangelo: Die italienische Universität im Zeichen der Aufklärung: fehlende Institution in einem reformerischen Zeitalter, in: N.Hammerstein (Hrsg.), Universitäten und Aufklärung, (Das achtzehnte Jahrhundert, Supplementa; Bd.3), S.221–242

Schindling, Anton: Die protestantischen Universitäten im Heiligen Römischen Reich deutscher Nation im Zeitalter der Aufklärung, in: Hammerstein, S.9–19

Schneider, Helmut J.: Naturerfahrung und Idylle in der deutschen Aufklärung, in: P.Pütz (Hrsg.), Erforschung der deutschen Aufklärung, Königstein/Ts. 1980, (Neue wissenschaftliche Bibliothek, Literaturwissenschaft; 94), S.289–315

Schneider, Ute: Friedrich Nicolais Allgemeine Deutsche Bibliothek als Integrationsmedium der Gelehrtenrepublik, Wiesbaden 1995

Schön, Erich: Der Verlust der Sinnlichkeit oder Die Verwandlungen des Lesers. Mentalitätswandel um 1800, Stuttgart 1987

Schöttler, Peter: Sozialgeschichtliches Paradigma und historische Diskursanalyse, in: J.Fohrmann/ H.Müller, Diskurstheorien und Literaturwissenschaft, Frankfurt/M. 1988, S.159–199

Schöttler, Peter: Mentalitäten, Ideologien, Diskurse. Zur sozialgeschichtlichen Thematisierung der 'dritten Ebene', in: A.Lüdtke (Hrsg.), Alltagsgeschichte. Zur Rekonstruktion historischer Erfahrungen und Lebensweisen, Frankfurt/M./New York 1989, S.85–136

Schudt, Ludwig: Italienreisen im 17. und 18. Jahrhundert, Wien/München 1959, (Römische Forschungen der Biblioteca Hertziana; Bd.15)

Schütz, Sabine: Idyllische Utopien. Bemerkungen zur Verwandtschaft idyllischen und utopischen Denkens, in: Wedewer/ Jensen, Idylle, S.98–109

Schulz, Gerhard: Die deutsche Literatur zwischen französischer Revolution und Restauration, Erster Teil: Das Zeitalter der Französischen Revolution 1789–1806, München 1983, in: De Boor/Newald, Geschichte der deutschen Literatur, Bd. VII/1, München 1957

Schumann, Hans Gerd: Topik in den Sozialwissenschaften?, in: Breuer, S.191–199

Schwarz, Herta: 'Brieftheorie' in der Romantik, in: Ebrecht/ Nörtemann/ Schwarz, S.225–238

Scirocco, Alfonso: Dalla seconda Restaurazione alla fine del Regno, in: Storia del Mezzogiorno, Bd.IV, Halbb.II, S.641–789

Segeberg, Harro: Die Spätaufklärung, in: V.Zmegac (Hrsg.), Geschichte der deutschen Literatur vom 18. Jahrhundert bis zur Gegenwart, 3 Bde., Königstein/Ts. 1978–84, Bd. I,1 (1978), S.349–426

Segeberg, Harro: Die literarisierte Reise im späten 18. Jahrhundert. Ein Beitrag zur Gattungstypologie, in: Griep/ Jäger, Reise und soziale Realität, S.14–31

Sellin, Volker: Mentalitäten in der Sozialgeschichte, in: W.Schieder/V.Sellin (Hrsg.), Sozialgeschichte in Deutschland, Bd.3, Göttingen 1988

Seminar für Klassische Archäologie der Freien Universität Berlin/ Winckelmann-Gesellschaft Stendal (Hrsg.): „...die Augen ein wenig zu öffnen." Eine Anthologie mit Bildern aus Johann Joachim Winckelmanns Geschichte der Kunst des Altertums, Mainz 1993

Sieder, Reinhard: Sozialgeschichte auf dem Weg zu einer historischen Kulturwissenschaft?, in: Geschichte und Gesellschaft, 20.Jgg., 1994, S.445–468

Sodano, Giulio: Miracoli e ordini religiosi nel Mezzogiorno d'Italia (XVI-XVIII secolo), in: Archivio storico per le province napoletane, Bd.105, Neapel 1987, S.293–414

Spiegel, Gabrielle M.: History, Historicism, and the social logic of the text in the Middle Ages, in: Speculum. A Journal of Medieval Studies, Bd.65, Cambridge/M. 1990, S.59–86

Spiegel, Gabrielle M.: History and Postmodernism IV, in: Past and Present, 34.Jgg., Nr.135, Oxford 1992, S.194–208

Stärk, Ekkehard: Kampanien als geistige Landschaft. Interpretationen zum antiken Bild des Golfs von Neapel, München 1995, (Zetemata. Monographien zur klassischen Altertumswissenschaft; Heft 93)

Stagl, Justin: Der wohl unterwiesene Passagier. Reisekunst und Gesellschaftsbeschreibung vom 16.–18. Jahrhundert als Quellen der Kulturbeziehungsforschung, in: B.I.Krasnobaev (Hrsg.), Reisen und Reisebeschreibungen im 18. und 19. Jahrhundert als Quellen der Kulturbeziehungsforschung, Berlin 1980, S.353–384

Stewart, William E.: Die Reisebeschreibung und ihre Theorie im Deutschland des 18. Jahrhunderts, Bonn 1978

Straniero, Michele L.: Indagine su San Gennaro. Miracoli, fede, scienza, Mailand 1991

Strazullo, Franco: I giochi d'azzardo e il lotto a Napoli. Divagazioni storiche, Neapel 1987

Stuke, Horst: Artikel 'Aufklärung', in: Geschichtliche Grundbegriffe, Bd. 1, Stuttgart 1972, S.243–342

Talamo, Giuseppe: Napoli da Giuseppe Bonaparte a Ferdinando II, in: Storia di Napoli, Bd.9, Neapel 1972, S.31–130

Taglé, Rita: Popolazione e 'mestieri' a Cava alla metà del settecento, in: Civile, S.221–232

Tenbruck, Friedrich H.: Bürgerliche Kultur, in: F.Neidhardt/ M.R.Lepsius/ J.Weiß (Hrsg.), Kultur und Gesellschaft, Opladen 1986, S.263–285

Tenbruck, Friedrich H.: Freundschaft. Ein Beitrag zu einer Soziologie der persönlichen Beziehungen, in: Kölner Zeitschrift für Soziologie und Sozialpsychologie, 16.Jgg., Köln/Opladen 1964, S.431–456

Thompson, Edward P.: Die englische Gesellschaft im 18. Jahrhundert: Klassenkampf ohne Klasse?, in: Ders., Plebeische Kultur und moralische Ökonomie. Aufsätze zur englischen Sozialgeschichte des 18. und 19. Jahrhunderts, Frankfurt/M./Berlin/Wien 1980, S.247–289

Thompson, Edward P.: Patrizische Gesellschaft, plebeische Kultur, in: Ders., Plebeische Kultur, S.168–202

Trexler, Richard C.: Florentine Religious Experience: The sacred image, in: R.Harrier (Hrsg.), Studies in the Renaissance, Publications of The Renaissance Society of America, 21 Bde., New York 1954–1974, Bd.19, 1972, S.7–41

Valenzi, Lucia: La povertà a Napoli e l'intervento del governo francese, in: A.Lepre (Hrsg.), Studi sul Regno di Napoli nel Decennio francese (1806–1815), Neapel 1985, S.59–79

Valenzi, Lucia: I Lazzari nella letteratura di viaggio a Napoli (XVIII-XIX sec.), in: L.Botti (Hrsg.), Povertà e beneficenza tra rivoluzione e restaurazione, Neapel 1990, S.95–123

Valenzi, Lucia: Poveri, ospizi e potere a Napoli (XVIII-XIX Sec.), Neapel 1995

Valjavec, Fritz: Die Entstehung der politischen Strömungen in Deutschland 1770–1815, München 1951

Venturi, Franco: Napoli Capitale nel pensiero dei riformatori illuministi, in: Storia di Napoli, Bd.8, Neapel 1971, S.3–73

Venturi, Franco: L'Italia fuori d'Italia, in: R.Romano/C.Vivanti (Hrsg.), Storia d'Italia, Bd.3, Dal primo Settecento all'Unità, Turin 1973, S.985–1481

Venturi, Franco: Settecento riformatore, Bd. 5, L'Italia dei lumi (1764–1790), Halbb.1, La rivoluzione di Corsica. Le grandi carestie degli anni sessanta. La Lombardia delle riforme, Turin 1987

Vernon, James: Who's afraid of the 'linguistic turn'? The politics of social history and its discontents, in: Social History, Bd.19, Heft 1, London 1994, S.81–97

Vierhaus, Rudolf: Montesquieu in Deutschland. Zur Geschichte seiner Wirkung als politischer Schriftsteller im 18. Jahrhundert, in: Collegium philosophicum. Studien Joachim Ritter zum 60. Geburtstag, Basel/Stuttgart 1965, S.403–437

Vierhaus, Rudolf: Artikel 'Bildung', in: Geschichtliche Grundbegriffe, Bd. 1, Stuttgart 1972, S.508–551

Vierhaus, Rudolf: Umrisse einer Sozialgeschichte der Gebildeten in Deutschland, in: Quellen und Forschungen, Bd.60, 1980, S.395–419

Vierhaus, Rudolf: Artikel 'Liberalismus', in: Geschichtliche Grundbegriffe, Bd.3, Stuttgart 1982, S.741–785

Vierhaus, Rudolf: Artikel 'Konservativ', 'Konservatismus', in: Geschichtliche Grundbegriffe, Bd.3, S.531–565

Vierhaus, Rudolf: Der Aufstieg des Bürgertums vom späten 18. Jahrhundert bis 1848/49, in: Kocka, Bürger und Bürgerlichkeit im 19. Jahrhundert, S.64–78

Vierhaus, Rudolf: Der aufgeklärte Schriftsteller. Zur sozialen Charakteristik einer selbsternannten Elite, in: Bödeker/ Herrmann, Prozeß, S.53–65

Villani, Pasquale: Feudalità, riforme, capitalismo agrario. Panorama di storia sociale italiana tra Sette e Ottocento, Bari 1968

Villani, Pasquale: Mezzogiorno tra riforme e rivoluzione, 3.Aufl. Rom/Bari 1977

Villani, Pasquale: Introduzione, in: V.Cuoco, Saggio storico sulla rivoluzione di Napoli, 2.Aufl. Bari 1980, S.V-LIII

Villani, Pasquale: Il Decennio Francese, in: Storia del Mezzogiorno, Bd.IV, Halbb.II, S. 577–639

Visceglia, Maria Antonietta: Genesi e fortuna di una interpretazione storiografica: La rivoluzione napoletana del 1799 come 'rivoluzione passiva', in: Annali della Facoltà di Magistero dell'Università degli studi di Lecce, I (70–71), S.163–207

Visceglia, Maria Antonietta: Rituali religiosi e gerarchie politiche a Napoli in età moderna, in: Macry/Massafra, Fra storia e storiografia, S.587–620

Vollhardt, Friedrich: Naturrecht und „schöne Literatur" im 18. Jahrhundert, in: Dann/Klippel, S.216–232

Vovelle, Michel: Serielle Geschichte oder 'case-studies': ein wirkliches oder nur ein Schein-Dilemma?, in: Raulff, Mentalitäten -Geschichte, S.114–126

Vovelle, Michel: Ideologie e mentalità, Neapel 1989, (frz. 1982)

Wagener, Silke: Pedelle, Mägde und Lakaien. Das Dienstpersonal an der Georg-August-Universität Göttingen 1737–1866, Göttingen 1996, (Göttinger Universitätsschriften: Ser.A, Schriften; Bd.17)

Weber, Wolfgang: Zwischen gesellschaftlichem Ideal und politischem Interesse. Das Zahlenlotto in der Einschätzung des deutschen Bürgertums im späten 18. und 19. Jahrhundert, in: Archiv für Kulturgeschichte, hrsg. von Egon Boshof, Bd.69, Köln/Wien 1987, S.116–149

Wedewer, Rolf: Landschaftsmalerei zwischen Traum und Wirklichkeit. Idylle und Konflikt, Köln 1978

Wedewer, Rolf: Einleitung, in: Ders./Jensen, Idylle, S.21–31

Wedewer, Rolf: Nachwort, in: Ders./Jensen, Idylle, S.216–221

Wehler, Hans Ulrich: Bürger, Arbeiter und das Problem der Klassenbildung 1800–1870. Deutschland im internationalen Vergleich, in: J.Kocka (Hrsg.), Arbeiter und Bürger im 19. Jahrhundert: Varianten ihres Verhältnisses im europäischen Vergleich, München 1986, S.2–27

Wehler, Hans Ulrich: Deutsches Bildungsbürgertum in vergleichender Perspektive – Elemente eines Sonderweges?, in: J.Kocka (Hrsg.), Bildungsbürgertum im 19. Jahrhundert, Bd.IV, S.215–237

White, Hayden: Auch Klio dichtet oder die Fiktion des Faktischen. Studien zur Tropologie des historischen Diskurses, Stuttgart 1986, (Sprache und Geschichte; Bd.10)

Wiedemann, Conrad: 'Supplement seines Daseins'? Zu den Kultur- und identitätsgeschichtlichen Voraussetzungen deutscher Schriftstellerreisen nach Rom-Paris-London seit Winckelmann, in: Ders., Rom-Paris-London, S.1–29

Wienfort, Monika: Monarchie in der bürgerlichen Gesellschaft. Deutschland und England von 1640 bis 1848, Göttingen 1993, (Bürgertum. Beiträge zur europäischen Gesellschaftsgeschichte; 4)

Woolf, Stuart J.: La storia politica e sociale, in: Romano/Vivanti, Storia d'Italia, Bd.3, S.5–508

Woolf, Stuart J.: La formazione del proletariato (secoli XVIII-XIX), in: R.Romano/ C.Vivanti (Hrsg.), Storia d'Italia, Annali 1, Dal feudalesimo al capitalismo, Turin 1978, S.1049–1078

Woolf, Stuart J.: Il Risorgimento italiano, 2 Bde., Turin 1981

Würtenberger, Thomas: Verfassungsentwicklung in Frankreich und Deutschland in der zweiten Hälfte des 18. Jahrhunderts, in: G.Birtsch (Hrsg.), Reformabsolutismus im Vergleich. Staatswirklichkeit – Modernisierungsaspekte – Verfassungsstaatliche Positionen, in: Aufklärung, 9.Jgg, Heft 1, 1996, S.75–99

Wuthenow, Ralph Rainer: Die Entdeckung der Großstadt in der Literatur des 18. Jahrhunderts, in: C.Meckseper/ E.Schraut (Hrsg.), Die Stadt in der Literatur, Göttingen 1983, S.7–27

Wuthenow, Ralph Rainer: Reiseliteratur in der Zeit der Aufklärung, in: H.F.Wessels (Hrsg.), Aufklärung. Ein literaturwissenschaftliches Studienbuch, Königstein/Ts. 1984, S.161–182

Young, James E.: Beschreiben des Holocaust. Darstellung und Folgen der Interpretation, Frankfurt/M. 1992

Zimmermann, Harro: Der Antiquar und die Revolution, Friedrich Leopold Stolbergs 'Reise in Deutschland, der Schweiz, Italien und Sicilien', in: Griep/ Jäger, Reise und soziale Realität, S.95–122

Abbildungsnachweis

Abbildungen Nr. 1 (S. 127), 2 (S. 128), 6 (S. 171), 8 (S. 176) aus: Jean Claude Richard Abbé de Saint-Non: Voyage pittoresque ou description des royaumes de Naples et de Sicile, 4 Bde., Paris 1781–1786; Staatsbibliothek zu Berlin – Preußischer Kulturbesitz, Abteilung Historische Drucke

Abbildungen Nr. 3 (S. 129), 5 (S. 164), 7 (S. 175), 9 (S. 203), 10 (S. 313) aus: Carl Frommel's pittoreskes Italien. Nach dessen Original-Gemälden und Zeichnungen, Leipzig 1840; Hamburger Kunsthalle, Bibliothek

Abbildung Nr. 4 (S. 151) aus: Neapel und die Lazzaroni. Ein charakteristisches Gemälde für Liebhaber der Zeitgeschichte, Erfurt 1799; Landesbibliothek Coburg, Schloß Ehrenburg

Abbildung Nr. 11 (S. 313) aus: Wilhelm Gail: Erinnerungen an Florenz, Rom und Neapel, München 1829; Staatsbibliothek zu Berlin – Preußischer Kulturbesitz

Personenregister

Acton, John 104
Addison, Joseph 310, 319
Albrecht, Johann Friedrich Ernst 302
Archenholtz, Johann Wilhelm von 239, 312
Ariosto, Ludovico 291
Aristoteles 224, 317
Baretti, Giuseppe 243, 311
Bartels, Johann Heinrich 118
Beccaria, Cesare 118
Benkowitz, Karl Friedrich 131, 133, 136–38, 141–43, 150, 154, 157–59, 160, 161–63, 166, 181, 184, 191, 196, 198, 200, 202, 230, 236–38, 240–41, 330, 336
Berio, Francesco 132
Bödeker, Hans Erich 283
Bonstetten, C. Victor von 258
Bougainville, Louis Antoine de 209
Bourdieu, Pierre 19, 32, 275, 288, 331
Brun, Friederike, geb. Münter 118, 145–50, 156, 157, 169–70, 179, 181, 187, 205–6, 217, 241, 247–50, 279, 286, 337
Bürgi, Andreas 198, 327
Burke, Peter 236
Capecelatro, Giuseppe 132, 186–89, 251, 330
Caracciolo, Francesco 156
Carafa, Familie 98
Certeau, Michel de 26, 288, 343
Charpentier, Toussaint von 261, 264, 286
Chevallier, Elisabeth 222
Cirillo, Domenico 156
Claude Lorrain 292
Cook, James 209
Croce, Benedetto 58, 112, 310
Cuoco, Vincenzo 189, 306
Dann, Otto 38
Dante Alighieri 291
De Martino, Ernesto 98
Delfico, Melchiore 117
della Torre, Bernardo 132
Döcker, Ulrike 231
Dragonetti, Giacinto 156
Dupaty, Charles 222, 307
Ehrmann, Theophil Friedrich 302
Eichholz, Johann Heinrich 135, 136, 145, 150, 156, 161, 170, 185, 197, 207, 218, 231, 239–41, 245
Elias, Norbert 30
Ferdinand IV., König von Neapel 20, 112–17, 124, 134, 148, 155, 157–59, 179, 181–86, 224, 252, 262, 307, 340

Filangieri, Gaetano 74, 117, 123, 132, 188, 337
Forster, Georg 220, 333
Foucault, Michel 143
Friedländer, Hermann 254, 257, 263, 267–69, 297
Friedrich II., Kaiser 122, 123
Friedrich II., König von Preußen 181, 200, 201, 269
Frommel, Carl 258
Gail, Wilhelm 258
Galanti, Giuseppe Maria 56, 68, 74, 117, 123, 188, 244, 303–5, 322, 334, 337
Galasso, Giuseppe 310
Galiani, Ferdinando 117, 132
Genovesi, Antonio 117, 123, 186
Gerning, Johann Isaak Freiherr von 54, 56, 59, 68, 72, 73, 76, 79–81, 83, 85, 86, 89, 92, 94, 102, 105, 112, 116, 117, 123, 124, 200, 228, 287
Gerth, Hans H. 40
Geßner, Salomon 213, 279
Giannone, Pietro 117
Giorgione 260
Goethe, Johann Wolfgang von 61, 114, 118, 160, 260, 266, 279, 291, 308, 315, 333–34
Gorani, Giuseppe 108, 183, 307
Gottsched, Johann Christoph 222
Griep, Wolfgang 25
Hagen, Friedrich Heinrich von der 257
Hager, Joseph 92, 112, 116, 194, 200, 239, 303
Hardenberg, Karl August Fürst von 287
Herder, Johann Gottfried 222, 279
Horatius Flaccus, Quintus 218, 219, 310, 319, 329
Hufton, Olwen 85
Ife, August 285
Jacobi, Georg Arnold 53, 57, 65, 69, 72, 73, 77, 81, 85, 92, 99, 112, 118, 193, 194–95, 200, 207, 217
Jagemann, Christian Joseph 243, 312
Joseph Bonaparte, König von Neapel 147, 148, 187, 252
Joseph II., Kaiser 200, 269
Kant, Immanuel 220
Karl III., König von Neapel 159
Kaschuba, Wolfgang 290
Keller, Karl Urban 286
Kephalides, August Wilhelm 258, 263
Klingemann, August 302

373

Klopstock, Friedrich Gottlieb 119, 297
Knigge, Adolf Freiherr 63
Konradin, Herzog von Schwaben 123, 124, 125, 156, 157, 302
Koselleck, Reinhart 33, 47
Kotzebue, August von 140, 141, 153, 165–67, 172, 181, 187, 306
Küttner, Karl Gottlob 56, 58, 62, 76, 89, 91, 94, 96, 105, 112, 194, 200, 286
Lalande, Joseph-Jérôme 121, 304, 307, 310
Lavater, Johann Caspar 279
Le Goff, Jacques 12
Lehne, Johann Friedrich Franz 96, 122, 123, 124, 204, 223–24, 229
Leopold, Großherzog der Toskana und Kaiser des Heiligen Römischen Reiches 200, 270, 319
Löhr, Johann Andreas Christian 303
Lundgreen, Peter 283
Luther, Martin 254
Maria Karolina, Königin von Neapel 181–86, 307
Maria Theresia, Kaiserin 184
Masaniello 58, 106, 125, 152, 156, 157, 302
Mendelssohn, Moses 105
Mercier, Luis-Sébastien 292
Meyer, Friedrich Johann Lorenz 114, 118, 307
Misson, François Maximilien 307
Montesquieu, Charles de 54, 58, 68, 106, 160, 162, 210, 220–24, 258, 291, 300, 317–18, 322
Moore, John 62, 308
Morgenstern, Karl 248, 286, 304
Moritz, Karl Philipp 114, 292, 307
Mozzillo, Atanasio 222
Müller, Wilhelm Christian 50, 51, 254, 258, 261, 263, 265, 270–72, 331
Münch, Paul 34
Münter, Friederike *Siehe* Brun, Friederike, geb. Münter
Murat, Joachim 148, 187, 252, 255
Napoleon Bonaparte 142, 247, 250, 252, 306, 331
Nardini, Bartolomeo 305
Neuber, Wolfgang 25
Odeleben, Ernst Gottfried Freiherr von 263, 270, 285
Pagano, Francesco Mario 156
Pahl, Johann Gottfried 305
Panico, Guido 153
Petronius Arbiter 310
Pikulik, Lothar 266, 267, 283
Pilati, Carlo Antonio 62, 308
Piranesi, Giovanni Battista 266

Pius VII., Papst 249
Plinius Secundus, Gaius 219, 299
Polanyi, Karl 172
Poussin, Nicolas 260
Quandt, Johann Gottlob von 258, 265, 286
Raffaelo Santi 291
Recke, Charlotte Elisabeth von der 146, 152, 159, 170, 172, 182, 184, 187–88, 196, 236, 285, 302, 306, 330
Rehfues, Philipp Joseph von 44–47, 50, 131–35, 139, 142, 145–46, 150–52, 156–65, 168–72, 173–77, 187, 194, 200, 218, 221, 232, 236, 242–44, 287, 303, 329, 333–35, 336
Reichard, Heinrich August Ottokar 63
Reni, Guido 292
Ribeira, Giuseppe 255
Richter, Dieter 322
Riedesel, Johann Hermann 193, 309, 334
Rousseau, Jean-Jacques 43, 54, 210, 213, 218, 232, 291, 322
Ruffo, Kardinal 152, 155
Sade, Donatien-Alphonse-François Marquis de 106
Saint-Non, Abbé 114, 307
Sannazaro, Jacopo 291
Seume, Johann Jakob 45, 146, 149, 152–53, 194, 200, 241, 245, 285, 287, 333
Sharp, Samuel 308, 312
Smith, Adam 317, 319
Smollett, Tobias George 243, 312
Stegmann, Karl Joseph 53, 54, 56, 59, 63, 64, 65–68, 69, 72, 73, 76, 79, 80, 82, 85, 86–90, 91, 94, 95, 103, 105, 112, 119, 132, 133, 200, 214–15, 221, 242–44, 285, 303, 329, 333
Sterne, Laurence 242, 290, 292, 304
Stolberg-Stolberg, Friedrich Leopold Graf zu 53, 57, 59, 64–65, 69, 83, 93, 95, 96, 105, 112, 114, 120, 123, 124, 194, 200, 205, 217, 227, 229, 307
Tasso, Torquato 216, 219, 291
Thompson, Edward P. 110
Thümmel, Moritz August von 292
Tieck, Ludwig 302
Tiziano Vecellio 260
Tscharner, Johann Friedrich 44
Turgot, Anne Robert 220, 322
Uklanski, E. T. Baron von 247
Uxkull Gyllenband, Karl Friedrich Emich Freiherr von 48–49, 51, 247–50, 265, 286, 342
Valenzi, Lucia 85
Vergilius Maro, Publius 174–81, 191, 215, 219, 245, 297, 329
Volkmann, Johann Jakob 304–8

Voltaire (François-Marie Arouet) 43, 222, 254, 291
Vulpius, Christian August 302
Wehrhan, Otto Friedrich 254, 258, 270, 278
Wessenberg, Ignaz Heinrich Freiherr von 286
White, Hayden 338
Williams, Helen Maria 305, 337
Winckelmann, Johann Joachim 213, 291, 310, 311–17, 334, 336
Zurlo, Giuseppe 146

Italien in der Moderne

Band 1:
Bernd Kölling
Familienwirtschaft und Klassenbildung
Landarbeiter im Arbeitskonflikt: Das ostelbische Pommern und die
norditalienische Lomellina 1901–1921.
426 S., geb. DM 89,–/öS 649,70/SFr 80,10 <ISBN 3-89498-019-2>
Eine zugleich bedrückende und faszinierende sozialhistorische Fallstudie. Der Vergleich zwischen
Norditalien und Ostelbien zeigt, wie die Avantgarde der Arbeiterbewegung zusammenbrach.
Schließlich schienen Gewalttaten die letzte Chance zu sein: »Das Feuer ließ die Wände fallen.«

Band 2
Jens Petersen/Wolfgang Schieder (Hg.)
Faschismus und Gesellschaft in Italien
Staat – Wirtschaft – Kultur. 333 S., geb. DM 68,–/öS 496,60/SFr 61,20
<ISBN 3-89498-021-4>
Die Geschichte der Institutionen (Giuseppe Galasso), der Verwaltungs- (Árpád von Klimó) und
der Wirtschaftseliten (Rolf Petri, Brunello Mantelli, Alexander Nützenadel) wird ebenso
beschrieben wie die Rezeption des antifaschistischen Widerstandes (Claudio Natoli). Umfassend
wird die Kulturpolitik des italienischen Faschismus dargestellt (Stefan Altekamp, Jürgen
Charnitzky, Friedemann Scriba, Gabriele Turi). Mehrere Beiträge widmen sich den Beziehungen
zwischen italienischem Faschismus und deutschem Nationalsozialismus (Daniela Liebscher, Anne
von Oswald, Andrea Hoffend).

Band 3
Christof Dipper/Rainer Hudemann/Jens Petersen (Hg.)
Faschismus und Faschismen im Vergleich
276 S., geb. DM 68,–/öS 496,60/SFr 61,20 <ISBN 3-89498-045-1>
Beiträge von Enzo Collotti, Norbert Frei, Emilio Gentile, Armin Heinen, Michael H. Kater, Lutz
Klinkhammer, Brunello Mantelli, Hans Mommsen, Jens Petersen, Volker Sellin, Margit Szöllösi-
Janze, Hans-Ulrich Thamer und Moshe Zimmermann.

Band 4
Árpád von Klimó
Staat und Klientel im 19. Jahrhundert
Administrative Eliten in Italien und Preußen im Vergleich 1860–1918.
309 S., geb. DM 89,–/öS 649,70/SFr 81,– <ISBN 3-89498-046-X>
Die Studie zeigt erstmals die Zusammenhänge zwischen sozialen Verhältnissen, staatlichen
Verwaltungsstrukturen und gesellschaftlichen Wahrnehmungen auf, die die bisherigen
Forschungen in beiden Ländern aufgrund ihrer Spezialisierung und nationalen Begrenzung nicht
erkannten.

SH-Verlag GmbH, Osterather Str. 42, D-50739 Köln
Tel. +49-221-956 17 40, Fax +49-221-956 17 41, E-Mail shvlg@aol.com

68,- 8/95